本书获得

中国敦煌石窟保护研究基金会

资助出版

国家出版基金项目
NATIONAL PUBLICATION FOUNDATION

[日]松本荣一 著

林保尧 赵声良 李 梅 译

敦煌畫研究 （上册）

ZHEJIANG UNIVERSITY PRESS
浙江大学出版社

佛教艺术与敦煌学名著译丛
编纂委员会

总　序

　　佛教产生于印度，其后又从印度向周边的中亚、东南亚以及中国等地传播，而佛教艺术也随之传播到这些地区，从而形成了各地富有地方特色的佛教艺术，成为东方文化艺术中的重要内容。佛教艺术从最古老的印度算起，至今已有两千多年的历史，今天我们研究和探讨中国古代艺术时，特别是像敦煌石窟这样重要的佛教遗迹，就不能不了解佛教艺术的源流，不能不了解佛教艺术中所包含的印度文化、中亚文化等方面的因素。

　　自公元前一世纪左右由中国到西方各国的"丝绸之路"开通以后，东方与西方的政治、经济、文化诸方面就开始了长期而广泛的交流，佛教艺术也在丝绸之路沿线留下了很多重要的文化遗迹。在中国，佛教传入以后，来自中国、印度及西域的历代高僧孜孜不倦地翻译了数量惊人的佛教典籍，在今天古印度及古代中亚文字的佛经传世极少的情况下，这些汉译佛典为世界的佛教历史留下了十分宝贵的资源。而佛教在印度、中亚、中国都与当地文化相结合，形成了富有地域特征的佛教文化。这些富有特色的佛教文化一方面表现在文字典籍资料中，一方面更表现在大量的寺院、石窟雕刻和壁画艺术中。而在千百年的历史变迁中，文字资料往往是最容易被损毁的。各地的寺院、石窟遗迹虽然也大多被毁，但相对来说，还保存了不少。于是这些残存的文化遗迹，往往就是我们认识古代佛教文化的重要依据。

　　由于历史的原因，欧洲学者对印度、中亚等地的考古和艺术研究发展较早，从十九世纪末开始，欧洲学者便陆续到印度、中国以及中亚各地进行各种形式的探险、考察活动。其中有部分学者对佛教艺术作过较为深入的人类学、考古学和艺术学等方面的研究，出版过很多具有参考价值的艺术著作。二十世纪以后，日本学者也对印度、中国和丝绸之路沿线的遗迹展开了研究，并取得了很多成果。在近代的一百多年间，由于自然的和人为的各种因素，造成了各地的文化遗迹不同程度的被毁，于是，最早对这些文化遗迹进行考察研究而形成的著作又有了一层特别的意义。

　　他山之石，可以攻玉。国外学者的诸多研究成果及其研究方法，对于我们今天的学术研究都具有参考价值。特别是由于语言条件的限制，中国还有很多学者不能直接参考国外学者们已有的成果，有鉴于此，敦煌研究院开始有计划地翻译出版国外有关佛教艺术与敦煌学的著作。我们希望通过翻译介绍这些国外学术名著，促进今天的佛教艺术和敦煌学的研究。

樊 锦 诗

2019 年 4 月

译　者　序

《敦煌画研究》一书，问世至今，已届八十年，确是学术界罕见的长青名著。

此部著作为松本荣一所著，于1937年3月出版。1939年，松本荣一以此部著作获得文学博士学位，1941年被授予日本学术界最高的"日本学士奖"。由此可知，此部著作在当时日本学术界的地位。事实不止于此，即使在西方的东方学者之间，它亦获得高度的学术评价；不但西域美术，甚至亚洲佛教考古学、佛教史学等领域，作者亦赋予崭新的研究成果，其促进了日本佛教美术史的研究跃登国际舞台。简言之，松本荣一的此部著作，不仅是敦煌艺术研究领域的开山奠基之作，其本人更是东方美术史学的泰斗。

就敦煌画的研究而言，松本荣一书中的每一课题，在今天优越的学术条件与资源下，几乎都可以再加深度地探索，甚至超越他的成果；然而就敦煌艺术的研究面向、相关课题与其宽广度、纵深度而言，至今实在尚未有人可以超越他，像他一样涉及如此多元且跨越不同领域的各类课题，以及达到如此深度。事实上，松本荣一终生未到过敦煌，然而书中关于华严教主卢舍那佛图、灵山释迦说法图、双身佛图、炽盛光佛并诸星图、兜跋毗沙门天图等研究成果，至今仍为学界热议并引用。例如，斯坦因、伯希和自敦煌藏经洞带走的大量敦煌绘画，终于在半世纪后，由日本讲谈社于1982年起，在十余年时间里陆续出版了五册国际版的彩色大型本《西域美术》（英文、法文、日文），其中前三册为大英博物馆藏斯坦因搜集品，后两册为吉美博物馆藏伯希和搜集品。若读其文本及四百五十余幅的藏品图说，仍然可见处处引用松本荣一之说。换言之，其说至今仍然在坚实有力地贡献着学界。

以下，不妨一览松本荣一的学思历程。1900年3月10日，他出生于中国台湾，其后因其父松本胜太郎的工作关系，回到日本居住。其本籍为广岛县吴市，1917年毕业于县立吴市第一中学，是年入第一高等学校，1923年毕业于东京帝国大学文学部美学美术史学科。一高入学的翌年（1918），参加"夏期大陆旅行团"，七月于下关出发，旅行朝鲜、中国一个月。最后于青岛与友人一行告别，独自在仁川港上陆，再到朝鲜各地旅行。次年（1919）夏天第三次前往朝鲜，寻访史迹、古寺等，并同时前往父亲工作的地方咸境北道清津，于俄罗斯领事馆办了手续，由海路到了海参崴。事实上，这段年轻时的海外旅行，对其生涯有着极大影响。

一高第三年时，在读完1912年出版的橘瑞超《新疆探险记》后，松本荣一便在此书底页写下了读后感，即"一次都未踏上西域之地者，非男人。法显是男人，橘瑞超是男人，荣一出生此处，已有二十余岁，西域之地，当为埋葬枯骨之处焉。大正八年。"此年是大正八年（1919），正是松本荣一要进大学之前的那年，可知在进入大学之前，松本荣一就已埋下一生攻读西域美术的坚实种子了。事实上，在那时其便已道出立志投入西域和敦煌美术研究的决心了。

大学毕业后，1928年至1929年，松本荣一前往伦敦、巴黎、柏林等地博物馆、图书馆参观访问，以二十世纪初期西方斯坦因、伯希和、格伦威德尔、勒柯克、奥登堡等探险队自西域、敦煌等带走的大量文物作为调研对象，作了第一手的调查与记录。这次在欧洲各地孜孜不倦进行现场考察所积累的基本功，对其后一生的学术研究，功莫大焉。1930年回国，松本荣一即被推荐为东方文化学院东京研究所研究员，旋即在泷精一指导下，展开计划性的研究，前两年以新疆古画为主，后两年则是尝试与其关系密切的敦煌画研究。其后于1937年出版的，是侧重于后者的敦煌画研究成果。

松本荣一本人终生未踏入敦煌莫高窟，却与敦煌文物研究所所长常书鸿有着极为密切的交流。1957年，常书鸿率敦煌艺术展览团出访日本，两人有过交流，在常书鸿的著作《敦煌艺术》（同朋舍）第78页，有记下一段故事：原来，松本荣一对莫高窟第285窟一直有个疑问，曾说到："第285窟虽从各种图版知其内部样子，但是常书鸿初次到敦煌时，内部状况到底如何？特别是中央方形基坛的遗迹又是什么样的呢？"为此，他很想请教常书鸿。当然，若能前往，常书鸿会带着他直接亲眼看一幅幅的壁画，然而由于身体原因，松本荣一终其一生都未能前往莫高窟一睹他终生挚爱、钻研的敦煌壁画。

另外，顺带一说本书译述经过。1979年9月笔者前往筑波大学艺术学研究科，欲修习佛教美术。指导教授林良一很轻松地说："可先读读东京大学毕业的学长松本荣一的《敦煌画研究》。"这是我首次认识此一巨著。一年后，教授列出的必读书单，除塚本善隆的《魏书释老志研究》、小野玄妙的《佛教美术与历史》之外，第三本就是松本荣一此书。之后，直到1985年我回到台湾教学授课，此书都是片刻不离的案头书。2001年起，有学生需要过往授课时的日文中译讲义稿时，我才开始思考将此书作为教材，有计划地在佛教美术文献解读、东西艺术文明交流、石窟艺术等专题授课中，与研究生一起研读，以方便大家。一直到2011年，此书的中译初稿终于在授课间隙一步步地处理完。

一般研究所的美术史专业，专任老师的授课讲义，"西美"不用说，皆是外文；"中美"则是英、日文，提论之前的学科考，亦是此两种择其一，故修日文已是"中美"同学们的共识。接着，同学的研讨报告则是中文为尚。我在授课日文教材时，先以一段落为一单元，一行一行地译出，之后再重复一次，同学有疑问的，会将此段再次译出，且相互讨论。授课期间，均留有录音。2001 年起，得小型计算机、录音笔等电子产品的功能之助，可更快速地进行译文的处理。再者，课前课后一定要有读书会，课前学长们会带大家先作备课，课后分工分段录入，汇整后于下周上交，我再加以修订，之后，重复修订两次或三次，就成了每周进度的暂定稿，期末则由轮值同学汇总完稿。这次交上的，就是这个汇整稿。

记得是 2008 年的五六月间，赵声良受聘到台南艺术大学，其间亦受邀到台北艺术大学美术史研究所专题讲演。当时，赵声良见到研究生们忙于整理此书某一章节的排印稿，便谈起此书整理后出版的可能。2013 年我退休后，便尝试将此书多年的研究生整理稿，汇集起来，再加原书引用的《大正藏》原文，请研究生们分头一一校对处理，终于编出其实极不成熟的"初译稿"，未再加修正，于翌年（2014）寄给在敦煌研究院的赵声良。

此"初译稿"，直白地说，是很不成熟的。与研究生们一起研读的整理稿，由以往经验知，若不再修正两三次是无法读懂的。像此书中的"佛顶曼荼罗"一节，因有需要，经我修正了三次，再经两位研究生校对，才刊出在学报上。因此，此书后段的大量修正、校对与处理，是极为繁重又艰难的工程，还有数量庞大的图片需要重新找寻，编号需要核对等，说实在的，非赵声良团队，无能承之，更无法成之。事实上，2014 年"初译稿"寄出后，我就一直愧歉着，个人不才，且力量薄弱，幸运的是，有着赵声良这么一位执着又坚持的道友。

近日因举办为期三天的第 22 届亚洲佛教艺术研习营，直至 9 月 4 日晚间才打开信箱，读到赵声良于前一日上午所发的邮件，略谓："前次（6 月 30 日）敦煌相会，来去匆匆，只惜未能从容相叙。《敦煌画研究》一书的译稿，今年已交浙江大学出版社。去年由该出版社申报国家出版基金，已获国家基金支持。"至此，长达十八年的翻译整理工作，终画下句号，真令人欣喜。依赵声良信件指示，即"为此书写一篇序，谈谈松本荣一的学术意义，另外也讲讲翻译的经过"。后学自知力有未逮，难当此任，出于无奈，不得不勉为其难，草成此序。疏误在所难免，恳切期望读者谅察。

林保尧

2018 年 9 月 7 日

序

　　十九世纪末期以来，各地学者前往中亚遗迹进行探险而推动了东洋文化史的研究，其贡献无可估量。尤其是唐代以前的绘画，以往在中国及日本均憾于所存无几，而中亚的发掘品即便其中在技术上杰出的作品不多，但就其庞大的数量，同时尚包括一些罕见的种类而言，作为研究的资料来说是极其重要的。而且，关于这些资料，无需赘言其大多数尚需要专家学者作出进一步的研究。本书作者松本荣一先生在东京帝国大学学习期间，已立志于中亚艺术的研究，毕业之后前往欧洲留学，尤其参与了英、法、德等国博物馆及其他所藏发掘品的调查工作。昭和五年（1930），松本先生接受推荐成为东方文化学院东京研究所的研究员，专攻古代中亚绘画研究。最初的两年主要研究了中亚和中国新疆地区的古代绘画，其后的两年开始尝试对与中亚、中国新疆地区绘画有密切关联的敦煌画的研究，现付梓出版的《敦煌画研究》为松本先生提交东方文化学院研究报告的一部分。本书的研究对象是迄今为止欧美学者并未给予充分重视的各类敦煌画作品，其内容难解甚至有人担忧本人会中途而废。但松本先生从如此众多特殊的作品中提取了具有学术研究价值的部分并加以论述，此点可谓本书的最大特色。作者在对千佛洞壁画做了细致深入的研究之后，发现其中存在完全出乎人们意料的作品，或仅有文献记载而至今不见实例的作品，此点作者功不可没。类似的研究在日本以前有过，但均不完整，似本书如此系统完整的研究尚未见有过先例，值得在此大力推荐。

泷精一
昭和十二年（1937）三月

自　序

　　昭和九年（1934）五月，本人将以"古代中亚艺术（以绘画为中心）"为题的研究报告提交至东方文化学院东京研究所，这一研究是在恩师泷精一博士的指导下取得的成果。其内容分两个部分：一是主要以和阗、库车、喀喇沙尔、吐鲁番等中国新疆各地发现的古代绘画为中心；二是与其密切相关的敦煌画为主的补充部分。此项研究报告一直处于暂时提交的状态，而去年春天，所长服部宇之吉博士提出接到内部指示并商谈出版一事，包括出版费用及其他相关事宜。我本人对于为此项近乎杜撰的研究投入莫大的费用付诸出版感到不甚值得，但研究所出版委员池内宏博士和原田淑人博士却热心于此，同时出于指导老师泷精一博士的意向，遂开始了出版的准备工作。由于报告中所需的图版数量庞大，于是暂时取消全部内容的出版，决定出版其中的一部分，即研究报告的后半部，其为不需要重新拍摄照片、以敦煌画为中心的部分。出版计划决定先将这一部分整理成册，以"敦煌画研究"为题付诸出版。然而这一敦煌画研究当中，我本人于昭和九年（1934）五月以后在东方文化学院东京研究所申请了新题目并开始研究工作，此研究中有几处需要特别的交涉，同时由于新的研究项目有相当的部分需要补充，所以打算将这些部分均纳入第二次出版计划当中，而与图像关联的部分，则简化编辑并作为第一次出版刊行，以便省却日后烦劳，因此决定将这一部分总结一处，进行单独出版。与敦煌画相关的历史研究、技法的研究，以及其他一般概述性研究，或与佛画不甚相关的山水画研究等部分，今后如有机会，将其作为另一研究亦有可能公之于世。

　　在此书刊印之际，我作为一名日本的年轻学者，谨向斯坦因（Aurel Stein）和伯希和（Paul Pelliot）致以衷心的感谢，二人所提供的珍贵的研究资料被全球学界称为空前未有。每当念及自己的研究著作见识短浅而徒令二人的携回品名誉受损之时，感谢之余，不由得惭愧难当。

　　恩师泷精一博士早先便已注意到敦煌画的研究实为东洋古代绘画研究的当务之急，因此率先致力于制作精美的摹本，并于大正十一年（1922）将斯坦因收集的敦煌画中的一部分制成摹本上交东京帝国大学。当时我等入学不久尚为低年级的学生，便有机会参加泷教授使用新资料讲授的课程，可谓幸福之至。想来我本人与敦煌画所结的不解之缘即始于当初。其后昭和三年（1928）及四年（1929），我有幸在伦敦大英博物馆、巴黎卢浮宫博物馆和吉美博物馆以及国立图书馆，另外尚有柏林土俗博物馆等地，接触到斯坦因、伯希和、奥登堡三人所收集的敦煌千佛洞壁画的残片和千佛洞发现的绘画、幡画等实物[1]，这一切均成为我日后在东方文化学院关于敦煌画研究方面的重要食粮。

在东方文化学院东京研究所研究期间，在泷博士的悉心指导下，我专心致力于古代中亚的艺术研究，同时研究敦煌画，其理由将于绪论中陈述。由于我佛教方面知识匮乏，仅跟在诸前辈之后如法炮制，故书中在佛教用语、措辞、引用佛经等方面未免要贻笑大方。在汉文引文中需讲究训诂句读，这对于我等浅识薄学之人实为重荷，因担心误读或无力解读之事贻笑于世间，本打算照搬白文，而又转念觉得这一做法亦卑劣无耻，因此即便有误读可能的地方也如实记录，而无力解读的地方则照搬白文，以待方家厚意指正。在刊印这一难以脱离未完成状态的小书之际，对于书中出现的各种错误，在此恳请世间诸贤提出正确的意见和建议。

附图中所示图片部分采自于已刊的出版物，而其中不少为第一次公之于世的图版，此均有赖于各相关博物馆的厚意而得以许可，在此对各位相关人员致以深深的谢意。尤其是吉美博物馆馆长 J. Hackin，在我拍摄分别藏于吉美博物馆和卢浮宫博物馆等地伯希和携回的作品时给予了诸多的方便，对这次《敦煌画研究》的出版提供了莫大的帮助，谨在此深表谢意。在我留学巴黎期间，畏友文学博士吉川逸治氏在百忙之中抽出时间，为拍摄图片四处奔走交涉并承担了监督之任。昭和十年（1935）以来，吉川氏为东方文化学院东京研究所制作研究图片资料不辞辛劳、不遗余力，在此表示我满腔的谢意（书中附图旁记有东方文化学院原版之文的即吉川氏辛苦所制）。吉川氏在绘画方面以外，对伯希和收集的敦煌文书中有关法律、地志、音乐等图片拍摄亦竭尽全力，在其努力之下，东方文化学院东京研究所方得以收藏到诸多珍贵的敦煌资料，据此今后研究所职员们一定会不断发表新的研究成果。

本书的出版无需多言是在东方文化学院东京研究所所长服部宇之吉博士的深切关怀以及恩师泷精一博士的谆谆指导下才得以实现的，更承蒙了许多人的帮助和支持，本人将铭记于心，没齿难忘。

松本荣一

昭和十二年（1937）二月

二十六日于叶山森户河畔寓居

---

1 译者注：原文用"幀画"与"幡画"并举，"幀"为"帧"字古写，但在中国并无"帧画"一词，按日文意为通常的绘画品，与幡的作用有别，故本书用"绘画"与"幡画"并举。

原 著 凡 例

一、本书不畏繁琐尽最大努力选取数量众多的敦煌画作品，期盼为研究人员提供更多的研究资料。

二、书中所记千佛洞即指敦煌千佛洞，其洞窟编号均依据伯希和的编号，其中出现斯坦因编号时将标明其出处或记为"S第……窟"。

三、关于作品的年代，书中没有特别标记的作品，当属于五代前后。

四、关于作品的大小，正文中记述大约的尺寸，附图旁标有较精确的数字以期万全。如226厘米×140厘米意为长226厘米、宽140厘米，但从英尺换算而来的数字未免有所差池。残片由于形状不规则，仅记其大致的尺寸并在数字前方标注 * 记号。

五、为方便起见，对中国新疆地区出土的作品，在插图旁记其出土地区的大致地名，而其详细地名将于正文标出。如"吐鲁番"、"高昌"，包括"木头沟"、"吐峪沟"、"喀喇和卓"等。"库车"、"和阗"、"喀喇沙尔"等亦同。

六、正文中的插图均记为"Fig…"，以防"插图"、"附图"相混淆。

七、关于附图与正文的关系，在附图旁均记有相关章节以示其中的联系，具体页数可从卷末"附图、正文对照表"中查找。正文未出现之附图与其他的论文相关。

八、采自已出版图录中的附图，即便其非常重要，多数仍以小图处理，而尚未影印出版的较少见的图版将放大处理。已出版的图例，根据实际需要有的扩大并复制。

九、附图中的珂罗版图版除千佛洞壁画以外，尽可能使用较清晰的照片进行制版，但其中包括采自其他已发行图书的图版。图片的出处标于各图。

十、附图尚有出于编辑的原因而割爱的部分，期待将来有机会与彩板一起进行增补。

十一、为方便起见，文中对欧洲以及印度的各博物馆使用了略称，其正式名称如下：

大英博物馆	British Museum，London
卢浮宫博物馆	Musée du Louvre，Paris
吉美博物馆	Musée Guimet，Paris
柏林土俗博物馆	Museum für Völkerkunde，Berlin
德里中亚博物馆 [1]	Museum of Central Asian Antiquities，Delhi

国外著作书名亦多处使用其略称，原书名举例如下：

伯希和（Paul Pelliot）：*Touen-Houang*	*Les Grottes de Touen-Houang*
魏勒（Waley）：*Catalogue*	*A Catalogue of Paintings Recovered from Tun-Huang by Sir Aurel Stein*
福歇（Foucher）：*Gandhâra*	*L'Art Gréco-Bouddhique du Gandhâra*
勒柯克（Le Coq）：*Spätantike*	*Die Buddhistische Spätantike in Mittelasien*
格伦威德尔（Grünwedel）：*Idikutschari*	*Bericht über Archäologische Arbeiten in Idikutschari und Umgebung*
格伦威德尔：*Kultstätten*	*Altbuddhistische Kultstätten in Chinesisch-Turkistan*

1　译者注：现称为印度新德里国立博物馆。

中文版说明

一、本书文字、插图、附图的编排中所使用之标识，原则上按原著的体例，如插图用 Fig 表示。附图作为单独一册成书，并以图版顺序制成目录，以方便读者阅读。图版的序号也按中文序号排序。

二、敦煌石窟的窟号，原著采用的是伯希和编号，部分洞窟还使用了斯坦因编号，但现在通行的是敦煌研究院编号。为了保持原著的信息，我们在窟号的后面用方括号标识出敦煌研究院编号。另外，由于原著对洞窟方位的标识多采用"左壁"、"右壁"来表示，为避免读者产生误判，我们在相应的文字后面同时注出壁画东、西、南、北方位，例如，千佛洞第 120G 窟右壁［D45 北壁］。凡原著作者记录有误的，均按现行准确位置标识。

三、原著所用敦煌石窟照片多为伯希和 1908 年所拍摄，且文中所述内容在照片中可能只是边缘部分，难以看清其全貌。今天我们有条件提供更好的敦煌石窟图片，因此尽可能使用与内容更吻合的图版资料。对中文版出现的图版与原著图版不一致的情况，特此说明。

四、原著涉及不同国家博物馆的藏品，而有的博物馆名称现在可能已经改变，而且有的藏品可能已不为原来的博物馆所收藏。但由于我们不能完全掌握这些情况，所以一仍其旧，保留原著信息。

五、原著引用之《大正藏》，与今通行本页数、行数均有些许差异，本书保持原著之风貌，不作改动。本书所涉及之其他引文，依现行点校本校核。尚无点校本行世之史籍史料，大多依通行本校核。

六、本书从 1937 年东方文化学院东京研究所[1] 本译出，并在页边标出原书页码，以便查阅和使用。

七、本中文版中，对原著中的图版错误进行了修正。如下册附图二九 b、附图五六 a、附图五九、附图六一 b、附图六二 b，原著所刊为错误图版，本次出版中均一一进行修订。

八、本书下册附图一二九至附图一三六，附图一四二、附图一四四 b、附图

1　译者注：1937 年版为东方文化学院东京研究所出版，1985 年版为同朋舍出版。

一八九 a、附图一九八 a、附图一九九 b、附图一九九 c、附图二〇一、附图二〇二、附图二〇三、附图二一二、附图二一三、附图二一七、附图二一九、附图二二一、附图二二二、附图二二四等图，在上册中未出现对应之文字，而在原著最后"附图、正文对照表"中，作者则注明上述图版见于"别篇"。原著作者在自序中曾提及欲刊行另一研究（即作者所说之"别篇"），因此中文版仍按原书列出这些图版。

九、原著中常使用"（？）"表示作者不确定之尊像、主题或相关文字等等，中文版中对原作者存疑之处仍予以保留。

十、原著中在引用榜题等文献时，常以"□"表示缺字；又有"□"之后紧跟括弧者，括弧内所代表的是作者根据相关文献推定的补阙字词。又有汉字底加"·"者，表示缺失之文字。中文版对此均予以保留。

十一、原著中所出现之日文论文或西文著作、论文名称，本书多不作翻译，保留原状。

十二、原著中存在少量图版未加图注说明，为方便读者阅读，中文版中均以"图……"的形式予以标识。另外，对书中所出现之表格，亦按章节顺序进行标识，如"表 1.1"即表示第一章所出现之第一个表格，在此说明。

目　录

绪　　论

本书所研究的"敦煌画"，指中国甘肃省敦煌千佛洞[1]现存的诸多壁画，尚有斯坦因（Aurel Stein）、伯希和（Paul Pelliot）、奥登堡等人由敦煌携回而现保存于世界各地博物馆的壁画残片以及绢本、麻布、纸本绘画。出处不明但可明显判定出自敦煌的其他个人收藏品亦包括其中。

纵观中国绘画史，在任何意义上说最为辉煌的时期非隋朝、唐朝莫属，此点已无可置疑。然而属隋唐时代的各类中原绘画的实例所存却微乎其微，提及隋唐中原绘画的研究实例，反而要以日本法隆寺金堂壁画、一部分正仓院的皇室藏品或存留于其他寺院的与佛教相关的艺术品为准，据此类推中国的情况。然而，随着近年各国纷纷派遣探险队至新疆、甘肃等地实地调查，各种调查报告得以发表。这些报告与各类被携回的文物，展现出各个出土地的古代文化与中国内地之间存在的密切关系，尤其对于远东古代美术研究者来说，敦煌画的研究即为知晓隋唐绘画精髓的捷径，这一感触近日有增无减。以下为有关敦煌画研究的书籍：

斯坦因：*Ruins of Desert Cathay*，2 Vols. 1912.

伯希和：*Les Grottes de Touen-Houang*，6 Vols.1920—1924.

斯坦因：*Serindia*，5 Vols.1921.

斯坦因：*The Thousand Buddhas*，1921.

斯坦因：*On Ancient Central-Asian Tracks*，1933.

上述书中均列举了丰富的图片，尤其 *Serindia* 一书中对各类绘画作了详细说明，可谓提高了人们对敦煌画的了解。其他的书籍虽对个别作品的研究不多，但登载于学术杂志上的研究成果以及诸位前辈发表的学术研究，均给予我们极大的启发，甚至可以说我的研究首先是源于其中的。

然而，甚感遗憾的是，如此数量庞大的敦煌千佛洞壁画几乎不为世人所注目（原

1　译者注：本书原著中所称之敦煌千佛洞，今普遍称之为敦煌莫高窟。

因之一在于伯希和所编敦煌图录的图片甚为模糊，无法据此进行深入细致的研究），迄今为止尚未有人尝试进行系统的研究。同时，奥登堡与伯希和二人携回的大部分作品以及斯坦因携回的约四分之三的作品，至今未有影印出版，与之相关的研究止步不前。由此，笔者在此尝试研究敦煌画，无时无刻不以千佛洞壁画为基础，并尽己所能从中获取研究资料，同时将列举各地博物馆及其他个人藏品中出自敦煌的作品，尽管它们常年不为学界所知而埋没至今。

将敦煌画作为一个整体进行观察时，可以发现其具有许多特色。首先是敦煌画作为绘画所具有的丰富程度和其作品数量的庞大程度。按照伯希和的统计，敦煌千佛洞的主要洞窟数量超过 200 个，而中国的官方调查数目达到 353 个（参见陈万里《西行日记》所附官方调查表），且大部分洞窟内均尚存雕刻以及壁画，如果对壁画进行统计的话，其数目将不可估量。另，从千佛洞搬出的绢本、麻布、纸本等各类绘画，仅经斯坦因之手的就达 550 余件，又加斯坦因携回的附于经卷和其他文书中的绘画、伯希和携回的各类绘画以及由其他人携出敦煌而现今散落于各地的绘画，总计恐多达数千件。在将这些绘画作为整体研究时，对于其数量在此之上已不存任何奢望了。而从其材料、形态、题材等方面来看，其种类之丰富令人惊叹。除壁画以外，还有绢本、纸本、麻布之类的作品以及很多版画，刺绣亦颇具规模，甚至还有将剪纸贴于衬纸上的剪纸画。从形态上看，有幡、卷子、册子、梵夹，各种形式均值得注意，而且其中很多作品保持着当时的形状，从中可窥见古代绘画的装帧方法。画题的种类亦丰富多样，以阿弥陀、药师、弥勒、释迦的各类净土变相为主，有与经典相关的各种叙事性绘画（法华经变相、维摩经变相、报恩经变相、观经变相、华严经变相、牢度叉斗圣变相、十王经图卷、佛传图、本生图等），形式上有佛部、菩萨部、天部等各种尊像（其中尚包括不见于已有佛画中的双身佛、引路菩萨等罕见的尊像），与密教相关的各个尊像以及各种曼荼罗、坛城图（许多与西藏佛教密切相关）、印契图（手印契印）、护符等。其他尚有罗汉画、高僧图、肖像画乃至佛教以外与道教、景教等相关的绘画、绘历、鉴相图，对于研究古代山水画、风俗、服饰等所需要的资料一应俱全，不仅数量庞大，而且种类丰富。

其次为各类作品的年代。壁画中年代最早的为六世纪初或可上溯到更早的时代，隋代、唐代、五代、宋代的实例更不必说，甚至与元代、明代相关，通过这些作品可知中国壁画历史变迁的大致情况。而绢本、纸本等绘画及幡画中亦包括唐初至宋初各个年代的作品，其中很多留有纪年、题记，为绘画的年代判定提供了准确的时间。在绘画的风格样式上，有完全继承印度样式的，有正处于中原化过程当中的，有已经中原化并呈现出中原独特风格的，又有展现于阗、龟兹等西域谱系画法风格的，或反映萨珊绘画特色的，或与西藏绘画具有紧密联系的，各式各样，不一而足，百花齐放，蔚为壮观。

敦煌千佛洞中的塑像由于后世拙劣的修复，许多造像已不见原状并受到极大的损伤，所幸的是壁画的重绘现象较少，其中部分壁画全部或部分被重绘为其他的形式和内容，极少有在原先的壁画上重描或重妆的。绘画、幡画外装部分亦有修补更改的例子，但画面中几乎不见有重绘现象。这一点与存世的其他古画相比，可谓是敦煌画所独具的值得自豪的特色。其原因在于敦煌画原本是人们以供养奉纳为目的而绘，而非供人赏玩，故不会付之等闲而不受到该有的保养，并辗转于收藏家之手被随意改头换面。没有受到世间所谓猎奇者的宠爱，对敦煌画来说反而成为莫大的幸事。

敦煌画绘制的地方从地理的角度来看是距离中原遥远的边疆地区，由此存在一种偏见将其看作非主流绘画。从艺术价值的角度而言，敦煌画中有不少属于绘画水准较低的作品，但其为解释中原绘画古文献上出现的疑问提供了切实的图例，值得重视。借敦煌画可以想象古代中原绘画的壮观景象，从这一点来说，敦煌画于中国美术史无疑具有重要的地位并应引起特别的关注。同时，敦煌画所具有的地方特色中，应注意其中所包含的浓厚西域文化渗透的痕迹，除了描法、造型、内容等表现出的特质以外，尚有许多绘画同时记有梵文、藏文、回鹘文及其他西域文字，显示出敦煌画的复杂性，同时也反映出中国文化的复杂性以及包容性，引人入胜。

以下对种类繁多的敦煌画分数章进行详述，首先对图像进行分类整理，在各章中记述不同图例，或从图像学的角度分析其绘画特色，或与西域画、日本画进行比较。本书中所能涉及的图例仅为敦煌画中的一部分，其他无法涉及的例子将另作研究、分析，以进行补充说明。本书作为敦煌画研究的第一步，主要目的在于阐明敦煌画中所包含的内容及其绘制依据。

第一章　敦煌画各种变相的研究

第一节　阿弥陀净土变相及观经变相

一、阿弥陀净土变相与观经变相的区别

一般认为，观经变相即为阿弥陀净土变相。而观经变相并不一定是采用净土变形式构图的变相。同时，阿弥陀净土变相也并非观经变相。阿弥陀净土变相是依据《大无量寿经》或《阿弥陀经》等文字所描绘的西方极乐净土的庄严相描画而成的图绘；而观经变相则是依据《观无量寿经》（简称《观经》）所描绘的太子阿阇世对于频婆娑罗王和韦提希夫人的逆恶及佛所说有关十六观门的事迹，以种种图相进行表现。两者均以阿弥陀信仰为中心，但就其成因来看，出发点各不相同。由此，两者的表现完全不同。如附图一 b 所示敦煌壁画（详情后述）即为将西方极乐净土的庄严相描绘成图的唐代阿弥陀净土变相，如附图二一 a、附图二一 b 所示（详情后述），即是依据《观经》所说故事的唐代观经变相，应将此两者于内容及形式上看作完全不同类型的佛画。然而，尚能见到阿弥陀净土变相与观经变相两者结合后产生的第三种图形，阿弥陀净土变相的外侧适当添加观经变相之后形成的图形即为此类。附图三 b 以下所示的多数敦煌画以及日本称为当麻曼荼罗的净土变相（Fig.3）等均为其实例。可以说，其作为阿弥陀净土变相的同时，亦兼有观经变相的性质。

因此，严格地说，"阿弥陀净土变相"、"观经变相"、"净土变形式的观经变相"三种形式共存，而其中第三种形式从某种意义上说，称之为"观经变相"亦未尝不可。意将净土庄严相（中台）释为《观经》所说与九品往生相关联的内容，而中台宝池中的九品往生即为其明确的说明。由此，即便没有观经变相外缘，仅有净土相的图，其中如绘有九品往生，就应将其视为"省略了外缘的图形"，而不是具有中台及外缘的观经变相。如附图一 a、附图二 a、附图三 a，乍看很容易误判为与观经变相毫无关联的单纯的阿弥陀净土变相，实际上其为简略形式的观经变相。如此考虑，与观经变相相对立的纯粹的阿弥陀净土变相的实例少之又少，以净土庄严相作

为中心的图例，形式上将其称作阿弥陀净土变相没有大错，如果图的重点在于净土变形式，称之为阿弥陀净土变相亦无不可。重要之处在于其重点强调的部分，如果图的内容的重点在于与《观经》具有关联的部分，当然应称之为观经变相；但是，如前所述，称其为"净土变形式的观经变相"是最为妥当的。

净土变相，除阿弥陀净土变相以外，尚包括药师、弥勒、释迦等净土变相，详情后述。这些图的构图均大同小异，特别是要从中分辨出阿弥陀净土变相往往非常困难。但如果图中宝池里绘有九品往生相，即可断其有别于其他，为阿弥陀净土变相图；如果图中不见九品往生相，需要以主尊的形象、姿态或者从属诸尊的种类等为依据判定其为何佛，但据此判定净土的种类相当困难，且常伴随出现谬误的危险（如附图一四中尊右手结三界印，左手持药器，为药师如来，但如后所述，实为西方净土阿弥陀如来）。由此，如果图中不见文字说明，且其所在方位（如寺院壁面）无法断定时，要判断净土的类别是极其困难的。另，寺院殿堂内壁画，特别是有时选择西方壁面绘制西方净土变相，《历代名画记》所记上都兴唐寺小殿内吴道子画西方净土变相，东都敬爱寺大殿内赵武端画西方佛会，均绘于堂内西壁，日本法隆寺金堂壁画亦将西方阿弥陀佛绘于西方壁面，这一点仿佛为必须遵守的规定，但事实并非如此简单，西方净土变相并非一定绘于西方壁面。《历代名画记》记述东都敬爱寺东禅院殿内东壁绘有西方净土变相，另敦煌千佛洞唐代所绘诸多实例可见，西方净土变相的方位不可能定于一处（如后所述千佛洞壁画，很多净土变形式观经变相的例子，其分处于南北两壁，很难分清其规律）。

因此，在敦煌千佛洞壁画及敦煌出土的绢画中找出非观经变相的阿弥陀净土变相十分不易。尤其敦煌画中存在很多无视构图及图像制约的绘画，所以分选与观经变相对立的纯粹的阿弥陀净土变相风险极大。换句话说，敦煌画中辨别兼有观经变相的阿弥陀净土变相不难，但判断不涉及《观经》内容的阿弥陀净土变相则非常困难，即使能够判断，亦只能停留在推定阶段。如附图一b，其位于窟内南壁，但图形构成类似如附图一a、附图二a，包含有九品往生的净土变形式的观经变相，且主尊手印为阿弥陀佛最为常见的转法轮印，通过此类现象，可以推断其为阿弥陀净土变相，但仅能停留于推断而并不具备断定性质。

由此，本书在研究敦煌画中的阿弥陀净土变相和观经变相时，首先需要对容易识别的观经变相有一定的了解。

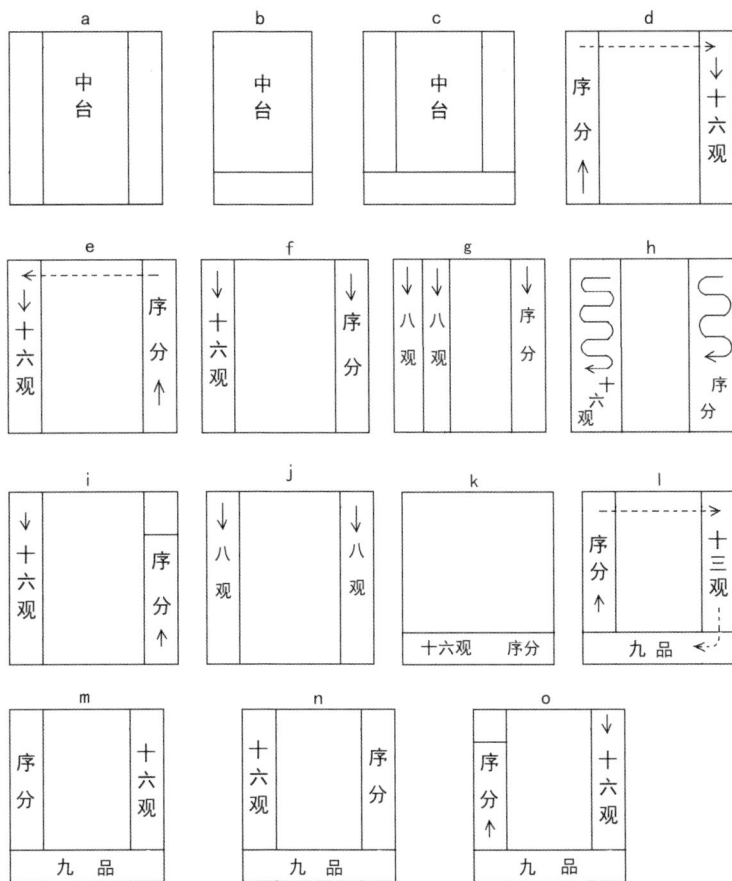

Fig.1　观经变相外缘配置图

二、观经变相

由敦煌文物可知唐代观经变相的形式大概分三种 :（一）净土变形式并具有外缘部分 ;（二）净土变形式但不具有外缘部分 ;（三）非净土变形式。以下就这三种形式一一举例加以说明。

（一）净土变形式并具有外缘部分

这一形式为阿弥陀净土变相附加《观经》内容而成，大多数观经变相属于这一形式，且其外缘部分形式及内容丰富多变，令人叹为观止。这一形式的观经变相又分三类 :第一类，中台左右两侧为外缘部分（Fig.1a）;第二类，仅中台底部为外缘部分（Fig.1b）;第三类，中台左右两侧及底部均为外缘部分（Fig.1c）。其中第一类的观经变相在敦煌画中数量最多，以下为主要图例：

千佛洞　第53b窟　　右壁［D197 北壁］一图（附图三 b）

6

千佛洞　第59窟　　　右壁［D201 北壁］一图（附图四 a）

千佛洞　第51e窟　　右壁［D194 北壁］一图（附图四 b）

千佛洞　第33窟　　　右壁［D172 北壁］一图（附图一九 a）

千佛洞　第33窟　　　左壁［D172 南壁］一图（附图二〇 a）

千佛洞　第14窟　　　左侧龛［D154 北壁］一图（附图五 a）

千佛洞　第120G窟　右壁［D45 北壁］一图（附图五 b）

千佛洞　第139A窟　左壁［D320 北壁］一图（附图六 a）

千佛洞　第54窟　　　右壁［D103 北壁］一图（附图二〇 b）

千佛洞　第53d窟　　右壁［D199 北壁］一图（Fig.2）

千佛洞　第34窟　　　左壁［D113 南壁］一图（附图六 b）

千佛洞　第114窟　　右壁［D66 北壁］一图（附图七 a）

千佛洞　第44窟　　　左壁［D120 南壁］一图（附图七 b）

德里中亚博物馆藏　敦煌出土（斯坦因携回）　绢本着色一图（附图九）

德里中亚博物馆藏　敦煌出土（斯坦因携回）　绢本着色一图（附图一〇）

大英博物馆藏　敦煌出土（斯坦因携回）　绢本着色一图（附图一一）

德里中亚博物馆藏　敦煌出土（斯坦因携回）　绢本着色一图（附图一二）

德里中亚博物馆藏　敦煌出土（斯坦因携回）　绢本着色一图（附图一三）

7

德里中亚博物馆藏　敦煌出土（斯坦因携回）　绢本着色一图（附图一四）

吉美博物馆藏　敦煌出土（伯希和携回）　绢本着色一图（附图一五）

属于第二类仅中台底部为外缘部分的观经变相仅有一例：

吉美博物馆藏　敦煌出土（伯希和携回）　绢本着色一图（附图一六）

此画于净土变相外缘研究极其重要，需引起注意。

第三类为中台左右两侧及底部具有外缘部分，有以下几例：

千佛洞　第31窟左壁［D171 南壁］　一图（附图八 a）

千佛洞　第31窟右壁［D171 北壁］　一图（附图八 b）

Fig.2　千佛洞第 53d 窟右壁［D199 北壁］观经变相

千佛洞　第 70 窟右壁［D217 北壁］　一图（附图一九 b）
大英博物馆藏　敦煌出土（斯坦因携回）　绢本着色画残片（附图一七 a）

　　如上所述三类均于外缘绘有《观经》所说故事，但图整体所示中心在于中台所
绘极乐净土的庄严相。如前所述，这些均是将《无量寿经》、《阿弥陀经》等所说的
想象中的极乐净土图像化的结果，无论何种图例其构思大体相同，即背景绘有宏伟
的楼阁，中景以阿弥陀为中心配置观世音等圣众，池水里有九品往生者，前景所示
奏乐舞蹈已经定型。尤其应当注意加有九品往生者，如前所述此基于《观经》，而
《观经》中仅有上辈、中辈、下辈的三辈往生。另外，一般中台圣众中不加入声闻

9

Fig.3　文龟本当麻曼荼罗

人物，偶有图例加入声闻形象，可见附图四 b、附图一二、附图一六等。日本称作当麻曼荼罗的观经变相（Fig.4）中，中台一般不见声闻形象，但清海曼荼罗（Fig.5）同于附图一二、附图一六等敦煌画，加有四尊声闻形象。

相对于中台，外缘部分一般配置《观经》所说的"序分六缘"（禁父缘、禁母缘、压苦缘、欣净缘、散善显行缘、走善示观缘）与"十六观"（日想观、水想观、地想观、树想观、八功德水想观［宝池观］、总观想观［宝楼观］、华座想观、像想观、遍观一切色身想观［真身观］、观音想观、势至想观、普想观、杂想观、上辈生想观、中辈生想观、下辈生想观）。其排列形式多样，第一类左右两侧有外缘的情况也分以下四种：

（1）左侧外缘按升序排列序分图相，右侧外缘按降序排列十六观图相（Fig.1d 的形式，参见附图三 b、附图四 a、附图四 b、附图一九 a 等）；

（2）右侧外缘按升序排列序分图相，左侧外缘按降序排列十六观图相（Fig.1e 的形式，参见附图五 a、附图五 b、附图六 a、附图九、附图一〇、附图一一、附图

Fig.4　文龟本当麻曼荼罗部分图

Fig.5　极乐寺清海曼荼罗

一二、附图一三、附图一五等）；

（3）右侧外缘按降序排列序分图相，左侧外缘同样按降序排列十六观图相（Fig.1f 的形式，参见附图六 b、附图七 a）；

（4）左右两侧外缘按降序各排列八观（Fig.1j 的形式，参见附图七 b）。

现将以上各种图相以实例进行详述。

附图三 b（千佛洞第 53b 窟右壁［D197 北壁］观经变相）

左侧外缘的序分图相最下段中，首先为王舍城的太子阿阇世听从提婆的教唆，幽闭父王频婆娑罗，并取兵控制朝廷大臣，使其无法前往。其上段韦提希夫人以酥蜜和面涂身，将葡萄汁灌入璎珞之中偷偷带给国王。其次为接受国王恳请，目犍连、富楼那两尊者由耆阇崛山飞来，接着阿阇世因韦提希夫人之所为而发怒，提剑欲杀其时受到月光和耆婆两大臣劝谏，而停止其暴行。再次为释尊及目连、阿难由耆阇崛山来到遭受囚禁的韦提希之处。最上段绘有耆阇崛山上的释尊以及圣众。

此处应注意目连、阿难来到囚禁韦提希之处，是由最上段耆阇崛山乘云而来，与之相对，释尊所乘之云却为由地涌出，两者出现方式各异，此出自《观经》一节：

11

　　尔时释尊在耆阇崛山，知韦提希心之所念，即敕大目犍连及以阿难，从空而来，佛从耆阇崛山没，于王宫出。（《大正藏》，册12，页341b）

　　可见画面完全忠实于经文，此亦为变相的一大特色，值得注意。

　　左侧外缘序分图相于其最上段结束后，接着转向右侧外缘最上端，以此为开始下方绘"十六观"。各个画面与其称呼对应出现，无需更多说明。其中，第六观总观想观示以宝楼阁，第九观遍观一切色身想观示以无量寿佛的身相光明，第十二观普想观示以莲花中坐像，第十三观杂想观示以池水上的丈六像，第十四观上辈生想观示以云上金刚台，第十五、十六两观的中辈生想观、下辈生想观均示以云上未开敷莲花。

　　如此，于一侧外缘将十六观全部绘出，对于在日本习惯于当麻曼荼罗画面的人来说，不禁稍觉奇异，而在敦煌壁画中，这种表现形式却很常见。日本当麻曼荼罗将十六观的最后三观作为九品往生相九图置于中台底部，可见敦煌壁画有别于日本之图，实为另一类排列方式。而在这一点上，《观经》所说九品往生相虽绘于中台宝池当中，但对于经典词句的说明性的图样丝毫没有省略。故日本所传当麻曼荼罗式的观经变相形式实为唐代诸观经变形式中的一种，当知在中国，如附图三b样式的绘画作品尚有很多。由此，《历代名画记》卷三中东都敬爱寺"大殿内……西壁西方佛会（赵武端描）十六观"，其所绘西方净土变的十六观图相没有绘出九品来迎图相，采用附图三b形式的排列方式，仅具备一连十六段的外缘，与上述相符。另外尚有《沙州释门索法律窟铭》及《翟家碑》（同录于《沙州文录》）中所记十六观亦如上述排列方式。

　　附图四a（千佛洞第59窟右壁［D201北壁］观经变相）

　　此图与前者相同，左侧外缘序分图相为升序，右侧外缘十六观图相为降序。但左右外缘顺序与前者稍有差异，左侧外缘目犍连飞来的层段之下，加入阿阇世来访一图；右侧外缘的顺序与《观经》记述不一致，出现了附图三b中所没有的宝幢。其他出现宝幢的图例如附图五a、附图六a、附图一二、附图一三等。

　　附图四b（千佛洞第51e窟右壁［D194北壁］观经变相）

　　此图左侧外缘序分图相为升序，右侧外缘十六观图相为降序。由于损毁严重，无法知其详情。右侧可辨出第七观以下，华座想观、像想观、遍观一切色身想观等。另须注意的是，中台观音、势至二菩萨宝座下各绘有一声闻形人物。

附图一九 a（千佛洞第 33 窟右壁［D172 北壁］观经变相）

图中中台省略，但此图亦属左侧外缘序分图相升序，右侧外缘十六观图相按降序排列的观经变相之一（注一）。序分图相从下绘有幽禁国王、太子来访、韦提希献食、目犍连飞来、二大臣进言、释尊等现出、耆阇崛山中圣众，分七段绘出，而十六观图相与《观经》中的顺序有所差异，第六观与第一、三观置于同位，第四观与第五观位置上下颠倒。右壁的这一十六观图相与窟内左壁所绘观经变相（附图二〇 a）的十六观图相完全相同。

附图二〇 b（千佛洞第 54 窟右壁［D103 北壁］观经变相）

此图左侧即为北壁的观经变相，此处仅有右侧外缘，但与前四组实例相同，可以想见其形式为中台左侧置序分图相，右侧置十六观图相。

以下所举实例与上面所述五组相反，为中台右侧置序分图相，左侧置十六观图相的情况（Fig.1e 的形式）。

附图五 a（千佛洞第 14 窟左侧龛［D154 北壁］观经变相）

中台右侧外缘以升序置序分图相，而左侧外缘以降序置十六观图相。由此，序分图相由下而上分六段：（1）国王幽禁；（2）太子来访；（3）二大臣进谏；（4）韦提希献食；（5）尊者飞来；（6）耆阇崛山中的释尊。其中，二大臣进谏与韦提希献食应当颠倒位置才正确。另，十六观图相仅绘出十一观，除日想观、水想观、地想观、树想观、八功德水想观、总观想观、华座想观等以外，其他均难以判断其表现的是哪一想观，而且其顺序亦与现行存在差异。

附图五 b（千佛洞第 120G 窟右壁［D45 北壁］观经变相）

与前者相同，中台右侧以升序置序分图相，左侧以降序置十六观图相。图下部壁面剥落，据中台及外缘的排序推测可知，序分图相中现存的部分自下而上为四段：目犍连（或富楼那）授戒说法、太子拔剑、释尊等飞来、耆阇崛山圣众，剥落的部分应为国王幽禁、韦提希献食的两段。十六观图相由上至下从第一观到第十二观残存，其余四观缺失。此处值得注意的是，十六观的十六图相于此图中两列八段排列整齐，与序分图相的六段（或七段）基本保持图形上的平衡。此处将十六观相绘为两列，后述附图六 b、附图七 a 亦如此，吐鲁番地区的壁画亦有此类

例子。无论如何，这作为唐代净土变外缘形式的一种，值得注意。另，附图五 b
笔致工整精美，将唐代绘画的风格表现得淋漓尽致。

附图六 a（千佛洞第 139A 窟左壁［D152 北壁］观经变相）

16 同样，中台右侧以升序置序分图相，左侧以降序置十六观图相。序分图相自
下而上为七段：关闭城门、收捕国王、韦提希献食、守门人申告、二大臣进谏、释
尊涌现及尊者飞来、耆阇崛山中的释尊。十六观图相与前述附图一九 a 类似，也有
个别地方顺序不同。此幅观经变相最值得注意的是序分图相最上段耆阇崛山中释尊
现出的情景，与附图九、附图一一相同，释尊仅表现出上半身，乍看好似日本山越
阿弥陀图的构图，但实际上山越阿弥陀图中的阿弥陀是将上半身现于山上，而此处
释尊是将下半身没于山中。图中两者看似相仿，但意义完全不同，即观经变相外缘
所表现的是《观经》中"佛从耆阇崛山没于王宫出"（《大正藏》，册 12，页 341b）
一节，目连、阿难两尊者依敕由空中飞来，释尊则在山中没身，然后才出现于王
宫。为表现"没山出宫"，观经变相中描绘出一个下半身没于地中的释尊和一个由
地面涌出的释尊。

附图二〇 a（千佛洞第 33 窟左壁［D 172 南壁］观经变相）

此图为一铺壁画的左半部分，与前三例相同，中台右侧外缘置序分图相，左侧
外缘以降序置十六观图相，表现的显然是观经变相。此图的十六观图相以及排列顺
序与附图一九 a 完全相同，显而易见，此图与附图一九 a 为同一洞窟内的壁画，并
且出自同一画工之手。

17 ### Fig.2（千佛洞第 53d 窟右壁［D199 北壁］观经变相）

与前者一样，左侧外缘同为沿袭 Fig.1e 形式的观经变相。十六观各图相已不明
显，但可以想见共有十六铺，并且按照降序排列。

下述为中台右侧置序分图相，左侧置十六观图相的例子，但其序分图相并非前
述的升序，而是与十六观均为降序排列的情况（Fig.1f 的形式）。

附图六 b（千佛洞第 34 窟左壁［D113 南壁］观经变相）

右侧外缘序分图相的排列方式为降序，这一点需引起注意，其内容依次为国王
幽禁、韦提希献食与尊者飞来、太子拔剑、释尊没山出宫，并由这四段更进一步增
为五段，释尊由眉间放出金色光芒遍照十方无量世界。这一图相是前述诸例的序分

图相中所未见的，而日本的当麻曼荼罗与之近似。此图下方缺失，由于左侧十六观需要再加两段，故序分图相与之对应进一步向下延长一段，可以想见此处应绘有耆阇崛山。

左侧外缘的十六观为二列八段，与前述附图五b相似，但此图的各段分布于左右，并且排列顺序亦不同于附图五b的曲线形序列，将八观列为两行，如Fig.1g形式。十六观相的顺序与现行《观经》完全一致。

附图七a（千佛洞第114窟右壁［D66北壁］观经变相）

18

此图亦为右侧外缘以降序置序分图相，左侧外缘以下降顺序置十六观图相的观经变相。左右两外缘均为重列，排列顺序亦如Fig.1h所示，呈曲线形，此为其特点。右侧外缘绘观经序分图相为两行八段十六图，左侧外缘绘十六观为两行十一段二十二图（十三观及九品）。而右侧序分图相有幽禁国王、太子来访、韦提希献食、国王祈愿、目犍连授戒、富楼那说法、守门人申告、太子拔剑、释尊没山出宫等。左侧十六观由第一观起至第十三观，完全按照《观经》中顺序排列，其余的九处以九品九图的形式绘出三辈生想。与日本当麻曼荼罗将九品来迎置于中台下方不同，将九品九图与十三观绘在同列这一点尤其值得注意。

以上均为敦煌千佛洞的壁画实例，而以下列举Fig.1e形式敦煌出土绢画实例，其形式为中台右侧以升序排列序分图相，左侧以降序排列十六观图相。

附图九（德里中亚博物馆藏，敦煌出土，绢本，观经变相）

中台右侧外缘分七段绘出观经序分图相，画面下端已残，现存部分由下至上分六段，为太子骑马来访、韦提希献食、守门人申告、太子拔剑、释尊出现、释尊没山。而最上段释尊没山一图如前所述，是对应经文非常有象征意义的地方。左侧外缘

19

十六观图相亦由于绢残而仅存至第十五观，且其中树想观、杂想观不符合排列顺序。

附图一〇（德里中亚博物馆藏，敦煌出土，绢本，观经变相）

图的上下装裱部分已失，但与前者同为一类观经变相。右侧外缘的观经序分图相残存部分由下至上为幽禁国王、太子来访、韦提希献食、太子拔剑、韦提希五体投地哀求忏悔、释尊说法六段。另可推测最上段为耆阇崛山。左侧外缘绘有第二观至第十一观，其中第五观八功德水想观与第六观总观想观的位置颠倒，而第二观水想观未绘水槽，仅有金幢。同时，左侧外缘令人怀疑是否将十六观全部绘入十六段中，

竖列外缘绘入十三观，其余三观也许如日本当麻曼荼罗一样，将其配置在底缘上。

附图一一（大英博物馆藏，敦煌出土，绢本，观经变相）

画面损毁严重，所幸外缘部分受损不多。右侧外缘观经序分图相由下至上为城门、太子来访、韦提希献食、太子拔剑二大臣进谏、释尊出现、释尊飞来、释尊没山七段。尤其最上段释尊没山，与附图九的一段均引人注目。左侧外缘十六观图相绘有十四观，另两观没有绘出，且十四观的图相排列顺序亦令人疑惑。

20　　在此列出属 Fig.le 形式的观经变相中特殊图相加入外缘的罕见实例（附图一二至附图一五）。

附图一二（德里中亚博物馆藏，敦煌出土，绢本，观经变相）

中台中尊身后绘有四个声闻形象人物，这在阿弥陀净土变相中属罕见图例，上文已有过叙述。而此图最值得注意的是，右侧外缘所绘观经序分图相，八图中，自下而上至第六段止，一如往常，绘有：幽禁国王、太子骑马来访、韦提希献食、太子拔剑、尊者授戒说法、释尊出现。而其余二段中绘出的是观经序分图相中没有记载的两图，两图与"未生怨因缘"有关，上段为斩杀仙人图，下段为逐兔图。上段绘山中草庵旁，一男子束手就缚，被其他男子斩杀的场面。下段绘一骑马人物，右手持鹰，在追杀白兔。与此图相同的敦煌出土的观经变相尚有附图一三、附图一四、附图一五、附图一六、附图二二 b，以及其他五种，共计十一种实例。与之相关的说明将在本章第二节中详述。附带一提的是，附图一二左侧外缘所绘十六观图相仅到十一观，其余五图相被省略。另，下段题记愿文中隐约可见"敬画西方净……"字样。

附图一三（德里中亚博物馆藏，敦煌出土，绢本，观经变相）

与上图相同，右侧外缘上方绘杀害仙人以及逐兔场面。观经变相加入这两个图相的形式，作为观经变相的例子，实为值得重视的图例之一。右侧外缘自下而上分为九段：逮捕国王、太子宣告、韦提希献饷目犍连飞来、守门者申告、太子拔剑二大臣劝诫、夫人举身投地、释尊说法、马上逐兔、杀害仙人。左侧外缘可见十六观相中的十五个图相，而最初应绘有十六观相。中台及左右两外缘皆缺失下方图像（参见第一章第二节）。

附图一四（德里中亚博物馆藏，敦煌出土，绢本，观经变相）

此图亦为沿袭 Fig.li 形式的观经变相，左右外缘一部分残缺，成为残片，故难以详细探究其图相。仅就残存部分来说，右侧外缘观经序分图相自下而上明显分为韦提希献食、太子拔剑二大臣劝诫两段。上面一段因画面缺失而难以判断其图相，但最上段斩杀仙人的画面比较清晰，绘有三个人物欲斩杀仙人，仙人双手被反捆，上身半裸，另有一人（频婆娑罗王）骑于马上。然而此处缺少追逐白兔一段，由中段图相判断，外缘进而向上方扩展，或可想象追逐白兔一段存于上方。另，左侧外缘残存部分见八功德水想观、华座想观、像想观等图相，但仍难以详测其原状（参见第一章第二节）。

附图一五（吉美博物馆藏，敦煌出土，绢本，观经变相）

外缘构图法亦与前者相同，右侧自下而上明显分为韦提希献食、守门者申告、太子拔剑二大臣劝谏、马上逐兔、杀害仙人等（下方断开，内容不明），左侧自上而下尚存有日想观以下十六观中的十一段。而中台处的中央部分垂直断裂，有的地方完全脱落，故许多地方难知其原状，出现的人物较少（参见第一章第二节）。

以上为观经变相第一形式第一类中，右侧外缘绘序分图相，左侧外缘绘十六观图相的实例。其次为观经变相的特殊形式，以降序将十六观两边各八观置于左右两外缘的状况（Fig.1j 形式）。

附图七 b（千佛洞第 44 窟左壁［D120 南壁］观经变相）

中台的结构以及九品往生相的排列颇具特色，尤其引人注意的是，外缘图相不见有关观经序分的绘图，左右仅置十六观相。左右两外缘将十六观的图相各分八段以降序排列，在敦煌画中没有类似实例，甚为少见。此亦属唐代观经变相的一种形式，与日本清海曼荼罗阿弥陀净土变相有相通之处，其外周绘以十六个莲花象征十六观相。

以上为观经变相第一形式中属第一类（中台左右两侧附外缘）的实例，其次为第二类。第一形式中属第二类的为仅中台底部附外缘的观经变相（Fig.1k），实例如下。

附图一六（吉美博物馆藏，敦煌出土，绢本，观经变相）

中台主尊阿弥陀如来身后置四比丘形人物，作为阿弥陀净土变相比较少见。其他于中台并无特别之处，而本图最值得注意之处为中台底边所置外缘的状况。外缘下段绘供养比丘八人，其上段排列观经序分及有关十六观的图相。中台下部绘供养人物的例子已见于附图一二，而于中台底部将序分图相、十六观图相呈一字排列的仅此图例，可谓十分难得。但这也为唐代变相形式之一，药师净土变相中就有与其样式完全相同的例子，即 Fig.19 所示吐鲁番柏孜克里克壁画药师净土变相中（详见第一章第三节），中台底部设有外缘，右方上下两段为药师本愿经中"九横死"图相，左方上下两段为药师十二大愿图相，各图侧均置回鹘文榜题。附图一六观经变相外缘的组成即采用了此药师净土变相外缘的构图法，右方上下两段为观经序分图相，左方上下两段为十六观图相，各图侧均置榜题。可以想见，唐代经变已相当广泛地应用了这种外缘构图法，而应用于观经变相的一例即为附图一六，应用于药师净土变相的一例即为 Fig.19。

细观附图一六外缘图像可见，其右半上层自右向左绘三图：一人物欲杀害山中仙人以及马上的频婆娑罗（与附图一四相同），山中的骑马人物（右手持鹰逐兔，与附图一二相同），其次为释尊由耆阇崛山至王宫。下层自右向左绘三图：太子拔剑欲斩韦提希，尊者飞来，韦提希被缚。外缘左半上层自右向左绘四图：水想观、树想观、（宝幢）、总观想观；下层自左至右绘五图：华座想观、像想观、观音想观、势至想观、杂想观。

以下列举为观经变相第一形式中属第三类（中台左右两侧及底部附外缘）的实例，以此结束对第一形式讨论。

附图一九 b（千佛洞第 70 窟右壁［D217 北壁］观经变相）

图左半不可知，甚为遗憾，但由右半可推测其全貌。此壁画样式一如 Fig.1m，可以想见其中台左侧外缘绘观经序分图相，右侧外缘绘十六观图相，底部外缘以九幅图画绘三辈九品往生相。右侧外缘十六观图相中混杂有无法确知其为何想观的图相，因此很难确定其排列顺序，但其无疑为降序排列，且为十六种图相。此外，题记栏内有细字，但已无法辨认。底部外缘并列四种图相，向左又有五图连接，共计九图。此九图只需参照后述两个实例即可明了。九图所示即为九品来迎的九种图相，各图中屋内人物为往生者，现于前者即为来迎的阿弥陀如来。

附图八 a（千佛洞第 31 窟左壁［D171 南壁］观经变相）

画面仅有左半，此亦同前，为 Fig.1m 形式的观经变相。但其左右两外缘序分及十六观图相与此后所述附图八 b 相同，极具特色。此处序分图相四行八段，共

4	3	2	1
5	6	7	8
12	11	10	9
13	14	15	16
20	19	18	17
21	22	23	24
28	27	26	25
29	30	31	32

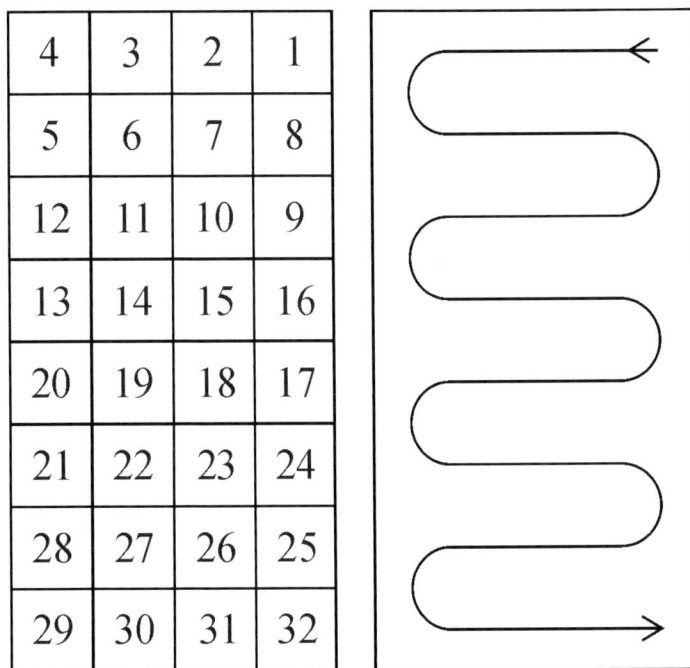

Fig.6　附图八a观经变相序分图相配列图

三十二图。而其排列如 Fig.6，选用 S 形，将观经序分图相进行图解：1 至 3 频婆娑罗王被幽禁，4 至 6 韦提希夫人献食，7 至 10 目犍连、富楼那授戒说法，同时有门外的阿阇世与守门人，11 阿阇世拔剑，12 二大臣进谏，13 阿阇世投剑，14 禁闭韦提希，15 韦提希礼佛，16 耆阇崛山、佛与众人，17 佛没山出宫，目连、阿难飞来，18 韦提希礼拜三尊，19 韦提希举身投地，20 韦提希哀求忏悔（下方绘地狱场景以示哀求内容），21 世尊白毫放光（十线象征十方），22 放光中出现十方国土，23、24 韦提希求法，25 佛口现出五色光，照大王头顶，26 至 28 绘修三福，29 至 32 图意不明，应为总结序分的图相。　　　　　　　　　　　　　　　　　　　　　26

　　与此序分图相相对的右侧外缘十六观图相可由此后附图八 b 类推。附图八 b 与附图八 a 同绘于一个窟，左右两壁相对，均为观经变相，且两图同出于一个画工之手，此点可由比较两图得知。由此，这两组壁画的外缘形式应当相同。同时，可以想见，附图八 a 右侧外缘十六观图相的排列方式与附图八 b 基本相同，与左侧外缘三十二图相在数量和形式上均保持均衡。

　　接着需分析中台下边九品来迎往生相，在此分别详尽解说各图比较困难，但可见大概。各图中均于屋内绘合掌人物，相对于此，阿弥陀与圣众乘云出现。另，屋上由阿弥陀引导往生极乐净土之姿以"归来迎"的形式绘出。而此九品往生者的身　　　　　　　　　　　　　　　　　　　27

姿与云上圣众又一同出现于中台宝池当中，其仿佛刚刚就座于各自位置的绘法与其他一般的观经变相中台略有不同，外缘与中台连接明确，此点甚为有趣。如此，此观经变相左侧外缘一角由幽禁频婆娑罗开始，顺次为十六观相、九品来迎往生相，至中台极乐净土为止，图像安排井然有序，脉络清晰。

附图八 b（千佛洞第 31 窟右壁 [D171 北壁] 观经变相）

与前者相同，仅有画面左半，但通过与前者比较，可推知其全貌。其样式如Fig.1n，右侧外缘列序分图相，左侧外缘绘十六观图相，下方为九品往生相。然而左方十六观图相分为三行六段十八图，其顺序由最接近中台的右端一行自上至下为日想观、水想观、地想观、树想观、八功德水想观，共五图。第二行自上至下为总观想观、华座想观、像想观、遍观一切色身想观、观音想观，分五段描绘。第三行为势至想观、普想观、杂想观，此三段后续三辈生想观图相，分五图作 "L" 形，至第一行最下段结束。

与此十六观图相相对的右侧外缘序分图相，推测应与附图八 a 形式相同，但其图数或许相对略少。下边的九品来迎往生相与附图八 a 的构成基本相同，此图作为唐代来迎图的实例值得重视。

附图一七 a（大英博物馆藏，敦煌出土，绢本着色，观经变相）

现存为几幅残片，缺失部分不少。根据现存部分可推测其大略。此画样式如Fig.1o，中台左侧外缘以升序排列观经序分图相，最上段与附图一二、附图一三等相同，绘频婆娑罗王杀害仙人、狩猎白兔两图相，右侧外缘以降序排列十六观图相，中台下方外缘自右向左绘三辈九品来迎往生相。图为中台舞乐会的左半部分、中台虚空段的一部分、左侧外缘序分图相的一部分、下方外缘九品来迎往生相的一部分，共四幅。其中，序分图相中尚存 "阿阇世王内门守捉之官" 榜题，九品来迎图相中可见 "十恶之人染疾之时"、"十恶之人临终之时地狱来迎" 的文字，其他部分也存有榜题（参照第一章第二节）。

以上关于观经变相第一形式中第一、二、三类实例的叙述至此全部结束，这里考虑的要点在于如何针对第一形式观经变相的特点，即外缘图相采取了升序以及降序两者并用的排列形式进行解释。

如此升序与降序并用的排列形式，不仅用于观经变相的外缘，还用于其他经变。附图五八敦煌画报恩经变相左侧外缘由底部以升序分三段绘善友太子本生图

相，附图五九敦煌画报恩经变相右侧外缘由上方以降序分五段绘须阇提太子本生图 29
相，接着，其后半图相由左侧外缘底部按升序分五段描绘（详见第一章第七节）。同
时，也有并未特别划分外缘，仅在中台周围并列多个图相的变相，采用的是同样的
构图法，如附图三三 a 至三五 a，五组敦煌千佛洞壁画法华经变相由图下边绕左侧
至图顶部，其间以升序排列《法华经》序品至见宝塔品的十一品，后半沿右侧以降
序排列（详见第一章第五节）。再者，不采用净土变形式的经变相中也有图例采用升
序，如附图八四 a 敦煌壁画佛传图由左则底部起以升序描绘临终遗诫、入涅槃、纳
棺三个图相，转往右侧由上至下为再生说法、送葬、茶毗、分舍利、起塔等诸图相
（详见第二章第一节）。又有附图六一 a、附图六一 b、附图六二 a 敦煌壁画报恩经变
相中，善友太子本生图相由"左上→左下→右下→右上"的顺序排列（详见第一章
第七节）。

　　如此按照实例推证，观经变相外缘的构图法作为唐代一般变相的一种形式而
被采用，以升序及降序并用的排列方式，并非仅运用于观经变相的特殊配置法。然
而，升序与降序并用是为了将连续的诸多小画面有机地连接起来，并不限于上升、
下降排列，左行和右行以曲线形式连接的方式（附图七 a 两外缘以及附图八 a 左侧
外缘等）也同样存在，均为方便而设。如此，由大壁面不使用界线而纵横无限地连 30
接画面的经变形式（如附图八四 b 敦煌壁画佛传图），转变为在方格内描绘各个画
面，形成了这种略显拘谨的构图方式。附图三三 a 至三五 a 法华经变相是显示这种
变化过程的实例。更令人注目的是，在大多数情况下，观经变相外缘升序在配置上
优先于降序。附图三三 a 至三五 a 法华经变相亦如此。像这样不将连续画面的开头
置于图的上方，而将其置于底部的形式，值得注意，但这种表现方式出现在中国式
图画里不免有些意外。在回顾西方古代佛教美术之后，这个疑问便可瞬间化解，中
印度以及中亚地区的文物中，有许多实例可以解决这个疑问。Fig.7 正面左侧为阿玛
拉瓦提（Amarāvatī）石雕佛传图，右侧为伯那勒斯（Benares）石雕佛传图，其构图
均由下至上，采用升序。一为出城、降魔、说法、涅槃四图，一为诞生、降魔、说
法、涅槃四图，排列方式相同。另，中亚、新疆库车地区的壁画中，有的图例左下 31
置诞生，其上为降魔，右下置说法，其上为涅槃（Fig.38）。事情发生的顺序宛若草
木生于大地，发芽并朝上延伸，自下至上这一思维方式可谓合乎自然。这一方式应
用于观经变相中，便为升序的观经序分图相外缘，如果应用于法华经变相，则为附
图三三 a 以下所示数组图相。由此，中国与日本的观经变相在外缘底部开头便置第
一个画面，其传承远溯自西方文化，这一点须铭记在心。

Fig.7　阿玛拉瓦提（左）及伯那勒斯（右）石雕佛传图

32

（二）净土变形式但不具有外缘部分

此为前述第一形式省略外缘的形式，如果增添外缘，将与第一形式毫无差别。属于第二形式的观经变相在敦煌画中存留很多，但不如第一类形式变化丰富。在此仅举三例。

附图一 a（千佛洞第 139A 窟右壁［D321 北壁］观经变相）

构图比较平常但富有情趣。类似的实例在敦煌画中常见（附图一 b、附图二 a 等），但与一般的净土变图相向上下延伸发展完全不同，当系另外发展而成。如图所示，与其称之为观经变相，不如称其为阿弥陀净土变相，因其重点置于宝池中所绘九品来迎往生相，也可称为简略的观经变相。

附图三 a（千佛洞第 122 窟壁画［D44 北壁］观经变相）

规模甚小，宝池中莲花上绘九品来迎往生相，其侧有供养人[1]。

附图二 a（德里中亚博物馆藏，绢本，观经变相）

中尊阿弥陀如来及两侧观音、势至等并非坐于舞台之上，而直接坐于池中所浮莲花之上，图形非常罕见（附图一七 b 更为典型）。中尊前面九品来迎往生者以童子身姿呈一列坐于宝莲之上，每人侧旁均有方形题记，上书"上品上生"、"上品中

1　译者注：作者原文有误，供养人应在壁画画面下部。

生"等，只有"下品下生"不在其中。图下方中央置碑身，左右绘男女供养人像。如此将诸尊与供养人共同绘于一个画面的形式十分罕见，应与附图一 b 一起存于记忆当中。

（三）非净土变形式

相对于阿弥陀净土变相为中心的形式，观经变相第三类形式不拘泥于净土变相的形式，而将《观经》的内容以自由的构图形式表现出来，为一种纯粹的观经变相。这一形式将普通观经变相的外缘从中台分离出来，并将其以特殊的排列方式扩展于壁面。可举千佛洞第 130 窟 [D231] 唐代壁画作实例。

附图二一 a（千佛洞第 130 窟壁画 [D231 西壁南侧] 观经变相）、附图二一 b（千佛洞第 130 窟壁画 [D231 南壁] 观经变相）中，附图二一 a 为观经十六观中的部分图相，右上为第八像想观，右下为第九遍观一切色身想观，中央上为第十观音想观，中央下为第十一势至想观，左上为第十二普想观，左下为第十三杂想观。其下方与牛、马、盖车一起绘有世俗供养人。而附图二一 b 为九品来迎往生相的一部分，图中依观音、势至两菩萨所持台座的形状右侧绘有上品上生（金刚台）、上品中生（紫金台）、上品下生（金莲花）三图。三图均绘有屋内合掌临终的行者，旁侧绘来迎的阿弥陀及观音、势至，屋顶有行者在三尊引导之下乘云往生极乐净土。

对来迎图须加以说明，阿弥陀来迎图于日本十分流行，其形式亦有多种，均源自中国唐代观经变相。而中国唐代来迎图的实例最早见于附图二一 b 九品来迎图（应为唐代初期所绘），附图八 a、附图八 b 为仅次于此图的实例。依据这些实例可推测唐代或更早的阿弥陀来迎图的概况，并可推测来迎念佛行者的圣众均乘云疾驰而下或接引而去，反映《观经》中"如弹指顷往生彼国"（《大正藏》，册 12，页 344c），栩栩如生，日本称作"早来迎"的来迎图（京都知恩院藏）与此相似。另，当注意来迎的阿弥陀均为坐像，日本年代较早的来迎图基本为这一形式，可见其源于此处。敦煌画来迎图中，由观音和势至两菩萨协力举持迎接念佛行者所乘台座，而日本的来迎图仅由观音持莲台，势至多数合掌或持宝盖幢幡，这一点中国和日本有所不同。观音一人持莲台见于《观经》"上品上生"中叙述往生："观世音菩萨执金刚台与大势至菩萨至行者前"（《大正藏》，册 12，页 344c），故敦煌壁画所见形式与《观经》所记内容不相矛盾。Fig.8、Fig.9、Fig.10 所示三图为科兹洛夫（Kozlov）于黑水城（Khara-Khoto）发现的阿弥陀来迎图，三者均与敦煌壁画形式相同，可以想见这一形式在中国相当普遍（或许阿弥陀绘为立姿的形式与日本相同，反映出其年代较晚）。

33

34

35

Fig.8　黑水城发现的阿弥陀来迎图

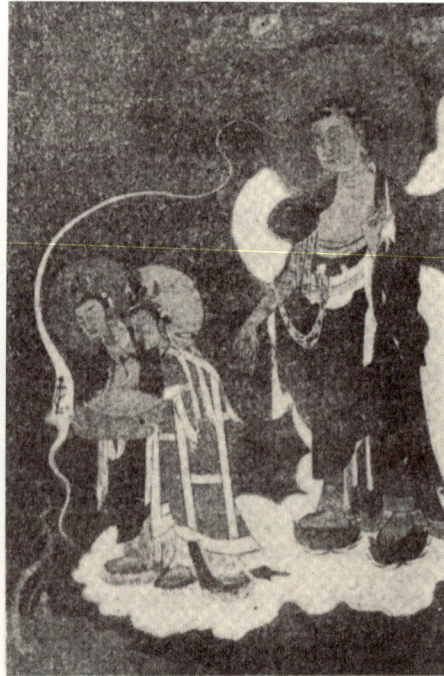

Fig.9　黑水城发现的阿弥陀来迎图

Fig.10　黑水城发现的阿弥陀来迎图

另，日本的来迎图将圣众绘为正面来迎，在观者看来尚有许多由左向右行进的形式，由此形成迎接的固定形式。通观附图二一 b 以及 Fig.8、Fig.9、Fig.10 黑水城所发现的图例，其与日本常见的形式不同，方向相反。又见附图八 a、附图八 b 敦煌壁画中两种形式共存，可见图中迎接的方向并无明确的定式。

以上论述了观经变相，接着论述与《观经》无甚关联的阿弥陀净土变相。

三、阿弥陀净土变相

基于《大无量寿经》或《阿弥陀经》中所述阿弥陀净土的壮观景象，加之大量的想象后所绘即为阿弥陀净土变相。既是阿弥陀净土变相又是观经变相的图例前面已述，故此处仅讨论单纯的阿弥陀净土变相。

阿弥陀净土变相与净土变形式的观经变相在早期的文献上很多情况下并没有区别开来，故仅依靠文字两者很难区分。在唐代，"西方变"这一名称十分常见。

《历代名画记》卷三"西京寺观等画壁"：

光宅寺　东菩提院　殿内吴生、杨廷光画。又尹琳画西方变。
净土院　小殿内　西壁西方变亦吴画。
安国寺　大佛殿　西壁西方变，吴画，工人成色，损。

《历代名画记》卷三"东都寺观画壁"：

敬爱寺　大殿内　西壁西方佛会（赵武端描）十六观及阎罗王变（刘阿祖描）。西禅院北壁华严变。

东西两壁西方弥勒变……东禅院殿内十轮变（武静藏描），东壁西方变。

《益州名画录》卷上：

范　琼　圣寿寺大殿　西方变相……大悲院八明王、西方变相。

《寺塔记》"常乐坊赵景公寺"条：

三阶院西廊下，范长寿画西方变及十六对事，宝池池尤妙绝，谛视之，觉水入浮。

《大番故敦煌郡莫高窟阴处士公修功德记》：

Fig.11　法隆寺金堂壁画阿弥陀如来像

　　龛内……南墙画西方净土法花天请问宝恩变各一铺。（《沙州文录》收载）

　　此处所指"西方变"无法解释为单纯的阿弥陀净土变相。敬爱寺"西方佛会十六观"显然为观经变相，不难想象其他西方变中观经变相居多一事。大历十一年（776）所建敦煌千佛洞《唐李府君修功德碑》（《西域水道记》卷三收录）中的西方净土变亦以其文后"十六观门"等文字可明确其为观经变（注二）。另，前述附图一二所示敦煌画净土变相的铭文"敬画西方净土……"，实际上为具有外缘的观经变相，如此看来，仅依靠原有文字将此处所云阿弥陀净土变相从观经变相中区别出来显然不可能。因此，这里尝试不依靠文献，而是直接列出几个实例对阿弥陀净土变相作一阐述。

附图一 b（千佛洞第 144 窟右壁 ［D329 北壁］ 阿弥陀净土变相）

　　此图为类似于附图一 a 观经变相的净土变相，不能确定即为阿弥陀净土变相，但或许可先将此图看作阿弥陀净土变相比较妥当。图中，阿弥陀手印类似于附图三 a、附图四 b、附图五 b、附图七 a、附图七 b、附图八 a、附图九、附图一二、附图一三等观经变相以及日本当麻曼荼罗（Fig.3）、法隆寺金堂壁画（Fig.11）等图中的阿弥陀手印，即转法轮印。此图的构图并非上下展开，而是左右平铺，值得注意（附图一 a、附图二 a、附图二 b 亦属此类）。

附图二 b（千佛洞 S 第 3A 窟壁画［D334 北壁］阿弥陀净土变相）

此图为类似于附图二 a 观经变相的阿弥陀净土变相，中尊手印如前，为一般常见的阿弥陀佛印。圣众头光呈椭圆，与附图一 b 相同，另加构图的特殊，基本为印度传来的古典样式，较中国样式更加精致。附图一 a、附图一 b、附图二 a、附图二 b 四幅净土变相与其他中国风格诸图区别较大，应另行考虑。

附图一八 a（千佛洞第 117 窟左壁［D61 南壁］阿弥陀净土变相）

此图与上述两图形式完全不同，更多表现楼阁，为上下长方形的阿弥陀净土变相。与那种构图比较丰富且没有楼阁表现，令人立即联想到印度风格的图相比较起来，此图可谓完全中国化形式的净土变相。

附图一八 b（千佛洞第 18 窟左壁［D128 北壁］阿弥陀净土变相）

此图是将前述图相进一步简略而成的阿弥陀净土变相，画面着重于描绘宝池中岛上的孔雀，以示"种种奇妙杂色鸟"（《阿弥陀经》），虚空中绘各种乐器，以示"微妙和雅音声"（《无量寿经》）。

附图一七 b（千佛洞第 146 窟左前壁［D332 东壁门南］阿弥陀净土变相）

此图无楼阁，背景为山，宝池中阿弥陀、观音、势至三尊身姿高大，而周围池水中多身菩萨相对较小，此配置与日本法隆寺金堂西大壁阿弥陀净土变相完全相同。尤其如第三章第十二节所述，菩萨左侧二十五身，右侧二十五身，共计五十身，可见是表现《集神州三宝感通录》等书中所述之天竺鸡头摩寺树上一佛五十菩萨像。由画面推断，这样的图像亦可称为阿弥陀净土变相，作为唐代初期较特殊的阿弥陀图，值得注意。

四、中国西部地区阿弥陀净土变相及观经变相

敦煌画中的观经变相以及阿弥陀净土变相大略如上所述，在此应回顾一下敦煌以西地区的情况。中国新疆各地的佛教遗迹中，已发现大量壁画、绢本画、纸本画等，尤为引人注意的是古高昌及龟兹，即今吐鲁番及库车两地区发现的与观经变相

Fig.12 吐峪沟出土阿弥陀净土变相　　Fig.13 库木吐喇壁画观经变相外缘日想观

相关的作品（详见《國華》第 555 号，拙稿《唐代净土變相の西漸》）。

　　高昌地区晚唐以后属回纥族势力范围，佛教美术亦多偏向回纥风格。但在唐代中期，此地可见有为适应当地汉人的要求而绘出的纯唐式佛画，净土变相中可见完全中国式的图样以及画法。Fig.12 为日本大谷探险队由吐峪沟（Tuycq）携回的绢本画阿弥陀净土变相残片，仅存舞乐会部分，下方发愿文后有赞偈"西方有佛号弥陀"及纪年"大历六年（771）四月十八日"。且舞乐会中所绘奏琵琶、箜篌、箫等伎乐天或宝池所见莲花、灵鸟、水波等描绘与唐画所绘无异，下段供养男女像有榜书"上柱国录事雍义璋"等中国人名，人物均着唐式服装。此为按照高昌地区的汉人所需，由汉人画工所绘的净土变相，当然图中无法找出任何地方特征。而此地由晚唐至宋代，即进入回纥时代以后的净土变相亦多延续唐画的传统（注三），亦有反映些许地方特色的图例（注四）。整体来看，多数作品风格受到持续以来流行的中国画的影响。当然，与唐画相比较，其亦有年代差异，其中也可见符合回纥居民喜好的画风上的变化。

　　一般说来，唐代以前库车地区的壁画，多延续西域古老的画风，许多画作对中原佛画起到示范作用，但在库木吐喇（Qum-Tura）唐代壁画中发现了许多由汉地传入的中国式佛画。Fig.13、Fig.14、Fig.15（柏林土俗博物馆藏库木吐喇壁画残片）三铺均可视为纯粹的唐画，画工亦非西域人，应为由东方移居而来的中国内地人。其

Fig.14　库木吐喇壁画观经变相残片

中，Fig.13 明显为观经变相外缘所
绘日想观，日落西山如悬鼓，韦提
希夫人望日而拜。Fig.14 可推测为
观经变相外缘所绘因禁父王图像，
Fig.15 为净土变相中的舞乐会，然
而是否是西方净土变相的一部分，
尚不明确，暂与其他观经变相置于
此处，作为唐代净土变相分布在西
域地区的一个图例加以关注。

　　另，一个值得注意的关于库
车地区中国式观经变相的例子，是
保存于圣彼得堡艾尔米塔什博物馆
的一件残片，由奥登堡携回，现存
部分为观经变相底部外缘的中央部

Fig.15　库木吐喇壁画净土变相残片

42

43　分，与日本当麻曼荼罗（Fig.3）相同，于九品来迎往生图相中置题记栏：

> ……神通
>
> ……体而
>
> ……九品[往]（？）生
>
> ……大
>
> ……潜形六道
>
> ……南州

此作留有上述文字，其制作年代应为唐代。如此，库车地区亦有日本当麻曼荼罗式观经变相，颇有意味。由此可见唐代在中国完成的观经变相传播于西域的程度。

注

一、关于附图一九a壁画，伯希和于敦煌图录中记其为第33窟右壁［D172北壁］
右方以及后壁右方两处，此为谬误。此处所见左右两图应为右壁以一净土图相
为中台的左右两外缘。

二、《唐李府君修功德碑》（陇西李太宾大历十一年）：
素涅槃像一铺，如意轮菩萨、不空羂索菩萨各一铺，画报恩天请问，普贤菩萨，
文殊师利菩萨，东方药师，西方净土，千手千眼观世音菩萨，弥勒上生下生，
如意轮，不空羂索等变各一铺，贤劫千佛一千躯（略）六牙象宝摇紫珮以栖真，
五色兽王载青莲而捧圣，十二上愿列于净刹，十六观门开其乐土，大悲来仪于
鹫岭，慈氏降迹于龙华……（《西域水道记》卷三）

44　三、格伦威德尔：*Idikutschari*，Fig.35；格伦威德尔：*Kultstätten*，Fig.505；勒柯克：
Chotscho，Tafel 8。

四、奥登堡：*Russ. Turkestanskaya Expeditsiya*，pl.XLIII。参见《國華》第555号，
拙稿《唐代净土變相の西渐》。

45

第二节　观经变相未生怨因缘图相

出自敦煌的观经变相中，邻接序分图相出现未生怨因缘的相关图相，并不见于

《观经》或《观经疏》(慧远、智颉、吉藏、善导等)。未生怨因缘的出现于前文已述，大部分图相的构图如图 1 所示。

此类观经变相于敦煌以外地区完全不见，日本现存如所谓当麻曼荼罗的观经变相仅依据善导的《观经疏》，可见其大致情况，因此，一般所论观经变相，基本倾向于善导式图式。然而，外缘一隅置未生怨因缘图相的观经变相无法简单根据善导式进行归类，必须更换角度对其重新审视，从这一点上考虑，想必对其他敦煌画中的各类观经变相的解释也有诸多影响。上图所示未生怨因缘中，未生怨所说即阿阇世太子前身的仙人，其于山中被频婆娑罗王所杀，化为白兔，又遭国王的士兵追逐而死，托生于王后韦提希胎内并生于王宫成为太子。故事中，在山中"斩杀仙人"、"王兵逐兔"的情节见于善导的疏释，但未对"未生怨"及"折指"一名进行说明，故与未生怨因缘有所出入。在此，对上图构图的形成及其与观经变相结合的过程进行论述。

未生怨因缘图相出现于敦煌画观经变相中之一隅，其相关图例已如前述，在此对其详加叙述。

| 十六观图相 | 阿弥陀净土变相 | 未生怨因缘 |
| | | 观经序分图相 |

图 1　观经变相未生怨因缘图相示意图

德里中亚博物馆所藏四图：

1. 附图一二

按观者右侧外缘自下而上分六段绘序分图相，其上分上下两段绘未生怨因缘图相。上段为国王下令斩杀仙人于草庵旁。下段为骑马人物持鹰逐兔。图旁有题记栏，但无文字。

2. 附图一三

与上图同，右侧外缘自下而上分七段绘序分图相，其上分上下两段绘未生怨因缘图相，斩杀仙人及逐兔画面与上图近似。唯一不同之处在于上段亦绘出马的形象。图旁有题记栏，但无文字。

3. 附图一四

与上两图同，右侧外缘自下而上绘序分图相，其上绘未生怨因缘图相。但其上方损毁，图相不明。残留部分仅见斩杀仙人的画面。假设逐兔画面在斩杀仙人之上，因缘图相将与上两图相反，则顺序配置与序分图相的自下而上相同。接下来所

述第四图即选用此配置方式。此处斩杀图除仙人及三个手下以外，尚见一骑马似频婆娑罗王的形象。图旁缺题记。

48

4.[1]

与上三图同，右侧外缘绘序分及因缘图相。与其他三图的不同之处首先在于，序分及未生怨因缘图相在同一外缘中杂乱相陈，最上方置释尊没山，此在敦煌画观经变相序分外缘最上方中常见。其次，顺序为逐兔、斩杀仙人、阿阇世追逐韦提希、韦提希高楼坠婴（折指原因），其下为常见顺序：释尊出宫、囚禁父王、月光耆婆劝谏等图。无题记。

大英博物馆所藏四图：

1. 与上述德里中亚博物馆所藏 1、2 两图相同，右侧外缘序分上置两段未生怨因缘图相，顺序排列亦同，题记栏内无文字。

2. 与上述五图相反，序分图相绘于左侧外缘，序分图相上置两段未生怨因缘图相，上段斩杀仙人，下段逐兔。缺题记。

3. 附图一七 a

同上，左侧外缘序分图相自下而上配置，其上两段为山中仙人及逐兔。此图存有题记，十分难得，未生怨因缘图相上段记有"此仙人是阿阇世王前世之身"，下段记有"此白兔是净饭王煞托生王宫为太子"。文中净饭王应为瓶沙王之谬。由此可知，考察敦煌画时不可完全依靠题记。

4. 附图二二 b

49

此为一枚废弃的书简，上记有甲戌四月，以白描绘出观经变相外缘序分及十六观图相，排列无序。图右上角绘未生怨因缘两图，即山中草庵旁斩杀仙人，骑马人物持鹰逐兔。

吉美博物馆所藏二图：

1. 附图一五

与上述德里中亚博物馆所藏 1、2 两图及大英博物馆图 1 等图相同，右侧外缘上端上下两段绘因缘图相，上为山中斩杀仙人，下为人物骑马逐兔。

2. 附图一六、附图二二 a

中台下部外缘右半部分为观经序分图相，左半为十六观图相，序分图相右端一

1　译者注：原著此处未见图版，本书不作改动。

角绘未生怨因缘。一为国王遣使于山中草庵斩杀仙人，其侧为频婆娑罗王于马上，一为仙人化作白兔于山中遭逐，骑马人物右手持鹰。题记栏内无文字。

卢浮宫博物馆[1] 所藏图：

与上述德里中亚博物馆所藏 1、2 两图相似，各图配置方式亦相同。题记栏内无文字。

以上为前述十铺观经变相未生怨因缘图相的概略，接着有必要进一步详细考察与仙人及白兔相关的因缘故事。此未生怨因缘故事详见日本良忠《观经序文义传通记》所引《照明菩萨经》及其他记述。"照明菩萨经"之名见于隋法经等撰《众经目录》卷二（《大正藏》，册 55，页 126c）、隋彦悰撰《众经目录》卷四（《大正藏》，册 55，页 173b）及《开元释教录》卷十八（《大正藏》，册 55，页 675c）等，但原本已不存。记载如下：

> 如照明（菩萨）经云，佛言，往昔洴沙王后，无有太子。时请相师问曰，夫人何时有身，相师瞻曰，山中有一坐禅道人命终，精神当来后腹化为太子。王闻是语，即遣人，断道人粮饷。道人得通，即知王意，自念，我今为王示现，死作白兔，在王东园[2]。王将国民，捉得白兔，即敕锻师作铁钉，钉兔四足及口鼻头，兔身即便病钉而死，精神来腹，化作太子。十月满而生太子，身长大立位，将从绕城游观。回车入城，即作恶念，共诸群臣，即捉父王，闭着狱中，不听饷食。韦提希夫人，以蜜涂身，着生韦衣，白守狱者，令见密语，狱吏听入。解身上衣，以手拔刀，削蜜与王，王得蜜食，眼目精明。夫人白王，虽在狱中，称佛名字，礼佛礼僧。王用后语，狱中礼佛。阿阇世王问狱吏言，狱囚何似。答言，平安，但见随时狱中礼佛。阿阇世王即便大怒，临死之日，狱中礼佛，临渴穿井，不解时急，即唤锻师来作铁钉，钉王额上及两手掌并两膝头。于是父王不得礼佛，病钉而死。（《大正藏》，册 57，页 576a）

《别记》因缘故事所记如下：

> 有别记云，夫人无子，王问相师，以何因缘，方得儿耶。相师占曰，山中有仙，死已入腹。王杀仙人，死受兔身。后腹未孕。王更问师，汝言仙人死已，夫人何无娠耶。太史更占，见彼仙人，受一兔身。王复往猎，欲杀斯兔，兔见兵围，遂投兵井，井底有草，兔食草根，经三七日，遂便饿死。兔死之后，夫人有娠，今日

---

1 译者注：原藏于卢浮宫博物馆的敦煌出土绘画作品，现已转藏至吉美博物馆，后不再一一说明。
2 译者注：原书作"国"，误。今校作"园"。

51　　大王还被幽禁，经三七日，被饿而死。(《大正藏》，册 57，页 576a)

　　两者内容有不一致之处，但山中仙人和白兔的情节相近，作为对前述敦煌画观经变相未生怨因缘图相的说明可谓充分。尤其是两者的临终之语都提到了井，此处较为相似，值得注意。

　　敦煌画观经变相中未生怨因缘图相的图样意义在于给予两故事一个更明确的解释，但关于此二故事的来源需进一步进行探讨。如良忠所述：

　　虽有此说，未见经论，不可为定。(《大正藏》，册 57，页 576a)

　　《照明菩萨经》有伪经的嫌疑，在此很难推测其中内容是否源自于印度。排除这些不确定因素，下面举的两部经典《四分律》以及《大般涅槃经》，便是现存正统的描述未生怨因缘故事的依据。

　　《四分律》卷四：

　　时瓶沙王无子，时王即集能相婆罗门，令占相诸夫人，语言，汝占此诸夫人何者应生子，婆罗门占相言，此少壮夫人当生子而是王怨，王闻是语已，于其夜与此夫人交会，即便有娠，后生男，颜容端正，未生子时婆罗门记言，当是王怨，因此立字名未生怨。(《大正藏》，册 22，页 591c)

52　　文中主要讲述两点，一为频婆娑罗王无嗣而得一子，一为占相师言其未生之时已对王有怨，即命名未生怨（阿阇世）。但故事仅止于此，究竟怨恨起因何在却未提及。《四分律》中紧接此文详细叙述未生怨长大后受提婆达多的教唆欲杀父王，其中隐隐透露对宿怨所在的重视。而如下所述，尤其提婆用神力引诱阿阇世，并化作婴孩吸吮阿阇世手指一事，与后述"折指"一节相通，当引起注意：

　　尔时提婆达，往至太子阿阇世所，以神通力飞在空中，或[1]现身说法，或[2]隐身说法，或[3]现半身说法，或不现半身说法，或身出烟，或身出火，或变身作婴孩，身着璎珞，在太子抱上，转侧软太子指，时太子阿阇世见此变，恐惧身毛为竖。(《大正藏》，册 22，页 592a)

1　译者注：原书作"成"，误。今校作"或"。
2　译者注：原书作"成"，误。今校作"或"。
3　译者注：原书作"成"，误。今校作"或"。

　　《大般涅槃经》中，提婆达多以挑起善见太子即阿阇世对父母的反逆心而道出未生怨（阿阇世）及折指（婆罗留枝）之名的来由。

　　《大般涅槃经》卷三十四（南本，卷三十一）：

　　善见太子复作是言，国人云何骂辱于我。提婆达言，国人骂汝为未生怨。善见复言，何故名我为未生怨，谁作此名。提婆达言，汝未生时一切相师皆作是言，是儿生已当杀其父，是故外人皆悉号汝为未生怨，一切内人护汝心故谓为善见，韦提夫人闻是语已，既生汝身于高楼上弃之于地，坏汝一指，以是因缘人复号汝为婆罗留枝。（《大正藏》，册12，页565c）（南本，册12，页812a）

　　此段记述亦仅止于叙述未生怨，而关于宿怨的起因依然模糊不清，其中仅指出韦提夫人高楼坠婴一点，不能完全说明事情的来龙去脉。然而，同经卷二十中，记频婆娑罗王过去恶业，其于毗富罗山狩猎之际，杀害无辜仙人，仙人于临终发誓将于来世必报此怨。即：

　　频婆娑罗往有恶心，于毗富罗山游行猎鹿，周遍旷野悉无所得，唯见一仙五通俱足，见已即生瞋恚恶心，我今游猎所以不得，正坐此人驱逐令去，即敕左右而令杀之，其人临终生瞋恶心退失神通，而作誓言，我实无辜，汝以心口横加戮害，我于来世亦当如是还以心口而害于汝。（《大正藏》，册12，页483c）（南本，册12，页727a）

　　仅凭这一段文字将仙人之怨看作未生太子之怨稍显牵强，但慧远于其义疏中述此《大般涅槃经》所说毗富罗山中仙人即为阿阇世，仙人之怨即阿阇世之怨。

　　慧远撰《观无量寿经义疏》记：

　　王舍大城出其处所，有一太子指斥，其人名阿阇世，辨其名讳，此方翻之名未生怨，未生之日相师占之，此儿生已定当害父，因以立字名未生怨，（略），频婆娑罗往昔有何因遭此危害，如涅槃说，频婆娑罗往昔为王，于毗富山游行猎鹿空无所获，值遇一仙，王便作念正坐此人驱逐令去，遂敕杀之，仙人临终便发恶愿我来世还如今日心口害汝。彼仙今日阿阇世是，敕害者频婆王是。是故今时还为世王之所危害。（《大正藏》，册37，页176a–b）

　　据此，阿阇世之怨并非一方之怨，其父王过去所积宿怨已足以结阿阇世之怨。《观经》中对此未提一言，仅着重指出阿阇世因禁父王一事，不免偏执。《观经》之前有《未生冤经》或《有部破僧事》，其中讲述父王被囚禁之后遭受种种苦难，父王具

53

54

照宿殃，不敢愠望，不惧大山烧煮之罪，几乎抱绝望心境，此处记述应当引起注意。

由此，慧远把《大般涅槃经》所记杀害仙人之事作为其后惨剧之因，可谓合乎情理。《未生冤经》及《有部破僧事》的记述如下。

《未生冤经》：

> 太子闻之，令塞窗牖，削其足底，无令得起而睹佛明，有司即削足底，其痛无量，念佛不忘。佛遥为说经曰，夫善恶行，殃福归身，可不慎矣。瓶沙王对曰，若当支解寸斩于体，终不念恶。世尊重曰，吾今为如来无所着正真道最正觉道法御天人师，三千大千日月天神鬼龙靡不稽首，宿之余殃，于今不释，岂况凡庶。王受天中天恩，具照宿殃，不敢愠望，不惧大山烧煮之罪，（略）。（《大正藏》，册14，页775b）

《有部破僧事》卷十七：

> 大王被闭，宫人臣佐城中人众，闻王囚已并悉忧恼，皆念大王往昔恩爱，王囚闭也，太子即位，暴恶磣刺凶猛犷烈，无有臣佐敢谏其王，时影胜王既被囚闭，心自念言，是我宿业因缘且得。（《大正藏》，册24，页189c）

55　　《大般涅槃经》中对"频婆王杀害仙人"及"阿阇世未生怨"的相互关系并未涉及，但应当联系起来考虑，智者大师亦于其疏中指出《大般涅槃经》频婆娑罗王过去所积恶业实为后日不幸之原因，举折指以及未生怨之名，并紧接太子囚禁父王之后记述折指及未生怨，意指造成后日不幸之原因，较其他更为明显。

智顗说《观无量寿佛经疏》：

> 阿阇世此云未生怨，或婆罗留支，此云折指，（略），未生怨者，未生之日相师占之，此儿生已定当害父，（略），随顺恶友收执父王，调达破僧，舍利目连教化还合，推山压佛，密迹金刚以杵拟之，碎石迸来伤佛足指，华色比丘尼呵之，拳打眼出，作三逆罪，生入地狱，频婆往日毗富罗山游行猎鹿，空无所获，遇值一仙，正坐使人驱逐令去，遂敕杀之，临终恶念，愿我来生，还如今日心口害汝。（《大正藏》，册37，页190a）

吉藏的《观无量寿经义疏》所记与慧远的相同，频婆娑罗王杀害仙人，即世王前身，且此"义疏"所依为《大般涅槃经》。

吉藏撰《观无量寿经义疏》：

今则初言阿阇世者有两翻，大经文云未生怨又云折指，所以言折指者，其生相师相云当害父王，王于高楼弃之于地不死，触一指折，故折指也，（略），所以世王諡父为贼者，其生时相师相云，此儿当杀父，父欲杀之故諡为贼，如大初事不改反受其乱也，（略），所以害父者业定不差，何者世王本作仙人在山中，父王昔作国王游猎不得，见仙人云，我今猎不得正由此人，则截仙人头首，仙人死时生念，此人无辜横害我，我当无辜害汝，由此一嗔，故还害父王也。（《大正藏》，册 37，页 239b—240b）

56

如此，诸家皆将频婆娑罗王的宿殃归结于杀害仙人一点，而善导的疏释却塑造出一个生动有趣的故事，其不仅在《大般涅槃经》"未生怨"上加入"折指"的由来，更有前述《四分律》"瓶沙王无子"的叙述，使故事情节前后更加连贯与充实。

善导集记《观经义疏序分义》卷二：

又阿阇世者乃是西国正音，此地往翻名未生怨亦名折指。问曰，何故名未生怨及名折指也。答曰，此皆举昔日因缘，故有此名，言因缘者，元本父王，无有子息，处处求神，竟不能得，忽有相师，而奏王言，臣知山中有一仙人，不久舍寿，命终已后必当与王作子。王闻欢喜，此人何时舍命，相师答王，更经三年，始可命终。王言，我今年老，国无继祀，更满三年，何由可待。王即遣使入山，往请仙人曰，大王无子，阙无绍继，处处求神，困不能得，乃有相师，瞻见大仙，不久舍命，与王作子，请愿大仙，垂恩早赴。使人受教入山，到仙人所，具说王请因缘。仙人报使者言，我更经三年，始可命终，王敕即赴者，是事不可。使奉仙教，还报大王，具述仙意。王曰，我是一国之主，所有人物皆归属我。今故以礼相屈，乃不承我意。王更敕使者，卿往重请，请若不得，当即杀之，既命终已，可不与我作子也。使人受敕至仙人所，具道王意。仙人虽闻使说，意亦不受。使人奉敕，即欲杀之。仙人曰，卿当语王，我命未尽，王以心口遣人杀我，我若与王作儿者，还以心口遣人杀王。仙人道此语已，即受死，既死已，即托王宫受生。当其日夜，夫人即觉有身。王闻欢喜，天明即唤相师以观夫人，是男是女。相师观已而报王言，是儿非女，此儿于王有损。王曰，我之国土皆舍属之，纵有所损，吾亦无畏。王闻此语忧喜交怀。王白夫人言，吾共夫人私自平章，相师道儿于吾有损，夫人待生之日，在高楼上，当天井中生之，勿令人承接，落在于地，岂容不死也，吾亦无忧，声亦不露。夫人即可王之计，及其生时，一如前法，生已堕地，命便不断，唯损手小指，因即外人同唱言折指太子也。（《大正藏》，册 37，页 253b-c）

57

上述故事情节是附加于观经序分图相的，假设是按善导的《观经疏》绘制的观经变相的话，除"囚禁父王"到"释尊没山出宫"以外，尚需上溯到父王宿殃一节并增加其图相，以绘出与十六观或十三观外缘相对应的序分图相外缘。故敦煌画观经变相中，其外缘绘有杀害山中仙人或折指因缘如高楼坠婴等图相时，某种程度上是与善导的《观经疏》相关联的。

如前所述，与山中仙人相关联的图相中也包括白兔的一段故事，而白兔的部分是否就是对应善导、慧远、智𫖮、吉藏等所撰疏释中频婆娑罗王过去杀害仙人的图相，仍难以立刻得出结论。所以，虽然欠缺些许把握，敦煌画观经变相中关于未生怨因缘图相的解释，目前仅能依靠《照明菩萨经》等作出判断。在这些不确定因素存在的情况下，有一点笔者是确信无疑的，频婆娑罗王过去所做的恶业已经为后日遭受幽禁埋下了宿因，这是在综合了《大般涅槃经》、《四分律》、《未生冤经》、《有部破僧事》以及其他各种《观经疏》之后得出的结论。这一宿业确定的情况下，未生怨因缘图相不再只表现为未生之怨，《观经》本文中即便没有相关宿业的记述，绘制者也可因地制宜地加入有关图相，调整和统合观经变相的形式以及内容。这一仙人和白兔的未生怨故事是以原来仅有仙人的频婆娑罗王宿业添加了兔王本生故事（仙人和白兔的故事）（注一）而形成的一个复杂的因缘故事。但这亦仅是个推测，如果能够实际发现仙人和白兔两者均具备的文献，将再好不过，笔者亦翘首以待。故既然不可能，笔者也仅就目前所见的作为观经变相外缘的未生怨因缘作一点推测。然而以目前研究现状推断，尚需等待将来的进一步研究：

（1）以善导的疏释为本，补其不足的部分而成；

（2）现有《观经疏》以外，是否存在记载仙人以及白兔的疏释；

（3）经文中包含仙人以及白兔未生怨因缘故事的异本《观经》，是否在敦煌地区流传（敦煌画观经变相有关十六观图相的顺序及其种类，往往与《观经》所说不一致，《未生冤经》涉及频婆娑王宿业，其与《观经》之间应有某种亲缘关系。考虑到这些现象，推测可能有异本《观经》存在并流行）；

（4）以中台为中心相对应的十六观外缘十六段图相（中台下边设外缘绘九品来迎往生相时为十三观十三段），考虑其整体构图均衡，是否有可能于序分图相外缘（敦煌画中一般为六段左右）上方附加未生怨图相，而使图相段数增多？

注

一、《六度集经》卷三(《大正藏》，册3，页13c)，《菩萨本缘经》卷下《兔品》（《大正藏》，册 3，页 64c)，《生经》卷四《佛说兔王经》(《大正藏》，册 3，页 94b—94c)，《菩萨本生鬘论》卷二《兔王舍身供养梵志缘起》(《大正藏》，册 3，页 337b) 等。

第三节　药师净土变相

60

敦煌千佛洞壁画中药师净土变相的实例较多，且绘制精美，说明唐代药师净土变相可与阿弥陀净土变相相提并论，规模宏大。另，敦煌千佛洞出土的绢本画中亦有药师净土变相的实例，其中药师净土位于画面中央，左右两侧如观经变相一样设有外缘，在外缘依据经典绘出小幅图画且令其纵向排列，这些实例可以说为唐代净土变相的研究提供了新的资料。本书在此列举敦煌画中十种唐代至宋代初期的药师净土变相例子，对其一一加以考证并分析其整体特征，以揭示唐宋时期药师净土变相的部分真相。

千佛洞　第 117 窟　右壁［D61 北壁］一图（附图二三 a）

千佛洞　第 8 窟　　右壁［D146 北壁］一图（附图二三 b）

千佛洞　第 168 窟　右壁［D6 北壁］一图（附图二四 a）

千佛洞　第 46 窟　　右壁［D112 北壁］一图（附图二四 b）

千佛洞　第 41 窟　　左壁［D180 南壁］一图（附图二五 a）

千佛洞　第 51c 窟　右壁［D192 北壁］一图（附图二五 b）

千佛洞　第 17 乙窟　右壁［D156 北壁］一图（附图二九 b）

61

大英博物馆藏（斯坦因携回）绢本着色　药师净土变相（附图二六、附图二八 a）

德里中亚博物馆藏（斯坦因携回）绢本着色　药师净土变相（附图二七）

大英博物馆藏（斯坦因携回）绢本着色　药师净土变相（附图二九 a）

以上所列十图中，尤其值得注意的是，敦煌千佛洞中药师净土变相基本绘于窟内右壁，下面将一一详述。

附图二三 a（千佛洞第 117 窟右壁［D61 北壁］药师净土变相）

此图于敦煌千佛洞药师净土变相中绘制最为精美细腻，很具代表性。在分析此图之前需整理有关药师琉璃光净土的经典，而相关经典不似阿弥陀佛以及弥勒佛的净土（注一）那样具备详细的记述，如后文所见，关于净土庄严的描述十分简略，经中仅提到与阿弥陀佛极乐净土并无大异。

《药师本愿经》（达摩笈多译）：

彼佛国土一向清净，无女人形，离诸欲恶，亦无一切恶道苦声，琉璃为地，城阙垣墙门窗堂阁柱梁斗栱周匝罗网，皆七宝成，如极乐国。（《大正藏》，册 14，页 402a）

62

《药师本愿经》（玄奘译）：

彼佛土一向清净，无有女人，亦无恶趣及苦音声，琉璃为地，金绳界道，城阙宫阁轩窗罗网皆七宝成，亦如西方极乐世界，功德庄严等无差别。（《大正藏》，册 14，页 405c）

《药师七佛本愿经》（义净译）：

彼佛土纯一清净，无诸欲染，亦无女人及三恶趣苦恼之声，以净琉璃而为其地，城阙宫殿及诸廊宇轩窗罗网皆七宝成，亦如西方极乐世界功德庄严。（《大正藏》，册 14，页 413c）

由此可见，琉璃光净土变相与极乐净土变相构图基本相同，故仅从净土部分来区别两者极为困难。敦煌千佛洞壁画的实例中两者的区别亦极微小，仅可依据其中出现的人物来区分。如果净土部分以外与主尊相关的一些特殊场景附加于画面时（如《观经》中未生怨或《药师本愿经》中药师十二大愿及九横死等绘于净土变相外缘时），可根据外缘所绘之内容来区分。如果没有附加的部分，仅依据净土庄严来判断其为何种佛的净土时，大多数情况下是相当困难的。

63

附图二三a为千佛洞第 117 窟［D61］的药师净土变相，图中主尊右臂上举至胸，手掌向外，左手持药钵，为药师如来佛常见的形式，依据这些特点很容易判断出此图为药师净土变相。如果药师如来佛手中没有药钵，则会失去判断图像为何种佛的净土变相的依据。而此变相作为药师净土变相是不可否认的，作为药师净土变相图中绘制最为精美的一铺，值得相当的注意。图中央与其他极乐净土一般丰富生动、热闹非凡，一百五十余身圣众遍布于宝池、宝楼、华座之上，图上方楼阁重叠，圆堂矗立，栈桥飞虹，宝幢迎风飘动，幡竿林立，圣物飞动，池中白莲漂浮，更有舞乐会下方所绘不见于一般极乐净土中的池中渡廊，其双重架于池上，上建方形及圆形的楼阁。此图结构繁复，堪称净土图相中之翘楚。另，主尊两侧端坐日光、月光两大菩萨，其身后各竖一长竿，竿头宝幡翩翩飞舞，同样的宝幡除此之外尚见于后述千佛洞第 8 窟［D146］的药师净土变相（附图二三 b）。

中尊药师左右侍立两大菩萨，即日光（日曜）、月光（月净），见《药师本愿经》所述。

《药师本愿经》（达摩笈多译）：

于其国中，有二菩萨摩诃萨，一名日光，二名月光，于彼无量无数诸菩萨众，最为上首。（《大正藏》，册 14，页 402a）

《药师本愿经》（玄奘译）：

于其国中，有二菩萨摩诃萨，一名日光遍照，二名月光遍照，是彼无量无数菩萨众之上首。（《大正藏》，册 14，页 405c）

《灌顶经》卷十二：

有二菩萨，一名日曜二名月净，是二菩萨次补佛处。（《大正藏》，册 21，页 533a）

关于药师如来佛手中持药钵一事在密教仪轨中所记如下。
《药师如来念诵仪轨》（不空译）：

以种种杂宝庄严坛，安中心一药师如来像，如来左手令执药器，亦名无价珠，右手令作结三界印，一着袈裟结跏趺坐，令安莲华台，台下十二神将，八万四千眷属上首，又令须莲台，如来威光中，令住日光月光二菩萨。（《大正藏》，册 19，页 29b）

附图二三 a 主尊药师如来佛的形象基本符合这一记述，当然净土变相中药师如来佛的制作并非依据这一密教仪轨，不过需上溯到更古老时代，依据其造像习惯而制。

附图二三 b（千佛洞第 8 窟右壁［D146 北壁］药师净土变相）

此铺壁画较上图（附图二三 a）稍简略，但两者构图基本类似。此图中有药师如来佛和日光、月光三尊坐于楼阁内，这一点与上图不同。另，图最前方绘宝幢，其周围环绕世俗供养人，此点为其特色。供养人没有置于图下方栏外而将其置于图中，这一形式与阿弥陀净土变相附图一 b、附图二 a 相同，此图可视为这种配置方式的图例之一。主尊药师如来佛有一点值得注意，其左手执药钵，右手持锡杖，乍

Fig.16 《觉禅抄》所载唐本药师像

看外形似乎有些特殊，而实质上是常见于中国唐代的形式，见日本《阿娑缚抄》有关药师形象的记载："又有唐本，持钵锡杖。"（《大正藏》，图像部册8，页305c）又见《觉禅抄》[1]药师如来佛形象，如Fig.16，主尊右手持锡杖，左手持药钵，其形象即为唐本药师如来佛像。况且这一形式的药师如来佛像常见于敦煌地区，不仅有此处第8窟［D146］药师净土变相中的主尊，尚有第168窟［D6］药师净土变相（附图二四a）主尊以及附图二八b敦煌千佛洞出土绢本佛画中的药师如来佛像。

附图二八b药师如来像右手拇指与食指相捻，左手持药钵，其旁立锡杖。锡杖虽并未持于右手，但其表现无疑与Fig.16的药师如来佛相同（地藏菩萨亦有与此相似之例）。另，右手拇指与食指相捻的手印为药师如来佛常见的形式，后述其他药师净土变相中的主尊多为此形（附图二六、附图二七、附图二九a）。这一形式无疑对应前述不空译《药师如来念诵仪轨》所述"右手令作结三界印"，又见《阿娑缚抄》中"不空轨"文后的记述，如下：

66

私检囊初唐本佛云，右手扬臂，头大端相合如弹指，余三指开立，左手仰当脐下，掌中置映彻碧色花形合子，胸有满字，其字有焰光，云云，不空轨结三界印者，恐今尊右印欤。（《大正藏》，图像部册8，页305c）

附图二四a（千佛洞第168窟右壁［D6北壁］药师净土变相）

此铺壁画相较于上图更为简略，图中所绘人物减半，楼阁梯道亦明显减少。主尊药师如来佛与第8窟［D146］相同，右手持锡杖，左手持药钵。此图与上述两图的不同之处在于主尊两侧侍立四身比丘，值得注意。

---

1 译者注："觉禅抄"、"觉禅钞"，"阿娑缚抄"、"阿娑缚钞"，"十卷抄"、"十卷钞"，上述名称均见于《大日本佛教全书》，今统一采用"抄"字。

附图二四 b（千佛洞第 46 窟右壁［D112 北壁］药师净土变相）

此图所绘楼阁的结构以及人物的多少与第 168 窟［D6］药师净土变相相似，图中亦绘有四比丘，但主尊手中没有锡杖。与上述三图相比较，此铺壁画前方绘有十二神将，为其特别之处。十二神将为药师如来佛之眷属，在于护卫《药师经》的受持者。达摩笈多、玄奘、义净等译《药师本愿经》或《灌顶经》卷十二等均记有十二神将（又称十二夜叉大将、十二药叉大将、十二神王）之事，其中各经所记名称略有不同，如表 1.1 所示：

67

表 1.1　十二神将名称对应表

十二神将	达摩笈多译《药师本愿经》	玄奘译《药师本愿经》	义净译《药师本愿经》	《灌顶经》
Kumbhīra	宫毗罗	宫毗罗	宫毗罗	金毗罗
Vajra	跋折罗	伐折罗	跋折罗	和耆罗
Mihira	迷佉罗	迷企罗	迷企罗	弥佉罗
Andīra	安捺罗	安底罗	頞儞罗	安陀罗
Anila (M)ajira	安涅罗	頞儞罗	末儞罗	摩尼罗
Candira	摩涅罗	珊底罗	娑儞罗	宋林罗
Indra	因陀罗	因达罗	因陀罗	因持罗
Pajra	波异罗	波夷罗	波夷罗	波耶罗
Makora	摩呼罗	摩虎罗	薄呼罗	摩休罗
Sindūra	真达罗	真达罗	真达罗	真陀罗
Catura	招度罗	招杜罗	朱杜罗	照头罗
Vikarāla	鼻羯罗	毗羯罗	毗羯罗	毗伽罗

药师十二神将源于药师如来佛因位"十二大愿"，其像与日光、月光两菩萨一同配列于药师如来佛身旁。上述不空译《药师如来念诵仪轨》中亦记药师如来佛的座下应置十二神将，而附图二四 b 药师净土变相中，亦在舞乐会前方左右各置六身共计十二身坐姿神将。此类十二神将绘于药师净土变相的现象除第 46 窟［D112］壁画以外，尚有多个例子，见附图二五 a、附图二五 b、附图二六、附图二七、附图二九 b 等。

68

附图二五 b（千佛洞第 51c 窟右壁［D192 北壁］药师净土变相）

此图与前述第 46 窟［D112］的药师净土变相极为相似，而此图圣众的人数较少，十二神将亦没有全部绘出，仅有八身。主尊药师如来佛左手持药钵，右手当胸。虽然手指在图上已辨认不清，但此图很可能与附图二六、附图二七相同，右手拇指与食指相捻取三界印的形式。另，此铺药师净土变相与附图二三 a、附图二三 b 相同，没有绘出比丘形象。

附图二九 b（千佛洞第 17 乙窟右壁［D156 北壁］药师净土变相）

遗憾的是由于伯希和拍摄疏漏，此铺净土变相看不到其主要部分。但从图下方绘有十二神将来判断，此图应与附图二四 b、附图二五 b 为同一形式的药师净土变相。

千佛洞壁画中药师净土变相的实例如上所述，据此大概可知唐代药师净土变相的情况，在此基础上，如与千佛洞发现的绢画中的唐代药师净土变相（详见采用净土变形式的药师经变相）一并观察的话，将会更加明确药师净土变相的特点，其实例如下。

附图二六（大英博物馆藏，绢本着色，药师净土变相）

此图画面损伤严重，却是现存同类作品中形式最为完整的一件。图中随处可见文字，其制作年代可定为唐代，画作上乘。此变相中净土变相的部分与前述所记数铺壁画区别不大，主尊药师如来佛右手结三界印（拇指与食指相捻），左手持药钵，舞乐会下方左右各绘六身神将，与前例无异。然而此图又具备前述图例所没有的特色，如圣众当中十二神将以外又绘有六身天部像，图上方左右各置一身尊像，又如图下方所绘大小数身尊像似乎与净土中圣众毫不相关而排列随意。这些尊像中，下方仅能辨认出如意轮观音菩萨以下的数身，而图上方的二尊像相对清晰，其中左侧为千手千眼观音，右侧为千臂千钵文殊。图中存在千臂千钵文殊这一点，值得引起相当的重视，关于千臂千钵文殊及与其类似图例将详述于后（参见第六章第二节）。

此药师净土变相尚有一点值得注意，图左右两侧设外缘，其上各绘有与《药师本愿经》中药师如来佛的十二大愿及九横死相关的图相，其形式恰与观经变相外缘所绘序分及十六观图相相同。正如阿弥陀净土变相是在其净土相上加入外缘，上绘《观经》中未生怨因缘的故事，才形成完整的净土变相一般，药师净土变相仅具备净土变相的部分，不能称之为完整的净土变相，如仅具备净土相的部分将无法与其他如阿弥陀或弥勒净土变相区别开来。因此，净土变相附加"十二大愿"和"九横

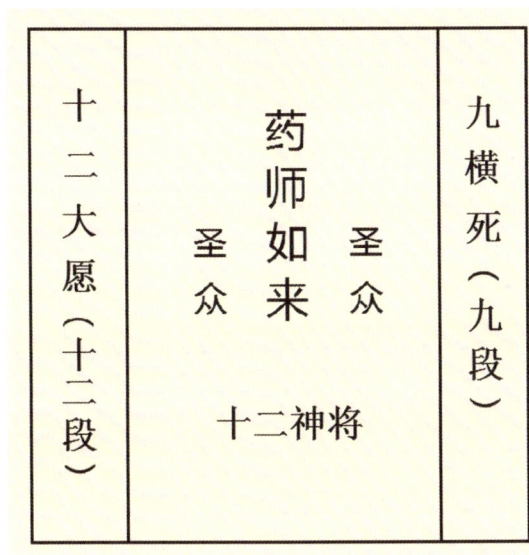

Fig.17　药师净土变相的一般形式

死"诸图后，药师净土变相方显出其真面目。此处所见的药师净土变相具备外缘，故可称之为完整形式的药师净土变相。从这些图例判断，具备了 Fig.17 形式的作品方可称之为完整的药师净土变相（其中难免出现少许变形）。

附图二六外缘中，从观者左侧上方开始向下分十二段绘十二大愿，每一段中均有榜题，如下所示。其文均与玄奘译《药师本愿经》中"十二大愿"之文（注二）一致，但第一至第四的四愿记述顺序有误，而第十愿以后的文字难以辨认。此处为方便起见保持原文顺序不变，在其旁引用玄奘译《药师本愿经》的字句，同时补充欠缺的部分：

1. 第一大愿
愿我来世得菩提时以无量无边智惠方
便令诸有情若行声闻独觉乘者皆以大
□少乏

此处记其为第一大愿，但实际上是第三大愿，且文中"若行声闻"以后为第四大愿中的词句。

《药师本愿经》：

第三大愿。愿我来世得菩提时，以无量无边智惠方便，令诸有情皆得无尽，所

71

受用物，莫令众生有所乏少。

2. 第二大愿
愿我来世得阿耨多罗……
炽……无量无数无边……
十……严其身令一切有……

此为第二大愿，实为第一大愿，以下据《药师本愿经》进行补充。
《药师本愿经》：

第一大愿。愿我来世得阿耨多罗三藐三菩提时，自身光明炽然，照曜无量无数无边世界，以三十二大丈夫相八十随好，庄严其身，令一切有情如我无异。

3. 第三大愿
愿我来世得菩提时身如琉璃内外明彻净无
瑕秽光曜广大功德巍巍身若安住焰网庄严过
于日月幽暗众生悉蒙开晓随意所趣作诸事

此为第二大愿，与《药师本愿经》所记基本相同，但《药师本愿经》中"光曜"为"光明"，"身若安住"为"身善安住"，"幽暗"为"幽冥"。

4. 第四大愿
愿我来世得菩提时若诸有情行邪道
者悉令安住菩提道中皆得无尽所受用物莫令
众生有所乏少

此愿仅前半部分正确，后半"皆得无尽"之后为第三大愿的后半部分。
第五大愿以下顺序无误。

5. 第五大愿
愿我来世得菩提时若有无量无边有情
于我法中修行梵行一切皆令得不缺戒具三
聚戒设有毁犯闻我名已还得清净不堕恶趣

6. 第六大愿

……得菩提时若……

……具丑陋……背偻……

《药师本愿经》：

第六大愿。愿我来世得菩提时，若诸有情，其身下劣诸根不具，丑陋顽愚盲聋瘖痖挛躄背偻白癞癫狂种种病苦，闻我名已一切皆得端正黠慧，诸根完具无诸偻苦。

7. 第七大愿

愿我来世得 菩 提时若诸有情众病逼切无救无归无

医无药无亲无家贫穷多苦我之名号一经其耳

众病悉除身心安乐家属资具悉皆丰足乃至证

得无上菩提

8. 第八大愿

愿我来世得菩提时……

逼恼极生厌离……

《药师本愿经》：

第八大愿。愿我来世得菩提时，若有女人，为女百恶之所逼恼，极生厌离愿舍女身，闻我名已一切皆得转女成男具丈夫相，乃至证得无上菩提。

9. 第 九 大 愿

愿我来世得菩……

……一切外道缠缚若……

……于正见渐令修习……

……提

《药师本愿经》：

第九大愿。愿我来世得菩提时，令诸有情，出魔绢网，解脱一切外道缠缚，若堕种种恶见稠林，皆当引摄置于正见，渐令修习诸菩萨行速证无上正等菩提。

74

第十大愿以下已不能辨认，现抄录《药师本愿经》之章节。

《药师本愿经》：

第十大愿。愿我来世得菩提时，若诸有情，王法所录，缧缚鞭挞系闭牢狱或当刑戮，及余无量灾难凌辱悲愁煎迫，身心受苦，若闻我名，以我福德威神力故，皆得解脱一切忧苦。

第十一大愿。愿我来世得菩提时，若诸有情，饥渴所恼，为求食故造诸恶业，得闻我名专念受持，我当先以上妙饮食饱足其身，后以法味，毕竟安乐而建立之。

第十二大愿。愿我来世得菩提时，若诸有情，贫无衣服，蚊虻寒热昼夜逼恼，若闻我名专念受持，如其所好即得种种上妙衣服，亦得一切宝庄严具华鬘涂香鼓乐众伎，随心所玩皆令满足。

以上为附图二六"十二大愿"外缘的题记，此处所绘的十二段画面亦如题记一般，不明之处较多。其中第一段佛莲台前方绘一菩萨合掌跪坐，可能为第一大愿中的"光明普照"，然而此处因画面缺失而无法断定。第二段仅存坐于莲台上的药师如来佛，其前方部分缺失。第三段同样绘药师如来佛坐像，另有两合掌俗人形象。第四段药师如来佛前方绘二俗人、一比丘，由于绘有比丘，故可判断此处应为第四大愿。第五段药师如来佛前方绘挛躄背偻等形象，旁置诸根完具的直立人物。此处所绘第五段图相并非与第五大愿相关，实为第六大愿表示"诸根具足"，故此处欠缺

75

与第五大愿相关的图相。第六段中绘与第七大愿"除病安乐"有关的图相，药师如来佛前方绘一病卧人物。第七段绘第八大愿"转女成佛"之图，如来前方绘一女转身为男。第八段所绘应为与第九大愿"安立正见"有关的图相，但药师如来佛之外的人物均不明了。第九段之后由于画面缺失而各图均不完整。

观者右侧外缘所绘为"九横死"，此处亦与左侧相同，自上至下分九图而绘，并各自附有简单的榜题，但此处榜题与前者不同，书于右行，词句与"十二大愿"相同，均采自玄奘译《药师本愿经》（注三）：

1.若诸有情得病虽轻无医药及看病者解奏神明
呼诸魍魉请乞福祐欲冀延年终不
能得若有病人欲脱病苦当为其人请苾刍僧

转读礼忏药师琉璃光如来

此为"九横死"中的"初横"，《药师本愿经》中在第一行"看病者"和"解奏神明"之间记"设复遇医授以非药，实不应死而便横死，又信世间邪魔外道妖孽之师，妄说祸福便生恐动，心不自正，卜问觅祸，杀种种众生"，第三行"若有病人"以后不见记述，其后记"愚痴迷惑信邪倒见，遂令横死入于地狱无有出期，是名初横"。

2.二者横被王法之所诛戮

76

此文同于《药师本愿经》第二横。

3. 三 者 畋 猎嬉戏耽婬贪酒放逸无度
　　横为 非人夺其精气

"贪酒"在《药师本愿经》中为"嗜酒"。

4.四者横为火焚

5.五者横为水溺

6.六者横为种种恶兽所啖

7.七者横堕山崖

8.八者横为 毒药厌祷咒咀起尸鬼等 之所中害

9.九者饥渴所困不得饮食而便横死

以上均与《药师本愿经》相关部分一致。

有关"九横死"的章节，其内容与法华经普门品"七难"有相同之处，故其图相亦与七难的实例（附图四○c至四四b）（参见第一章第五节）甚为相似。第一段"初横"较细致地表现出经中所言"又信世间邪魔外道妖孽之师"。第二段为第二横

"王法诛戮"，绘裸体人物受笞刑之状。第三段为第三横"非人夺精气"，绘畋猎嬉戏之状，又有一裸体人物面裹白布，双手被缚，由一裸鬼牵行。第四段为第四横，绘火中人物。第五段为第五横，绘水中人物。第六段为第六横，绘一人受恶兽追赶。第七段为第七横，绘一人由悬崖坠下。第八段为第八横，绘起尸鬼之害。第九段为第九横，因残缺而仅存前记榜题。

如上所述，这一药师净土变相由于其在形式上具备药师净土变相所应有的特点，是一件非常难得的作品，尤其是其中绘制内容与玄奘译《药师本愿经》密切相关，值得注意。其绘制年代为唐代，在一定程度上反映出唐代药师净土变相的结构，应受到足够重视。以下举出与此药师净土变相类似的几铺作品，对其图像的结构作进一步的分析。

药师净土变相（净土变形式的药师经变）外缘附"十二大愿"与"九横死"的其他实例可举以下几铺敦煌壁画和绢本画。

附图二五 a（千佛洞第 41 窟左壁 [D180 南壁] 药师净土变相）

图中主尊药师如来佛右手举至胸前，右掌外翻，左手持药钵，趺坐于莲座上，左右诸比丘、菩萨侍立。图下方中央绘舞乐，其左右各置六身神将，共十二身。中台观者右侧外缘置"九横死"，左侧外缘将"十二大愿"分十二段绘出。图左半部分的照片没有登载于伯希和的敦煌图录中，非常遗憾，但从仅有的右半部分画面可判断这一净土变相以药师净土变相为中心，左右外缘配置"九横死"和"十二大愿"，为一铺完整的药师净土变相。由此可知，作为唐宋时期的壁画，完整的药师净土变相尚留存于敦煌千佛洞中，令人甚感欣慰。

图中"九横死"由上至下依次为初横死"盲信外道妖师"，第二横死"王法诛戮"，第三横死"耽淫嗜酒"（第三段右方），第四横死"火焚"（第三段左上），第五横死"溺水"（第三段左下），第六横死"恶兽所噉"，第七横死"坠落山崖"等，各图均附有榜题，但文字已不可辨认。图中所绘"九横死"的种类，与达摩笈多、玄奘、义净等所译《药师本愿经》以及《灌顶经》卷十二的内容略有差异，虽同称"本愿经"，但达摩笈多所译的第九横死（饥渴死）与第七横死（山崖坠死）恰好在玄奘、义净所译的第七横死与第九横死的位置上。此图中第七横死绘为"坠落山崖"，可见其绘制依据为玄奘、义净所译的《药师本愿经》。而图例的绘制是根据上述两种译经中其中一种，依照前述图例（附图二六）基本可以定论，此处千佛洞第 41 窟 [D180] 的这铺壁画想来亦根据玄奘译《药师本愿经》而绘。

　　另，此铺壁画之所在洞窟虽沿袭了唐代的形制，但壁画的绘制年代应为五代。

附图二七（德里中亚博物馆藏，绢本着色，药师净土变相）　　　　　　　79

　　此件药师净土变相亦与上述二图形式相同，主尊药师如来佛右手拇指与食指相捻，结三界印，左手持药钵，为常见的药师如来佛形象。左右日光、月光以及其他圣众的排列亦不具备突出的特色，图中尚有四比丘，下方有十二神将（部分缺失）。观者左侧外缘绘"十二大愿"，与前述二图相同，但图中除药师如来佛的头部和女子二身以外全部缺失，观者右侧外缘"九横死"仅存一部分。图中所绘各段均附有榜题，和附图二六相同，但均不见文字。外缘"九横死"各段的顺序甚为混乱，自上至下大致如下：

不　明	第三横
第五横	第三横
初　横	第八横
第三横	第四横
不　明	

　　此图构图较简单，排列顺序凌乱，但绘制年代可定为唐代，与上述构图完整的净土变相作一对照的话，亦可想象其图样的正确排列形式。

　　从以上三个实例可知左右两侧附带外缘的药师净土变相的存在，但在唐代是否　　80
绘制了其他形式的药师净土变相则尚不明了。从以下列举的吐鲁番柏孜克里克药师净土变相壁画（Fig.19）的形式，很容易想象亦存在其他形式的药师净土变相。另，报恩经变相中包括净土变相左右外缘或净土变相下方描绘经中各个情节的两种形式（参见附图五五以下），尚有弥勒变相、法华经变相等，其中有许多图例在与净土变相同一画面中绘出各个详细情节的形式（参见附图三〇以下及附图三三以下）。据此可见，药师净土变相不设外缘而与净土变相在同一区域内绘出"十二大愿"或"九横死"等图的形式是有可能存在的。

　　又有以大历十一年（776）敦煌千佛洞睡佛洞［D148］外所建《唐李府君修功德碑》以及《吴僧统碑》、《沙州释门索法律窟铭》、《翟家碑》等均记载曾经有过制作外缘附带药师十二大愿和九横死药师净土变相一事，值得注意。

　　《唐李府君修功德碑》：

画报恩天请问，普贤菩萨，文殊师利菩萨，东方药师，西方净土，千手千眼观世音菩萨……等变各一铺。……十二上愿列于净刹。（《西域水道记》，卷三）

《吴僧统碑》：

凿七佛之窟，钻金画彩，不可记之，然则清凉万圣，摇紫气而浮空，贤劫千尊，开碧莲而化现，十二大愿九横莫侵，百八浮图三灾莫染，法华则金三归一，报恩乃酬起二龙，文殊助佛宣扬，普贤则悲深自化。善财童子……（《沙州文录》收载）

《沙州释门索法律窟铭》：

更凿仙岩镌龛一所……十六观行对十二之上愿……（《沙州文录》收载）

《翟家碑》：

内龛朔诸形象等……十二上愿化尽东方，十六观门应居西土……（《沙州文录》收载）

据以上敦煌千佛洞的壁画或千佛洞出土的唐代药师经变绘画可见，唐代药师净土变相最为常见的形式即如 Fig.17，图中央置净土变相，左右两侧绘"十二大愿"和"九横死"。由此，以下文献中所记程逊绘于昭成寺的壁画药师变相或中寺六祖院的赵忠义药师经变相亦可想见为这一形式，尤其是六祖院的图例并非"药师变相"，而是"药师经变相"，这一点值得引起注意。

《历代名画记》卷三"东都寺观画壁"：

昭成寺　三门下护法二神，张尊礼画。香炉两头净土变、药师变，程逊画。

《益州名画录》：

赵忠义　中寺六祖院傍药师经变相

此处附带提及一组塑像的例子，这组塑像说明敦煌地区曾经流行与药师信仰有关的"七佛药师"的信仰。Fig.18 为千佛洞第 142 窟［D327］内所造塑像，经后世修补已失其原样，但明显为唐代造像。造药师七佛一事亦见于达摩笈多译及玄奘译《药师本愿经》（注四），但与七佛药师信仰关系最为密切的应为义净译《药师七佛本愿经》，其中详细记有七佛的名称、净土、大愿等（注五）。

Fig.18　千佛洞第 142 窟［D327］西壁龛内七佛药师像

最后尚需涉及敦煌以西吐鲁番地区的壁画，应与敦煌千佛洞药师净土变相一起受到足够的重视，即柏孜克里克石窟药师净土变相，实例见 Fig.19。

此铺壁画作于五代，其样式大体继承中原唐代佛画的传统，并融入部分地方特色，图中最为引人注目的是"十二大愿"和"九横死"的排列方法。一般常见的排列方法如 Fig.17，观者左侧为"十二大愿"，右侧为"九横死"，而这铺高昌壁画却在中台下缘分出一段，于其左半部分绘"大愿"，右半部分绘"横死"，并在各处附有长方形榜题，其上题有回鹘文字。此铺壁画反映出唐代经变的一种形式，应引起注意。观经变相中亦存在与此形式类似的图例，其中序分图相和十六观图相并不绘于中台两侧，而是与此铺高昌壁画相同，在中台下方将两者合并在一起，见附图一六、附图二二 a。据此可见，在唐代药师净土变相之中，除附图二五 a、附图二六、附图二七将"十二大愿"和"九横死"绘于左右外缘的形式以外，同时尚存在将两者合并绘于净土变相底边的形式。

唐代药师经变相研究史上，有必要详细分析此铺柏孜克里克壁画底边所绘的图相以及中台的各身尊像。图中底边绘有"十二大愿"、"九横死"以及方形榜题，仅观察榜题发现竟多达三十条，数目与"十二大愿"、"九横死"两者相加不符合（其中回鹘文的榜题仅存数组），再加图中有几处模糊不清，仅凭汉译《药师本愿经》（达摩笈多、玄奘、义净等的译本及《灌顶经》卷十二的《药师经》等）中关于"十二

83

84

Fig.19　高昌壁画药师净土变相

大愿"和"九横死"的文字，不能完全解释图中的内容。可能性有二，或许此铺壁画是依据其他《药师经》所绘？或许在吐鲁番地区存在一种回鹘文译本，而这一译本尚未译成汉文？这些推测虽然难以确定，但《灌顶经》中"九横死"的部分（《大正藏》，册21，页535c）与其他三人的译本存在很大出入，从这一现象推想，其他版本的《药师经》的存在是很有可能的。而此铺变相中的"十二大愿"和"九横死"的图相，在一定程度上可以根据玄奘等译的《药师本愿经》得以解释，图中"十二大愿"图相明显为《药师本愿经》所说的第一、第二、第三、第六、第十、第十一的六愿，同时亦有表现第四、第八、第九这三愿的图相。而与"九横死"相关的图相除了《药师本愿经》中"坠崖"和"毒药咒"两个图相不甚明了，其余七横均可辨出。然而"十二大愿"和"九横死"的排列顺序均和《药师本愿经》所述大不相同。另，"九横死"图相中绘出的《灌顶经》中的第五横"贼难"，值得引起注意。

非常遗憾的是，此铺净土变相的中台上半部分缺失，故不能得知其中药师净土变相的全貌，但通过圣众这些主要部分可以了解图像的概要。图中主尊药师如来佛端坐于莲台之上，右手结三界印，左手置于腹前，但手中没有药钵（这一形式的药师如来像并不少见）。如来左右侍立日光、月光菩萨以及众菩萨、比丘，与前述敦煌画实例相同，仅有前方右侧侍立的十二神将与敦煌画显著不同。敦煌画中的十二神将均披甲胄而为武将身姿，而此处却为文官服饰，包括执笏男子六身和盛装女子六身，且十二像上方各置有十二支兽面，其排列顺序如下：

卯（兔头　女子）　未（羊头　女子）　亥（猪头　女子）

寅（虎头　男子）　午（马头　男子）　戌（狗头　男子）

丑（牛头　女子）　巳（蛇头　女子）　酉（鸡头　女子）

子（鼠头　男子）　辰（龙头　男子）　申（猴头　男子）

86

总之，药师十二神将一般为武将的装束，有时即如此铺壁画般以常人的形式出现，在《觉禅抄》药师法中亦记述这十二神将各具十二兽头一事（《大正藏》，图像部册 4，页 419、页 420），而十二神将与十二支兽面的结合应当与其所对应的年月和方位有关，但至今尚未发现可以具体说明两者关系的经典，恐怕亦不存在有关的经典，《大方等大集经》卷二十三所记十二兽（《大正藏》，册 13，页 167b）一事亦与药师十二神将不存在关联。另，十二神将所对应的十二支亦并非一定，如宫毗罗大将或配置"子"，或为"亥"，有时为"寅"、"丑"，不一而足（参见《阿娑缚抄》、《觉禅抄》等），可见两者的搭配在过去并不存在确定的规律。

观者视线所见中台左下角处绘有一群人物，共九身，意为九曜（太阳、太阴、荧惑、辰星、岁星、太白、镇星、罗睺、计都）。其中太阳为男子形象，头戴王冠，双手举赤色日轮。太阴为女子形象，双手举白色月轮。荧惑（火星）为罗刹形象，头戴马冠，四臂持剑、戟、弓、箭。辰星（水星）为女子形象，头戴猿冠，手持笔砚。岁星（木星）为男子形象，头戴猪冠，双手捧花果。太白（金星）为女子形象，头戴鸡冠，手弹琵琶。镇星（土星）为老婆罗门形象，头戴牛冠，持杖。此处火、水、木、金、土五星与《七曜攘灾决》、《梵天火罗九曜》等所记的形象一致。

87

《七曜攘灾决》（《大正藏》，册 21，页 449a-b）：

火曜……作铜牙赤色貌，带嗔色，驴冠，着豹皮裙，四臂一手执弓，一手执箭，一手执刀。

水，其神女人，着青衣，带猴冠，手执文卷。

木，其神如老人，着青衣，带猪冠，容貌俨然。

金，其神是女人，着黄衣，头戴鸡冠，手弹琵琶。

土，其神似婆罗门，色黑，头带牛冠，一手拄杖。

《梵天火罗九曜》（《大正藏》，册21，页459—461；图像部册7，页705—736）：

荧惑（火星）	神形如外道，首戴驴冠，四手兵器刀刃。
辰星（水星）	其神状妇人，头首戴猿冠，手持纸笔。
岁星（木星）	其神形如卿相，着青衣，带亥冠，手持华果。
太白（金星）	形如女人，头戴酉冠，白练衣，弹弦。
土宿星	其形如婆罗门，牛冠首，手持锡杖。

88   似乎唐代以后五星这一形式流行甚广，敦煌画中亦见其例（附图九六a），日本的星曼荼罗（Fig.89）或表示九曜的图本等亦有许多类似的例子（注六）。此图中五星所示的形象作为证明五代前后吐鲁番地区中原式密教图像传播的证据，饶有兴味。图中罗睺、计都二星的外形与《梵天火罗九曜》所说，均为显现全身的罗刹形，一身左手持剑（右手不明），足下有龟；一身右手持剑，左手握蛇，足下有狐。从两者足下的龟和狐来看，亦有可能为罗睺、计都以外的尊像，但此处的罗睺、计都均呈现出传入日本的北斗曼荼罗或火罗图、九曜秘历及其他图本所绘位于龙上的罗睺、牛上的计都（《大正藏》，图像部册7，页692—693。另纸彩绘仁和寺本北斗曼荼罗。《大正藏》，图像部册7，页696、页699、页772插图等）的早期形象，在东京美术学校[1]藏《唐本北斗曼荼罗》中可明确找到龟上计都之像（《大正藏》，图像部册7，另纸页16）。附于计都的牛或许由龟转化而来（前述唐本北斗曼荼罗中罗睺所乘的龟的外形恰好显示出其过渡时期的形象），计都所乘之牛亦与土星乘牛重复，在一组九曜像中略显不自然，想来计都足下本应为龟。另，图中罗睺手中握蛇与其乘龙之间的转变和由龟转变为牛的情况类似。作为净土变相，如此图一般将九曜之像加入中台的图例非常罕见，应与《药师本愿经》所记"星宿变怪难"、"日月薄

89 蚀难"中救济众生的药师如来佛的神威有关（参见《大正藏》，册14，页404a、页407c、页416a），这一点作为补充敦煌画药师净土变相不足的部分值得注意。

    以上叙述了几种敦煌画药师净土变相的图例，加以柏孜克里克石窟的例子作为参考，在综合以上内容并参照各类文献后可知唐代药师净土变相的特征如下：

---

1 译者注：现为东京艺术大学。

（1）唐代药师净土变相完整的形式为图中央绘药师琉璃光净土的庄严相（中台），左右两侧作为外缘配置，即《药师本愿经》中所说药师如来的"十二大愿"和"九横死"（Fig.17）。

（2）亦有图中不是将"十二大愿"和"九横死"设于左右，而将其置于中台下方，横向排开。

（3）亦有多个实例没有外缘，仅绘出净土变相。

（4）中台亦与外缘同样为依据《药师本愿经》而作，以庄严净土（很难与阿弥陀净土变相区别）为舞台，中央置主尊药师如来佛，左右及周围一般依《药师本愿经》所说置日光、月光两菩萨及以下的圣众、十二神将。

（5）总之，图中需具备可称之为《药师本愿经》变相的内容。

注

90

一、参见《阿弥陀经》及《大无量寿经》中关于西方极乐净土的描写，以及《弥勒大成佛经》或《弥勒下生经》中关于弥勒净土的记述。

二、《大正藏》，册 14，页 405a–b。

三、《大正藏》，册 14，页 408a。

四、达摩笈多译《药师本愿经》："应造七躯彼如来像，一一像前各置七灯，一一灯量大如车轮，或复乃至四十九日光明不绝，当造五色彩幡长四十九尺。"（《大正藏》，册 14，页 404a）玄奘译《药师本愿经》："造彼如来形象七躯，一一像前各置七灯。"（《大正藏》，册 14，页 407c）

五、《大正藏》，册 14，页 409 以下。

六、参见《大正藏》，图像部册 7。

第四节　弥勒净土变相

91

敦煌画中可明确定为唐末宋初间的弥勒净土变相的绘例有五铺，即：

千佛洞　第 117 窟　左壁［D61 南壁］一铺（附图三〇 a）

千佛洞　第 8 窟　　左壁［D146 南壁］一铺（附图三〇 b）

千佛洞　第 74 窟　左壁［D98 南壁］一铺（附图三一 a）

千佛洞 S 第 12 窟　　天井西壁［D156 窟顶西披］一铺（附图三一 b）

大英博物馆藏　敦煌出土　绢本着色　弥勒净土变相（附图三二）

这些变相的格式基本固定，从内容来看，均以《弥勒下生经》或《弥勒大成佛经》为依据，明显与《弥勒上生经》无关（于后详述）。这一状况饶有兴味，在说明唐代及其后的弥勒净土变相的有关文献时，此亦为重要的参考资料。以下为唐宋时期有关弥勒净土变相的文献。

《贞观公私画史》：

弥勒变相图一卷……董伯仁画

92

《历代名画记》卷三"西京寺观等画壁"：

西塔院　　楚金真，吴画。弥勒下生变。

《历代名画记》卷三"东都寺观画壁"：

敬爱寺　　西禅院北壁……东西两壁西方弥勒变

《历代名画记》卷八"隋"：

董伯仁　　杂画台阁样、弥勒变……传于代

《图画见闻志》卷二：

王仁寿　　相国寺文殊院有净土弥勒下生二壁

《图画见闻志》卷三：

王　霭　　又画开宝寺文殊阁下天王及景德寺九曜院弥勒下生像

《宣和画谱》卷三：

朱　繇　　今御府所藏八十有三　兜率佛铺图一

《益州名画录》：

张　腾　　于圣寿寺大殿画文殊一堵、普贤一堵、弥勒下生一堵

《寺塔记》"宝应寺"条：

寺有韩干画下生帧，弥勒衣紫袈裟，右边仰面菩萨及二狮子，犹入神。

通观这些文献，可知大多为弥勒下生，证明唐宋时期弥勒净土变相基本以弥勒下生变相为主，并与敦煌画弥勒变相均为下生变相的事实相符。由此可见唐宋时期弥勒净土变相的一般倾向。

作为绘制变相的依据，《弥勒上生经》或《弥勒下生经》哪一方能获得更好的艺术效果？这一问题的答案毫无疑问是内容丰富的《弥勒下生经》。《弥勒上生经》仅描绘兜率天宫的庄严景象，而《弥勒下生经》除了描写净土之外，亦包含有弥勒成道时转轮圣王穰佉（儴佉、蠰佉、饷佉、儴伽、螺）的故事。将其与阿弥陀及药师净土变相作一比较考虑，依据《弥勒下生经》或《弥勒大成佛经》绘制的弥勒净土变相，相当于极乐净土变相附加《观无量寿经》阿阇世、韦提希故事的观经变相，或相当于配置了药师"十二大愿"及"九横死"图相的药师本愿经变相，而依据《弥勒上生经》的弥勒净土变相，从形式上来看，仅与去除外缘部分的观经变相或药师本愿经变相相当（须注意《弥勒下生经》的净土和《弥勒上生经》的净土完全不同，但国土庄严的图像，两者类似）。

由此，依据《弥勒上生经》的弥勒净土变相和依据《阿弥陀经》等的阿弥陀净土变相之间无明显区别，区分其图样极其困难。但是阿弥陀净土变相的特点是与《观经》内容的结合，这一点是其最明显的特征。而弥勒净土变相最大的特点是变相中加入了《弥勒下生经》转轮圣王的故事。

由此，唐代三种净土变相的情况如下：阿弥陀净土变相必须是能称为观经变相的图相，药师净土变相必须是附加"十二大愿"、"九横死"图相的药师本愿经变相。而弥勒净土变相是以下生经变相为主要部分的图相。三者只有在具备各自核心条件下，才能发挥图样上的个性。如果不借助净土变相以外的附加部分，这三种净土变相在外形上很难区分，当然也很难绘制。敦煌千佛洞外《唐李府君修功德碑》，其文中有"弥勒上生下生变相"，但壁画内容仅与《弥勒下生经》相关，这便是个很好的说明：

画报恩天请问，普贤菩萨，文殊师利菩萨，东方药师，西方净土，千手千眼观世音菩萨，弥勒上生下生……等变各一铺……十二上愿列于净刹，十六观门开其乐土，大悲来仪于鹫岭，慈氏降迹于龙华。（《西域水道记》卷三）

此变相并非以兜率天宫为舞台，而是着眼于弥勒下生于龙华树下成道，很明显为一铺弥勒下生变相。此壁画是否现存尚不明了，但可以确定的是，其图样与前述的千佛洞诸例相同，同时添有《弥勒大成佛经》或《弥勒下生经》所述的穰佉故事。另，前述《历代名画记》卷八董伯仁条下云"台阁样弥勒变"，亦并非台阁配有诸尊的弥勒净土图，应为净土图相附加穰佉故事等的下生经变相。而《宣和画谱》所记朱繇的"兜率佛铺图"是否为上生经变相尚存疑问，其中虽有兜率，但事实上想必应是与下生经变相相关的内容。然而，唐宋时代的阿弥陀净土变相，亦有仅绘庄严净土的图例，如附图一 a、附图一 b、附图二 b、附图三 a 等，与《观经》没有任何关系。弥勒净土变相亦是与《弥勒大成佛经》或《弥勒下生经》所记转轮圣王穰佉没有任何关系的净土变相。关于这一点，若无附属的文字，仅依据净土图相来判断其为兜率天或下生时的净土变相，几乎是不可能的。正如白居易所赞大和八年（834）及开成五年（840）"弥勒上生帧"（注五），应为据《弥勒上生经》所绘的兜率天宫，但这类图例从净土图相的角度而言，并不具备完整的变相形式。

下面对敦煌千佛洞壁画及敦煌出土绢本画所见的弥勒净土变相图例作一概述。

附图三○ a（千佛洞第 117 窟左壁［D61 南壁］弥勒净土变相）

此为千佛洞弥勒净土变相中内容最为详尽的一铺，制作年代约在五代末北宋初，画面中央与阿弥陀净土变相所见大致相同，有台阁、圣众，其上方云上绘"翅头末城"（《弥勒来时经》为"鸡头末"，义净译《弥勒下生经》为"妙幢城"），最下段主要是与转轮圣王穰佉有关的事迹。中尊弥勒佛坐于宝座之上，随从圣众七十五身，多为菩萨形，其中佛部像两尊、声闻像六尊、天部及其他尊像十四尊。全图配置类似阿弥陀净土变相，但没有楼阁。阿弥陀净土变相中亦有很多类似的图相，图中均没有绘出楼阁（附图二 a、附图三 a 等）。

上方所描绘的翅头末城在《弥勒大成佛经》（注一）或《弥勒下生经》有详细记述。尤其此图详细到金银珠宝等处处堆积这一点，值得注意（《弥勒大成佛经》："处处皆有金银珍宝摩尼珠等，积用成山。"《弥勒下生经》："城邑舍宅及诸里巷，乃至无有细微土块，纯以金沙覆地，处处皆有金银之聚。"）。

下段中央绘有转轮圣王穰佉的"七宝"，及王在正殿前所作宝幢。穰佉亦写为"蠰佉"、"儴佉"或"襀佉"，义净译《弥勒下生经》或《有部毗奈耶药事》中为"饷佉"（注二），《长阿含经·转轮圣王修行经》中为"儴伽"（注三），而《中阿含经·王相应品说本经》及《中阿含转轮王经》却译为"螺"（注四）。穰佉的"七宝"依

95

96

据《成佛经》为"金轮宝，白象宝，绀马宝，神珠宝，玉女宝，主藏臣，主兵臣"（《大正藏》，册 14，页 429c、页 430a）七种，《弥勒下生经》则为"金轮宝，象宝，马宝，珠宝，女宝，主藏宝，主兵宝"（《大正藏》，册 14，页 424a）七种，基本类似。《有部药事》亦同于《下生经》，仅最后两种为"主藏臣宝，主兵臣宝"（《大正藏》，册 24，页 25a）。《阿含经》所记亦大致相同，《长阿含经·转轮圣王修行经》为"金轮宝，白象宝，绀马宝，神珠宝，玉女宝，居士宝，主兵宝"（《大正藏》，册 1，页 42a），《中阿含经·说本经》或《转轮王经》为"轮宝，象宝，马宝，珠宝，女宝，居士宝，主兵臣宝"（《大正藏》，册 1，页 509c、页 524c），《增一阿含经》卷四十四为"轮宝，象宝，马宝，珠宝，玉女宝，典兵宝，守藏之宝"（《大正藏》，册 2，页 788c）。第 117 窟的弥勒净土变相中明确可见轮宝、象宝、马宝、女宝、主藏宝、主兵宝的六种，仅珠宝不明了。再者，《弥勒大成佛经》对"七宝"有简单的说明，对观看变相极为有益，现记如下：

97

一金轮宝，千辐毂辋皆悉具足。二白象宝，白如雪山，七肢拄地，严显可观犹如山王。三绀马宝，朱鬃髦尾足下生华七宝蹄甲。四神珠宝，明显可观长于二肘，光明雨宝适众生愿。五玉女宝，颜色美妙柔软无骨。六主藏臣，口中吐宝足下雨宝两手出宝。七主兵臣，宜动身时四兵如云从空而出。（《大正藏》，册 14，页 429c—430a）

其次为"宝幢"，其名称在经文里各不相同：

《长阿含经·转轮圣王修行经》	大宝幢	（《大正藏》，册 1，页 42a）
《中阿含经·说本经》	大金幢	（《大正藏》，册 1，页 509c）
《弥勒大成佛经》	七宝台	（《大正藏》，册 14，页 430a）
《弥勒下生经》（鸠摩罗什译）	七宝台	（《大正藏》，册 14，页 424a）
《弥勒下生经》（义净译）	七宝台　妙宝幢	（《大正藏》，册 14，页 427a）
《有部毗奈耶药事》	金　幢	（《大正藏》，册 24，页 25a）

98

而其具体说明如下：

围十六寻，上高千寻，千种杂色严饰其幢，幢有百瓻，瓻有百枝，宝缕织成众宝间厕。（《大正藏》，册 1，页 42a）

诸宝严饰，举高千肘，围十六肘。(《大正藏》，册 1，页 509c)

有三十重高十三由旬，千头千轮游行自在。(《大正藏》，册 14，页 430a)

举高千丈千头千轮广六十丈。(《大正藏》，册 14，页 424a)

幢高七十寻，广有寻六十。(《大正藏》，册 14，页 427a)

今图中所见，其幢之形大致与上文相应，周围有数身婆罗门，手伸向幢。描绘
穰佉施宝幢与婆罗门，婆罗门却将其毁坏，各取其宝。但是《弥勒大成佛经》、《弥
勒下生经》等记穰佉将宝幢先奉与弥勒，弥勒将其施与诸婆罗门，穰佉见宝幢须
臾被毁的情景，知一切法皆磨灭，修无常想，于龙华菩提树下成道。《长阿含经》、
《中阿含经》中却道穰佉自己毁坏宝幢并施与诸婆罗门，然后剃发出家。可见此图
中针对宝幢的描画并非依据《阿含经》，而是依《弥勒大成佛经》或《弥勒下生经》。
图中宝幢基台左右绘穰佉以下千万亿众得度的情景，左角处绘两头牛，为《弥勒大
成佛经》及《弥勒下生经》所云"三恶道苦"(《大正藏》，册 14，页 424c、431a)，
相对右角所绘建筑物（圆堂）应为穰佉的"四大宝藏"(《大正藏》，册 14，页
421b、424a、430a)。

画中随处附有长方形榜题，但均漫漶不清，仅"七宝"中第三绀马宝的上方可
隐约辨出"马宝"二字。

附图三〇 b（千佛洞第 8 窟左壁［D146 南壁］弥勒净土变相）

此窟壁画与前述附图三〇 a 的图样大致相同，制作年代也基本一样，但结构上
略为简单。

中尊弥勒佛跌坐宝座上，右手举于胸前，拇指与食指相捻，左手伸五指，俯掌
于左膝之上。中尊之外，圣众有八十四身，包括两尊如来像、四尊声闻像、十尊天
部力士等，其他皆为菩萨形，其配置基本同于前例。上方云上有翅头末城，下方以
大宝幢为中心绘穰佉以下剃发得度之事，形式亦同于前者，但两者有所区别，即前
图左下角所绘"三恶道苦"部分，于此图中绘于图的上方，其相邻之处为弥勒托身
父母"修梵摩"、"梵摩拔提"的住所。另，前面大宝幢之处，没有如前图描绘"七
宝"，而绘有婆罗门、比丘围绕宝幢为穰佉剃发，并绘宝女"舍弥婆帝"、太子"天
色"（天金色）、弥勒佛亲族婆罗门子"须摩提"四人等。而宝幢旁的榜题记：

初会□□广度诸众生

九十六亿人……

与义净译《弥勒下生经》中：

初会为说法广度诸声闻
九十六亿人令出烦恼障（《大正藏》，册 14，页 427c）

两者相应，值得回味。

附图三一 a（千佛洞第 74 窟左壁［D98 南壁］弥勒净土变相）
此铺壁画制作年代及图样与附图三〇 b 大致相同，舞台上中尊弥勒佛坐于宝座上，七十七身圣众环绕周围，多为菩萨形，如来像二尊、声闻形象八尊、天部像十二尊（？）（图右半完全模糊，以上并非确切数字，为依据图左半推算之数）。翅头末城、三恶道苦、大宝幢、诸婆罗门，以及穰佉、舍弥婆帝、天色、须摩提剃发等情节和各个位置的描绘基本同于附图三〇 b。

附图三一 b（千佛洞 S 第 12 窟天井西壁［D156 窟顶西披］弥勒净土变相）
此图为横幅，画面较宽，这一点与前述三例不同，但构图及制作年代大致相同。三恶道苦绘于图的右下方，与附图三〇 a 恰好相反。

附图三二（大英博物馆藏，敦煌出土，绢本着色，弥勒净土变相）
与前述四图相比，此作构图稍简略。制作年代为唐末，尚显露出早期特征。中尊弥勒佛坐宝座上，右手拇指与食指相捻，举于胸前，左手伏掌靠近右手，大略同于附图三〇 b。中尊四周圣众略少，有声闻形象二尊、天部像二尊、金刚力士二尊、如来形象二尊、菩萨形象十五尊、童子二尊，共计二十五尊，与前述三图七十身以上的圣众相比，略显稀疏。但诸尊配置的基本形式与前例完全相同。上方绘翅头末城，下方以宝幢为中心绘诸婆罗门，另有穰佉、舍弥婆帝等剃发，大宝藏绘于一角等。

此图最值得注意之处为随处可见的左行榜题，且图上方描绘比较详细。榜题的位置如 Fig.20，达十一处，均引自鸠摩罗什译《弥勒下生经》，其配置顺序比较纷杂，大致为自上方至下方。以下对照鸠摩罗什译《弥勒下生经》，列其榜题：

1. 尔时城邑舍宅及诸利巷及至无有细微
　　纯以金山覆地处皆有金银之聚供养时

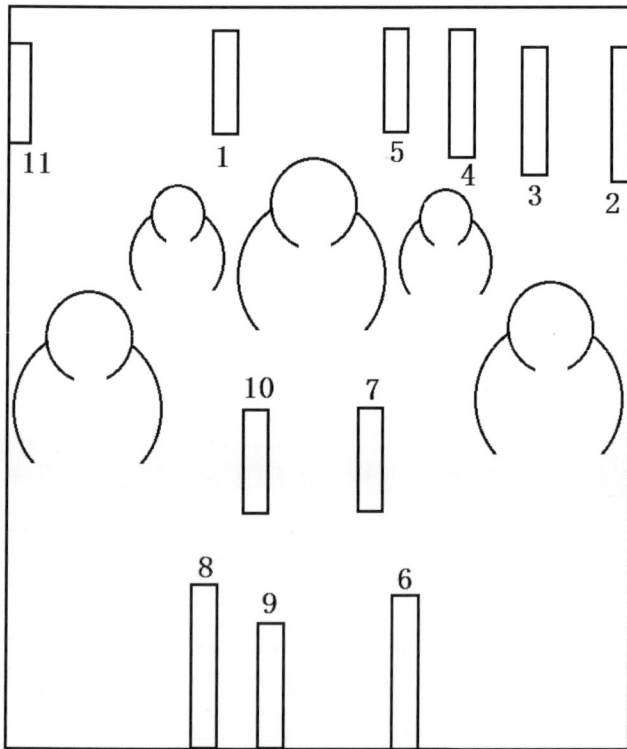

Fig.20 附图三二弥勒净土变相榜题位置

（《弥勒下生经》）城邑舍宅及诸里巷，乃至无有细微土块，纯以金沙覆地，
处处皆有金银之聚。（《大正藏》，册14，页424a）

2. 尔时人民命中自然行诵栋间如死时世安乐
   无有恐贼劫窃之患城邑聚乐无开门者时
   （《弥勒下生经》）人命将终自然行诣冢间而死，时世安乐无有怨贼劫窃之患，
   城邑聚落无闭门者。（《大正藏》，册14，页424a）

3. 亦无衰恼水火刀兵及之居谨荣亲尔时之天龙
   神王不见其身如雨华香供养于佛三千大千世界时
   （《下生经》）亦无衰恼水火刀兵及诸饥馑毒害之难。（《大正藏》，册14，页
   424a）
   尔时诸天龙神王，不现其身而雨华香供养于佛，三千大千世界皆大震动。
   （《大正藏》，册14，页424b）

4. 尔时皆大（？）震（？）动（？）……无量
   国应可度者皆得见佛时
   （《弥勒下生经》）皆大震动。佛身出光照无量国。应可度者皆得见佛。（《大
   正藏》，册14，页424b）

5. 尔时人民各作是念壤佛千亿

　　得免三恶世间无常命难救保时

　　(《弥勒下生经》) 尔时人民各作是念, 虽复千万亿岁受五欲乐不能得免三恶
　　道苦, 妻子财产所不能救, 世间无常, 命难久保。(《大正藏》, 册14, 页
　　424c)

6. 尔时让佉王亦供八万四千大乘供敬绕出

　　家学道亦复有八万四千至婆罗门供养时

　　(《弥勒下生经》) 时蠰佉王亦共八万四千大臣恭敬围绕出家学道, 复有
　　八万四千诸婆罗门。(《大正藏》, 册14, 页424c)

7. 尔时婆罗门聪 (?) 明大智于佛法

　　中亦共出家造塔供养时

　　(《弥勒下生经》) 聪明大智, 于佛法中亦共出家。(《大正藏》, 册14, 页
　　424c)

8. 尔时蠰佉王宝女各舍弥婆帝金之毗舍佉是亦与

　　八万四千婇女俱出家蠰佉王太子名曰天色今

　　提婆那是亦与八万四千人俱出家, 弥勒佛……

　　(《弥勒下生经》) 蠰佉王宝女名舍弥婆帝, 今之毗舍佉是也, 亦与八万四千
　　婇女俱共出家, 蠰佉王太子名曰天色, 今提婆婆那是, 亦与八万四千人俱共
　　出家。弥勒佛 (亲族婆罗门子……) (《大正藏》, 册14, 页424c)

9. 尔时族婆罗门子名须摩提利

　　根智惠金爵多罗是与六万人时

　　(《弥勒下生经》) 亲族婆罗门子名须摩提, 利根智慧今郁多罗是, 亦与
　　八万四千人俱。(《大正藏》, 册14, 页424c)

10. 尔时 于 佛 法出家如是 等 无量千万 (?) 亿 (?) 众见世苦

　　恼 皆 于 弥 勒 佛 佉中出 家 ……供养时

　　(《弥勒下生经》) 于佛法中出家, 如是等无量千万亿众见世苦恼, 皆于弥勒
　　佛法中出家。(《大正藏》, 册14, 页424c)

11. 尔时弥勒佛既 (?) 转法轮度天已将诸弟子入城

　　乞食无量净居天 (?) 众供敬从佛入翅头末城当入

　　城时现种种神力 (?) 无量变现释提恒国供养时

　　(《弥勒下生经》) 弥勒佛既转法轮度天人已, 将诸弟子入城乞食, 无量净

104

居天众恭敬，从佛入翅头末城，当入城时，现种种神力无量变现，释提桓
因……（《大正藏》，册14，页425b）

据此可见，图中说明完全引自鸠摩罗什所译《弥勒下生经》，原文开头为"尔
时"，结尾仅添加"时"或"供养时"字样。榜题内文字有的省略原文的一部分，
如榜题5，有的加有原文所没有的内容，如榜题7，尚出现与原文不同的文字，且
用字谬误颇多。另有多处榜题中内容中断，与之相联系的语句出现在别处（3和4、
6和7、8和9、9和10），尚有榜题中出现两个时间完全不同的事情，如榜题3。由
此可见，文字与其邻近的绘画内容未必一致。

然而，通过此图所附的文字可知，唐代弥勒净土变相绘制的依据是《弥勒下生
经》，同时还可以确定的是，唐代弥勒净土变初始阶段可能依据了《弥勒大成佛经》，
但更普遍依据的是《弥勒下生经》。《弥勒大成佛经》和《弥勒下生经》相比，《弥勒
下生经》在文字的简洁方面更胜一筹，此图中没有引用《弥勒大成佛经》，而是引用
了《弥勒下生经》中的文字，是有相当理由的。

此图颇有特色，上方以翅头末城为中心，其右分三图绘三恶道苦，其左为帝释
天赞佛、弥勒托生父母、修梵摩并梵摩拔提的居所、龙王以及夜叉神于城内护卫清
扫等，如此详细的描绘并未见于他图。三恶道以观者右端起，为地狱道（冥官、净
颇梨镜、亡者等冥府情景），其次为饿鬼道（桌旁绘三个人物），左端为畜生道（绘
两头牛在田边劳动）。中央翅头末城的左侧，上方大龙王多罗尸弃出现于云端，下
方大夜叉神跋陀婆罗赊塞迦去除不净（参见《大正藏》，册14，页421a、页423c、
页424a、页429b等）。龙王之下弥勒佛带诸声闻弟子入城之时，帝释天合掌恭敬以
偈赞佛（《弥勒下生经》及《弥勒大成佛经》）（注六）。其旁绘弥勒托生的父母修梵
摩、梵摩拔提两人，其住所同于附图三〇a及后述Fig.21所见的形式，为印度式草
屋，以表明两人为婆罗门（《弥勒下生经》及《弥勒大成佛经》，注七）。

根据以上五种图例，可知唐宋时代《弥勒下生经》变相大致的形式。即：

（1）图的主要部分以弥勒佛为中心，圣众环绕，以及净土庄严。就净土变相而
言，与阿弥陀、药师或释迦净土变相均无太大差异。

（2）中尊弥勒佛坐于宝座上，右手拇指与食指相捻，举于胸前，左掌伏于左膝。

（3）圣众后方绘有远山连峰。

（4）图上方，翅头末城现于云上。

（5）图下方，圣众前面留有空间，其中央建大宝幢。

107

Fig.21　安西万佛峡壁画［榆林窟第 25 窟北壁］弥勒净土变相

（6）大宝幢的周围绘欲毁坏宝幢的诸婆罗门。

（7）诸婆罗门四周绘穰佉及其他人出家剃发。

（8）部分图例于前绘穰佉的七宝及大宝藏。

（9）图的一角绘弥勒托身的父母修梵摩、梵摩拔提的住所（为印度式草屋）。

（10）图的一隅绘三恶道（亦有仅绘畜生道为其代表）。

108

（11）榜记栏有的记有简略的经文，其文依据《弥勒下生经》。

　　值得注意的是，与敦煌画弥勒下生变相同样内容的唐画图例，可见于距离敦煌不远的安西万佛峡洞窟寺壁画中。记载如下：

Fig.21、Fig.22（安西万佛峡[1]壁画弥勒净土变相）

　　此铺同于前述附图三一 b 的弥勒净土变相，横幅，略宽，内容亦几乎同于敦煌壁画，部分如 Fig.22 图例，圣众前面有轮宝、象宝、马宝、珠宝、女宝、兵宝、藏宝七宝，其下方绘大宝幢（中原式的木造塔婆形式并附有四轮），诸婆罗门意欲毁之。其左右有龙守护的宝藏及穰佉、舍弥婆帝等剃发情景，图左侧为弥勒托生的父

1　译者注：文中所述安西万佛峡即今日瓜州榆林窟，后文不再一一说明。

Fig.22 安西万佛峡壁画［榆林窟第 25 窟北壁］弥勒净土变相部分图

母等。与上述敦煌各图完全相同，各组成部分为弥勒下生变相。另，中尊弥勒佛同于前述敦煌画诸例，坐于宝座之上，右手拇指与食指相捻并上抬于胸，左手置于左膝，为唐代弥勒像最为常见的形象。

注

一、《大正藏》，册 14，页 429b–c。《大正藏》，册 14，页 423c、424a。

二、《大正藏》，册 14，页 426b。《大正藏》，册 14，册 24，页 25a。

三、《大正藏》，册 1，页 42a。

四、《大正藏》，册 1，页 509c。《大正藏》，册 14，册 1，页 524c。

五、白居易《画弥勒上生帧赞并序》："……东都城长寿寺……大和八年夏……画兜率陀天宫弥勒上生内众一铺，眷属围绕，相好庄严。"（《白氏长庆集》卷七十）

白居易《画弥勒上生帧记》："按经文，仰兜率天宫，想弥勒内众，以丹素金碧形容之，以香火花果供养之。……时开成五年三月日记。"（《白氏长庆集》卷七十一）

六、参见《大正藏》，册 14，页 425b、页 432c。

七、《大正藏》，册 14，页 421b、页 421c、页 424b、页 426c、页 430a。

修梵摩 妙梵   善净 修梵摩   须凡

梵摩越 梵摩波提 净妙 梵摩拔提 摩诃越题

第五节　法华经变相

在敦煌千佛洞各种变相中，图样变化最为丰富的为法华经变相。另，敦煌出土的绢本画中，与《法华经》相关的亦数量颇多。通过这些图例，我们可初步了解唐宋时期《法华经》美术的情况。

　　首先，敦煌千佛洞壁画遗存的法华经变相中，根据内容可大致分为以下两类：第一类为《法华经》所有图相绘于一个壁面上；第二类仅取《法华经》中的一品进行绘制。

　　第一类又分有几种式样，第二类亦有以下三种：依据见宝塔品，如多宝、释迦二佛并坐图；依据普门品，如七难救济、十二难救济、观音三十三身；依据劝发品，如普贤菩萨六牙白象。各有特色。以下首先就法华经变相第一类，举例说明。

一、法华经变相第一类：整铺为法华经图相的图例

111

　　第一类法华经变相中最常见的即以释迦及圣众为中心，在其周围按照图相顺序详细描绘所有法华经变相。其图例如下：

　　千佛洞　第 168 窟　左壁［D6 南壁］一铺（附图三三 a ）

　　千佛洞　第 8 窟　　左壁［D146 南壁］一铺（附图三三 b ）

　　千佛洞　第 117 窟　左壁［D61 南壁］一铺（附图三四 a ）

　　千佛洞　第 74 窟　　左壁［D98 南壁］一铺（附图三四 b ）

　　千佛洞　第 81 窟　　左壁［D231 南壁］一铺（附图三五 a ）

　　千佛洞　第 130 窟　左壁［D431 南壁］一铺（Fig.24）

　　以上图例均绘于窟内左壁，千佛洞的药师净土变相及华严经变相主要绘于窟内右壁，弥勒净土变相为左壁，法华经变相亦绘于窟内左壁，在窟内壁画配置上，这一点值得注意。此六铺法华经变相皆为《法华经》整体图相的描绘，而实际上并非将《法华经》二十八品的内容全部绘出。二十八品中，省略了图绘表达较困难的部分，另外适当省略了可以绘出但没有必要的部分。如《图画见闻志》中大相国寺东廊瑰师所绘的"法华经二十八品功德变相"（注一），与此处变相相同，并非绘出所有的二十八品图相。

112

　　对上述六铺作一概观，可知二十八品中被图像化的主要图相如下：

　　　a. 序品　　　　　　　　　h. 法师品

　　　b. 譬喻品　　　　　　　　i. 见宝塔品

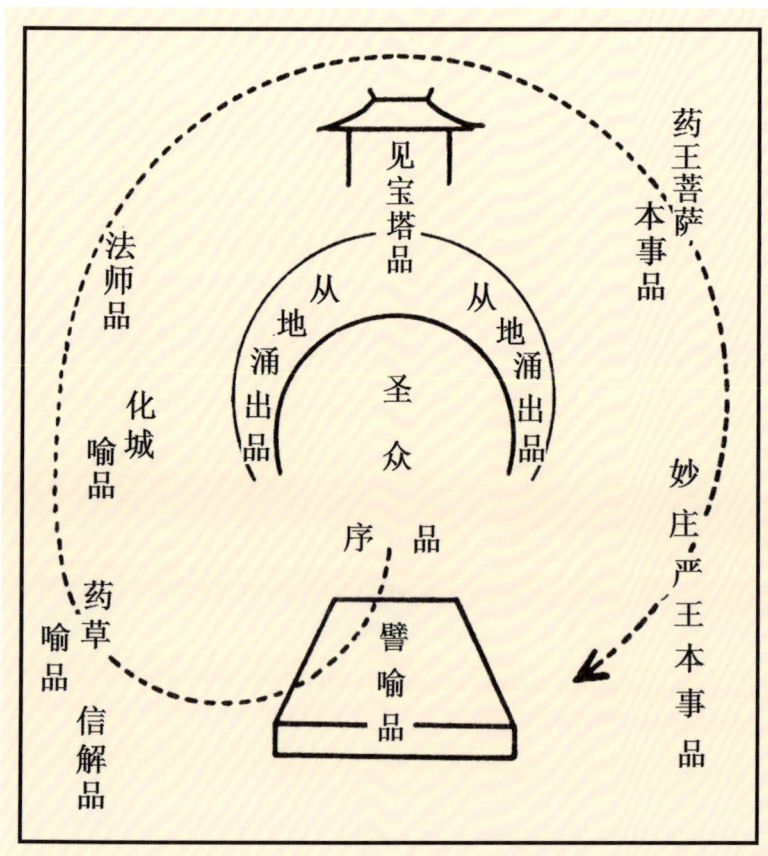

Fig.23 法华经变相图解

Fig.24 千佛洞第 130 窟左壁［D431 南壁］法华经变相

c. 信解品　　　　　　　　j. 从地涌出品

d. 药草喻品　　　　　　　k. 药王菩萨本事品

e. 化城喻品　　　　　　　l. 观世音菩萨普门品

f. 五百弟子受记品　　　　m. 妙庄严王本事品

g. 授学无学人记品

这些图例基本构图为中央下方置序品图相，其他各图相如 Fig.23 所示，以顺时针顺序置于图内。各图的具体位置在壁画上多少有些差异，但整体位置基本一致，如 Fig.23 所示序品、譬喻品、信解品、药草喻品、化城喻品、法师品、见宝塔品、从地涌出品、药王菩萨本事品、妙庄严王本事品等图相。如此，释尊及圣众置于中央，其他图相顺次置于其四周，这一构图方式与观经变相吻合。观经变相中，圣众置于中台区域内，其四周配置外缘并依次内置观经序分及十六观图相，而法华经变相仅为去除中台和外缘界线的形式。可以说，观经变相与法华经变相的基本构图完全相同。

关于前述六铺变相各品的相应图相，在此对其详细程度依照《法华经》一一进行说明。

a. 序品图相

尔时佛放眉间白毫相光，照东方万八千世界，靡不周遍。（略）复见诸佛般涅槃者，复见诸佛般涅槃后，以佛舍利，起七宝塔。（《大正藏》，册 9，页 2b）

入涅槃佛的形象在附图三三 b、附图三四 a、附图三五 a 中绘于主尊释迦的前方中央部分，在附图三三 a、附图三四 b 则绘于前方略偏左处。七宝塔在附图三三 a 见于入涅槃佛的左侧。

b. 譬喻品图相

国邑聚落有大长者，其年衰迈，财富无量，多有田宅及诸僮仆。其家广大，唯有一门，多诸人众，一百二百乃至五百人，止住其中。堂阁朽故，墙壁颓落，柱根腐败，梁栋倾危。周匝俱时歘然火起，焚烧舍宅。长者诸子，若十、二十，或至三十，在此宅中。长者见是大火，从四面起，即大惊怖，（略）我今当设方便，令诸子等，得免斯害。父知诸子，先心各有所好，种种珍玩，奇异之物，情必乐着。而告之言，汝等所可玩好，希有难得，汝若不取，后必忧悔，如此种种，羊车、鹿车，牛车，今在门外，可以游戏，汝等于此火宅，宜速出来，随汝所欲，皆当与汝。尔时诸子，闻父所说，珍玩之物，适其愿故，心各勇锐，互相推排，竞共驰走，争出火宅。(《大正藏》，册9，页13c)

此三乘譬喻相应的图相，绘于附图三三a至附图三五a五铺壁画中，均绘于图中央最下段，火宅门外羊车、鹿车、牛车排开，门内为诸子及狐狼蝮蝎类。而与此同品的重诵偈如下：

橡枏差脱，周障屈曲，杂秽充遍，有五百人，止住其中，鸱枭雕鹫，
乌鹊鸠鸽，蚖蛇蝮蝎，蜈蚣蚰蜒，守宫百足，狖狸䶂鼠，诸恶虫辈，
交横驰走，屎尿臭处，不净流溢，蜣螂诸虫，而集其上，狐狼野干，
咀嚼践踏，齧啮死尸。(《大正藏》，册9，页13c)

譬喻品与此文亦有密切的关系。

c. 信解品图相

绘有信解品的主要所在穷子譬喻的图相为附图三三a至附图三五a，皆在其左下角，描绘长者的屋舍、走失的穷子、清扫厕舍专心劳役的穷子等。因经文过长，此处省略(《大正藏》，册9，页16b)。

d. 药草喻品图相

密云弥布，遍覆三千大千世界，一时等澍其泽普洽卉木丛林及诸药草，小根小茎小枝小叶，中根中茎中枝中叶，大根大茎大枝大叶。(略)。

譬如大云，起于世间，遍覆一切，慧云含润，电光晃曜，雷声远震，令众悦豫。日光掩蔽，地上清凉，叆叇垂布，如不承揽，其雨普等，四方俱下，流澍无量，率土充洽，山川险谷，幽邃所生，卉木药草，大小诸树，百谷苗稼，甘蔗蒲萄，雨之所润，无不丰足……(《大正藏》，册9，页19a–c)

附图三三a至附图三五a中，在前述信解品图相的上方，绘有药草喻品的大云洽树。云上绘出偈中所记雷电的情景以及雷神(附图三三a至附图三四b)，地上有农夫驾牛耕田，有人用袖子遮头冒雨前行等景象，描绘细致，栩栩如生。

e. 化城喻品图相

譬如五百由旬险难恶道旷绝无人怖畏之处，若有多众，欲过此道至珍宝处。有一导师，聪慧明达善知险道通塞之相，将导众人，欲过此难。所将人众，中路懈

退，白导师言，我等疲极，而复怖畏，不能复进，前途犹远，今欲退还。导师多诸方便，（略），以方便力，于险道中，过三百由旬，化作一城。告众人言，汝等勿怖，莫得退还。今此大城，可于中止，随意所作。（以下略）（《大正藏》，册9，页25c 以下 ）

当设通神力，化作大城郭，庄严诸舍宅，周匝有园林，渠流及浴池，重门高楼阁，男女皆充满……（《大正藏》，册9，页27a ）

116

附图三三 a 至附图三五 a 均在左侧中央部分绘出化城喻品，附图三三 a 可见众人及马跋涉险路，有人因疲惫不堪而倒伏于导师跟前，又有恢宏壮观的化城等。附图三三 b、附图三四 a 中有人垂头丧气，而他人鼓舞其重新振作，导师手指化城，引导众人入内等。附图三四 b 为众人有的骑马，有的徒步跋涉险道，有人已经疲倦不堪，又有一大化城等。如偈文所记，化城的周围绘有水流，颇为有趣。附图三五 a 描绘人马疲惫、奄奄一息的景象，其旁与其他图例相同，绘出化城。

f. 与五百弟子受记品及 g. 授学无学人记品相关联的图相

此二品主要描述以富楼那、侨陈如、阿难、罗睺罗为首的五百弟子以及学无学两千人授记作佛的景象。与之相关的图相为附图三三 a 至附图三四 b，并见于 117
Fig.24 壁画的左上角，均在释尊前绘有合掌的比丘或世俗男女。附图三三 a 绘有释尊一尊，附图三三 b 及附图三四 a 绘有两尊，附图三四 b 绘有四尊。

h. 法师品图相

若说此经时，有人恶口骂，加刀杖瓦石，念佛故应忍，我千万亿土，现净坚固身，于无量亿劫，为众生说法，若我灭度后，能说此经者，我遣化四众，比丘比丘尼，及清信士女，供养于法师，引导诸众生，集之令听法。若人欲加恶，刀杖及瓦石，则遣变化人，为之作卫护。（《大正藏》，册9，页32a–b ）

与此文对应的图相为附图三三 a 至附图三四 b 四铺壁画，在化城的上方，绘有被加刀杖的比丘形象。附图三五 a 及 Fig.24 相应的部分按推测应为同样画面。

i. 见宝塔品图相

尔时佛前，有七宝塔，高五百由旬，纵广二百五十由旬，从地涌出，住在空中，（略），尔时佛告大乐说菩萨，此宝塔中，有如来全身，（略），曰多宝，其佛本行菩萨道时，作大誓愿，若我成佛，灭度之后，于十方国土，有说法华经处，我之塔庙，为听是经故，涌现其前，为作证明，赞言善哉，（略），尔时释迦牟尼佛见所分身诸佛悉已来集，各各坐于师子之座，皆闻诸佛与欲同开宝塔，即从座起住虚空中，一切四众，起立合掌，一心观佛，于是释迦牟尼佛，以右指开七宝塔户（略），尔时多宝佛，于宝塔中，分半座与释迦牟尼佛。（《大正藏》，册9，页32b—33c）

七宝塔内多宝、释迦二佛并坐的图像，在附图三三a至附图三四b以及Fig.24中均置于图的最上方，七宝塔的四周绘有由十方世界聚集而来的分身诸佛及其他尊像。多宝、释迦二佛并坐的见宝塔品变相，将于后文详述。

j. 从地涌出品图相

佛说是时，娑婆世界，三千大千国土，地皆震裂，而于其中，有无量千万亿菩萨摩诃萨，同时涌出，是诸菩萨，身皆金色，三十二相，无量光明，先尽在此娑婆世界之下，此界虚空中住，是诸菩萨，闻释迦牟尼佛所说音声，从下发来。（《大正藏》，册9，页39c—40a）

数量众多的菩萨从地涌出的情景见于附图三三a至附图三五a及Fig.24六铺壁画。圣众居中，小菩萨乘云从地涌出，呈半圆形环绕于圣众。菩萨所乘之云与前述见宝塔品不同，见宝塔品分身诸佛所乘之云自上方飞来，而此处云尾拖曳，以示"从地涌出"之意。

k. 药王菩萨本事品图相

过去无量恒河沙劫有日月净明德如来，尔时一切众生菩萨自舍烧身、燃烧两臂供养佛塔。此烧身供养图绘于附图三三a至附图三四b诸图中观者视线的右上角，火焰覆身的菩萨即一切众生菩萨，而须弥山及日月即同品中所述：

又如土山，黑山，小铁围山，大铁围山，及十宝山，众山之中，须弥山为第一；此法华经，亦复如是，于诸经中，最为其上。又如众星之中，月天子最为第一，此法华经，亦复如是，于千万亿种诸经法中，最为照明。又如日天子，能除诸暗。此经亦复如是，能破一切不善之暗。（《大正藏》，册9，页54a）

附图三三b中，须弥山左侧有一宝塔，应表现一切众生喜见菩萨起塔，而火中菩萨旁绘有马、象等，下方有燃烧着手指的人物，正如经文中所述：

若有发心欲得阿耨多罗三藐三菩提者，能燃手指，乃处足一指，供养佛塔，胜以国城妻子及三千大千国土山林河池诸珍宝物，而供养者。若复有人，以七宝满三千大千世界，供养于佛，及大菩萨，辟支佛，阿罗汉，是人所得功德，不如受持此法华经乃至一四句偈其福最多。（《大正藏》，册 9，页 54a）

为表示七宝（象宝、马宝、珠宝、轮宝等），绘者特别于其旁绘出象和马。

l. 观世音菩萨普门品图相

附图三三 a 的右侧中央部分绘观世音菩萨救济诸难的普门品，其中有大火焚烧、遭遇雷雨、被恶兽蝮蝎所围等情景。关于此铺普门品，有必要将其与其他图例一起作更为详细的探讨（参见 133 页）。

m. 妙庄严王本事品图相

有王，名妙庄严。其王夫人，名曰净德。有二子，一名净藏，二名净眼。是二子，有大神力，福德智慧，久修菩萨所行之道，（略），到其母所，合十指爪掌白言，愿母往诣云雷音宿王华智佛所，我等亦当侍从亲近供养礼拜，所以者何，此佛于一切天人众中，说法华经，宜应听受。母告子言，汝父信受外道，深着婆罗门法，（略），汝等当忧念汝父，为现神变，（略），于是二子，念其父故，踊在虚空，高七多罗树，现种种神变，（略），令其父王心净信解。（《大正藏》，册 9，页 59c 以下）

净藏、净眼二王子针对笃信外道之法的父王妙庄严于虚空中显示种种神变之状，此情景均绘于附图三三 a、附图三四 a、附图三四 b 等壁面右下角处。

以上为法华经变相中的第一类，其图例描绘法华经变相整体，且为最常见的形式。构图以圣众为中心，在其周围依次配置诸品中的各个图相。以上为上述形式的概要说明，下面将略述第一类中其他形式的特征。

附图三六 b（千佛洞第 118F 窟天井 ［D55 窟顶南披］法华经变相）

全图绘于天井南侧梯形斜披内，略显拥挤，但其大致分布同于前述六铺法华经变相。由于图像左右伸展，图中央圣众以外，其左右亦各置一组以释尊为中心的圣众，经典所述其他事迹适当分布在各间隔处。其分布并非按顺序排列，应置于同一处的图相有时分布两地。与前述六铺壁画形式相比，此处图相由于壁面形式特殊而排布形式作了适当调整，但仍与前述法华经变相属于同类。这一调整亦为配合与此图相配的北侧斜披华严经变相（附图六四 b）的形式，以求均衡。

此变相的各部分图相位置基本如 Fig.25 所示，画面有所扩大，但各品图相的种类仍同于前述六铺，且略有所减，说明此图根据情况作出了适当的调整。值得注意

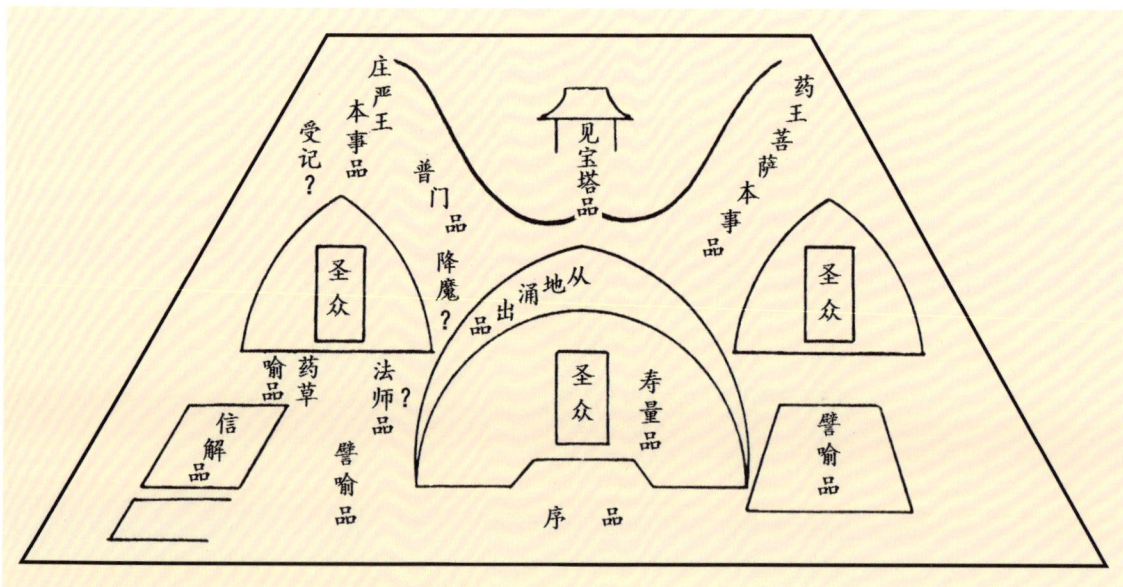

Fig.25 附图三六 b 法华经变相内容示意图

的是，仅中央圣众如常见的净土变相一般，居于莲池的舞台上，类似舞乐会，如此净土变相形式的表现不见于前述几铺法华经变相。这一表现应与《法华经》寿量品中所记灵鹫山为释迦净土有关，可见此处将释迦净土与阿弥陀、药师、弥勒等的净土同等看待。如寿量品所记：

　　常在灵鹫山，及余诸住处，众生见劫尽，大火所烧时，我此土安稳，天人常充满，园林诸堂阁，种种宝庄严，宝树多花果，众生所游乐，诸天击天鼓，常作众伎乐，雨曼荼罗华，散佛及大众。我净土不毁，而众见烧尽，忧怖诸苦恼，如是悉充满。（《大正藏》，册 9，页 43c）

　　如上述经文所记，灵山净土与其他诸佛净土可同等看待，所以此处法华经变相中出现净土变形式的灵山净土也是合乎情理的。如果将这一部分单独分离出来，即为一幅纯粹的"灵山净土变相"，亦可冠以"释迦净土变相"之名，与阿弥陀、药师、弥勒等净土变相处于同等地位。

　　作为释迦的净土，另外尚有无胜佛土（注二），见于北本《大般涅槃经》卷二十四，如西方安乐世界、东方满月世界。释迦净土变相并非仅限于《法华经》所说的灵山净土变相，但释迦净土变相最常见的应该是灵山净土，表示无胜净土的释迦净土变相或许在古代未曾被制作（参见第三章第三节）。

123

1 序品 法华经第一卷要略	3 授记品 信解品 法华经第三卷要略	5 见宝塔品 提婆达多品 法华经第五卷要略	7 药王菩萨本事品 法华经第七卷要略
2 譬喻品 法华经第二卷要略	4 化城喻品 法华经第四卷要略	6 法华经第六卷要略	8 普门品 法华经第八卷要略

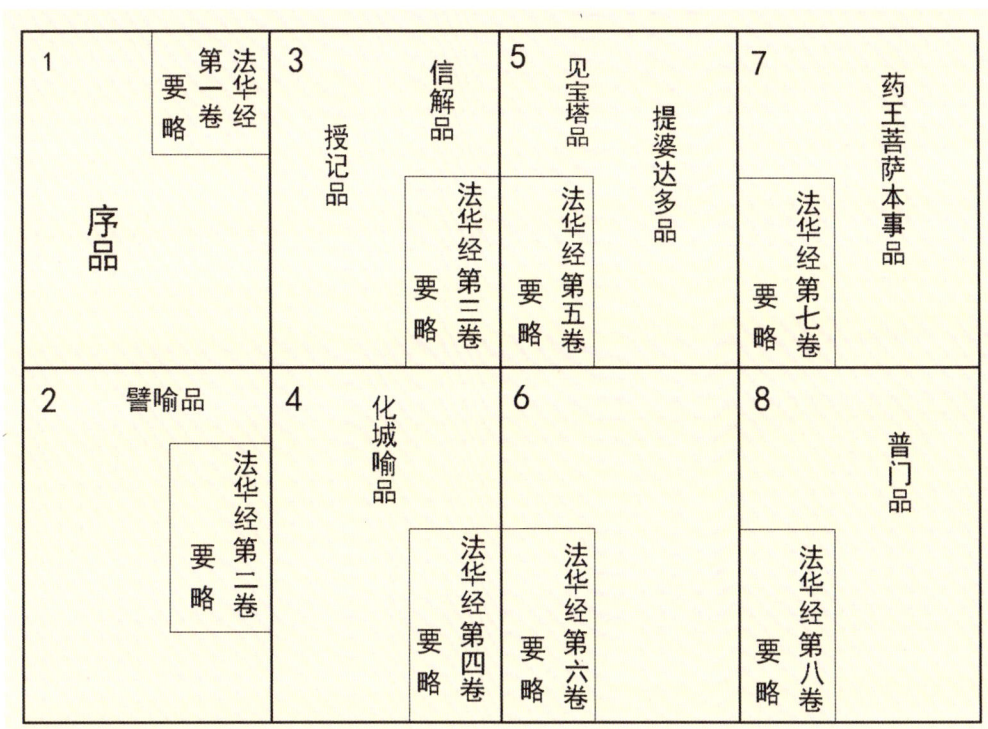

Fig.26　附图三八法华经变相内容示意图

附图三八 a（千佛洞第 102 窟左壁［D76 南壁东侧］法华经变相）、附图三八 b（千佛洞第 102 窟左壁［D76 南壁］法华经变相）

窟内左侧壁面被划分成八块，同于 Fig.26 将《法华经》八卷由左上到右下顺次排列的情况，各画面内附每卷概要（均为由左至右书写）。此类将壁面划分为格子形，并于其中绘制连续性图相的方式，见于中亚地区，于敦煌千佛洞亦常见。第 102 窟［D76］东壁亦有与此完全相同形式的佛传图例，如附图八三 a、附图八三 b（参见第二章第一节）。

此处值得注意的是，此变相将《法华经》分为八卷，其图相绘于各区域内，据此，各卷中各品的配置与现在一般使用的《法华经》略有差异。《法华经》有七卷本及八卷本，其卷数自古以来并不一定，但斯坦因自敦煌携回的经卷中包含八卷本，可见唐代敦煌地区盛行八卷本，而此处所见法华经变相亦是分成八卷，此作为八卷本的一个应用，值得深思。另，各卷中各品的配置方式在此铺变相上特色显著，化城喻品不归于第三卷而编入第四卷，见宝塔品、提婆达多品则编入第五卷。如此配置方式亦可见于敦煌本《法华经》，斯坦因携回的大业四年（608）四月十五日敦煌《法华经》中，授记品末尾记有卷三终（注三），此变相同样在《法华经》中亦将化城喻品编入第四卷。

　　此法华经变相各区块内的变相与前述之例相同，并非将《法华经》二十八品全部绘出，而是仅选择了易于图像化的部分。同时，此八幅画面均为释尊及其侍从占去一半以上的面积，可容纳其他图相的余白所剩无几。因而，此形式对经变而言绝非上策，对于贯穿整个经典的教主（释迦）形象，须如附图三三a至附图三五a，应该将其置于大画面中央，以统括各品。其他各经变大多采取将教主配置于中央的形式，其理由即在于此，这应该称为经变最完美的一个形式。故此处附图三八a、附图三八b的变相，就《法华经》而言，并非理想之作。

　　现对各画面的内容作一记述。

　　第一画面内，为序品耆阇崛山，佛由大众环绕，眉间白毫放光。如《法华经》卷一所记：

　　尔时佛放眉间白毫相光，照东方万八千世界，靡不周遍。（《大正藏》，册9，页2b）

　　第二画面，壁面大部分剥落，可辨出图上方《法华经》卷二譬喻品中的火宅。

　　第三画面为信解品穷子譬喻及卷三授记品迦叶受记。图右上角榜题记：

　　其父先来，求子不得，中止一城。

　　左下角记：

　　以求衣食，渐渐游行。

　　以上二句摘自信解品：

　　譬若有人，年既幼稚，舍父逃逝，久住他国，或十二十，至五十岁，年既长大，加复穷困，驰骋四方，以求衣食。渐渐游行，遇向本国。其父先来，求子不得，中止一城。其家大富，财宝无量。（《大正藏》，册9，页16b）

　　信解品长者穷子譬喻绘于此画面右侧上半部。"以求衣食。渐渐游行"的文字位置有误。

　　另，授记品中的迦叶像绘于图的右下角，迦叶合掌面向释迦。其近榜题记：

　　迦叶受记名光明如来

　　此句摘自经文：

我此弟子，摩诃迦叶，于未来世，当得奉觐三百万亿诸佛世尊，供养恭敬，尊重赞叹，广宣诸佛无量大法，于最后身，得成为佛，名曰光明如来，应供正遍，知明行足，善逝世间，解无上士调御丈夫天人师佛世尊。(《大正藏》，册9，页20b-c)

第四画面同于第二画面，壁面大部分剥落，但亦同于第一、第三画面，释尊及其周围圣众形象较大，右上角绘卷四化城喻品中的化城以及险道，榜题中的文字已不可辨认。

第五画面为见宝塔品和提婆达多品的图相。图左上角为见宝塔品，七宝塔内多宝、释迦二佛并坐，塔下方有榜题，字样已难以辨认，但仍可见一句经文分两行（自左而右）于内：

尔时大众见二如来在七宝
塔中师子座上结跏趺坐（注四）

其后提婆达多品描绘文殊菩萨自婆竭龙宫涌出，参谒灵鹫山，龙女献珠及女子化为男子赴南方无垢界等情景。图上方以及释尊前面有几处方形榜题，引用经典文字以作为图相的说明，而其中仅左侧三组勉强可以辨认：

尔时文殊师利坐千叶莲华
大如车轮俱来菩萨亦坐宝莲华（注五）

尔时龙女有一宝珠价直三千
大千世界持以上佛佛即受之（注六）

当时众会皆见龙
女忽然之间变成男
子具菩萨行即往
南方无垢世界（注六）

第六画面的图相除七宝塔外，皆不明了。

第七画面的图相亦极不清楚，释尊前面绘涅槃、荼毗、起塔等，下方有火中合掌的比丘等，推测其为药王菩萨本事品中有关日月净明德佛入涅槃、荼毗，以及一切众生菩萨建立八万四千塔并烧身供养的故事。同时，所存文字已漫漶不清，尚可

127

128

辨认左侧两组，各分两行：

如是日月净明德佛敕一切众生
喜见菩萨已于夜后分入于涅槃
火灭已后收取舍利作八万四千
宝瓶以起八万四千塔高三世界

此即取自药王菩萨本事品中日月净明德佛涅槃及其后荼毗、起塔一节（参见《大正藏》，册9，页53c）。

最后第八画面由七宝塔左侧下方可知为普门品诸难救济——雷电难、大火难、恶兽难等图相。雷神旁有榜题，记普门品重诵偈中的四句，分两行如下：

云雷鼓掣电降雹澍大雨
念彼观音力应时得消散（注七）

释尊白毫发出光云，其光辉中有一方形题记栏，内书：

佛放眉间
白毫相光
遍照（？）东方
八百万亿
那由他□
诸□世界

其文字极似《法华经·序品》"佛放眉间白毫相光，照东方万八千世界"一节。书写之际，或许因文字选择困难，于此借用序品"佛放眉间白毫相光"一节。与此相似的例子在其他敦煌画中亦颇多见。

以上为第一类法华经变相，接着叙述第二类法华经变相的情况。

二、法华经变相第二类：仅取《法华经》中的一品

法华经变相第二类图例仅取《法华经》中的一品，如前所述，常见有见宝塔品、普门品、劝发品等变相，现就此三种图相依次记述。

（一）见宝塔品

见宝塔品中记七宝塔内多宝、释迦二佛并坐，或以二佛为中心，四周环绕诸佛、菩萨等，敦煌千佛洞中此类图像多见于壁画或雕刻，壁画的最早图例如下。

附图三九 a（千佛洞第 120N 窟壁画［D285 南壁］多宝、释迦并坐像）　　130

窟内北侧壁画（附图二〇九 a、附图二〇九 b）有题记大统四年及五年（538、539），而此并坐图的绘制早于大统年间。二佛并非并坐于七宝塔内，其上方有天盖，左右配置比丘及飞天形象，绘制简略但表现出了见宝塔品的主旨。

千佛洞壁画中唐代以后二佛并坐的图例极多，此处仅列数铺如下：

千佛洞　第 120G 窟里壁［D45 西壁龛顶］　多宝、释迦并坐像（附图三九 b）

千佛洞　第 135C 窟里壁［D31 西壁龛顶］　多宝、释迦并坐像（附图三九 c）

千佛洞　第 149 窟里壁［D335 西壁龛顶］　多宝、释迦并坐像（附图七一 a）

以上图例均绘于洞窟正面佛龛主尊释迦上方的位置，与第一类法华经变相（附图三三 a 至三四 b、附图三六 b、Fig.24 等）具有共同的特点。而此三铺壁画均绘二佛并坐于宝塔内，塔周围有诸佛、诸菩萨及其他圣众。其塔附种种装饰，可见于《法华经》见宝塔品：

种种宝物而庄校之，五千栏楯龛室千万，无数幢幡以为严饰，垂宝璎珞，宝铃万亿而悬其上，四面皆出多摩罗跋栴檀之香，充遍世界，其诸幡盖，以金银琉璃车渠马脑真珠玫瑰七宝合成……（《大正藏》，册 9，页 32b）　　131

另，附图七一 a 壁画与洞内雕刻相同，由宋代以后补修，但其大体基本保持原状。

又，敦煌千佛洞内多宝、释迦二佛并坐同时多见于造像，附图中有其中三处：

千佛洞　第 111 窟里壁［D259 西龛］　正面并坐像（附图三九 d）

千佛洞　第 97 窟里壁［D246 中心柱东向面］　正面并坐像（附图四〇 a）

千佛洞　第 135F 窟里壁［D27 西壁］　佛龛上方正面并坐像（附图四〇 b）

其中第 111 窟的一铺制作为北魏时期，与附图三九 a 的并坐像壁画均为不常见的实例。第 97 窟、第 135F 窟的两组造像应为唐代制作，后代有些许补修。以上三

Fig.27 云冈石窟第14窟西壁多宝、释迦并坐像

Fig.28 长谷寺铜盘法华经变相

塑像均坐于龛内，表示于七宝内并坐，但各塑像并非结跏趺坐，为半跏坐姿，与经文记述不同：

132
即时释迦牟尼佛，入其塔中，坐其半座，结跏趺坐。尔时大众，见二如来在七宝塔中师子座上结跏趺坐。（《大正藏》，册9，页33c）

此处塑像也许有必要令二佛并坐，左右对称，二佛外侧一足均取下垂之姿。

以上对敦煌千佛洞见宝塔品的二佛并坐像壁画及雕刻实例进行大致的记述，通过这些实例可知，二佛像一方为多宝佛，一方为释迦佛，但于其形式上并无实例可以确定何为多宝，何为释迦。二佛或为左右同形，或左右对称，中原佛教美术中除极少例外外，自古如此（注八）。Fig.27为云冈石窟第14窟西壁的二佛并坐像，然而多宝、释迦两佛在形式上无法区别，这样的例子在云冈石窟、龙门石窟等石窟的早期实例中极其普遍，想必自古以来对两者形式上的区别并不重视。Fig.28为日本

133
大和长谷寺的铜盘《法华经》见宝塔品变相，两佛在外形上亦难以区别。

（二）观世音菩萨普门品变相
如此实例在敦煌画中甚多，按构图可分为两类：以释迦为中心和以观音为中心。以下依次说明。

以释迦为中心的构图实例
敦煌千佛洞壁画的此类普门品变相唐代实例如下：

千佛洞 第104窟右壁［D74北壁］ 普门品变相（附图三六a）

千佛洞　第 118F 窟左壁［D55 南壁］　普门品变相（附图三五 b）

千佛洞　第 70 窟东壁入口左右［D217 东壁门南、东壁门北］　普门品变相（附图三七 a、附图三七 b）

其中附图三六 a 的主要部分以法华经教主释迦为中心，周围环绕圣众，并于其四周间隙加入普门品诸难图相，同于第一类（附图三三 a 至三五 a），均于周围空间绘与各品相关的情节。此处所绘普门品诸难之相表现重诵偈所说的"推落大火坑"、"在须弥峰，为人所推堕"、"被恶人逐，堕落金刚山"、"值怨贼绕，各执刀加害"、"恶兽围绕，利牙爪可怖"、"云雷鼓掣电，降雹澍大雨"等。

附图三五 b 应与附图三六 b 中央部分相同，为以释迦为中心的灵山净土，巧妙利用法华经释迦净土变相下方宝池的部分，将普门品诸难救济图相绘于图的前方。诸难救济表现重诵偈中"假使兴害意，推落大火坑，念彼观音力，火坑变成池"、"成漂流巨海，龙鱼诸鬼难，念彼观音力，波浪不能没"、"或遭王难苦，临刑欲寿终，念彼观音力，刀寻段段坏"、"或囚禁枷锁，手足被杻械。念彼观音力，释然得解脱"等，榜题有七，内记偈句，但已漫漶不清，仅有观者右侧第二铺榜题左边一行中"王"字比较清楚，其下方绘遭受刀杖刑罚的人物，应表现普门品重诵偈中的四句（《大正藏》，册 9，页 57c）（左行）：

或遭王难苦　临刑欲寿终
念彼观音力　刀寻段段坏

附图三七 a、附图三七 b 是绘于石室入口的左右两铺壁面。入口左右的内侧壁面经后世补修，把持长柄香炉的比丘与合掌的俗人供养男像均为宋初制作，与此处法华经变相无关，此变相可推定为唐代初期制作。此铺普门品变相的中心应为入口上方所绘圣众，而圣众的主尊不言而喻即是教主释迦。其右半（附图三七 b）绘多宝、释迦二佛在塔内并坐，二佛并坐略显多余，变相的重点在于表现普门品诸难救济与观世音菩萨的三十二应化身。左半（附图三七 a）的大部分及右半（附图三七 b）上方详细描绘诸难救济，右半下方为观音三十二应化身，即如普门品所云：

佛身，辟支佛身，声闻身，梵王身，帝释身，自在天身，大自在天身，天大将军身，毗沙门身，小王身，长者身，居士身，宰官身，婆罗门身，比丘身，比丘尼身，优婆塞身，优婆夷身，长者妇女身，居士妇女身，宰官妇女身，婆罗门妇女

134

135

身，童男身，童女身，天龙身，夜叉身，乾闼婆身，阿修罗身，迦楼罗身，紧那罗身，摩睺罗伽身，人非人身。

图中各部分均描绘细致，描绘手法呈现隋代之前的早期特征，纯粹且直接。以上为法华经普门品变相中以释迦为中心的构图实例。以观音为中心的实例如下。

以观音为中心的构图实例

敦煌画中此类实例保存甚为丰富，举出九铺进行详述：

千佛洞　第 120G 窟左壁［D45 南壁］一图（附图四〇 c）

千佛洞　第 71 窟左壁［D205 南壁］一图（附图四一 a）

大英博物馆藏（斯坦因携回）绢本着色一图（附图四二）

大英博物馆藏（斯坦因携回）绢本着色一图（附图四三 b）

大英博物馆藏（斯坦因携回）绢本着色一图（附图四四 a）

大英博物馆藏（斯坦因携回）麻布着色一图（附图四五）

吉美博物馆藏（伯希和携回）绢本着色一图（附图四一 b）

卢浮宫博物馆藏（伯希和携回）绢本着色一图（附图四四 b）

波士顿艺术博物馆藏（端方旧藏，敦煌发现）绢本着色一图（附图四三 a）

以上九铺图例，第一铺附图四〇 c 尤值得一提，此图绘于千佛洞第 120G 窟左壁［D45 南壁］，覆盖整个壁面，与附图五 b 观经变相出自同一画工之手，为上乘之作，约绘于唐代初期至中期之间。图中央置观世音菩萨立像，其左右上半分三段绘观音三十二应化身，下半为诸难救济。三十二应化身以观者视线右上方起至左上方绘佛身至毗沙门身的九身，再回转至右由小王身顺次向左配置。壁面下半救难图中可见普门品重诵偈所云"推落火坑"、"漂流巨海"等十二难，而壁面下方剥落严重，以致无法辨认其他图相，甚为遗憾。

附图四一 a 与前者同样于图中央置观世音菩萨立像，而其周围仅绘普门品所记诸难图相，没有观音应化身。中央部分与外缘之间有明显的界线，最下段绘男女供养人。此图值得注意的是，围绕主尊观世音菩萨立像外缘的配置方式为左右两缘与下缘三处，图上方不设外缘，这一配置方式与前述观经变的外缘形式相同。此铺普门品变相应作于中唐以前，后世略有补修，所幸诸难图相依旧保持原状。

附图四二与前者基本相同，没有描绘界线，图相下段供养人像之间设一栏，题记为"宋建隆四年（963）五月七日"。

附图四四 b 亦为类似图样，无供养人像，描绘具有浓重的宋画风格。图右侧为堕须弥山、刀杖、蚖蛇蝮蝎、枷锁四难；左侧为云雷雹雨、咒诅毒药、恶兽围绕、怨贼四难，榜题栏内不见文字。

附图四三 b、附图四四 a 皆于中央置一面四臂的观音坐像，左右为刀杖难、火坑难、雷雨难、恶兽蚖蛇难、推堕难等诸难图，榜题栏内不见文字。下段均为世俗男女供养者像。此图约绘制于五代末北宋初，而图中悬崖、土坡的描绘具有早期特征，值得注意。

附图四一 b 同于附图四○ c、附图四一 a，中央为观世音菩萨立像，左右为普门品诸难救济，尤其图旁有普门品重诵偈榜题说明，令人欣喜：

或在须弥峰	为人所推堕	念彼观音力	如日虚空住（右上）
蚖蛇及蝮蝎	气毒烟火然	念彼观音力	寻声自回去（右下）
或被恶人逐	堕落金刚山	念彼观音力	不能损一毛（左上）
假使兴害意	推落大火坑	念彼观音力	火坑变城池（左下）

最后一偈的"变城池"应为"变成池"之误（《大正藏》，册 9，页 57c、58a）。

附图四三 a 为绢本画，榜题为宋朝开宝八年（975）七月六日，图样中所绘观世音菩萨立像为一面六臂，且诸难图相左右各减一幅，仅绘四难。图相说明引重诵偈中四句（《大正藏》，册 9，页 57c）：

| 堕落金刚山 | 或漂流巨海 |
| 或在须弥峰 | 推落大火坑 |

附图四五为一西藏式佛画，麻布着色，为北宋初制作。中央为观世音菩萨像，周围置十二尊像，于其间隙绘普门品诸危难图，刀杖、雷雨、恶兽、火、水、罗刹、蚖蛇蝮蝎、推堕等。其人物风俗、房屋、船舶等均呈现中原特色，其他部分应为藏式风格，与附图一四八 b 迦理迦尊者像、附图二○四 a、附图二○四 b 菩萨像等，皆展现出敦煌地区唐代绘画与西藏绘画交流的状况，值得注意。

由以上图例可知唐代及五代、北宋初法华经普门品变相的大致情况，《益州名画录》中麻居礼所说"八难观音"为上述观音像和普门品诸难图组合的佛画。

《益州名画录》：

138

139

140

　　麻居礼　今圣寿寺偏门北畔画八难观音一堵，见存。

（三）普贤菩萨劝发品变相

　　敦煌千佛洞壁画中不见法华经劝发品的单独普贤菩萨像，而作为文殊菩萨像的对应，劝发品所说乘"六牙白象"与"大菩萨众"一起现身的普贤菩萨像数量居多（附图一三九 b、附图一四〇 a、附图一四〇 b、附图一四一 a、附图一四一 b 等）。如此，与日本东京帝室博物馆[1]所藏普贤菩萨像比较，作为劝发品变相的价值大不如前者，以此联想中国唐代的劝发品变相，此图例不免逊色。东京帝室博物馆所藏普贤菩萨像与《普贤观经》所述一致，乃至六牙白象的形象，为一力作。同经云：

　　普贤菩萨，身量无边，音声无边，色像无边，欲来此国，入自在神通，促身令小，阎浮提人，三障重故，以智慧力，化乘白象，其象六牙，（略），当象头上，有三化人，一提金轮，一持摩尼珠，一把金刚杵，云云。（《大正藏》，册 9，页 389c、390a）

　　可见此图忠实地反映了经文内容，与《法华经》是紧密结合的，但千佛洞壁画为文殊的对应形式的话，骑象普贤像是否与《法华经》有直接联系，尚存疑问。然而日本所存图例具有相当的说服力，在敦煌地区应该不会没有其他独立的劝发品普贤菩萨像。附图一三七、附图一三八应为文殊菩萨的对应形式，但是附图一四三 a、附图一四三 b、附图一四四 a 等绢本幡画中，或许存有单尊的造像，也未可知。

　　另，Fig.29 虽非敦煌画，但作为宋代法华经变相而言，其值得注意，尤其与敦煌千佛洞壁画的法华经变相图例相比较，颇有意趣（详见拙稿《國華》第 428 号，《法華變相篇》）。

　　中国绘画史文献所记法华经变相，除前述相国寺瑰师画"法华经二十八品功德变相"以外，尚有多处对展子虔作品的记述，现列示如下，以便参考：

　　《贞观公私画史》：

　　法华经变相一卷……展子虔画。

　　《历代名画记》卷九：

　　展子虔　法华变……并传于代。

1　译者注：现东京国立博物馆。

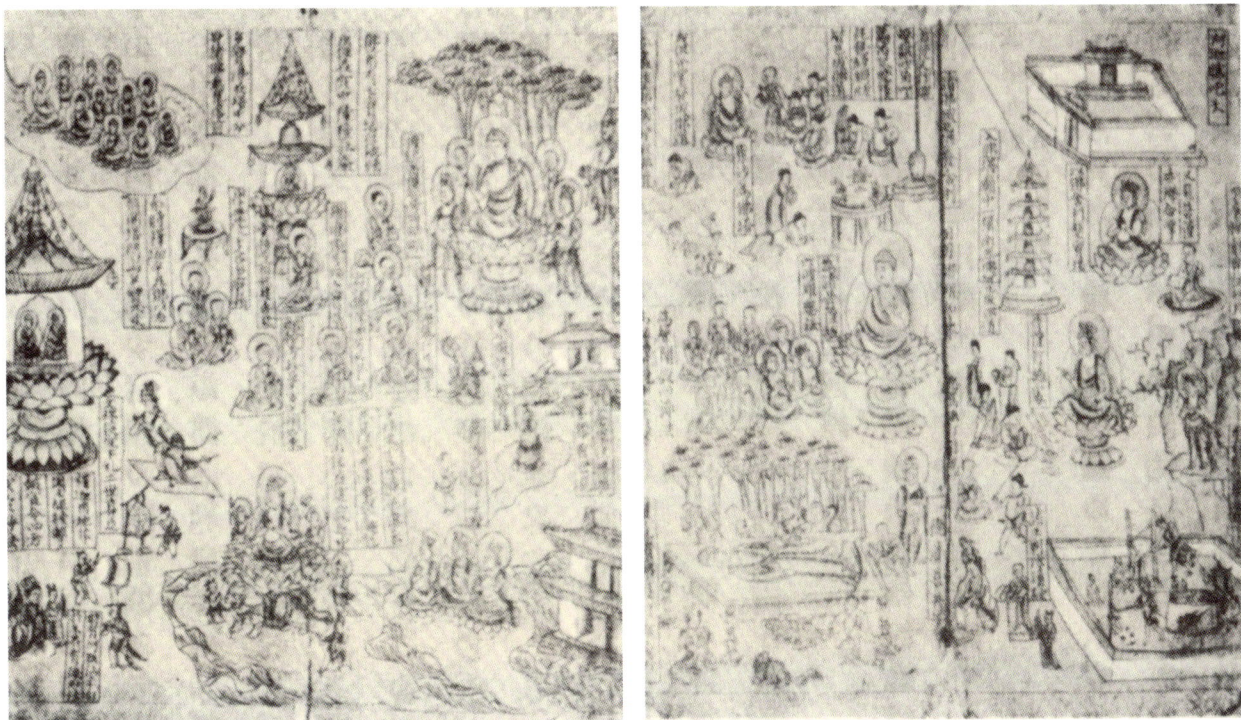

Fig.29　法华经变相　纸本淡彩　岩崎小弥太氏藏

《宣和画谱》卷一：

展子虔　今御府所藏二十，法华变相图一。

注

142

一、《图画见闻志》卷五"相蓝十绝"："其九，门下有瑰师画梵王帝释，及东廊障日内画法华经二十八品功德变相，为一绝。"

二、昙无谶《大般涅槃经》卷二十四："佛言……善男子，西方去此娑婆世界度三十二恒沙河等诸佛国土，彼有世界名曰无胜，彼土何故名曰无胜，其土所有严丽之事，皆悉平等无有差别，犹如西方安乐世界，亦如东方满月世界。"（《大正藏》，册12，页508c）

三、参见《大正藏》，册9，页22，注4。

四、《大正藏》，册9，页33c。

五、《大正藏》，册9，页35a。

六、《大正藏》，册9，页35c。

七、《大正藏》，册9，页58a。

八、Sirén：*Chinese Sculpture*，pl.146B、pl.181等。

第六节　维摩经变相

依据《维摩经》制作的雕刻及绘画早在南北朝时期已极盛行，隋唐之后绘画方面更得到迅速发展，敦煌画中就留有许多图例。千佛洞壁画中的维摩经变相可深入研究的图例非常多，初唐到宋初的作品极为出色。千佛洞壁画及敦煌出土的绢本、纸本画中，现列举十数铺以作说明（其中，附图四六 a、附图五一 b、附图五二 a、附图五三等应为中唐或中唐以前的作品，其他则为唐末至宋初之间的作品）：

千佛洞　第 149 窟　右壁［D335 北壁］的一铺（附图四六 a）

千佛洞　第 1 窟　左前壁［D138 东壁］的一铺（附图四六 b）

千佛洞　第 8 窟　左前壁、右前壁［D146 东壁］的一组（附图四七）

千佛洞　第 84 窟　左前壁、右前壁［D237 东壁］的一组（附图四八）

千佛洞　第 52 窟　左前壁、右前壁［D108 东壁］的一组（附图四九）

千佛洞　第 117 窟　左前壁、右前壁［D61 东壁］的一组（附图五〇）

千佛洞　第 74 窟　左前壁［D98 东壁］的一组（附图五一 a）

千佛洞　第 168 窟　左前壁、右前壁［D6 东壁］的一组（附图五二 b、五二 c）

千佛洞　第 67 窟　正面龛侧［D203 西壁龛外］的一组（附图五二 a）

千佛洞 S 第 6 窟　正面龛侧［D335 西壁龛内］的一组（附图五一 b）

大英博物馆藏（斯坦因携回）　绢本着色　维摩经变相（附图五三）

大英博物馆藏（斯坦因携回）　纸本墨画　维摩经变相（附图五四 b）

大英博物馆藏（斯坦因携回）　纸本着色　维摩经变相（附图五四 a）

这些实例构图基本一致，维摩诘坐于床上，对面为专程来到毗耶离城问疾的文殊师利，以二人为中心，四周描绘《维摩经》中所说的种种奇迹故事。现为避免一一说明各图像的麻烦，依《维摩经》所说顺序，对其相应图像化的实例作一分析。

汉译《维摩经》现存版本有支谦译《佛说维摩诘经》、鸠摩罗什译《维摩诘所说经》、玄奘译《说无垢称经》三部。三者内容几乎没有差异，依据其中任何一个版本的结果基本一样，此处依据最为通用的鸠摩罗什译本，并根据相应情况同时参照其他译本。《维摩经》的内容共分十四品，其中包括无法图像化的部分，通过观

察变相的实例可知以下九品已图像化：佛国品（第一）、香积品（第十）、弟子品（第三）、菩萨行品（第十一）、问疾品（第五）、见阿閦佛品（第十二）、不思议品（第六）、

法供养品（第十三）、观众生品（第七），现依次分析图中所表现的内容。

一、佛国品图相

在毗耶离庵罗树园，佛与大比丘众八千人、菩萨三万二千人，其他天部及四众无量百千人共坐，毗耶离城的长者子宝积与五百长者子一起执七宝盖以行供养。佛汇合五百宝盖成一大宝盖，遍覆三千大千世界。

> 尔时毗耶离城，有长者子，名曰宝积，与五百长者子俱，持七宝盖，来诣佛所，头面礼足，各以其盖，共供养佛。佛之威神，令诸宝盖合成一盖，遍覆三千大千世界，而此世界广长之相悉于中现……（《大正藏》，册14，页537bc）

与此对应的图像如下：

附图四六 a（千佛洞第 149 窟右壁［D335 北壁］维摩经变相）左上角描绘释尊由诸菩萨围绕，其前有五人捧持宝盖，意即宝积以下五百长者子。

附图四六 b（千佛洞第 1 窟左前壁［D138 东壁］维摩经变相）的中央上方描绘释尊由诸菩萨、诸比丘、诸天部围绕，其前左右各有五人，共计十人捧持宝盖，释尊及大众上方覆一大宝盖，即由五百宝盖合成。

附图四七 a（千佛洞第 8 窟右前壁［D146 东壁门北］维摩经变相）同于前述附图四六 a，于图左上角描绘释尊之前宝积等持宝盖供养，但此图中宝盖与上述二例不同，其并非展开而是呈收起之状，下方有五百长者子一行骑马前往释尊之处。

附图四八 b（千佛洞第 84 窟左前壁［D237 东壁门南］维摩经变相）右上角绘宝盖供养一节，类似附图四七 a，但位置左右相反。

附图四九 a（千佛洞第 52 窟右前壁［D108 东壁门北］维摩经变相）左侧上半绘骑马行进及宝盖供养，此均同于附图四七 a。洞窟入口的上方中央绘有大宝盖下的释尊、菩萨、天部等。

附图五〇 b（千佛洞第 117 窟左前壁［D61 东壁门南］维摩经变相）绘于图右侧上角，同于附图四八 b，但由于壁面剥落严重，漫漶不清，无法知其详细状况。

附图五一 a（千佛洞第 74 窟左前壁［D98 东壁］维摩经变相）虽无法辨认，推测其对应于以文殊为中心的半图，右前壁也应以维摩为中心，绘有宝盖供养。遗憾的是伯希和的敦煌图录中没有收录与此相应的右前壁的图例。附图五二 b、附图五二 c 亦因照片不完整而难以确定。

附图五一 b 绘于龛内天井，为佛国品图相，与附图五六 b 基本相同。

146

147

附图五四 a 及附图五四 b 绘制简单，没有绘出佛国品图相。

附图五三上方中央绘大宝盖，下有佛、诸菩萨及供养七宝盖的五百长者子（以五人表示）等。

二、弟子品图相

佛告阿难，汝前往维摩诘处问疾，阿难言，以前世尊微恙，我持钵向大婆罗门家乞牛乳，维摩诘却说世尊怎会有疾，不需用牛乳，如此辩才，我无法胜任前往问疾，仅此辞退。经曰：

佛告阿难，汝行诣维摩诘问疾。阿难白佛言，世尊，我不堪任诣彼问疾，所以者何，忆念昔时世尊身小有疾，当用牛乳，我即持钵，诣大婆罗门家，门下立，时维摩诘来，谓我言，唯阿难，何为晨朝持钵住此，我言，居士，世尊身小有疾，当用牛乳，故来至此，维摩诘言，止止阿难，莫作是语，如来身者金刚之体，诸恶已断，众善普会，当有何疾，当有何恼，（略），世尊，维摩诘智慧辩才为若此也，是故不任诣彼问疾。（《大正藏》，册 14，页 542a）

148

与此相应的图像见于附图四七 b，图右侧中央门的附近绘牝牛和仔牛以示其场景。附图四九 b 右侧以及附图五〇 a 左侧所见乳牛，亦与弟子品中牛乳有关，但此图没有绘出门。

三、问疾品图相

诸菩萨均难担负问疾之任，人皆辞退，最后由文殊师利承佛圣旨，前往毗耶离大城维摩诘处所问疾，菩萨、声闻、天人皆随文殊前往以伺两者问答。维摩诘将室内之物悉数撤去，唯置一床而卧，随即迎文殊入内，两者问答开始。

维摩、文殊左右对坐这一构图，为所有敦煌画维摩经变相所继承，二圣者形象高大，已为绘画上的定式。但两者的左右位置并非定式，维摩诘有时绘于观者右侧（附图四六 a、附图四八 a、附图四八 b），有时在左侧（附图四六 b、附图四七、附图四九、附图五〇、附图五二 a、附图五二 b、附图五二 c、附图五三）。需要注意

149

的是，敦煌千佛洞维摩经变相常巧妙利用洞窟入口的左右两壁，维摩和文殊相对坐，附图四七至附图五一 a 及附图五二 b、附图五二 c 所见六铺壁画，均为这一形式。这种对坐的表现方式较早见于天龙山石窟（注一），但如此复杂且巧妙的构思却始于千佛洞。画面左右二分，利用入口两侧的壁画，令维摩、文殊相对而坐。如此左右相

对的装饰法亦见于他处，牢度叉斗圣变相中舍利弗和牢度叉对坐（附图六七 a、附图六七 b、附图六八 b、附图六九 a、附图六九 b、附图七〇 a、附图七一 a 等），文殊和普贤对坐（附图一三九至附图一四一），均为巧妙的对称构图法（需注意床上的维摩诘于各类维摩变相中均手持麈尾）。

四、不思议品图相

维摩诘室内仅置一床座，舍利弗惊问，大众应坐于何处？维摩诘随即责问舍利弗：为法来？或为床座而来？随即自须弥相国调高八万四千由旬的三万二千狮子座到室内，以供菩萨及大众之用。经中云：

尔时长者维摩诘问文殊师利，仁者，游于无量千万亿阿僧祇国，何等佛土有好上妙功德成就师子座。文殊师利言，居士，东方度三十六恒河沙国，有世界，名须弥相，其佛号须弥灯王，今现在，彼佛身长八万四千由旬，其师子座高八万四千由旬，严饰第一。于是长者维摩诘，现神通力，实时彼佛遗三万二千师子座高广严净，来入维摩诘室。诸菩萨大弟子释梵四天王等，昔所未见，其室广博悉皆包容三万二千师子座，无所妨碍，于毗耶离城及阎浮提四天下，亦不迫迮，悉见如故。（《大正藏》，册14，页546a–b）

各个实例中的图像与上文所记基本相同，云上数个狮子座由上方虚空飞向图的中央。附图四六 a 强调狮子座，于床座之旁绘飞跃的狮子。狮子座飞来的方向较固定，由维摩诘后方而来，所以，维摩诘在图右侧时，即从右方飞来（附图四六 a、附图四八 b），维摩诘在左侧时，即从左方飞来（附图四六 b、附图四七 a、附图四九 a、附图五〇 a、附图五二 b、附图五三）。这一方式不仅见于敦煌画，唐代以前常见的维摩经变相已经遵照同样的规范，Fig.32 石雕维摩经变相（铭文为东魏武定元年，但实际上年代更晚，接近隋代）便为早期实例。另外，日本法隆寺五重塔内的维摩经变相（Fig.33）亦继承中原的形式。敦煌画须弥相国的须弥灯王中亦有狮子座自远方飞来之例，见附图四六 b 和附图五三左上角，以及附图四八 b 上方等。

五、观众生品图相

维摩诘倡说不可思议的解脱妙法，文殊即问如何观众生。维摩诘答观众生，如幻师见幻人，如智者见水中月、镜中面像，亦如热时之焰、呼声之响、空中之云等。经云：

150

151

　　尔时文殊师利问维摩诘言，菩萨云何观于众生。维摩诘言，譬如幻师见所幻人，菩萨观众生为若此，如智者见水中月，如镜中见其面像，如热时焰，如呼声响，如空中云，如水聚沫，如水上泡，如芭蕉坚，如电久住……（《大正藏》，册14，页547a-b）

　　与此对应的图像见附图五〇a，图左侧中央绘一人物，于大圆镜中观其影像。

　　接着，文殊与维摩诘对慈、悲、喜、舍等进行问答，一天女出现，向诸菩萨大弟子挥散天花，天花便附着在大弟子衣上不去。见弟子们用力挥拂天花，天女和舍利弗开始问答。经云：

　　时维摩诘室有一天女，见诸天人，闻所说法，便现其身，即以天花散诸菩萨大弟子上，花至诸菩萨，即皆堕落，至大弟子，便着不堕，一切弟子神力，去花不能令去。尔时天女问舍利弗，何故去花。答曰，此花不如法，是以去之。天曰，勿谓此花为不如法，所以者何，是花无所分别，仁者自生分别想耳……（《大正藏》，册14，页547c）

　　与之对应的图像见附图四六a，维摩诘旁立一天女，挥散天花（右手持莲茎），与此相对，文殊旁立弟子中的一人——舍利弗。附图五一b、附图五四b中在维摩诘旁亦有撒天花的天女。其他图例也于相同的位置绘有天女和大弟子，但未显现出欲将散花之态。

　　散花之后，天女以神通力使舍利弗变为天女，而天女自己化为舍利弗：

　　舍利弗言，汝何以不转女身。（略）。即时天女以神通力，变舍利弗令如天女，天自化身如舍利弗。而问言，何以不转女身。舍利弗以天女像而答言，我今不知何转而变为女身，（略），实时天女还摄神力，舍利弗身还复如故。（《大正藏》，册14，页548b-c）

　　与此相应的图像见附图五〇b左侧上方，舍利弗和天女的上方有榜题两行，仅见"舍利弗"，其他文字难以辨认。

六、香积品图相

　　不二法门品结束后，维摩诘化作菩萨，于众香国香积佛之处乞求香饭。香积以众香之钵盛香饭给予化菩萨，化菩萨接受钵饭，与彼国九百万菩萨回到维摩居舍，将满钵的香饭呈予维摩诘。饭香普薰三千大千世界，长者主月盖以下八万四千人，诸地神、虚空神、欲色界诸天闻香而聚。有声闻担心香饭不足以供应众人，化菩萨即曰香饭量小却无尽，悉饱众会：

> 于是维摩诘，不起于座，居众会前，化作菩萨，相好光明威德殊胜，蔽于众会，而告之曰，汝往上方界，分度如四十二恒河沙佛土，有国名众香，佛号香积，与诸菩萨方共坐食，（略）。时化菩萨即于会前升于上方。举众皆见其去到众香界礼彼佛是（略）。于是香积如来，以众香钵，盛满香饭，与化菩萨。时彼九百万菩萨，俱发声言，我欲诣娑婆世界供养释迦牟尼佛，并欲见维摩诘等诸菩萨众。佛言可往。（略）。时化菩萨既受钵饭，与彼九百万菩萨俱，承佛威神及维摩诘力，于彼世界忽然不现，须臾之间至维摩诘舍。时维摩诘，即化作九百万师子之座，严好如前，诸菩萨皆坐其上。时化菩萨，以满钵香饭与维摩诘。饭香普薰毗耶离城及三千大千世界。时毗耶离婆罗门居士等，闻是香气，身意快然，叹未曾有。于是长者主月盖，从八万四千人，来入维摩诘舍。见其室中菩萨甚多，诸师子座高广严好，皆大欢喜，礼众菩萨及大弟子，却住一面，诸地神、虚空神及欲色界诸天，闻此香气，亦皆来入维摩诘舍。时维摩诘，语舍利弗等诸大声闻，仁者可食如来甘露味饭，大悲所熏无以限意食之使不消也。有异声闻念，是饭少而此大众人人当食。化菩萨曰，勿以声闻小德小智称量如来无量福慧，四海有竭，此饭无尽，使一切人食，揣若须弥，乃至一劫犹不能尽，所以者何，无尽戒定智慧解脱解脱知见功德具足者，所食之余，终不可尽，于是钵饭，悉饱众会，犹故不㲊。（《大正藏》，册14，页552a-c）

以下分析各相关实例。

附图四六 a 上方中央偏左之处绘众香国香积如来及诸菩萨。如来前方有化菩萨跪受如来香饭，在维摩诘、文殊的中间绘化菩萨捧持钵饭赶往维摩诘居舍，后跟众香国九百万菩萨。维摩诘的正前方有化菩萨跪坐并呈上香饭，文殊之前立一化菩萨，示香饭无尽。图下方绘月盖长者及侍从八万四千，并有诸地神、欲色界诸天等群众闻香而聚，可见图中同一化菩萨以四种不同的身姿绘出。

附图四六 b 在图右侧上方绘香积如来的佛土，九百万菩萨及持钵飞来的化菩萨由此穿过中央城门飞向画面中心，维摩诘、文殊的中间有化菩萨手捧香饭或将香饭挥于地上，表示香饭无尽。图下方置月盖以下大众，与前述附图四六 a 相同。图中绘化菩萨异时同图的四种身姿。

附图四七 a、附图四七 b 亦于图右上角绘香积佛土，有九百万菩萨飞来，化菩萨通过城门至维摩诘、文殊面前，同于前述附图四六 b。图下方如前述图例，绘月盖长者以下八万四千侍从。

附图四八 a、附图四八 b 为组图，香积佛土在文殊菩萨的上方，化菩萨及诸菩萨穿过城门至维摩诘居舍。维摩诘面前化菩萨手捧钵饭，文殊的面前化菩萨将香饭挥散在地，图下方大众闻香而聚，皆同于前述诸例。此图的特色在于维摩诘的前面有依命前往众香国以及乘云赶赴彼国的化菩萨。

附图四九 a、附图四九 b 一组，其香积品图相基本同于前述附图四七 a、附图四七 b，不再重复。

附图五〇 a、附图五〇 b 一组，其化菩萨、九百万菩萨、月盖长者以下的大众等均与前述诸例大同小异，仅有众香国香积如来一行，描绘得极小，并不同于前例。

附图五一 a 上方有众香国土，九百万菩萨穿过城门飞来，文殊前面化菩萨捧钵以示香饭无尽。图下方有月盖长者以下大众。与此相对，维摩诘中心的图相（注二）仅见于附图四七 a、附图四九 a、附图五〇 a 等。

附图五三基本同于附图四六 b 的构图，香积品的图相描绘详尽。

附图五四 b 一组，为一简单的草图，但同于前例，绘菩萨到来，化菩萨捧持香饭示钵饭无尽。

附图五一 b、附图五四 a 亦绘化菩萨以示钵饭无尽，下方可见月盖长者及其他诸王。

七、菩萨行品图相

维摩诘、文殊的问答结束，维摩诘以神通力将大众及狮子座载于右掌上，来到释尊处，接着佛开始说法：

> 于是维摩诘语文殊师利，可共见佛与诸菩萨礼事供养。文殊师利言，善哉行矣，今正是时。维摩诘即以神力，持诸大众并师子座，置于右掌，往诣佛所，到已着地，稽首佛足，右绕七匝，一心合掌在一面立。（《大正藏》，册 14，页 553b）

与文字对应的图相在各画面中均固定不变，维摩诘、文殊对坐，大众围绕，这一维摩经变相的核心在此缩小并乘于云上，云的末端握于维摩诘右掌。附图四六中此绘于图左上角，附图四六 b 中绘于图右侧中央，附图四七 b 中绘于图左上角附近，附图四八 b 中绘于图左上角，附图四九 a 中绘于图右上角，附图五一 a 中绘于图右上角，各绘出对应图例。

值得注意的是，附图四六 a 中，维摩诘往诣佛所的图相与佛国品宝积以下 157
五百长者七宝盖供养图相中释尊的形象两图共享，即同一释迦像，同时与佛国品
和菩萨行品两品有关。如此，作为经变画的最大特色有二，其一为此处同一人物
与数品同时相关，其二为同一人物在几个位置屡屡绘出，此两特点均值得铭记。

八、见阿閦佛品图相

为使大众实现见到妙喜世界的无动如来（阿閦佛）及菩萨声闻等愿望，维摩诘
现神通力，以右手断取妙喜世界，置于此土：

是时大众渴仰，欲见妙喜世界无动如来及其菩萨声闻之众。（略）。于是维摩诘
心念，吾当不起于座接妙喜国，铁围山川溪谷江河，大海泉源须弥诸山，及日月星
宿，天龙、鬼神、梵天等宫，并诸菩萨声闻之众，城邑聚落，男女大小，乃至无动
如来及菩提树诸妙莲华，能于十方作佛事者，三道宝阶从阎浮提至忉利天，以此宝
阶诸天来下，悉为礼敬无动如来，听受经法，阎浮提人，亦登其阶，上升忉利，见
彼诸天。妙喜世界，成就如是无量功德，上至阿迦腻吒天，下至水际，以右手断
取，如陶家轮，入此世界，犹持华鬘，示一切众。作是念已入于三昧现神通力，以
其右手，断取妙喜世界，置于此土。（《大正藏》，册 14，页 555b–c）

相应的图相见于附图四六 a 右上角，附图四六 b 左侧中央，附图四七 b 左上 158
角，附图四八 a 左上角，附图四九 b 右上角，附图五〇 a 左上角，附图五二 b 左上
角，附图五三左上角附近。

画面上有众多的内容，较多表现须弥山上无动如来、诸菩萨等一行，宝阶由山
顶向下延伸，诸天沿阶而下或阎浮提人拾阶而上。维摩诘载妙喜世界于云上并以右
手把持，如经中所说"以右手断取，如陶家轮"。

九、法供养品图相

佛向帝释天言及有关受持、读诵、供养此经法及起七宝塔之事，即如经中所
说：

至诸佛灭后，以一一全身舍利，起七宝塔，纵广一四天下高至梵天表刹庄严，
以一切华香璎珞幢幡伎乐微妙第一，若一劫若减一劫而供养之……（《大正藏》，册
14，页 556a）

Fig.30 云冈石窟第 6 窟维摩经变相

Fig.31 北魏孝昌三年（527）石雕释迦像背面维摩经变相

159 　　与此相应的图相见于附图五〇a左侧中央，七宝塔遍饰璎珞，左右有合掌的比丘善男子，周围绘意为"华香"的花卉。

　　同时，佛告帝释有关药王如来与七宝具足的转轮圣王宝盖的供养，宣说法供养的重要性。经云：

　　佛告天帝，过去无量阿僧祇劫时，世有佛，号曰药王如来应供正遍知明行足善逝世间解无上士调御丈夫天人师佛世尊，世界名大庄严，劫曰庄严，佛寿二十小劫，其声闻僧三十六亿那由他，菩萨僧有十二亿。天帝，是时有转轮圣王，名曰宝盖，七宝具足，主四天下。王有千子，端正勇健，能伏怨敌。尔时宝盖，与其眷属，供养药王如来。（《大正藏》，册 14，页 556b）

　　宝盖的七宝供养图相绘于附图五〇b上方偏左处，中央绘药王如来佛，前置转轮圣王宝盖等，其周围绘飞云上的七宝。七宝即金轮宝、象宝、马宝、珠宝、女宝、主藏宝、主兵宝七种，图中所见七宝类似弥勒净土变相中所见转轮圣王穰佉的七宝（附图三〇a、Fig.22 等），与附图八二降魔图下方七宝亦同。

160
161 　　由敦煌千佛洞壁画及敦煌出土的绢本、纸本画等实例可知唐代维摩经变相大致的轮廓，同时从早期的维摩经变相的实例可知，如此复杂的维摩诘变相的形成，经过了一个长久的过程。例如 Fig.30 云冈石窟的维摩经变相，以释迦为中心，维摩诘与文殊左右对坐，这一构图极为简单，但却形成了后世复杂的维摩经变相形式的框架。对坐形式的维摩经变相其后见于龙门石窟中的浮雕，又见于天龙山石窟（注三）。维摩经变相逐渐地趋向复杂，如 Fig.31 北魏孝昌三年（527）九月铭石刻维摩经变相，构图中心为文殊、维摩诘对坐，周围环绕许多菩萨、天女、比丘等，极富装饰情趣。另有 Fig.32 东魏武定元年（543）铭（大魏永熙二年兴建，东魏武定元年八月功就，此纪年铭以及石雕是否属这一年代尚有疑问，石雕制作年代应定于六

Fig.32　石雕维摩经变相　美国大都会艺术博物馆藏　　　　　Fig.33　法隆寺五重塔内塑造维摩经变相

世纪末）石雕维摩经变相图中人物数量更多，又增添了不思议品中狮子座飞来、观众生品中天女散花以及维摩诘与舍利弗轮对、香积品中香饭满钵的相关情节，内容描画细致入微。敦煌千佛洞壁画的维摩经变相比之更为进步，内容丰富，可谓已达极致。

作为参考，以下列举维摩经变相及维摩像的有关文献。

《贞观公私画史》：

维摩诘变相图　　　袁　蒨画
维摩诘变相图一卷　张　墨画
维摩诘像一卷　　　张僧繇画

《历代名画记》卷三"西京寺观等画壁"：

荐福寺　　西廊菩提院，吴画维摩诘本行变。
安国寺　　大佛殿　殿内维摩变，吴画。
定水寺　　殿内东壁孙尚子画维摩诘。

《历代名画记》卷三"东都寺观画壁"：

敬爱寺　　大殿内东西面壁画，刘行臣描。维摩诘卢舍那，并刘行臣描。
圣慈寺　　西北禅院，程逊画。本行经变、维摩诘并诸功德，杨廷光画。
甘露寺　　顾恺之画维摩诘，在大殿外西壁。

162

《历代名画记》卷八"隋"：

杨契丹　宝刹寺一壁佛涅槃变、维摩等，亦为妙作。

《图画见闻志》卷五"相蓝十绝"：

佛殿内有吴道子画文殊、维摩像，为一绝。

《益州名画录》：

163

左全　大圣慈寺中殿画维摩变相……圣寿寺大殿画维摩诘变相一堵。

《大番故敦煌郡莫高窟阴处士公修功德记》：

龛内……北墙，药师净土，花严，弥勒，维摩变，各一铺……（《沙州文录》收载）

《寺塔记》"平康坊菩萨寺"：

佛殿内槽东壁，维摩变、舍利弗角而转睐。元和末，俗讲僧文淑装之，笔迹
尽矣。

《宣和画谱》记御府收藏有展子虔、张僧繇、阎立本、吴道子、范琼、孙位、
朱繇、贯休、侯翌、杜霄等绘"维摩像"、"维摩示疾图"、"维摩文殊像"、"问疾维
摩图"等，其中应含摹本。而从上述文献可知，维摩经变相于当时为一个常见的绘
164 画题材，同时依据敦煌画例，亦可推知上述图画的大致构图。日本法隆寺五重塔内
安置的维摩经变相（Fig.33）亦模仿唐代的维摩经变相，维摩诘与文殊对坐、狮子
座飞来、化菩萨捧持钵饭、众香国菩萨前往维摩诘居舍等情景，与千佛洞维摩经变
相比较，两者显然有诸多共通之处。

注 [1]

一、参见《中国佛教史迹》，册三，第35图1、2。
二、伯希和敦煌图录中，此图欠缺。
三、参见《中国佛教史迹》，册三，第35图1、2。
四、参见《宣和画谱》卷一至卷四、卷六。

1　译者注：原著本节中缺注二、注四。

第七节　报恩经变相

　　根据《大方便佛报恩经》制作的唐代变相见于《大唐大慈恩寺三藏法师传》显庆元年（656）十二月五日条所记"报恩经变一部"（注一），这一点已为世人所知，而说明这一变相在唐代流行状况的，正是敦煌画中数量繁多的报恩经变相。千佛洞壁画及其附近发现的唐代绢本画中，有如下几铺经变相，壁画多为五代前后制作：

　　千佛洞　第8窟　　左壁［D146 南壁］一铺（附图五五 a）

　　千佛洞　第117窟　左壁［D61 南壁］一铺（附图五五 b）

　　千佛洞 S 第2窟　左壁［D4 南壁］一铺（附图五六 a）

　　千佛洞　第46窟　右壁［D112 北壁］一铺（附图五六 b）

　　千佛洞　第74窟　左壁［D98 南壁］一铺（附图五七 a）

　　千佛洞　第14窟　左壁［D154 北壁］一铺（附图五七 b）

　　千佛洞　第84窟　里壁［D237 西壁］一铺（附图六一 a）

　　千佛洞　第74窟　右壁［D98 南壁］一铺（附图六一 b）

　　千佛洞　第81窟　里壁［D231 西壁］一组（附图六二 a）

　　千佛洞　第17乙窟　右壁［D156 北壁］一铺（附图六二 b）

　　千佛洞　第8窟　　后壁［D146 西壁］一组（附图六七 b 下段）

　　大英博物馆藏（斯坦因携回）绢本着色一铺（附图八、六〇a）

　　大英博物馆藏（斯坦因携回）绢本着色一铺（附图五九、六〇b）

　　统观这些实例，可知敦煌画报恩经变相的图例大致分如下两种形式：净土变形式（附图五五 a 至附图五九、附图六二 b）和非净土变形式（附图六一 a 至附图六一 b、附图六二 a）。净土变形式又分两种：图内置经中本生故事图相（附图五五 a 至附图五七 a、附图六二 b）和外缘置经中本生故事图相（附图五七 b、附图五八、附图五九）。

　　这些报恩经变相的图像并非涉及经典的所有内容，有的仅依据经中的一种本生故事，而有的结合两种或三种本生故事进行制作。此处所举实例为《大方便佛报恩经》九品中的五品：

　　序　品（第一）（附图五七 b、附图五九）

孝养品（第二）（附图五五 a、附图五五 b、附图五七 a、附图五八、附图五九）

论议品（第五）（附图五六 b、附图五七 b、附图五八）

恶友品（第六）（附图五五 a、附图五五 b、附图五六 a、附图五七 a、附图五七 b、附图五八、附图六一 a、附图六一 b、附图六二 a、附图六二 b、附图六七 b）

亲近品（第九）（附图五五 a、附图五六 b）

尤其第二孝养品、第五论议品、第六恶友品这三品频繁出现。在对各实例构图进行叙述之前，有必要对《大方便佛报恩经》各品图像化的过程作一整理。由序品依次记之。

序品（附图五七 b、附图五九）

附图五五 a 至附图五九、附图六二 b 共九铺报恩经变相采用净土变形式，图中主要部分以《大方便佛报恩经》教主——释迦如来佛为中心，周围圣众环绕。此说法作为《大方便佛报恩经·序品》的图相可以成立，不过以世尊说法形象为中心的圣众应与《大方便佛报恩经》由序品到末品的全部内容相关，因此这一图相不能看作仅与序品有关。而附图五七 b 及附图五九两铺，主尊前方宝池中的舞台上所绘西方日月灯光如来，可看作是与序品特别相关的图相。

《大方便佛报恩经·序品》：

> 尔时如来复放大光直照西方，过无量百千万亿诸佛国土，有世界名净住，其佛号曰日月灯光如来应供正遍知明行足善逝世间解无上士调御丈夫天人师佛世尊，国名妙喜，……处处皆有流泉浴池，其池四边有妙香华，……诸鸟相和悲鸣，……其树林间敷师子座，……诸天宝华遍布其地，日月灯光如来，而坐其上结跏趺坐。（《大正藏》，册 3，页 126a）

所记日月灯光如来结跏趺坐，其两肩处绘"日象"和"月象"，可推知此源其名号。但如第三章第一节所述，就形式来说，此像与华严经教主卢舍那佛像毫无区别，其身体具有日月两象，借其方便，在此借用卢舍那佛像以表现日月灯光佛的形象。如第三章第一节所述，若将此报恩经变相中的像视为卢舍那佛像的话，便有必要定其与《大方便佛报恩经》孝养品有关（详见第三章第一节末尾）。如此，敦煌画报恩经变相中便完全没有与序品有关的图相，此处所举附图五七 b、附图五九两铺，便应列入下文孝养品中。

168

孝养品（附图五五 a、附图五五 b、附图五七 a、附图五八、附图五九 ）

孝养品中记述的本生故事讲述波罗奈国须阇提太子，因逆臣反叛，与父王和母后逃往国外，途中割下身上的肉而救父母不致其饿死（注二）。附图五五 a、附图五五 b、附图五七 a 三铺下段右半可见其图相，附图五八在观者右侧外缘，附图五九在左右两外缘可见其图相。

169

附图五五 a、附图五五 b、附图五七 a 的图相，不甚鲜明，三铺构图基本相同，逆臣罗睺谋划起四种兵征伐大王，虚空神祇来到宫殿告急（注三），大王、夫人、须阇提太子三人出波罗奈城，行走七天之后粮食已尽，饥渴逼身，另有帝释天化为狮子、虎、狼袭击太子（注四），父子再会等（注五），均描绘细致。

附图五八观者右侧外缘绘本生故事的前半部，自上至下共分七段，自事情的发生到父子离别，各图相均附有题记，上记有关经文（附图六○仅附其中一部分）：

1. 尔时波罗奈大王有一大臣（？）名

    曰 罗睺 心生恶逆……

    （经）尔时波罗奈大王，有一所重大臣，名曰罗睺，罗睺大臣心生恶逆，起四种兵。（《大正藏》, 册 3，页 128b）

2. 罗睺大臣或遣四兵 往 （？）太子虚空神祇来

    警太子时

    （经）参见注三。

3. 尔时大王夫人及太子避难即出

    进路而行（参见附图六○ a）

    （经）即便抱须阇提太子，即出进路。（《大正藏》, 册 3，页 128c）

170

4. 王与夫人思忖粮尽今所何投太子

    白王余有其食大王勿忧（参见附图六○ a）

5. 时大王夫人及与太子须阇提于其路次憩息

    思忖二道莫有错误

    （经）时王荒错心意迷乱，误入十四日道，其道险难，无有水草，前行数日粮饷已尽，本意盛一人分粮，行七日道，今者三人共食，误入十四日道数日，粮食已尽，前路犹远。（《大正藏》, 册 3，页 128c 以下 ）

6. 尔时大王见其食 粮 （？ ）尽郎拔刀欲杀夫

太子见王异相前捉王手自割身……济父母

（经）寻即拔刀欲杀夫人，其子须阇提，见王异像右手拔刀欲杀其母，前捉王手，语父王言，欲做何等。……尔时父母即随子言，割三斤肉，分作三分，二分父母，一分自食以支身命，得至前路。（《大正藏》，册3，页129a–b）

7. 王及夫人及得食已进路而去太子恋

母难起居手……时

171

（经）食已父母别去，须阇提起立住视父母，父母尔时举声大哭，随路而去，父母去远不见，须阇提太子，恋慕父母目不暂舍，良久躄地……（《大正藏》，册3，页129b）

附图五九左右两外缘绘须阇提太子本生的全部内容，观者右侧外缘由上至下分六段描述故事的发生乃至逃离波罗奈城、误入险路、大王拔刀，左侧外缘由下至上分六段，描述太子割肉、父母别去、帝释天化作狮子（注四）等情节，直至帝释天现身（参见附图六〇b）。绢本画上图相各段的题记文字皆缺失。两件绢本报恩经变相皆为唐代实例，外缘须阇提本生图相与上述千佛洞壁画（附图五五a、附图五五b、附图五七a）的同一本生图相十分相似。

论议品（附图五六b、附图五七b、附图五八）

论议品中记述忍辱太子本生和鹿母夫人本生，千佛洞壁画及千佛洞出土的绢本画报恩经变相中仅有鹿母夫人本生，讲述波罗奈城近郊有圣游居山，一雌鹿因舐食南窟仙人的尿液而生了一个女儿，成年后被国王召为鹿母夫人（《大正藏》，册3，页138c—140）。附图五六b上方绘此图，附图五七b观者左侧外缘上半部分由下至

172

上，附图五八观者左侧上半部分由上至下亦绘有此图。但此三铺并未绘出鹿母夫人本生的所有情节，仅绘出第一章圣游居山一节。

这三个实例中首推绢本画附图五八对各情节描绘最为细致，并于图旁附有榜题，内记经文，较其他两铺更有趣味。现依次说明其图相及榜题，由上至下共分五段，图文并不一致：

1. 尔时有国号波罗奈有山名曰圣所游居有一仙人住南

窟仙人在石上浣衣洗足已便还所居窟时

（经）尔时有国号波罗奈，去城不远有山，名曰圣所游居，……其山有一仙人住在南窟，复有一仙住在北窟，二山中间有一泉水，其泉水边有一平

石。尔时南窟仙人在此石上，浣衣洗足已便还所止。(《大正藏》，册3，页138c—139a)

图绘一泉水及水边一平石，南窟仙人溺便后，还其居所。

2. 仙人去后有一雌鹿来此石上饮浣衣垢汁

　　已回头反顾自舐小便处寻便怀妊其鹿

　　月满来本石上悲鸣(?)宛转产生一(?)女(?)

(经) 有一雌鹿来饮泉水，次第到浣衣处，即饮是石上浣垢衣汁。饮此衣垢汁已，回头返顾，自舐小便处。尔时雌鹿寻便怀妊月满产生，鹿产生法，要还向本得胎处，即还水边住本石上，悲鸣宛转产生一女。(《大正藏》，册3，页139a)

图绘一雌鹿来到水边，舐仙人小便。

3. 尔时仙人闻鹿悲声即出住看鹿生女即以草衣

　　裹(?)拭(?)采众妙果(?)养(?)时

(经) 尔时仙人闻此鹿悲鸣大唤，尔时南窟仙人闻是鹿大悲鸣声，心生怜愍即出往看见此雌鹿产生一女，尔时鹿母宛转舐之，见仙人往便舍而去。尔时仙人见此女儿，形相端正人相具足，见是事已心生怜愍，即以草衣裹拭将还，采众妙果随时将养。(《大正藏》，册3，页139a)

第三段图与文字不一致。应与第四段图及第四段、第五段的文字对应。

4. 其女长大年至十四其父爱唸常使宿火令不(?)

　　断绝(?)……北窟有火汝可往取尔时鹿女即……

(经) 渐渐长大至年十四，其父爱念，常使宿火令不断绝，忽于一日心不谨慎，便使火灭。其父苦责数已，语其女言，我长身已来，未曾使此火灭，汝今日云何令灭，北窟有火，汝可往取。尔时鹿女即随父教往诣北窟，步步举足皆生莲华，随其踪迹行伍次第如似街陌，往至北窟从彼仙人乞求少火。(《大正藏》，册3，页139a)

图绘鹿女步步生莲。

5. 北窟仙人见女福德足下生花报言欲得火者

女（汝）当右绕我窟满足七迊皆生莲花时

（经）尔时仙人见此女人福德，如是足下生于莲华，报言，欲得火者汝当右绕我窟满足七匝。行伍次第了了分明，随其举足皆生莲华，绕七匝已。语其女言，欲得火者复当在此右边还归去者当与汝火。尔时鹿女为得火故随教而去。（《大正藏》，册 3，页 139a）

图绘倚杖人物和穿火焰衣的童女，表示鹿女从北窟仙人处得到火的情节。

附图五八鹿母夫人本生的图相大致如上，而附图五七 b 与前者相似，但更简略。附图五七 b 左侧外缘的上半部分由下至上为雌鹿舔仙人小便产下一女，鹿女长大，前往北窟仙人居所求火，其旁说明栏内没有文字。

附图五六 b 的左上角绘圣游居山一节中雌鹿欲舔南窟仙人尿液，右上角则为鹿女前往北窟仙人的居所求火，鹿女足下生莲花，又有波罗奈王一行骑马入山游猎（参见《大正藏》，册 3，页 139）。图中的山水描绘引人注目。

恶友品（附图五五 a、附图五五 b、附图五六 a、附图五七 a、附图五七 b、附图五八、附图六一 a、附图六一 b、附图六二 a、附图六二 b、附图六七 b）

175

《大方便佛报恩经》恶友品本生故事讲述的是善友、恶友两太子入海探取宝珠的情节，敦煌画报恩经变相中，大部分的构图均依据这铺本生图相。附图五五 a、附图五五 b、附图五七 a 下部左半绘恶友品，附图五六 a、附图六二 b 下部，附图五七 b 右侧外缘自上至下的所有画面，以及左侧外缘下方一半均绘恶友品。附图五八左侧外缘由底部起至画面一半之间的三段亦绘恶友品。附图六一 a、附图六一 b、附图六二 a 及附图六七 b 的最下部，此四处以屏风形式各自由上至下或由下至上绘恶友品。

恶友品讲述波罗奈国王第一夫人之子善友在城外观耕作者、织作者、屠杀者、网鸟捕鱼者等，叹息世间众苦，独自忧愁。

哺乳长大至年十四，善友太子聪明慈仁好喜布施，父母偏心爱念视如眼目，恶友太子其性暴恶，……善友太子导从前后，作倡伎乐，大众围绕，出城观看，见有耕者，垦土出虫，乌随啄吞，善友太子遥见如是愍而哀伤，……小复前行，见诸男女自共织作，来往顾动疲劳辛苦，……转复前行，见诸人民屠牛驼马剐剥猪羊，……转复前行，见诸人众网鸟饵鱼。……悲泪满目，世间众生造诸恶本，众苦不息，忧愁不悦，即回车还宫。王问太子，出还何故愁忧如此，太子具以上事向父王说。

（《大正藏》，册3，页143a-b）

相应图相见附图六二 b 池水右边，城门内外。善友太子骑马，绘于城外的两处 176
地方，城内绘太子回宫向父王诉说所见。附图五六 b 下段右侧附近绘太子观耕作、
捕鸟等。

太子善友为一切众生的福利，与五百侍从一同前往大海探取摩尼宝珠。

善友太子亦欲入海采取珍妙摩尼宝珠，众人闻之欢喜，聚集具五百人，皆言大
王，我等今者随从太子，……尔时善友太子，庄严五百人行具，载至大海边。（《大
正藏》，册3，页144a）

相应的图相见附图六一 b 左扇的最上段，以及附图六七 b 最下部右起第二扇上
方，绘许多骑马人物正在行进。

接着，第二夫人之子恶友太子亦与其同行，一行举帆乘船平安到达珍宝山。

望风举帆，以太子慈心福德力故，无诸留难，得至海州至珍宝山。（《大正藏》，
册3，页144b）

但是，善友太子因担心船超载沉没，命诸人载珍宝速去，自己跟随八十岁高龄
的盲导师为求摩尼宝珠继续前行，途中受尽种种困苦，不幸与导师死别，后终于到
达大海龙王的宫殿并获得摩尼宝珠。

尔时善友太子，与盲导师即前进路行一七日，水齐到膝，复更前行一七日，水
齐到颈，前进一七浮而得渡，即到海处，其地纯以白银为沙，……东南方有一白银
山现，……尔时导师，疲乏闷绝躄地……导师作是语已，气绝命终。尔时善友太 177
子，即前抱持导师，举声悲哭，一何薄命生失我所天，即以导师金沙覆上，埋着地
中，右绕七匝，顶礼而去。前去金山，过金山已，见青莲华遍布其地，其莲华下有
青毒蛇，……逐至龙王所止住处，……得至城门下，见二玉女纺颇梨缕，……前入[1]
到中门下，见四玉女纺白银缕，……前入到内门所，见八玉女纺黄金缕，……其龙
王宫绀琉为地，床座七宝，有种种光明耀动人目，……时大海龙王，心大欢喜，……
尔时善友太子，受龙王请，过七日已，得摩尼宝珠，还阎浮提。（《大正藏》，册3，
页144b—145a）

---

1 译者注：原书作"人"，误。今校为"入"。

　　对应的图相见附图五五 a、附图五五 b、附图五七 a 三铺壁画，在图的下段左侧上方，以渡海状（注意船舶的形状）简单描绘。附图六二 b 中于上述城门骑马太子的左方绘乘船渡海及到达龙宫的情景。附图六一 b 中在前述左扇所绘骑马行列的下方绘善友太子和盲导师一行作别，渡海而去，至白银山麓，与导师死别，玉女守护龙宫，于城内龙王与太子对坐等，逐一详细描绘，忠实再现经文内容。附图五六 a 下段左侧所绘内容同于附图六一 b，描绘详尽。

　　得到摩尼宝珠的善友太子在诸龙神的相送下，瞬间飞回与随行人员相别的地方。此时船已沉没，除恶友之外悉皆溺死。善友、恶友一同护卫宝珠归国，而途中恶友趁善友睡卧，以干竹刺善友两眼夺下宝珠，恶友独自返回并将宝珠埋于土中。

178

　　时大海龙王，使诸龙神飞空送之，得到此岸，见弟恶友，问言，汝徒党伴侣今何所在，答言，善友，船舫沉没一切死尽，唯弟一身牵持死尸，善友太子其性真直，以实语弟，汝虽失宝亦是闲耳，吾今已得龙王如意摩尼宝珠。弟言，今在何处，善友答言，今在髻中，弟闻是语心生嫉妒……其兄眠卧，即起求二干竹刺，刺兄两目夺珠而去。……赍持宝珠归还本国。……即以宝珠埋着土中。（《大正藏》，册 3，页 145a–b）

　　对应图相见附图五五 b、附图五七 b、附图六一 b、附图六二 a、附图六二 b 等，附图五五 b 的下段中央稍偏左处绘龙宫和飞云上的善友，以及与此相对的此岸的恶友等。附图六二 b 中龙宫的左边绘两太子会合及恶友趁善友熟睡以竹刺其眼等。附图五七 b 自右侧外缘的上段到中段，纵向配置善友离开龙王居所并与恶友再会，两太子同行，恶友以竹刺刺善友双眼。附图六一 b 左扇的最下段有诸神护送飞向此岸的善友。附图六二 a 中面向塑像比丘像（有后世的修补），左侧一扇的画面中央绘离开龙宫、乘飞云将到此岸的善友太子。

　　被竹刺刺伤双眼的善友，徘徊宛转渐渐前行，到利师跋王国，为一牧人所救，在国王果园驱鸟雀以守园，时而弹筝自娱。见太子守园自娱，王女一见钟情，其实，利师跋王女曾许嫁于善友太子。

179

　　渐渐前行，到利师跋王国，利师跋王有女，先许与波罗奈王善友太子，利师跋王有一牧人名留承，为利师跋王，放五百牛随逐水草。尔时善友太子，坐在道中，尔时牛群垂逼践踏，中有牛王，即以四足骑太子上，令诸牛群皆悉过尽，然后移足右旋宛转，反顾回头，吐舌舐太子两目，拔出竹刺。……时国王有一果园，其园茂盛，常患鸟雀，时守园监语善友言，为我防护鸟雀，我当好相供给，善友答言，我无两目，云何能为汝驱驰鸟雀耶，守园监言，我有方便，我以绳结诸树头，安施铜铃，汝坐树下，闻鸟雀声牵挽绳头。善友答言，如是我能将至树下，安隐住已即舍而去。善友防护鸟雀，兼复弹筝以自娱乐。时利师跋王女，将诸侍从入园观看，……王女见已心生爱念，不能舍离。（《大正藏》，册3，页145b-c）

对应的图相有附图五五 a、附图五五 b、附图五六 a、附图五七 b、附图六一 a、附图六一 b、附图六二 a、附图六二 b 等。附图五五 a 中乘船渡海画面右侧绘牛王以四足骑太子之上以护之，又有王女来到树下弹筝的太子之旁等。附图五六 a 下段中央略偏左绘牛群、弹筝、王女等。附图五五 b 在接近下段中央处绘牛群、太子与王女对坐。附图六二 b 中有牧人、牛群、太子弹筝、王女入园等。附图五七 b 自右侧外缘中部到下方分三段绘牛群、太子与牧人问答、太子树下弹筝而王女坐其旁。附图六一 b 由右侧最下段向上，有牛群、牛王舐目、树下弹筝、王女入园。附图六一 a 与附图六二 a 均于最左端绘牛群。

于是善友太子两眼重见光明，其入海前曾饲养的白雁为太子和国王、母后传书，由此令父母得知自己近况，父母欢喜异常，乘象出迎太子。太子返回后，立即除去恶友枷锁，从土中取出摩尼宝珠，于高楼上顶礼膜拜，宝珠即刻遍雨金银七宝等，满足一切众生所需。

善友太子两目平复，面首端正人相具足，妙色超绝世无有比，……尔时善友太子，未入大海在宫殿时，养一白雁，……尔时夫人，手自作书系其雁颈，其雁音响问太子大海所在，……飞至大海，经过周遍求觅不见，次第往到利师跋国，遥见善友太子在宫殿前，其雁敛身拥翅往趣，到已悲鸣欢喜，太子即取母书，头顶礼敬发封披读，即知父母昼夜悲哭追念太子两目失明。尔时太子即作手书，具以上事向父母说。复以书系其雁颈。其雁欢喜还波罗奈。父母得太子书，欢喜踊跃称善无量，……父母闻太子归，欢喜无量，乘大名象作倡伎乐，洒扫烧香悬缯幡盖，远迎太子，……尔时善友太子，于月十五日朝，净自澡浴着鲜净衣烧妙宝香，于高楼观上，手捉香炉，头面顶礼摩尼宝珠，……以珠威德，于阎浮提，遍雨成熟自然粳米，香甘软细色味俱足，沟渠盈满积至于膝，次雨名衣上服珠环钗钏，次雨金银七宝众妙伎乐，举要言之，一切众生所须乐具，皆悉充足。（《大正藏》，册3，页146—147）

至此恶友品本生故事结束，对应最后结局的图相除附图五六 b、附图五九外已

180

全部图像化，附图五五 a、附图五五 b、附图五七 a 均在下段左侧绘乘象迎接太子的国王夫妇，以及上高楼礼拜摩尼宝珠的太子、众宝雨下、众生欣喜等。附图五六 a 下段右边有太子于楼上礼拜摩尼宝珠，众宝雨下而众人欢喜。附图六二 b 左上角有父母迎接太子归来、高楼上的太子、众宝雨下、大众踊跃等。附图五七 b 左侧外缘最下段绘高楼上的太子和众宝雨下、众生欢喜聚集。附图五八左侧外缘的中间部分绘众宝雨下及光彩耀目的摩尼宝珠，一旁太子持香炉而坐，榜题三行"尔时善友得宝珠已于高楼上手提香炉顶礼（？）……以珠威力于阎浮提遍雨七宝举要言之皆悉充足"。附图六一 b 中在前述太子弹筝的上段绘母后系手书于白雁之颈、白雁飞翔、父母骑象远迎、太子归国、太子礼拜宝珠、七宝雨下、众生欢喜之状等，描写细致入微，同时排列顺序由下至上，井然有序。附图六七 b 与附图六一 b 于大致相同的位置上绘礼拜摩尼宝珠、七宝雨下、众人踊跃。附图六一 a 与附图六二 a 的配置同于前两者，绘摩尼宝珠放光和七宝雨下。

亲近品（附图五五 a、附图五六 b）

《大方便佛报恩经》最后一章亲近品包括婆罗门子、比丘治疗恶疮和金毛狮子本生故事等，而绘作变相的实例仅有金毛狮子本生，见附图五五 a 上方左右两侧，以及附图五六 b 下段左侧。这一本生故事主要讲述波罗奈国仙圣山上住着一只名叫坚誓的金毛狮子，坚誓平时与沙门往来，喜闻佛法。一天，一猎师为捕捉金毛狮子，遂设计伪装沙门，杀死坚誓剥下其皮，将其奉于国王。国王当时大为欢喜，但在得知来龙去脉后知道此狮子实为菩萨，便将其皮归还山中并起塔供养。经云：

> 有国名波罗奈，……其国有山名仙圣山，……一狮子名曰坚誓，身毛金色，有大威武，力敌于千，发声哮吼，飞鸟堕落，走兽隐伏。游行山泽，见一辟支佛沙门威仪清净，见已心喜，日日亲近，常文诵经说微妙法。尔时有大猎师，见是师子身毛金色心生欢喜而作是念，我若得师子，剥取其皮奉上国王，必施爵禄七世无乏。思惟是已复发是言，坚誓师子兽中之王，弓箭所不及，弶网所不制，我今复当更设异计，坚誓师子所敬望者，乃是沙门，我今当作沙门之像密弓射之，……即剃须发而被法服，……尔时坚誓师子见是比丘，心生欢喜，腾跃亲附舐比丘足，尔时猎师即便射之，……尔时猎师即脱被服，持刀剥之担负还归。既至家已奉上国王，王见欢喜问诸臣言，我从生来，未闻畜兽身毛金色，……若有畜兽身毛金色必是菩萨，……持狮子皮还入山中，到尸骸所，既以牛头栴檀聚而成积，以火阇维狮子皮骨，收取舍利，起塔供养。（《大正藏》，册 3，页 162c—163b）

附图五五 a 最上方左右两侧绘比丘和狮子，表现坚誓狮子本生故事。附图五六 b 下段左侧可见身缠沙门之服的猎师暗藏弓箭射杀狮子，以及国王于山中将狮子的尸骸付于荼毗并建塔供养。

以上概述了《大方便佛报恩经》各品内容在变相中的图像，有必要对各个实例 的构图作一简单叙述。

183

一、净土变形式的报恩经变相

（一）图内置经中本生故事图相

这一形式包括附图五五 a、附图五五 b、附图五六 a、附图五六 b、附图五七 a、附图六二 b 六铺壁画，各图均以释迦为中心，圣众环绕四周。本生图相绘于圣众的下边或上下两边，基本构图如此，其中又略有差异。

附图五五 a（千佛洞第 8 窟左壁［D146 南壁］报恩经变相）

此图主尊释迦像之外，有二如来像、四十八菩萨像、八天部像及楼阁上方两组云上三尊佛。此净土相下段，观者右侧有孝养品须阇提太子本生（参见页 168），左侧有恶友品善友太子本生（参见页 174），上方有亲近品坚誓师子本生（参见页 181）。

附图五五 b（千佛洞第 117 窟左壁［D61 南壁］报恩经变相）

此图主尊释迦以外，有二如来像、五十四菩萨像、八天部像。在净土相前方，观者右侧有孝养品须阇提太子本生（参见页 168），左侧有恶友品善友太子（参见页 184 174），附图五五 a 与其相同。但楼阁上方的本生图相具体情况不明。

附图五六 a（千佛洞 S 第 2 窟左壁［D4 南壁］报恩经变相）

此图主尊释迦之外有四十多身的菩萨像、八天部像，其他情况不明。净土相前面仅恶友品善友太子本生绘制比较详细（参见页 174）。附图五五 a 与之相同，在净土相的上方似绘有本生图相。

附图五七 a（千佛洞第 74 窟左壁［D98 南壁］报恩经变相）

此图前三者均为纵向长方形，而此铺为横向长方形。净土相的部分甚不明确，主尊释迦像之外有二如来像、五十余菩萨、八天部像。净土相的前面有孝养品、恶友品本生图相（参见页 168 及页 174），完全同于附图五五 a 及附图五五 b。另，净土相上方的图相不明。

附图六二 b（千佛洞第 17 乙窟右壁［D156 北壁］报恩经变相）

推想此图与前四者构图大致相同，图上方没有照片，故不知其详。净土相前面绘有关恶友品善友太子本生的图相（参见页 174）。

附图五六 b（千佛洞第 46 窟右壁［D112 北壁］报恩经变相）

如前述诸例，没有绘出楼阁，以耆阇崛山圣众示其意，释尊旁有四比丘、四天王、二力士、十六菩萨及九身奏乐舞俑。圣众后方山岳风景中，绘论议品鹿母夫人本生（参见页 171），圣众前绘亲近品坚誓狮子本生（参见第 181 页）。

（二）外缘置经中本生故事图相

附图五七 b、附图五八、附图五九三铺壁画属此类。

附图五七 b（千佛洞第 14 窟左壁［D154 北壁］报恩经变相）

中台以释迦为中心，其前置序品中日月灯光如来或孝养品中卢舍那佛坐像（参见第三章第一节），尚有四十五菩萨、一比丘、八天部及迦陵频伽等。观者右侧外缘上方到下方有恶友品善友本生（参见页 174），由此转向左侧外缘的最下方，向上并于中间部分结束善友本生，继而描绘论议品鹿母夫人本生（参见页 171），直到最上方。

附图五八（大英博物馆藏，绢本着色，报恩经变相）

中台以释迦为中心，有四比丘、二十九菩萨、四化佛、池中三童子、迦陵频伽，观者右侧外缘由上至下分七段绘孝养品须阇提太子本生（参见页 169，附图六〇 a 为其一部分），各段均附有题记，左侧外缘由下至上分三段绘恶友品善友太子本生（参见页 181），空白的上半部由上至下分五段绘论议品鹿母夫人本生（参见页 172），而善友太子本生的最后结尾正在上下相邻的位置上。

附图五九（大英博物馆藏，绢本着色，报恩经变相）

中台以释迦为中心，与附图五七 b 相同，置日月灯光如来（或卢舍那佛），又有十六菩萨、三比丘、四化佛、迦陵频伽等，左右两外缘绘孝养品须阇提太子本生（参

185

见页 171）。其本生图相的配置方式首先自右侧上端开始，向下分六段，继而移向左侧 186
外缘下端，分六段，在左侧上端结束（附图六〇 b 为附图五九左侧外缘的一部分，绘
父母别去、帝释天化作狮子）。以上三例在净土变相外缘的研究上是极有价值的材料。

二、非净土变形式的报恩经变相

附图六一 a、附图六一 b、附图六二 a、附图六七 b 即是其例，四组均为屏风形
式，连续绘出善友本生，其中附图六一 b 与附图六七 b 构图基本相同，附图六一 a、
附图六二 a 两铺壁画不仅位于窟内后壁，且其构图几乎雷同。

附图六一 b（千佛洞第 74 窟右壁［D98 南壁］报恩经变相）

自左上端向下依次绘恶友品善友本生图相，继而由左扇下端移至右扇下端，转
向上升，完成同一本生故事（参见页 174）。

附图六七 b（千佛洞第 8 窟后壁［D146 西壁北侧］牢度叉斗圣变相下段）

下段所示的部分善友本生图相与前述附图六一 b 构思相同，遗憾的是下段已经
不存，但这一部分可根据附图六一 b 进行推想。

附图六一 a（千佛洞第 84 窟里壁［D237 西壁］报恩经变相）、附图六二 a（千佛洞第 81 窟里壁［D231 西壁］报恩经变相）

此二图均同于附图六一 b、附图六七 b，配置顺序自左扇的上端开始至下端，
继而移至右扇下端，依次上升，最后在右扇的上方绘善友礼拜宝珠而完成恶友品善
友本生图相（参见页 174）。

以上对敦煌画报恩经变相作了一个简单论述。迄今为止，在中国中原地区以及日 187
本未发现相关实例，但敦煌画却提供了与报恩经变相有关的丰富的材料，可谓一大快
事，亦令人震惊。正如壁画所示，报恩经变相的内容浅显易懂，情节发展犹如小说，
以其作为寺院壁面的装饰恰如其分，可知当时报恩经变相在敦煌地区广为流行。

注

188

一、（显庆元年）十二月五日满月，敕为佛光王度七人……又重庆佛光王满月，并
　　进法服等，奏曰……辄敢进金字般若心经一卷，并函报恩经变一部，袈裟法服
　　一具，香炉宝字香案藻饼经架数珠锡杖藻豆合各一，以充道具……（《大正藏》，

册 50，页 272a–b）

二、参见《大正藏》，册 3，页 128b—130。

三、尔时守殿神语大王言，大王知不，罗睺大臣，近生恶逆谋夺国位，杀父王竟寻
起四兵，伺捕二兄已断命根，军马不久当至大王，尔时大王闻是语已，心惊毛
竖身体掉动。（《大正藏》，册 3，页 128b–c）

四、时释提桓因，将欲界诸天下阎浮提，怯怖须阇提太子，化作师子虎狼之属，张
目眥，咆地大吼，波踊腾踯来欲搏啮。尔时须阇提，见诸禽兽做大威势，微声
语言，汝欲噉我随意取食，何为见怯怖耶。尔时天帝释言，我非师子虎狼也，
是天帝释故来试卿，尔时太子，见天帝释欢喜无量……（《大正藏》，册 3，页
129c）

五、尔时王及夫人得到邻国，……时彼邻国王……感其慈孝故，即合四兵还与彼王
伐罗睺，尔时大王即将四兵顺路还归，至与须阇提太子别处，即自念言，吾子
亦当死矣，今当收取身骨还归本国，举声悲哭随路求觅，遥见其子身体平复端
正倍常，……父母欢喜共载大象还归本国。（《大正藏》册 3，页 130a）

189

第八节　华严经变相

《历代名画记》中关于懿德寺、敬爱寺及其他记述中提到，唐代的华严经变相
伴随《华严经》译本的完成、华严宗的兴盛，相继在各地寺院广为绘制。

《历代名画记》卷三"西京寺观等画壁"：

懿德寺　中三门东西华严变，并妙。

《历代名画记》卷三"东都寺观画壁"：

敬爱寺　西禅院北壁华严变。张法受描。

《大番故敦煌郡莫高窟阴处士公修功德记》：

龛内　北墙药师净土，华严、弥勒、维摩变各一铺。（《沙州文录》收载）

然而，唐代华严经变相壁画的真相不为人知。迄今为止，中国中原地区未发现
传世之作，仅可依据日本东大寺大佛莲瓣上残存的阴刻世界图（Fig.82）约略推知

华严经变相之一二。本文所述敦煌千佛洞壁画华严经变相的实例实为文献所记唐代
华严经变相的佐证，令人欣慰。敦煌千佛洞唐宋时期制作的壁画中，有以下六铺华
严经变相：

　　千佛洞　第 117 窟右壁［D61 北壁］华严经变相（附图六三 a）

　　千佛洞　第 8 窟右壁［D146 北壁］华严经变相（附图六三 b）

　　千佛洞　第 168 窟右壁［D6 北壁］华严经变相（附图六四 a）

　　千佛洞　第 118F 窟天井北侧［D55 窟顶北披］华严经变相（附图六四 b）

　　千佛洞　第 102 窟右壁［D76 北壁］华严经变相（附图六五）

　　千佛洞　第 138 窟天井南侧［D25 窟顶南披］华严经变相（附图六八 a）

　　其中，最后一铺第 138 窟天井壁画［D25 窟顶南披］难以知其全貌，而其他
五铺均表现新译《华严经》七处九会，且五铺结构大体相同，每一铺均在图下方
绘香水海、大莲花、金刚轮山等，以体现华严经华藏世界品莲花藏庄严世界海（参
见第三章第一节，注一），并在图中央置须弥山，在其周围配置九会。九会即：

　　寂灭道场会　　　普光法堂会　　　忉利天会

　　夜摩天会　　　　兜率天会　　　　他化天会

　　普光法堂重会　　普光法堂三会　　逝多林会

　　关于以须弥山为中心的九会，其排列顺序及位置由于没有具体的说明文字，尚
不能明确得知。所幸的是，附图六五（千佛洞第 102 窟右壁［D76 北壁］华严经变
相）留有部分题记，由此勉强推断出三段三行的配列法。附图六五中表现九组圣
众（均以释迦为主尊），在各主尊前有方形画面，其内简略记述与图相相关的内容，
图 2 为其中可辨认出的部分，现仅存七组。

　　据此可知，壁面九会配列法与 Fig.34 相同。其选用如此复杂配列法的原因在于如
来说法的场所，第一会为摩竭提国寂灭道场，第二会及第七会、第八会为普光明殿，
第九会为逝多林给孤独园，此三处均位于地上，图中绘于下方；其余"须弥顶"、"夜
摩"、"兜率"、"他化自在"为"天宫"四会，故绘于须弥山的上方。附图六三 a（千
佛洞第 117 窟右壁［D61 北壁］华严经变相）、附图六三 b（千佛洞第 8 窟右壁［D146
北壁］华严经变相）、附图六四 a（千佛洞第 168 窟右壁［D6 北壁］华严经变相）三
铺的九会配列法，大致亦如 Fig.34，地上五会和天宫四会应为上下关系。

190

191

192

193

（全文不明）	第四会在夜摩 天宝座殿时十 方各佛土刹微 尘数菩萨摩 诃萨如来集会功 德林等大菩萨 而为上首功德林 菩萨皆明三昧 十方万佛刹土时	摩尼宝藏殿以 化自在天王宫 第六会佛在他
菩萨…… 十方刹微尘菩萨摩 第七会在普明殿共	…… 三天帝释宫中妙 第三会佛在三十	十方佛土时 六位□□法法门 释众疑众助因果 问答普惠菩萨以 普贤菩萨说一千法 贤之众疑念二百 尘数大菩萨普 那由他佛刹土微 以十不可说而亿 第八会普光明殿
第二会在……	昧时 毗卢遮那藏身三 菩萨于世尊前入 王主普贤 毗 四十九佛 微尘菩萨 场中说十佛世界 在阿兰若法菩提 第一会摩竭提国	（全文不明）

7	4	1
8	5	2
9	6	3

图 2　七处九会图 [1]

1　译者注：本页表格文字按原著样式录出。这是古代壁画题记的记录方式，须按自左列至右列的顺序阅读。

第五会	第四会	第六会
第七会	第三会	第八会
第二会	第一会	第九会

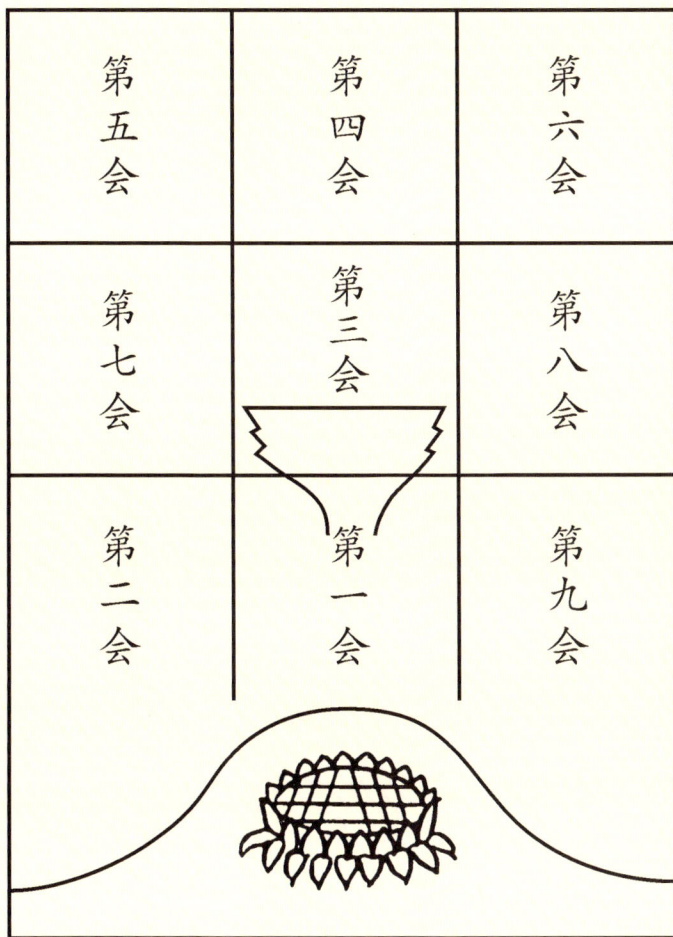

Fig.34 华严经九会变相示意图

附图六四 b（千佛洞第 118F 窟天井北侧［D55 窟顶北披］华严经变相）

此图与上述四组结构大致相同，因壁面延伸到天井，其画面呈梯形，故九会的位置有所调整，以须弥顶上帝释会为中心，左右各置四会。然而此图最引人注意的是，左右两翼绘入法界品善财童子善知识参访文殊的故事，其中善知识之数较入法界品所说的五十三少，但作为善财童子善知识参访图而言，能在此壁面上见到年代如此早的图例，令人愉悦。

附图六八 a（千佛洞第 138 窟天井南侧［D25 窟顶南披］华严经变相）

此图亦与附图六四 b 相似，画面呈梯形，图中须弥山的位置与前图稍有差异，此应为九会之图，据此可推测大海左右所见为善财童子参访文殊之场景。如此可见，善财童子善知识参访图与华严入法界品善财参问变相以及日本东大寺华严五十五个所绘卷具有一定关联，为一重要图例。

关于这类变相中以须弥山为中心的华严世界图，于第三章第一节中已述，在唐以前较早的时代，华严世界图已出现在佛画中。此处所见的华严经七处九会这一构图的华严经变相，并不见于旧译时期（旧译为七处八会），其应于武则天时期《八十华严》译出之后，才得以完成。鉴真和尚于天宝九载（750）于广州开元寺见到的华严经变相为"九会"，由此可知当时华严经变相所具备的特性。

《唐大和上东征传》记：

（广州）开元寺有胡人，造白檀华严经九会，率工匠六十人，三十年造毕。（《大正藏》，册51，页991c）

唐代刘禹锡《毗卢遮那佛华藏世界图赞》序中：

佛说华严经，真入妙觉，不由诸乘，非大圆智不能信解。德宗朝有龙象观公，能于是经了第一义，居上都云华寺，名闻十方。沙门嗣肇是其上足，以经中九会纂成华藏，俾人瞻礼，即色生敬，因请余赞之，即说赞曰。（注二）

此亦为九会的华严世界图，据此可知，唐代中期以后的华严经变相是依据新译的七处九会，日本亦早就传来七处九会的华严经变相，见于天平十四年（742）日本道慈法师所制绣像中。《大安寺伽蓝缘起并流记资财帐》留有三张合绣佛像记录，其中一张记：

一张，华严七处九会图像，右以天平十四年岁次壬午，奉为十代天皇，前律师道慈法师，寺主僧致，义奉造者。（《群书类从》，册15，页393上）

明显可见新译面世后的华严经变相与敦煌壁画相同，均为七处九会。据唐法诚图绘的七处八会图相可知《八十华严》尚未译出之前，七处八会的华严经变依《六十华严》制作。《华严经传记》卷五"法诚传"中：

释法诚，俗姓樊氏，雍州万年县人，幼出家，每以诵华严为业……后于寺南岭造华严堂……庄严既毕，乃洁净图画七处八会之像。（《大正藏》，册51，页171a）

文中所提七处八会图的具体情况不明，或为敦煌画七处九会图的根源所在，推测其图同样以须弥山为中心，配以八会。八会、九会华严经变相的起源可以从东大寺大佛莲瓣（Fig.82）等所见的华藏世界图（参见第三章第一节）中觅其雏形，以须弥山为中心的华藏世界图加入八会图相，形成七处八会，如此继续上加一会，便成为七处九会的华严经变相，按照这一发展过程，此处所见敦煌壁画当为华严经变相发展到极致的面貌。

注

一、《大正藏》，册 10，页 39a 以下。

二、《古今图书集成·神异典》，册 91。

第九节　父母恩重经变相

敦煌画的各种经变中，父母恩重经变相（附图六六）仅存一铺，依据唐代伪经《佛说父母恩重难报经》而作，极为少见。从千佛洞发现的一些古写经中可以看出《佛说父母恩重难报经》曾盛行于敦煌地区（注一），且此处所见的变相与敦煌出土的《佛说父母恩重难报经》内容对照，发现两者完全一致。图上半所绘圣众即为耆阇崛山中环绕释尊的诸菩萨声闻等，与《佛说父母恩重难报经》开头的部分吻合：

一时佛在王舍城耆阇崛山中，与大菩萨摩诃萨及声闻眷属俱，亦与比丘尼优婆塞优婆夷，一切诸天人民及天龙鬼神，皆来集会，一心听佛说法。（大英博物馆藏敦煌本）（《大正藏》，册 85，页 1403b）

圣众后方所绘山岳，表示于耆阇崛山中集会之意，与前述法华经变相（附图三三 a 以下）或报恩经变相中的几个类别（附图五六 b）等完全相似。此图若仅存上半圣众的话，可称之为灵山释迦说法图，然而，断其为父母恩重经变相的决定因素，即为绘于圣众下方各种细致详尽的人物情景，其旁附有《佛说父母恩重难报经》的摘录。图中榜题相关位置（Fig.35）及内容与《佛说父母恩重难报经》的关系大致如下：

4. 父母养儿去离兰车十指甲中应 食（？）子（？）不净应各有

八斛四升计论母恩昊天罔极云何可报

2. 父母怀抱和和弄声含笑未语饥食须食

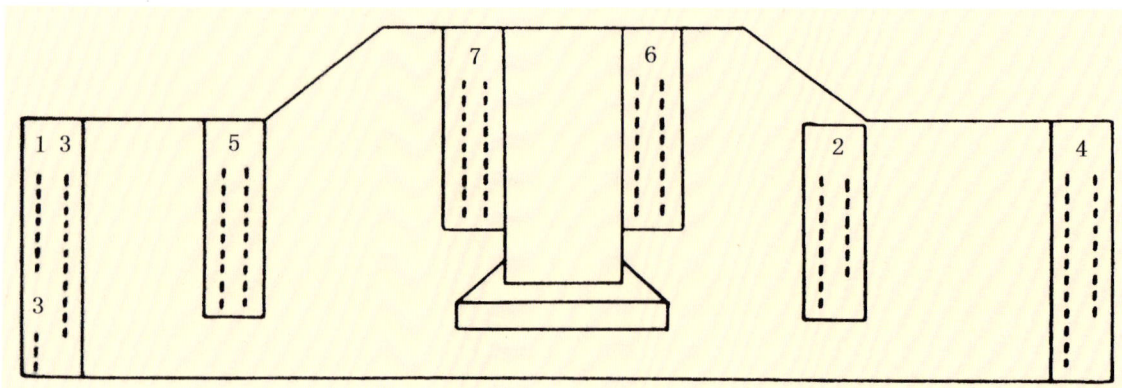

Fig.35　附图六六中段示意图

非母不哺渴时须饮非母不乳

6. 阿难从坐而起偏袒右肩

　云何奉持诸声闻众

7. 众生闻经欢喜

5. 既索妻妇得他子女父母转梳私房屋室

　共相语乐父母年高气力衰厄终朝至暮不来借问

3. 　　　　　生堕草上父母养育卧则兰车吞苦

　吐甘推干就湿非义不亲非母不养

　　佛言，人生在世，父母为亲，非父不生，非母不育，是以寄托母胎，怀身十月，岁满月充，母子俱显（1）"生堕草上，父母养育，卧则兰车。"（2）"父母怀抱，和和弄声，含笑未语，饥时须食，非母不哺，渴时须饮，非母不乳"。母中饥时（3）"吞苦吐甘，推干就湿，非父不亲，非母不养。"（4）"慈（父）母养儿，去离兰车，十指甲中（应）食子不净，应各有八斛四豆斗（升），计论母恩，昊天罔极，"呜呼慈母"云何可报。（略）。（5）"既索妻妇得他子女，父母转疏（梳），私房屋室共相语乐，父母年高气力衰老（厄），终朝至暮不来借问。"或复父孤母寡，独守空房，犹如客人，寄止他舍，常无恩爱，（略）。佛告阿难，若善男子善女人，能为父母受持读诵书写父母恩重大乘摩诃般若波罗蜜经一句一偈，一迳耳目者所有五逆重罪悉得消灭，永尽无余，常得见佛闻法，速得解脱。（6）"阿难从座而起，偏袒右肩，长跪合掌，前白佛言，世尊此经云何名之，云何奉持。"佛言阿难，此经名父母恩重经，若有一切众生，能为父母作福，造经烧香，请佛礼拜，供养三宝，或饮食众僧，当知是人能报父母其恩，帝释梵王诸天人民"一切（7）众生闻经欢喜，发菩萨心，嗥哭动地，泪下如雨，五体投地，信受顶礼佛足，欢喜奉行。佛说父母恩众经。（《大正藏》，册85，页1403b—1404a）

　　依此，图中方形题记中的文字均由左向右分两行书写，有几处与敦煌本《佛说父母恩重难报经》相异，另（6）"云何奉持"后为"诸声闻众"，可见字句大致与经文相符。对照题记与其侧所绘图样的关系，两者虽未必全部一致，而慈母抱婴之旁题"父母怀抱，和和弄声"，诸声闻及诸民众合掌列座之处题"阿难从座而起"及"一切众生闻经欢喜"，可谓得其要领。其他尚绘有父母并立或并坐、父子相对等图，均为宣说《佛说父母恩重难报经》所必需的图相。

　　与其他经变相比，此变相图像与文字之间的联系不甚紧密，作为经变相，尚未达到完美的程度，甚感遗憾。唐代父母恩重经变相的制作并未与《佛说父母恩重难报经》的流行同步，极为罕见，因而其无法像观经变相或弥勒下生经变相等一样，有充分的机会发展到极致。此图的制作年代从其描绘及人物服饰来看，可定为五代或宋初左右。

　　此变相的下半部剥落严重，难以辨认，但诸声闻合掌列座的中央部分造一碑身（存有莲台）且记有文字。另，图的最下段中央部分记有愿文，其左右绘亡父及慈母像，在像外侧有男供养人及娘子二像。愿文大半已佚，仅存"□氏"、"三涂"、"灾（？）障不侵远"、"并集狃伸拙（？）"等文字，亦左行而记。亡父、慈母、男子、娘子之旁有"故父归义军节度押衙……御（？）史中丞上柱国上当（？）"、"慈母阿刘一心供养"、"男学仕"、"女三娘子长胜一心供养"等题记。其中仅娘子长胜的坐像保存完好，其丽容盛装，是研究宋初妇女服饰不可多得的资料。

注

一、大英博物馆藏敦煌本《佛说父母恩重难报经》S.149、S.190、S.2034等。同馆所藏敦煌出土彩绘册子CCVIII中留存有经文的末尾三行，记"天人民一切众生闻经欢喜嗥哭动地"、"泪下如雨五体投地信受顶礼欢喜"、"奉行"。

第十节 牢度叉（劳度差）斗圣变相

《图画见闻志》中"牢度叉斗圣变相"的文字见于两处，即《图画见闻志》卷三：

> 李用及、李象坤，并工画佛道人物，尤精鬼神。尝与高文进、王道真同画相国寺壁，并为良手。殿东画牢度叉斗圣变相，其迹见存。

《图画见闻志》卷六"相国寺"：

> 东门之南，王道真画给孤独长者买祇陁太子园因缘；东门之北，李用及与李象坤合画牢度叉斗圣变相。

以往中国佛画中从未发现有足以现其真相的实例，所以宋初画家所绘牢度叉斗圣变相至今不明。而敦煌千佛洞壁画及安西万佛峡壁画中保存的多铺牢度叉斗圣变相，终于打破了这一变相的尘封状态。这些图例为五代前后（注一）制作，作为想象李用及与李象坤在相国寺共同描绘的牢度叉斗圣变相之样式，可谓绰绰有余。

敦煌千佛洞及安西万佛峡的实例有如下九组：

千佛洞 第 8 窟后壁［D146 西壁］一组（附图六七 a、附图六七 b）

千佛洞 第 138 窟天井南侧［D25 窟顶南披］一组（附图六八 a）

千佛洞 第 74 窟后壁［D98 西壁］一组（附图六八 b）

千佛洞 第 63 窟后壁［D196 西壁］一组（附图六九 a）

千佛洞 第 118F 窟后壁［D55 西壁］一组（附图六九 b）

千佛洞 第 52 窟后壁［D108 西壁］一组（附图七〇 a）

千佛洞 第 167 窟左壁［D9 南壁］一组（附图七〇 b）

千佛洞 第 149 窟后壁［D335 西龛］一组（附图七一 a）

万佛峡 S 第 2 窟壁画［榆林窟第 32 窟东南壁］一组（附图七一 b）

以上各图中，有几铺在附图中呈现的不是壁画的全部，但各图构图基本一致，其中心人物比丘和半裸老人左右对坐，周围绘有与两个人物相关的种种情节。像这般以左右两处作为中心而展开的变相形式与维摩经变相中维摩诘、文殊对坐的形式

（参见第一章第六节）如出一辙，意趣相同。在明确构图特点的同时，需要进一步明确图中具备的哪些特点与《图画见闻志》中所记牢度叉斗圣变相可相对应。将这些壁画视为已成熟的经变时，很明显其所绘为祇园精舍建立之前的舍利弗降伏外道的情节。

祇园精舍的建立在各个经典中广为传述，尤其是在精舍建立之前，舍利弗与舍卫城的外道牢度叉（劳度差，Raudraksa）比试种种神通力，舍利弗降服牢度叉的故事。关于舍利弗与牢度叉一节，在《贤愚经》卷十须达起精舍品、《佛说众许摩诃帝经》卷十二、《有部破僧事》卷八、《大唐西域记》卷六"室罗伐悉底国"等均有记述（注二），其中，《大唐西域记》所记简单扼要，在叙述给孤独园的有关传说后有如下记述：

> 影覆精舍东三四里，有窣堵波，是尊者舍利子与外道论议处，初善施长者买逝外太子园，欲为如来建立精舍，时尊者舍利子，随长者而瞻揆，外道六师求角神力，舍利子随事摄化，应物降伏。（《大正藏》，册51，页900b）

此段文字非常简洁但囊括了要点，文中用"外道"代表了牢度叉之名，因此仅依据这一段文字不能充分说明牢度叉斗圣变相的各个组成部分，必须借助其他经典所述，才能对舍利弗与牢度叉比试神通力进行详细的说明。前述《贤愚经》、《佛说众许摩诃帝经》、《有部破僧事》三者在叙述上各有特色，后两者记述方法大致相同，《贤愚经》却有其独到之处，且《贤愚经》记录了其他两者遗漏的部分，在记述上最为详细，因此在对变相图样的说明上，《贤愚经》应引起高度重视。于此摘录《贤愚经》须达起精舍品中的要点，同时适当参照《佛说众许摩诃帝经》、《有部破僧事》：

> 一时佛在王舍城竹园中止。尔时舍卫国王波斯匿，有一大臣，名曰须达，居家巨富，财宝无限，好喜布施，赈济贫乏及诸孤老，时人因行，为其立号，名给孤独。（略）。因白佛言，还到本国，当立精舍，不知摸法，唯愿世尊，使一弟子共往教示。世尊思惟，舍卫城内，婆罗门众，信邪倒见，余人往者，必不能办，唯舍利弗，是婆罗门种，少小聪明，神足兼备，去必有益。即便命之，共须达往。（略）。共舍利弗，按行诸地，何处平博，中起精舍，按行周遍，无可意处，唯王太子祇陀有园，其地平正，其树郁茂，不远不近，正得处所。（略）。六师闻之，往白国王，长者须达，买祇陀园，欲为瞿昙沙门兴立精舍，听我徒众与共角术，沙门得胜，便

203

204

听起立，若其不如，不得起也。（略）。是时六师，宣语国人，却后七日，当于城外宽博之处，与沙门较。舍卫国中，十八亿人，时彼国法，击鼓会众，若击铜鼓，八亿人集，若打银鼓，十四亿集，若打金鼓，一切皆集。七日期满，至平博处，打击金鼓，一切都集，六师徒众，有三亿人，是时人民，悉为国王及六师，敷施高座。尔时须达，为舍利弗，而施高座。（略）。时舍利弗，从禅定起，更整衣服，以尼师坛，着左肩上，（略），升须达所敷之座。（以下，《佛说众许摩诃帝经》）时彼外道与众相通，亦升高座，安坐已定。（《大正藏》，册 4，页 418b—420b；《大正藏》，册 3，页 968a）

据此可知舍利弗与舍卫国外道比较神通力的理由，《佛说众许摩诃帝经》以及《有部破僧事》中对其叙述极为简单，接着舍利弗和外道代表牢度叉（《佛说众许摩诃帝经》及《有部破僧事》译为"赤眼"）比试角术，如下所述：

205

六师众中，有一弟子，名劳度差，善知幻术。于大众前，咒作一树（《佛说众许摩诃帝经》化作花树，《有部破僧事》化作大庵没罗树）自然长大，荫覆众会，枝叶郁茂，花果各异。众人咸言，此变乃是劳度差作。时舍利弗，便以神力，作旋岚风（《佛说众许摩诃帝经》微少风，《有部破僧事》大风雨），吹拔树根，倒着于地，碎为微尘。众人皆信，舍利弗胜，今劳度差，便为不如。又复咒作一池，其池四面，皆以七宝，池水之中，生种种华，众人咸言，是劳度差之所作也。时舍利弗，化作一大六牙白象（《佛说众许摩诃帝经》大象，《有部破僧事》象子），其一牙上，有七莲花，一一花上，有七玉女，其象徐庠，往诣池边，并吸其水，池既时灭。众人悉言，舍利弗胜，劳度差不如。复作一山（《佛说众许摩诃帝经》、《有部破僧事》皆无此项），七宝庄严，泉池树木，花果茂盛，众人咸言，此是劳度差作。时舍利弗即化作金刚力士，以金刚杵，摇用指之，山即破坏，无有遗余。众会皆言，舍利弗胜，劳度差不如。复作一龙，身有十头《佛说众许摩诃帝经》一龙而有七首，《有部破僧事》七头龙王），于虚空中，雨种种宝，雷电振地，（略），时舍利弗，便化作一金翅鸟王（《佛说众许摩诃帝经》金翅王，《有部破僧事》大金翅鸟），擘裂啖之。众人皆言，舍利弗胜，劳度差不如。复作一牛（《佛说众许摩诃帝经》、《有部破僧事》皆无此项），身体高大，肥壮多力，（略）。时舍利弗，化作师子王，分裂食之。众人言曰，舍利弗胜，劳度差不如。复变其身作夜叉鬼（《佛说众许摩诃帝经》罗刹身，《有部破僧事》起尸鬼），形体长大，头上火燃，目赤如血，四牙长利，口自出火，腾跃奔赴。时舍利弗，自化其身，作毗沙门王（《佛说众许摩诃帝经》持咒神力缚之,《有部破僧事》以咒咒之)。夜叉恐怖,即欲退走,四面火起,无有去处,唯舍利弗边,凉冷无火,即时屈伏,五体投地,求哀脱命。(略)。六师徒众,三亿弟子,于舍利弗所,出家学道(《佛说众许摩诃帝经》舍利弗即与摄受,度为沙门)。(《大正藏》,册4,页420b–c)

206

如上所述,舍利弗和牢度叉的较量以牢度叉惨败告终,《佛说众许摩诃帝经》及《有部破僧事》尚有附加,描述残余外道中有不屈服者卷土重来,却反被舍利弗降伏,授具足戒(《大正藏》,册3,页968b;《大正藏》,册24,页141a)。

根据上述文字,对照前面所示的九组变相,其组成部分及其内容便会一目了然。九组壁画中,除千佛洞第149窟［D335］的变相(附图七一a)之外,其他八组(其中几组仅部分图样清楚,大部分漫漶不清,但可依据现存部分加以推测)基本相同,虽细节上有些许差异,但应出自同一画工之手。在壁面左右二处,一为圆形高座上的舍利弗,一为方形高座上的牢度叉,左侧图样静谧肃然,而右侧图样却旋岚风呼啸升腾,对比鲜明。右侧牢度叉高座的柱子已弯曲,垂饰倒挂,六师徒众正扶梯支撑,用绳索防其倒塌,细节描绘详尽。变相的重点在于突出舍利弗神力无量,在和牢度叉的较量中,刮起旋岚风,击碎牢度叉的变术,令其化为微尘。这一对比的重点描画以及巧妙发挥,使画面充满生气,艺术效果显著,为一铺成功的变相图。

围绕舍利弗、牢度叉对坐的场景,四周壁面满绘各种情节,不留一丝空隙。图 207 左半左上方绘舍利弗坐于释尊宝座之前,其下有跟随四天王前往王舍城外宽博之处的舍利弗,高座的前面上方为击金鼓聚集舍卫国中十八亿民众,高座后方有舍利弗带领诸比丘以及风神怀抱风囊鼓出旋岚风,高座正前方牢度叉及其帮伙变术使尽,匍匐屈服在舍利弗面前,另有六师徒众剃发等,中央部分(附图六八b、附图六九a、附图六九b、附图七〇a等辨认不清,附图六八a、附图七〇b、附图七一b,尤其七〇b最为清楚)有舍卫国王波斯匿一族、外道一伙、莲池、山峦和金刚力士、龙和金翅鸟、牛和狮子、夜叉鬼,并绘毗沙门天等角术。右半绘鼓橹颠倒,妇女们因狂风而惊慌失措,以及外道、风神。整个壁面的右缘至下缘详细描绘出了有关祇园精舍建立的其他情节。

这一变相的构图基于画工的想象,随处可见其个人的创意,但画面的内容如前所述,完全依据经文。然而其原典是现存汉译经典中的哪一部,同时其是否为现存汉译经典则尚不明了。图中多处留有题记栏,但文字已无法辨认,甚为遗憾,无法对照经文。仅有附图六八b隐约可见"大智舍利弗"、"外道"等文字，附图七○b可见"二大菩萨"、"降伏外道"、"外道□大力尽"、"睡眠时"等文字，但仅依据这些文字无法找到原典。然而，通过图样及这些说明文字等可以想象，这些变相绘制时，应当依据了比前述《贤愚经》更为详细的经文（附图七一a中舍利弗和牢度叉对坐的位置与其他八组完全相反，从技法上亦可见出后世修补较多，但其原作应当较其他八组时代更早）。

一般的净土变以描写佛、菩萨、楼阁等为重点，华严经变相图样则过于严肃，而将上述牢度叉斗圣变相与其他的经变相比较便可发现其意趣盎然，这一点使得牢度叉斗圣变相可以和法华经变相或报恩经变相中的几种并驾齐驱。其更鲜明之处在于整个画面有明确的中心，而且围绕这一中心左右二分。这样的构图非常适合装饰寺院壁面，堂内主尊的后方壁面、大堂以及入口左右的壁面，均效果显著。敦煌石窟的主尊后壁、窟内左右壁以及入口左右等壁面，常见文殊与普贤（实例有附图一三九a至附图一四一b）或维摩诘与文殊（实例有附图四七a至附图五二c）的组合，对照呼应，效果显著。而牢度叉斗圣变相比其他则又更胜一筹，其构图更为夸张，即使是同样的对坐形式，在维摩经变相中仅止于端庄秀丽的文殊对比病体羸瘦的维摩诘，然而在牢度叉斗圣变相中，不只是对坐二人在风采上的差异，壁面画调左右反差强烈，一边是舍利弗智慧沉着，如玉般纯净澄澈；一边是强风劲起，天地动摇，壮观犹如《寺塔记》中吴道子所绘"满壁风动"之喻。故此，尤其是绘于洞窟中昏暗地方的壁画，这样的画面对比，尤能发挥强烈的艺术效果。千佛洞第138窟（附图六八a）绘于窟内侧壁，而第8窟（附图六七）、第52窟（附图七○a）、第63窟（附图六九a）、第74窟（附图六八b）、第118F窟（附图六九b）、第149窟（附图七一a）等，绘于窟内主尊后方壁面，主尊身后左右两分的视觉效果更为凸显。此处左右两壁的绘画，格调完全不同，但左右对坐人物（舍利弗、牢度叉）大小相同，其前左右各绘一形状相同的鼓橹，一边是端正摆放，而另一边却摇摇欲坠，这一细节上的非对称瞬间尤能激发观者的好奇心，吸引其进入画面，探寻画中的情节（壁画即图解祇园精舍建立，衬托主尊释迦的大德）。画面结构令壁画更具存在感，此即变相壁画的精妙所在。从这一点来说，维摩经变相虽生气勃勃，但仍遥不可及。洞窟及寺院的壁画恐怕没有一种能超越牢度叉变相这般构思宏大、巧妙的构图，且不拘泥于教条，壁面熠熠生辉。敦煌和瓜州地区的洞窟寺院在唐宋间流行牢度叉斗圣变相，原因在于其无须分割壁面，能够充分利用大幅壁面绘制，效果斐然。

牢度叉在《佛说众许摩诃帝经》与《有部破僧事》中被译为"赤眼"，《佛说月光菩萨经》中则为"恶眼"（《大正藏》，册3，页407b第一行）。值得注意的是，"赤眼"之名恰好对应《贤愚经》中"目赤如血"之语（《大正藏》，册4，页420c）。另，牢度叉并不是只出现在祇园精舍建立时登场的恶婆罗门，其于过去恶名累累，如释尊前生为月光王（月光菩萨）时，应牢度叉之求而亲刃己首，又如虔阇尼婆梨王剜王身并燃于千灯。与此相关的佛经如下：

《贤愚经》梵天请法六事品牢度叉（《大正藏》，册4，页349c）

《贤愚经》月光王头施品牢度叉（《大正藏》，册4，页389a）

《菩萨本缘经》月光王品老婆罗门（《大正藏》，册3，页63b4）

《佛说月光菩萨经》恶眼（《大正藏》，册3，页407b）

因此，《贤愚经》月光王头施品、《月光菩萨经》等，身负月光王辅相重任的大月大臣是后来的舍利弗（《大正藏》，册4，页390b），可见舍利弗和牢度叉在舍卫国较量之前已存宿怨，命中注定为相互抗衡的对手。

211

注

一、九组经变相图中，第74窟（附图六八b）明显为于阗国李圣天时代的作品（参见《國華》第410号，拙稿《于闐國王李聖天と莫高窟》），其他壁画应与此时代相同。

二、《贤愚经》卷十，须达起精舍品（《大正藏》，册4，页420）。《佛说众许摩诃帝经》卷十二（《大正藏》，册3，页967以下）。《根本说一切有部毗奈耶破僧事》卷八（《大正藏》，册24，页140以下）。《大唐西域记》卷六，"室罗伐悉底国"（《大正藏》，册51，页900b）。

第十一节　其他各种变相

212

敦煌画中除上述阿弥陀净土变相等各种变相之外，尚有以下变相见于文献中：

本行经变相

《历代名画记》卷三，西京：菩提寺、化度寺、大云寺；东都：圣慈寺

降魔变相

《历代名画记》卷三，西京：光宅寺；《唐朝名画录》吴道玄、尉迟乙僧；《图画见闻志》卷三、卷六，相国寺、高文进；《益州名画录》卷上、卷下，左全、张景思

涅槃变相

《历代名画记》卷三，西京：宝刹寺、安国寺、褒义寺；卷八，杨契丹

灭度变相

《历代名画记》卷三，西京：永泰寺

苏达拏太子变相

《图画见闻志》卷四，赵裔

金光明经变相

《历代名画记》卷三，西京：净土院；《益州名画录》卷上左全

大悲变相

《益州名画录》卷上，范琼、左全、张南本

不空羂索变相

《唐李府君修功德碑》碑文

这些变相留存有许多实例，但基于图例的分类，这些实例应归类于佛传图、本生图或密教图等，因此将其归为一章（参见第二章及第六章）。

第二章　佛传图及本生图

第一节　佛　传　图

日本佛传图历来寥寥无几，值得讨论的实例可举过去现在因果经图卷，其他有描绘释尊入涅槃的涅槃图，仅此而已。而印度、西域各地的佛传图制作盛极一时，现存壁画中佛传图数量颇丰，中国中原地区亦如此，一般以佛传图装饰寺院壁面，本行经变相、降魔变相、涅槃变相等作为频繁出现的题材见于下述文献。

本行经变相

《历代名画记》卷三"西京寺观等画壁"：

菩提寺　　佛殿　东壁，董谔画本行经变。
化度寺　　杨廷光、杨仙乔画本行经变。
大云寺　　七宝塔　外边四面杨契丹画本行经

《历代名画记》卷三"东都寺观画壁"：

圣慈寺　　西北禅院，程逊画。本行经变、维摩诘并诸功德，杨廷光画。

降魔变相

《唐朝名画录》：

吴道玄　　慈恩寺前文殊、普贤，西面庑下降魔、盘龙等壁。
尉迟乙僧　又光泽寺七宝台后面画降魔像千怪万状，实奇踪也。

《历代名画记》卷三"西京寺观等画壁"：

光宅寺　　东菩萨院内北壁东西偏，尉迟画降魔等变。

《益州名画录》：

左　全　　大圣慈寺　三学院门上三乘渐次修行变相、降魔变相。
张景思　　于圣寿寺北廊下画降魔变相一堵，见存。

《图画见闻志》卷三：

高文进　　相国寺　大殿　及殿西降魔变相，其迹并存。

《图画见闻志》卷六：

相国寺　　西门之北，高文进画大降魔变相。

涅槃变相

《历代名画记》卷三"西京寺观等画壁"：

宝刹寺　　佛殿南杨契丹画涅槃等变相。
安国寺　　大佛殿　东北涅槃变，杨廷光画。
千福寺　　东塔院　涅槃鬼神杨惠之书。
褒义寺　　佛殿西壁涅槃变，卢稜迦画，自题。

《历代名画记》卷八：

杨契丹　　又宝刹寺一壁佛涅槃变、维摩等，亦为妙作。

而这些记述于文献中的壁画并没有保存下来，仅可通过雕刻作品想象其状。敦煌千佛洞壁画及敦煌出土绢本画中留有许多南北朝及隋唐时代的作品，可大略窥知已不传世的佛传画状况。

敦煌发现的绘画中，佛传图几乎均绘于幡上，其大多将佛幡上下分为四段，再配以图画和文字说明。亦有以数枚佛幡为一组，将佛传故事中的主要情节设计成完整的一组图像。附图七二至附图八〇b的二十一枚佛幡中，其中有的已成残片，每枚佛幡均纵向描绘佛传故事，制作年代推定为唐代，均为佳品。然而不可思议的是，敦煌幡画中的佛传图仅绘释尊成道之前的故事，完全不见描绘释尊成道之后的事迹。

附图七二 a（大英博物馆藏，绢本着色）、附图七二 b（大英博物馆藏，绢本着色）
此枚佛幡上下分为四段。第一段为释尊本生燃灯佛授记，讲述一童子（儒童、摩纳、摩那婆）叫做善慧（云、弥却、无垢光），用自己的长发掩盖泥泞令燃灯佛（普光、定光、锭光）踏过。燃灯佛遂授记童子于未来世号释迦牟尼而成佛，童子当即断落须发而成沙门。这一本生故事另见《修行本起经》卷上（《大正藏》，册 3，页 461c—462b）、《佛说太子瑞应本起经》卷上（《大正藏》，册 3，页 473a）、《异出菩萨本起经》(《大正藏》，册 3，页 617b-c)、《过去现在因果经》卷一 (《大正藏》，册 3，页 620c—622c)、《佛本行集经》卷四 (《大正藏》，册 3，页 665c—668c) 等。此处附图七二 a 的第一段图像与《过去现在因果经》所记最为相符。

《过去现在因果经》卷一：

是时善慧，说此赞已，从空中下，到于佛前，五体投地，而白佛言，唯愿世尊，哀愍我故，听我出家，尔时普光如来，答我善哉，善来比丘，须发自落，袈裟着身，即成沙门。(《大正藏》，册 3，页 622c)

第二段绘老、病、死三苦，世间众生知此三苦时，意即菩萨自兜率天宫降而入母胎。《方广大庄严经》卷一：

尔时菩萨处于天宫，以四种心而遍观察，一者观时，二者观方，三者观国，四者观族，比丘，何故观时，菩萨不于劫初，而入母胎，唯于劫灭，世间众生明了知有老病死苦，菩萨是时方入母胎。(《大正藏》，册 3，页 541c)

第三段为入胎。菩萨合拿乘白象，由兜率宫而降，诸天从之。《过去现在因果经》卷一：

即乘六牙白象，发兜率宫，无量诸天，作诸伎乐，烧众名香，散天妙花，随从菩萨，满虚空中，放大光明，普照十方，以四月八日明星出时，降神母胎，于时摩耶夫人，于眠寤之际，见菩萨乘六牙白象腾虚而来，从右胁入。(《大正藏》，册 3，页 624a)

第四段为摩耶夫人出游图。

附图七三 a (德里中亚博物馆藏，绢本着色)
此幡所绘四段图像均为菩萨降生前兜率天宫的情况，第一段为兜率天宫门外菩萨所乘白象背载莲台，等待降生时刻的到来。第二段、第三段均绘天宫，但由于残缺严重，无法知其详情。第四段为菩萨乘着白象，在诸天的护拥下离开兜率天宫。

附图七三 b (德里中亚博物馆藏，绢本着色)
第一段为入胎，绘菩萨从兜率天宫降下，与上述附图七二 b 第三段及附图七三 a 第四段不同的是菩萨没有乘坐白象。第二段为摩耶夫人出游，《过去现在因果经》卷一：

217

218 于是夫人，即升宝舆，与诸官属并及彩女，前后导从，往蓝毗尼园。（《大正藏》，册3，页625a）

图中摩耶夫人亦乘舆。第三段为蓝毗尼园太子诞生，毋须赘言。最后第四段为太子七步及狮子吼，其旁题写：

太子初生行七步，步步莲花生时。

图中绘有七朵莲花。《方广大庄严经》卷三诞生品记：“不假扶持，即便自能东行七步，所下足处皆生莲花。”（《大正藏》，册3，页553a）《佛本行集经》卷八树下诞生品中记：“菩萨生已，无人扶持，即行四方，面各七步，步步举足，出大莲花。”（《大正藏》，册3，页687b）幡上所绘山水值得仔细品味。

附图七三 c（大英博物馆藏，绢本着色）

此幡原应有四段，现仅存下半两段。其中上段为灌顶，下段为七步狮子吼，灌顶一段云中并列所绘与附图七四 a 第三段灌顶图的“九龙”相同。《修行本起经》卷上菩萨降身品及《过去现在因果经》卷一记迦逻、郁迦逻或难陀、优波难陀的二龙王从虚空吐温凉二净水沐浴太子（《大正藏》，册3，页463c、页625b）。《佛本行集经》卷七树木诞生品中记取冷暖二池水，沐浴菩萨（《大正藏》，册3，页
219 687b），均指在灌顶之际水有温、冷两种。另有《普曜经》卷二却生时三十二瑞品记九龙洒下香水沐浴太子，如下：

九龙在上，而下香水，洗浴圣尊。（《大正藏》，册3，页494b）

附图七三 c 及附图七四 a 的灌顶画面，与此经文完全符合。

附图七四 a（大英博物馆藏，绢本着色）

四段中，上两段绘金轮宝、白象宝、绀马宝、神珠宝、玉女宝、主藏臣宝、主兵臣宝的七宝，第三段为九龙灌顶，第四段为七步图，此处着重绘出七宝，表示由菩萨天宫下生人间，即为转轮圣王，俱足七宝。《过去现在因果经》卷一记有七宝名称，如上所述（《大正藏》，册3，页623a）。《修行本起经》卷上现变品中七宝为金轮、神珠、玉女、典宝藏臣、典兵臣、绀马、白象，并一一附有详细说明（《大正藏》，册3，页462c）；《佛说太子瑞应本起经》卷上中为金轮、神珠、绀马、白象、玉女、贤鉴、圣导（《大正藏》，册3，页473b）；《佛本行集经》卷三发心供养

品中为金轮、神珠、玉女、象、马、主兵臣、主藏臣（《大正藏》，册 3，页 664b），
七宝的顺序与名称各不相同，但七宝的实质未变。附图七四 a 中的七宝与下记附图
七四 b 相同，同时与弥勒净土变相主尊前面的七宝（参见附图三〇 a、Fig.22）亦相
同，由此可知唐代七宝图像的具体情况。

附图七四 b（大英博物馆藏，绢本着色）

220

上述附图七四 a 中，上半部分的空间将七宝全部绘出，显得拥挤不堪，而此处
将七宝绘于整件幡上，空间绰绰有余，每幅图像清晰明了。第一段为金轮宝，第二
段为神珠宝和主藏臣宝，第三段为主兵臣宝和玉女宝，第四段为白象宝，第五段为
绀马宝。

附图七四 c（大英博物馆藏，绢本着色）

幡上绘释尊诞生，同时尚有象、马、牛、羊等诞生子犊的图像，现存部分可见
羊、牛、马母子三组，相关经文如下。

《过去现在因果经》卷一：

> 即将太子出于天寺，还入后宫，当尔之时，诸释种姓，亦同一日，生五百男，
> 时王厩中，象生白子，马生白驹，牛羊亦生五色羔犊，如是等类，数各五百。（《大
> 正藏》，册 3，页 626a）

《普曜经》卷二欲生时三十二瑞品：

> 尔时五千青衣各各生子，皆为力士，现大小等给使白王，八百乳母亦各生子，
> 百千象生子，白马生驹，形色如雪，毛衣滑泽，黄羊生羔子，即有二万。（《大正
> 藏》，册 3，页 494b）

《佛本行集经》卷十私陀问瑞品：

> 次有人来，复语我言，乃至产生五百马驹，次有人来，乃至自然五百香象，身
> 如白雪，齐有六牙，在宫门外。（《大正藏》，册 3，页 699c）

附图七五 a（卢浮宫博物馆藏，绢本着色）、附图七五 b（德里中亚博物馆藏，绢本着色）

221

此两件幡上所绘均为太子与诸友人角逐的情景。附图七五 a 第一段为斫断多罗

树，第二段为射铁鼓，第三段为比试书算。附图七五 b 第一段为书算，第二段为相扑，第三段为角力，第四段为掷象。与此相关的经文见《佛本行集经》卷十二、卷十三角术争婚品（《大正藏》，册 3，页 707—712），记述详细。另有《过去现在因果经》卷二（《大正藏》，册 3，页 628b-c）、《修行本起经》卷上试艺品（《大正藏》，册 3，页 465c）、《佛说太子瑞应本起经》卷上（《大正藏》，册 3，页 474b）、《普曜经》卷三试艺品（《大正藏》，册 3，页 501b-c）、《方广大庄严经》卷四现艺品（《大正藏》，册 3，页 561—564）等。

附图七五 c（大英博物馆藏，绢本着色）

现存第一段为佛坐像，第二段为太子学艺，第三段为较量弓术。其中第二段榜题：

尔时太子于宫中与文武先生讲论时

第三段榜题：

尔时悉（达多）

从其画法、文字、边缘的装饰文样、幅宽等因素判断，此件佛幡应与附图七六 a 为一组。

222 **附图七六 a（大英博物馆藏，绢本着色）、附图七六 b（卢浮宫博物馆藏，绢本着色）**

附图七六 a 与上述附图七五 c 为一组佛幡，幡下半段已佚，现存的部分仅有太子四观（参见《普曜经》四出观品，《佛本行集经》出逢老人品、道见病人品、路逢死尸品、耶输陀罗梦品，《过去现在因果经》卷二，《大正藏》，册 3，页 502 以下、页 629 以下、页 719c），绘于四段图中的上两段。第一段为东门出游见老人（旁记"尔时太子出城东门观见老人问因缘时"），第二段为南门出游见病者（旁记"尔时太子出城南门见一病人问因缘时"），紧接第三段、第四段应为西门遇见死者、北

223 门遇见比丘，而这两段题记缺失（参见附图七六 b）。据此，自上至下分四段完整绘出太子四观，明示老、病、死与比丘四观。

附带一提，Fig.36 为日本本愿寺探险队从吐峪沟携回的绢本画残片，亦绘有太子四观中西门逢死者，此作为唐代作品，当时应为上下四段的四观幡画，值得注意的是其第三段的构图及画法与附图七六 b 甚为相似，由此证明这类幡画向西域传播的事实。

Fig.36　吐峪沟发现太子逢死尸图残片

附图七七 a（大英博物馆藏，绢本着色）

　　此幡第一段不存，第二段绘父王为解除悉达多太子的烦恼，阻止其出家，在宫中日夜娱乐之状（有关歌舞奏乐的经文，参见前述）。第三段为太子骑爱马犍陟，离宫出家，四天人捧持犍陟四足，绘制同于附图七七 b。《过去现在因果经》卷二中记太子出家之际，"诸天"捧持白马的四足（《大正藏》，册 3，页 633a），《佛本行集经》卷十七舍宫出家品下，记"钵足等诸夜叉众"捧举白马的四蹄（《大正藏》，册 3，页 731b），《佛说太子瑞应本起经》卷上及《异出菩萨本起经》均记"鬼神"捧举马足（《大正藏》，册 3，页 475b、页 619b），可见捧举马足的为夜叉、鬼神之类，并非图中所绘的四人。然而，《佛所行赞》（《大正藏》，册 4，页 10b）、《普曜经》卷四告车匮被马品（《大正藏》，册 3，页 507a）、《修行本起经》卷下出家品（《大正藏》，册 3，页 468a）等经卷明确记为"四神"来到并捧举马足。《方广大庄严经》卷六出家品为"四天大王"捧举马足（《大正藏》，册 3，页 575c），《佛本行经》卷二出家品为"四种鬼神"接举马足（《大正藏》，册 4，页 68c）。上述各经典均针对马的四足，重点强调"四"这一数字，其作为参考因素有助于理解附图七七 a、附图

224

七七 b 两图所绘的离宫出家场景。另，库车壁画佛传图中尚存四天捧举犍陟四足的画面（勒柯克：*Soätantike*，Tafel VI，24）。

附图七七 b（德里中亚博物馆藏，绢本着色）

四段图像中，第一段为太子离宫出家（参见前述），第二段为搜索，第三段为侍卫禁缚，第四段绘净饭王与王师大臣等商议寻回太子。其中，第三段对应《佛本行集经》卷十七出家品所记"侍卫左右，悉皆禁缚"（《大正藏》，册 3，页 733b），第四段有五人在净饭王前叩首，对应《过去现在因果经》卷三及《佛本行集经》出家品所说"憍陈如等五人"（《大正藏》，册 3，页 637a、768b），其傍执笏侍立的两人应为大臣。

225

附图七八 a（德里中亚博物馆藏，绢本着色）

此幡上半部为太子离宫出家，绘悉达多太子、犍陟、车匿在云上，城门外卫兵昏睡，城内宫女流涎露齿，匍匐昏睡，琵琶及箜篌等掷于一边，十分狼藉。相关经文如下，《佛说太子瑞应本起经》卷六（《大正藏》，册 3，页 475b）、《普曜经》卷四出家品（《大正藏》，册 3，页 504c）、《方广大庄严经》卷六出家品（《大正藏》，册 3，页 573c）、《过去现在因果经》卷二（《大正藏》，册 3，页 632c）、《佛本行集经》卷十六舍宫出家品（《大正藏》，册 3，页 728c）、《佛所行赞》卷二出城品（《大正藏》，册 4，页 10a）、《佛本行经》卷二出家品（《大正藏》，册 4，页 68a）。幡下半绘净饭王与王师大臣等商议寻找太子场景，背景中山石、树木的描绘方式值得注意。此幡与附图七九 a 为一组。

附图七八 b（德里中亚博物馆藏，绢本着色）

现存部分的第一段绘山中太子（落发前）形象，画面损毁严重，亦无题记，难以知其详细。第二段为憍陈如等五人寻找太子去向。第三段应为王舍城外，频毗娑罗王于杖林中归佛。佛的身后三比丘意指优楼频螺迦叶兄弟三人。见《过去现在因果经》卷四：

尔时世尊，渐近王舍城，住于杖林，时优楼频螺迦叶，即便遣其常所使人，白频毗娑罗王言，我今于佛法中，出家修道，今随从佛，来至杖林，大王宜先礼拜供养，（略），便进林中，遥见如来，相好庄严，又见优楼频螺迦叶兄弟三人，并其弟

226

子，前后围绕。(《大正藏》，册 3，页 650b)

附图七八 c（大英博物馆藏，绢本着色）

图中残留部分为三段，第一段绘太子在山中与车匿、犍陟离别，第二段为车匿、犍陟下山，第三段为憍陈如等五人入山，马上五人及人物姿态等与附图七八 b 完全相同。据此，此幅第四段应亦与附图七八 b 相同，应绘频毗娑罗王归佛。另，从图中山石、树木等描绘方式，可窥见唐代山水画的特征，令人赏心悦目。

附图七九 a（大英博物馆藏，绢本着色）

此幅分三段。第一段为太子于山中与车匿、犍陟别离，犍陟屈前足以示悲哀。各经文中叙述犍陟屈膝舐太子足，落泪如雨，此图恰符合经文所说，参见《佛说太子瑞应本起经》卷上（《大正藏》，册 3，页 476a)、《普曜经》卷四告车匿被马品（《大正藏》，册 3，页 508b)、《方广大庄严经》卷六出家品（《大正藏》，册 3，页 576b)、《过去现在因果经》卷二（《大正藏》，册 3，页 633b)、《异出菩萨本起经》（《大正藏》，册 3，页 619c)、《佛本行集经》卷十八剃发染衣品下（《大正藏》，册 3，页 736c)、《佛本行经》卷二车匿品（《大正藏》，册 4，页 70a) 等。

第二段为太子剃发，太子坐在岩石上，双手抚发，其旁绘帝释天持刀，表示帝释天持剃刀剃除太子须发，对应《修行本起经》卷下"太子离恩爱，远诸苦恼根，思欲剃头发，仓卒无有具，帝释持刀来，天神受发去"（《大正藏》，册 3，页 466b)、《佛说太子瑞应本起经》卷上"天神奉剃刀，须发自堕，天受而去"（《大正藏》，册 3，页 476c)。而其他各经所记与此有些许差异，记太子自持剃刀落发，如《过去现在因果经》卷二（《大正藏》，册 3，页 634a)、《普曜经》卷四（《大正藏》，册 3，页 508a)、《方广大庄严经》卷六（《大正藏》，册 3，页 576c)、《佛本行集经》卷十八（《大正藏》，册 3，页 737c)、《佛所行赞》卷二（《大正藏》，册 4，页 12a)、《佛本行经》卷二（《大正藏》，册 4，页 69a) 等相关字句。其中《佛本行集经》剃发染衣品中叙述最为详细。另，图中憍陈如等五人参与剃发场面，恐误，应归于下面第三段画面。

第三段为苦行林中太子苦行。《过去现在因果经》卷二：

尔时太子，调伏阿罗逻迦兰二仙人已，即便前进迦阇山苦行林中，是憍陈如等五人所止住处，即于尼连禅河侧，静坐思惟，观众生根。(《大正藏》，册 3，页 638b)

227

因此，前一段出现的憍陈如等五人应在此段，尚可依据《佛本行集经》卷二十五精进苦行品（《大正藏》，册 3，页 768b）。图中坐于岩石上的太子与附图七九 b 中的苦行太子像相似，形体羸瘦，皮骨相连，令人联想起《修行本起经》（《大正藏》，册 3，页 469c）、《佛说太子瑞应本起经》（《大正藏》，册 3，页 476c）等所记苦行一节。

228 　　画中山石描绘极富特色，与附图一五九中所用之干笔皴法均为唐代皴法的一种，苍劲圆润，令人回味。

附图七九 b（大英博物馆藏，绢本着色）

此幡上半部绘苦行林中的太子，其上方绘憍陈如等五人遭遇雷雨的情景，对应《普曜经》卷五六年勤苦行品中：

菩萨六年之中结跏趺坐，威仪礼节未曾进退，常存露精亦无覆盖，不避风雨，不障头首尘土之患，不起左右行大小便，亦无涕唾，不屈伸俯仰，亦不倾侧，身不倚卧，或兴云大雨电雷霹雳，春秋冬夏，菩萨默坐。（《大正藏》，册 3，页 511）

而幡下半部绘太子在尼连禅河中沐浴，由于太子苦行后身体羸弱无法登岸，天神降下并按低树枝，助其上岸。《方广大庄严经》卷七往尼连禅河品中：

229 　　浣衣已讫入池澡浴，是时魔王波旬，变其池岸，极令高峻，池边有树，名阿斯那，是时树神按树令低，菩萨攀枝，得上池岸。（《大正藏》，册 3，页 583b）

另有《修行本起经》卷下（《大正藏》，册 3，页 470a）、《普曜经》卷五六年勤苦行品（《大正藏》，册 3，页 512a）、《过去现在因果经》卷三（《大正藏》，册 3，页 639b）、《佛所行赞》卷三阿罗蓝郁头蓝品（《大正藏》，册 4，页 24c）等，均有相似的记述。

更见千佛洞的塑像中，Fig.37 为苦行林中的太子苦行像，年代为六世纪初或更早，可谓中国雕塑史上最早的太子苦行像，同时其与附图八一 a 壁画上的降魔像近似，见后述。

附图八〇 a（大英博物馆藏，绢本着色）

此件佛幡意义不明，图分四段进行描绘，或为父王想出种种方法欲阻止太子出家，如令人在宫中昼夜奏乐欢娱，牢守城墙四周，可参见《过去现在因果经》卷二

（《大正藏》，册 3，页 629 以下 ）、
《佛本行集经》卷十五耶输陀罗梦
品（《大正藏》，册 3，页 725b ）。

附图八〇 b（德里中亚博物馆藏，绢本着色）

此幡现存三段，但图意不明。
然而观察其形式及画法，此图与附
图七三 a 相同，且此图第二段所绘
婴孩亦与附图七三 a 第三段婴孩相
同，由此可知两幡应是同一佛传图
的连续，所绘可能是与附图七三 a
中菩萨降神之前在兜率天宫的相关
场景，具体细节还需要今后进一步
研究确定。

以上均为绘于佛幡上的佛传
图，由于其规模很小且多为残片

Fig.37　千佛洞第 111a 窟［D260］小龛内苦行释迦像

无法冠以变相之名，或者称这些图画为本行经变相也未尝不可，但还是因其幅面太
小而不能由此想象唐代寺院中规模宏大的佛传变相。在此列举数铺敦煌千佛洞壁画
中规模相当的佛传图，以作参考。

附图八一 a（千佛洞第 135 窟右壁［D428 北壁］佛传图）

此窟开凿年代不晚于六世纪初，天井同于附图二一一 a、附图二一一 b 等，叠
涩平棋窟顶，颇有古韵，壁面上段贴满着色泥塑千佛，下段置供养人像，中段绘释
迦降魔及成道说法像，画面突出。观者视线左侧画面应为现存中国画中最早的降魔
图，释尊像同于 Fig.37 中的太子苦行塑像，左手持袈裟一角，右手抚右膝，结跏趺
坐。释尊两膝处胡服（伊朗风格）男子像为魔王，魔子及三女相邻。聚集在释尊背
光周围的为魔众，横卧在释尊面前的是因大地声而惊愕跌倒的魔王。《过去现在因
果经》中不见魔王之名，而《佛本行集经》、《方广大庄严经》、《佛所行赞》、《佛本
行经》等中则记为"波旬"。魔子在《过去现在因果经》及《佛说太子瑞应本起经》
中记为"萨陀"（《大正藏》，册 3，页 477a、页 639c），《修行本起经》中记为"须

摩提"（《大正藏》，册3，页470c），《佛本行集经》中记为"商主"（《大正藏》，册3，页776a）。魔王三女之名，各经相异，《普曜经》中记为四女：

231

《修行本起经》	恩爱	常乐	大乐	（《大正藏》，册3，页470c）
《佛说太子瑞应本起经》	欲妃	悦彼	快观	（《大正藏》，册3，页477a）
《过去现在因果经》	染欲	能悦人	可爱乐	（《大正藏》，册3，页640a）
《佛本行集经》	可爱	可喜	喜见侍	（《大正藏》，册3，页782c）
《佛所行赞》	欲染	能悦人	可爱乐	（《大正藏》，册4，页25a）
《佛本行经》	爱	志悦	乱乐	（《大正藏》，册4，页76a）
《普曜经》	欲妃	悦彼	快观　见从	（《大正藏》，册3，页519a）

千佛洞第135窟［D428］中的壁画（附图八五a、附图二一〇a亦为同窟壁画）制作年代相当早，与库车谱系的西域壁画有着密切联系，尤其值得注意（详情他篇另述）。

附图八一b（千佛洞第17乙窟前室天井［D156前室窟顶］降魔变相）

与上述壁画相比，此图年代较晚，推定为宋初之作，构图规整，极具特色。画面中央释尊端坐于宝座之上，周围各恶魔手持不同武器，来势汹汹。尤其宝座前方张弓拔弩的魔王波旬和奏乐的三个魔女张牙舞爪，但最终被降伏，跌倒在地。宝座正前方从地下涌出半身菩萨，表示地神出现，从瓶中洒下凉水救助因大地声而闷绝躄地的魔王，见《佛本行经·菩萨降魔品》：

232

尔时彼魔一切军众及魔波旬，如是集聚，皆悉退散，势屈不如，各各奔逃，（略），时其波旬，闻大地声，心大恐怖，闷绝躄地，（略），尔时彼处别有地神，将于一瓶凉冷之水，洒魔王上，而告之言，汝魔波旬，速疾急起，走向自宫。（《大正藏》，册3，页791b）

《过去现在因果经》及《方广大庄严经》亦记有地神在七宝瓶中装满莲花（香花），自地涌出（《大正藏》，册3，页640b、页594c）。降魔像前绘半身地神与闷绝躄地的魔王这一情景，实际上早在六世纪、七世纪的库车地区壁画上已经出现其例（参见Fig.38）。附图八一b中，地神之旁绘仓皇逃走的三个魔女，已由娇娆少女变为老妪，与其相关佛经见《修业本起经》卷下（《大正藏》，册3，页471a）、《佛说太子瑞应本起经》卷上（《大正藏》，册3，页477b）、《普曜经》卷六降魔品（《大

正藏》，册3，页519c）等，其中记
"化成老母"，在《过去现在因果经》
中使用"老姥"之语，详见如下：

　　时三天女，变成老姥，头白面皱，
齿落垂涎，肉消骨立，腹大如鼓，拄
杖羸步，不能自复。（《大正藏》，册
3，页640a-b）

**附图八三a、附图八三b（千佛洞
第102窟壁画［D76东壁］佛传图）**

　　入口左右壁面分为八个画面，绘
佛传图，壁面下半的四区因剥落严重
已漫漶不清，甚为遗憾。各图形式相
同，均于中央绘印度风格的塔，内置
主要尊像，其周围配置附属图像，下

Fig.38　库车壁画释迦四相图

方中央及其他地方附说明文字。作为唐末五代时期的壁画，其却意外地保留着早期
的风格，令人欣慰。例如附图八三a，上段右侧在中央塔内绘蓝毗尼园内释迦诞生
（无忧树下摩耶夫人、七步狮子吼、灌顶等），塔右为太子学艺（参见附图七五c第
二段），其下方为太子出家（有题记"太子夜半逾城"）。碑铭（铭文不明）另一侧，
左手绘车匿、犍陟的离别与太子断发（有题记"太子雪山落发处"）、山中苦行及尼
连禅河沐浴（有题记"尼连河澡浴处"），一一描绘。值得注意的是，这些图样及人
物皆保持印度风格，几乎不见中国痕迹。同时，配图顺序由中央起始，从右方向
下，再从下方向左（参见第一章第一节）。

　　与此图相邻的一个画面（附图八三a上段左侧）中，其中央塔内置释迦三尊，
塔左右有题记"文殊菩萨摩诃萨……法会"、"普贤菩萨摩诃萨……法会"，前面绘
法轮及雌雄二鹿，左右两侧有诸菩萨、诸比丘合掌之姿，明显可知是鹿野苑初转法
轮，而左侧下方五比丘无疑为憍陈如等五人。

　　以上内容来自上段二图，而下段二图已难以辨认，如果根据配置顺序，观者右
侧应为以降魔图为中心的图像。洞窟入口上方的小幅壁面上右起绘七宝——神珠、
绀马、主兵、金轮、玉女、白象、宝藏，与附图七四a、附图七四b相同，意指转

233

轮圣王七宝具足（参见页 219）。

234　　附图八三 b 上段右侧一个画面为塔内置释迦三尊，周围诸菩萨、比丘、供养者等合掌而侍，形式上为释尊说法图，但由于缺乏文字说明，无法判断其为何处说法，甚感遗憾。

与此相邻的上段左侧图绘吠舍离城中释尊和猕猴的故事，碑身上的文字可勉强辨认：

吠舍城内猕猴奉
蜜于释尊□□□
之身池（？）□ 而作
□□□陷（？）井命终
生天此地兴隆□
□□□

中央塔内猕猴向释尊奉蜜，其右侧为猕猴攀树取蜜时坠于井中而舍命升天，其旁可见"猕猴命终得升天上"的文字。关于吠舍离城猕猴的故事，《西域记》卷七"吠舍厘国"中有如下记述：

其西北有窣堵波，无忧王之所建也，傍有石柱，高五六十尺，上作师子之像，石柱南有池，是群猕猴为佛穿也，在昔如来曾住于此，池西不远有窣堵波，诸猕猴
235　持如来钵，上树取蜜之处，池南不[1]远有窣堵波，是诸猕猴奉佛蜜处，池西北隅，犹有猕猴形象。（《大正藏》，册 51，页 908b）

从现存部分来看，吠舍离城图的下段大致可断定其为涅槃图，释尊横卧，部分头光及身光尚可辨出，诸菩萨、比丘聚集在周围，悲痛欲绝。

由此可知，第 102 窟［D76］东壁（附图八三 a、附图八三 b）中将释迦的一生分八个画面绘出，由"降诞"至"入涅槃"，这些画面体现出浓郁的印度风格，充分说明其绘制是基于印度传来的摹本。同时，从这些壁画又可以想象较早时期的印度壁画，可谓幸事。

1　译者注：原书作"木"，误。今校为"不"。

附图八四 a（千佛洞第 117 窟右壁［D61 北壁］佛传图）

壁面划分为屏风式的长方形，绘出一系列的佛传图，各图由观者左侧一扇起始，自下而上，然后移至右扇的上段，再向下至结束。左扇下段绘临终遗诫，中段为入涅槃（包括须跋先行入灭），上段为纳棺，至右扇第一段为再生说法，第二段为送葬，第三段为茶毗，第四段为分舍利及起塔。左右两扇各有三处方形题记，文字很长，但大部分已无法辨认，仅左扇中段一处隐约可见：

尔时阿难……已即至佛所佛告（？）阿难汝今□□□□□便入涅槃尔时须跋陀罗……

释尊入涅槃前授教于须跋陀罗，见法显译《大般涅槃经》卷下（《大正藏》，册 1，页 203—204），其中概略地作了描述（《游行经》、《佛般泥洹经》、《般泥洹经》等只记"须跋"）。

右扇第一段再生说法（金棺出现）与下文中附图八四 b 相同，释尊绘于金棺之上，前有摩耶夫人自天宫而降，人天鸟兽之类环绕周围（涅槃图，除众人之外，鸟兽群集这点在日本佛画中常见，但印度、中亚及中国西部地区绘画中少见）。释尊入涅槃之际，摩耶夫人于天上诵偈一事见《长阿含经》卷四（《大正藏》，册 1，页 27a），传世的涅槃图中有许多绘有摩耶夫人的身姿，而摩耶夫人绘于金棺出现的实例，除日本长法寺所藏的再生说法图之外，甚为罕见。但此处所见敦煌千佛洞壁画中尚存两幅形式较早的图例，值得注意（附图八四 a 制作于唐末五代，附图八四 b 为唐代制作）。此处再生说法见《摩诃摩耶经》卷下，有详细记述，其中主要章节为：

时摩诃摩耶……从空来下，趣双树所，到娑罗林中已，遥见佛棺，即大闷绝，不能自胜，诸天等以水洒面，然后方苏，前至棺所头顶作礼，（略），尔时世尊，以大神力故，令诸棺盖皆自开发，便从棺中，合掌而起，如师子王初出窟时奋迅之势，身毛孔中放千光明，一一光明有千化佛。（《大正藏》，册 12，页 1012c—1013a）

右扇第二段送葬图中，宝舆载着金棺，金棺后云尾拖曳，通过鸠尸那城（Kusinagara）各个城门，一一绘出，需引起注意。宝舆载着金棺运出的场景见法显译《大般涅槃经》卷下：

236

237

时诸力士以新净绵及以细氎缠如来身，然后内以金棺之中，其金棺内散以牛头
栴檀香屑及诸妙华，即以金棺内银棺中，又以银棺内铜棺中，又以铜棺内铁棺中，
又以铁棺置宝舆上。(《大正藏》，册1，页206a)

后佛棺抬起，出入鸠尸那城门，周匝绕城，见同经：

即舁佛棺，绕城一匝，从北门入，住城之中，听诸天恣意供养，(略)，供养讫
已，即便从城东门而出，往于宝冠支提之所。(《大正藏》，册1，页206b)

依此可知金棺从北门入，东门出，前往荼毗之处。而城门的出入顺序，各经并不
统一，失译《般泥洹经》卷下中记为东门入，周遍城内，西门出，前往荼毗之地：

徐行入东城门，周遍城中，四衢道里巷处处住，施华相伎乐、出西城门，到沤
荼地。(《大正藏》，册1，页189b)

若那跋陀罗译《大般涅槃经后分》(荼毗分)机感荼毗品中绕城方式复杂：

尔时世尊大圣金棺，于娑罗林虚空之中，徐徐乘空从拘尸城西门而入，尔时拘
尸城内一切士女，无数菩萨声闻天人大众，……悲号哀叹供养灵棺，其拘尸那城一
面纵广四十八由旬，尔时如来七宝金棺，徐徐乘空，从拘尸城东门而出，乘空右绕
入城南门，渐渐空行从北门出，乘空左绕还从拘尸西门而入，如是展转绕三匝已，
乘空徐徐还入西门，乘空而行从东门出，空行左绕入城北门，渐渐空行从南门出，
乘空右绕还入西门，如是展转绕经四匝，如是左右绕拘尸城经于七匝。(《大正藏》，
册12，页907b)

从上述文字判断，附图八四a右扇的送葬图中，金棺出现于几处，乘着云同时
出入四方的城门，明显可见出，以如此复杂的图样用来表达在荼毗之前先周匝绕城
这一仪式(此处所绘佛棺，同于附图八四b，直接采用唐代棺椁制度中的形式，长
方形的棺椁覆以半圆形的棺盖)。

附图八四b(千佛洞第146窟左壁[D332南壁]佛传图)
此处壁画对释迦入灭以后的经过进行详细描绘，各图于壁面的排列方式在唐代
经变壁画中新颖独特，过目难忘。
壁面中段右侧由临终遗诫开始，接着按顺序排列入涅槃、纳棺、再生说法三图

于左方，然后转向上方绘送葬，再于右侧加一幅葬送图，以此引导观者视线朝向右方，穿过横跨河流（熙连禅河）的一座桥，达到右方荼毗处（天冠寺），《长阿含经·游行经》："出城北门渡熙连禅河，到天冠寺……"（《大正藏》，册 1，页 28a）壁面最上层绘骑马人物激烈交战，是为分舍利之争。各国国王和拘尸城民之间为佛舍利而引发的争斗见《佛所行赞》卷五分舍利品（《大正藏》，册 4，页 52c）、《长阿含经·游行经》卷四（《大正藏》，册 1，页 29b）、《般泥洹经》卷下（《大正藏》，册 1，页 19a）、法显译《大般涅槃经》卷下（《大正藏》，册 1，页 207a–b）等。依事情发生的顺序，图像由下向上的排列方法与前述观经变相外缘序分图相的上升排列方式性质相同，这一特点反映出唐代经变画的一种倾向，值得回味（参见页 30）。

千佛洞第 146 窟［D332］内塑像明显留有后代修补的痕迹，部分壁画亦为五代时期重绘，但附图八四 b 窟内左壁佛传图及附图一七 b 左前壁一佛五十菩萨图均为中唐以前所作。

附图八五 a（千佛洞第 135 窟后壁［D428 西壁］涅槃图）

此铺壁画接续附图八一 a 佛传图（参见页 230），不仅为敦煌画涅槃图，同时亦为中国涅槃图中最早的作品，值得注意。图中释尊右胁在下，双手伸展贴于身体两侧，头枕方枕横卧床座上，姿态颇为生硬。后方排列的人物均为比丘形，显出哀痛之情（左右的菩萨形人物与涅槃图无关，属于相邻画面）。一般所见涅槃图中的释尊与此图不同，常见其为屈右臂为枕，累两足，宛如常人睡眠时的姿势，而此图的释尊毫无表情，姿态僵硬，明显区别于一般的涅槃图。《佛所行赞》卷五涅槃品：

如来就绳床，北首右胁卧，枕手累双足，犹如师子王。（《大正藏》，册 4，页 46b）

又见《佛般泥洹经》卷下：

北首枕手倚右胁卧，屈膝累脚。（《大正藏》，册 1，页 172c）

涅槃像在中印度、犍陀罗、中亚、中国中原等地制作时均遵循一个原则：曲肘为枕（参见 Fig.7、Fig.38、Fig.39、附图八四 a、附图八五 b 等）。因此，附图八五 a 中的涅槃像不能不说是一个例外，极为少见。这类图样虽为少数，但其流传源远流长，从日本高野山金刚峰寺及奈良新药师寺等涅槃图（均为日本代表性的涅槃图）中的释尊双臂直伸的形象，不难推测其谱系的源头在于附图八五 a 敦煌壁画，令人深有感悟。

239

240

241

Fig.39 库车壁画佛涅槃图

　　有关涅槃像姿态的经文，除上述《佛所行赞》、《佛般泥洹经》以外，亦有《佛本行经》卷七大灭品：

　　诣双树敷床，佛便在绳床，右胁而倚卧，面向于西方，首北而累足。(《大正藏》，册 4，页 106b)

　　《摩诃摩耶经》卷下：

　　渐次复到鸠尸那竭国力士生地，熙连河侧娑罗双树间，而语阿难，可安绳床而令北首，我今身体极大苦痛，入于中夜当取涅槃，阿难受教，施绳床已，佛即就卧右胁着地。(《大正藏》，册 12，页 1011a)

　　《般泥洹经》卷下：

　　彼时佛敕贤者阿难，汝于苏连双树间，施绳床令北首，我夜半当灭度，受教即施，还白已具，佛到双树，就绳床侧右胁而卧。(《大正藏》，册 1，页 184c)

　　《大般涅槃经后分》卷上应尽还源品：

　　于七宝床右胁而卧，头枕北方足指南方，面向西方后背东方。(《大正藏》，册 12，页 905a)

综合以上经文，涅槃像应为释迦在娑罗双树下的绳床上，右胁着地，枕手累足，头北足南，面西横卧。

附图八五 a 涅槃图中，绘一比丘跪于释尊足边，两手抚佛足，与后述附图八五 b（千佛洞第 126b 窟天井［D295 窟顶西披］涅槃图）卧佛足边的比丘及 Fig.39 中所绘的比丘相同，皆指摩诃迦叶。讲述荼毗之际，火不燃，摩诃迦叶自叶波婆国（波波、波旬、Pāvā）赶来，稽首佛足，佛身自燃的故事，大致描述见《佛所行赞》卷五涅槃品：

> 积牛头栴檀　及诸名香木　置佛身于上　灌以众香油　以火烧其下
> 三烧而不燃　时彼大迦叶　先住王舍城　知佛欲涅槃　眷属从彼来
> 净心发妙愿　愿见世尊身　以彼诚愿故　火灭而不燃　迦叶眷属至
> 悲叹俱瞻颜　敬礼于双足　然后火乃燃（《大正藏》，册 4，页 52a）

《佛本行经》卷七叹无为品中亦对此有简单记述（《大正藏》，册 4，页 111c）。而《佛般泥洹经》卷下描绘较为详细，重点突出稽首佛足，佛应摩诃迦叶祈愿从金棺现出双足：

> 迦叶熟视佛黄金棺，意自念曰，吾家晚矣，不及吾师，不知世尊头足所在，佛便应声，双出两足，迦叶即以头面着佛足。（《大正藏》，册 1，页 174a）

《大般涅槃经后分》卷下荼毗品中对此节描绘详细（《大正藏》，册 12，页 908b—909c）。又见《长阿含经·游行经》中附加佛足因"一老母之泪，呈现异色"（《大正藏》，册 1，页 129a），《般泥洹经》卷下亦记"嬴老母"之泪（《大正藏》，册 1，页 189c）。法显译《大般涅槃经》卷下记老母为"一贫穷优婆夷，年一百岁"（《大正藏》，册 1，页 207a）。现摘录《长阿含经·游行经》其中一文：

> 时大迦叶适向香积，于时佛身从重椁内双出两足，足有异色，迦叶见已怪问阿难，佛身金色，是何故异，阿难报曰，向者有一老母，悲哀而前手抚佛足，泪堕其上，故色异耳，迦叶闻已又大不悦，即向香积礼佛舍利，时四部众及上诸天同时俱礼，于是佛足忽然不现，（略），时彼佛积不烧自燃。（《大正藏》，册 1，页 28c—29a）

依据各经文的记述，摩诃迦叶接足作礼在纳棺之后，因此一般的涅槃图没有绘出摩诃迦叶稽首佛足是符合经文记载的。附图八六 a（千佛洞第 19 乙窟［D158］入涅槃巨像后壁）上方，绘出由波婆国而来的摩诃迦叶形象（手持锡杖），图画极小，而在涅槃画面中没有绘出摩诃迦叶，说明是符合经文记述的。然而实际存留的涅槃图大多为方便起见，在纳棺以前的入涅槃图上绘出摩诃迦叶稽首一节。此处所见附图八五 a 便为时代较早的一例，附图八五 b 及 Fig.39 亦同，这两铺壁画中尚加入了荼毗的场面，像这样在一幅图中并列几个时间段的情节，可谓经变的一大特色。

附图八五 b（千佛洞第 126b 窟天井［D295 窟顶西披］涅槃图）

此铺壁画作于六世纪末或七世纪初，其中将释迦如来入涅槃前后发生的种种故事同时绘于一幅图中，极为少见。图中梵志须跋陀罗到来、梵志须跋陀罗入火定、释尊入涅槃、诸众悲叹、摩耶夫人恸哭、摩诃迦叶佛足稽首、佛身自燃等，不同时间发生的种种情节皆容纳于一图之中，特色突出，为其他涅槃图所不见。

梵志须跋陀罗诣到已于附图八四 a 中提到，而此处附图八五 b 中立于画面右端长髯瘦躯的老婆罗门即是在释尊灭度之前前来求教的梵志须跋陀罗，其身体羸弱、瘦骨嶙峋，意已年届一百二十岁（参见《游行经》，《大正藏》，册 1，页 25a；《大般涅槃经》卷下，《大正藏》，册 1，页 203b；《般泥洹经》卷下，《大正藏》，册 1，页 187b；《摩诃摩耶经》卷下，《大正藏》，册 12，页 1011b 等）。梵志须跋陀罗于此得阿罗汉果，须发自落而成沙门，因不忍见到释尊入涅槃，便先行舍寿而入火定，附图八五 b 中如来足边坐于火焰中的比丘即为入界定的梵志须跋陀罗。关于梵志须跋陀罗灭度见《游行经》（《大正藏》，册 1，页 25b）、《佛般泥洹经》卷下（《大正藏》，册 1，页 172b）、《般泥洹经》卷下（《大正藏》，册 1，页 187—188）、《佛所行赞》卷五（《大正藏》，册 4，页 47c）、《佛本行经》卷七（《大正藏》，册 4，页 107a）、《摩诃摩耶经》卷下（《大正藏》，册 12，页 1011c）等，尤见《佛所行赞》：

> 已得善寂灭　清凉无尽处　心开信增广　仰瞻如来卧
> 不忍观如来　舍世般涅槃　及佛未究竟　我当先灭度
> 合掌礼圣颜　一面正基坐　舍寿入涅槃（《大正藏》，册 4，页 47c）

记述灭度之际的梵志须跋陀罗形象，入火界定一节却见法显译《大般涅槃经》：

> 尔时须跋陀罗前白佛言，我不今忍见天人尊入般涅槃，我于今日，欲先世尊入般涅槃。佛言，善哉。时须跋陀罗，即于佛前，入火界三昧而般涅槃。（《大正藏》，册 1，页 204b）

　　《大唐西域记》卷六"拘尸那揭罗国"中亦记"不忍见佛入大涅槃，即于众中入火界定，现神通事，而先寂灭"（《大正藏》，册 51，页 904a）。Fig.38 库车壁画中的涅槃图亦绘端坐佛前入涅槃的梵志须跋陀罗，但不见火焰，恰与前述《佛所行赞》相符。附图八五 b 及附图八四 a 突出描绘梵志须跋陀罗火定，应与《大般涅槃经》相关章节一并加以留意。

　　接着为众人面对释尊入涅槃悲哀之至的场面，附图八五 b 涅槃图中重点描绘或滚倒于地，或痛极撕发，或拉扯发髻装饰等场景：

　　　　时诸众生共相谓言，如来灭度何其驶哉，三界牢狱谁为解脱，其中或有宛转于地，或有牵绝衣服璎珞，或拔头发捶胸大叫。（《大正藏》，册 12，页 1012a）

　　《摩诃摩耶经》的描述恰如其分。

　　此图中如来枕边的摩耶夫人坐于须弥山形座上，忧心忡忡。摩耶夫人得知佛的灭度赶到娑罗林，这一节详细记于《摩诃摩耶经》卷下（《大正藏》，册 12，页 1012—1013），而摩耶夫人到达已在纳棺之后，除金棺出现图以外，绘制如此图画仅为构图方便，与上述在纳棺以前绘摩诃迦叶接足作礼是同一个类型，时间差异带来些许不合理，但实际上这种构图形式却被广泛采用。Fig.38 的库车壁画亦绘坐于涅槃像枕边扼腕恸哭的佛母摩耶夫人。 246

　　附图八五 b 中稽首佛足者为摩诃迦叶，此与附图八五 a、Fig.39 相同，依摩诃迦叶的颂偈佛积忽然起火自燃，诸经所记均如此，而此图和 Fig.39 的库车壁画绘佛身自燃发火，见于《大般涅槃经后分》卷下，与经文对应：

　　　　尔时如来以大悲力，从心胸中火踊棺外，渐渐茶毗经于七日。（《大正藏》，册 12，页 909c）

　　这一构图可谓融汇了涅槃图与茶毗图，与其称之为茶毗图，不如说是期望达到涅槃图的效果而倾心绘制的结果。如果佛身之下突出描绘牛头栴檀燃烧场面的话（例如克孜尔壁画 *Alt Kutschha*，Tafel XLIV、Tafel XLV 之图），便会偏向成为一铺茶毗图，而非涅槃图。

　　此图双树间绘有飞天，或为表现茶毗之际散花香的天人（《佛般泥洹经》卷下，《大正藏》，册 1，页 175b），可能为《游行经》所说之"娑罗树神"（《大正藏》，册 1，页 27a、页 29a）。 247

附图八六 a、附图八六 b、附图八七 a、附图八七 b（千佛洞第 19 乙窟〔D158〕入涅槃巨像及其他）

敦煌千佛洞第 19 乙窟〔D158〕后壁正面塑有大型的涅槃像，其周围壁面存有宋初所绘大规模的壁画，均为围绕入涅槃的释尊的各个场景，构思宏大，为其特色。附图八六 a（南壁）如来枕边绘五菩萨及诸比丘（身体渲染痕迹强烈，须引起注意），作悲泣状，图上方远处山岳附近，一人物手持锡杖跨步前来，为摩诃迦叶。图右上角树枝处为如来僧伽梨衣包裹着的钵，而锡杖不明所在。《摩诃摩耶经》卷下记：

尔时摩诃摩耶说此偈已，顾见如来僧伽梨衣，及钵多罗，并锡杖。（《大正藏》，册 12，页 1012c—1013a）

日本长法寺所藏再生说法图中，树枝处亦同样描绘，值得留意。

附图八七 a（西壁）佛足旁绘有四天王及天龙八部等，八部众之名见《摩诃摩耶经》卷下所记：天、龙、夜叉、乾闼婆、阿修罗、迦楼罗、紧那罗、摩睺罗迦（《大正藏》，册 12，页 1010b），此亦见于日本法隆寺五重塔内塑造的涅槃群像。

此图右端附近有孩童为罗刹形人所抱，其应与附图一二〇 b、附图一二四 b 等立于罗刹手掌中的孩童一样，为四天王中毗沙门天王的眷属之一（参见第三章第九节）。

248　　　附图八七 b（北壁）接续前述西壁壁画，为北壁涅槃众人图，除戴冠妇人（当为佛母摩耶夫人）及两位童女跟随以外，其他人物均非中原人之形象，呈现异域风情，独具特色，其中可见其他民族的服饰。将各民族的容貌、服饰如此写实地描绘于此，实为令人惊诧之事，亦为研究唐宋时期异域风俗提供了不可多得的材料。画面众人上方绘尊者阿那律向忉利天宫佛母摩耶夫人告知释尊入灭，摩耶夫人惊悉噩耗，于天宫阶前悲号不能自持，左右侍者护持摩耶夫人乘云自天宫而降，前往娑罗林佛入灭之地，这一系列场景均描绘较小（《摩诃摩耶经》卷下，参见《大正藏》，册 12，页 1212b-c）。日本金刚峰寺涅槃图右上亦绘有摩耶夫人自天宫而降的情景，应与此图构思相同。

附图八六 b（北壁）与附图八七 b 下方相连，绘几个人物因世尊入灭而悲伤过度，以长剑或短剑刺自己的胸、头，见前述《摩诃摩耶经》或《大般涅槃经后分》所记"槌胸大叫"（《大正藏》，册 12，页 905c、页 1012a），及《佛本行经》卷七叹无为品所记：

Fig.40　降魔图（附图八二局部）　绢本着色　吉美博物馆藏　Fig.41　降魔图（附图八二局部）　绢本着色　吉美博物馆藏

人民无央数　出城诣佛所　诸男女长幼　怀悲毒狂乱

或掣裂衣裳　痛感口自啮　或自灭头发　爬䟫坏面目

又复无数人　懊恼自投掷　椎胸向天号（《大正藏》，册 4，页 111a-b）

　　库车地区壁画亦有相同的图例（格伦威德尔：*A.K.in C.Turkistam*，Fig.415）。另，图下方所绘猕猴值得注目。涅槃图中除众人以外，尚绘有诸多鸟兽，其在日本现存的涅槃图中极其普遍，却不见于印度及中亚等地，此处所见兽类，与前述千佛洞第 117 窟［D61］壁画（附图八四 a）的涅槃、纳棺、再生说法图等出现鸟兽的情况相同，作为中国唐宋时期的实例，有必要加以留意。

　　以上为千佛洞壁画现存的各种佛传图，最后在此列举一件绢本画降魔图。

　　附图八二（吉美博物馆藏，敦煌出土，绢本着色，降魔变相）（局部图见 Fig.40、Fig.41）

　　此图长不到五尺[1]，宽不到四尺，画面密布降魔之际各类鬼神的姿态，为宋初时作，绘制略显粗糙，然而画工所付出的努力跃然纸上，令人叹为观止。同时，图中

_____

1　译者注：一尺约等于 33.33 厘米。

各处所存较早期的图样，亦值得一观。图左右两侧边缘绘佛陀的十二姿态，下方绘七宝（右起珠宝、马宝、主兵宝、轮宝、玉女宝、象宝、主藏宝），各宝均附有回鹘文的说明，均需注意。Fig.40为附图八二中央部分，释尊居于岩座之上，其降魔的身姿具有唐代绘画的风韵。Fig.41为附图八二右下部分，绘魔军群起而攻，来势汹汹，极尽画工之能事，所绘怪奇之状几乎超出《过去现在因果经》的描述（《大正藏》，册3，页640）。

第二节 本 生 图

252

自古以来，印度及西域各地表现释尊本生故事的艺术作品数量繁多，而中原地区与本生故事相关的存世之作却相对较少，文献所记以本生图装饰寺院壁面的文字留存亦不多见。《图画见闻志》记五代画家赵裔曾画"苏达拏太子变相"，《益州名画录》记后蜀杜措于大圣慈寺绘"善惠本生"、"摩诃萨埵本生"壁画，以及仅有二三铺本生故事传世一事（见后述），均证明中原本生故事绘制的情况。与佛传故事相比较，可以想象两者流行程度大相径庭。所幸敦煌画中现存较多类型的本生画，可弥补中原图例极少的缺憾，在此列举其类别：

须阇提（善生）太子本生
鹿母夫人本生
善友太子本生
坚誓狮子本生
善慧童子本生
须大拏太子本生
253
猕猴本生
摩诃萨埵本生
尸毗王本生
鹿王本生

其中须阇提太子、鹿母夫人、善友太子、坚誓狮子四个本生故事出于《大方便佛报恩经》中的孝养品、论议品、恶友品、亲近品各品，已于第一章第七节中详细论述。所以，此处从善慧童子本生开始，记其概要，同时与中原、西域等地，以及印度、日本等国同样内容的图例作一比较。

一、善慧童子本生图

敦煌出土的绢本幡画中的善慧童子本生壁画已于上一节中作过论述（附图七二 a 上段）。如前所述，壁画中（参见页 120）善慧接受燃灯佛的授记，须发自落，袈裟着身，即成沙门（参见《过去现在因果经》卷一，《大正藏》，册 3，页 622c）。作为善慧童子本生图，图中的情节描写非常罕见。善慧本生一般描绘善慧解发敷于泥泞之上，佛踏之而过的情节。《益州名画录》卷中"杜措"条记：

> 大圣慈寺……三学院经堂上小壁太子舍身喂饿虎一堵，善惠仙人布发掩泥一堵，并措之笔，见存。

上文中的壁画即为一般常见之例，西域各地现存的善慧童子本生图亦大多描绘布发掩泥，如 Fig.42 为勒柯克从吐鲁番地区柏孜克里克石窟携回的壁画，作于宋初（现存柏林土俗博物馆）；Fig.43 为斯坦因从喀喇沙尔地区携回，为一小型本尊形式佛龛的一扇（七世纪时绘制，参见《國華》第 489 号，拙搞《金剛峰寺枕本尊説》），均绘善慧布发掩泥之状；另外其他犍陀罗地区的石雕亦有不少此类作品（注一）。Fig.53 为东魏武定元年（543）制作的石碑浮雕，第一层左半是善慧向贤意女买得五枝花，有题记"定光佛入国，菩萨萨花时"、"如童菩萨赏银钱，与王女买花"，犍陀罗雕刻中亦有此类作品。善慧太子本生见于《六度集经》、《修行本起经》、《佛说太子瑞应本起经》、《异出菩萨本起经》、《过去现在因果经》、《佛本行集经》、《大智度论》等许多佛经，童子以及佛的名称亦各不相同。为方便起见，引用《过去现在因果经》中相关的部分用以说明附图七○ a 上段的善慧童子本生图：

> 尔时（普光）如来，既授记已，犹见善慧，作仙人髻，披鹿皮衣，如来欲令舍此服仪，即便化地，以为淤泥。善慧见佛应从此行而地浊湿，心自念言，云何乃令千辐轮足蹈此而过，即脱皮衣，以用布地不足掩泥，仍又解发，亦以覆之。如来即便践之而度，因记之曰，汝后得佛当于五浊恶世，度诸天人，不以为难，必如我也。于时善慧，闻斯记已，欢欣踊跃，喜不自胜，实时便解一切法空，得无生忍，身升虚空，去地七多罗树，以偈赞佛，（略）。是时善慧，说此赞已，从空中下，到于佛前，五体投地，而白佛言，唯愿世尊，哀愍我故，听我出家，尔时普光如来，

254

255

Fig.42 高昌壁画善慧童子本生图

Fig.43 喀喇沙尔地区出土木雕善慧童子本生图

答言，善哉，善来比丘，须发自落，袈裟着身，即成沙门。(《大正藏》，册3，页622b-c)

二、须大拏太子本生图

须大拏太子（苏达拏、须提拏 Sudāna、尾施缚多罗 Viśvantara）本生故事作为雕塑或绘画的题材，在印度、西域、中国均出现极早，这一点不仅有文献记载可据，同时数量众多的存世作品更为其提供了佐证。《法显传》师子国记：

却后十日佛齿当出至无畏山精舍，国内道俗欲殖福者，各各平治道路严饰巷陌，办众华香供养之具，如是唱已王便夹道两边作菩萨五百身以来种种变现，或作

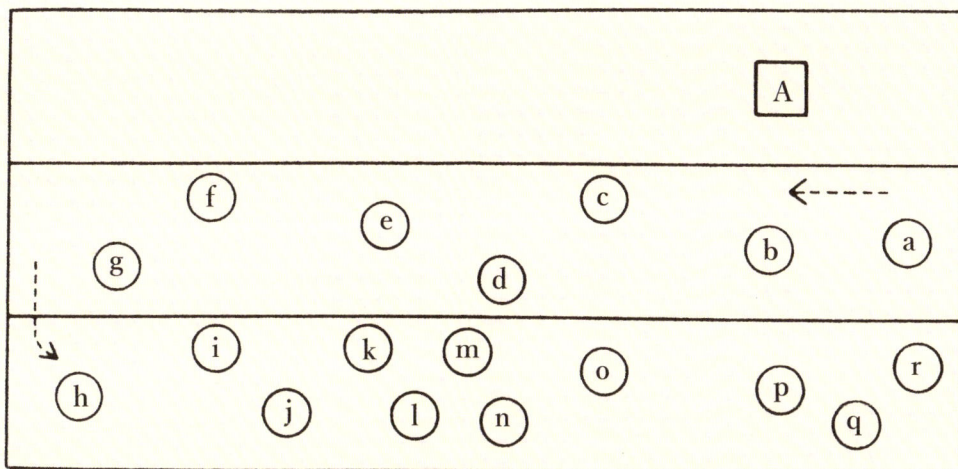

Fig.44　附图八八 a 解说图

须大拏，或作睒变，或作象王，或作鹿马，如是形象皆彩画庄校，状若生人，然后佛齿乃出中道而行……（《大正藏》，册 51，页 865a–b）

《图画见闻志》卷四"赵裔"条记：

有十现老君像、苏达拏太子变相、士女看花等图，并四时花鸟传于世。

从中可知印度、中国这一本生图像的盛行状况，如后述的巴尔胡特围栏、桑奇大塔北门横梁、犍陀罗地区石雕、阿玛拉瓦提大塔围栏、中亚及中国新疆各地区壁画、敦煌千佛洞壁画以及中国古代石雕等，不胜枚举，由此可知这一本生故事广为流传，深受欢迎。

敦煌壁画须大拏太子本生图可举千佛洞第 135 窟右前壁 ［D428 东壁门北］（附图八八 a）作为图例，其绘制于六世纪初或更早，构图及描绘方式（非西域风格，具有纯粹的中原特色）古朴。图中上层（Fig.44，A）为猕猴本生（详见后文），须大拏太子本生由中层右侧开始，继而由中层左侧移至下层左端，向右后至右端而结束（Fig.44，a–r）。须大拏太子本生见《六度集经》（《大正藏》，册 3，页 2c、7c）、《菩萨本缘经》卷下（《大正藏》，册 3，页 119b）、《太子须大拏经》（《大正藏》，册 3，页 418c 以下）、《有部药事》（《大正藏》，册 24，页 64c）、《有部破僧事》（《大正藏》，册 24，页 181a）、《大智度论》卷十二（《大正藏》，册 25，页 146b）、《大智度论》卷三十三（《大正藏》，册 25，页 304c）等，文中的固有名词虽不统一，但故事情节大致相同。在此记其梗概：叶波国（《有部药事》为尾施缚城；《有部破僧事》为一王都）太子须大拏（《大智度论》为须提拏、须帝隶拏菩萨；《有部药事》为苏达那、尾施缚多罗；《有部破僧事》为自在）其父王叫湿随（《太子须大拏经》为湿

波 ；《有部药事》为尾施婆蜜多 ；《有部破僧事》为自在友 ），妃为曼坻 （《有部破僧事》为曼低离 ）。须大拏有两儿，男为耶利，女为罽拏延 （《有部破僧事》记两儿为黑儿 ）。太子常好施舍，曾将王家的白象罗阇恕大檀 （《太子须大拏经》为须檀延 ；《有部破僧事》为王增长 ；《大智度论》为善胜 ）施与梵志，因此事被放逐檀特山 （《洛阳伽蓝记》为善特山 ；《大唐西域记》为弹多落迦山 ）。太子和妃子及两儿乘着马车向檀特山进发，途中太子接受婆罗门的祈求，将马、车、两儿及妃子一一施舍于人，但太子最终和妃子、两儿一起回到王城。太子须大拏即释尊。

　　附图八八 a 没有绘出须大拏本生的全部情节，画面绘太子施与白象直到檀特山中营造三间茅草屋。其中，每一情节的划分极为细致，利用山峦或土坡将画面隔开，这一区块式的划分显示出日本过去现在因果经图卷的源流。现对照经文中的描述，对这些画面一一加以论述，而与此铺壁画最为一致的为西秦圣坚译《太子须大拏经》，但由此便断定此壁画是依据该经绘出则尚为时太早，为方便起见，这里将对照经文，对各个画面逐一进行论述 （Fig.44 表示各图相位置 ）。

258　　a. 太子将白象须檀延施与八道士 （梵志 ），道士累骑白象欢喜而去。
　　《太子须大拏经》：

　　叶波国王有行莲华上白象，名须檀延，多力健斗，每与诸国共相攻伐，此象常胜，……道士八人即行持杖，远涉山川诣叶波国，至太子宫门，俱挂杖翘一脚向门而立，时守门者入白太子，外有道士，悉皆挂杖俱翘一脚住，自说言故，从远来欲有所乞，太子闻之甚大欢喜，便出迎之，前为作礼，……即敕左右，被象金鞍疾牵来出，太子左手持水澡道士手，右手牵象以授与之，八人得象乃咒愿太子，咒愿毕已，累骑白象欢喜而去。（《大正藏》，册 3，页 419b–c ）

　　图中道士跨于象背，对应经文 "累骑白象欢喜而去"。
　　Fig.45 巴尔胡特围栏雕刻中，太子持水澡道士之手，施之与象，这是须大拏太子本生现存最早的作品。值得注意的是，《太子须大拏经》记太子左手持水瓶，右手牵象，而此图正好相反。同样，下文中犍陀罗的各个雕刻、阿玛拉瓦提大塔石雕以及米兰佛塔壁画 （Fig.46—Fig.52 ）中皆左右相反，因此，所依据的经文应为《六度集经》，而并非《太子须大拏经》。《六度集经》卷二《须大拏经》中记 ："左持象勒，右持金瓮，澡梵志手，慈欢授象。"（《大正藏》，册 3，页 8a ）

261　　Fig.47 及 Fig.48 均为犍陀罗石雕须大拏本生，施与白象大致与巴尔胡特围栏雕刻相同，太子左手把象鼻，右手持澡瓶 （Fig.48 中太子右手已失 ）。

259
260

Fig.45 巴尔胡特石雕须大拏太子本生图

Fig.46 桑奇大塔北门须大拏太子本生图

Fig.47 犍陀罗石雕须大拏太子本生图

Fig.48 犍陀罗石雕须大拏太子本生图

Fig.49 为阿玛拉瓦堤大塔石栏须大拏本生，左侧为施与白象，太子亦是右手持澡瓶。

Fig.50—Fig.52 为新疆的米兰佛塔（三世纪左右作）须大拏太子本生壁画，须大拏太子右手持澡瓶，左手把象鼻，正向梵志手上洒水。梵志如经中所记，均持杖。

Fig.54 为北齐天保二年（551）[1]铭石碑侧面的须大拏太子本生图，白象背上仅绘一个梵志。

b、c.国中诸臣闻太子布施白象，大为惊诧，并向国王报告。

《太子须大拏经》：

国中诸臣闻太子以白象布施怨家，皆大惊怖，从床而堕愁忧不乐，念言，国家但恃此象以却敌国耳。诸臣皆往白王，太子以国中却敌之宝象，布施怨家，王闻愕

---

1 译者注：原书为"大宝二年"，误。现校作"天保二年"。

Fig.49　阿玛拉瓦提石刻须大拏太子本生图

Fig.50　米兰佛塔壁画须大拏太子本生图（1）

Fig.51　米兰佛塔壁画须大拏太子本生图（2）

Fig.52　米兰佛塔壁画须大拏太子本生图（3）

然，……王闻臣言，乃更大惊，从床而堕闷不知人，以冷水洒之良久乃稣。（《大正藏》，册 3，页 419c）

d. 太子与母后诀别。

e. 太子和妃子及二子向父王施礼作别。

《太子须大拏经》：

262　　太子与妃及其二子，共至母所辞别欲去，白其母言，愿数谏大王，以正法治国，莫邪枉人民，母闻太子辞别如是，即感激悲哀……太子与妃及其二子，俱为父母作礼，于是而去。（《大正藏》，册 3，页 420b-c）

Fig.54 右侧上段即表现这一场景。

f. 太子一行出城，众人惜别。

《太子须大拏经》：

Fig.53　东魏武定元年石刻佛传及须大拏太子本生图

Fig.54　北齐天保二年石刻须大拏太子本生图

二万夫人以真珠各一贯以与太子，四千大臣作七宝华奉上太子。太子从中宫北出城门，悉以七宝珠华，布施四远人民，即时皆尽，吏民大小数千万人，供送太子者皆窃议言，太子善人是国之神，父母何能逐是珍宝之子乎，观者皆共惜之。（《大正藏》，册3，页420c）

Fig.53 第三段须大拏太子本生图中，右端的画面对应这一经文，送别妇女之旁有题记两行"五百夫人皆送太子向檀毒山辞去时"。

g. 太子亲自驾车带领妃子及两儿前往檀特山。

《太子须大拏经》：

太子与妃二子共载自御而去。（《大正藏》，册3，页420c）

Fig.46、Fig.47、Fig.49、Fig.53、Fig.54 等均为这一场面。

h. 婆罗门前来乞马。

i. 婆罗门骑着太子施与的马奔驰而去。

《太子须大拏经》：

前行已远止息树下，有婆罗门来乞马，太子即卸车以马与之。（《大正藏》，册3，页420c）

263

264

Fig.46 最下方横梁中央略偏左上的部分及 Fig.47 之 2 部分，Fig.49 中央下段、Fig.53 第三层的中央部分亦绘同样场景，尤其 Fig.53 图像旁有题记两行"随太子乞马时"、"婆罗门乞得马时"。

j. 太子代马挽辕前行，婆罗门前来乞车。

k. 婆罗门得车而去。

《太子须大拏经》：

以二子着车上妃于后推，自入辕中步挽而去。适复前行，复逢婆罗门来乞车，太子[1]即以车与之。（《大正藏》，册 3，页 420c）

Fig.46 的最下横梁左端为婆罗门乞车并得车而去。

265　l. 太子和妃子各负一儿前行，遇婆罗门来乞，太子施其衣服。

m. 婆罗门拿着衣服离去。

n. 太子和妃子以及二儿入山。

《太子须大拏经》：

适复前行，复逢婆罗门来乞，太子言，我不与卿有所爱惜也，我财物皆尽。婆罗门言无财物者与我身上衣。太子即解宝衣与之，更着一故衣。适复行，复逢婆罗门来乞，太子以妃衣服与之。转复前行，复逢婆罗门来乞，太子以两儿衣服与之。太子布施车马钱财衣被了尽，（略），太子自负其男，妃负其女步行而去。太子与妃及其二子，和颜欢喜相随入山。（《大正藏》，册 3，页 420c）

Fig.47 之 3 部分即太子和妃子各负一儿向前行进。

o. 檀特山中，太子等饥渴难耐，忽然城郭出现，具伎乐、衣服、饮食等，但太子不留而去。

《太子须大拏经》：

檀特山去叶波国六千余里，去国遂远，行在空泽中，大苦饥渴。忉利天王释即于旷泽中，化作城郭市里街巷伎乐衣服饮食，城中有人出迎太子，便可于此留止饮食以相娱乐。妃语太子，行道甚极可暇止此不。太子言，父王徙我着檀特山中，于此留者违父王命，非孝子也。遂便出城，顾视其城忽然不见。（《大正藏》，册 3，页 420c—421a）

1　译者注：原书为"于"，误。今校作"子"。

图中，城外有弹琵琶人物，应为经中所云"伎乐"。

p. 太子等于山中稽首阿州陀道人。

《太子须大拏经》：

山中有一道人名阿州陀，年五百岁，有绝妙之德，太子作礼却住白言……（《大正藏》，册 3，页 421a）

q. 太子一行提衣渡水。

《太子须大拏经》：

山下有大水深不可度。妃语太子，且当住此须水减乃渡。太子言，父王徙我着檀特山中，于此住者违父王教，非孝子也。太子即入慈心三昧，水中便有大山以堰断水，太子即与妃褰裳而渡。（《大正藏》，册 3，页 421a）

与此相似的画面亦见于 Fig.53、Fig.54。Fig.53 第三层左侧有题记两行"太子值大水得度时"，并绘渡水场面；Fig.54 右侧最下段亦为太子渡水。

r. 太子等在山中盖三间草屋而居，山中禽兽皆欢喜而来。

《太子须大拏经》：

太子则法道人结头编发，以泉水果蓏为饮食，即取柴薪作小草屋，并为曼坻及二小儿，各作一草屋，凡作三草屋……山中禽兽悉皆欢喜依附太子。（《大正藏》，册 3，页 421b）

附图八八 a 于此中断，布施二儿及妃子于婆罗门的画面已失，而入口另一侧（附图八八 b）绘摩诃萨埵本生图（后补），与须大拏太子本生图无关，此处不见须大拏太子本生图的后半段，故此铺须大拏太子本生图半途而止，这一现象在千佛洞壁画中比较常见。

此铺壁画欠缺须大拏太子本生图的后半段，而壁画中一般绘出整个故事，下文所述犍陀罗、阿玛拉瓦提、库车、吐鲁番、中国中原等地的须大拏太子本生图便有足够数量的例子说明这一点。

Fig.47 中 4 部分为婆罗门来到草屋乞求二儿，5 部分为婆罗门鞭打二儿，将其带走，6 部分为帝释天化作狮子，蹲踞路边阻碍妃子前行。Fig.49 图中央上段为婆罗门来到草屋乞求二儿。Fig.55 同上图。Fig.56 为婆罗门绑缚鞭打二儿。Fig.57 为婆罗门来到草屋乞二儿，绑缚鞭打，带其离去。Fig.54 左侧最上段，婆罗门来到草

Fig.55　库车壁画须大挐太子本生图　　Fig.56　库车壁画须大挐太子本生图　　Fig.57　高昌壁画须大挐太子本生图

屋乞二儿，绑缚鞭打并带之离去，帝释天化作狮子阻碍王妃前行，三者合并于一幅图中。与这些情节相关的经文见《太子须大挐经》：

　　婆罗门即到太子所，……婆罗门言，若无物者，与我两儿以为给使可养老者，……太子即以水澡婆罗门手，牵两儿授与之，……太子即反持两儿手使婆罗门自缚之，系令相连总持绳头，两儿不肯随去，以捶鞭之，血出流地，太子见之泪下堕地，……时第二忉利天王释知太子以儿与人，恐妃败其善心，便化作师子当道而蹲。（《大正藏》，册3，页422a-b）

三、猕猴本生图

　　猕猴本生图分为几个种类，敦煌千佛洞现存图例为描述释尊前身猕猴解救陷落山谷之人（即后来的调达）的本生故事图，其绘于前述千佛洞第 135 窟右前壁［D428 东壁门北］须大挐太子本生图壁画（附图八八 a）的上段偏右处（Fig.44 中 A 位置），此铺猕猴本生记于《六度集经》卷五：

269

　　昔者菩萨，身为猕猴，力干鲜辈，明哲逾人，常怀普慈，拯济众生，处在深山，登树采果。睹山谷中有穷陷人，不能自出，数日哀号，呼天乞活。猕猴闻哀怆，为流泪曰，吾誓求佛唯为斯类耳，今不出此人，其必穷死，吾当寻岸下谷负出之也。遂入幽谷使人负己，攀草上山置之平地，示其径路曰，在尔所之，别去之后慎无为恶也。出人疲极就闲卧息。人曰，处谷饥馑，今出亦然，将何异哉，心念当

Fig.58 库车壁画猕猴本生图

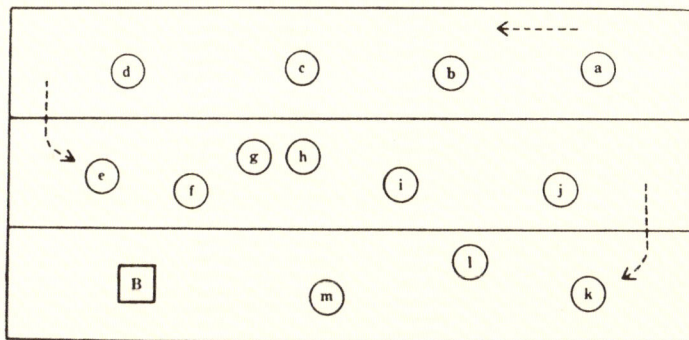

Fig.59 附图八八 b 解说图

杀猕猴啖之，以济吾命不亦可乎。以石椎首，血流丹地，猴卧惊起，眩倒缘树，心
无恚意，慈哀愍伤，悲其怀恶，自念曰，吾势所不能度者，愿其来世常逢诸佛，信
受道教，行之得度，世世莫有念恶如斯人也。佛告诸比丘，猕猴者吾身是也，谷中
人者调达是，菩萨法忍度无极行忍辱如是。（《大正藏》，册 3，页 27b-c）

猕猴本生故事情节比较简单，壁画亦单调且缺乏变化，附图八八 a 同样极为
简略，但这一本生故事在克孜尔壁画中随处可见（参见勒柯克：*Spätantike*，Neue
Bildwerke Ⅱ，Fig.179—Fig.183），Fig.58 即为其中一例，描述从山谷中得救的人举
石击猴的场景。

四、摩诃萨埵本生图

摩诃萨埵（Mahasattva、栴檀摩提）投身饲虎古来即最为有名的本生故事之一，
以此为题材的艺术品遍布中原、西域等地以及日本等国，数量繁多。敦煌壁画中，
首先可举千佛洞第 135 窟［D428］左前壁入口两侧，一侧为前述附图八八 a，相对
一侧便为摩诃萨埵本生图（附图八八 b），壁面分上、中、下三段，各小图排列如
Fig.59，描画细致入微。故事由上段右端开始，以 S 形排列，至下段的中央部分结
束。然而此壁画却与附图八八 a 须大拏太子本生图不同，故事情节全部绘出，令人
欣喜。

记录摩诃萨埵本生的经典颇多，记述比较详细的有《菩萨投身饲饿虎起塔因缘
经》（《大正藏》，册 3，页 424b 以下）、《菩萨本生鬘论》卷一投身饲虎缘起（《大
正藏》，册 3，页 332b 以下）、《贤愚经》卷一摩诃萨埵以身施虎品（《大正藏》，册

270

4，页 352b 以下）、《金光明经》卷四舍身品（《大正藏》，册 16，页 353c 以下）、《合部金光明经》卷八舍身品（《大正藏》，册 16，页 396c 以下）、《金光明最胜王经》卷十舍身品（《大正藏》，册 16，页 450c 以下）等。《六度集经》卷一（《大正藏》，册 3，页 2b）、《菩萨本行经》卷下（《大正藏》，册 3，页 119a）、《修行本起经》卷上（《大正藏》，册 3，页 463a）、《护国尊者所问大乘经》卷二（《大正藏》，册 12，页 5b）、《分别功德论》卷二（《大正藏》，册 25，页 35a–b）等亦有简单记述。

将以上各经文的记述和此铺壁画的内容作对照的同时，依据壁画的绘制年代（五六世纪左右）等，可推测此窟壁画应依照北凉昙无谶译《金光明经》舍身品而绘。

271

《六度集经》、《菩萨本行经》、《修行本起经》以及其他记述较简单的佛经难以成为作画依据。而《贤愚经》记饥饿虎子两只（《大正藏》，册 4，页 352c），与壁画上的七虎数量不一致；《菩萨投身饲饿虎起塔因缘经》中不见摩诃萨埵两兄弟之事，与壁画中摩诃萨埵三兄弟于树林间游玩的情节不一致；《菩萨本生鬘论》记三兄弟扈从父王游山的情节（《大正藏》，册 3，页 332c），与所绘亦有出入；隋唐译《合部金光明经》、《金光明最胜王经》两者在年代上不可能与此铺壁画有关。最后，仅有昙无谶译的《金光明经》，而且其内容及译经年代与壁画内容、制作年代完全符合。故此处根据昙无谶译《金光明经》舍身品依次对附图八八 b 中各个画面进行论述。

a. 摩诃波那罗、摩诃提婆、摩诃萨埵三王子到父王摩诃罗陀处拜辞出游。

b. 三王子并辔前往园林。

272

c. 三王子游猎园林。

《金光明经》：

过去之世有王，名曰摩诃罗陀，修行善法，善治国土，无有怨敌。时有三子，端正微妙，形色殊特，威德第一，第一太子名曰摩诃波那罗，次子名曰摩诃提婆，小子名曰摩诃萨埵，是三王子，于诸园林，游戏观看。（《大正藏》，册 16，页 354a）

此经没有提示国名，但在《菩萨投身饲饿虎起塔因缘经》记有"乾陀摩提国"，父王为"乾陀尸利"，母后为"差摩目佉"，太子为"栴檀摩提"。国名及母后之名不见于其他诸经，太子之名一般记为摩诃萨埵，栴檀摩提非常少见。父王摩诃罗陀在《贤愚经》中为"摩诃罗檀那（囊）"，《菩萨本生鬘论》则译为"大车"（《最胜王经》亦同）。长子摩诃波那罗在《菩萨本生鬘论》及《最胜王经》中为"摩诃波罗"，《贤愚经》为"摩诃富那宁"。

d. 三王子在林中互道心中的恐惧、忧愁与无畏。

《金光明经》：

次第渐到一大竹林，憩驾止息。第一王子作如是言，我于今日心甚怖惧，于是
林中，将无衰损。第二王子复作是言，我于今日不自惜身，但离所爱，心忧愁耳。
第三王子复作是言，我于今日独无怖惧，亦无愁恼，山中空寂，神仙所赞，是处闲
静能令行人安隐受乐。（《大正藏》，册 16，页 354a–b）

以上为第一层图像，接着移至第二层图像左端（Fig.59，e–j）。

e. 三王子继续向前行进。

f. 一虎七子因饥饿奄奄一息。

《金光明经》：

时诸王子说是语已，转复前行，见有一虎，适产七日而有七子，围绕周匝饥饿
穷悴，身体羸瘦，命将欲绝。（《大正藏》，册 16，页 354b）

g. 三王子见饿虎，苦思如何救之。

《金光明经》：

第一王子，见是虎已，作如是言，怪哉此虎产来七日，七子围绕不得求食，若
为饥逼必还啖子。第三王子言，此虎经常所食何物。第一王子言，此虎唯食新热肉
血。第三王子言，君等谁能与此虎食。第二王子言，此虎饥饿，身体羸瘦，穷困顿
乏，于命无几，不容余处为其求食，设余求者命必不济，谁能为此不惜身命（略）。
（《大正藏》，册 16，页 354b）

h. 摩诃萨埵劝说二兄离去。

《金光明经》：

是时王子勇猛堪任，作是大愿，以上大悲，熏修其心，虑其二兄心怀怖惧，或
恐固遮为作留难，即便语言，兄等今者可与眷属还其所止。（《大正藏》，册 16，页
354c）

i. 摩诃萨埵返至虎所，脱衣卧前，而虎无气力食之。

《金光明经》：

尔时王子摩诃萨埵，还至虎所，脱身衣裳，置竹枝上，作是誓言，我今为利诸

273

274

Fig.60　库车壁画投身饲虎图

Fig.61　库车壁画摩诃萨埵投身饲虎图

众生故，证于最胜无上道故，大悲不动舍难舍故，为求菩提智所赞故，欲度三有诸众生故，欲灭生死怖畏热恼故。是时王子作是誓已，即自放身卧饿虎前。是时王子以大悲力故，虎无能为。(《大正藏》，册 16，页 354c)

　　j. 摩诃萨埵便以干竹刺颈，从悬崖上投身虎前，令饿虎食已血肉。

《金光明经》：

　　王子复作如是念言，虎今羸瘦身无势力，不能得我身血肉食。即起求刀，周遍求之了不能得，即以干竹刺颈出血，于高山上投身虎前。是时大地六种震动，(略)，是虎尔时见血流出污王子身，即便舐血，啖食其肉，唯留余骨。(《大正藏》，册 16，页 354c)

　　图中摩诃萨埵以三种身姿绘出，一在高山上刺颈流血，二自高山投身，三令饿虎食其血肉，三者绘于一幅图中暗示出时间的先后。投身饲虎是摩诃萨埵本生故事的高潮，描绘这一场景的图例相当多，有的甚至仅以绘此图便足以达到表现摩诃萨埵本生的目的。后述千佛洞第 74 窟［D98］壁画（附图八九 b）及中国新疆地区各地、中国中原地区，以及日本等存留的图例，均以这一场景作为判断摩诃萨埵本生的关键。

275　　　　Fig.60 绘王子投身和饿虎吞噬王子的两个场景。小虎数量不明，但并非七子，或为二子。Fig.61 左侧同前，小虎一。Fig.61 右侧同前，不见小虎。Fig.62 同前，其

Fig.62　喀喇沙尔壁画投身饲虎图

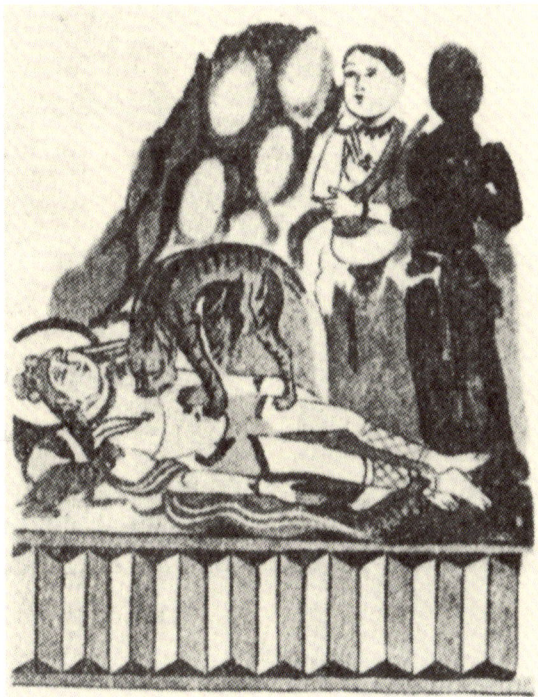

Fig.63　喀喇沙尔壁画投身饲虎图

旁绘二兄之一，小虎二。Fig.63 中虽无投身的图样，恐与前述诸例相同，其旁侍立二兄，有二虎。

以上为库车、喀喇沙尔地区的五铺壁画，值得注意的是小虎的数量为两只或更少，与已述千佛洞第 135 窟［D428］壁画（附图八八 b）、龙门石窟（Fig.65）以及法隆寺玉虫厨子漆画（Fig.66）所绘七子不同。七只小虎一般依据《菩萨投身饲饿虎起塔因缘经》、《菩萨本生鬘论》、《金光明经》等，仅《贤愚经》记"二子"，如下。

《贤愚经》卷一摩诃萨埵以身施虎品：

其王三子，共游林间，见有一虎适乳二子，饥饿逼切，欲还食之……（《大正藏》，册 4，页 352c）

可见新疆的壁画中绘二虎的摩诃萨埵本生图是依据《贤愚经》一类的经文。

Fig.64 中投身饲虎的部分缺失，仅可见摩诃萨埵的下肢及三只小虎，如果画面完整无缺，小虎应为七只。此壁画亦绘出投身以后的情节，将后述。此铺壁画的描绘方式与前述诸例相比，已明显中原化，应当留意。Fig.65 绘投身及投身后的摩诃萨埵，其兄长二人立于饿虎及七虎子旁，人物、树木、土坡等均为中原风格，而

276

277

Fig.64　高昌地区壁画摩诃萨埵本生图

Fig.65　龙门石窟宾阳洞浮雕投身饲虎图

Fig.66　法隆寺玉虫厨子投身饲虎图

同一人物重复出现于同一画面来表现时间前后的方法与西域发现之图例完全相同。Fig.66 与上述千佛洞壁画（附图八八 b）投身饲虎图之构图极为相似，附图八八 b 中摩诃萨埵于山上以干竹刺颈一节，此处则为脱衣悬枝。图中绘小虎七只，与附图八八 b、Fig.64 以及 Fig.65 等相同，与库车及喀喇沙尔地区的壁画所依据的佛经相异，此明显属另外一个谱系。但此作欠缺前后的画面，因而难以判断其是否依据《金光明经》，亦或依据《菩萨本生鬘论》（《金光明经》、《本生鬘论》中均记大竹林、七子、脱衣悬枝场景，故更加难以判断）。值得高度重视的是，玉虫厨子漆画与千佛洞壁画在构图上极其相似。

　　通观以上各例，可知摩诃萨埵本生图的大致情况，《益州名画录》卷中后蜀画人杜措传记：

　　大圣慈寺……三学院经堂上小壁太子舍身喂饿虎一堵。

　　据以上情况不难想象大圣慈寺舍身图的大致图样，另有千佛洞翟家碑亦记"投崖舍身济虎"（《沙州文录》，参见十四叶甲），一并值得关注。

　　附图八八 b 第二层图像正如上述，接着转向第三层（Fig.59，k–m）。

　　k. 二兄返回虎所，见摩诃萨埵遗骨，惊诧悲号，于竹林起塔礼拜。

　　《金光明经》：

　　时二王子心大愁怖，涕泣悲叹，容貌憔悴，复共相将还至虎所，见弟所着帔服衣裳，皆悉在一竹枝之上，骸骨发爪布散狼藉，流血处处遍污其地，见已闷绝不自胜持。（《大正藏》，册 16，页 355a）

　　尔时大王，摩诃罗陀，及其妃后，悲号涕泣，悉皆脱身御服璎珞，与诸大众往竹林中，收其舍利，即于此处起七宝塔。（《大正藏》，册 16，页 356c）

　　起塔的场面通常安排在故事的最后，而在千佛洞壁画中，为了明确地表示起塔的位置以及起塔与舍利的关系，起塔一般绘于遗骨画面的旁边。Fig.64 与此有异曲同工之妙，绘尸体之旁重返至虎所的二兄长，摩诃萨埵所乘马匹已失其主，还绘有舍利塔与礼拜人物。

　　l. 二兄驱马回宫报告摩诃萨埵之死。

　　m. 王妃与青衣向国王报告摩诃萨埵之死。

　　《金光明经》：

278

279

280

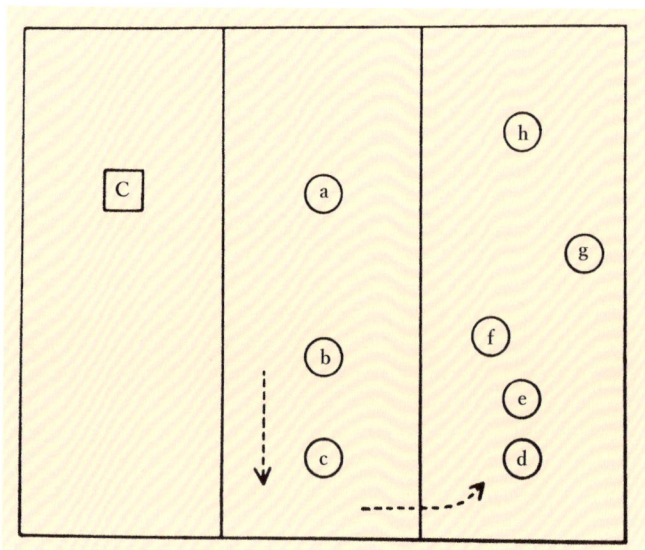

Fig.67　附图八九 b 解说图

　　时二王子悲号懊恼渐舍而去，……时有青衣，在外已闻王子消息，心惊惶怖，寻即入内，启白王妃，作如是言，向者在外闻诸侍从推觅王子不知所在。王妃闻已，生大忧恼，涕泣满目，至大王所，我于向者传闻外人，失我最小所爱之子。大王闻已而复闷绝。（《大正藏》，册 16，页 355a–b）

　　附图八八 b 摩诃萨埵本生至此结束，图中第三层左侧（Fig.59 中 B 位置）有二小图，但与此本生图完全无关，且其与附图八八 a 猕猴本生图亦没有联系，此二小图应属于另外的本生图，但二图内容不明，留待他日研究。

　　在千佛洞壁画中留存有一铺绘制年代为五代以后的摩诃萨埵本生图，即附图八九 b，第 74 窟（窟主为于阗国国王李圣天，参照附图二一五 a）左壁下段。此图与附图八八 b 相比，画面数量略少，但值得注意的是画面上下排列（Fig.67，a–h），与附图八八 b 的水平排列不同，故事如下：a、b、c. 三王子出；d. 三王子前往竹林；e. 大竹林中见饿虎（七子）；f. 摩诃萨埵投身饲虎，这一经过与附图八八 b 完全相同；g. 父王、母后得知摩诃萨埵之死；h. 父王等人收集摩诃萨埵的遗骨起舍利塔。

　　这里需要强调的是，摩诃萨埵本生图与《金光明经》之间存在着极为密切的关系，这一本生故事在《金光明经》中占有举足轻重的地位，甚至可以想象，所谓的"金光明经变相"，指的就是摩诃萨埵本生图。当然《金光明经》涵括的内容相当广泛，其中也包括其他主题的变相，但在图像化之后，艺术效果最为强烈的仍然是摩诃萨埵本生。文献所记唐代的金光明经变相见于《历代名画记》卷三"西京寺观等壁画"：

> 净土院 东南角，吴弟子李生画金光明经变。

《益州名画录》卷上"左全"条：

> 大圣慈寺……极乐院门两金刚；西廊下金刚经验及金光明经变相。

这些变相或可能与摩诃萨埵本生相关，此处仅略作提示，待今后深入研究。

五、尸毗王本生图

尸毗王（Sivi）本生有两种，一为《撰集百缘经》卷四所记，尸毗王剜取双目施与鹫（帝释天所化）的故事（《大正藏》，册 4，页 218a）；一为割肉贸鸽，敦煌壁画中留存多个图例。割肉贸鸽的故事广为各经所收，西域地区壁画以此为主题的实例亦不少。

283

尸毗王割肉贸鸽的故事详见《六度集经》卷一（《大正藏》，册 3，页 1b）、《菩萨本生鬘论》卷一（《大正藏》，册 3，页 333b 以下）、《大庄严论经》卷十二（《大正藏》，册 4，页 321a 以下）、《贤愚经》卷一（《大正藏》，册 3，页 351c 以下）、《大智度论》卷四（《大正藏》，册 25，页 88a 以下）等，《菩萨本行经》卷下（《大正藏》，册 3，页 119a）、《师子素驮娑王断肉经》（《大正藏》，册 3，页 392c）等亦有简单记述。

以上各经的记述在细节上有些许出入，但主要情节相同，讲述毗首羯摩（Viśvakarma）（《六度集经》中记为边王）所化的鸽子被帝释天化作的鹰追逐，遂投入尸毗王（《六度集经》中记为萨波达 Sabbadatta，《大庄严论经》中记为拘尸国王、尸毗）腋下寻求保护。尸毗王为救鸽子的性命割下自己身上的肉，又为与鸽子的体重相平，尸毗王割下腿及臂上的肉置于秤盘，但仍不及鸽重，遂索性投身秤盘，却因气力不济而扑倒在地。

敦煌画中有关尸毗王本生的实例，在千佛洞壁画中有如下几铺：

> 千佛洞 第 74 窟 左壁［D98 南壁］下段一铺（附图八九 b）
>
> 千佛洞 第 8 窟 左壁［D146 南壁］下段一铺（附图九○ a）
>
> 千佛洞 第 117 窟 左壁［D61 南壁］上段一铺（附图九○ b）

Fig.68　库车壁画尸毗王本生图　　　　Fig.69　库车壁画尸毗王本生图　　　Fig.70　库车壁画摩诃萨埵本生图、尸毗王本生图及其他

以上壁画构图极为简单，各图并不独立存在，而与其他本生图或譬喻图穿插在一起，绘制年代均为五代末宋初时期。其中，第 74 窟尸毗王本生图（附图八九 b 左端，Fig.67 中 C 位置）分两图绘制，在割下身肉的尸毗王旁边立一大秤，命从者将割下之肉和鸽同放一秤，帝释天所化成的鹰立于秤的横木上。此处绘有两把秤，意在强调反复称量的事实，但在图中无法得知两者在时间上的先后。

千佛洞第 8 窟壁画（附图九〇 a 下段）亦与此图类似，称量身肉之状绘于两处，鹰停于秤的横木上与上图相同，而尸毗王的所在不明。

千佛洞第 117 窟壁画（附图九〇 b 底边中央偏左处）与上述二图相同，绘称量场面，秤仅绘出一处，横木上有鹰，秤的左方应为尸毗王。

敦煌壁画尸毗王本生的情况如上所述，这一本生于库车地区克孜尔壁画中亦有不少，绘制均较简单，Fig.68、Fig.69、Fig.70 为其中三例。Fig.68 绘鸽子飞来，Fig.69 及 Fig.70 均绘尸毗王欲上秤盘。与上述壁画中的称量画面比较，称量形式的差异反映两者图形的差异，饶有兴味。

现将尸毗王本生所依《贤愚经》抄录如下。《贤愚经》卷一梵天请法六事品：

毗首羯摩，自化为鸽，帝释作鹰，急追鸽后。临欲捉食，时鸽惶怖，飞趣大王，入王腋下，归命于王。鹰寻后至，立于殿前，语大王言，今此鸽者，是我之食，来在王边，宜速还我，我饥甚急。尸毗王言，吾本誓愿，当度一切，此来依我，终不与汝。鹰复言曰，大王，今者云度一切，若断我食，命不得济，如我之类

284

285

非一切耶。王时报言，若与余肉，汝能食不？鹰即言曰，唯得新杀热肉，我乃食之。王复念曰，今求新杀热肉者，害一救一，于理无益，内自思惟，唯除我身，其余有命，皆自护惜。即取利刀，自割股肉，持用与鹰，贸此鸽命。鹰报王曰，王为施主，等视一切，我虽小鸟，理无偏枉，若欲以肉贸此鸽者，宜称使停。王敕左右，疾取称来，以钩钩中，两头施盘，实时取鸽，安着一头，所割身肉，以着一头。割股肉尽，故轻于鸽，复割两臂两胁，身肉都尽，故不等鸽。尔时大王举身自起，欲上称盘，气力不接，失跨堕地，……种种责已，自强起立，得上称盘，心中欢喜，自以为善。是时天地六种震动，……身便平复，倍胜于前。天及世人，叹未曾有，欢喜踊跃，不能自胜。尸毗王者，今佛身是也。（《大正藏》，册4，页351c—352b）

286

六、鹿王本生图

鹿王本生有两种，见《六度集经》卷六，鹿王代替妊娠的牝鹿至国王庖厨的故事（《大正藏》，册3，页12b以下），以及同经卷六所记"九色鹿、修凡Suvarṇa"的故事（《大正藏》，册3，页33a以下）。与敦煌画有关的为九色鹿的故事，这一本生于《菩萨本缘经》卷下（《大正藏》，册3，页66c以下）、《九色鹿经》（《大正藏》，册3，页452b以下）等，均有详细记述。《六度集经》与《九色鹿经》的内容大致相同，而《菩萨本缘经》的描述较二者稍长。其中，文字简练、中心突出且内容丰富的当推《六度集经》，大意如下：鹿王修凡（释尊前身）体毛九色（《菩萨本缘经》记为金色），其曾在河中救起溺水之人（调达前身），请其发誓勿告他人己身所在。国王摩因光（舍利弗前身）的后妃和致（调达妻的前身）梦见九色鹿，欲得其皮角。王听从溺水之人所言，带兵渡江捕之。鹿王跪下，告知曾救溺水之人之事，王惊而放之。王后闻此，恚盛心碎而死。

以鹿王本生为主题的敦煌壁画见千佛洞第110窟左壁［D257西壁］部分图（附图八九a），其绘制年代不晚于六世纪，图左侧河中有鹿，背上负人，为九色鹿修凡救助溺水之人的场景。跪在河畔向鹿合掌的人即溺水之人向九色鹿表达谢意，发誓保密。这两个画面即壁画的左半为故事的前半部分，而右半为故事的后半部分，现抄录前半壁画绘制所依据的经文。《六度集经》卷六：

287

昔者菩萨，身为鹿王，名曰修凡，体毛九色，睹世希有，江边游戏，睹有溺

Fig.71　巴尔胡特石雕鹿王本生图

人，呼天求哀，鹿愍之曰，人命难得，而当殒乎，吾宁投危以济彼矣。即泅趣之曰，尔勿恐也，援吾角骑吾背，今自相济。人即如之，鹿出人毕，息微殆绝。人活甚喜，绕鹿三匝，叩头陈曰，人道难遇，厥命惟重，大夫投危，济吾重命，恩喻二仪，终始弗忘，愿为奴使，供给所乏。鹿曰尔去，以吾躯命，累汝终身，夫有索我，无云睹之。溺人敬诺，没命不违。（《大正藏》，册3，页33a）

　　图右半上方绘卧睡的九色鹿，下方绘国王摩因光率侍从（均骑马）捕九色鹿，九色鹿向国王讲述救助溺水之人的来龙去脉。《六度集经》：

　　时国王名摩因光，禀操淳和，慈育黎庶。王之元后，厥名和致，梦见鹿王，身毛九色，其角逾犀，寐寤以闻。欲以鹿之皮角为衣为珥，若不获之，妾必死矣。王重曰可，晨向群臣说鹿体状，布命募求，获者封之一县，金钵满之银粟，银钵满之金粟。募之若斯，溺人悦焉，曰吾获一县，金银满钵，终身之乐，鹿自殒命，余何豫哉。即驰诣宫，如事陈闻启之，斯须面即生癞，口为朽臭，重曰，斯鹿有灵，王当率众乃获之耳。王即兴兵渡江寻之。鹿时与乌素结厚友，然其卧睡不知王来。乌曰，友乎，王来捕子。鹿疲不闻。啄耳重云，王来杀尔。鹿惊睹王，弯弓向己，疾驰造前跪膝叩头曰……吾寻美草食之，遥睹溺人，呼天求哀，吾愍于穷，投危济之……受恩图逆，斯酷难陈。王惊曰，斯何畜生，而怀弘慈，没命济物，不以为

288

Fig.72　库车壁画鹿王本生图

Fig.73　库车壁画鹿王本生图

难，斯必天也。王善鹿之言，喜而进德，命国内曰，自今日后，恣鹿所食，敢有犯者，罪皆直死。王还，元后闻王放之，恚盛心碎，死入太山……佛告诸比丘，时鹿王者吾身是也，乌者阿难是也，王者鸳鸯子是也，溺人者调达是也，王妻者今调达妻是。（《大正藏》，册3，页33a-b）

鹿王本生的故事很早便见于巴尔胡特大塔围栏的石雕（Fig.71），其中有河中救助溺水之人的鹿（负于鹿背）、国王张弓射向卧睡的鹿以及国王及侍臣闻鹿诉说后双手合掌的情节（上述千佛洞壁画中合掌之人并非国王，为溺水人）。

克孜尔石窟壁画中的鹿王本生图数目不少，或绘河中溺水之人紧抱鹿背求助（注二），或绘国王在马上以剑刺鹿（Fig.72），或为国王（？）面朝鹿王双手合掌（Fig.73）等，均绘制简单。其中值得注意的是国王拔剑刺鹿的场景，见于《六度集经》"鹿惊睹王弯弓向己"（《大正藏》，册3，页33a）和《九色鹿经》"时王军人即便挽弓欲射"（《大正藏》，册3，页453a），文中所记"弓"与Fig.71巴尔胡特石雕的国王之弓不一致，应为《菩萨本缘经》卷下《鹿品》所记："时王见已即便下马，心惊毛竖而作是言，汝手云何断落如是，即舍刀杖独往鹿所……尔时鹿王即白王言，大王何缘放舍刀杖。"（《大正藏》，册3，页68a）所记"刀杖"有别于巴尔胡特石雕中之表现，其是基于另一谱系的本生图所绘制。此处论述的敦煌千佛洞壁画（附图八九 a）中，遗憾的是国王所提的是弓是刀，是空手还是手中持有器杖？均不明了。若能辨认，便有可能知其所依据经典的来源。总之，千佛洞内尚保存有古代壁画的实例已经令人心悦不已，尤其是充满韵味的山水画、九色鹿的优美姿态等，笔调淋漓畅快，令人百看不厌。

注

一、参见福歇：*L'art Gréco-Bouddhique du Gandâra*，Fig.139 等。

二、勒柯克：*Die Buddhistische Spätantike in Mittelasien*，Neue Bildwerke Ⅱ，Fig.173。

第三章　尊像图中特殊类型的研究

第一节　华严教主卢舍那佛图

敦煌千佛洞的壁画及敦煌出土的绢本、纸本佛画中，经常出现无法断定尊号的佛像，这是由于这些佛画非日常所见。但如果对这类佛画进行分类，并尽可能地收集其类型，掌握此类图中共通的特点，是不难推知其原貌的，进而这些佛像作为佛教美术作品所包含的性质亦可以得到阐明。本文在此首先讨论敦煌壁画及绢本画中一类较为特殊的如来像（附图九一 a、附图九一 b、附图九二 a），尊像的身体各处绘有各种奇异的景象，本文将此像与西域各地同类作品加以对照，以推断这一尊像为华严教主卢舍那佛图的一种形式。

这一身体各处绘有种种不可思议形象的敦煌画如来像，自南北朝至五代时期可列出下述四铺作品：

大英博物馆藏　绢本着色　报恩经变相中一尊坐像（附图九一 a）

千佛洞　第 135 窟左壁［D428 南壁］一尊立像（附图九二 a）

千佛洞　第 14 窟左侧龛墙［D154 北壁］报恩经变相中一尊坐像（附图五七 b 下方）

千佛洞　第 135C 窟右壁［D31 南壁］一尊坐像（附图九一 b）

现将各铺尊像作一概述。

附图九一 a 中如来像已于第一章第七节中详述，为大英博物馆藏敦煌出土的绢本唐画报恩经变相（附图五九）中的如来像，位于变相中主尊释迦牟尼佛的前方，在宝池中舞台的莲花座上结跏趺坐（禅定印），随侍一菩萨（合掌）、一比丘（合掌）。此如来像与前述如来像相同，身体上绘有世界图，胸部绘须弥山，围绕有香水海及铁围山，以此为中央，上方左右即如来双肩处绘日（左肩）月（右肩）两图，须弥山的左右绘四臂阿修罗像和鼎中罗刹形人物，表现阿修罗道和地狱道，虽没有一一绘出三界六道的全部，但依旧可视之为世界图。

附图九二 a 中壁画模仿西域式（尤其是龟兹谱系）画法，为六世纪或年代更早时期所制作的画像之一。如来像巍然而立，左手握衣角，右手上举作说法像，两肩覆袈裟（通肩）。袈裟轻柔贴体，如来身体及腿部轮廓清晰可见，通体绘有各种形象。如来上身中央绘须弥山，须弥山顶有忉利天宫（中原式建筑），宫殿内有两三个人物。天宫上方左右即如来双肩处绘日月及上方诸天尊像，须弥山前绘一裸身趺坐人物（人物为阿修罗像，须弥和阿修罗的关系详见《正法念处经·畜生品》，注一，同时参见第三章第十三节）。须弥山下方即如来腿部绘山岭（铁围山？）和许多房舍，房内各有一坐像（人间道）。其下即如来小腿处绘有各种鸟兽（畜生道），最下段即袈裟下摆处绘举手狂奔的几个裸身人物（地狱道或饿鬼道，亦见于东大寺二月堂旧主尊背光处），如来身体上所绘为上至天界下至地狱界的宏广世界，且这一世界明确以须弥山为中心，统一排列，秩序井然。

293

附图五七 b 下方亦同于上图，为如来像，位于报恩经变相下方，于释迦牟尼佛前方结跏趺坐于宝池中舞台上，随侍菩萨较多。如来胸部中央绘须弥山，其左右上方即如来的双肩处亦有日、月两图，但无法得知须弥山左右是否和上述如来像一样绘五恶趣中的某一趣（如来举右手说法，胸部右侧因受右臂遮隐不见）。即便没有绘出五恶趣，此图仍为简单的须弥世界图。此壁画应为五代时期绘制，但如来像姿态与上述二者相同，仍保留西域早期形态，袈裟的通肩披着方式令人联想起于阗地区的如来雕像与画像，Fig.79、Fig.80 即为其中二例（Fig.11 法隆寺金堂壁画阿弥陀如来像亦类似）。

294

附图九一 b 为一单尊像，如来趺坐于宝座上，左手上举，右手掌向前垂下，其周围侍者（十比丘、六菩萨、二天王、二金刚神）云集。此尊像所绘须弥山与上述二者不同，并非仅为袈裟上的纹样，其描绘颇具立体感，须弥山乘载诸天界屹立在大海中，四周铁围山环绕，宛若一座立体形状的须弥山安置于如来膝上，而如来两袖由台座垂下，上绘五恶趣（六道中的五道），即地狱、饿鬼（？）、畜生等图相。

此四铺敦煌画均以须弥山为中心，于如来身体上绘出世界图，概述其特征为：立、坐两像的袈裟穿着形式皆为西域式；胸部绘须弥山、香水海、铁围山等，须弥山上方有日月诸天界，下方绘诸恶趣；袈裟透体并显示造像肉体的轮廓，不难推知造像年代较早，尚未完全中国化；单尊像以外有的如来像与报恩经变相相结合。

295

具备上述几项特征的如来像关键在于如何明确其尊号。首先尝试对四铺图例中与报恩经变相结合的例子进行考察，附图九一 a 及附图五七 b 下方的如来像均位于报恩经变相中主尊释迦牟尼佛的前方，双肩承载日月，或许对应《大方便佛报恩经·序品》西方妙喜国的"日月灯如来"，该经序品记四方四佛：

东方	喜王如来	上胜世界	严盛国
南方	思惟相如来	光德世界	善净国
西方	日月灯如来	净住世界	妙喜国
北方	红莲华光如来	自在称王世界	离垢国

可见或为对应其中西方日月灯如来的名号，而绘出如来像双肩载日月。现假设此变相图中的如来为日月灯如来，据此是否可以判断其他的单尊像（附图九一 b、附图九二 a）亦为日月灯如来。日月灯如来与《大方便佛报恩经》相关，因而报恩经变相中的像可赋予其名，但这一定名难以涉及与《大方便佛报恩经》没有关系的尊像。其他如《法华经·序品》亦出现过去佛日月灯明如来的名号（《大正藏》，册 9，页 3c—4c），但附图九一 b 及附图九二 a 的单尊像应与《法华经》无关，故没有理由将其中如来像定为日月灯如来。如此，如来像尊名的判断应不论单尊像与否，有必要从不同的角度进行讨论。

作为另一种尝试，我们将视线转向敦煌画如来像所体现出的西域佛画的特点，继续作一探讨。前面已提到如来的通肩着衣法为西域风格，四铺像中尤其附图九二 a 壁画中所见立像与库车地区佛画具有密切联系，或完全以库车地区佛画为摹本而绘，因此首先寻找库车地区的佛画中有无类似作品。非常幸运，在克孜尔石窟壁画中找到了 Fig.74 如来立像（制作于六世纪左右，柏林土俗博物馆藏），以及喀喇沙尔地区修特捷克壁画中有 Fig.76 如来立像（格伦威德尔摹本）。现讨论 Fig.74 与 Fig.76 壁画中的二像。两者皆为立像，近似前述敦煌画像中的一像（附图九二 a），且此二像舟形背光、圆形头光，仅缠腰衣，几近裸体（Fig.74 中像似系有下裙），几近裸体。其全身遍绘世界图，如来胸部绘一座三四层的楼阁，表示天宫，楼阁内坐有诸尊像。如来佛下腹部应为须弥山，上肢及下肢各处均绘圆形或椭圆形区块，内置诸尊像或众生像。二像膝盖处绘圆圈（Fig.76 中如来像膝盖处绘人头像），意指日、月两像。Fig.74 中如来像的衣裾处有裸形人物（举手狂奔之态），与前述敦煌壁画立像（附图九二 a）相同，表示地狱道。另，其中的圆形头光及舟形背光上绘有多个化佛，Fig.76 如来像背光莲池中有二龙王（童子形）及水禽等。在此顺带提及 Fig.75 库车地区出土的木造佛像残片，样式为一截手臂（柏林土俗博物馆藏），应为同类如来像的手臂，其肩、上臂、肘的部分刻圆形或椭圆形区块，内置尊像。由此可见，库车及喀喇沙尔地区发现的这些实例均与敦煌画的如来像相似，说明此类如来像早在六世纪即已在新疆北部一带至敦煌地区广泛流传。

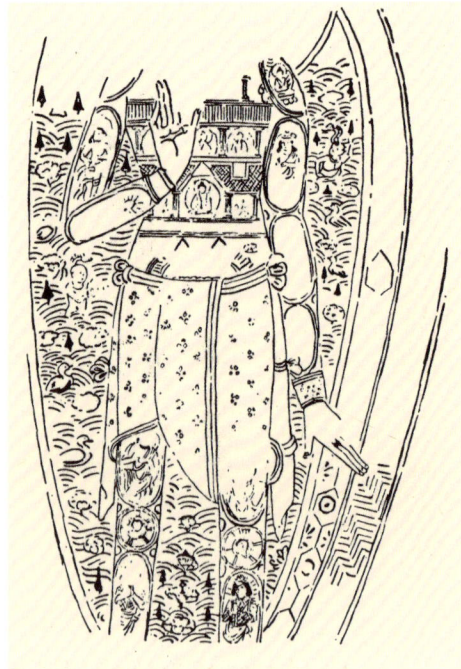

Fig.74　库车壁画卢舍那佛像　　　Fig.75　库车发现卢舍那　　Fig.76　修特捷克壁画卢舍那佛画像
　　　　　　　　　　　　　　　　　　　佛木像右臂

　　库车及喀喇沙尔地区的实例如上所述，而新疆南部于阗地区又有五铺画像
（Fig.77—Fig.81）存留，制作年代在六世纪前后：

Domoko 出土立像	赫定收藏（Fig.77）
Farhād Bēg-yailaki 出土立像	斯坦因收藏（Fig.78）
丹丹乌里克出土立像	斯坦因收藏（Fig.79）
Domoko 出土坐像	赫定收藏（Fig.80）
于阗地区出土坐像	Badruddīn Khān 收藏（Fig.81）

299

　　这五铺画像均为平板着色彩画，平板破损严重且画面剥落，难以知其原状。画
面上无论立像、坐像皆近裸体（仅第五铺着袈裟），全身绘有各种形象。Fig.77 为立
像，右肩绘月像（左肩或许为日像），右胸饰宝珠（？），右上臂绘梵夹，右前臂绘
金刚杵。Fig.78 亦为立像，双肩绘圆形日月像，胸及腹部有坐佛，左右两臂上部绘
梵夹，下部绘禽鸟，身体各处散布许多两重圆圈（膝盖处有圆形但不明晰）。Fig.79
300 为平板的表面及背面，各绘一姿态完全相同的如来像，一着衣，一裸体。裸像的左
右两臂的前臂处绘金刚杵，腹部及左右二膝上有两重或三重的圆圈，足部似乎绘有
图案，但模糊不清。Fig.80 与 Fig.79 相同，着衣、裸身的二如来佛并坐在一幅图中，
裸像的左右上臂和上图一样绘有梵夹，右胸绘三角形，左胸及双肩、前臂、两足散

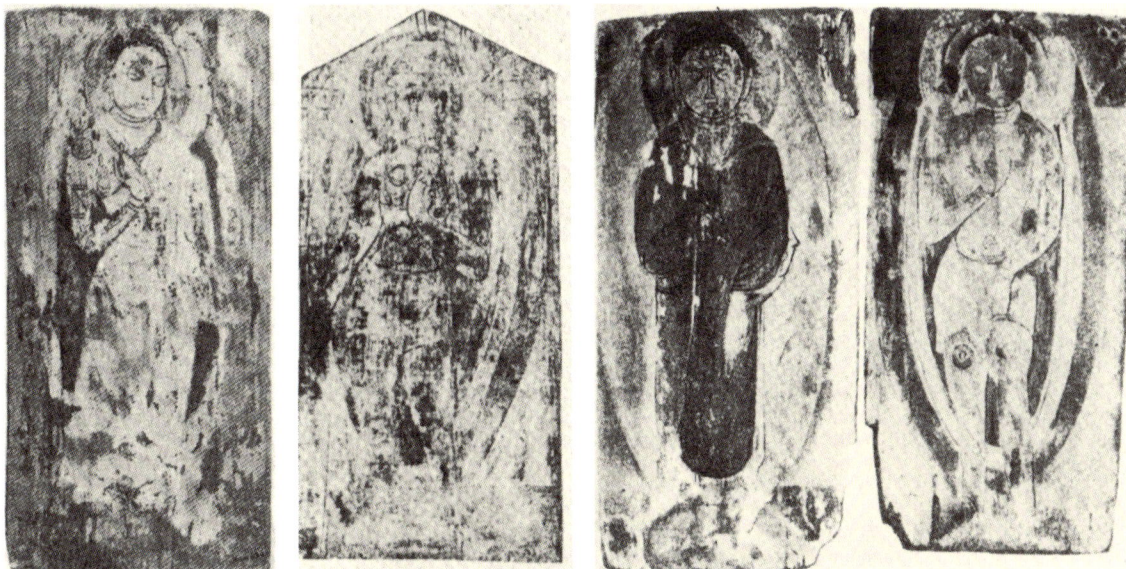

Fig.77　于阗出土卢舍那佛画像　　Fig.78　于阗出土卢舍那佛画像　　Fig.79　于阗出土卢舍那佛画像

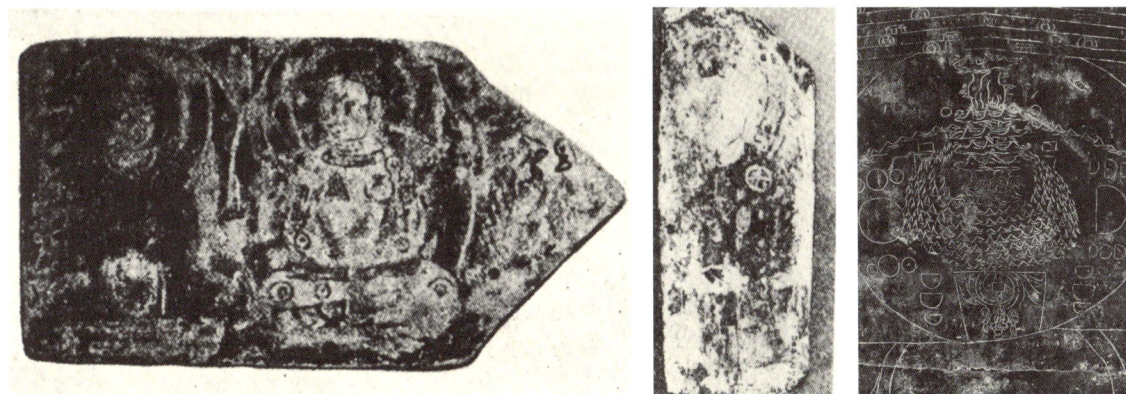

Fig.80　于阗出土卢舍那佛画像　　　　　　　　　　Fig.81　于阗出土　　Fig.82　东大寺大佛莲瓣上之
　　　　　　　　　　　　　　　　　　　　　　　　卢舍那佛画像　　　　　须弥世界图

布有多个两重圆圈。Fig.81 如来像同于 Fig.79、Fig.80 中的着衣像，袈裟覆双肩，于莲花座上趺坐，身体右半虽缺失，左肩处可见圆形的日像或月像，但身体上所绘图案已不清晰。

此五种于阗画像与前述库车及喀喇沙尔地区的如来像可视为同类画像，两者绘于身体上的各种形象虽稍有差异，但如来像为裸身这一点完全相同，由此可知于阗画像的一些特征：有立像和坐像两种，通常为裸形，着衣像较少；相同姿态的着衣、裸身两种像并坐或绘于一块平板的两面；身体上所绘图案有佛像、日月像、梵夹、金刚杵、禽鸟、宝珠、三角形、两重圆圈、三重圆圈等图案。其中日月位于双肩，梵夹在上臂，金刚杵在前臂，而圆圈分布于身体各处。

由此可见，与敦煌画中同一类型的如来像在六世纪新疆南北两地曾被广泛制

301

作，借助这些丰富的西域出土的同类画像，可阐明此类如来像与何种信仰存在关联。这一点如果只是依据敦煌画像恐怕难以推论，但这些西域画像，尤其是于阗地区发现之画像，对解决其中之联系，颇有启发。

敦煌画佛身所绘即为以须弥山为中心的世界图，与日本东大寺大佛莲瓣上的世界图（Fig.82）颇近似，且有部分学者认为如来像与《华严经》有关，如果仅以敦煌画的实例判断其画像与《华严经》所说的世界观有关联，尚不能使人信服。然而，于阗（即今日和阗地区）自古便为华严兴盛之地，自古而传的佛画中留存有与《华严经》世界思想（后述）相结合的画像，且与敦煌画一脉相连，属同一个谱系，由此判断这些画像所依据的应为《华严经》，以下作更为详细的论述。

中原《华严经》的翻译，众所周知大多源自于阗国的梵本，除《六十华严》、《八十华严》外，与《华严经》有关的小部经典中有不少与于阗国有关系。旧译《华严经》为东晋义熙十四年（418）至元熙二年（420），佛度跋陀罗依据支法领从于阗所得梵本三万六千偈译出，同经后记有：

华严经梵本凡十万偈，昔道人支法领，从于阗得此三万六千偈，以晋义熙十四年岁次鹑火三月十日，于扬州司空谢石所立道场寺，请天竺禅师佛度跋陀罗，手执梵文，译梵为晋，沙门释法业亲从笔受，时吴郡内史孟颉、右卫将军褚叔度为檀越，至元熙二年六月十日出讫。（《大正藏》，册9，页788b）

《出三藏记集》卷九亦有同样记述（《大正藏》，册55，页61a。同时参照该书卷二，旧译华严经，注二）。另，《梁高僧传》卷二"晋京师道场寺佛驮跋陀罗"中亦有相关记述：

先是沙门支法领，于于阗得华严前分三万六千偈，未有宣译。至义熙十四年吴郡内史孟颉、右卫将军褚叔度，即请贤为译匠。乃手执梵文，共沙门法业、慧严等百有余人，于道场译出。诠定文旨，会通华戎，妙得经意，故道场寺犹有华严堂焉。（《大正藏》，册50，页335c）

魏晋南北朝时期于阗地区盛行《华严经》等大乘经典，见于《历代三宝记》（隋费长房撰）卷十二"新合大集经"阇那崛多（Jñānagupta，犍陀罗人，北周武成年间，560年左右至长安）的口谈中，记有关于阗东南（西方？）遮拘迦国（今之Karghalik或Yarkand）的藏经之事：

崛多三藏口每说云，于阗东南二千余里，有遮拘迦国，彼王纯信敬重大乘，……王宫自有摩诃般若大集华严三部大经，并十万偈，王躬受持亲执键钥，转读则开香花供养，……彼土又称，此国东南二十余里，有山甚险，其内安置大集华严方等宝楞伽方广舍利弗陀罗尼华聚陀罗尼都萨罗藏摩诃般若八部般若大云经等，凡十二部皆十万偈。（《大正藏》，册 49，页 103a）

　　其后至唐代，于阗国沙门提云般若（天智）于武则天永昌元年（689）来朝并翻译诸经论，记载于《开元录》卷九：　　304

　　沙门提云般若，或云提云陀若那，唐云天智，于阗国人，学通大小，智兼真俗，咒术禅门，悉皆谙晓，以天后永昌元年来届于此，即以其年谒帝于洛，敕于魏国东寺翻经。以永昌元年己丑至天授二年辛卯，总出经论六部，沙门战陀，慧智等译语，沙门处一等笔受，沙门复礼等缀文，沙门德感、慧俨、法明、弘景等证义。（《大正藏》，册 55，页 565b）

　　提云般若译出的经典中包含《大方广佛华严经不思议佛境界分一卷》及《大方广佛花严经修慈分一卷》（均收于《大正藏》，册 9），显示出唐代《华严经》与于阗的关系，需引起注意。

　　武则天因旧译《华严经》七处九会尚不完备，得知远方于阗国存其梵本后，便决定遣使求经，同时寻求合适的译经人。名僧实叉难陀从于阗来朝，于证圣元年（695）在东都大内大遍空寺开始翻译《华严经》，历时四年于圣历二年（699）译成新译《八十华严》，《开元录》卷九记：

　　沙门实叉难陀，唐云喜学，于阗国人，智度弘旷，利物为心，善大小乘兼异学论。天后明扬佛日，敬重大乘，以华严旧经处会未备，远闻于阗有斯梵本，发使求访，并请译人。实叉与经同臻帝阙。以天后证圣元年乙未，于东都大内大遍空寺译华严经。天后亲临法座焕发序文，自运仙毫首题名品。南印度沙门菩提流志、沙门义净同宣梵本，后付沙门复礼、法藏等，于佛授记寺译。至圣历二年己亥功毕。　　305（《大正藏》，册 55，页 566a）

　　从新译卷头武后序文（《大正藏》，册 10，页 1a-b），亦可知其详情。

　　唐朝在此时完成《华严经》的翻译，而后于阗国继续保持其于西域华严的领先地位。其后悟空（法界）从天宝十载（751）至贞元六年（790）游历西域、印度各地，于北庭（今之吉木萨尔 Jimsa）龙兴寺翻译印度所得梵本《十地经》（相当于新、旧两《华严经·十地品》），特指定于阗国三藏沙门尸罗达摩（戒法）担任翻译一事，已为世人所知。以下抄录《十力经》序文及《十地经》卷头。

《十力经》序：

（悟空）至北庭州，本道节度使御史大夫杨袭古与龙兴寺僧请于阗国三藏沙门尸罗达摩（唐言戒法）译十地经。（《大正藏》，册17，页717a）

《十地经》卷首：

大唐国僧法界（悟空），从中印度持此梵本，请于阗国三藏沙门尸罗达摩，于北庭龙兴寺译。（《大正藏》，册10，页535a）

如上所述，于阗国早在五世纪初或更早的时期已有《华严经》出现，直至八世纪其尚作为新疆等地区华严教学的中心地，不难想象，于阗同时亦应为《华严经》美术的中心。于此，于阗出土的木板彩画如来像（Fig.77—Fig.81）与《华严经》之间的意义非比寻常。

于阗地区的如来像与《华严经》相关联之处如前所述，如来像依据《华严经》宣说的世界海观而制作，像身上所绘的各种形象具体表现《华严经》所说的种种世界海的形式，与旧译及新译中圆、四方、三角、旋涡形、摩尼宝形、诸佛相好形等世界海相通。

旧译《华严经》卷三卢舍那佛品：

尔时普贤菩萨，告诸菩萨言，佛子，诸世界海有种种形，或方，或圆，或非方圆，或如水洄洑，或复如华形，或种种众生形者，尔时普贤菩萨，以偈颂日，刹海无有量，殊形异庄严，十方世界海，见诸杂种相，或圆或四方，或复非方圆，三维及八隅，状若摩尼宝。一切诸业海，种种别异故，有如金刚掌，庄严坦平正。（《大正藏》，册9，页410c）

旧译《华严经》卷四卢舍那佛品：

尔时，普贤菩萨以偈颂日，卢舍那佛遍十方，出一切化庄严身，彼亦不来亦不去，佛愿力故皆悉见，一切佛刹微尘中，无量佛子修诸行，悉受清净国土记，见严净刹称本行，佛子当知，此莲华藏世界海中，一一境界，有世界海微尘数清静庄严，诸佛子，此香水海上，有不可说佛刹微尘数世界性住，或有世界性莲华上住，或在无量色莲华上住，或依真珠宝住，或依诸宝网住，或依种种众生身住，或依佛摩尼宝王住，或须弥山形，或河形，或转形，或旋流形，或轮形，或树形，或楼观形，或云形，或网形。（《大正藏》，册9，页414a-b）

新译《华严经》卷八华严世界品：

或有作须弥山形，或作江河形，或作回转形，或作旋流形，或作轮网形，或作坛墠形，或作树林形，或作楼阁形，或作山幢形，或作普方形，或作胎藏形，或作莲华形，或作佉勒迦形，或作众生身形，或作云形，或作诸佛相好形，或作圆满光明形，或作种种珠网形，或作一切门闼形，或作诸庄严具形。（《大正藏》，册10，页42a）

新译《华严经》卷八及卷九如下描述诸世界的形状，有助于解释于阗如来像上所出现的诸形象：

摩尼宝形	师子之座	八隅	摩尼莲华
普方	四方	楼阁之形	因陀罗网
梵天身形	周圆	半月之形	华旋
虚空	执金刚形	卐字之形	龟甲之形
一切众生形	珠璎	宝华旋布	宝庄严具

（《大正藏》，册10，页42c以下）

308

四方	周圆	金刚	摩尼宝轮
莲华	三角	半月	宝灯行列
卐字	因陀罗网	卐字	广大城郭
华旋	四洲	阿修罗身	八隅
香水旋流	旋远之形	师子之座	佛掌

（《大正藏》，册10，页44a-c）

将种种世界形状汇集一身的如来佛，毋庸置疑即为华严经教主卢舍那佛，旧译《华严经》卷三卢舍那佛品记：

无量无边	诸世界海	卢舍那佛	悉能严净
……	于其身内	容一切刹（《大正藏》，册9，页410a）	

作为图像依据的文本，同品中又有：

卢舍那佛神力故　　一切刹中转法轮

法身充满一切刹　　普雨一切诸法雨（《大正藏》，册 9，页 408a）

卢舍那佛身清净　　彼庄严内一切见

诸庄严中无数身　　如来变化色无量

充满一切十方界　　调伏众生无限量（《大正藏》，册 9，页 413a）

卢舍那佛遍十方　　出一切化庄严身（《大正藏》，册 9，页 414a）

309

　　以上阐述了卢舍那（Vairocana）尊名所涵括的"遍照"或"遍一切处"的意思，这些文字对于考察于阗壁画的画意亦不可或缺。在于阗地区所存实例中，尤其 Fig.79、Fig.80 两例，于裸身如来佛旁边或背面配置与其姿态完全相同的着衣像，可见其在于强调卢舍那佛并非仅仅是佛，其身具有一种大神力，可容纳一切刹土，并于一切刹中转法轮。裸身与着衣两尊像并列配置的方式令人联想到六道图相的地藏图，示地藏菩萨六道分身摄化（参见附图一〇六 b、附图一〇七 a、附图一〇七 b、附图一〇八、附图一一二 a、附图一九八 b），其并列配置的方式别有趣味。

　　于阗画卢舍那佛身上所见《华严经》宣说的诸世界形态中，表现出尤其具有象征意义的单纯的几个形态，但由于是配置于躯体四肢上，无法达到整体性的统一，由此不易令人直接想象出"华严世界"。与原始性的画像相比，库车及喀喇沙尔地区所见数像（Fig.74、Fig.75、Fig.76）的配置法则相当统一，须弥山、楼阁、一切众生形等归于一处并形成一个须弥世界，与于阗画表现《华严五教章》的"无量杂类世界海"（《大正藏》，册 45，页 498b）相比，库车及喀喇沙尔地区所见画像是以须弥山为中心的须弥四周三界图。前面已经提到"无量杂类世界海"中亦包含须弥山形、楼观形等，库车及喀喇沙尔地区的世界图反而接近日本东大寺二月堂旧本尊背光线刻世界图（Fig.83），即须弥三界图。唐译《华严经》卷八华藏世界品记以须弥为中心的华严世界：

310

　　此华严世界海，有须弥山，微尘数风轮所持……最在上者，名殊胜威光藏，能持普光摩尼庄严香水海，此香水海有大莲华，名种种光明药香幢，华严庄严世界海住在其中，四方均平，清净坚固，金刚轮山周匝围绕。（《大正藏》，册 10，页 39a–b）

　　此处所见库车、喀喇沙尔地区画像（Fig.74、Fig.75、Fig.76）以及敦煌画（附图九一 a、附图九一 b、附图九二 a、附图五七 b）的世界图，比之更增添了三界一切众生。同样唐译《华严经》卷十华严世界品有如下记载，需引起注意：

　　　　或有刹土中　　险恶不平坦　　由众生烦
恼　　于彼如是见　　杂染及清净

　　　　无量诸刹种　　随众生心起　　……　　刹中有
地狱　　众生苦无救

　　　　常在黑暗中　　焰海所烧然　　或复有畜
生　　种种丑陋形　　由其自恶业

　　　　常受诸苦恼　　或见阎罗界　　饥渴所煎
逼　　登上大火山　　受诸极重苦

　　　　或有诸刹土　　七宝所合成　　种种诸宫
殿　　斯由净业得　　汝应观世间

　　　　其中人与天　　净业果成就　　随时受快乐
　　（《大正藏》，册10，页52a–b）

　　其中，须弥山上方有日月诸天，下方绘地
狱、饿鬼、畜生、阿修罗、人间五恶趣，显然
为须弥三界图，其相比于阗画像中象征性的世
界图（Fig.77—Fig.81）更具有现实意味，且作
为世界图显示出巨大的进步。尤其是魏晋南北
朝时代敦煌壁画立像（附图九二a）上的这些

Fig.83　传东大寺二月堂旧主尊背光线刻
须弥四洲三界图

须弥世界图，与日本东大寺大佛莲瓣（Fig.82）及同寺二月堂旧主尊背光线刻须弥
四洲三界图（Fig.83）均呈现早期风格，为世界图不可多得的资料。隋代灵干或初
唐智俨等与《华严经》有关的人所制华严藏世界图恐怕亦依据了这些图例。

311

　　《续高僧传》卷十二"灵干传"（《华严经传记》卷二亦有"释灵干传"，见《大
正藏》，册51，页161b）：

　　释灵干，姓李氏，金城狄道人，……（年）十八覆讲华严十地，……（大业）八
年正月二十九日卒于寺房，春秋七十有八。幢盖道俗相与奔随，乃火葬于终南之阴。
初干志奉华严，常依经本，作莲华藏世界海观及弥勒天宫观……（《大正藏》，册50，
页518b–c）

　　《华严经传记》卷三"智俨传"：

　　释智俨，姓赵氏，天水人也……藻思多能，造莲华藏世界图一铺，盖葱河之

312

左，古今未闻者也。（《大正藏》，册 51，页 163b-c）

众所周知，须弥世界图原本依《长阿含经》卷十八世纪经阎浮提州品（《大正藏》，册 1，页 115b）、《大楼炭经》卷一阎浮利品（《大正藏》，册 1，页 277c—页 278a）、《起世经》卷一阎浮洲品（《大正藏》，册 1，页 311b）、《起世因本经》卷一阎浮洲品（《大正藏》，册 1，页 366b）等经文制作，而此处各例是伴随《华严经》的流行，应在《华严经》或《梵网经》（注三）卢舍那佛信仰的影响下制作而成。至中国，便以须弥世界图为基础，附加《华严经》七处八会图而制作出华严八会变相，又于此之上结合新译《华严经》的七处九会，完成华严九会变相（附图六三 a 至附图六五，参见第一章第八节）。

上述所表现之华严教主即卢舍那佛，于其佛身描绘世界图，其制作首先见于于阗地区（起源可溯源至印度），其后渐渐传至中国新疆各地，直至敦煌地区。其中于阗画像（Fig.77—Fig.81）在形式上具有早期风格，另就佛身所表现的世界图而言，库车以及喀喇沙尔地区画像（Fig 74、Fig.75、Fig.76）及与这两地有密切联系的敦煌千佛洞第 135 窟像，可谓世界图的典型，这些遗作可称之为这一形式的卢舍那佛像的巅峰之作。同时，这些遗作均为隋唐以前作品，与唐惠英撰《华严经感应传》所记（注四）实叉难陀时龟兹国尚未有华严信仰一事不符，但这些早期画像的存在又说明在信仰流行之前，画像已领先一步传入到这些地区。敦煌画像中，与西方样式有直接关系的仅有创作于魏晋南北朝时代的附图九二 a，其他三铺（附图九一 a、附图九一 b、附图五七 b）风格均完全中原化。尤其将报恩经变相中佛身所见的世界图与过去的例子作一比较的话，其已呈退化趋势。然而敦煌画中幸存有数铺华严教主像，应该说明魏晋南北朝、隋唐时期以来一直没有停止这类造像的制作，在没有其他类似遗作的今天，这些作品均可称作极其难得的研究资料。由此可知，云冈石窟第 18 窟袈裟上雕刻有精致的莲上千佛的大佛（Fig.84）亦应为华严教主卢舍那佛。

最后，需要明确敦煌画中卢舍那佛像为何出现于报恩经变相中（附图九一 a、附图五七 b）这一问题，原因在于，画中之像如果不是日月灯如来（参见第一章第七节）或其他佛（魏勒定为阿弥陀佛，注五），尤其是该像如果是卢舍那佛像的话，就有必要在此阐明其与报恩经变相的关系。报恩经变相中，中尊释迦如来佛的前方置此像的原因在于阎浮提的释迦牟尼于异刹中被称作卢舍那如来佛，见于《大方便佛报恩经》卷一孝养品：

　　是故（释迦）如来乘机运化，应时而生应时而灭，或于异刹，称卢舍那如来

Fig.84　云冈石窟第 18 窟卢舍那佛像

应供正遍知明行足善逝世间解无上士调御丈夫天人师佛世尊；或升兜率陀天，为诸天师，或从兜率天下，现于阎浮提，现八十年寿，当知如来不可思议，世界不可思议……（《大正藏》，册 3，页 128a）

由此可知敦煌壁画报恩经变相中卢舍那佛像之所以存在的原因。

注

315

一、《大正藏》，册 17，页 107b-c。

二、《出三藏记集》（梁僧祐撰），卷二："大方广佛华严经五十卷（沙门支法领于于阗国得此经胡本，到晋义熙十四年三月十日于道场寺译出，至宋永初二年十二月二十八日都讫）。"（《大正藏》，册 55，页 11c）

三、《大正藏》，册 24，页 997b 以下。

四、《大方广佛华严经感应传》："圣历年中，于阗三藏实叉难陀云，龟兹国中，唯习小乘，不知释迦分化百亿现种种身，云示新境界，不信华严大经，有梵僧，从天竺将华严梵本至其国中，小乘师等，皆无信受，梵僧遂留经而归，小乘诸师，乃以经投弃于井。"（《大正藏》，册 51，页 176c）

五、魏勒：*Catalogue*，p.3。

316

第二节　双身佛图

《大唐西域记》记玄奘在寻访犍陀罗国首都布路沙布罗（Purusapura）的迦腻色迦大塔（即雀离浮图）时，见石阶南面绘有一尊双身的丈六佛像，关于这一双身佛，当地流传着一个画工和两个贫士的故事。

《大唐西域记》卷二"犍陀罗国"：

> 卑钵罗树南，有窣堵坡，迦腻色迦王之所建也。（略）。大窣堵波石陛南面，有画佛像，高一丈六尺，自胸已上，分现两身，从胸已下，合为一体。闻诸先志曰，初有贫士，佣力自济，得一金钱，愿造佛像，至窣堵坡所，谓画工曰，我今欲图如来妙相，有一金钱，酬功尚少，宿心忧负迫于贫乏。时彼画工，鉴其至诚，无云价值，许为成功。复有一人，事同前迹，持一金钱，求画佛像，画工是时受二人钱，求妙丹青，共画一像。二人同日，俱来礼敬。画工乃同指一像，示彼二人，而谓之曰，此是汝所作之佛像也。两人相视，若有所怀。画工心知其疑也，谓二人曰，何思虑之久乎，凡所受物毫厘不亏，斯言不谬，像必神变。言声未静，像现灵异，分身交影，光相照着。二人悦服心信欢喜。（《大正藏》，册51，页880a）

在敦煌千佛洞壁画中，存有三铺模仿雀离浮图的双身佛像，均制于唐代至宋初之间：

千佛洞　第64窟左壁〔D220南壁〕诸佛菩萨图中一尊（附图九三b）
千佛洞　第81窟佛龛天井斜面〔D231西龛内顶西披〕一尊（附图九三a）
千佛洞　第84窟佛龛天井斜面〔D237西龛内顶西披〕一尊（附图九二c）

317

值得注意的是，其中的双身佛像和其他三十余尊佛与菩萨构成一组尊像。第一例（附图九三b）位于分上下四段排列的三十余身佛、菩萨之中，在第二段，观者右起第二身立像为双身佛像。第二例（附图九三a）、第三例（附图九二c）位于天井斜面上，三十余尊像中，正面中央立像为双身佛。三例双身像均为双头四臂，立于莲座上，四只手中两只手于胸前合掌，另两只手垂于身侧。第一例尤其值得注意，双身佛足下左右各绘有一合掌俗人形象，可解释为《大唐西域记》所指"二贫士"。第二例、第三例两例因没有空间加绘二贫士，故被省略。第三例在双身佛旁附有两行细小的题字，表明双身佛与普通《佛名经》中所记千佛像（如附图九三b

天井所见千佛）不是同类，但文字已难以辨认。

　　敦煌壁画中仅存有这三例，但在吐鲁番及黑水城地区均出土了与敦煌壁画时代相近的双身佛画像和雕像，此成为研究双身佛东方传播极其重要的资料，应与敦煌的图例一并进行考察。

　　高昌出土麻布着色幡画双身佛画像（Fig.85）
　　黑水城城外西北郊出土雕像双身佛塑像（Fig.86）

　　其中，前者由勒柯克发现，后者由科兹洛夫发现，后者双首四臂，二手于胸前合掌，另二手下垂于身体左右，此与前述敦煌壁画的双身佛完全相同。而前者却稍有不同，首先二首并列于一头光内，且双身合并于一身光内，这些特点与敦煌壁画无太大差别，但四臂的位置以及手中持物均与其他四例完全不同。观者视线左侧一尊右手执锡杖，左手持钵；右侧一尊是否有持物不甚明确，但两手同样向外伸出。然而此幅麻布幡画的双身佛足下绘有"二贫士"，与敦煌壁画第一例相同，且此处二贫士为回鹘风格，手捧莲茎，跪坐。

　　由此可见，大约同一时代、同一形式的双身佛像在吐鲁番、敦煌、黑水城各地被广泛制作，说明在唐宋时期这些地区流行这类双身佛像。这些双身佛作品与《大唐西域记》所记雀离浮图双身佛的形式、姿态及其附带的传说完全一致。然而，仅根据这些例证即断言东方这一类图像的流行是起源于雀离浮图的双身佛画像，且东方这一造像的开端与玄奘《大唐西域记》有密切的关系，恐怕为时尚早，对于这一问题有必要作进一步的考察。

　　东方各地所见双身佛若附带二贫士像的话，这一类画像就并非是单纯的双身佛像，明显是基于二贫士

318

Fig.85　高昌出土双身佛画像

319

Fig.86　于阗出土双身佛塑像

与一画工的传说所制作的双身佛。如果这类造像及其相关的传说有可能存在的话，传至东方的便未必只限于雀离浮图。因此，此类作品有可能不依据雀离浮图而根据同类的故事，并以其为画题进行制作。由此可见，玄奘所处时代的雀离浮图中有无双身佛像与东方是否存在双身佛应没有必然关系。

玄奘所处的时代在白沙瓦以外的地区双身佛已经得到十分完美的制作，甚至比雀离浮图双身佛更为有名，如果这一双身佛可称作东方流传的起源，玄奘不可能不知道这一灵像的存在。即使玄奘没有见到双身佛实物，但如果他从别处听闻相关传说的话，恐怕我们今天读到《大唐西域记》中雀离浮图双身佛的部分，不会是现在的描述。因此，至少在玄奘见闻的范围之内，双身佛及其相关传说的流行，除了与雀离浮图有关以外，其他应该是不存在的。根据这一推测，如果立刻判断双身佛只存在雀离浮图一类的话，仍然显得证据不足。然而，在没有发现白沙瓦以外的地区存在相关文献的情况之下，也不必勉强假设还有其他双身佛的存在，更没必要把假设的对象推测为向东方传播的源头。归根到底，在没有新资料出现之前，笔者暂时将双身佛的源头归结于雀离浮图。

在思考双身佛传至东方的路径时，考虑到双身佛像早在玄奘之前便存在于西域，故流传到东方为自然之事，无需玄奘的见闻记，双身佛的口碑以及图像亦源源不断地由西域传入东方，中唐以后流行于东方亦为水到渠成之事，可以想见，与西域相关的见闻记等文献推动了这一过程。在此有必要思考玄奘的《大唐西域记》与双身佛造像之间的关联。有关雀离浮图双身佛的现存文献中属《大唐西域记》（《释迦方志》中迦腻色迦大塔双身佛的记述亦为《大唐西域记》的简略版本，注一）最为详细。同时，东方的双身佛与《大唐西域记》所记完全吻合，制作年代亦晚于《大唐西域记》，加之《大唐西域记》等游记在唐代的流传程度，基本可以推测《大唐西域记》所记便是东方双身佛造像的开始，当然这一观点尚须进一步论证。

玄奘的《大唐西域记》为唐代唯一的西域旅行见闻记，可与玄奘相提并论的旅行家尚有王玄策，其编纂的旅行游记不下数卷。王玄策与玄奘（其旅行时间为贞观元年［627］至贞观十九年［645］）的旅行时间前后相错，王玄策于贞观十七年（643）至麟德年间（664—665）分四次（注二）遍游西域及印度各地，据《法苑珠林》可知其旅行记有《中天竺行记》十卷、《西域志》（或称《西国志》）六十卷等（注三）。最值得注意的是王玄策于显庆三年（658）编纂《中天竺国图》三卷（参见《历代名画记》卷三"述古之秘画珍图"，注四），以及麟德年间依敕令编纂的西域见闻《西域志》图画四十卷（参见《法苑珠林》卷五、卷十四、卷二十九、卷一百，注五）。

从《法苑珠林》可知，王玄策第一次出行（极有可能为第一次），一行有二十余人，以李义表为正使，王玄策为副使（参见《法苑珠林》卷二十九、卷五十五，注六）。贞观二十二年（648）出行（恐为第二次），以王玄策为正使，蒋师仁为副使，一行亦人数不少（参见《唐书·西域列传》之"天竺国"，注七）。可以想象，一行人中除了宋法智之外，每次都会有擅于绘画的画工随行，敕令编纂的《西域志》图画四十卷便是以这些画家的画稿为基础，由许多能工巧匠在百官诸学的监督之下，精心绘制而成（注九）。图卷中对于当地的佛像、佛画尽可能地忠实再现，但不难想象此书在唐代成为中国工匠在制作佛像、佛画时极其珍贵的范本。《历代名画记》记有东都敬爱寺佛殿内，王玄策亲自指挥塑造弥勒菩萨塑像，依据的范本即为王玄策在西域所绘的菩萨像，由工匠张寿、宋朝、李安等人制作（注十）。阎立本描绘的《西域图》（注十一）恰好制作于此图卷完成的时代，《西域图》所依据的亦应为《西域志》图画四十卷，而并非阎立本凭想象所作。

　　《西域志》图画四十卷的内容在今天已经无法得知，从散见于《法苑珠林》的王玄策旅行游记片段中，除中印度、中国西藏、尼泊尔以外，亦包含印度西北地区的记录。由此可见，图卷中有可能记载了玄奘东渡时所注意的雀离浮图石阶南面的双身佛（参见《法苑珠林》，注十二）。因此，《西域志》图画四十卷、《中天竺国图》三卷与双身佛于东方流行，这其中应有一些联系，此处恰有两例唐代作品用来说明这一点。一是分别收藏于伦敦大英博物馆和德里中亚博物馆的几枚残片，为斯坦因自敦煌携回的绢本西域佛菩萨图像集；二是前述附图九三 b 敦煌千佛洞第 64 窟左壁［D220 南壁］壁画。前者（附图一二八）仅存二十余铺佛像和菩萨像，现已难知其原貌，依各尊佛像旁的记述文字，知其为临摹摩伽陀、迦毗罗、婆罗疤斯、鹿野苑等地的著名佛像。且这一摹写并非一般的临摹，手指、服饰均描画细致入微，意在传达其真，并散发出浓郁的西域韵味，并非一般的制作水平所能达到。其摹本技法精湛，须直接前往印度、西域描绘实物才能真正领悟和掌握。在图中尚可发现佛像的台座等部分呈现出强烈的中原风格，图中亦有部分描画不尽人意，因此这些作品很有可能从前述王玄策的《西域志》图画四十卷或类似作品中将佛像的部分重点提出，并进行再次复制摹写。敦煌千佛洞第 64 窟左壁［D220 南壁］壁画（附图九三 b）与附图一二八构图相似，借助第 64 窟壁画可以想象附图一二八原本便绘有双身佛。

　　第 64 窟的壁画制作年代同于前者，应为唐代中期至末期，亦描绘西域诸国佛及菩萨的种种形态，但图中各种尊像的西域风格略微淡化，已经显示出中国化的痕

322

323

324

迹。虽然如此，壁画中中印度式佛像以及双身佛汇集一图，不仅显示出西域佛像的集中，而且展示出这一形式的佛画于唐代的流行程度。其起源或为《西域行记》、《西域志》等一般见闻性质的文字，根据这些文字想象而绘，但前面附图一二八中所述部分佛画必须依据摹本方可绘出，据此可以想象第64窟这样的壁画是依照王玄策《西域志》图画四十卷或类似图卷才有可能产生。

因此，双身佛像传入东方时，除几个例外外，可知其并非单独传来，而应当和其他西域佛像一起，作为完整的一个图像传入东方，比如附图九三 b 敦煌壁画便印证了这一点。此铺壁画由三十余尊西域佛像构成一组，装饰整个壁面，表现出一种秩序上的美感；又如附图五二 c、附图九三 a，将三十余身尊像作为一组，巧妙安排在天井的四方斜面上。可见敦煌壁画双身佛并不单独出现，而是经常与其他佛像一起绘出，此值得注意。作为背景，附图一二八西域佛菩萨图像集实为敦煌壁画的依据，更深层的是，王玄策的《西域志》图画四十卷或类似图卷为这些图像提供了源头。Fig.86 黑水城塑像以及 Fig.85 高昌幡画尚不明确是否与其他尊像共同制作，即便其原本就是单独像，造像的传播路径基本与敦煌壁画无太大差别，尤其是黑水城塑像与敦煌壁画的双身佛姿态完全相同，更验证了上述判断。

如上所述，东方流传的双身佛源自白沙瓦雀离浮图之像，在双身佛传入东方之际起到决定性作用的当属王玄策《西域志》图画四十卷等。至少对敦煌壁画的三例附图九二 c、附图九三 a、附图九三 b 中所绘数十身佛与菩萨组成一组，至少此三例敦煌壁画遵照本节论述进行解释应最为妥当。单独像且外形略有不同的例子（Fig.85）或许是根据传说或者相关文字想象而作，关于这一点尚有讨论的余地，今暂到此。

注

一、《释迦方志》卷上："又于南面石陛，画佛丈六之形，昔有二贫人，各施一金钱，共画一像，请现神变，像即现，胸以上分为两身，下合为一。"（《大正藏》，册51，页954c 以下）

二、《法苑珠林》卷五、卷五十五等，记王玄策等到西域前后有三次，（《大正藏》，册53，页310、页703c），又依《大唐西域求法高僧传》卷上"沙门玄照法师传"，可知麟德年间王玄策有第四次旅行（《大正藏》册51，页1c–2a）。有关王玄策的旅行次数，在《通报》上载有 Sylvain 及伯希和的论文，见《通报》，1912，pp.307—309，pp.351—352；《通报》，1923，pp.280—282。

三、《唐书》卷五十八，《艺文志》第四十八，记："王玄策中天竺国行记十卷，西域　326
　　国志六十卷。"（高宗遣使分往康国、吐火罗，访其风俗物产，画图以闻，诏使
　　官撰次，许敬宗领之显应三年上）再者，《法苑珠林》所引用之王玄策《西域
　　行记》、《西国行传》、《西域行传》等书名，是否为其他书籍，尚不明了。若为
　　其他书籍，王玄策的旅行记应有两种以上。

四、《历代名画记》卷三"述古之秘画珍图"记："中天竺国图，有行记十卷，图三
　　卷。明庆三年，王玄策撰。"其中"明庆"为"显庆"，伯希和已于1923年《通
　　报》中说明。《通报》，1923，p.280，注2。

五、参见《大正藏》，册53，页310b、页392c、页1024b-c。

六、参见《大正藏》，册53，页503b、页703c。

七、参见《唐书》卷二二一上《西域列传》之"天竺国"。另见《旧唐书》第一九八卷，
　　"天竺国"，亦有记述。

八、参见《法苑珠林》卷二十九（《大正藏》，册23，页503a）。同卷"摩揭陀国"
　　中记"贞观二十三年有使图写迹来"，可知此与王玄策一行相关（《大正藏》，
　　册23，页502a）。

九、《法苑珠林》卷十四："当时奉敕令京城巧匠至中台，使百官诸学士监看，令画
　　西国志六十卷，图有四十卷。"（《大正藏》，册53，页392c）《法苑珠林》卷
　　五："西国志六十卷，国家修撰，奉敕令诸学士画图，集在中台，复有四十卷，
　　从麟德三年起首至乾封元年夏末方讫。"（《大正藏》，册53，页310b）《法苑珠
　　林》卷二十九："敕令文学士等总集详撰，敕成六十卷，号为西国志，图画四十
　　卷合成一百卷。"（《大正藏》，册53，页496c）

　　《法苑珠林》卷一百："中天竺行记十卷，右此一部，皇朝朝散大夫王玄策撰。　327
　　西域志六十卷，在此图画四十卷。二部合成一百卷，皇朝麟德三年奉敕令百官
　　撰。"（《大正藏》，册53，页1024a-b）

十、《历代名画记》卷三"东都寺观画壁"："敬爱寺……佛殿内菩萨树下弥勒菩萨塑
　　像，麟德二年自内出，王玄策取到西域所图菩萨像为样。巧儿张寿、宋朝塑。
　　王玄策指挥，李安贴金。"

十一、参见《历代名画记》卷九"阎立本"及《宣和画谱》卷一。

十二、参见《大正藏》，册51，页995，《唐王玄策中天竺行记并唐百官撰西域志逸
　　　文》。

第三节　灵山释迦说法图

释尊几度在耆阇崛山（灵鹫山）说法，在印度自古便开始制作灵山释迦说法图。而在中国魏晋南北朝时代各地已广为造像，据唐惠详《弘赞法华传》卷一记北魏太祖造像一事（天兴元年，398）与刘宋景平元年（423）释惠豪造像一事（《大正藏》，册51，页13b）。尤其是惠豪所建灵鹫寺规模宏大，为历代所不见。今在此列举的是敦煌千佛洞的雕塑和千佛洞发现的绢本画，以及绣佛中有几铺被认为是与灵山释迦说法图有关的实例，见以下四铺：

德里中亚博物馆藏　敦煌出土　绢本着色　佛菩萨图像集　灵山释迦说法图（附图九四a、附图一二八）

大英博物馆藏　敦煌出土　刺绣　灵山释迦说法图（附图九五a）

大英博物馆藏　敦煌出土　绢本着色　灵山释迦说法图残片（附图九五b）

千佛洞　第67窟正面［D203西壁］灵山释迦说法塑像（附图九四b）

上述四例均推断为唐代制作，其中第一例（附图九四a）有大型舟形背光，其

上绘火焰和化佛，背光四周绘山岩，表示佛陀在灵鹫山之意（附图九五b山顶上绘出鹫鸟，表示鹫峰）。尊像右肩袒露，右手自身侧垂下，伸五指，左手于胸前手握衣端。从衣纹的表现可发现其制作的特色——以平行复线表示衣褶的隆起，这一特色为忠实临摹和再现中印度佛像的结果，可回想上一节关于双身佛图的论述，因此其与一般的佛画略有差别。画工想方设法期望表现出雕像的立体感，在线描上费尽心思。如此用心的线绘于艺术的角度来看未必成功，而对于实物的忠实程度，却令人信服。如果进一步想象的话，足可将此视作为一身再现其细部的魁梧的中印度雕像。

遗憾的是，由于欠缺榜题文字，难以正确推测这是依据中印度何处或哪座寺院的山中说法像而绘，可能为直接模仿灵鹫山精舍内的释迦说法像而作。玄奘《大唐西域记》卷九"姞栗陀罗矩吒山"（灵鹫山）记：

其山顶则东西长南北狭，临崖西埵有砖造精舍，高广奇制，东辟其户，如来在昔多居说法，今作说法之像，量等如来之身。（《大正藏》，册51，页921a-b，注一）

玄奘前往灵鹫山的时代，山上建有砖造的精舍，内置等身大的释迦说法像（此

处说法像的小型摹像在圣地常施与各巡礼者，见《大唐西域记》卷十二："银佛像一

躯，通光座高四尺，拟摩揭陀国鹫峰山说法华等经像。"可知在玄奘携回的佛像雕塑中，亦有一身 [《大正藏》，册 51，页 946c]）。而《法显传》"耆阇崛山"记：

> 佛说法堂已毁坏，止有砖壁基在，其山峰秀端严，是五山中最高。（《大正藏》，册 51，页 862c ）

据此记述，玄奘所见的灵鹫山释尊说法堂在法显所处时代已被毁坏，为重新修建而成，因此堂内安置的释迦说法图亦为法显之后所作，这一分析亦与附图九四 a 中根据释迦像样式所推断的年代（六世纪前后）一致，更可确信此图是临摹这一时代灵鹫山说法图的推测。如上节所论，此铺佛菩萨图像集（附图一二八）与初唐王玄策编纂的《中天竺国图》、《西域志》之间有密切的联系。《中天竺行记》记王玄策一行于贞观十九年（645）正月廿七日到达王舍城，接着登上耆阇崛山，山上圣迹遗址俨然俱存，这一记载与已述《大唐西域记》的描述一致。王玄策一行在山上建碑，称赞释尊遗德，说明王玄策一行在圣地停留的时间相当长，可以想见同行画师在停留期间临摹说法堂内的释尊说法图（参见《法苑珠林》卷二十九所引王玄策《中天竺行记》佚文。《大正藏》，册 53，页 504a–b，注二）。因此附图九四 a 灵山释迦说法图的摹本应为王玄策一行当地所临。总而言之，此图可谓现存灵山释迦说 `331` 法图中最应引起重视的一例，原因在于其保持了往昔中天竺耆阇崛山的释迦形象并流传至今。同时，通过观察造像的衣纹表现，可知原像并非石造或木造，而是铸造的雕刻，着实令人欣慰。另外，玄奘自遥远他方带回的"拟摩揭陀国鹫峰山说法华等经像"并非木造，而是银制佛像（《大正藏》，册 51，页 946c），两像并存，令人感触至深（注三）。

这一灵山释迦说法图中，尊像袒露右肩，右手下垂，伸五指，左手上举手握衣端，此于笈多时代中印度雕刻中极其常见，阿旃陀或巴格（Bāgh）石窟寺内存有数身类似造像（注四）。Fig.87 为康赫里石窟寺的一尊造像（七世纪左右制作），为一尊大型石刻，袈裟贴体，下肢的立体表现方式和衣纹的制作技法展现出其不同于 `332` 铸造类佛像的意趣。造像袒露右肩，右臂下垂，翻掌并伸五指，左手上举，手握衣端，顺着左臂垂下的衣裾边缘的锯齿状纹样清晰流畅，与前述敦煌画（附图九四 a）灵山释迦说法图如出一辙。

两者的这一相似之处亦适用于分别为刺绣、绘画、塑像上的第二例、第三例、第四例灵山释迦说法图（附图九五 a、附图九五 b、附图九四 b）。第二例为大英博物馆藏刺绣（附图九五 a），直立八尺多，可谓现存唐人绣佛中出类拔萃之作，刺绣

Fig.87　康赫里石窟寺前室释迦像

色彩艳丽，值得鉴赏品味。中尊释迦左右二菩萨、二比丘侍立，上方有华盖、飞天，下方有二狮和男女供养人像等，齐聚一堂，中尊的形象与前述第一例（附图九四 a）完全相同，可明确看出唐人在制作灵山释迦说法像时严守规范。第一例与第二例相比较便可发现，舟形背光的外周皆有岩角，释尊皆袒露右肩，右臂下垂，伸五指，左手上举，手握衣端；袈裟贴体，凸显腿部的立体感，下半身的衣褶呈八字左右二分；袈裟边缘呈锯齿状纹样，斜饰于释尊胸前，并沿左肩至手腕，又由腕到腰，进而至下摆，自上而下沿身体自然垂下（尤其是沿着下肢的部分成两行并列）。两例呈现出上述之

333　共同特征。这铺绣佛的范本与绢本画像（附图九四 a）的范本应属于同一个谱系。

　　敦煌画灵山释迦说法图的第三例即为大英博物馆藏绢本画残片（附图九五 b），遗憾的是中尊仅存右手，但依据其他特征如袒露右肩、手臂下垂、掌向前展开并伸五指、舟形背光且具火焰、外围有险峻的岩山、山顶栖有鹫鸟等来判断，可知此图明显与第一例、第二例相同，为同一形式的灵山释迦说法图。关于中尊侧旁侍立的比丘，魏勒有舍利弗之说（注五），而尚有阿难尊者在灵鹫山中的石室中坐禅时，天魔波旬化作雕鹫住窟前恐吓的故事（注六），如果依据这个故事来分析的话，或许更富意趣。

　　第三例的侧缘分三段或四段绘故事画，其中两处小像与灵山释迦像完全相同（下方的小像没有完成）。侧缘的故事画绘制依据不明，不似与灵鹫山有关的法华经变相，但又难以断定其为魏勒所说的优填王思慕像（注七）。两身同样形象的小像可为《增一阿含经》卷二十八（注八）解释，一为优填王造牛头栴檀像，一为波斯匿王的紫磨金像，然而按照这一解释就无法说明画中的比丘形人物（有三处）以及雷神。画中的内容比较合理的解释应为如下《大唐西域记》卷十二"瞿萨旦那国"（于

334　阗国）中有关媲摩城雕檀立佛像的故事（此对侧缘所绘内容的说明依旧不甚充分）。

《大唐西域记》卷十二：

战地东行三十余里，至媲摩城，有雕檀立像佛，高二丈余，甚[1]多灵应。（略）闻之土俗曰，此像昔佛在世憍赏弥国邬陀衍那王所作也。佛去世后自彼凌空至此国北曷劳落迦城中。初此城人安乐富饶，深着邪见，而不珍敬，传其自来神而不贵。后有罗汉，礼拜此像，国人惊骇，异其容服，驰以白王，王乃下令，宜以沙土坌此异人。时阿罗汉蒙沙土糊口绝粮，时有一人，甚[2]不忍，昔常恭敬，尊礼此像，及见罗汉，密以馔之，罗汉将去，谓其人曰，却后七日，当雨沙土，填满此城，略无遗类。尔宜知之，早图出计，犹其坌我获斯殃耳。语已便去，忽然不见。其人入城具告亲故，或有闻者，莫不嗤笑。至第二日，大风忽发，吹去秽壤，雨杂宝满衢路，人更骂所告者。此人心知必然，窃开孔道出城外而穴之。第七日夜宵分之后，雨沙土满城中，其人从孔道出，东趣此国止媲摩城，其人才至，其像亦来，即此供养不敢迁移。（《大正藏》，册51，页945c）

最后为千佛洞第67窟正面［D203西壁］所造塑像（附图九四b），与上述三例相同，亦依据中印度传来的图本而作，龛内壁同于附图九四a等，塑作山岳，重峦叠嶂，以示灵鹫山，舟形背光四周火焰升腾以及圆形头光等特点均如上述三例，背光的宝相花纹样与附图九五b完全相同。释尊像本身亦同于前述附图九四a、附图九五a两例，袒露右臂以及左右双手的形式，甚至衣纹，均一致，可见其制作亦忠实再现印度的图样（下垂的右手为后代补修，略显短小）。另外释尊左右侍立二菩萨，其形式尤近似附图九五a中的图样，且二菩萨的外形亦有共同之处（菩萨手经补修，可想象其原形同于附图九五a中所绘）。

以上为敦煌出土的三个图例及窟内雕像，四例均为形式相同的灵山释迦说法图，值得一提的是这些实例直接继承了源自中印度灵鹫山的释迦说法图形式，作为唐代唯一的作品，敬爱之情油然而生。山岳表现正如敦煌壁画法华经变相中以释尊为中心的圣众身后之图样（附图三三a至附图三四b、附图三六a等），或波士顿艺术博物馆藏传法华堂根本曼荼罗（注九），因此山岳的存在使之可称为灵山释迦说法图或灵山变相，但山岳等均为根据佛经描述想象而成的艺术形式，与中印度灵鹫山实际存在的释迦说法像没有任何关系。另，日本中尊寺藏绀纸金泥经卷扉绘（《佛教美術》第9号，卷首插图）、藤田家藏《法华经》劝发品封底背面（《國華》第

335

1　译者注：原书为"其"，误。今校作"甚"。
2　译者注：原书为"其"，误。今校作"甚"。

475 号）以及上野家藏《法华经》图卷（《國華》第 313 号）等，其中的山岳轮廓尽管仿照了鹫头的形状，但这几铺作品与上述三铺直接临摹自印度图样的例子风格完全不同。

注

336

一、《释迦方志》卷下"姞栗陀罗炬吒山"一节中，据《大唐西域记》有："接北山阳，孤起顶上东西长临崖，西陲砖室广高奇制，其户东开，佛住世五十年，多居斯室说法。今作等身佛像。"（《大正藏》，册 51，页 964a）

二、《法苑珠林》卷二十九："又依王玄策传（应为《中天竺行记》）云，粤以大唐贞观十七年三月内，爰发明诏，令使人朝散大夫行卫尉寺丞上护军李义表，副使前融州黄水县令王玄策等送婆罗门客还国，其年十二月至摩伽陀国，因即巡省佛乡览观遗踪，圣迹神化在处感征。至十九年正月二十七日至王舍城，遂登耆阇崛山，流目纵观，傍眺冈极，自佛灭度千有余年，圣迹遗基俨然具在，一行一坐皆有塔记。自惟器识边鄙，忽得躬睹灵迹，一悲一喜不能裁抑，因铭其山用传不朽，欲使大唐皇帝与日月而长明，佛法弘宣共此山而同固。其辞曰：（略）。"（《大正藏》，册 53，页 504a–b）又王玄策于耆阇崛山见到佛袈裟石一事，见《法苑珠林》卷三十五引《大唐西域志》（《大正藏》，册 53，页 559b）一文。

三、相传玄奘带回的"拟劫比仙国如来自天宫降履宝阶像"雕像为刻檀像，但根据《大唐西域记》卷四"劫比他国"一节（《大正藏》，册 51，页 893c），可知玄奘于实地见到的实为石佛像。据此，对于"拟摩揭陀国鹫峰山说法花等经像"为银佛像一事，可见原像亦应为铸造像。这一推测或许为时过早，但再举二像，"拟鹿野苑初转法轮像"即金佛像，"拟憍赏弥国出爱王思慕如来像"即刻檀像，两者均遵循原像的素材（见《大唐西域记》卷七"鹿野伽蓝"以及卷五"憍赏弥国"城内大精舍。《大正藏》，册 51，页 905b、页 898a），据这一事实考虑，上述推测虽略微操之过急，但也并非牵强附会。从附图九四 a 的衣纹处理状态可见原像为铸造佛，综合以上因素，将玄奘所拜灵鹫山说法堂内主尊推定为铸造佛应比较妥当。

四、阿旃陀石窟的例子，见关野、伊东两博士拍摄的有关印度古代建筑雕刻写真集（东京帝国大学工学建筑科），巴格石窟的图片见其中 India Society 编 *The Bagh Caves*，pl.6，a、b 两尊。

五、魏勒推断此比丘像为舍利弗（*A Catalogue of Paintings recovered from Tun-Huang by Sir Aurel Stein*, p.35），其理由不明。假设另一侧亦绘有一身比丘像（如附图九五 a），该氏的推测或可成立。　337

六、《法显传·耆阇崛山》："未至头三里有石窟南向，佛本于此坐禅，西北三十步复有一石窟，阿难于中坐禅，天魔波旬化作雕鹫住窟前恐阿难，佛以神足力隔石舒手摩阿难肩，怖即得止，鸟迹手孔今悉在，故曰雕鹫窟山。"（《大正藏》，册 51，页 862c）。《大唐西域记》卷九"鹫峰山"："佛石室西北石室，前有大磐石，阿难为魔怖处也，尊者阿难于此入定，魔王化作鹫鸟，于黑月夜分据其大石，奋翼惊鸣以怖尊者。"（《大正藏》，册 51，页 921b）

七、魏勒：*Catalogue*, p.35 注 1。

八、《增一阿含经》卷二十八："……是时优填王即以牛头栴檀，作如来形象高五尺，是时波斯匿王，闻优填王作如来形象高五尺而供养，……是时波斯匿王纯以紫磨金，作如来像高五尺，尔时阎浮里内，始有此二如来形象。"（《大正藏》，册 2，页 706a）。

九、关于法华堂根本曼荼罗，矢代幸雄于《美术研究》第四年第一号有翔实考证。

第四节　炽盛光佛并诸星图　338

唐代末期至宋代，有多种文献记载炽盛光佛像与九曜或二十八宿像一起，常绘于寺院的墙壁上。

《益州名画录》卷中：

杨元真　今圣兴寺天王院天王及部属、炽盛光佛、九曜二十八宿……大圣慈寺炽盛光佛、九曜二十八宿。

《图画见闻志》卷三：

高益　画大相国寺行廊阿育王等变相，暨炽盛光、九曜等。
孙知微　于成都寿宁院画炽盛光、九曜及诸墙壁。

《图画见闻志》卷四：

Fig.88　附图九六 b 炽盛光佛图局部

崔白　相国寺廊之东壁有炽盛光、十一曜坐神等。

《宣和画谱》卷二"吴道子"：

吴道子　今御府所藏九十有三，炽盛光佛像一。

即使上述描绘并非吴道子真迹而为其摹本，当时的御府确是存在称作吴道子的作品，以及这些与壁画有关的记述，均值得注意。

由此可知，唐宋时期炽盛光佛图的绘制并不罕见，但中国唐宋时期的炽盛光佛图已毫无遗存，现仅存敦煌千佛洞壁画一铺（附图九六 b）和敦煌出土绢本画一件（附图九六 a）。附图九六 a 为大英博物馆藏绢本着色画，图的一角记：

弟子张淮兴画表庆
神乾宁四年正月八日
炽盛盛光佛并五星

从其文字可知其确切的制作年代及绘画主题，又根据《图画见闻志》、《益州名画录》等所记炽盛光佛九曜或十一曜，可进一步推测佛画的大致内容。附图九六 a 中绘炽盛光佛坐像在白牛所拉的两轮车上熠熠生辉。车四周五星并列，排成一组，乘云飞行，展示了统帅日月星辰的炽盛光佛放炽盛光明、乘车巡行大空的威容。附图九六 b 主题亦基本相同，但两者与日本《阿娑缚抄》中的炽盛光曼荼罗（《大正藏》，图像部册 9，图像 No.13）以及日本法隆寺所藏的星曼荼罗（Fig.89，藤原时代末期）静谧的气氛完全不同。

339

　　图中出现五星，"土宿星"为婆罗门，戴牛冠，持锡杖；"辰星"为妇人，戴猿　　340
冠，持纸笔；"荧惑星"为外道，驴冠，四手持兵器刀刃；"岁星"为卿相，猪冠，手
持华盘；"太白星"为女人，鸡冠，弹琵琶。值得注意的是，五星的身体以及服饰的
颜色依其方位施以五彩，中央镇星为黄身，北方辰星为黑衣，南方荧惑星为朱身，
东方岁星为青衣，西方太白星为白练衣。五星的形姿基本符合《梵天火罗九曜》：

中宫土宿星	其形如婆罗门，牛冠首，手握锡杖。
北辰星	其神状妇人，头首戴猿冠，手持纸笔。
西方太白星	形如女人，头戴酉冠，白练衣，弹弦。
南方火荧惑星	神形如外道，首戴驴冠，四手兵器刀刃。
东方岁星	其神形如卿相，着青衣，戴亥冠，手执华果。

（《大正藏》，册21，页459c—461c）

　　附图九六 b 绘于敦煌千佛洞第 117 窟［D61］（S 第 8 窟），形式与附图九六 a 相
同，以炽盛光佛为中心，配以诸星，巡行天空，制作年代较前图晚，可上溯到宋初
以前。此铺壁画的特色为绘于甬道壁面，令人联想起前述《图画见闻志》所记相国　　341
寺中，高益及崔白于长廊上所绘的两铺炽盛光佛诸星图。长廊壁画的创作多需要左
右延伸的构图，故炽盛光佛并诸星图可谓最适合的题材之一。附图九六 b 炽盛光佛
与前述附图九六 a 相同，乘双轮车辂，右手手指上方绘有轮宝，与 Fig.89 法隆寺星

曼荼罗的中尊相同，此需要注意。法隆
寺星曼荼罗绘有九曜、北斗七星、十二
宫、二十八宿等，在附图九六 b 的车辂
附近，亦可见九曜（可见其中七个），中
尊后方绘有十二宫中的天秤宫、天蝎宫、
男女宫、巨蟹宫等（参见 Fig.88），上方
并列诸像，应为二十八宿。此处二十八
宿应该是四宿一组，共七组。目前尚不
明确这类图样与星曼荼罗图样的制作年
代孰先孰后，但两者在内容上几乎一样，
实为进一步研究之处。《益州名画录》
"杨元真"条记圣兴寺、大圣慈寺等绘有
炽盛光佛、九曜二十八宿图，应与记述

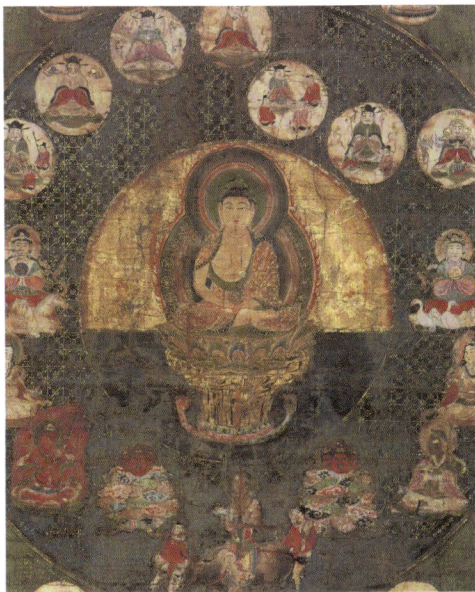

Fig.89　法隆寺星曼荼罗（中央部分）

342

343　　从敦煌画所绘炽盛光佛行道图可以想象古代西域各地规模盛大的行像仪式，《法显传》、《大唐西域记》等关于行像仪式的描述（《大正藏》，册 51，页 857b、页 862b、页 870b 等）中有"七宝庄校，悬缯幡盖"的像车，应亦为一种行像。当然，此处所述敦煌画炽盛光佛并诸星图并非指行像。

344　　　　　　　　　　　　## 第五节　水月观音图

中国绘画史称水月观音图的绘制起源于唐代周昉。

《历代名画记》卷十：

> 周昉，字景玄，官至宣州长史。初效张萱画，后则小异，颇极风姿，全法衣冠，不近闾里，衣裳劲简，彩色柔丽，菩萨端严，妙创水月之体。

《历代名画记》卷三"西京寺观等画壁"：

> 胜光寺　塔东南院周昉画水月观自在菩萨掩障。菩萨圆光及竹，并是刘整成色。

《唐朝名画录》：

> 周昉　　今上都有画水月观自在菩萨。

关于周昉所绘的水月观音图，由于没有作品流传下来，故难以知其详细。幸运的是，在敦煌画中保留有几铺水月观音图，可以根据这些图画大致想象周昉所在时代的水月观音图样式。现根据存留下来的敦煌画，考察周昉所在时代以及后代画家所描绘水月观音图的样式，同时分析其产生的原因及形式上的变迁等。敦煌画中有

345　以下四铺水月观音图，均为唐代末期或五代时所作：

卢浮宫博物馆藏（伯希和携回）　纸本着色　水月观音图（附图九七 a）

吉美博物馆藏（伯希和携回）　绢本着色　水月观音图（附图一六八千手千眼观音图下段）（附图九八 b）

大英博物馆藏（斯坦因携回）　绢本着色　水月观音图（附图九八 a）

大英博物馆藏（斯坦因携回）　纸本着色　水月观音图（附图九七 b）

以上四铺中，第二铺（附图九八 b）中有题记"水月观音菩萨"，其左侧题记末尾书"于时天福八年（943）岁次癸卯七月十三日"，可明确得知附图九八 b 为五代时期的水月观音图样式，同时其他三铺（附图九七 a、附图九八 a、附图九七 b）亦可以确切地称为水月观音图。通观这四铺水月观音图，可发现其在构图上有几个共同点：菩萨半跏坐于莲池中的岩石上；宝冠上有化佛；一手持杨柳，一手持水瓶（附图九七 a 中观音以两手抱膝）；有大圆光（仅附图九七 a 欠缺）；菩萨身后绘有竹或棕榈竹之类的植物；画面效果反映出画工制作时努力接近印度风格的意识。

具备以上特色的观音图有多个谱系，可以想见这几铺作品与相传唐代周昉所创的水月观音图样式应具有密切联系。此四图的制作时间在周昉之后，然而据此四图显示出的共同特色，推测其应当与周昉时代的水月观音图相同。《历代名画记》卷三胜光寺周昉绘水月观音图中"圆光"和"竹"尤其突出，说明周昉所绘水月观音图亦应类似此处的敦煌画。由唐代开始制作、作为佛画的水月观音图在构思以及色彩运用上均打破常规、无拘无束，装饰物及色彩充满异国情调，安坐于自然环境中的菩萨，周围荡漾着一种梦幻的气氛，此正是这一图画的灵魂所在，体现出其本来之意义。水池中飘荡着珍奇的植物，水禽浮游，碧水幽深，表现的便是观世音住地补怛洛迦山（补陀落山，Potalaka）的池水。唐译《华严经》卷五十一入法界品记：

善男子，于此南方，有山，名补怛洛迦，彼有菩萨，名观自在，汝诣彼问，菩萨云何，学菩萨行，修菩萨道，即说颂曰：海上有山多圣贤　众宝所成极清静　华果树林皆遍满　泉流池沼悉具足　勇猛丈夫观自在　为利众生在此山　汝应往问诸功德　彼当示汝大方便。

时善财童子，顶礼其足，绕无量匝已，殷勤瞻仰，辞退而去。

尔时善财童子，一心思惟彼居士教，入彼菩萨解脱之藏，得彼菩萨能随念力，忆彼诸佛出现次第，（略），渐次游行，至于彼山，处处求觅此大菩萨，见其西面，岩谷之中，泉流萦映，树林蓊郁，香草柔软，右旋布地，观自在菩萨，于金刚宝石上，结跏趺坐。（《大正藏》，册 10，页 366c）

这一描述与图意极为吻合，绘出观自在菩萨安坐于补怛洛迦山池水中的金刚宝石上，山中树林郁郁葱葱。白居易《画水月菩萨赞》：

净渌水上，虚白光中。一睹其相，万缘皆空。

346

347

弟子居易，誓心归依。生生劫劫，长为我师。（《白氏长庆集》卷二十二）

赞中道出了其中之意。关于补怛洛迦山，见唐般若译《华严经》卷十六入不思议解脱境界普贤行愿品，与已述《八十华严》（《大正藏》，册 10，页 732、页 733）所述大体相同，现在的旧译已不使用 Potalaka 的音译，而意译为光明山。卷五十一入法界品：

尔时善财童子，正念思惟彼长者教，随顺菩萨解脱之藏（略），渐渐游行至光明山，登彼山上，周遍推求，见观世音菩萨住山西阿，处处皆有流泉浴池，林木郁茂，地草柔软，结跏趺坐金刚宝座。（《大正藏》，册 9，页 718a）

光明山的位置于《八十华严》中记为"南方"，自古以来一般认为其是在南印度，《大唐西域记》卷十"秣罗矩吒国"（南印度）记：

秣剌耶山东，有布怛洛迦山，山径危险，岩谷敧倾，山顶有池，其水澄镜，流出大河，周流绕山二十匝入南海。池侧有石天宫，观自在菩萨往来游舍，其有愿见菩萨者，不顾身命，历水登山，忘其艰险，能达之者盖亦寡矣。（《大正藏》，册 51，页 932a）

这段描述不仅仅是对光明山的一种想象，从中还显示出当时人们对补怛洛迦山仙境所怀有的憧憬之情，在此结合《华严经》中对补怛洛迦山的描绘，可推想水月观音图出现的原因。水月观音图的目的在于描绘住在南印度深山水池中的观自在菩萨，所以画面中绘满南方的竹类及其他珍奇植物，一种南国情趣荡漾其中。在这一点上，附图九七 a 卢浮宫博物馆藏水月观音图尤能显示出其早期样式，应为唐代时绘制。

目前尚不明确水月观音的名称与旧译《华严经》中所说的"光明山"是否有关，但"水月观音"之名可解释为光明山中现于碧池之中如月般雍容典雅的观音，通俗易懂（如作为密教图像则另当别论，此处没有必要结合水吉祥菩萨进行讨论）。因此水月观音图不一定需要具备大型的圆光，如附图九七 a 中仅有圆形头光，亦可称作水月观音。另有图绘为宝陀落迦山观音，不叫做水月观音而另取名称，见后述五代荆浩、王齐翰，北宋王诜等所绘宝陀落迦山观音或岩居观音。

附图九七 b、附图九八 a、附图九八 b 的敦煌画水月观音图均持杨柳和水瓶，但杨柳和水瓶不一定仅限于水月观音，亦常见于一般的观音像，此处杨柳和水瓶仅作为衬托岩居气氛的物品，别无他意。其后，杨柳和水瓶固定为观音的代表性手持物。

唐代周昉以后，绘制水月观音的画家有左全和范琼二人。《益州名画录》卷上：

> 左全 于大圣慈寺中殿画维摩变相……文殊阁东畔水月观音、千手眼大悲变相。
> 范琼 圣寿寺大殿释迦像、行道北方天王像、西方变相；殿上小壁水月观音；浴室院旁西方天王。

这一水月观音图应该与前述敦煌所出的四图相近，到宋朝以后，水月观音的姿态逐渐改变并流行开来，相传五代画家王齐翰，宋代画家黄居寀、王诜、武宗元等人均绘制过水月观音图。《画继》卷二：

> 王诜 其所画山水学李成，皴法以金绿为之，似古。今观音宝陀山状小景，亦墨作平远，皆李成法也。

《宣和画谱》：

> 黄居寀 水月观音像一、自在观音像一
> 王齐翰 自在观音像一、宝陀罗观音像一、岩居观音图一

350

这些作品大致继承敦煌水月观音图的谱系，需要引起注意的是唐代水月观音向白衣观音的转变，而白衣观音自古便有，《观世音菩萨说烧华应现得愿陀罗尼》记：

> 行此陀罗尼法，应以白净毡若细布，用作观世音像。身着白衣，坐莲华上。一手捉莲华，一手捉澡瓶，使发高竖。（《大正藏》，册21，页612b）

又见《观世音现身施种种愿除一切病陀罗尼》（《大正藏》，册21，页635a），两者描述大致相同。密教中的白衣观音符合佛画造型，肃穆庄重。其后白衣观音的造型从唐末开始运用于描画水月观音，由此逐渐创造出另外一种形态的观音图式，一般称为白衣观音的即为后来所创的观音。就现存作品而言，日本大德寺藏牧溪画白衣观音时代最早，而实际上白衣观音的绘制应更早，唐、五代、宋代白衣观音画家不少，但留有记载的白衣观音应当异于密教图像，而是一种适合鉴赏的水墨绘画。《宣和画谱》：

> 辛澄（唐） 观音像二、白衣观音像一、如意轮菩萨像二
> 杜子瓌（五代） 白衣观音像一

351

352 Fig.90 日本大德寺藏水月观音图

曹仲元（五代）   白衣观音像三
王齐翰（宋）   白衣观音像一

《图画见闻志》卷二：

富玫，工画佛道，有弥勒内院图、白衣观音、观珠地藏、慈恩法师等像传于世。

这些作品均为与牧溪所绘白衣观音类似或为其先驱的绘画作品。Fig.90 是日本大德寺藏传吴道子所绘观音图，其制作年代定为元代，此图亦继承前述敦煌水月观音图的谱系，绘出各种细节，即大圆光、双竹、杨柳、澡瓶等，以求充分表现宝陀落迦山。然而此图俨然受到白衣观音图图式的影响，表现于头戴罗帛，持物置于岩石上而非手中，观音坐姿更加脱离宗教色彩等。

如此，唐代的水月观音随时代变迁不断变化，最终变化为白衣观音。水月观音本是宗教画，在此已蜕变为非宗教的、以鉴赏为本的画作，这个转变经历了一个过程，原因就在于唐代水月观音图本身便具备值得观赏的魅力，如附图九七 a 的水月观音图，画面生动，引人入胜，这一点毋需多言。

日本的水月观音图在便经由唐代僧人之手携至日本，其传入历史相当久远。《常晓和尚请来目录》中"承和六年（839）九月五日"条记有：

水月观世音菩萨像一躯。

353 右大悲之用，化形万方，观思众生，拔苦与乐，故示像相使物生信，今见唐朝世人，总以为除灾因，天下以为生福缘也，是像此间未流行，故请来如件。（《大正藏》，册 55，页 1070a）

承和六年相当于唐文宗开成四年，"一躯"即指绘水月观音一躯。由于当时在日本尚未流行，故特言其为请来之像，可见常晓入唐之时，日本尚未流行水月观音信仰。

Fig.91 《别尊杂记》所载水月观音图

Fig.92 《别尊杂记》所载水月观音图

承和五年（838），又有圆行与常晓一起入唐并于次年末回到日本，在其携回的目录中亦可见有水月观音之名。《灵岩寺和尚请来法门道具等目录》中"承和六年十二月十九日"条记：

> 水月观自在菩萨像一躯。（《大正藏》，册 55，页 1084c）

如仁和寺心莲院本《别尊杂记》中有图 Fig.91 及 Fig.92，其中记载二图中的一图即为灵岩圆行和尚所传本，临摹的是宋代以后的范本，并非承和时期（834—848）的图式。但观音于岩石上半跏而坐，头顶圆光呈现早期风格，身旁绘有竹子，均需加以注意。Fig.92 可以认为是临摹自朝鲜的范本，在这一点上，需要注意朝鲜高丽时代水月观音图样的存在。《东国李相国集》卷一一记：

> 有幻上人者，性或爱竹，先是尝使画家名手韩某，摹白衣观音像，其傍所立双竹，则不令其人画之，乃就丁学士而安，固乞扫焉。盖丁公墨竹妙绝一时故尔。

354

幻长老，以墨画观音像，求予赞曰：观世音子，观音大师，白衣净相，如月映水，卷叶双根，闻熏所自，宴坐竹林，虚心是寄……

据此可知，当时的白衣观音图由水墨完成，即如 Fig.91、Fig.92 所示的水月观音图，循其源流，可追溯到附图九七 a 至附图九八 b 的敦煌画中唐代周昉式的水月观音图。

355

第六节　延寿命菩萨、无障碍菩萨、常举手菩萨、常精进菩萨、不休息菩萨及引路菩萨图

大英博物馆藏敦煌出土的绢本着色画十一面观音图中有一图（附图一七八，参见第六章第四节），其中尊左右各有一身像相对而立，一为延寿命菩萨，一为常举手菩萨。此二菩萨之名极为罕见，日本的佛画中未曾见过类似图例，但在敦煌画中常常出现类似的尊像。

首先讨论延寿命菩萨像。敦煌画中此像多为单尊，且其大多绘于麻布幡画之上，其画例除前述十一面观音图以外，尚有：

（1）大英博物馆藏　麻布着色 幡画二　南无延寿命菩萨
（2）大英博物馆藏　麻布着色 幡画一　南无延受命菩萨（附图一○○ c）
（3）德里中亚博物馆藏　麻布着色 幡画一　南无延寿命菩萨
（4）德里中亚博物馆藏　麻布着色 幡画一　南无延受命菩萨
356
（5）德里中亚博物馆藏　麻布着色 幡画一　南无延寿命菩萨
（6）德里中亚博物馆藏　绢本着色 幡画一（残片）南无延寿命菩萨（注一）
（7）卢浮宫博物馆藏　绢本着色 帧画一　南无延受命菩萨一心供养（附图九九 a）
（8）卢浮宫博物馆藏　麻布着色 残片一　南无延寿命菩萨

以上实例均为五代前后绘制，尊号分"延寿命"和"延受命"两种，但所指应当一样。以上这些造像的形式多样，（1）、（2）、（4）、（5）均胸前合掌（附图一○○ c）;（3）右手上举，左手下垂 ;（7）右手持如意（附图九九 a）;（8）左掌托化佛，右手上举，右手食指和拇指相捻 ;附图一七八十一面观音图中中尊右掌托莲花，左手食指与拇指相捻。由此可知，敦煌画中的延寿命菩萨像并非固守一定

的程式。尽管合掌之形最多，但仅以合掌的形式无法判断其他同样形式的菩萨也为延寿命菩萨，如附图一〇〇 b 菩萨像亦为胸前合掌姿势，其榜题却为"南无常举手菩萨"，另有附图一〇〇 a 幡画榜题"南无大圣无障碍菩萨"。因此，延寿命菩萨的关键之处并非在于形式，而在其名称。此处首先应当讨论的问题是敦煌画中延寿命菩萨以何种性质进行表现。

延寿命菩萨之名，即便在密教中亦不常见，但类似的菩萨有"金刚寿命菩萨"和"延命观音"。"金刚寿命菩萨"有时称作"延命观音"，作为本尊主除灾、延命，见不空译《金刚寿命陀罗尼念诵法》（《大正藏》，册 20，页 575a 以下）以及《金刚寿命陀罗尼经法》（《大正藏》，册 20，页 576a 以下）等。金刚寿命菩萨极富密教色彩，仅依据其名号与敦煌幡画的延寿命菩萨相似，是难以找到二者之间的关系的。至于延命观音，在日本其名见于三十三观音中的第十六尊，据不空译《补陀落海会轨》，其中延命观音的名号单独存在，其为二十臂（《大正藏》，册 20，页 132b）。这一延命观音与敦煌画延寿命菩萨亦毫无关系，然而此处有必要对观世音菩萨和延寿命菩萨之间的关系作一论述，原因在于敦煌画中存在几例在观世音菩萨的名号上冠以"延寿命"三字的作品。如大英博物馆藏绢本着色画（附图九九 b），榜题"南无延寿命除（？）苦观世音菩萨"，其立像菩萨右手持花，左手持澡瓶，为观音之姿势。德里中亚博物馆藏纸本着色十一面观音（六臂）图（注二），记"南无延寿命十一面观世音菩萨"，另大英博物馆藏纸本着色药师三尊图（注三）中，一胁侍（右手持莲花）榜题记"南无延寿命如意轮菩萨"。由此，综合敦煌画中的几个图例和法华经普门品等所说观世音菩萨救苦延寿命之功德，以"延寿命菩萨"这一别号称呼观世音似乎比较妥当。按此思路，将延寿命菩萨作为观世音菩萨的异称亦是极有意义的。

敦煌画中，延寿命菩萨像亦有如附图一七八之类样式，将其作为十一面观音的眷属而绘。另有前述大英博物馆藏纸本着色药师三尊图，其中与延寿命如意轮观音像相对而立的另一胁侍榜题"南无延寿命金刚藏菩萨"，"延寿命"三字同时冠于观世音和金刚藏（贤劫十六尊之一，注四）二菩萨名之上，可知敦煌画中延寿命菩萨可以是观世音，但并非特指某一菩萨，其绘制出于祈求益寿延年的愿望，涵括比较广泛，可视作一个较笼统的称呼。比如附图二二三 a 开宝四年（971）观世音菩萨图中，将其视为供养菩萨较为妥帖。因此，延寿命菩萨之名若见于佛经，即如《佛名经》中与其他众多菩萨名罗列在一起的其中一尊，不具备特殊涵义。敦煌出土的经卷中有一卷《佛说延寿命经》（大英博物馆藏，《大正藏》，册 85，页 1404a 以下），其中出现"延寿菩萨"之名，亦为祈求益寿延年而作，与敦煌画延寿命菩萨相同，

357

358

源自祈愿之心，以字面意思为主。

在这一意义上，"无障碍菩萨"与"延寿命菩萨"相同，附图一〇〇a为德里中亚博物馆藏敦煌出土的绢本着色幡画，菩萨于胸前合掌，榜题"南无大圣无障碍菩萨"，是敦煌出土幡画菩萨图中比较优秀的作品之一，应为唐画。此菩萨称号"无障碍"，与"延寿命"相同，反映希求无障碍之心，与密教如意轮观音别号"无障碍观自在菩萨"（意指如意轮摧毁障碍的能力称号）无关。如菩提流支译《佛名经》卷十二（失译卅卷本《佛名经》卷三）"十方诸大菩萨摩诃萨"中，出现"无障碍菩萨"之名（《大正藏》，册 14，页 183a、页 198a），均与敦煌画无障碍菩萨相同，为诸多菩萨名中择一恰当之名以表达供养人的意愿，进而题于菩萨像旁。如此，附图一〇〇a无障碍菩萨的形象与前述延受命菩萨像中的一尊（附图一〇〇c）或后述常举手菩萨像（附图一〇〇b）等完全相同，均为胸前合掌，可知此类菩萨像在形式上皆无个性，以名号直接表达其意义。

因此，延寿命菩萨和无障碍菩萨皆为体现祈愿身心安泰无碍的意愿。在敦煌画中尚有几尊菩萨像，其名号体现出不松懈、精进之心愿，如"不休息菩萨"、"常精进菩萨"、"常举手菩萨"等，这类菩萨像制作的主要着眼点亦在于祈愿自己平安幸福或为死者祈求冥福，而其名号的字面意义却与前记二菩萨完全不同，这两者并存，不禁令人感到奥妙无穷。附图一七八十一面观音图中，与前述延寿命菩萨相对而立的是常举手菩萨，或许这一组合是个偶然，但富有趣味。

十一面观音图中，常举手菩萨左手持莲花，右手翻掌前举，右手食指与拇指相捻，榜题"南无常举手菩萨"，附图一〇〇b中菩萨形象与延寿命、无障碍两菩萨相同，均作合掌之姿，而且前者常举手菩萨与同图中相对而立的延寿命菩萨取对应的姿态，说明常举手菩萨外形比较自由随意，其姿态若包含举手之意，就榜记"常举手"。常举手菩萨之名见于《佛名经》卷十二（失译卅卷本《佛名经》卷四，《大正藏》，册 14，页 183a、页 204b；中村氏本，页 305c），另见于《维摩经》（《大正藏》，册 14，页 537b、页 519b、页 558a）。在这些佛经中，常举手菩萨之名与其他菩萨一并出现，可见其十分普通，与"不瞬菩萨"、"无言菩萨"（同为《佛名经》所记。《大正藏》，册 14，页 183a、页 204b）等一起，其名号具有不可懈怠的意思，仅止于此。

常精进菩萨与不休息菩萨的情况与上述相同，敦煌画附图一七九十一面观音图中相对而立的两身菩萨（均为胸前合掌），另有前述附图一七八十一面观音图中与延寿命菩萨相邻而坐的常精进菩萨（合掌捧持莲花），附图一〇〇d朝鲜总督府博物馆[1]藏绢本着色长幡中所绘不休息菩萨（两手交于胸前），两菩萨之名亦见于《维摩经》（《维摩诘所说经·佛国品》，《大正藏》，册14，页537b；《说无垢称经》卷一，《大正藏》，册14，页558b），其名号亦表示不懈怠之意。尚有卅卷本《佛名经》中坚精进菩萨、上精进菩萨、行精进菩萨、至诚精进菩萨、坚勇精进菩萨等诸精进菩萨（《大正藏》，册14，页258b–c、267c）或不疲倦意菩萨（《大正藏》，册14，页197c）等，情况均相同。

　　此类菩萨实例在敦煌画中屡见不鲜，尚有一种菩萨与其类似却又略显异趣，即引导死者往生乐土的"引路菩萨"。引路菩萨为引导之姿，在敦煌画中有如下几件绢本、纸本画：

　　（1）大英博物馆藏　绢本着色　引路菩萨图（附图一〇一）
　　（2）大英博物馆藏　绢本着色　引路菩萨图（附图一〇二）
　　（3）吉美博物馆藏　绢本着色　引路菩萨图（附图一〇三a）
　　（4）吉美博物馆藏　绢本着色　地藏十王图下段引路菩萨图（附图一〇四b）
　　（5）吉美博物馆藏　纸本着色画残片　引路菩萨图（附图一〇四a）
　　（6）卢浮宫博物馆藏　绢本着色画残片　引路菩萨图（附图一〇三b）

　　这六件图例中有榜题文字，（1）记"引路菩"，（3）记"女弟子康氏奉为亡夫薛（？）诠造（？）引路菩萨一尊一心供养"，（4）有"南无引路菩萨"和回鹘文榜题。（1）、（2）、（4）、（5）四件中被引者均为盛装的妇女，（2）中三侍女和一童女相随，（3）中有男子着白衣，作合掌之姿，（6）中为夫妻和童子。（1）、（2）、（3）三件在图的上方尚绘出引导之目的地——乐土的景象。六件图例中，菩萨的形式、姿态极为相似：幡搭于肩，圆形头光，回头顾盼后方跟随的被引者，或绶带翻飞，足踏莲花上行进等，均十分类似，尤其（2）、（3）、（4）三件中，甚至于持幡柄右手手指的屈伸都显示出同样的描画特色，可见这一引路菩萨像均依据一个相同图式所绘制。（2）中菩萨宝冠有化佛、（6）中菩萨左手持杨柳等，有表示观世音菩萨像的意图，但总体看来，各个像的形式基本显示出引路菩萨像所具备的特点，（1）、（2）、（3）中菩萨皆手持长柄香炉，（5）、（6）中是被引者替代菩萨手持长柄香炉，（4）中被引者手中似有香炉（或为瓶）。以上特征如表3.1所示：

1　译者注：今韩国国立中央博物馆。

表3.1　敦煌画引路菩萨图像对比图

	菩萨持物		被引领者	记入文字	制作年代	图像内容及现状
	右手	左手				
（1）	长柄香炉	幡	女	引路菩	唐	上方绘天宫
（2）	幡	长柄香炉	女		唐末五代	上方绘天宫，菩萨宝冠有化佛
（3）	幡	长柄香炉	男（合掌）	女弟子康氏奉为亡夫薛（？）诠造（？）引路菩萨一尊一心供养	宋初	上方绘天宫，童女持幢
（4）	幡		女（捧持香炉）	"南无引路菩萨"及回鹘文（另有太平兴国八年十一月十四日题记）	宋初	地藏十王图下段
（5）	幡		女（把柄香炉）		五代宋初	残片
（6）	幡	杨柳	男（把柄香炉）女（莲花）		五代宋初	残片

　　"引路菩萨"之名不见于《佛名经》，应仅为表示引导死者往生乐土的菩萨，但于敦煌画，其外形身姿具有固定的特征，这一点不同于前述延寿命菩萨像等，同时与延寿命菩萨所表示的现世利益又有不同，其为死后引导的菩萨。可以想见，描绘这类菩萨像具有期盼自身往生乐土之意，多数仍是为近亲先亡者祈求冥福，上述图例（3）便记女弟子康氏为亡夫而造，（4）中记为弱年早逝的清河郡娘子张氏乞愿冥福。因此（1）、（2）、（5）中被引者为女子，说明先亡者是女性，（6）应解释为乞愿亡父母二人往生乐土。

　　引路菩萨引导的目的地在何处？在敦煌，人们心中希望借此菩萨往生何种乐土？图例（2）中菩萨宝冠上有化佛，据此可解释引路菩萨即是观音菩萨（注五）。图例（4）中引路菩萨像绘于地藏十王图（参见附图一〇八）的下方，可见引路菩萨和地藏信仰之间应有所联系（注六）。想来唐宋时期敦煌地区佛教信众之间流行的引路菩萨并非引导亡灵往生特定的净土，如西方极乐净土或忉利天，其引导的目的地是一个比较笼统的概念（关于此点参见《東方學報》京都第一册，塚本善隆《引路菩薩信仰に就いて》）。

　　引路菩萨之所以会持幡，其理由在于敬送亡灵之际一般使用命过幡（荐亡幡）或送葬幡，这一点不禁令人联想到附图一一七、附图一一八敦煌本十王经图卷中的十王，骑黑马，手持黑幡（注九）。另，与导师的持物长柄香炉（Fig.94是其中的一

Fig.93　千佛洞 135C 窟天井斜面［D31 窟顶北披］文殊赴会图

例）一起，前导者一般手中持幡。千佛洞第 135C 窟天井斜面［D31 窟顶北披］南北所绘的圣众行道图（Fig.93 所示为南侧的一铺，注七）中，前导的诸菩萨亦各自持幡或长柄香炉。幡与行道天王图的旌旗（参见附图一二三 a、附图一二三 b、附图一二四 a 等）相同，颇具动感。日本阿弥陀来迎图亦绘圣众前行，图中幡迎风舞动。敦煌画中幡和长柄香炉一般表示供养之义，多由诸比丘、众人把持（注八），引路菩萨手中的幡重点在于强调引导亡灵。

366

　　敦煌画作品中现存多铺引路菩萨像，可以想象唐宋时期敦煌地区相当盛行这一信仰，但其不仅限于敦煌地区，在中原地区亦流行这一信仰并制作相应图像，其尊号亦时有变化（注十）。唐末画家王泼所绘《导引图》（注十一）应为阿弥陀来迎图的一种。依照引导的形象，亦可推断其为引路菩萨图。又如唐末画家朱繇以及宋代

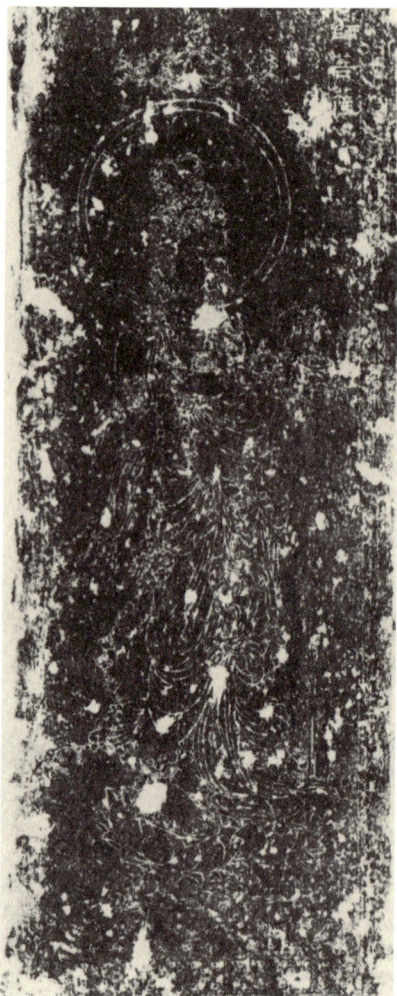

Fig.94　天台山国清寺存导师菩萨石刻像

韩虬等画有不少行道菩萨像（注十二），图中亦应绘有引路菩萨形式的像。Fig.94 导师菩萨与观音、势至、文殊、普贤、弥勒、药王（药上）等诸菩萨像一起，保存于天台山国清寺九层塔的第二层，为宋代石刻像。这一导师菩萨亦十分接近引路菩萨，其手持长柄香炉，又与敦煌画像有相同之处，应归类为引导亡灵的一种引路菩萨。总之，唐宋时期这一导引菩萨像的实例应以敦煌画中的作品为代表，其与引路菩萨一起成为珍贵的绘画作品，值得铭记。

注

一、见 *The Stein Collection*（一）a、CXLIX，（一）b、CL，（二）CLV，（三）CCCXLIII，（四）CDLXXIX，（五）DV，（六）CDLXXIX。

二、见 *The Stein Collection* DLIV。

三、见 *The Stein Collection* LXXL。

四、失译《贤劫十六尊》记："……辩积持华云，金刚藏独股，普贤五智印……"（《大正藏》，册 18，页 339b）

五、英国学界认为，引路菩萨为引导亡魂的观音菩萨（*Avalokite śvara as the Guide of Souls*）。参见 *Serindia*, Vol. II, p.1081, ch.lvii. 002；p.1082, ch.lvii.003，及魏勒 *Catalogue*, p.80，XLVI，XLVII。

六、将引路菩萨定为地藏菩萨的见解，参见《國華》第 383 号，节庵《敦煌出引路菩薩図に就て》；《國華》第 387 号，拙稿《引路菩薩に就て》；矢吹庆辉《三阶教之研究》，页 656，注 42 等。

七、参见伯希和：*Touen-Houang*, V, pl. CCLXXXIX、pl.CCXCII。

八、参见千佛洞第 76 窟比丘像（伯希和：*Touen-Houang*, III, pl.CLIII），第 58 窟供养女像（伯希和：*Touen-Houang*, II, pl. C. CI），附图一七八、附图二二三 b 等供养人像。

九、这一情况下的黑幡，据《十王经》中"阎罗法王白佛言，世尊，我等诸王皆当发使，乘黑马，把黑幡，着黑衣，检亡人家"这一经文描绘。

十、《東方學報》京都第一册，《引路菩薩信仰に就いて》。塚本善隆对五代长兴三年（932）陀罗尼幢所见引路菩萨及北宋苏洵所造引路菩萨有所记述（《東方學報》京都第一册，页138—145）。

十一、《图画见闻志》卷二："王浹，不知何许人。工画人物，钱忠懿家有导引图。"

十二、《宣和画谱》卷三："朱繇……行道菩萨像五。"卷四："韩虬……行道菩萨像二，献花菩萨像二。"

第七节　被帽地藏菩萨图

　　地藏菩萨像正如胎藏界曼荼罗地藏院的主尊，为戴冠菩萨，左手持莲花，莲花上立如意宝幢，右手当胸，手持宝珠（参见《大正藏》，图像部册1，页738）。但这一画例属特殊情况，地藏菩萨的形象一般为剃发圆顶的"声闻形"，常持锡杖和宝珠。地藏菩萨为菩萨身，却不作所谓"菩萨形"，而作"声闻形"，其原因在于，地藏菩萨曾发誓愿在释迦入灭后到弥勒出世的无佛世上济度六道一切众生，其形象在《十轮经》、《本愿经》及其他佛经中有如下记述。

　　《大方广十轮经》（失译）序品：

　　是地藏菩萨作沙门像。（《大正藏》，册13，页681c）

　　《地藏十轮经》（玄奘译）序品：

　　有菩萨摩诃萨，名曰地藏……并诸眷属作声闻像将来至此，以神通力现是变化，是地藏菩萨摩诃萨，有无量无数不可思议殊胜功德之所庄严。（《大正藏》，册13，页721c）

　　尔时地藏菩萨摩诃萨，与八十百千那庾多频跋罗菩萨，以神通力现声闻像，从南方来至佛前住。（《大正藏》，册13，页722b）

　　地藏真大士，具杜多功德，现声闻色相，来稽首大师，施诸众生乐，救脱三有苦。（《大正藏》，册13，页727b）

　　《地藏菩萨本愿经》（实叉难陀译）卷上忉利天宫神通品：

地藏菩萨证十地果位已来，千倍多于上喻，何况地藏菩萨在声闻辟支佛地。
（《大正藏》，册 13，页 778b ）

《地藏菩萨仪轨》（输婆迦罗译）：

次说画像法，作声闻形象，着袈裟端覆左肩，左手持盈华形，右手施无畏，令
坐莲华。（《大正藏》，册 20，页 652a–b ）

《地藏仪轨》（引《觉禅抄》，不空译，恐为伪作）：

内秘菩萨行，外现比丘相，左手持宝珠，右手持锡杖，安住千叶青莲花。（《大
正藏》，图像部册 5，页 129c ）

可见地藏菩萨像一般为声闻形，剃发圆顶的尊像有的以头巾裹头，为声闻形地
藏菩萨像的一种变形。被覆头巾的地藏菩萨像（以下称为"被帽地藏菩萨像"）在
古代中国及日本实例极少，几乎认为没有图像存留，然而在敦煌实例甚多，从其中
可知不少重要的事项。敦煌画中现存二十余铺被帽地藏菩萨图，如下所示：

370

千佛洞　第 14 窟［D154］左侧龛壁画　被帽地藏菩萨图
大英博物馆藏　敦煌出土（斯坦因携回）被帽地藏菩萨图五铺
德里中亚博物馆藏　敦煌出土（斯坦因携回）被帽地藏菩萨图五铺
吉美博物馆藏　敦煌出土（伯希和携回）被帽地藏菩萨图六铺
卢浮宫博物馆藏　敦煌出土（伯希和携回）被帽地藏菩萨图一铺
山中商会藏　十王经图卷　被帽地藏菩萨图

上述之外尚有称作敦煌出土的佛画，其中亦有被帽地藏菩萨像，但明显是伪
作，故略之。现依次对上述被帽地藏菩萨像的特色进行论述。

一、单尊像

附图一〇七 b（千佛洞第 14 窟壁画［D154 北壁］被帽地藏菩萨图）

敦煌千佛洞第 14 窟［D154］左侧龛绘有一铺报恩经变相（附图五七 b），其下
方有一尊被帽地藏菩萨像，制作年代约为五代末宋代初。菩萨像被覆的头巾在额角
处扎紧，其余的部分垂至双肩（后述诸图这一扎法均相同）。菩萨右手执锡杖，左
手持宝珠，与前述"不空轨"相同。头巾以外与其他地藏菩萨像并无两样，为常见

的地藏菩萨像。仅有一点值得注意，尊像的背后共绘有六条光焰，左右各三条。在后述的绢本画中亦有六条光焰的例子（附图一〇九、附图一一〇b），"六"意为"六道"，有许多图例在六条光焰中绘出六道（天上、人间、阿修罗、畜生、饿鬼、地狱）之相（附图一〇七a、附图一〇八、附图一一二a、附图一九八b）。

六道与地藏菩萨有着无法分割的密切关系。地藏菩萨居于弥勒成道前的无佛世界，亘于六道，分身摄化，使众生免于苦痛，肩负重任。北凉译《十轮经》诸天女问四大品记：

一切六道诸众生，常为苦恼之所逼，当悉归命于地藏，当令苦恼悉消灭。（《大正藏》，册13，页686c）

《本愿经》忉利天宫神通品：

为是罪苦六道众生，广设方便门，尽令解脱。（《大正藏》，册13，页778b）

《本愿经》阎浮众生业感品：

尔时地藏菩萨摩诃萨白佛言，世尊，我承佛如来威神力故，遍百千万亿世界，分是身形救拔一切业报众生，若非如来大慈力故，即不能作如是变化，我今又蒙佛付嘱，至阿逸多成佛已来，六道众生遣令度脱。（《大正藏》，册13，页780b）

《本愿经》分身集会品：

是诸众等久远劫来，流浪生死六道受苦暂无休息，以地藏菩萨广大慈悲深誓愿故，各获果证既至忉利。（《大正藏》，册13，页779b）

《本愿经》称佛名号品：

佛告地藏菩萨，汝今欲兴慈悲，救拔一切罪苦六道众生，演不思议事。（《大正藏》，册13，页785c）

《本愿经》地神护法品：

亦化百千身形，度于六道，其愿尚有毕竟，是地藏菩萨教化六道一切众生。（《大正藏》，册13，页787a）

地藏菩萨的六道教化在其信仰上需要引起充分注意，此处所见千佛洞壁画中的地藏菩萨像即包含六道分身摄化的含义，故于身侧附加六条光焰。

除壁画以外，敦煌尚有出土的绢本、纸本被帽地藏菩萨图，以下由构图比较简略的图画开始一一进行记述，以探究其繁琐的构图变化。

附图一〇五（大英博物馆藏，绢本着色，被帽地藏菩萨图）

此藏品与千佛洞壁画相同，被覆头巾，右手执锡杖，左手持宝珠，于莲花上结跏跌坐，威严持重。此铺坐像图制作精美，于现存同类作品中品质极高，于敦煌画中亦可谓一流作品。图下段绘一童子形象（类似附图二一八 a 中的童子），为供养人，其旁有花草，虽无铭记，但明显为五代以前的作品。

附图一〇六 a（德里中亚博物馆藏，绢本着色，被帽地藏菩萨图）

此作类似前图，主尊半跏坐姿，右足踏下，右手执锡杖，左手持宝珠。图下段绘二比丘和世俗的男女二供养人，制作年代推定为五代末宋代初。

373

二、三尊形式的被帽地藏菩萨图

以下图例构图略为复杂，为三尊形式。

附图一〇六 b（大英博物馆藏，绢本着色，被帽地藏菩萨图）

图中主要部分的样式不变，地藏菩萨右手执锡杖，左手持宝珠，半跏坐于莲花上，左足踏下，其前方岩台上置花盘，左右二菩萨合掌而立，均榜题"普门菩萨"。此图为三尊形式，但左右的普门菩萨并无根据，仅表示分身摄化的地藏菩萨的"普门示现"。中尊身后绘六条光焰，其上各绘六道相，与附图一〇七 b 相同。观者视线左侧，由上至下为天上、畜生、地狱各道，右侧由上至下为人间、阿修罗、饿鬼各道。图下段中央碑身刻有祈愿疾患速退的愿文，最后一行记"建隆四年癸亥岁（963）五月廿二日"，制作年代由此可知。碑身两旁有世俗供养人男女各二人，均有题记。观者视线右起可辨认出"故节度押衙银青光禄（以下缺）"、"男幸通一心供养"、"故母阴氏一心供养"、"女十娘子一心供养出适阴氏"。

附图一〇七 a（吉美博物馆藏，绢本着色，被帽地藏菩萨图）

此作与前述图例相同，地藏菩萨（左右六条光焰的六道配置法与前图相反）为中心，左右二童子持卷侍立。此作有一点引人注意，一头狮子蹲坐于岩石旁。关于

374

此狮子的出现，将于后文"地藏十王图"中叙述，而此图中的狮子以及二童子反映出此图是由地藏十王图退化演变而成。图下段中央榜题栏中无文字，其左右为供养人，有持柄香炉的比丘、持花盘的比丘、合掌比丘、男子像、妇女像各一躯，合掌童子一躯，制作年代与前述大英博物馆所藏数图基本相同。

上述均为构图比较简单的被帽地藏菩萨图，以下为被帽地藏菩萨与冥府十王结合的实例。

三、地藏十王图

附图一一四 a、附图一一四 b（大英博物馆藏，纸本淡彩，十王经图卷残片，地藏十王图）

此地藏十王图绘于纸本墨书《十王经》、《佛说阎罗王授记四众逆修生七往生净土经》卷残片的衬页，淡彩，为宋初绘制。中尊地藏菩萨同于前述诸例，为持锡杖和宝珠的被帽地藏菩萨，十王戴冠执笏，左右各置五身。十王外侧置世俗的十王侍者或供养人像，现仅存三身，其右侧一人持卷（附图一一四 b），榜记"善童子一心供养"（善童子一般与恶童子相对，参见附图二二三 b）。

地藏菩萨与冥府十王的组合源于唐末伪经《十王经》，但地藏和冥府的关系在此前早已相互联系。《十轮经》及《本愿经》记地藏菩萨和地狱的密切关系（注一），若从《十轮经》、《大集经地藏菩萨请问法身赞》和《天王念诵法》等所记"地藏作阎魔王身说"（注二）来考虑的话，地藏菩萨和十王同在一席是极为自然的。地藏十王图从唐末起开始迅速流行，可从以下几铺实例得到证实。

附图一○八（吉美博物馆藏，绢本着色，地藏十王图）

此为现存地藏十王图中最为完整的一例，下方有太平兴国八年（983）十一月十四日的长文题记。

主尊为被帽地藏菩萨像，菩萨右手持锡杖，左足踏下，半跏坐于莲花上，头部上方绘有六道，其六道自右侧上方起为人道、阿修罗、地狱，左侧上起为天上、畜生、恶鬼。菩萨的左右置向桌而坐的十王，十王自右上起为秦广王、初江王、宋帝王、五官王、阎罗王，又从左下起为变成王、太山王、平正王、都市王、五道转轮王，其中仅五道转轮王身着甲胄，手中执笔，其他九王皆戴冠执笏。十王左右各有二执笏侍立的童子，十王中的第八身一般称为平等王，此图中记为"平正王"。平等王原为阎罗王的异名，此处回避其名而以平正王称之，如后述日本山中商会所藏

376   十王经卷中的地藏十王图（附图一一七），其第八王亦为"平正王"。不空译《地藏菩萨请问身法赞》则记为"变为平等王"（《大正藏》，册13，页792b），即阎罗王；慧琳《一切经音义》卷十八记"剡魔王……或名可怖畏，亦名深能静息，或云平等……"（《大正藏》，册54，页417c），同书卷五亦有"焰魔鬼界……梵音焰魔，义翻为平等王"（《大正藏》，册54，页338c）。

　　此图主尊前方与附图一〇六b相同，岩台上置花盘，其侧有合掌而坐的一比丘和蹲踞的狮子，比丘题记"南无道明和尚"，狮子题记"南无金毛狮子"，依此可知前述附图一〇七a的狮子亦是金毛狮子。此图道明和尚下方有四位判官并列而立，从左至右分别记为宋判官、王判官、崔判官、赵判官（附图一一七山中商会藏十王经图卷的十王图像之处，宋判官记为吴判官）。图下方有太平兴国八年题记，题记左右绘引路菩萨引导盛装妇女，此值得注意（参见附图一〇四b），关于此菩萨已于第三章第六节详述。

　　此图关键在于"道明和尚"与"金毛狮子"。道明和尚为唐代人，曾入冥见十王分治亡者，将之一一具述，为一传说中的人物，是否真有其人不得而知。道明和尚和冥府的关系见《佛祖统纪》和南宋宗鉴《释门正统》。

377   《佛祖统纪》卷三十三：

　　十王供。世传，唐道明和尚，神游地府，见十王分治亡人，因传名世间，人终多设此供，十王名字，藏典传记可考者六，阎罗、五官、平等、泰山、初江、秦广。（《大正藏》，册49，页322a-b）

　　《释门正统》第四利生志：

　　外又有所谓十王者，按正法念经，祇有琰摩罗王，此翻为双王，以兄主男狱，妹主女狱故也。据冥报记云，"天帝统御六道，是谓天曹，阎罗王者，是谓地府，如人间天子，泰山府君，如尚书令录，五道大神，如六部尚书，自余鬼道，如州县等"。此外十殿之名，乃诸司分者，乃唐道明和尚，入于冥中，一一具述，因标其号，报应符合，初匪周世，往往犹历代官制不同随时更变也。又有十王经者，乃成都府大圣慈寺沙门藏川所撰。又水陆仪文叙曰，图形于果老仙人（唐张果老画帧）起教于道明和尚，虽冥司有十王之号，在藏殿无一字之谈，稽考所因粗知其故，由双王之示实，分十殿以强名，或崇追荐之方，或启预修之会。（《续藏经》，册3，第1辑，第2篇，乙，第5册）

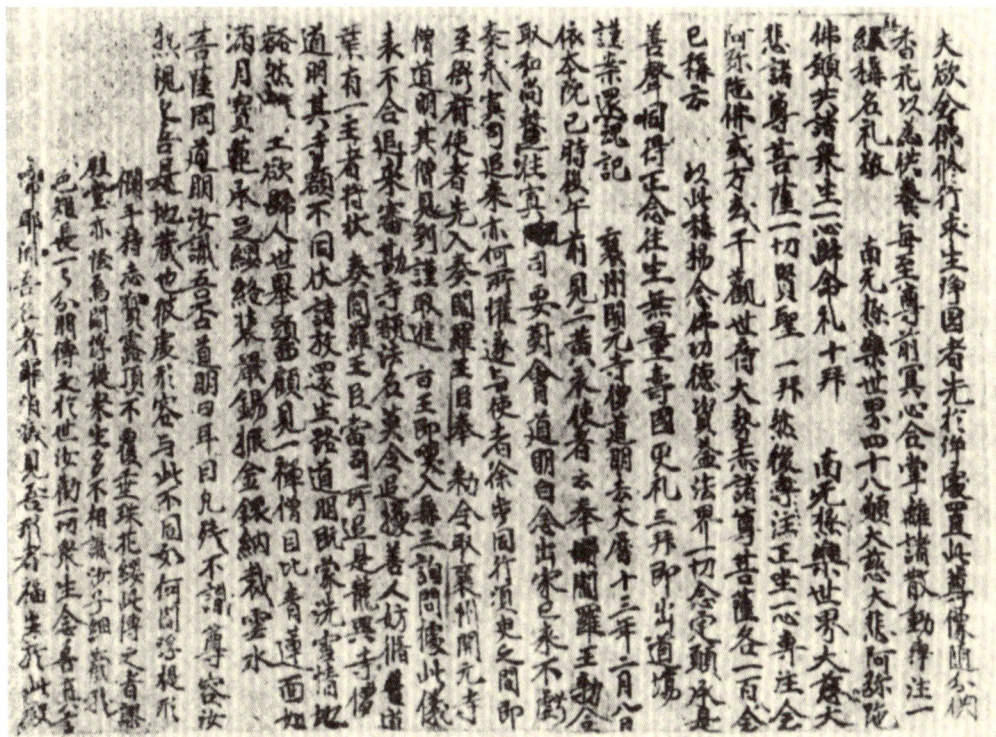

Fig.95　斯坦因自敦煌携回文书

　　这些文字涉及十王、道明和尚、《十王经》、藏川和张果老等问题，各记述皆缺乏充足的根据，故欠缺文献价值。张果老据传为唐玄宗时期的隐士，有种种异行，但张果老与十王图之间关系疏远，若联系十王思想与道教思想，将张果老这一人物穿插其间的做法倒是可以理解。上述《释门正统》及《佛祖统纪》中有关道明和尚的记述过于简单，故附图一〇八以下的地藏十王图中，对道明和尚的说明不够充分，以及为何将狮子置于地藏菩萨之前这一点，亦没有任何说明。

　　在此，有一重要文献尤值得一提，即斯坦因从敦煌携回的文书 S.3092（Fig.95），其中记有道明和尚入冥的故事。文中首先记述阿弥陀佛归命之意，接着转载《还魂记》（此书现已不存）中道明和尚入冥的故事：记襄州开元寺僧道明，于大历十三年（778）二月八日忽然被黄衣二使者捉拿并带往阎罗王厅，后知为误认其为龙兴寺道明，又被放回生世。道明和尚于冥府见一禅僧，目如青莲，面如满月，狮子侍从。其僧身着璎珞，手持锡杖，足下承宝莲。道明和尚知此僧即地藏菩萨，不同于阎浮提的露顶地藏形象（即被帽形象），并知狮子为文殊菩萨的化身，在亡者听断之际，常辅佐于地藏菩萨之旁。道明和尚返回后，将冥府所见图绘丹青以广传世间（注三）。这份古文书有缺失，且混杂错字、俗字，有的部分文意不通，但大致意思如上所述，从文字判断应为五代时期的文书。

378

379

据此，地藏十王图中道明和尚及狮子的疑问已得到解答。同时，冥府中与十王同席的地藏菩萨与阎浮提露顶的地藏形象有别，可知地藏菩萨的形象在此应当被覆头巾，衲衣上挂佩璎珞，持锡杖，足下托莲花。唐末以后，被帽地藏菩萨、十王、狮子、道明和尚四者结合之图在中国迅速流行，此现象就是这些传说故事促成的，前述《佛祖统纪》、《释门正统》中的记述亦应出自于这些传说。

这些虚构的故事不知何时被何人写出，唯一可据的《还魂记》已不存世，更加无据可考。现仅有《太平广记》引用书目中包含《还魂记》（但《太平广记》中没有道明和尚的故事），从这一点可以明确的是其并非仅流传于敦煌。考证道明和尚故事形成的过程，可参见魏勒的著作 *A Catalogue of Paintings recovered from Tun-Huang by Sir Aurel Stein*（页37）。若从唐代怀信所记《释门自镜录》卷下"隋相州道明侵柴然足事"（注四）、唐僧详撰《法华传记》卷八"隋相州僧玄绪"（注五）中道明和尚和地狱苦的故事，以及协助玄奘翻译《地藏十轮经》有一沙门称"道明"（参见《十轮经》卷末，注六），尚有于敦煌出土的大英博物馆藏本摩尼教典《摩尼教下部赞》的译者亦称作"道明"（注七），从以上这些记述可以得到不少启示，尤其是最后《摩尼教下部赞》的译者为"道明"这一人物，值得回味。赞文中出现的"地狱"、"地藏"、"平等王"（即阎罗王）等字句，尤其能证明摩尼教的冥府思想与佛教思想极为近似。又如敦煌本《波斯教残经》中记：

诚信以像十天大王，具足以像降魔胜使，忍辱以像地藏明使。（《大正藏》，册54，页1282c）

这一经文亦明确显示出地藏十王思想已融入摩尼教信仰。这一摩尼教文献中的道明这一人物，以及《还魂记》中所提道明，将两者一并思考时，各处息息相关，恐并非偶然。以下再举一图例，Fig.96对于考证佛教十王思想与摩尼教冥府思想的关系甚有帮助。此图为吐鲁番木头沟一寺院遗址壁画上的地狱图（格伦威德尔摹本），制作年代为九世纪或十世纪左右，图中所绘牛头狱卒、马头狱卒为佛画地狱图中常见图像，尤其值得注意的是图中端坐人物（应为十王）的服装是当地回鹘人所特有的样式，桌旁的判官形象酷似八九世纪左右摩尼教典插图十王图中的当地人物（注八），甚至服装、桌子的形状亦相似。同时，十王图中不可或缺的一点，即桌子左右分立侍者一事亦极为相似。由此可见，木头沟的这一图例将摩尼教冥府图和佛画十王图紧密联系在一起，对此将于下节中详述，此处先行指出佛教、摩尼教两者在十王思想上息息相关一事。

Fig.96　木头沟壁画地狱图（格伦威德尔摹本）

以上，以附图一〇八地藏十王图为中心，用长篇进行了分析，以下举出其他类似实例，以证实其构图逐渐简化的过程。

附图一一〇 a（大英博物馆藏，绢本着色，地藏十王图）

图中被帽地藏菩萨的半跏坐法以及手持锡杖和宝珠等，在位置上与前述附图一〇八的地藏十王图完全相反，十王的配置亦左右对换。以观者视线看，左侧上方第一身为秦广王，右侧上方为最后的五道转轮王，和前图一样没有榜题。主尊不在莲花上面是坐于岩座上，前有狮子，也有道明和尚和崔判官，其旁有牛头狱卒引领亡者，净颇梨之镜中现出亡者生前的恶业。下段供养人有三比丘、一世俗男性、二妇女，下方中央榜题栏内不见文字，而图中的文字除"道明和尚"和"崔判官"外，未见其他。图的制作年代应为五代末宋代初。

附图一〇九（德里中亚博物馆藏，绢本着色，地藏十王图）

此图为淡彩画，或为未完成状态。主尊地藏菩萨一如前例，戴覆头巾，右手持

382

宝珠，左手持锡杖，左足踏下，半跏坐于莲花座上，圆形身光上方左右各有三条光焰，表示六道摄化。主尊地藏菩萨前方有花盘，其左右绘道明和尚和狮子，更向外侧绘执笏十王。十王的配置法异于前述两者（附图一〇八、附图一一〇a），配置顺序由图的前方开始（即由图的下方到上方），图中观者视线从左侧下方向上为秦广王至阎罗王，右侧下方向上则为变成王至五道转轮王，十王的左右均侍立持卷童子，其中十王头冠正面标"王"字，在后述敦煌十王图中有许多类似的例子。这铺地藏十王图应为五代初期绘制，着色淡雅，图中笔致清晰可见，堪称佳作。

383

附图一一〇b（大英博物馆藏，绢本着色，地藏十王图）

主尊被帽地藏菩萨与前述附图一一〇a相反，可谓一常见造形。主尊左右二童子合掌侍立，前面左右有十王，其前有合掌的道明和尚和崔判官（？）以及蹲踞的金毛狮子。十王后方绘三人物，似为判官，即如附图一〇八、附图一一七绘四身判官。主尊背后的六道，同于附图一〇七b和附图一〇九，仅绘出光焰但没有六道图像。十王均执笏端坐，五道转轮王亦无甲胄。十王的配置法以主尊地藏菩萨为中心，于其前呈八字排开，这一特色犹如山中商会藏十王经图卷的十王配置（附图一一七a），两图于此点值得注意，这一排列方法大大扩展了画面的纵深感。图中主尊地藏菩萨身上随处留有金箔的剥落痕迹，描绘方法略显古意，制作年代无法上溯到唐代末期，应为五代。

四、内容不完整的被帽地藏十王图

384

附图一〇八、附图一〇九、附图一一〇a、附图一一〇b均为人物齐聚的冥府地藏十王图，非常完整，而以下列举的几例虽具备十王图的构图特征，但其中人物欠缺，地藏菩萨、十王、狮子、道明和尚四个主要构成元素中，或缺道明和尚，或缺狮子。

附图一一一b（吉美博物馆藏，绢本着色，地藏十王图）

此图有地藏菩萨、十王、狮子、判官、童子，唯缺道明和尚，中尊地藏菩萨戴覆头巾，右手持锡杖，左手持宝珠，左足踏下，半跏坐于岩座上，为地藏十王图常见的形式。中尊头光上有数条放射状的直线表示六道，而佛头呈放射线的例子多见于敦煌千佛洞壁画。左右十王的配置与附图一〇九相反，右侧最上方为阎罗王，左侧最上方为五道转轮王，十王左右童子侍立，除披着甲胄的五道转轮王外，九王均执笏，亦为常见形式。十王中阎罗王和五道转轮王端坐桌旁，其余八王坐于床座上，这一安置方式不见于他例。值得注意的是细节上有不统一之处，第八平等王（平正王）的随侍童子缺一人，第十五道转轮王的一位侍者为判官形象。

主尊前面绘四判官，如附图一〇八、附图一一七等地藏十王图一样，不见各判官的名称，桌子前面同样蹲有狮子。五道转轮王的后方可见榜题：

> 傅氏女弟子
> 为自身画
> 十王地藏一幢一心供养

此文字中傅氏并非自己绘画，其"画"为"令人画"之意，或为傅氏在成品之后写下题记，以祈愿自身的福运。此图绘制略显稚拙，但明显为宋代之作，图中随处可见菱形的箔片。

卢浮宫博物馆藏，麻布着色，地藏十王图（注九）

此铺同于前者，在地藏菩萨、十王、狮子、道明和尚、四判官、童子中，独缺道明。岩座上的地藏菩萨右手持锡杖，左足踏下，右肩处记"地藏菩萨"，其左右童子和四判官侍立，前面中央有狮子，其左右列十王。十王像中尚可见几处榜题，"第一秦广王下"、"第二"、"第五阎罗王下"等。需注意的是十王的排列方法与附图一一二a一起，形成了一种组合形式。图下方中央榜题栏中的铭文已无法辨认，其左右绘男女供养人各二身。另，此铺地藏十王图的上方同一布面绘有千手观音坐像，与附图一一三b中地藏菩萨、狮子、道明和尚绘于千手千眼观音像（附图一七四）下方相同，这一组合形式应与附图一一四a十王经图卷地藏十王图与不空罥索观音一起绘制的情况一同考虑，可见地藏图和观音图组合的意义，需要作深入思考。

附图一一一a（德里中亚博物馆藏，绢本着色，地藏十王图）

此铺与下列一铺相同，均绘出地藏菩萨、十王、道明和尚，唯缺狮子。中尊被帽地藏菩萨半跏坐，右足踏下，两手不见持物。地藏菩萨前面道明和尚合掌而坐，身姿较小。桌上摆有香炉，左右十王合掌供养，与前述诸例中执笏或执笔的形象完全不同，可谓违背十王在冥府作为裁断亡者固有的精神。图中榜题栏和题记栏不见任何文字，题记栏的左右绘男女供养人像各二，此图的制作年代应为五代或宋初。

附图一一二 a（吉美博物馆藏，绢本着色，地藏十王图）

此铺同于前者，有地藏菩萨、十王、道明和尚、判官、童子，唯缺狮子。此图又与附图一一一 b 相同，使用了较粗糙的菱形箔片，制作简陋，但并非宋代以后的作品，尤其是六道图像的绘法，可知其笔法相当简略。主尊地藏菩萨被帽，右足踏下，右手持锡杖，左手持宝珠，为常见的一种形式。圆形身光六道射出，地藏菩萨左右有判官和童子，其前列十王，与前述卢浮宫博物馆所藏一铺（注九）相同，而道明和尚并非绘于画面的前面，而是在十王一方，极为少见。图上方两侧记：

奉为亡过女弟子氏郭永充供养

387　十王地藏菩萨一铺

尚有六道的名称和"道明和尚"、"天曹判官"、"地府判官"等榜题。除汉字以外，图中尚有回鹘文字，令人联想到前述摩尼教的地藏十王思想或地狱思想，两者或有某种联系。另外附图一〇八地藏十王图下方也有回鹘文字，这在地藏信仰的研究上需要作更进一步的考察。

五、敦煌出土的其他被帽地藏十王图

附图一一二 b（吉美博物馆藏，绢本着色，地藏十王图）

此铺地藏十王图绘制时代更晚（或为元代末期），可证明被帽地藏菩萨和十王的组合形式一直持续到元代，故列举于此。主尊地藏菩萨一如前例，为半跏坐姿，周围有十王、四判官、二童子、二狱卒、狮子、道明和尚等，各个组成要素一应俱全，但排列方式已不同于前，逐渐打破左右对称的形式，显示出时代的变化。另，地藏菩萨身后绘有南国的植物，应与佉罗陀山地藏图为同一谱系，而佉罗陀山地藏图为模仿宝陀落迦山观音图（参见第三章第五节）而制。

除上述外，德里中亚博物馆尚有下述两铺，为斯坦因由敦煌携回的地藏十王图，二者均为五代末宋代初的作品。

德里中亚博物馆藏，绢本着色，地藏十王图残片（注十）

388　此铺由地藏菩萨、十王、侍者、狮子、道明和尚所构成，下段绘三身女供养人。

德里中亚博物馆藏，纸本着色，地藏十王图（注十一）

此铺由地藏菩萨、十王、侍者、狮子、道明和尚所构成，下方有男女供养人各二。其次为地藏菩萨和狮子、道明和尚组合的简单图例，亦系根据道明和尚入冥的故事所绘地藏菩萨像。

附图一一三 b（吉美博物馆藏，绢本着色，千手观音图下段被帽地藏菩萨图）

此铺以千手千眼观音立像为中心，周围配置四十余尊画像，此构成画面的主要部分（参见附图一七四），下段中央记愿文"太平兴国六年辛巳岁六月丁卯朔十五日辛巳"，左侧绘供养人即节度都头银青光禄大夫捡挍国子祭酒兼御史中丞樊继寿立像，与此相对绘有地藏菩萨、狮子、道明和尚。主尊地藏菩萨的形象与附图一一〇 a 同样，与一般的地藏菩萨像形象左右相反，其右手持宝珠，左手持锡杖，右足踏下，坐于岩座右下的莲花上。各尊榜题：

地藏菩萨来会鉴物时

金毛狮子助圣时

道明和尚却返时

此图据《还魂记》所述，绘道明和尚入冥的故事，榜题文字均有据可寻，所以这些题记在研究地藏菩萨像的形成上具有重要价值。

此图的主尊地藏菩萨并非正面而为侧面描画，与附图一一二 b 相同。又有树木绘于侧旁，从这些特点亦可知此图属于摹仿宝陀落迦山观音图的佉罗陀山地藏菩萨图谱系。

附图一一三 a（山中商会藏，十王经图卷中被帽地藏菩萨图）

此铺为十王经图卷中出现于阎罗王厅的被帽地藏菩萨，可能表示阎罗王化作地藏菩萨而现。主尊地藏菩萨右手持锡杖，左手持宝珠，坐于莲座，座下有金毛狮子，莲座右方道明和尚合掌而侍。地藏菩萨身后绘有山岳，表示地藏菩萨的居所佉罗陀山，同于前述二图。

以上为敦煌画中的被帽地藏菩萨图，接着叙述西域地区、中国中原、朝鲜以及日本的几铺被帽地藏菩萨图的实例，与敦煌画作一比较。

（一）西域地区被帽地藏菩萨图

Fig.97（雅尔和屯［Yâr-choto］发现的绢本着色被帽地藏菩萨图残片）

此为勒柯克在吐鲁番以西的雅尔和屯发现的绢本画残片。勒柯克在其著作

389

390

Fig.97　雅尔和屯出土被帽地藏菩萨画

Chotscho 中定其为一僧侣（注十二），然而此像有头光，胸佩璎珞，可明确判断其并非一般的僧侣。从头巾和袈裟推断为圆顶地藏菩萨，恐无可置疑。尊像的头巾为红色绿边，披戴方式与前述敦煌画中的被帽地藏菩萨完全相同，右手无持物，左手持似梵夹物，其状不明。根据图中出现的一些独特的地方色彩可知，此图的制作地虽然在吐鲁番，但此图并不能称之为引领中原的作品，而是模仿中原的作品，画工或为居住在当地的中原人，制作年代无法上溯到五代之前。总之，在如此遥远的地方能发现这样一铺被帽地藏菩萨像，实令人欣喜不已。

（二）中原地区被帽地藏菩萨图

《图画见闻志》卷二：

> 王乔士，工画佛道人物，尤爱画地藏菩萨十王像，凡有百余本传于世。

据此可知，五代时期中原地区盛行地藏十王图，不难想象，中原地区的地藏十王图亦类似于前述的敦煌画地藏十王图，但迄今为止尚未发现能上溯到五代或唐末时期的作品，实为憾事。而后举两铺为近世之作，通过这样的作品，在某种程度上可以想象时代较早的图例的状况。

Fig.98（圆觉寺藏，绢本着色，被帽地藏菩萨图）

此铺定为元代初期之作，尚可见宋画遗韵，并能从中感受中原的佛画比敦煌画制作更为细腻精到，用笔亦更为细致。主尊地藏菩萨左手持宝珠，右手拇指与中指相捻并抬至胸前，右足踏下，半跏坐于岩座上。锡杖本应右手把持，在此则由侍立其旁的道明和尚捧持，其前方蹲踞金毛狮子。与道明和尚相对并持宝函的人物应为十王之代表（恐为阎罗王），有头光，衣冠华丽，可见并非前述附图一一〇 a、附图一一〇 b 等敦煌画地藏十王图中的崔判官、赵判官。然而此像亦不是执笏形象，故留有疑问，但因此铺为元代初期制作，不可避免会产生上述形态上的变化。

391

顺带一提，此图以前以"智吉祥释迦"的名称传入镰仓圆觉寺，何故称作"释迦"，尚不明其因。想来可能因为图中绘有狮子以及智手（右手）作"吉祥印"，而定其为说法释迦。智吉祥印即右手拇指和无名指相捻，舒展其余手指，为释迦说法印的一种。《释迦文尼佛金刚一乘修行仪轨法品》记：

> 先作曼荼罗，其中央画释迦牟尼[1]像，金色之身具四八相，被服袈裟应身说法相，智手吉祥印，理手向上置智前，于白莲花台结跏趺坐。（《大正藏》，册19，页87a）

上述文字值得注意，据此可知此铺被帽地藏菩萨图为智吉祥印应身说法的释迦如来像，智吉祥释迦的名称可能即源自于此，而出现这样的名称亦说明过去日本被帽地藏菩萨图的匮乏程度。

Fig.98 圆觉寺被帽地藏菩萨图

Fig.99（神户川崎男爵家藏，绢本着色，被帽地藏菩萨图）

此铺传为张思恭所作之被帽地藏菩萨图，但制作年代应为元末以后或明代。地藏菩萨右手握锡杖，左手扶左膝，左足踏下，坐于莲池中岩座上，为一单尊像。半跏坐于莲池中岩座的形象模仿自水月观音图式。地藏菩萨的穿戴既不似头巾亦不似袈裟，通体以金泥敷绘纹样，细密精致。这一工艺为近世中原佛画的特色之一，极为精巧，虽属近世，也是敦煌画（例如附图一一二 b）无法企及的。

如上所述，中国的被帽地藏菩萨图一直延续至后世，其他地区即朝鲜和日本的被帽地藏菩萨像或地藏十王图持续制作的情况，亦可证明其流行的程度。

---

1 译者注：原书为"释迦牟曩"，误。今校作"释迦牟尼"。

Fig.99　川崎男爵家藏被帽地藏菩萨图　　Fig.100　与田寺藏被帽地藏菩萨图

（三）朝鲜的被帽地藏菩萨像

Fig.100（香川县与田寺藏，绢本着色，被帽地藏菩萨图）

　　主尊地藏菩萨戴覆头巾，左手执锡杖，右手持宝珠，左足踏下，半跏坐，胸前饰璎珞，背后绘云。地藏菩萨的左右和前方有六菩萨（三身合掌，执独钴、莲茎、杨枝水瓶各一），执笏人物一身，以及合掌的道明和尚。诸尊像均有胡须，衣纹颇具特色，敷金线并用墨线勾勒，细密流畅呈波浪状。诸尊的容貌及其画法显示出其摹仿宋元绘画而形成的高丽画风格，可从中了解当时此种被帽地藏菩萨图于朝鲜的流行状况，同时亦可推知被帽地藏菩萨图之中国范本的情况。高丽画中除此之外尚有以下一件地藏十王图。

冈山县日光寺藏，绢本着色，地藏十王图

　　主尊地藏菩萨无头巾，圆顶外露，构图与附图一一二a等敦煌画地藏十王图类似，配置十王、判官、道明和尚及其他尊像，可知其与敦煌画有密切的联系。此图即所谓的张思恭风格，制作年代可定为明代，但应为高丽末期之作。

　　朝鲜亦有如下被帽地藏菩萨的雕刻，值得注意。

Fig.101　朝鲜全北高敞郡禅云寺金铜被帽
地藏菩萨像

Fig.102　朝鲜全北高敞郡忏堂寺金铜被帽
地藏菩萨像

Fig.101（全罗北道高敞郡禅云寺兜率天门院宫金铜被帽地藏菩萨像）

此铺主尊被覆头巾，原为右手执锡杖，左手持宝珠，但现在持一棒状之物和宝轮，明显为被帽地藏菩萨，制作年代可上溯至高丽末期。金铜被帽地藏菩萨留存至今，加之下述的例子，说明当时的朝鲜半岛相当盛行制作此类地藏菩萨像。

Fig.102（全罗北道高敞郡忏堂寺大雄殿金铜被帽地藏菩萨像）

此铺亦应为高丽末期（或李朝初期）的被帽地藏菩萨像，一如前例，菩萨坐像应右手执锡杖，左手持宝珠，但持物现在皆已无存。这一作品亦反映出当时朝鲜所流行的被帽地藏菩萨像，值得重视。

（四）日本的被帽地藏菩萨图

如前所述，中国和朝鲜制作的被帽地藏图传入日本，而日本亦有自我发展后绘制而成的被帽地藏菩萨图。

Fig.103（仁和寺藏，纸本白描，被帽地藏菩萨图）

此铺依据中国范本摹绘，但明显为镰仓时代的日本画，依其中所记文字可知其范本为着色画。图中主尊戴帽，右手执锡杖，左手持宝珠，半跏坐于莲花座上，虽无道明和尚和狮子，但前面列有六尊像，各尊像的名称根据图左上的题记文字可知

396
397

398

Fig.103　仁和寺藏被帽地藏菩萨图

其为：

　　南无地藏菩萨　　南无焰魔使者　　南无持宝童子

　　南无大力使者　　南无大慈天女　　南无宝藏天王

　　南无□天使者　　六道众生皆成道佛道

　　六尊像中，肩负焰魔幢的焰魔使者、手持宝珠的持宝童子、天女姿态的大慈天女与所记名称一致，然而戴狮子冠的乾闼婆王和其他身姿的尊像是否与所记名称一致，尚有疑问。同时亦缺乏六尊像围绕地藏菩萨形成图像的根据，但无论如何，借此可知镰仓时代在日本已经在制作这类被帽地藏菩萨图。

　　以下几铺为日本的地藏十王图，其中几铺值得与敦煌出土的地藏十王图作一比较并深入思考。

Fig.104（高野山宝寿院藏，纸本，十王经图卷中地藏十王图）

　　此件与附图一一七敦煌出土十王经图卷相同，为卷头所绘的地藏十王图。中尊地藏菩萨戴帽，道明和尚、狮子相侍，十王的排列法以及童子身姿等均与敦煌画类似，应为摹仿中国宋代范本而在日本绘制的图例。

399

奈良县能满院藏，绢本着色，地藏十王图

　　此件为魏晋南北朝时期制作完成，与敦煌出土的地藏十王图酷似。主尊地藏菩萨无帽，右手持锡杖，左手执宝珠，半跏坐于宝座上，童女手捧经卷侍立左右，地藏菩萨前面蹲踞金毛狮子，左右置执笏十王和司命、司录。此铺图例应与前述附图一一二a等敦煌画地藏十王图作一深入比较和思考。

Fig.104 宝寿院藏预修十王经图卷中地藏十王图

冈山县宝福寺藏，绢本着色，地藏菩萨图

此图母本应为元末明初之际的作品，在日本摹仿绘制而成。此构图类似简略化的地藏十王图，换个角度来说，这一类图式亦可称为地藏十王图。主尊地藏菩萨右手执锡杖，左手持宝珠，左足踏下，半跏坐于宝座上，头上绘六道图像，与敦煌画例（酷似附图一○八）相同。地藏菩萨左右侍立捧持经卷（变为册子）童女各一人。地藏菩萨前方中央蹲踞金毛狮子，其左右有执笏的十王二人、持戟的五道转轮王及合掌的道明和尚。

以上叙述了敦煌画中被帽地藏菩萨图的情况及其与十王的组合，考证了此类图例形成的过程及图式的发展变化，并联系敦煌以西地区类似的作品，对这类作品在中国中原地区流行及其传入朝鲜、日本的情况作了一番简要的论述。期待今后出现更多类似的例子和相关文献资料，被帽地藏菩萨像的研究将更加完整和系统。

400

注

一、参见《地藏十轮经》卷三无依行品（《大正藏》，册13，页734c以下）。参见《地藏菩萨本愿经》分身集会品以下，观众生业缘品、阎浮众生业感品、地狱名号品等（《大正藏》，册13，页779a—782b）。

二、北凉译《十轮经》序品：或作阎罗王身（《大正藏》，册13，页684c）；玄奘译《十轮经》序品：或作剡魔王身（《大正藏》，册13，页726a）；不空译《百千颂大集经地藏菩萨请问法身赞》：变为平等王（《大正藏》，册 13，页 792b）；
天王念诵法云，次地藏菩萨现阎魔天身，左持如意宝（《大日本佛教全书》，册
6，页 2262）。

三、有关后半部分的图片资料，本预定刊出，但最终晚于本书的出版，令人甚感遗
憾。

四、《大正藏》，卷 51，页 819b-c。

五、《大正藏》，卷 51，页 82c。

六、《大正藏》，卷 13，页 728a，《十轮经》卷末记"实际寺沙门道明证义"。

七、《大正藏》，卷 54，页 1279c。

八、参见勒柯克：*Chotscho*，Tafel 5；勒柯克：*Spätantike*，II，Tafel 8b，b。

九、参见《東方学報》东京第三册，拙稿《被帽地藏菩薩像の分布》第十三图。

401

十、参见魏勒：*Catalogue*，p.239。

十一、参见魏勒：*Catalogue*，p.312。

十二、勒柯克：*Chotscho*，Tafel 43a。

402

第八节　十王经图卷

《十王经》分两支，一为流行于中国、朝鲜的《佛说阎罗王授记四众逆修生七
往生净土经》，一为日本的《佛说地藏菩萨发心因缘十王经》，相传两者均源自成都
府大圣慈寺沙门藏川所述。敦煌千佛洞发现的古写经中亦有不少《预修十王生七
经》，其中有的十王经图卷附有插图，尤其值得注意。现列举五代宋初的三种实例，
以对敦煌本十王经图卷的特征作一记述。

　　大英博物馆藏　敦煌出土　纸本淡彩　十王经图卷（中间缺失）（附图一一五、
附图一一六）

　　大英博物馆藏　敦煌出土　纸本淡彩　十王经图卷（仅存卷头）（附图一一四a、
附图一一四b）

　　山中商会藏　董文员作　纸本淡彩　十王经图卷完整本（附图一一七、附图
一一八）

此三铺图反映十王经图卷的三种类型。第一铺（附图一一五、附图一一六）不用文字，只以绘画方式构成十王经图卷；第二铺（附图一一四）于十王经图卷卷头绘以十王经图；第三铺（附图一一七、附图一一八）则为正文和图交互配置的十王经图卷，以下一一进行详述。

附图一一五、附图一一六（大英博物馆藏，敦煌出土，纸本淡彩，十王经图卷）

此图似未完成，中央部分缺失。现存部分绘十王中的第一殿秦广王至第五殿阎罗王，卷末绘地狱图以及地藏菩萨出现。第六殿变成王以后的五王和地狱图的

403

Fig.105　吐峪沟出土的十王经图卷残片

右半部分沿图卷的接缝处缺失。图中不见任何文字，可能绘制时便仅有卷头题记和尾题，没有关于十王经典的字句，仅以画面构成图卷。此种画卷完全不用文字而仅以画面构图的形式反映出当时（五代末宋初）文化水平有限的下层社会信仰十王的状况，令人颇感兴趣。

卷中所绘十王均端坐桌旁，左右双童侍立，另有手持刑具的典狱或狱卒，十王前面绘带木枷裸身的罪人及手捧佛像或经卷的善人，手捧佛像或经卷表示皈依佛门之意。第五殿阎罗王中，在六条云上绘出六道（附图一一六a），六道自上而下为阿修罗、天上、人间、畜生、饿鬼、地狱。而此处所绘六道，表示阎罗王为地藏菩萨的化身，地藏菩萨的六道摄化又应用于此，以示其意。卷末所绘地狱图右半已失，围墙内床座上躺着裸身的亡者，两侧门柱上各画有一只蹲坐的狗。此处所绘的狗与吐鲁番地区吐峪沟（Tuyoq）出土的十王经图卷（？）残片地狱门外的狗（Fig.105）均应引起　404
注意。卷末尚绘有五个亡者，受到牛头狱卒、马头狱卒驱赶。卷中于最后绘地藏菩萨像，表示即使是地狱的亡者，亦可幸遇慈悲无边的地藏菩萨免除一切苦恼。

附图一一四 a、附图一一四 b（大英博物馆藏，敦煌出土，纸本淡彩，十王经图卷残片）

大英博物馆对此两件图卷残片进行分别收藏（编号为 LXXVⅢ、CCXⅢ），但两者图样及尺寸一致，应属于同一图卷，观音和地藏十王图绘于衬页背面，先于《十王经》正文，其图样于本章第七节已述。地藏十王图之后有《十王经》正文，现仅存十五行（未加点部分残缺）：

佛说阎罗王授记四众预修生七往生净土经

　　赞曰　　如来临般涅槃时　广召天灵及地祇

　　　　　　因为琰魔王授记　乃传生七预修仪

如是我闻一时佛在鸠尸那城阿维跋河提边

婆罗双树间临般涅槃时举身放光普照大

众及诸菩萨摩诃萨天龙神王天王帝释四天大

王大梵天王阿修罗王诸大国王阎罗天子太山府

君司命司录五道大神地狱官典悉来集会

敬礼世尊合掌而立

　　赞曰　时佛舒光满大千　普臻龙鬼会人天

　　　　　释梵诸天冥密众　咸来稽首世尊前

佛告阎罗天子于未来世当得作佛名曰

普贤王如来十号具足国土严净百宝庄严

国名花严菩萨充满

　　赞曰　世尊此日记阎罗　不久当来证佛陀

第十二行记"佛告阎罗天子"，而以朝鲜刻本为范本的《续藏经》中则为"佛告诸大众阎罗天子"，添加了"诸大众"三字（《续藏经》乙 23 之 4，385 叶甲，上）。

附图一一七、附图一一八（山中商会藏，纸本淡彩，十王经图卷）

前两铺为残缺的十王经图卷，然此卷为完整的图卷，除《十王经》的文本、纪年和插图外，在卷头尚附有极为少见的《佛说地藏菩萨经》，可称其为最完整的十王经图卷。卷头《佛说地藏十王经》与大英博物馆藏敦煌本《佛说地藏菩萨经》（S.197）（《大正藏》，册 85，页 1455b-c）为同一佛经，仅有个别用字相异，以下抄录其全文，括号内为大英博物馆版本的用字：

405

406

佛说地藏菩萨经

尔时地藏菩萨住在南方琉璃[1]世界以静（净）天眼观地狱之中受苦众生铁碓祷（捣）铁磨磨铁梨（犁）耕铁锯解镬汤涌□□（沸猛）火且天饥则吞热铁丸渴则饮铜汁受诸苦恼无有休息地藏菩萨不忍见诸（之）即从南方来地（来到）狱中与阎罗王共同一处别床而坐（座）有四众重因缘（四种因缘）一者恐阎罗王断罪不凭二者恐文案交错三者未合死四者受罪了出地狱池边若有善男子善女人造地藏菩萨像，写地藏菩萨经念（及念）地藏菩萨名者（无"者"）此人定德（得）往生西方极乐世界从一佛国至一佛国从一天堂至一天堂若有人造地藏菩萨像写地藏菩萨经及念地藏菩萨名此人定德（得）往生西方极乐世界此人舍命之日地藏菩萨亲向（自）来迎常得与地藏菩萨共同一处闻佛所说皆大欢喜信受行（奉行）（佛说）地藏菩萨经一卷

在《佛说地藏菩萨经》之后绘有一图（附图一一七a），为对应《十王经》之序的插图，中央为鸠尸那城娑罗双树下的释尊，观者视线右侧为神通第一的大目乾连，左为智能第一的舍利弗，释尊前面有善恶双童和道明法师，皆为合掌之姿。前方左右执笏十王呈"八"字形排开，其后方侍立王判官、崔判官、吴判官、赵判官四身判官。这一构图与前述敦煌出土地藏十王图（附图一一〇b）的构图完全相同，不同之处仅在于主尊是释迦或是地藏菩萨，想必此处是借地藏十王图的形式而绘出《十王经》之序的插图（Fig.104 十王经卷头的中尊为地藏菩萨）。

此图值得注意的是，十王的第八位不是"平等王"而为"平正王"，在正文中亦为"平正王"，巴黎吉美博物馆藏敦煌出土太平兴国八年（983）的地藏十王图中（附图一〇八）亦为"平正王"，可见宋初敦煌地区一般通用"平正王"，可能"平等"、"平正"为同义词的缘故（参见上节）。图中的第一王记为"陈广王"，应为"秦广王"之误，正文中所记正确，为"秦广王"。十王身后的四判官，自右起有榜题为"王判官"、"崔判官"、"吴判官"、"赵判官"，而前述吉美博物馆所藏的地藏十王图（附图一〇八）中"吴判官"处记为"宋判官"。

释迦十王图之后为《十王经》正文，但错误甚多，在此不一一指正，仅指出其脱落严重的地方：

五道大神地狱官典悉来集会礼敬（敬礼）世尊合掌而立
赞曰　　时佛舒光满大千　普臻龙鬼会人天

407

408

1　译者注：原书为"璃璃"，误。今校作"琉璃"。

　　　　　　释梵诸天冥密众　　咸来稽首世尊前
佛告诸大众阎罗天子于未来世当得作佛名
曰普贤王如来十号具足国土严净百宝庄严
国名华严菩萨充满
　　赞曰　　世尊此日记阎罗　　不久当来证佛陀
　　　　　　庄严宝国常清净　　菩萨修行众甚多
　　　　　　……
　　　　　　……
　　赞曰　若人（不）信法不思议　　书写经文听受持
　　　　　　舍命顿超三恶道　　此身长免入阿鼻
在生之日杀父害母破戒杀猪牛羊鸡狗毒蛇
一切重罪应入地狱十劫五劫若造此经及诸
尊像记在业镜阎王欢喜判放其人生富贵家
免其罪过
　　赞曰　破斋毁戒杀鸡猪　　业镜昭然报不虚
　　　　　　若造此经兼画像　　阎王判放罪销除
若有善男子善女人比丘比丘尼优婆塞优婆夷
409　预修生七斋者每月二时供养三宝……

　　第二铺插图为六尊菩萨图，为文中所记的六身菩萨：

地藏菩萨　　龙树菩萨　　救苦观世音菩萨　　常悲菩萨　　陀罗尼菩萨　　金刚藏菩萨

　　其中圆顶、持锡杖和宝珠的地藏菩萨与右手执水瓶的观世音菩萨以外，其余四身菩萨在外形上没有任何区别，故无法断其为何种菩萨。
　　第三铺插图为一人物骑黑马前行，黑幡迎风翻飞，为文中所记"乘黑马，把黑幡，着黑衣"的王使之姿。
　　第四插图正前有三行文字：

伏愿世尊听说十王检斋十王名字
　　赞曰　阎罗向佛称陈情　　伏愿慈悲作证明
　　　　　　凡夫死后修功德　　检斋听说十王名

这些文字正是《续藏经》本《十王经》中欠缺的部分，值得引起注意。

插图第四至第十三——绘出秦广王至五道转轮王的殿堂，其中十王均端坐桌旁，左右善恶双童侍立，尚可见几处有其他冥官侍立于前。各王面前便是各王厅堂上惩治罪人的赞文所描述的情景。第一殿秦广王，绘执笏的善男、捧持经卷的善女及带枷的男女罪人；第二殿初江王，图中绘善人平安渡过奈何桥，罪人于河中挣扎，另有拔刀的狱卒和持叉棒的牛头狱卒等，桥畔一树上挂满衣服。可联想到日本《地藏菩萨发心因缘十王经》中初江王殿记"夺衣婆"和"悬衣翁"，这一点起源于《十王经》，并与《十王生七经》有关，值得注意；第三殿宋帝王，绘拔剑的冥官和羊头狱卒等；第四殿五官王，绘赞中"业秤"，以定罪业轻重，尚绘有与附图一一五b相同的善男善女（捧持经卷及小佛像）；第五殿阎罗王，绘赞中"业镜"，映照出生前的一切诸业。为表示阎罗王本是地藏菩萨，其旁绘出地藏菩萨，且地藏菩萨（附图一一三a）被帽，左右有金毛狮子和道明，后方有佉罗陀山等，与前述被帽地藏菩萨图相同；第六殿变成王，以及第七殿太山王，两殿的图像比较普通。此处"第五七日过变成王"应为误记；第八殿平正王，绘"身遭枷械被鞭伤"的情景，值得注意的是，此处写作"平正王"而非"平等王"；第九殿都市王，所绘极为普通；第十殿五道转轮王，持刑具的罗刹形狱卒（附图一一五b中刑具亦与此相同）和六道。六道中没有相当于天上道的图像，而人间道却重复绘出，应为摹写之误（人间道中男女两像并列的地方，本应与附图一〇八、附图一一六a中的六道图像相同，而此却分绘两处，可见是错误的）。

然后绘火焰升腾的地狱，其旁有解下木枷的亡人和济渡此人的地藏菩萨，与题记呼应：

十斋具足免十恶罪放其生天

赞曰　一身六道苦茫茫　十恶三涂不易当

　　　努力修斋功德具　恒沙诸罪自消亡

卷末绘一佛像，其前坐一持长柄香炉的供养人，有题记：

辛未年十二月十日书

画毕　年六十八写

弟子董文员供养

文中"辛未年"有五代乾化元年（911）和宋初开宝四年（971），而从此像绘

410

411

412

Fig.106　高昌地区发现的回鹘文十王经图卷残片　　　　Fig.107　雅尔和屯出土的十王经图卷残片

制的技法来看，后者较为符合。榜题中记书画皆出自董文员之手，实际看来，书可能为董文员六十八岁所写，而画应为他人之笔。且其画并非创作，而是模仿其他图本，整幅水平并不均一，甚至有几处败笔。尽管如此，此画带有浓厚的敦煌画特色，明显为敦煌地区所出。

最后需要指出的是，此十王经图卷和日本常见的画卷相反，将正文安排在插图之后。这种安排仅仅是重复在经卷的封里绘制与经卷内容相关的图像。这一点可以联想过去现在因果经图卷（敦煌画中即有该形式的实例），作为图卷的形式，应该说两者保持着原始的形态。

与这些敦煌出土的十王经图卷同样应受到关注的是，回鹘时期吐鲁番地区已经制作出与此十王经图卷相类似的图像，Fig.105、Fig.106、Fig.107 为其图例，三者皆为勒柯克携回品。

Fig.105 为吐峪沟发现的纸本着色插图画回鹘文横卷残片，制作年代可定为九世纪或十世纪，为地狱图的一部分，与前述敦煌发现十王图卷地狱图相同（附图一一六、附图一一八），绘有地藏菩萨。地藏菩萨如前例，持锡杖与钵（或宝珠），足下置犬，与附图一一六 b 所见地狱图城壁四角的犬意义相同。

Fig.106 为纸本着色画卷残片，三个中原风格服饰的人物戴冠执笏，可推测其为十王图的一部分，并且明显为回鹘文横卷中的插图，制作年代为十世纪左右。

Fig.107 为雅尔和屯发现的纸本着色图卷残片，画中人物为中原形象，戴中原式冠，于桌旁翻阅案卷。虽然这一人物的冠正中不见"王"字，但可推测其为十王之一。其旁可能还有冥官、童子等侍立，图的一角可辨认出其中一部分。图中不见回鹘文记录，但人物的衣服形制反映出吐鲁番地方特色。另，图中的冠与敦煌发现十

414

413

王图（附图一〇九、附图一一四 a
等）中样式类似，年代同样为十
世纪左右。

以上三件绘画，从敦煌画的
实例来观察，这些画卷残片与地
藏菩萨、十王、冥府有着密切的
联系，由于其残破不全，所以无
法断定其为佛教经典还是摩尼教
经典的图卷。而若从插图的角度
来看，因其与佛教图像完全一致，
所以容易视其与佛教相关；同时，
该地区亦有不少回鹘文的佛典，
可推测这些残片首先应当是与佛
经有关的图卷。然而，如上节所
述，《摩尼教下部赞》、《波斯教残
经》（皆敦煌本，收于《大正藏》，
册 54）等汉译摩尼教典中，亦出
现 "地藏"、"十王"、"平等王"、
"地狱" 等汉译词语，根据摩尼教

Fig.108　柏孜克里克壁画地狱图

典制作与冥府有关的图卷时，地藏、十王等形象亦会借用佛教图像而表现于其中。
因此，此处所见的残片是否为摩尼教典的图卷亦未可知。

摩尼教的地藏十王思想是模仿中国佛教而成，还是中国佛教的冥府十王思想取
自于摩尼教，这一问题实令人疑惑，且难以下结论。总而言之，九、十世纪之际，
佛教与摩尼教在十王思想以及冥府思想上保持着极为微妙的联系。

关于这一点，可举木头沟出土的一铺壁画（Fig.96）作一说明。图中描绘地狱
十王判罪的情景，人物的服装为回鹘人特有的窄袖，这一点与前述 Fig.106 中十王
的外姿不同，富有地方色彩，饶有趣味。如果此铺壁画的绘制与佛教有关，便可通
过这铺壁画想象出摩尼教十王图的大致。

Fig.108 亦是吐鲁番地区柏孜克里克壁画，为此地一铺珍贵的地狱图壁画。壁画
风格完全为中原式，图下半部分描绘地狱诸苦，上半部分绘六道中的五道。中央上
方欠缺天上道的部分，右侧为人间、畜生，左侧为阿修罗、饿鬼。敦煌千佛洞壁画

415

416

中不见地狱变相，故此图反映了唐代地狱变相的一种形式，尤其难得，值得注意，制作年代可能为十世纪左右。

另有 Fig.104 高野山宝寿院藏预修十王生七经，亦值得注意，其为日本模仿宋代作品的图例之一，卷头十王图的中尊地藏菩萨，尤其值得注意（参见页 398）。

417

第九节　兜跋毗沙门天图

毗沙门天像中，有一类因其外形特异，在日本称为兜跋（兜钵、都钵、都拔）的法像。此像直立于半身露于地上的坚牢地神（又名欢喜天）的两掌之上，手持宝塔和戟，长身细腰，双目炯炯，名曰兜跋毗沙门天。这一名称始自日本平安时代，但不见于中国的文献，且没有实例遗存。然而，日本的兜跋毗沙门天源自唐代，渡海传来，并且兜跋亦直接沿用自唐代的名称。

中国其他地方至今尚未发现兜跋毗沙门天像的例子，但在敦煌千佛洞壁画以及佛画中，发现有数件兜跋毗沙门天像。以下将通过敦煌画的实例和日本保留的画像及雕像，阐述兜跋毗沙门天图像的特色，明确其来源以及兜跋毗沙门天名称的含意。敦煌画中有如下图例：

千佛洞　第 14 窟左侧龛内［D154 南壁］壁画　兜跋毗沙门天像二躯（附图一一九 b）

418　大英博物馆藏（斯坦因携回）绢本着色　兜跋毗沙门天像一图（附图一一九 a）

德里中亚博物馆藏（斯坦因携回）纸本淡彩　兜跋毗沙门天王像一图（附图一二一 a）

卢浮宫博物馆藏（伯希和携回）纸本着色　兜跋毗沙门天王像一图

吉美博物馆藏（伯希和携回）纸本着色　兜跋毗沙门天王像一图（附图一二〇 a）

大英博物馆藏（斯坦因携回）纸本版画　兜跋毗沙门天像三图（附图一二〇 b）

卢浮宫博物馆藏（伯希和携回）纸本版画　兜跋毗沙门天王像一图（与前本同版本）

除上述敦煌画以外，尚有安西万佛峡石窟内壁画，现列举如下一例以便比较研究：

万佛峡壁画[榆林窟第 25 窟前室东壁] 兜跋形毗沙门天王像一图(附图一二一 c)

首先详述各图例的特色。

附图一一九 b(千佛洞第 14 窟左侧龛内 [D154 南壁] 兜跋毗沙门天像)

此图中兜跋毗沙门天像两躯，其双足由云中露出上半身的坚牢地神支撑，戴三面高冠，右手持戟（附旗），左手捧宝塔，铠甲贴身（上身有叠鳞，下裙有小甲片），右衽，腰间系带，左配长剑，短剑平吊于身体前面。此像相貌威武，火焰由双肩喷出，似羽翼，并以此形成头光，头光的形式及铠甲的设计为西域风格。铠甲长且贴身，衣领外翻，衽沿宽幅，并于其上绘装饰纹。人尊像的右上有方形榜题，上下两身均记"毗沙门天王"，壁画约制作于五代。

附图一一九 a(大英博物馆藏，绢本着色，兜跋毗沙门天像)

与前者相反，图中兜毗沙门天像右手捧宝塔，左手握戟（附旗），大致外形与上图相同。其正面立于自地下露出半身的坚牢地神之上，面相狰狞，目光犀利，带三面宝冠，双肩有翼状大火焰并以此形成头光，西域式铠甲，上身附叠鳞，下裙有小甲，长衣右衽，衣沿饰花纹，手腕有连环状护甲即毗沙门护臂甲，腰带吊有长剑，横于身体前方。此图制作不甚精致，制作年代可上溯到唐末。

附图一二一 a (德里中亚博物馆藏，纸本淡彩，兜跋毗沙门天像)

此图为绘于写经纸上的横卷兜跋毗沙门天像，笔调简洁流畅，可谓唐代精品。兜跋毗沙门天双足踏于夜叉的肩和掌上，右手捧宝塔，左手把戟（附旗），戴三面宝冠，正面站立，双肩喷出翼状的火焰而成头光，铠甲贴身，长裙，面貌威武，各个特点均同于前述兜跋毗沙门天像。

卢浮宫博物馆藏，纸本着色，兜跋毗沙门天像

此图亦绘于写经纸上，现仅存部分图卷的残片。兜跋毗沙门天绘于红衣释迦立像之后，正面立于坚牢地神的两掌和左右蹲踞的二鬼（尼蓝婆、毗蓝婆）手掌之上，右手持戟（附旗），左手捧塔，戴三面高宝冠，铠甲贴身，上缀甲片，双肩喷出翼状大火焰等，均同于前述诸例。

419

420

附图一二〇 b（大英博物馆藏，纸本版画，兜跋毗沙门天像）

此图附题记"大晋开运四年丁未岁七月十五日"，为版画（同类版画在斯坦因携回品中另见两幅；伯希和携回品中，卢浮宫博物馆藏有一幅）。中尊兜跋毗沙门天立于坚牢地神的两掌之上，右手持戟（附旗），左手擎宝塔，头戴羽翼宝冠，双肩的火焰形成头光。铠甲紧身细腰，上身有叠鳞，下裙缀甲片，左衽，腰带吊刀（略长，近似长剑），横于身体前面。与兜跋毗沙门天相对，一似吉祥天的女像立于左侧，手捧花果，根据后记万佛峡壁画（附图一二一 c），可知其为辩才天女。观者视线右侧戴狮子冠的应为乾闼婆。另有罗刹形人物掌上所擎一童子，可定为《佛说毗沙门天王经》中所说的赦儞娑童子（《大正藏》，册 21，页 215b），亦可认其为《大唐西域记》等所记于阗建国故事中兜跋毗沙门天像额上生出的婴孩（《大正藏》，册 51，页 943b）。

附图一二〇 a（吉美博物馆藏，纸本着色，兜跋毗沙门天像）

此图绘制相当稚拙，年代可上溯到五代甚至更早。同于前者，兜跋毗沙门天右手执戟（附旗），左手托塔，身前横挂长剑，外形基本与上述诸像相同。遗憾的是此像足部以下已残。

附图一二一 c（万佛峡壁画［榆林窟第 25 窟前室东壁］兜跋毗沙门天像）

421

此图为唐末光化三年（900）十二月所绘，图中兜跋毗沙门天右手执戟（附旗），左手托塔，头戴三面高冠，身着紧身铠甲，足下所踏并非坚牢地神，而是尼蓝婆、毗蓝婆二神。兜跋毗沙门天双肩火焰与上述各例相同，形成头光。下裙缀以甲片，这种绘制方式同于附图一一九 a，但更为细密，长剑的佩带方式亦同于附图一一九 b 敦煌壁画。此像相貌威武，与上述各例相同。立于兜跋毗沙门天右侧的据榜题知为辩才天女。观者视线左侧披覆狮冠的为乾闼婆，同于附图一二〇 b 版画，其左手持宝珠，右手托"鼠"，此需要注意。附图一二〇 b 中的乾闼婆持物虽不明，但若依万佛峡壁画来推测，应为宝珠和鼠。此处之"鼠"和兜跋毗沙门天额上生出婴孩的神迹一样，与于阗国的古老传说有关。相传于阗在建国的时候，于阗王与匈奴作战，得到了鼠军的援助而大获全胜（参见《大唐西域记》卷十二"瞿萨旦那国"，见《大正藏》，册 51，页 944a-b），关于这一点将于后详述。

以上叙述了敦煌画和安西万佛峡壁画兜跋毗沙门天像的各个特征，现作一整理：

Fig.109　东寺兜跋毗沙门天像　　Fig.110　栖霞寺兜跋毗沙门天像　　Fig.111　鞍马寺兜跋毗沙门天像　　Fig.112　醍醐寺智泉本兜跋毗沙门天像

（1）托小塔持戟；（2）立于坚牢地神的双掌之上。坚牢地神为女子外形，有的左右附尼蓝婆、毗蓝婆二神；（3）双足叉开，正面直立；（4）身着紧身束腰铠甲，披领巾；（5）有的为左衽；（6）铠甲为叠鳞与缀甲两种编法，衽与裙镶边；（7）有的戴护臂甲；（8）佩带刀剑，有的同时佩带长短两剑，有的横于身体前方；（9）戴三面钵形宝冠，有的附有羽毛；（10）有的颈后垂两条帛布；（11）两肩火焰形成头光；（12）相貌威猛，目光炯炯；（13）侍以天女（吉祥天或辩才天）、乾闼婆或其他，有的附婴孩或鼠。上述特点与日本的兜跋毗沙门天像（Fig.109—Fig.114）在外形上亦有共通之处，在此列举日本的实例，对其特点的来源，作一参考和论述：

（1）首先是托塔持戟一点，亦见于一般的毗沙门天像，所以并非兜跋毗沙门天像所特有。于此，坚牢地神便为兜跋毗沙门天像的第一个标志。毗沙门天像托塔持戟、足踏坚牢地神这一外形遵从以下各仪轨中的规定。

般若斫羯啰译《摩诃吠室啰末那野提婆喝啰阇陀罗尼仪轨》画像品第一：

画天王，身着七宝金刚庄严钾胄，其左手执三叉戟，右手托腰（又一本左手捧塔）。其脚下踏三夜叉鬼，中央名地天，亦名欢喜天，左边名尼蓝婆，右边名毗蓝婆。其天王面作可畏猛形怒眼满开，其右边画五太子及两部夜叉罗刹眷属，左边画五行道天女及妻等眷属。（《大正藏》，册21，页219b-c）

422

423

阿地瞿多译《陀罗尼集经》卷十一四天王像法：

毗沙门天王像法。其像大小衣服准前，左手同前执稍挂地，右手屈肘擎于佛塔。(《大正藏》，册18，页879a)

不空译《北方毗沙门天王随军护法仪轨》：

若行者受持此咒者，先须画像，于彩色中并不得和胶，于白氈上画一毗沙门神其孙那吒天神七宝庄严，左手令执口齿，右手诧腰上令执三戟稍。其神足下作一药叉女住跌坐，并作青黑色少赤加。(《大正藏》，册21，页225a)

金刚智译《啹迦陀野仪轨》卷上：

次心观圆法世界，先中主毗沙门天，身着七宝金刚，庄严甲胄，其左手捧塔，右执三叉戟。其脚下踏三夜叉鬼。中主名地天，又名欢喜天。左右名使女，左名尼蓝婆女天，右名毗蓝婆神王。(《大正藏》，册21，页235a)

424　　　毗沙门天的一般形式为左手托宝塔、右手持戟，如附图一一九a、附图一二一a。日本亦有相反的例子，如 Fig.111（京都鞍马寺兜跋毗沙门天像）、Fig.117（京都宝菩提院宝楼阁曼荼罗中兜跋毗沙门天像）、Fig.116（《别尊杂记》载毗沙门天像）中以宝棒代替戟，但整体形象与中国没有区别，而且兜跋形象亦应用于 Fig.111、Fig.117。其中，持塔和宝棒的毗沙门天像有如下仪轨，不空译的《金刚顶瑜伽护摩仪轨》：

北方毗沙门天，坐二鬼上，身着甲胄，左手掌捧塔，右手持执宝棒，身金色，二天女持宝华等。(《大正藏》，册18，页923c)

（2）毗沙门天足踏坚牢地神、尼蓝婆、毗蓝婆等形象，如前述仪轨。附图一一九b敦煌壁画兜跋毗沙门天像或日本醍醐寺智泉本图钞中的兜跋毗沙门天（Fig.112）、东寺、栖霞寺、鞍马寺的兜跋毗沙门天（Fig.109、Fig.110、Fig.111）等

425　均为其例。其中有仅出现坚牢地神的，其仪轨见前述不空译《北方毗沙门天王随军护法仪轨》所记，足下仅一药叉女，见附图一一九a、附图一二〇b敦煌画兜跋毗沙门天像。此处地天常为女子形象，其依据见《金光明经》，记坚牢地神为女神，以两掌支撑尊像之足亦出自该经。《金光明最胜王经》卷八坚牢地神品：

尔时坚牢地神，即于众中从座而起，合掌恭敬，而白佛言，世尊，是金光明最
胜王经，若现在世，若未来世，若在城邑聚落王宫楼观，及阿兰若山泽空林，有此
经王流布之处，世尊，我当往诣其所，供养恭敬拥护流通，若有方处，为说法师敷
置高座，演说经者，我以神力，不现本身，在于座所，顶戴其足，（略），尔时坚牢
地神白佛言，世尊，以是因缘，若有四众，升于法座，说是法时，我当昼夜拥护是
人，自隐其身，在于座所，顶戴其足。（《大正藏》，册 16，页 440a–c）

《金光明最胜王经》卷八王法正论品：

尔时此大地神女，名曰坚牢，于大众中，从座而起，顶礼佛足。（《大正藏》，
册 16，页 442a）

据此，即以毗沙门天为《金光明最胜王经》的拥护者，坚牢地神依其誓愿顶戴
天王之足。《金光明最胜王经》和毗沙门天之间密切的关系，亦从同经四天王护国
品一点，以及此品与不空译《佛说毗沙门天王经》之间的关系推测出。总之，这类
像的制作出于镇护国家的含义。

如附图一二一 c 中的兜跋毗沙门天像，足踏二鬼，附图一二一 a 则足踏一
鬼，为简略形式，两图均为依据前述不空译《金刚顶瑜伽护摩仪轨》的情况。而
Fig.117、Fig.118 宝楼阁曼荼罗中的毗沙门天像，足下空空，可见各种形式不同，
但均可称作兜跋毗沙门天。

关于兜跋毗沙门天像的服饰，有几点值得注意。（3）、（4）、（5）兜跋毗沙
门天像，均叉足直立，长铠紧身束腰，有的为左衽（附图一二○ b、Fig.109、
Fig.110、Fig.111、Fig.112），衣领外敞，衽裙镶沿并施有装饰纹样，这些均不同
于其一般形象。这一服饰明显来自六、七世纪新疆一带流行的伊朗风格男子服饰，
比较该地区现存的彼时绘画，便会一目了然。Fig.122 为库车地区七世纪壁画武士，
其上衣贴身，长衣，左衽浅压，衽裙镶沿且有圆纹装饰，另有两足叉开，身体轮
廓僵硬等，均类似兜跋毗沙门天像。《梁书·诸夷传》、《南史·夷貊传》、《杜氏通
典·西戎传》等记：

土人剪发，着毡帽，小袖衣，为衫则开颈而缝前。

此处所指便为这类服装。古代末国的（《汉书》和《魏书》记为且末、《大唐西
域记》为涅末，今恰尔羌附近地区）居民为伊朗式的短发，穿窄袖衫（小襦），翻
领，身前留衽，即如 Fig.122 中所示。

426

427

Fig.113　法隆寺狩猎纹锦

　　（6）敦煌画兜跋毗沙门天像中的铠甲以叠鳞和小甲缀成，将毗沙门天视作镇护
王城的武将，铠甲仿效西域的形式。敦煌画兜跋毗沙门天像铠甲上均为鳞片，而其
他敦煌画毗沙门天像，如附图一二二a（德里中亚博物馆藏，纸本着色，龙纪二年
［890］四天王图中毗沙门天像）、附图一二三a（大英博物馆藏，绢本着色，毗沙门
天像）、附图一二三b（大英博物馆藏，绢本着色，毗沙门天像），其中则编织成所
谓"毗沙门龟甲"。日本智泉本兜跋毗沙门天像（Fig.122）为叠鳞和小甲并用的铠甲，
而东寺兜跋毗沙门天像（Fig.109）中的铠甲为"毗沙门龟甲"。这一"毗沙门龟甲"
亦为模仿西域的一种铠甲，吐鲁番地区的壁画上可见这一铠甲的天王像（Fig.123）。
前述仪轨中所记"七宝金刚，庄严甲胄"，意其豪华威武。

428

Fig.114　萨珊赫斯洛二世狩猎纹银盘

（7）兜跋毗沙门天像戴护臂甲，手臂弯曲处有鳍袖，均为受伊朗风格服饰影响 429
的典型特征。法隆寺狮子狩纹锦（Fig.113）便属于萨珊朝时期波斯锦的谱系，其中
骑马人物所戴的鳍袖和护臂甲与兜跋毗沙门天像完全相同。鳍袖见于敦煌画兜跋毗
沙门天像和万佛峡壁画兜跋毗沙门天像中，而日本的兜跋毗沙门天像一般不出现鳍
袖，似欲使手臂显得轻便，且胡服的特色偏向西域，多为左衽，说明日本的兜跋毗
沙门天像相比敦煌画更富有西域情趣。

（8）以上各个特征，说明兜跋毗沙门天像基本模仿西域风格的武将英姿，再加 430
上佩剑和宝冠，更可证实这一点。西域以东地区制作的四天王像，可见有持剑的样
式，但没有腰佩刀剑的例子，且一般不使用刀剑之鞘。法隆寺金堂的四天王，其鞘
的末端由足下的邪鬼把持，并非天王自身所佩。然而不可思议的是，仅有兜跋毗沙
门天像腰间佩有刀剑，有的图例中同时佩有长短两剑（附图一一九 b、附图一二一
b、Fig.112），佩带方法如 Fig.112 中所示，长剑垂直，短剑水平，两者交叉成十字
形，这似乎为静止时的样式。长、短两剑及其十字形的佩带方式见 Fig.122，与西
域壁画中伊朗风格武士像完全一致。Fig.114 为巴黎国立图书馆藏赫斯洛（Khusrau）
二世狩猎纹银盘，短刀与长剑的伊朗式佩带方式亦见于其中。附图一一九 a、附图 431
一二〇 a 图像虽没有短剑，但身体前方佩有长剑，形式比较原始。附图一二〇 b 中
的剑很明显横挂在身前，形式上亦源自西域式短剑的佩带方法。附图一二一 a 中的

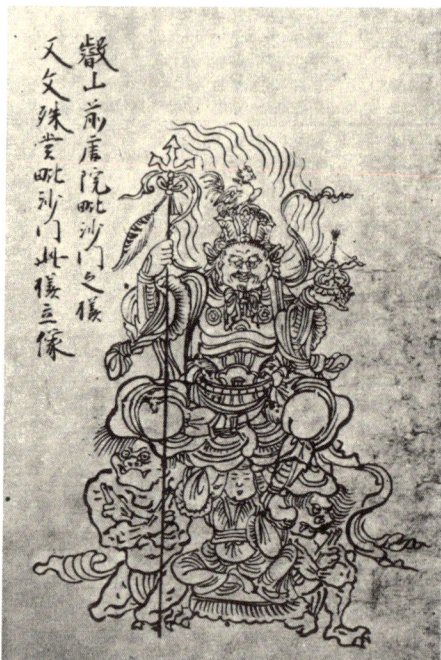

Fig.115　叡山前唐院毗沙门天像　　　Fig.116　《别尊杂记》所载毗沙门天像

兜跋毗沙门天像则完全省略了佩剑。

　　日本兜跋毗沙门天像除 Fig.112 以外没有佩带长、短两剑的其他例子，Fig.117、Fig.118 等宝楼阁曼荼罗中的毗沙门天身前佩有短剑，Fig.119 东寺观智院普贤延命菩萨图中的毗沙门天身前则佩长剑。另，Fig.109、Fig.110、Fig.111 的雕像，原本可能佩有刀剑。《阿娑缚抄》中对叡山根本毗沙门堂的本尊有如下记述：

　　宝冠、左塔、右铧、带大刀，指腰刀，立天女上，天王左右边各有二鬼。（《大日本佛教全书》，页 2028）

　　据此可见，根本毗沙门堂的毗沙门天像佩有长短二剑，并从这一文字以及《九院佛阁抄》"毗沙门堂毗沙门二躯事"中关于坚牢地神和尼蓝婆、毗蓝婆的记述，可知此尊毗沙门天像为兜跋形，另可见《别尊杂记》所示叡山前唐院的毗沙门天像（Fig.115），亦十分明了。其像坐于坚牢地神之上，如题记所述，文殊堂（即其后的毗沙门堂）毗沙门天像即为同一形式的立像，依前述《阿娑缚抄》，明确可知其戴宝冠（上有凤凰），左手托塔，右手把戟，立于坚牢地神之上，左右有二鬼之像。并且，其佩有长、短两剑，与东寺兜跋毗沙门天像（Fig.109）佩带长、短两

432

Fig.117 宝菩提院宝楼阁曼荼罗中兜跋毗沙门天像　　Fig.118 观智院宝楼阁曼荼罗中毗沙门天像　　Fig.119 观智院普贤延命菩萨图中毗沙门天像

剑的身姿相同，因此更可推测东寺的造像原本身前有交叉的长、短两剑，不知在何时缺失了。

总之，佩剑、足下的坚牢地神以及特殊的服装形式等，均为兜跋毗沙门天像形式组成的重要条件，《别尊杂记》多闻天记中提及此点：

兜跋都拔毗沙门

坛中有阿字，变成未敷莲花座，座上在大地神女，神女于左右掌拔王两足下承履之。吠字变成都拔天王，以七宝庄严身，左持塔，右持戟，腰履长刀，面目大忿怒，甚可畏。（《大正藏》，图像部册3，页633c、页634a）

另，关于佩剑和兜跋毗沙门天的关系，值得注意的是东寺观智院藏兴然集《图像集》及《阿娑缚抄》、《九院佛阁抄》所引《兜跋藏王咒经》。

东寺观智院兴然集《图像集》卷五本：

兜跋毗沙门

兜跋藏王咒经上云，复告无畏菩萨，是如意藏王能变万像，度诸众生，其威

433

德自在，具足种种变现之相，而即现十种降魔之身，具十种雄猛之名，令众生起广
大福聚，云何为十身十号。七者兜跋藏王其威德自在亦如毗沙门天王，身相面貌忿
怒降魔，吉祥圆满，有无量福智光明，权现兜跋国大王形象，尽解脱急难，不离人
身不代人体，唯所具足威光，飞翼翔天，游变最有自在，带持大刀横剑，摧折一切
怨敌扫除灾害，于诸众生令无惊怖，依此藏王广大威德，大地神女自然涌出化坐莲
叶，以掌承大如意王足，安静结坐，具如是大势威力，并济众生，种种心愿悉令满
足。(《大正藏》，图像部册4，页353c)

《阿娑缚抄》：

大梵如意兜跋藏王咒经上云，彼如意藏王北方恒河沙国土之中，有上妙世界，
名曰宝生存如来应供正遍知，其名曰宝花功德海吠琉璃金山金光明吉祥如来，于其
正遍知所，殖众德，是如意藏王，能变万像，度诸众生，即现十种降魔之身。一者
无畏观世音自在菩萨，二者大梵天王，三者帝释天王，四者大自在天，五者摩醯首
罗天，六者毗沙门天王，七者兜跋藏王，其威德自在亦如毗沙门天，身相面貌忿怒
降魔，安祥圆满，有无量福智光明，权现兜跋国大王形象，带持大刀横剑，摧折一
切怨敌。依此藏王广大威德，大地神如（女）自然踊出，化生莲叶，以掌承大如意
藏王足，安静结坐。八多婆天王，九者北道尊星，十者牛头天王。(《大正藏》，图
像部册9，页418c—419a)

《九院佛阁抄》所引为上述两者合并的内容（参见《群书类从》第15辑，页

601）。而正如后述，《兜跋藏王咒经》是一部存有疑问的佛经。无论如何，其中涉及
兜跋毗沙门天像佩用大刀和短剑一事，需要留意。

（9）佩用长剑和刀为伊朗式的习俗，同时，兜跋毗沙门天像宝冠上翼状的装
饰，亦是伊朗式的头饰，其见于附图一二〇b和Fig.112中的兜跋毗沙门天像，而
在附图一一九a中却变为天带的带饰。敦煌画中非兜跋形的毗沙门天或天王像，如
附图一二三a、附图一二三b、附图一二四a、附图二〇八a，其宝冠上均可见伊朗
式的翼饰。翼饰为萨珊朝波斯帝王（或地位相当的王者）宝冠的装饰，见Fig.197
巴胡拉姆（Bahram）二世像或Fig.114赫斯洛二世像等的宝冠。与其类似的例子极
多（参见Sarre：*L'Art Ancienne de la Perse*, pl. 98、99、109、113等），萨珊式法隆
寺狩猎纹锦（Fig.113）中骑马人物的宝冠亦是一例。这一伊朗式宝冠的翼饰与新
月形宝冠装饰一起于魏晋南北朝时期传入中国，日本见于法隆寺金堂四天王宝冠或

四十八身佛中的菩萨像宝冠（参见《法隆寺大镜》第五十八集，第 11 图）等。兜跋毗沙门天附翼饰的目的在于增添天王的威严风姿，这一点对于萨珊朝波斯王者的服饰极为重要，意义深远。

日本现存兜跋毗沙门天像中，宝冠的正面饰凤凰的例子极多。醍醐寺智泉本兜跋毗沙门天像（Fig.112）、东寺兜跋毗沙门天像（Fig.109），以及模仿东寺像而作的栖霞寺兜跋毗沙门天像（Fig.110）、兵库县达身寺兜跋毗沙门天像（三身中的一身为国宝），《别尊杂记》卷五十四中兜跋毗沙门天像（Fig.115、Fig.116）、东寺观智院普贤延命菩萨图一角的兜跋毗沙门天像（Fig.119，治承二年写本）等均为其例。其中，宝冠中央饰凤凰，Fig.109、Fig.110、Fig.112、Fig.116 中的凤凰于宝冠的正前中央，体形较小，而 Fig.115 中凤凰造型颇大，达身寺像的凤凰几乎掩盖了宝冠。兜跋毗沙门天像装饰凤凰的现象似乎仅出现于日本，但事实上是模仿自中国，此点可以从智泉本兜跋毗沙门天像（Fig.112）中得到证实。很明显，这类图像并不是出自日本人之手。另，兜跋毗沙门天像宝冠上尚有装饰鸟的情况，见《觉禅抄》"普贤延命口诀"：

435

436

普贤延命口诀云，多闻天身色黄金，头冠上有赤鸟形，如金翅鸟，天身着甲胄，带刀，左手持宝塔，右手持三股戟。（《大正藏》，图像部册 5，页 534b）

据此可知兜跋形毗沙门天像中凤凰冠的依据，而《觉禅抄》尚记有毗沙门天凤凰冠的由来：

惠什云，毗沙门顶上有鸟，似凤凰，未见说所，但有证据事，天竺于阗国有古堂，安置毗沙门，戴凤凰也，件堂修理料，堂内庭埋宝物，于时盗人入盗之时，彼顶上凤凰羽打鸣，仍盗人大惶不取宝物，逃去毕，传记中注之。（《大正藏》，图像部册 5，页 534c）

文中记于阗国毗沙门天像已戴有凤凰冠，然而这仅为一则传说，不能以此作出结论。东方的兜跋毗沙门天像与于阗国的毗沙门天像之间存在密切的关系，这一点将后述，而将凤凰冠出现于于阗国毗沙门天像上作为定论，为时尚早。于阗国毗沙门天像的宝冠装饰应为附图一二〇 b 中所示的伊朗式王冠的一类翼饰，这种装饰应为毗沙门天像宝冠的原始样式，并由此逐渐转变发展成为正面的凤凰装饰。由翼饰发展成为凤凰装饰一事应出现在中国（敦煌千佛洞第 117 窟［D61］天井一像，其天王像头上饰一大型凤凰。伯希和：*Touen-Houang*，pl.CCXXXI），另，《觉禅抄》中记于阗国毗沙门天的传说很有可能流行于凤凰冠出现之后。总之，对这一点的正

437

确判断尚需发现更多西域地区毗沙门天像的例子。

（10）关于兜跋毗沙门天的伊朗式服饰，在此尚有需特别强调之处，即附图一二○a、Fig.112、Fig.117、Fig.118中兜跋毗沙门天头后下垂的两条帛带，在附图一一九a、附图一二○b、附图一二二a、附图一二三a、附图一二三b、附图一二四a中帛带于宝冠左右翻飞飘动，而在附图一二一c中帛带分四条而绘，极为少见。两条细长帛带由头后部垂下的装饰与前述翼饰均为萨珊的头饰类型（帕提亚时代亦有其例）。Fig.197巴胡拉姆二世像、Fig.114赫斯洛二世像等造像亦有帛带飘动，其他安息或萨珊朝时代波斯的实例更多（Sarre：*L'Art Ancienne de la Peres*，pl.66、70、73、74、78、79、104、106、108、111，其他鸟兽的颈部亦有如此装饰，参照下节）。七世纪、八世纪的绘画亦反映出中亚到中国新疆地区的贵族之间流行如此风俗（斯坦因：*Ancient Khotan*，pl.LLX；斯坦因：*Serindia*，pl.CXXV）。如下文所示，从有关于阗国和龟兹国国王头饰的古代记事中可知其状况。

《洛阳伽蓝记》卷五，宋云、惠生《西域巡记》中"于阗国"记：

> 至于阗国，王头着金冠，似鸡帻，头后垂二尺生绢，广五寸，以为饰。（《大正藏》，册51，页1019a）

438 《北史·西域传》"龟兹国"：

> 其王头系彩带，垂之于后，坐金狮子床。

（11）兜跋毗沙门天像一般双肩发大火焰并升腾形成羽翼状头光（附图一一九a至附图一二一c，Fig.112、Fig.117、Fig.118），在敦煌画中，兜跋形且为静止形象的坐像倾向于使用这类头光造型（附图一二一b、附图一二二a），而吐鲁番地区的图例中，毗沙门天像亦有使用这样头光的情况（勒柯克：*Chotscho*，Tafel 42a）。敦煌画中行道形象的毗沙门天，如附图一二三a、附图一二三b、附图一二四a，由双肩发出熊熊火焰，燃烧至背后。日本栖霞寺兜跋毗沙门天像（Fig.110）中的火焰并没有形成翼状，而是形成宝珠形。宝菩提院宝楼阁曼荼罗中的兜跋形毗沙门天（Fig.117）的火焰成翼状且升腾于头光的轮廓之外。可见从双肩发出的火焰是图中439 一个极为特殊的部分，饶有趣味。兜跋毗沙门天像和普通的兜跋形毗沙门天双肩上附加火焰，原因何在？毗沙门天为四天王之一，与其他的三天王共同为一组时，如附图一一二，只有毗沙门天附翼状火焰，其有别于其他三大天王的原因见于《佛说毗沙门天王经》。法天译《佛说毗沙门天王经》：

北方世界有药叉[1]，名俱吠啰，有大威德，身光炽热如大火焰。（《大正藏》，册21，页 217b）

其他三天王仅仅身放光明，只有北方天王身光炽盛，表示毗沙门天的光明特别炽盛，反映在图绘上，毗沙门天像便表现为双肩发出大火焰的威武形象。

（12）兜跋毗沙门天的相貌常为令观者害怕的威猛凶悍之像。四天王像原本为雄伟男子的形象，生就瞋目怒号，尤其兜跋毗沙门天像瞋眸炯炯，威力深藏。与兜跋毗沙门天形象相比，一般忿怒形尊像徒有外表而缺乏发自内里的震慑力。在表现兜跋毗沙门天的相貌上花费如此精力，应有其相当的理由。前述《摩诃吠室啰末那野提婆喝啰阇陀罗尼仪轨》中有关毗沙门天的面貌，云"其天王面作可畏猛形，怒眼满开"，《北方毗沙门天王随军护法真言》记"其毗沙门面作甚可畏形，恶眼视一切鬼神势"，从中可见均对其进行了特别的记述。

以上大略论述了兜跋毗沙门天像的特色，根据其特色再回顾其他，可发现尚存在许多可称为准兜跋形毗沙门天的实例。例如在敦煌画中，德里中亚博物馆藏龙纪二年（890）纸本册子四天王图中的毗沙门天像（附图一二二 a），其虽为半跏坐像，但其外形近似于兜跋形。另有中村不折藏随求陀罗尼经图卷（详见第五章第七节）中的毗沙门天像（附图一二一 b）也是半跏坐像，足踏坚牢地神，持塔及戟，佩长短两剑，肩负翼状火焰，束腰，完全可称为兜跋形。再举日本的实例，如宝菩提院宝楼阁曼荼罗中毗沙门天像（Fig.117）及东寺观智院本宝楼阁曼荼罗诸尊图卷中毗沙门天像（Fig.118），细腰且身前佩短剑，肩负翼状火焰，垂下两条帛布，如再加上足踏坚牢地神，其便为完整的兜跋形毗沙门天；还有东寺观智院本普贤延命菩萨图一角的毗沙门天像（Fig.119），宝冠饰以凤凰，持塔及戟，并身佩长剑，直立不动。《别尊杂记》所示十二天中的毗沙门天像（Fig.116），虽为半跏坐姿，但着衣形式完全是兜跋形，宝冠正面所饰凤凰，均可之称为准兜跋形毗沙门天像。

兜跋毗沙门天的形象，大略如上所述，而此像在研究上最为困难的便是"兜跋"二字的意思及其由来。《阿娑缚抄》记：

兜钵名字，虽问师，无详答。（《大正藏》，图像部册9，页 418c）

可见这个问题自古以来便是难题，其文字之后有几个解释：

1　译者注：原书作"又"，据正误表校作"叉"。

440

441

而间见玉篇，兜秡毗沙门事，自然得意。兜字训云首铠也……是即似钵甲欤，着之故为名欤……禾云，兜钵字，诸文不一准，恐是梵语欤。为兜秡国王所现相也，彼兜秡经新渡经也，可见之。世人弓箭ハケテ引云兜秡毗沙门也。(《大正藏》，图像部册9，页418c)(《大日本佛教全书》，页2028)

442　　《大梵如意兜跋藏王咒经》上云（参见页433）：

双身八曼茶罗抄六云，昔在国名都钵罗国，其国大疫疠发人民皆悉病死，时国王发愿，念佛归依观音，时十一面观自在菩萨十一牛头毗沙门变化，毗沙门亦十一头牛头摩诃天王现矣，三身共相语言，为上根病者我观自在下利益，为中根受苦者我多闻拔彼，为下根辛苦者我嚩折罗度之。毗沙门四种身，堵钵八牙十臂多闻也。(《大正藏》，图像部册9，页419a；《大日本佛教全书》，页2029)

据此可知，兜跋从字义上解释是由梵音而来，兜跋国或都钵罗国为地名之称，均有据可循。按字义解释，"tobatsu"这一发音不一定写为"兜跋"，兜钵、兜秡，以及都拔、都钵、堵钵、刀拔等多种写法都可说明这一点。兜（都、堵、睹、刀）和跋（秡、拔、钵）在用字上没有什么特殊意义，应按照两个字合起来的读音进行释义。但是，这一读音的文字起源自古便不明了，《阿婆缚抄》也仅泛泛地以"恐是梵语欤"作为解释。如果用梵语的读音来推测的话，联系毗沙门天掌上的小塔，仅知Stūpa（塔）为巴利文Thūpa的读音，而并无新的发现。如果"兜跋"是兜婆（都婆、睹婆、塔婆）的意思，兜跋毗沙门天的意思便是掌上持塔的毗沙门天，联系《图画见闻志》、《益州名画录》、《宣和画谱》中出现之"毗沙门天"、"北方天王"、443　"擎塔天王"、"托塔天王"、"授塔天王"、"捧塔天王"、"请塔天王"等名称，不难想见其中存在的联系：

擎塔天王　《图画见闻志》卷三，高文进
托塔天王　《宣和画谱》卷一，陆探微；卷二，吴道子；卷三，杜龁龟；卷六，周昉
授塔天王　《宣和画谱》卷一，展子虔；卷六，周昉
捧塔天王　《宣和画谱》卷三，朱繇
请塔天王　《图画见闻志》卷二，常重胤；《益州名画录》，蒲师训；《宣和画谱》卷二，吴道子

因此，擎、捧、请、授（受）、托等皆有"捧持"、"受承"之意。但是日本的兜跋毗沙门天却没有用"兜跋"之字，此不能仅用偶然进行解释，是不能轻意忽略的现象。日本的兜跋即中国的兜跋，当务之急是从中国找到兜跋的相关文字。

东寺宝菩提院密藏藏本，久安三年（1147）抄本金刚智《唅迦陀野仪轨》（上中下三卷）（《大正藏》册 21 收录）中，记有三处"都钵"：

即此界成就世界，即此界名传法轮坛，证入界，即都钵等诸夜叉大将军座所也。圆法世界，即毗沙门王及二天愁怒相应八牙天等也。（《大正藏》，册 21，页235a）

次观证入曼荼罗世界，中央主都钵主多闻天王，弥王上居，山下三夜叉鬼女有，大王腰大长大刀着。（《大正藏》，册 21，页 236a）

已证入世界主都钵王，若干牛头罗刹鬼神悉皆等神皆为眷属。（《大正藏》，册21，页 245b）

第一条和第三条中，都钵为"王"或"大将军"的地位。第二条中，都钵与多闻天（毗沙门天）相同，其形象同于前述兜跋毗沙门天，踏三夜叉鬼女（坚牢地神、尼蓝婆、毗蓝婆），腰佩大刀。

这部《吽迦陀野仪轨》如果真为金刚智所译的话，似乎可以据此来确定中国唐代已经存在兜跋毗沙门天这一名称了。同时从外形来看，其与日本的兜跋形式相同，这样或可得出结论，即日本的兜跋就是中国的兜跋。然而，这部《吽迦陀野仪轨》不仅仅在唐代释教目录中没有记载，而且从其文章以及内容形式来看，都应该是日本的一部著作。在《阿娑缚抄》双身法的记述中，并不认为《吽迦陀野仪轨》是金刚智所作，对其所记为"不入秘录，法性房御作也"（《大正藏》，图像部册 9，页430a；《大日本佛教全书》，页 2052 下段）。据此可见，仅仅凭借《吽迦陀野仪轨》中出现"都钵"文字，是不能简单地判断唐代在中国就已经出现了"都钵"这一名称的。在此，假设《吽迦陀野仪轨》就是法性房所作，而从其前后文可明显看出其中的"都钵"这一固有名词并不是法性房自己想象出来的，法性房所用的"都钵王"这一称呼，当看作是由中国传来的比较稳妥。除《吽迦陀野仪轨》之外，另有前述《兜跋藏王咒经》类经典，在《阿娑缚抄》中记为"新渡经也"，可见这类经典在唐宋时期已经出现于中国。因此，此处将"兜跋"这一名称姑且定为由中国传来。

445

《大梵如意兜跋藏王咒经》中已指出"兜跋"这一名称来自于国名，"权现兜跋国大王形象……带持大刀横剑"。《阿娑缚抄》引用的双身八曼荼罗抄中亦有"都钵罗国"，说明兜跋是国名，既为国名，探究其用字或发音似无意义，必要的是研究兜跋国或都钵罗国是否真实存在。若真实存在，其地理位置在何处。

兜跋国为吐蕃国（西藏）之说，已早有研究证实（《東京帝室博物館講演集》第一册，中川忠順《文化史上より見たる西蜀》；《古蹟と古美術》昭和四年一月号，若井富藏《兜跋毘沙門天の形像に就いて》；《佛教美術》第十五册，源豐宗《兜跋毘沙門天像の起源》。其中源丰宗的论点涉及其他诸多问题，值得参考）。其指出日本文献中所指"屠半"即为"兜跋"，见叡山的文献《山门堂舍记》、《叡岳要记》、《九院佛阁抄》等所记文殊堂（其后的毗沙门堂）关于两身毗沙门天像的论述。

《山门堂舍记》（《群书类从》第15辑《释家部》，页485）：

文殊师利菩萨像一躯

普贤菩萨像一躯

弥勒菩萨像一躯

毗沙门天王像二躯，并屠半角式，立高各六尺。

此内一躯身细者，根本中堂以虚空藏尾自倒木之第三切所造立也……一躯身太者，别当参议伴国道所造立也。

已上安置文殊堂矣。

《叡岳要记》上（《群书类从》第15辑《释家部》，页527）：

文殊堂（北二间，今云毗沙门堂）

本尊文殊普贤弥勒（各居高三尺）

毗沙门天堵半像二体（一体细像，先大师御作材木内，药师佛像，立高六尺。一体大伴大纳言国道愿，坐像六尺）

尊敬记云，文殊堂身太屠半像，毗沙门天像者，故延历寺俗别僧伴国道宰相本尊也。

《九院佛阁抄》（《群书类从》第15辑《释家部》，页590）：

北二间为文殊堂（今号毗沙门堂是也）

文殊像一躯

普贤一躯

弥勒像一躯

毗沙门天王像一躯（立高五尺，屠半样，兜跋国，身体细，传教大师所造，社东向立……）

　　同像一躯（立尊五尺，屠半样，身体大，是俗别当参议国道所造，秘云，在帐中是也，复示云，南向也）

　　依上述可知"兜跋"又记为"屠半"，即为"吐蕃"，其意在于兜跋国的毗沙门天即为吐蕃国的毗沙门天。但此处的屠半形象并非是严格意义上的兜跋，从前述毗沙门天二身中一身体瘦、一身体壮的记述也可得知。换言之，"体瘦"指上身细瘦，为严格意义上的兜跋形象，"体壮"指东方化的准兜跋形。此处"国道所造"（又叫国通御相传）一躯，为东寺讲堂四天王中的毗沙门天像或筑紫观世音寺的兜跋毗沙门天像。因此，前列诸书所说的屠半形式，包括 Fig.115 一类，可知当时屠半的重点不在于其异国情趣的外形，而是指以坚牢地神及邪鬼作为台座这一点。值得注意的是，屠半的条件已经降低到包括前述的准兜跋形。

　　从屠半角式的毗沙门天思考唐代吐蕃样毗沙门天的名称，非常有趣。然而，很难想象吐蕃能创作出兜跋毗沙门天像，因此屠半不能认为来自于吐蕃。假设这一形式的毗沙门天像出自吐蕃并传到中原，从文字层面上，屠半或兜跋便难以理解。如果出自吐蕃，其名称应直接叫作吐蕃毗沙门。其他如兜跋国或都钵罗国等新创词语更没有使用的可能，均会直接使用吐蕃国文字。兜跋、都钵等词语貌似与兜跋西藏之间没有任何关系，如若想象当时的实际情况，唐代人对吐蕃的认知一定不是如吐蕃兜跋这样笼统的称呼，也不会将吐蕃国视为传说中的国家。因此，兜跋国可能是吐蕃国以外实际存在的国家（恐怕是西域），或是一个想象中的国家。按照《大梵如意兜跋藏王咒经》或《哞迦陀野仪轨》所记，令人深感兜跋为一空想的国家，而在为其命名作兜跋国之时，当时实际存在的国名可能为此提供了一些启示。比如，前述双身八曼荼罗抄的都钵罗国可能便从睹货罗国的国号得到了启发。由此，吐蕃到兜跋的转化便是一个值得思考的问题。

　　如前所述，兜跋毗沙门天的形式并非成于西藏，而这一样式的毗沙门天像究竟由何处传入唐朝？从服饰来看，应是受到伊朗文化影响的新疆为其发源地，而从其直立的姿势和忿怒的相貌来看，很明显近似该地区出现的人物（如将 Serindia 中 pl. CXXXII 忿怒像应用于 Fig.112 库车人物像的话，很容易勾勒出兜跋毗沙门天像的轮廓）。新疆地区最盛行毗沙门天信仰的是于阗国。《大唐西域记》中记述缚喝国（缚渴罗 Bokhara，Balkh）有壮丽的毗沙门堂（纳缚僧伽蓝），且有关于本尊的传说（《大正藏》，册 51，页 872c）。在西域诸国中，于阗国自建国初始便与毗沙门天有不可割舍的密切关系，《大唐西域记》卷十二"瞿萨旦那国"（于阗国）详述其国

447

448

449

Fig.120　于阗出土　　Fig.121　拉瓦克塔址毗沙门天及诸尊像
纸本绘画残片

王为毗沙门天像额上剖出的婴孩，国人为之称庆（《大正藏》，册 51，页 943a–b）。因此，于阗国和毗沙门天信仰的关系紧密相连，于阗国制作的毗沙门天像可谓研究远东兜跋毗沙门天像最为重要的样式。遗憾的是，于阗地区出土的兜跋毗沙门天像没有想象中的多，并且现存的少数图例基本为残片，无法充分了解这一地区兜跋毗沙门天像的全貌。现举如下几例。

　　Fig.120 为于阗地区卡达立克（Khādalik）发现的纸本墨画残片，图中足踏坚牢地神（女形）两掌的即为毗沙门天，其上半身缺失，但可清楚辨认出其左手持戟，着紧身伊朗风格服装。此画制作年代应为七世纪左右，作为考查兜跋毗沙门天形式起源的资料，此图极为珍贵。这一时期，伊朗风格服装和毗沙门天的结合便已出现在于阗地区，暗示了兜跋毗沙门天像的产生在地理位置上的源头。

　　Fig.121 为于阗地区拉瓦克（Rawak）塔址遗留下来的雕刻群像，其中甚至出现了比 Fig.120 毗沙门天画像更早且更准确显示兜跋形起源的天部像实例。在此图中央稍偏左的一身即为毗沙门天，足踏露出地面半身的女形坚牢地神（乳房高耸，以强调其女性身份），其直立的身姿形成一等边三角形的轮廓，与长披于身的伊朗风格服装一起，足可称为东方兜跋毗沙门天像的先驱。

　　据此可以推测，东方的兜跋毗沙门天像可能源于于阗国。同时与《图画见闻志》所记唐代车道政从于阗国带来北方毗沙门天的新样式一并考虑，这一推测便更接近事实。《图画见闻志》卷五"相蓝十绝"，记：

　　其八，有明皇先敕车道政，往于阗国，传北方毗沙门天王样来，至开元十三

Fig.122　库车壁画武士像

年，封东岳时，令道政于此画天王像为一绝。 451

　　前述《觉禅抄》所记毗沙门天像的凤凰冠起源于于阗国一说（参见页 436），涉及东方的毗沙门天像和于阗国的关系，令人欣慰。

　　如此，于阗国的毗沙门天像和东方的兜跋毗沙门天像之间应存在极为密切的关系，但将兜跋形的起源仅限于于阗国亦恐不当。不空译《毗沙门仪轨》中记述安西城（龟兹）毗沙门天的故事（《大正藏》，册 21，页 228b），相比大相国寺由车道政传入的于阗毗沙门天像新样，其在年代上较晚（天宝元年，742），但这一传说却流传于中国。又有日本东寺的兜跋毗沙门天像，相传现身于安西城北门楼上且具备毗沙门天像的威容，其原本安置于罗城门楼上（参见《东宝记》卷一，食堂本尊形象）。根据此说，亦可认为兜跋毗沙门天像起源于安西，即龟兹的毗沙门天像。龟兹国即今天的库车地区，这一地区留存有许多如 Fig.122 一般的武士像壁画，此亦是一个 452 佐证。然而，库车地区至今未发现一例着伊朗风格服饰的毗沙门天像，因此，兜跋形式产生于龟兹国的说法仍然缺乏根据。

　　（13）中原地区制作的兜跋毗沙门天像和于阗国的毗沙门天信仰之间所存在的不可分割的关联，尚可以从兜跋毗沙门天像中的侍者想象其中一二。兜跋毗沙门天一般多为单尊像，有时侍者随从，如附图一二〇 b、附图一二一 c 等，两图均绘一侍女。附图一二一 c 的侍女旁题"大辩才天女"，题字并非后世之笔，为壁画制作时所书；其天女像很明显，为辩才天女无疑。如《金光明最胜王经》所说，毗沙门天和辩才天女均具备财神的条件（《大正藏》，册 16，页 431c、页 436b–c），后世常以两天并列为福神，而将辩才天女置为毗沙门天的侍者，作为早期的例子极为少见，因此作为唐代壁画的附图一二一c（光化三年铭，900），尤令人不可思议。但是《金光明最胜王经》卷六四天王护国品中出现之大辩才天女，是为四天王的眷属，但此处却为毗沙门天的侍者，亦不为不妥（《大正藏》，册16，页429a—c）。作为毗沙门天的侍者，绘有天女时，一般视其为吉祥天女。《金光明最胜王经》卷六四天王护国品记述毗沙门天像和吉祥天女像相对绘于佛左右：

453

> 于佛左边作吉祥天女像，于佛右边，作我多闻天像，并画男女眷属之类（《大正藏》，册16，页431b）

又见不空译《毗沙门仪轨》记吉祥天女之名，且记其为毗沙门天王的侍者之一（《大正藏》，册21，页228c）。《佛说毗沙门天王经》的记述则类似前述《金光明最胜王经》四天王护国品，表示毗沙门天和吉祥天女之间密切的联系：

> 彼持诵者，当于白月八日及十五日，令画人受八戒澡浴着新净衣，取不截白氎，画像，其彩色中不用皮胶，中心画释迦牟尼佛作说法相，佛右边画吉祥天女形。（《大正藏》，册21，页215c）

实际的造像中，亦有释迦左右为多闻天和吉祥天的例子，例如唐梁肃的《壁画三像赞》序：

> 贞元元年冬十月，会稽龙兴寺释法忍与门弟子道俗衣冠之众，以五彩色写释迦如来像于所居之宇，吉祥天女像在左，多闻天王像在右，德容威神焕赫熙怡。（《古今图书集成·神异典》，册91，佛像部）

可见毗沙门天像旁的天女像应为吉祥天女。附图一二一c有明确的榜记"大辩才天女"确为例外，其他如附图一二〇b，应定其为吉祥天女。敦煌画附图一二三a、附图一二三b、附图一二四a中绘有众多眷属，其中的天女形象应为吉祥天女（参见第三章第十节）。

454

另外，附图一二〇b、附图一二一c两图，绘覆狮皮的乾闼婆侍者，见法天译《佛说毗沙门天王经》：

> 尔时毗沙门天王说真言已，白佛言，世尊，复有诸大乾闼婆众，与我而为兄弟，其名曰……（《大正藏》，册21，页217c—218a）

又见不空译《北方毗沙门多闻宝藏大王神妙陀罗尼别行仪轨》：

我自领多兵众鬼神药叉乾闼婆等，摧碎恶人犹如微尘。（《大正藏》，册21，页230c）

由此可知，乾闼婆有时为毗沙门天的眷属或臣属。值得注意的是附图一二〇b、附图一二一c两图中所绘之乾闼婆，均右手擎鼠颈，左手持捧宝珠。如此持鼠和宝珠形象的乾闼婆，作为毗沙门天的侍者绘于其旁的例子极为罕见，见大英博物馆藏敦煌画的一件残片（编号第卅八，参见 Serindia, Ch. XXV. Sec. ii, ch.0069），另有附图一二二a，毗沙门天像旁亦侍立乾闼婆，手中持鼠。在印度，"鼠"是毗沙门天的象征，而此处却令侍者乾闼婆所持。这一现象在西藏佛像、佛画上并不稀奇（Fig.144、Fig.145，格伦威德尔：*Mythologie du Buddhisme au Tibet et en Mongolie*，Fig.152）。西藏谱系的仪轨中陈述北方毗沙门天持鼠一事（沙啰巴译《药师七佛仪轨》、阿旺扎什译《修药师仪轨坛法》等，详见第五章第二节），但很少见于中国古代作品。毗沙门天和鼠的特殊关系，见天宝元年（742）安西（龟兹）城被贼兵包围之际，金鼠先咬断敌兵弓弩之弦，其后毗沙门天王出现在北门楼的传说。不空译《毗沙门仪轨》记：

至其年四月日，安西表到云，去二月十一日巳后午前，去城东北三十里，有云雾斗暗，雾中有人，身长一丈，约三五百人尽着金甲，至酉后鼓角大鸣，声震三百里，地动山崩停住三日，五国大惧尽退军，抽兵诸营坠中，并是金鼠咬弓弩弦，及器械捐断尽不堪用，有老弱去不得者，臣所管兵欲损之，空中云放去不须杀，寻声反顾城北门楼上有大光明，毗沙门天王见身于楼上。（《大正藏》，册21，页228b）

《宋高僧传》卷一"唐京兆大兴善寺不空传"记：

蕃部惊溃。彼营垒中有鼠，金色，咋弓弩弦皆绝。城北门楼有光明天王怒视，蕃帅大奔。帝览奏谢空，因敕诸道城楼置天王像，此其始也。（《大正藏》，册50，页714a）

此处金鼠被视作毗沙门天的使者，这一思想应源于印度，鼠即为毗沙门天的象征（参见本书页570—571）。安西城毗沙门天传说中出现的金鼠与安西城毗沙门天的关系，令人充满想象，又联想到兜跋毗沙门天像旁的鼠，甚觉奥妙无穷。

《大唐西域记》中又记有于阗亦流传着与此类似的古老传说，见卷十二"瞿萨旦那国"（于阗国）：

455

456

Fig.123 柏孜克里克壁画行道天王图残片

Fig.124 柏孜克里克壁画行道天王图局部图

Fig.125 木头沟壁画行道天王图局部图

王城四百五六十里，大沙碛正路中有堆阜，并鼠壤坟也，闻之土俗曰，此沙碛中鼠大如蝟，其毛则金银异色，为其群之酋长，每出穴游止则群鼠为从。昔者匈奴率数十万众，寇掠边城，至鼠坟侧屯军，时瞿萨旦那王率数万兵，恐力不敌，素知碛中鼠奇而未神也，泊乎寇至，无所求救，君臣震恐莫知图计，苟复设祭焚香请鼠，冀其有灵少加军力。其夜瞿萨旦那王梦见大鼠，曰敬欲相助，愿早治兵，旦日合战必当克胜。瞿萨旦那王知有灵祐，遂整戎马，申令将士，未明而行，长驱掩袭，匈奴之闻也，莫不惧焉，方欲驾乘被铠，而诸马鞍人服弓弦甲链，凡厥带丝鼠皆啮断，兵寇既临而缚受戮，于是杀其将，虏其兵，匈奴震慑以为神灵所祐也。瞿萨旦那王，感鼠厚恩，建祠设祭。（《大正藏》，册51，页944a-b）

这一传说与安西城金鼠的故事类似。相传瞿萨旦那王为毗沙门天的后裔，比较安西城的故事，此更令人体会到金鼠救援的意义。据此可想象，于阗国所制作的毗沙门天像，应当如附图一二○b、附图一二一c之类，在毗沙门天旁增添一鼠。在于阗地区马雅克立克（Mayaklic）和丹丹乌里克可见有根据此传说，鼠被神化并被绘于寺壁或木板的例子（斯坦因：*Ancient Khotan*，pl. LXIII；*Serindia*，Fig.328，pl. XII）。尚值得注意的是，吐鲁番地区的壁画中，有许多在毗沙门天像旁绘有金鼠击退魔神的例子，如 Fig.123—Fig.128 等柏孜克里克壁画中，所绘如犬状的动物应均为金鼠形象。这些壁画将于下一节详述。

457 毗沙门天图中，除金鼠外尚有婴儿，此需要注意。附图一二○b敦煌版画中，毗沙门天的眷属罗刹（见般若斫羯啰译《摩诃吠室啰末那野提婆喝啰阇陀罗尼仪轨》，毗沙门天以夜叉、罗刹等为眷属。《大正藏》，册21，页219c）掌上托一裸身的婴儿。类似的例子在敦煌有三处，一是附图一二四b绢本画残片，二是附图二六药师

Fig.126 柏孜克里克壁画行道天王图
局部图

Fig.127 柏孜克里克壁画行道天王图

Fig.128 柏孜克里克壁画行道天王图
局部图

净土变相中毗沙门天侍立之处，三是千佛洞第 19 乙窟［D158］涅槃图中的相关部分（附图八七 a）。其中附图一二四 b 为大英博物馆藏敦煌出土绢本画残片，从残余部分中可清楚地辨认出罗刹及掌上的裸身婴儿。婴儿下方有一人物，从其伊朗式羽翼头饰和翻飞的两条帛布便很容易判断这一人物就是毗沙门天。毗沙门天像中偏好运用这类伊朗式头饰的例子已见于前述附图一二〇 a、附图一二〇 b、附图一二三 a、附图一二三 b、附图一二四 a 等。附图一二四 b 与附图一二〇 b 中的毗沙门天像明显类似，其制作年代可定为唐末以前，可见这类图样的创作时代相当早，作为图例弥足珍贵。附图二六亦为唐画，画面中中尊药师如来佛周围的圣众中有四天王像，观者视线右侧为侍立的毗沙门天，其身后绘头戴狮冠的乾闼婆和掌托裸婴的罗刹。毗沙门、乾闼婆、婴儿、罗刹的组合同于附图一二〇 b。第三例即附图八七 a，绘四天王、天龙八部众以及罗刹手托婴儿，与其旁的乾闼婆一起组成四天王中毗沙门天的侍从。

因此，毗沙门天像旁附"婴儿"的理由可举如下三个：

第一，毗沙门天本身可化作小儿，因此置一小儿与毗沙门天像之旁？

《金光明最胜王经》卷六四天王护国品记：

> 世尊我（毗沙门天）若见此诵咒之人，复见如是盛兴供养，即生慈爱欢喜之心，我即变身，作小儿形，或作老人苾刍之像，……语持咒者曰，随汝所求，皆令如愿。（《大正藏》，册 16，页 431c）

《北方毗沙门天多闻宝藏天王神妙陀罗尼别行仪轨》：

> 若有出家人受持者，我为童子助之。（《大正藏》，册 21，页 230b）

458

459　　　　由经文可知，毗沙门天有时会化作小儿身形，附图一二〇 b、附图一二四 b 以及其他图例中毗沙门天旁的婴儿应为毗沙门天的化身。

　　第二，毗沙门天生有几位王子？婴儿或代表其中的一位？

　　《金光明最胜王经》卷六四天王护国品：

> 受持咒时，先诵千遍，然后于净室中，瞿摩涂地，作小坛场，随时饮食，一心供养，常然妙香，令烟不绝，诵前心咒，昼夜系心，惟自耳闻勿令他解，时有薜室啰末挈王子（毗沙门天王），名禅腻师，现童子形，来至其所，问言，何故须唤我父。（《大正藏》，册 16，页 431a）

　　《佛说毗沙门天王经》：

> 行者念诵常无间断，乃至毗沙门天王子赦儞婆，现童子形，告持诵者言，汝有何事请召我父。（《大正藏》，册 21，页 215b）

　　又有《哱迦陀野仪轨》卷上：

> 如是念礼了作法，香烟令不绝，诵前母咒等，昼夜系念，勿令他解，尔时多闻王有子，名禅腻师，现童子，来至其所，问言，何故唤我父。（《大正藏》，册 21，页 239b）

　　这几处佛经来源相同，"赦儞婆"、"禅腻师"都是 Janavasabha（Janavṛṣabha, Sainniśi）的音译（亦作阇尼沙），是毗沙门天最为出名的王子。另外《摩诃吠室啰
460　末那野提婆喝啰阇陀罗尼仪轨》中有关于毗沙门天五太子的记述（《大正藏》，册 21，页 219b-c），《毗沙门仪轨》中记有第二子"独健"、第三子"那吒"等名字（《大正藏》，册 21，页 228b-c），另有《北方毗沙门天王随军护法仪轨》记毗沙门天王之孙"那吒太子"（《大正藏》，册 21，页 224c）。《佛所行赞》卷一生品有：

> 毗沙门天王，生那罗鸠婆。（《大正藏》，册 4，页 3c）

　　其中那罗鸠婆应和上述王子之间有所关联。以上经文中出现毗沙门天之子和其孙的名字，毗沙门天王图中所描绘的婴儿可能就是赦儞婆或那罗鸠婆。

　　第三，表示于阗建国传说中的婴儿？

　　《大唐西域记》卷十二"瞿萨旦那国"中有关于毗沙门天像额上剖出婴孩的故事：

其王迁都作邑，建国安人，功积已成，齿耋云暮，未有胤嗣，恐绝宗绪，乃往毗沙门天神所，祈祷请嗣，神像额上，剖出婴孩，捧以回驾，国人称庆。既不饮乳，恐其不寿，寻诣神祠，重请育养。神前之地，忽然隆起，其状如乳，神童饮吮，遂至成立，智勇光前，风教遐被，遂营神祠，宗先祖也。自兹已降，奕世相承，传国君临，不失其绪，故今神庙多诸珍宝，拜祠享祭无替于时。地乳所育，因为国号。(《大正藏》，册 51，页 943b)

这一婴儿为于阗国王宗系的祖先，在其国成立时，于毗沙门天身旁附加婴儿的身形，应是极有意义的事情。将婴儿的情节穿插到于阗建国的传说故事中，一定是从毗沙门天本身可化身小儿身形中得到了启发。很有可能在于阗国，毗沙门天信仰和婴儿为国王宗系的祖先之间有着紧密的关系，令创作者习惯在毗沙门天旁附加婴孩的形象。如此，从附图一二〇 b 中兜跋毗沙门天像可以联想到其背后于阗谱系毗沙门天图的身影。另外，吐鲁番地区的壁画中，很多图例中是在毗沙门天旁配以鼠的形象，同时附有婴儿，Fig.123、Fig.124、Fig.125 等柏孜克里克及木头沟的壁画为其实例（参见下节）。Fig.123、Fig.124 为怀抱婴儿，而 Fig.125 中婴儿由天上飞来，象征从毗沙门天额上剖出之意。

以上对兜跋毗沙门天图作一概述，在敦煌画兜跋毗沙门天图中尚存几例行道天王图，其与兜跋毗沙门天图之间具有密切的联系，于下节详述。

第十节　行道天王图

敦煌画中的行道天王图与兜跋毗沙门天图之间互有关联，值得注意。"行道天王"之称在中原出现相当早，见《贞观公私画史》：

行道天王像一卷……张僧繇画。

另有《图画见闻志》卷六：

高丽国　曾于杨褒虞曹家，见细布上画行道天王。

《益州名画录》卷上：

孙位　于眉州福海院画行道天王、松石龙水两堵，并见存。

范琼　圣寿寺大殿释迦像，行道北方天王像。

《宣和画谱》卷二：

吴道元　今御府所藏九十有三……托塔天王图一……行道天王像一。

《宣和画谱》卷三：

燕筠　今御府所藏二……行道天王图一。
李昇　今御府所藏五十有二……行道天王像二。

464　《宣和画谱》卷四：

孙知微　今御府所藏三十有七……行道天王图一。

首先，行道天王图、行道北方天王图即敦煌画中乘云渡海的毗沙门天图（附图一二三a、附图一二三b、附图一二四a），其中附图一二三b中记"水路天王行道时"，亦可知其所以。其次，游行天王图、渡海天王图、过海天王图等与行道天王图同样指毗沙门天图。《宣和画谱》：

阎立德　今御府所藏九……游行天王图二。
赵德齐　今御府所藏一……过海天王像一。
李　升　今御府所藏五十有二……渡海天王像一。
孙知微　过海天王图一、行道天王图一、游行天王图一。
武宗元　今御府所藏十有五……渡海天王像一。
石　恪　今御府所藏二十有一……游行天王像一。

敦煌画中的行道天王图有如下三件代表作，第一图制作年代推定为唐代，第二图推定为五代，第三图推定为宋初。即：

465　大英博物馆藏　绢本着色　行道天王图（附图一二三a）
大英博物馆藏　绢本着色　行道天王图（附图一二三b）
吉美博物馆藏　绢本着色　行道天王图（附图一二四a）

在此以此三图例为中心，阐述行道天王图的特色。如图所示，行道天王图中毗沙门天带领几个眷属，乘云出城门并行于水波之上，手中持宝塔和戟。附图一二三 a 中没有绘出城门，附图一二三 b 中毗沙门天骑乘白马，宝塔和戟由随从代持。毗沙门天的形象和持物于上节中已详述，故不再重复。行道天王图中特别值得注意的是，毗沙门天不是单独出现，而是与多个眷属一同前行。下文将分析画面中群像表示的意义，图中众人的身份以及毗沙门天为何骑马出行，图中为何附加城门和水波等问题。

《长阿含经·世记经》四天王品、《大楼炭经》四天王品、《起世经》四天王品、《起世因本经》四天王品等均提到毗沙门天在须弥山北方"三大城郭"一事，其中有"苑"和"池"，毗沙门天带领诸多天神赴苑游乐，尤其提到"五大夜叉"为毗沙门天的近侍。这一记述清楚地描述了行道天王图的图意，并明确指出图画故事的文献出处。关于毗沙门天三城、苑、池、五夜叉的名称，依经典记述，如表 3.2 所示：

466

表 3.2　不同佛经中毗沙门天三城、苑、池、五夜叉名称及位置

行道天王图中诸物象及位置	《长阿含经》	《大楼炭经》	《起世经》	《起世因本经》
三城	可畏 天敬 众归	沙摩 波迦罗 阿尼槃	毗舍罗婆 伽婆钵帝 阿荼槃多	毗舍罗婆 伽婆钵帝 阿荼槃多
三城的位置	须弥山北方	须弥山北方	须弥山北 由乾陀山顶	须弥山留北 由乾陀山顶
苑名	伽毗延头园	迦比延山	迦毗延多园	迦毗延多园
苑的位置	众归城北	阿尼槃城东	伽婆钵帝 阿荼槃多 二宫之间	伽婆钵帝 阿荼槃多 二宫之间
池名	那邻尼池	那利池	那稚尼池	那墀尼池
池的位置	园城中间	阿尼槃城北	毗舍罗婆 伽婆钵帝 二宫之间	毗舍罗婆 伽婆钵帝 二宫之间
五夜叉	般暗楼 檀陀罗 醯摩跋陀 提偈罗 修逸路摩	无	五丈 旷野 金山 长身 针毛	五丈 旷野 金山 长身 针毛

在此，抄录《起世经》中相关的部分。《起世因本经》卷六四天王品：

467

须弥山王，北面半腹，下去地际，亦四万二千由旬，由乾陀山顶，有毗沙门天王住止之处，三大城郭，其三者何，一名毗舍罗婆，二名伽婆钵帝，三名阿荼槃多，咸各纵广六百由旬，七重垣墙，七重栏楯略说乃至，种种众鸟，各各和鸣。（略）毗舍罗婆伽婆钵帝二宫之间，为毗沙门天王，出生一池，名那稚尼，纵广正等四十由旬，其水调和，清凉轻软，其味甘美，香洁不浊，（略），池中多有优钵罗花，钵头摩花，拘牟陀花，奔荼利花等，自然出生，（略）伽婆钵帝阿荼槃多二宫之间，为毗沙门天王，立一园苑[1]，其园名曰迦毗延多，纵广正等四十由旬，七重垣墙，七重栏楯，乃至七重多罗行树，周匝围绕，杂色可观，略说如前，（略）尔时毗沙门大天王，即亦自着众宝璎珞，庄严其身，驾种种乘，与提头赖吒，毗楼勒迦，毗楼博叉等四大天王，各将所属诸天王众，前后围绕，皆共往诣迦毗延多园苑，到已在苑门前，暂时停住，诸比丘，其迦毗延多苑中，自然而有三种风轮，谓开净吹，开者开彼园门，净者净其园地，吹者吹其园树，令花飘飐，诸比丘，迦毗延多苑中，所散众花，积至于膝，种种香气，周遍普熏。尔时毗沙门大天王，提头赖吒天王，毗楼勒迦天王，毗楼博叉天王等，与诸小王及众眷属围绕，共入迦毗延多苑中，澡浴游戏，种种受乐，在彼园中澡浴讫已，或复一月二月三月，游戏受乐，随心所欲，恣意游行。诸比丘，毗沙门王，有五夜叉，恒常随逐，侍卫左右，为防护故。何者为五，一名五丈，二名旷野，三名金山，四名长身，五名针毛。诸比丘，毗沙门天王，游戏去来，常为此等五夜叉神之所守护。（《大正藏》，册1，页340a—341a）

由此可明确得知附图一二三a、附图一二三b、附图一二四a中所绘的内容，经文中"恣意游行"一文即为"游行天王"的文献根据，颇有意趣。毗沙门天亲自佩戴"众宝璎珞，庄严其身，驾种种乘"，表现于附图一二三b中毗沙门天骑马的形象。毗沙门天的侍者在前述三图中各有一些微小的差异，但均为眷属或者守护夜叉神。关于眷属，各图均绘有吉祥天女和王子（参见上节），除夜叉神之外，附图一二三a中尚绘有婆薮仙，附图一二四a中绘有象头毗那夜迦、猪头天。婆薮仙作为毗沙门天王的眷属之一，和王子、吉祥天女同列，见《毗沙门仪轨》：

天王第二子独健，常领天兵护其国界。天王第三子那吒太子，捧塔常随天王，吉祥天女亦名功德天，自有真言，婆蒐仙，大广智云是观世音菩萨化身。（《大正藏》，册21，页228c）

1　译者注：原书为"范"，误。今校作"苑"。

此处所记"捧塔常随天王"的第三王子"那吒"出现于附图一二三 b 中白马的后方，在附图一二三 a 中则是婆薮仙后方捧宝珠之人，在附图一二四 a 中为圣天后方戴冠的人物（捧持物不明）。又有"常领天兵护其国界"的第二王子"独健"，是毗沙门天王五个太子（见《摩诃吠室啰末那野提婆喝啰阇陀罗尼仪轨》，《大正藏》，册 21，页 219b-c）中最勇猛的人物，在安西城被围困之际，其带领天兵前往解救（《毗沙门仪轨》，《大正藏》，册 21，页 228b），附图一二三 a 中张弓搭箭凝视天空飞翔的迦楼罗形魔神的长须人物应为独健（这一形象的魔神亦绘于千佛洞第 167 窟〔D9〕入口左侧外壁天王图的上空。伯希和：*Touen-Houang*，VI，pl. CCCXXXV）。附图一二三 b 中的独健亦手持弓箭凝视上空，但空中没有绘出魔神。第一王子可见于附图一二三 a 左下角合掌的人物，在附图一二三 b、附图一二四 a 中均是与吉祥天女并肩且执笏的人物。另，附图一二三 b 中处处散有货币和宝珠，大约表示毗沙门天不仅是一武神，同时亦是财神之意，《金光明最胜王经》四天王护国品中详细记述了毗沙门天在此方面的功德（《大正藏》，册 16，页 431c、页 432a）。

因此，从敦煌画的实例中可明确得知，行道天王图所绘为毗沙门天王及其眷属等出由乾陀山顶居城，渡过那稚尼池（那邻尼、那利），赴迦毗延多（迦毗延头、迦比延）园游玩的场景，同时亦释明"游行天王"这一名称与画面所绘情景相符，"过海天王"、"渡海天王"均为相同表现。另见其所乘云彩由城门而出的情景，可以想象《宣和画谱》所说"宝塔出云天王像"或"降塔天王像"的图样。《宣和画谱》：

范琼　今御府所藏九……降塔天王像一。

周昉　今御府所藏七十有二……降塔天王图二、宝塔出云天王像一。

敦煌画行道天王图中引人注目的场景即毗沙门天王和其眷属，在吐鲁番地区木头沟附近的洞窟寺尤其是柏孜克里克壁画中，留存有相当多的图例，以下作一简略叙述。

Fig.127、Fig.128 与附图一二三相同，毗沙门天在云上骑乘白马，周围环绕诸眷属，白马足下飞奔如犬状的动物便是与毗沙门天关系密切的鼠（毗沙门天和金鼠的关系，详见上节）。图中出现金鼠，且于图的右下角绘一手执砚和纸、口舔笔端欲描画毗沙门天威容之人，由这两个细节不禁令人想象其所绘即为《毗沙门仪轨》中安西城毗沙门的故事（《大正藏》，册 21，页 228b-c）。另一方面，从图中有提头赖天王、毗楼勒天王等守护马上毗沙门天的情形来看，或许其所绘和附图一二三 b 相同，为毗沙门天一行赴迦毗延多园游玩的情景。

469
470

Fig.123、Fig.124、Fig.125、Fig.126 四铺壁画中，毗沙门天的近旁绘有如附图
一二三 a 敦煌画行道天王图中的迦楼罗形魔神，魔神身缚补绳，双翼张开，挣扎
欲逃，遇金鼠扑咬其足（Fig.123、Fig.124、Fig.126），又遇鹰从空中来袭，阻止其
逃脱（Fig.124、Fig.125）。其旁有一张弓欲射的人物（Fig.123、Fig.124、Fig.125、
Fig.126），各个描画均同于敦煌绢本画附图一二三 a。另，Fig.123、Fig.124、Fig.125
三图中毗沙门天旁绘有婴孩，与附图一二〇 b、附图一二四 b、附图二六等敦煌画
中毗沙门天旁描绘婴儿用意相同（参见上节）。

假定不将上述诸图看作行道天王图，这些图的存在对于解释敦煌画毗沙门天
图的图意仍然具有重要的意义（关于 Fig.123、Fig.127 等柏孜克里克壁画中鼠颈处
翻飞的两条布帛，在前文中已有叙述，原为伊朗谱系的一种头部装饰方式，在新疆
地区和西域以东等地的佛像上也得到了广泛应用。鼠颈处的布帛与萨珊式鸟兽纹样
中禽、羊等颈上所见的饰带具有同样的装饰意趣。Sarre：*L'Art Ancient de la Perse*，
p1.101、103；奥登堡：*Russian Turkistan Expedition*，Fig.57；勒柯克：*Spätantike*，Ⅳ，
Tafel 15、12）。

第十一节　日前摩利支天图

摩利支天（Marīci，摩里支天）是密教之神，一般以隐身、除灾为目的，其形
象有一面二臂的天女形象（详情后述），亦有立于猪背上的三面六臂及三面八臂等
形象（注一）。中国的摩利支天像主要见于唐代密教流行之后，而在敦煌的作品中
却留存着一种比较少见的摩利支天像，其与一般的密教图像完全不同，具有一种原
始的特有风趣。如附图一二五 a 大英博物馆藏纸本着色册子残片即是一例，与此类
似的一例存于吉美博物馆藏伯希和携回品中（附图一二五 b）。

附图一二五 a 绘于长五寸[1]，宽三寸的小纸片上，笔力强劲，用笔奔放。图上连
绵的山峦形成远景，左手一侧太阳（中有二足鸟）高挂，飞云上立一衣着华美的天
女，服饰为中原风格。天女足踏飞云，在太阳光的照射下熠熠发光，其前额饰一优
雅的凤鸟，头光之后火焰升腾；天女左手持麈尾，两侍女各捧花盘左右侍立。在此
三尊前面，供养男女手持长柄香炉，捧持花盘并坐在崖岸之上。从供养男女的服饰

1　译者注：一寸约等于 3.33 厘米。

等来看，可推测其制作年代约为五代。画面线描刚劲有力，造形优美，红绿设色明快醒目，生机益然。在仅一手掌大小的纸片上能有如此表现力，其尽显唐画风采，足以证明画家技艺非凡，令人叹为观止。尤其中央的天女形象，与药师寺吉祥天女或正仓院树下美人图等一脉相承，呈现出唐画特有的厚重之美。远景重叠的山峦反映出早期山水画的形态，此作为一幅充分展现唐画风采的佳作，值得重视。此画的构图类似于来迎图，图中存在的太阳以及天女前额的鸟饰等均表现出太阳光下被神格化的天女像（注二），进一步说，此处描绘的女神即为摩利支天像。

474

摩利支天意为日月光明（注三），《本行集经》（隋阇那崛多译）译作"阳炎"（"摩利支，隋言阳炎"，见《大正藏》，册 3，页 800a）。摩利支天常行于太阳前方，见《摩利支天菩萨陀罗尼经》（不空译）、《摩利支天经》（不空译）、《末利支提婆华鬘经》（不空译）、《摩利支天陀罗尼咒经》（失译）、《陀罗尼集经》卷十《摩利支天经》、《大摩里支菩萨经》（天息灾译）卷一等（参见《大正藏》，册 21，页 259b、页 260b、页 255c、页 261c、页 262a；《大正藏》，册 18，页 869c）。各经记述大同小异，现抄录《摩利支天菩萨陀罗尼经》的相关部分如下：

尔时世尊告诸比丘，日前有天，名摩利支，有大神通自在之法，常行日前，日不见彼，彼能见日，无人能见，无人能知，无人能捉，无人能害，无人欺诳，无人能缚，无人能债其财物，无人能罚。(《大正藏》，册 21，页 259b–c)

由此可知摩利支天为被称为"阳炎"的女神，常行于日前，序中所记如此。关于摩利支天的外形见密教仪轨中的叙述，摩利支天常作天女外形，左手持天扇，右手作与愿势，与敦煌画中的造像明显相同。

475

不空译《摩利支天经》：

若欲供养摩利支菩萨者，应用金或银或赤铜，或白檀香木，或紫檀木等，刻作摩利支菩萨像，如天女形，可长半寸，或一寸二寸巳下，于莲花上，或立或坐，头冠璎珞种种庄严，极令端正，左手把天扇，其扇如维摩诘前天女扇，右手垂下扬掌向外，展五指作与愿势，有二天女，各执白拂侍立左右。(《大正藏》，册 21，页 261b)

阿地瞿多译《陀罗尼集经》卷十《摩利支天经》：

若人欲得供养摩利支天者，应用金若银若赤铜若白檀若赤檀等，随力所办作摩

Fig.129 《十卷抄》所载摩利支天图

Fig.130 胎藏旧图样摩利支天像

利支天像，其作像法，似天女形，其像左手屈臂向上，手腕当左乳前作拳，拳中把天扇，扇如维摩诘前天女把扇，于扇当中作西国卍字，字如佛胸上卍字，字四曲内，各作四个日形———着之，其天扇上作焰光形，右手申臂并申五指，指头垂下（略），其像左右各作一侍者，其侍者亦作天女形。种种严饰。（《大正藏》，册18、页870b）

不空译《末利支提婆华鬘经》：

尔时末利支白佛言，世尊我有别法，今欲说者，用好紫檀木广三指长三寸，其木一面刻作末利支形，作女天，其像左右各刻作两末利支侍者，亦作女形，复以别紫檀木作盖盖之，作此像已，欲行远道，将于此像不离自身。（《大正藏》，册21，页258c）

上述天女外形的摩利支天左手把持的天扇即麈尾，与"维摩诘前天女扇"或所谓唐代团扇形式（多见于维摩经变相，参见附图四六b、附图四七、附图四八b、附图四九b、附图五○b、附图五一a、附图五四b）相同，此例敦煌画像亦是同样形式。又有《十卷抄》、《别尊杂记》、《阿娑缚抄》等所收一面二臂摩利支天像（《大正藏》，图像部册3，《十卷抄》图像No.124；《大正藏》，图像部册3，页632；《大正藏》，图像部册9，《十卷抄》图像No.75）均为坐像，但外形完全符合上述仪轨，同时亦近似敦煌画像。Fig.129即为《十卷抄》所载摩利支天像。这些像的右手如《陀

罗尼集经》所述，均伸臂，五指合拢并垂下，也有少数如敦煌画像的曲臂之形，如 477
Fig.130 胎藏旧图（武藤本）的摩利支天像。这一胎藏旧图的尊像同于敦煌画像，为
三尊形式，值得注意。摩利支天像的左右有二身天女形侍者，符合前述仪轨。另有
《别尊杂记》所载之图（《大正藏》，图像部册 3，页 632）亦为三尊形式。关于二侍
者的持物，前述《摩利支天经》记"各执白拂"，《别尊杂记》中为"白拂"，但敦煌
画像中手持物并非白拂，而是手捧花盘，Fig.130 中二侍者均手持莲花。

　　如上所述，附图一二五 a 敦煌画摩利支天像与密教仪轨极为一致，根据这些密
教依轨很容易判断出这件画像为摩利支天像。然而却不能仅凭这件画像来判断其是
否与密教相关，因为画像的外形继承的是早于密教摩利支天像的形象。此件作品画 478
风清新明朗，构图自由，这两点便足以说明此画与密教无关，画中反映遵循密教仪
轨天女身姿的摩利支天的外形也不为密教所独有。前述《摩利支天经》或《陀罗尼
集经》中，摩利支天"左手把天扇"一节特别强调其"扇如维摩诘前天女"，其一强
调扇如维摩经变相中的天女扇，其二强调天扇的"卍"字为"西国的卍字"，其表
述已经脱离一般仪轨，缺乏个性，其实暗示在仪轨之前已有范本可依。《陀罗尼集
经》卷十二（"第二座主名摩唎支天，莲华座上作天扇形，其扇中作西国万字，光
焰围绕"，《大正藏》，册 18，页 896c）中记以天扇形成摩利支天的三昧耶形，其中
的天扇亦应为中国式团扇。总之，中国的摩利支天像早在密教画流行之前便已开始
创作，而且完全为中国风格，故密教画像有多处摹仿中国摩利支天像。此处所见的
敦煌画像与密教画像之间有一定的联系，但没有任何直接的关联，其图像在中国密
教画像产生之前便已形成了早期风格。从这些特点可以看出，图中所呈现出的非密
教风格是画本身就具有的特征。

　　吉美博物馆收藏有一件绘画（附图一二五 b），与附图一二五 a 相比略显大些， 479
但构图几乎相同，远景有山，近景绘崖岸、水波，图上方绘内置三足乌的太阳，乘
云而来的摩利支天及左右侍女在阳光中熠熠生辉。此处摩利支天像同于前例，均为
天女形，额上有鸟饰，左手把持天扇。图中没有绘出供养人，太阳的位置、三尊的
朝向与前例左右相反。这一图画依旧值得重视，与附图一二五 a 同样传承密教图像
诞生之前的早期摩利支天像特征，为五代时期的作品。如上所述，作为摩利支天
图，两者构图上的特色首先在于摩利支天行于"日前"，其头光升腾出炽烈的火焰
与额上鸟饰（同于金乌），山峦水波中，典雅高贵的女神沐浴着灿烂的阳光，图中
之描绘均因阳炎而神化，此于密教图像中并不可见。敦煌画中能有如此两件摩利支
天像留存至今，不可多得。

注

一、关于六臂像、八臂像，参见天息灾译《大摩里支菩萨经》(《大正藏》，册21，页262a 以下)。三面八臂像的例子见《十卷抄》、《别尊杂记》、《阿娑缚抄》等 (《大正藏》，图像部册3，《十卷抄》图像 No.125。同上《别尊杂记》图像 No.285。同第九卷，《阿娑缚抄》图像 No.76)。

二、*Serindia*, Vol. II, p.976, ch. 00211 释其为"太阳菩萨"(Bodhisattva of the Sun)。魏勒亦依此说，即 *A Catalogue of Paintings recovered form Tun-Huang by Sir Aurel Stein*, p.182, CCVII (2)。

三、Monier-Williams：*A Sanskrit-English Dictionary*, p.790，"Mārīci"a ray of light (of the sun or moon)。

480

第十二节　多子塔图

附图一二六 a 为纸本白描作品，是一件未完成的作品，但画面中有几处描绘非常有特色，引人注目。图绘一六角形坛基，铺设华丽，上作一圆锥形塔，其间安放有四十七枝莲花，每枝莲花上坐一菩萨形尊像，每朵莲花皆为长茎，其中半数相互联系并结成一根主干。此图制作年代应为唐末，尤其是尊像的姿态具有中印度特色。图中可计数的尊像有四十七身，其背面尊像无法绘出，假设背面亦有的话，尊像总数应超过九十。四十七应为一大概的数字，主要在于表现众多莲花上配置尊像而形成一座塔形的旨趣。

在讨论此图所表达的内容之前有必要先作一番回顾，《觉禅抄》"阿弥陀"条中收录有一件五十二身像图 (Fig.131)，俗称五通曼荼罗或叶上曼荼罗。描绘的是一棵大树枝叶伸展，叶片繁茂，枝叶上坐五十二尊佛菩萨（其中一尊绘于莲台上，位于上方中央)。正文抄录如下：

> 见唐传记，有阿弥陀曼荼罗。天竺鸡头摩寺有五通菩萨，现身往极乐问佛云，娑婆世界众生念弥陀佛，无其所据如何。佛言，汝还娑婆，彼国可示现。于是菩萨
481　速还本寺，其寺树木叶上画佛菩萨像，采集此树叶数之有五十二体佛菩萨。以之唐朝图绘人以为本尊。(《大正藏》，图像部册 4，页 464b-c)

由此可见，应五通菩萨所请，五十二尊佛菩萨现身于天竺鸡头摩寺大树枝叶上。经文所据之"唐传记"恐怕就是道宣的《集神州三宝感通录》，可知这类图例在中国出现的相当早，同书卷中记：

三十七。阿弥陀佛五十菩萨像者，西域天竺之瑞像也，相传云，昔天竺鸡头摩寺五通菩萨，往安乐界请阿弥陀佛，娑婆众生愿生净土，无佛形象愿力莫由，请垂降许。佛言，汝且前去，寻当现彼。及菩萨还，其像已至，一佛五十菩萨各坐莲花在树叶上，菩萨取叶所在，图写流布远近。汉明感梦使往祈法，便获迦叶摩腾等至洛阳，后藤姊子作沙门，持此瑞像方达

Fig.131 劝修寺本《觉禅抄》所载鸡头摩寺五十二身像图

此国，所在图之，未几赍像西返，而此图传不甚流广。魏晋以来年载久远，又经灭法，经像湮除，此之瑞迹殆将不见。隋文开教，有沙门明宪，从高齐道长法师所得此一本，说其本起与传符焉，是以图写流布遍于宇内。时有北齐画工曹仲达者，本曹国人，善于丹青，妙尽梵迹，传模西瑞，京邑所推，故今寺壁正阳皆其真范。（《大正藏》，册 52，页 421a–b）

其中"天竺鸡头摩寺"（或称屈屈吒阿滥摩、鸡园、鸡寺）、"五通菩萨"等文字，完全同于《觉禅抄》，而且"坐莲花在树叶上"，作为《觉禅抄》所收图画的详细说明，颇具意趣。然而《觉禅抄》记为五十二体的佛菩萨，图中亦绘有五十二身，与一佛五十菩萨在数量上稍有差异（非浊《三宝感应要略录》亦引用，定其为一佛五十菩萨，注一）。再者，前述的《集神州三宝感通录》上记述一佛五十菩萨图传入中国（特别列举了曹国画人曹仲达之名）并被摹画、流传一事。据此可知，至初唐道宣所在的时代，来自西域的佛像写本无疑已经广为流传。敦煌千佛洞 146 窟〔D332〕中所绘的初唐壁画（附图一七 b）明显与鸡头摩寺一佛五十菩萨的传说有关。图中莲花从莲池伸出，其上以三尊弥陀为中心，左右各二十五身菩萨，共计有五十身小菩萨像，与"一佛五十菩萨各坐莲花"完全一致。此图与《觉禅抄》中的树木之形（Fig.131）虽略有不同，但所有莲花的根部连为主干这一特点两者基本相

482

483

Fig.132　天龙山石窟第9窟外北壁浮雕

Fig.133　龙门石窟第9窟五十二菩萨像

同，若再加侍立的两身菩萨便为五十二，正符合《觉禅抄》中"五十二"之数。不难想象，一佛五十菩萨图原本为西域风格，而在逐渐演变发展之后形成《觉禅抄》中所载之图。Fig.132为天龙山石窟第9窟外北壁的初唐浮雕，其亦与一佛五十菩萨的传说有关，图式明显有西方特征，说明系依据西方传来的范本而作。中央阿弥陀佛周围莲花上的诸尊有佛和菩萨两种形式，这一点与鸡头摩寺传说略有差异，但构思大致相同。Fig.133为唐永隆元年（680）所造，位于龙门石窟第9窟万佛洞后壁，为同一内容的浮雕，莲花上小菩萨的数量为五十二（二飞天除外）。

　　如此，将莲花上的五十或五十二菩萨像和前述敦煌发现的四十七菩萨像图（附图一二六 a）作一比较，两者虽在图式上有一定的差异，但结构大致相同，尤其是从同一主干上生出小莲花，其上坐有菩萨这一点，两者用意完全相同。据此可推知，此件敦煌画亦是根据天竺鸡头摩寺的树上一佛五十菩萨故事所作图画的一种。

　　需要注意的是，附图一二六 a 莲花上诸菩萨图中，其树形为具有基台的"制底"塔形，似包含有特别的寓意。为说明这一点，需要联系《法显传》及《大唐西域记》中"毗舍离国"（Vaiśālī）有关千子塔（《法显传》中为"放弓仗塔"）的故事。千子塔在《长阿含经》卷十一及《佛所行赞》卷四等中记为"多子塔"（注二），《法显传》和《大唐西域记》有如下记述。

　　《法显传》中"毗舍离国"：

　　城西北三里有塔名放弓仗，以名此者，恒水流有一国王，王小夫人生一肉胎，大夫人妒之，言汝生不祥之征，即盛以木函掷恒水中。下流有国王游观，见水上木函，开看，见千小儿端正殊特，王即取养之，遂便长大甚勇健，所往征伐无不摧伏，次伐父王本国，王大愁忧，小夫人问王，何故愁忧，王曰，彼国王有千子勇健

484

485

无比，欲来伐吾国，是以愁耳，小夫人言，王勿愁忧，但于城东做高楼，贼来时置我楼上，则我能却之，王如其言。至贼来时，小夫人于楼上与贼言，汝是我子，何故作反逆事，贼曰，汝是何人，云是我母，小夫人曰，汝等若不信者，尽仰向张口，小夫人即以两手构两乳，乳作五百道俱堕千子口中，贼知是其母，即放弓仗。二父王于是思惟皆得辟支佛。二辟支佛塔犹在。后世尊成道，告诸弟子，是吾昔时放弓仗处，后人得知，于此处立塔，故以名焉。千小儿者即贤劫千佛是也。（《大正藏》，册51，页861c—862a）

《大唐西域记》卷七"吠舍厘国"：

告涅槃其[1]侧不远窣堵波，千子见父母处也。昔有仙人隐居岩谷，仲春之月鼓濯清流，麀鹿随饮，感生女子，姿貌过人，唯脚似鹿，仙人见已收而养焉。其后命令求火至他仙庐，足所履地迹有莲华，彼仙见已深以奇之，令其绕庐方乃得火，鹿女依命得火而还。时梵豫王畋游见华寻迹，以求悦其奇怪，同载而返。相师占言，当生千子，余妇闻之莫不图计。日月既满，生一莲华，华有千叶，叶坐一子，余妇诬罔，咸称不祥，投殑伽河随波泛滥。乌耆延王下流游观，见黄云盖乘波而来，取以开视，乃有千子，乳养成立，有大力焉，恃有千子，拓境四方，兵威乘胜，将次此国。时梵豫王闻之甚怀震惧，兵力不敌，计无所出矣。是时鹿女心知其子，乃谓王曰，今寇戎临境，上下离心，贱妾愚忠，能败强敌，王未之信也，忧惧良深。鹿女乃升城楼以待寇至，千子将兵，围城已匝，鹿女告曰，莫为逆事，我是汝母，汝是我子，千子谓曰，何言之谬，鹿女手按两乳，流注千歧，天性所感，咸入其口。于是解甲归宗，释兵返族，两国交欢，百姓安乐。千子归宗，侧不远有窣堵波，是如来行经旧迹，指告众曰，昔吾于此归宗见亲，欲知千子即贤劫千佛是也。（《大正藏》，册51，页908c—909a）

两段文字均描述了毗舍离一塔是为了纪念化现贤劫千佛的"千子"归顺之地而建，《大唐西域记》所记比《法显传》更为详细，《法显传》中的"一国王"在《大唐西域记》中则具体为"梵豫王"，恒河下游的"国王"为"乌耆延王"，同时尚附有细节来叙述千子出生前仙人、麀鹿、鹿女以及有关鹿女生下千叶莲花等传说。其中最引人注目的是有关鹿女所生的千叶莲花，在《大唐西域记》中为"日月既满，生一莲华，华

1　译者注：原书为"期"，误。今校作"其"。

有千叶，叶坐一子"，足以证明附图一二六 a 是塔婆形千佛莲花图，表现毗舍离国的千子故事。将千佛莲花的形姿着意制作成具备基台制底塔形的原因是在同一图中同时表现莲花生千子和千子归顺建造塔婆一事。并且，莲花上的千佛不是如来形，而是菩萨形，正如《法显传》中"后世尊成道，告诸弟子，是吾昔时放弓仗处"，《大唐西域记》中"是如来行经旧迹，指告众曰，昔吾于此归宗见亲"，千子莲花的故事与佛本生故事相关，其中千子为包括释尊在内的贤劫千佛的前身，理应不是如来形。

487

如上所述，敦煌画附图一二六 a 表现毗舍离国多子塔（放弓仗塔）的因缘故事，并不是鸡头摩寺一佛五十菩萨图像，而其究竟是遵照《大唐西域记》制作于中国，还是与《大唐西域记》完全无关而自中印度传入，这一问题尚不明了。就其图像来看，莲座上的千子像明显具有中印度的特征，而台基部分却与之相反——丝毫没有西域气息，因此要找出明显特征说明此图是在中国绘制是极其困难的。然而需要留意的是，《大唐西域记》中千子莲花的故事与《大方便佛报恩经》中鹿母夫人（摩耶夫人的前身）的故事极其类似，《法显传》毗舍离国放弓仗塔因缘故事上附加《大方便佛报恩经》鹿母夫人故事之后，形成《大唐西域记》所载千子塔因缘故事。《大方便佛报恩经》卷三论议品中，花费了相当的篇幅讲述鹿母夫人因缘故事（《大正藏》，册 3，页 140c—142c），但其主要内容与《大唐西域记》千子塔因缘故事的前半部分相同，两相对照便可发现其间具有密切的关系（参见页 171），见表 3.3：

488

表 3.3 《大方便佛报恩经》鹿母夫人因缘与《大唐西域记》千子塔因缘故事对比

序号	《大方便佛报恩经》鹿母夫人因缘	《大唐西域记》千子塔因缘
1	仙人（隐居岩谷）	仙人（住在南窟）
2	他先人	仙人（住在北窟）
3	雌鹿怀妊生一女（鹿女）	麀鹿怀妊，生女子（鹿女）
4	鹿女诣北窟求火	鹿女至他仙庐求火
5	鹿女步步生莲花	鹿女所履有莲花
6	波罗奈王游猎，见莲花	梵豫王畋游，见莲花
7	王伴鹿女还归本国	王同载而返
8	鹿女（鹿母夫人）生一莲花	鹿女生一莲花
9	其华具足有五百叶，于一叶下有一童男	花有千叶，叶坐一子

换言之，《大唐西域记》千子塔因缘故事是在《法显传》放弓仗塔因缘之前附

加了鹿母因缘故事，使其内容更加丰富，故可知法显前访毗舍离国放弓仗塔时代的
因缘故事，不知在何时已经加入《大方便佛报恩经》鹿母夫人因缘故事，直至玄奘
探访同地时，这一因缘故事已发展得相当复杂且内容丰富。《大方便佛报恩经》鹿
母因缘故事的后半部分描述五百子在莲花池边看见自己的形姿深有感触，知"一切
诸法如幻如化，如梦所见……时诸太子，即便出家……即便烧身，取泥洹时鹿母夫
人收取身骨"，建立塔婆，供养五百辟支佛。按照这一记述，附图一二六 a 亦可视为
依据《大方便佛报恩经》鹿母夫人因缘故事而作的塔形五百子莲花图。

489

　　因此，附图一二六 a 未必一定是依据《大唐西域记》所作，对其制作有必要联系
各个因缘故事，包括鹿母多子莲花因缘故事和起塔的关系，进行思考。所以，莲花上
的小儿之数定为"千子"还是"五百子"也是需要斟酌的问题，笼统地称为"多子"
可能是最稳妥的办法，故此附图一二六 a 应称为多子塔图。

　　与多子塔图相关的敦煌画尚有附图一二七 a、附图一二七 b。图中水池里五枝莲
花根茎相连，上有五身菩萨形人物（附图一二七 a 中另有一个婴孩），从画面下方绘
有勾栏来看，似为阿弥陀净土变相莲花往生的部分，然而莲茎互相缠绕的部分却与敦
煌壁画一般的阿弥陀净土变相宝池中的莲花往生（参见附图二 a、附图三 a、附图三 b、
附图四 a、附图六 a、附图一九 a、附图一九 b 等）不尽相同，更接近于《大方便佛报
恩经》鹿母夫人因缘中的莲上五百子，或毗舍离国多子塔因缘中的莲上千子，或鸡头
摩寺一佛五十菩萨等。德里中亚博物馆藏品中另有一件类似的幡画，虽然尺寸略有不
同，且绘制粗细有别，明显与附图一二七 a 不是成对制作，但其图中有四身菩萨形人
物，与附图一二七 a 中的五尊菩萨合并，可能组成一组九品往生图。然而，也有必要
考虑其与莲上的多子图没有什么关系，这一点在观察附图一二六 b 卢浮宫博物馆的幡
画时会感触更深。卢浮宫博物馆的幡画虽是残片，但与前述之图相同，由同一主干上
伸展出数枝莲茎并盛开莲花，其上有数身孩童（残存的部分有七个），从画面整体的
处理尤其是童子来看，应当与"五百子"、"千子"等故事相关。总之，此处所举的敦
煌幡画（附图一二六 b 至附图一二七 b）以及附图一二六 a 多子塔图均为极其珍稀的
佛画。

490

注

一、《三宝感应要略录》卷上："第十一，鸡头摩寺五通菩萨请阿弥陀佛图写感应。
　　相传昔天竺鸡头摩寺五通菩萨，往安乐世界，请阿弥陀佛，娑婆众生，欲生净
　　土，无佛形象，愿力莫由，请垂降许，佛言汝且前去，寻当现彼。及菩萨还，

其像已至，一佛五十菩萨，各坐莲华，在树叶上，菩萨取叶，所在图写流布远近矣。"（《大正藏》，册 51，页 830c）

二、《长阿含经》卷十一："毗舍离有四石塔，东名忧国塔，南名象塔，西名多子塔，北名七聚塔。"（《大正藏》，册 1，页 66c）

三、《佛所行赞》卷四，大弟子出家品："尔时有二士，迦叶施明灯，多闻身相具，财盈妻极贤，厌舍而出家，志求解脱道，路由多子塔，忽遇释迦文，……顿解诸深法，成四无碍辩，大德普流闻，故名大迦叶。"（《大正藏》，页 433c 以下）

491

第十三节　须弥山侧阿修罗王图

阿修罗王住在须弥山侧大海之中一事见于多部佛经（《长阿含经·世记经》、《大楼炭经》阿须伦品、《起世经》及《起世因本经》阿修罗品、《正法念处经》畜生品等，注一），这一记述自古以来几乎已成定论，但须弥山图中绘有阿修罗王形象的实例却极为少见，如日本玉虫厨子须弥座所描绘的须弥山图及东大寺大佛莲瓣上之须弥四洲图（Fig.82）等均没有绘出阿修罗王。仅可举出东大寺的二月堂旧主尊背光（Fig.83）一例，背光画面中可辨认出由须弥山下伸出两臂、把持日月的阿修罗王像，仅此而已，作为图例不能令人满意。相比之下，敦煌画中关于阿修罗王图的例子颇多，包括年代极早的作品，值得注意。

本章第一节中已有过论述，敦煌画卢舍那佛身体上的世界图中须弥山侧绘有阿修罗王像（附图九一 a、附图九二 a），除此之外，与华严经典无关的须弥图亦有不少绘有阿修罗王像的例子，附图九二 b 为其中一例，并且是这些图例中制作年代最早的，其应制作于魏晋南北朝时期。这一阿修罗王像为四臂立像，二臂高举，双手举持日月（右手日，左手月，后述 Fig.135 云冈石窟造像亦与此相同），其后有须弥山，须弥山上的壮丽城郭为忉利天宫，须弥山左右风神、雷神、金翅鸟等各展飞翔之姿，须弥山下方有七金山（或称铁围山）及人间界、畜生界。这一图例亦可称为须弥世界图，为依据《长阿含经·世记经》龙鸟品、阿须伦品、忉利天品等故事（《大正藏》，册 1，页 127—137）的图像。阿修罗王双手举日月，见《正法念处经》（元魏瞿昙般若流支译）卷十八畜生品中四大阿修罗王（注一）中的第一罗睺阿修罗王部分，其中相关描述十分详尽。阿修罗王手擎日月，目的在于遮蔽日月光辉，以观看天女，所谓的日蚀、月蚀即因此而生：

阿修罗王，欲观园林，日百千光明照其身上，庄严之具，映障其目，而不能见诸天园林游戏娱乐受乐之处，时罗睺阿修罗王，作是思惟，日障我目，不能得见诸天彩女，我当以手障日光轮，观诸天女，即举右手，以障日轮，欲见天女可爱妙色，手出四光，如上所说，立海水中，水至其腰，宝珠光明，或青或黄或赤或黑，以手障日，世间邪见诸论师等，咸生异说，言罗睺阿修罗蚀日（略）。复次比丘云何观月蚀……时罗睺王，闻是语已，爱心即生，欲见天女，从地而起，渴仰欲见，以手障月，欲见天女……（《大正藏》，册17，页107b-c）

阿修罗王的形象在中国的制作可上溯到相当早的时期，附图九二 b 应为现存敦煌壁画中最早的图例，其与附图九二 a 敦煌壁画库车画系卢舍那佛像中所绘须弥山前的阿修罗像（参见第三章第一节，页292）一起，值得进一步深入研究。

唐代初期的一例见于千佛洞第149窟右壁［D335北壁］的维摩经变相（附图四六 a），在第一章第六节中已有过论述。在图右上方须弥山图中，维摩诘应大众的恳求，以神通力右手断取妙喜世界，此依据《维摩经》见阿閦佛品而绘制。图中须弥山前面的大海中现出的半身六臂像即为阿修罗王。阿修罗王作六臂或四臂的形式自古便如此（后述 Fig.135 云冈石窟阿修罗王亦有六臂），唐代以后六臂像依旧为常见的形式，此处所见维摩经变相（附图四六 a）中，妙喜世界图下方所描绘的天龙八部中，阿修罗王为六臂，附图三七 a、附图三七 b 法华经变相中的阿修罗王也是六臂。日本兴福寺天龙八部中的阿修罗王均为六臂。在《观音义疏》（隋智顗述）卷下的观世音三十三身中，记述阿修罗王的部分也是六臂（"阿修罗千头二千手，万头二万手，或三头六手"，《大正藏》，册34，页934c），在密教仪轨《补陀落海会轨》（不空译）中阿修罗王也是三面六臂两足（"阿修罗身，三面青黑色，忿怒裸形相，六臂两足体"，见《大正藏》，册20，页137b）形象。

附图五〇 a 同样是千佛洞中的一铺维摩经变相（第117窟右前壁［D61东壁门北］），年代虽晚至五代，但图式忠实延续唐朝的样式，图中妙喜世界图同样绘于左上角，须弥山一方大海之中，现露半身、手擎日月的即为阿修罗王立像。虽不能明确辨清其是六臂还是四臂，但其形象如实对应《正法念处经》中的"立海水中，水至其腰"。图中须弥山的左右有日月两像，山腰绘难陀、跋难陀两龙王交结在一起。

以上三例均为须弥山侧有一尊阿修罗王像的形式。此外，敦煌画中尚有五代时期所绘须弥山侧置二身阿修罗王的例子，见于附图一六六 a 千臂千钵文殊菩萨图。佛经中须弥山大海中的阿修罗王并不仅限为一尊，《大楼炭经》（西晋法立、法炬共

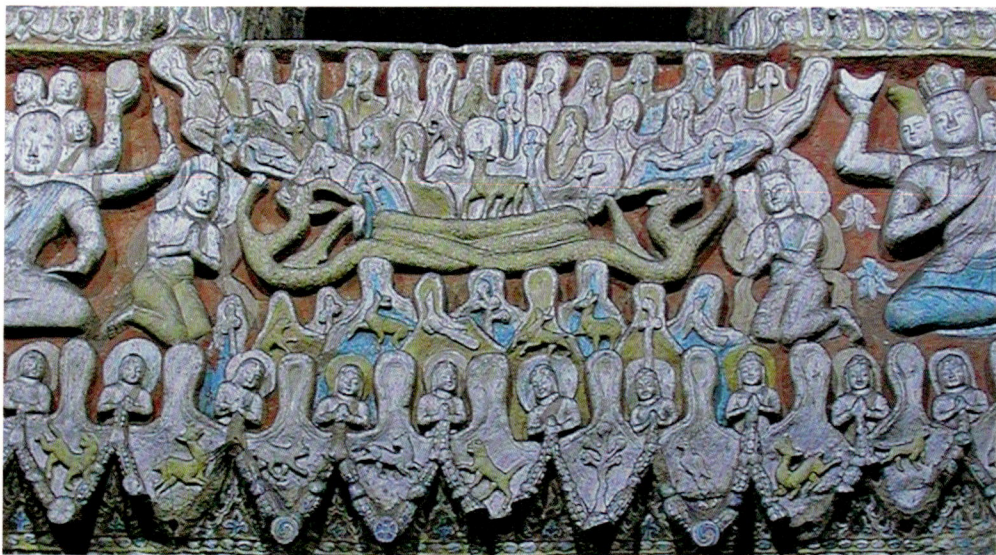

Fig.134　云冈石窟第 10 窟前室石刻须弥山

译）卷二阿须伦品记抄多尸利、波陀呵、波利、罗呼等五阿修罗居城；《起世经》（隋阇那崛多等译）卷五及卷六阿修罗品，《起世因本经》（隋达摩笈多译）卷五及卷六阿修罗品，记须弥山的四方大海中有鞞摩质多罗、踊跃、奢婆罗、罗睺罗四大阿修罗王。前述《正法念处经》卷十八至卷二十的畜生品中须弥山大海底有罗睺、陀摩睺、

495　花鬘、钵呵娑四大阿修罗（《八十华严》卷一有十阿修罗王，《法华经》卷一有四阿修罗王之名，注二）。据此可知，阿修罗王不止一身，其居所不同、种类有别，因而在须弥山大海中绘出二身阿修罗王像完全可能。附图一六六 a 千臂千钵文殊菩萨图中的须弥山大海中现露半身的两身阿修罗王，应视为复数表现的例子。既然存在绘有两身阿修罗王像的例子，便可依此判断云冈石窟第 10 窟北壁须弥山（Fig.134）左右手捧日月的三面四臂以及五面六臂（Fig.135）的二像也是阿修罗王。另，附图一六六 a 千臂千钵文殊菩萨图中的二阿修罗王像均为把持日月的四臂像，云冈石窟中亦有一铺是四臂像，其与附图九二 b 作为早期四臂像的例子，值得铭记。另外，较熟悉的唐代四臂像图例有附图九一 a 卢舍那佛胸部所绘须弥山侧阿修罗王像，另有附图五○ a 敦煌壁画维摩经变相须弥山侧阿修罗王像，与其说是六臂，不如说是四臂较为稳妥。

496　　　以上为敦煌画中保留的几铺须弥山侧阿修罗王图，现作一概括如下：敦煌画中的须弥山侧阿修罗王图自南北朝时期至五代，有数类作品；除了单独成画的一铺（附图九二 b）以外，有的与华严世界海观相结合（附图九一 a、附图九二 a），有的包含于维摩经变相（附图四六 a、附图五○ a）或千臂千钵文殊菩萨中（附图一六六 a）；

Fig.135 云冈石窟第 10 窟前室须弥侧阿修罗

图中阿修罗王大多是单尊，亦有复数阿修罗王像的例子（附图一六六 a）；阿修罗王的形象为手持日月两像，有四臂（附图九一 a、附图九二 b、附图一六六 a）、六臂（附图四六 a）之分。

注

一、《长阿含经·世纪经》卷二十，世记经阿须伦品："佛告比丘，须弥山北大海水底，有罗呵阿须伦城，纵广八万由旬，其城七重七重栏楯七重罗网七重行树，周匝校饰以七宝成。"（《大正藏》，册1，页129b）《大楼炭经》卷二阿须伦品："佛言，须弥山下深四十万里中，有阿须伦，名抄多尸利，其城郭广长各三百三十六万里，……四方有四门，门高百万里，广六千里，一一门边各各有十阿须伦居止，……抄多尸利阿须伦，南出四万里，中有阿须伦，名波陀呵……西出四万里，有阿须伦，名波利，……北出四万里，中有罗呼阿须伦。"

497

（《大正藏》，册1，页287b–c）《起世经》卷五、卷六阿修罗品："尔时佛告诸比丘言，比丘，须弥山王东面，去山过千由旬，大海之下，有鞞摩质多罗阿修罗王国土住处，……须弥山王南面，过千由旬，大海之下，有踊跃阿修罗王宫殿住处。……须弥山王西面，亦千由旬，大海水下，有奢婆罗阿修罗王宫殿住处。……须弥山王北面，亦千由旬，大海水下，有罗睺罗阿修罗王宫殿住处。"（《大正藏》，册1，页336a—338a）《起世因本经》卷五、卷六阿修罗品："尔时佛告诸比丘，言诸比丘，去须迷留山王，东面过千踰阇那已，其大海下有鞞摩质多罗阿修罗王宫殿住处，……去须弥留山王南面千踰阇那，大海水下，有踊跃阿修罗王宫殿住处，……去须弥留山王西面千踰阇那，大海水下，有奢婆罗（隋言幻化）阿修罗王宫殿住处，……须弥留山王北面，如上相去，大海水下，有罗睺罗阿修罗王宫殿住处。"（《大正藏》，册1，页390c—393a）《正法念处经》卷十八至卷二十畜生品记有：须弥山侧大海底的罗睺、陀摩睺、花鬘、钵呵娑四大阿修罗（《大正藏》，册17，页107a—114a）。

498　　二、唐译《华严经》卷一："复有无量阿修罗王，所谓罗睺阿修罗王、毗摩质多罗阿修罗王、巧幻术阿修罗王，大眷属阿修罗王，大力阿修罗王，遍照阿修罗王，坚固行妙庄严阿修罗王，广大因慧阿修罗王，出现胜德阿修罗王，妙好音声阿修罗王。"（《大正藏》，册10，页3c—4a）《法华经》卷一："有四阿修罗王，婆稚阿修罗王，佉罗骞驮阿修罗王，毗摩质多罗阿修罗王，罗睺阿修罗王。"（《大正藏》，册9，页2a–b）

第四章　罗汉及高僧图

第一节　十六罗汉图

关于十六罗汉图或十六罗汉像的制作，唐代及五代留存下来的文献极为丰富（注一），然而却没有相关作品，现就日本现存较具备早期风格的图例对唐代及五代的作品作一研究，例如来迎寺、高台寺或旧高桥家藏之十六罗汉图（注二）等。又可见敦煌千佛洞第76窟［D97］南北两壁有一组十六罗汉图（附图一四五a、附图一四五b）为五代或者宋初时制作，这无疑为中国罗汉画的研究带来一线希望。

这组十六罗汉图如 Fig.136 所示，正面为洞窟的祭坛，其绘于左右两壁（南北两壁），每方八尊者作上下两段排列。按照各尊者榜题（均为八例）可知，自北壁西侧上段第一尊者开始，南壁东侧下段第十六尊者为止。榜题文字漫漶不清，大多难以辨认，在此将可辨认出的部分——尊名、居所、眷属等列记，如表4.1所示：

表4.1　敦煌千佛洞第76窟［D97］十六罗汉图尊名、居所、眷属表

顺　序	尊　名	居　所	眷　属
第一尊者	宾度罗跋罗惰（？）阇	西瞿陀尼州	一千阿罗汉
第二尊者	迦诺迦	迦湿弥罗国	五百阿罗汉
第三尊者	跋厘堕阇	东胜身州	一千阿罗汉
第四尊者	苏频陀	北俱卢州	七百阿罗汉
第五尊者	诺矩（？）罗	南赡部洲	○
第六尊者	跋陀罗	耽没卢洲	九百阿罗汉
第七尊者	○	○	○
第八尊者	○	○	○
第九尊者	戌（？）博（？）迦	○	○
第十尊者	半讬（？）迦（？）	三（？）十（？）三天	○
第十一尊者	○	毕（？）○飓瞿洲	○
第十二尊者	○	半度波山	○
第十三尊者	因（？）揭陀	广胁山	千三百阿罗汉
第十四尊者	○	可（？）住山	○
第十五尊者	○	○	○
第十六尊者	○	○	○

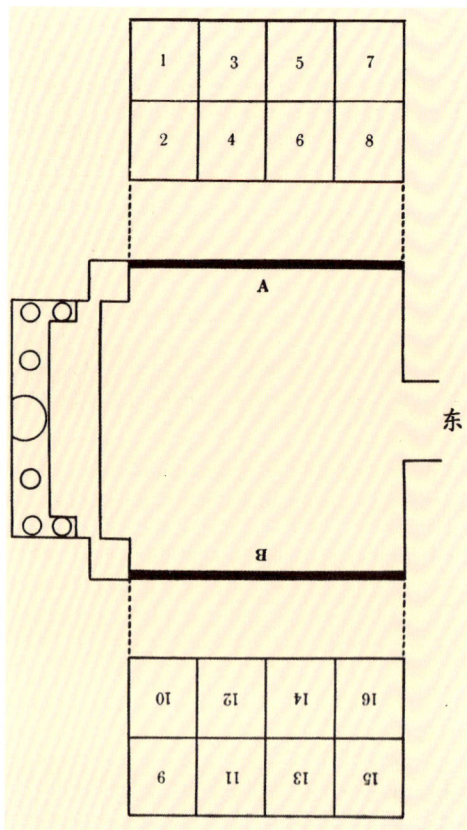

502

Fig.136　千佛洞第 76 窟［D97］平面图及十六罗汉图位置

将上述内容与玄奘译《法住记》比较后可知，其中所记十六尊者的尊名、居所以及眷属数目（《大正藏》，册 49，页 13a-b）并无差异（仅《法住记》第三尊者的眷属罗汉数为六百），榜题完全依据《法住记》。十六罗汉的尊名自古以来一般均采用《法住记》中的名字，日本本愿寺探险队自吐鲁番木头沟携回的作品中亦有一幅绢本墨画罗汉图残片（Fig.137），可确定为唐画，其中记"第二尊师迦诺迦□□"，足以说明早在唐代十六罗汉图便与《法住记》有着密切的关系。宋代以后十六罗汉图之尊名依旧依据《法住记》，如《十六大阿罗汉因果识见颂》（《大日本续藏》，第一辑第三套第五册，页 417 丁至页 421 丁。此书传为阇那多迦译，但现在一般认为其系后人所作）中的尊名完全按照《法住记》所记，以来迎寺十六罗汉图为例，日本有不少十六罗汉图图例采用《法住记》中的尊名。

　　而敦煌壁画十六罗汉图中榜题的问题在于其末尾所附七言八句颂的出处，这些颂文大多已漫漶不清，现举其中比较清楚的一例，即第三尊者部分：

慈悲益大随机化　　受诸三千世界□　　众生三业□归依　　尊者六通□鉴照
香云起□火消散　　□□□□□□生　　欲得□敬胜因□　　得大涅槃清净会

503

　　这一颂文与《法住记》中的内容完全无关，且与前述《十六大阿罗汉因果识见颂》相异，并且亦不同于苏轼《罗汉赞》（参见《东坡全集》卷九十五），但其基本是五代时期随着罗汉画的流行与《十六大阿罗汉因果识见颂》等相继所产生的十六罗汉颂之一。

　　敦煌壁画十六罗汉图中，各尊者均坐于岩座之上，大部分手持宝瓶、塵尾、拂子、梵夹、长杖等，旁有侍者或灵兽，岩座周围绘流水花木等。尊者的容貌如第三尊者所谓"禅月流"，有的庞眉大目、高额隆鼻、胡貌梵相（参见《益州名画录》"禅

Fig.137　木头沟出土绢本迦
诺迦伐蹉尊者图残片

Fig.138　库车壁画罗汉图

月大师"条），但这一相貌并不离奇，就罗汉画而言，属于极其肃穆的一类。从罗汉身体部分展现出的明显的西域式晕染，部分侍者身上表现出的印度式韵味，以及背景上充满幻意的花卉草木等，反映出作者如何竭尽全力在表现一种异国情趣，这一点与来迎寺十六罗汉图的绘制有一定的区别。尚值得注意的是，壁画中尊者的面部及肌肉部分的描绘与其中强烈的晕染，如果已经达到成熟的话，其并非单纯出于中国画家的想象，而应源自西域的描绘方式。罗汉画一般将罗汉描绘成想象中尤其是西方异土胡人的相貌，如早期龙门石窟第 13 窟浮雕罗汉像以及开元十七年（729）铭唐代敦煌画（附图二一六 a）等。而此处的十六罗汉壁画作为传承西域描绘方式的作品，弥足珍贵，并可弥补其作为绘画艺术价值之不足。

　　由敦煌西行，在西域库车地区留存有更为古老的罗汉画，即 Fig.138 克孜尔壁画，其制作年代可上溯到初唐，甚至更早。这一壁画不同于新疆各地一般常见的图例，图中所绘并非普通的声闻形象，而是以一定的人数为一组，很有可能左右各五人成十大弟子，或左右各八人成十六罗汉图。总之，一般常见的声闻形象为一老一少两身单独像，而此处却将成组的人物绘在一起，这种形式的图像作为唐代以前的例子，在十六罗汉图的绘制历史上具有很高的价值，值得引起足够的重视。若果真为十六罗汉图，说明在玄奘《法住记》译出之前，西域就存在十六罗汉图。同时，中原地区十六罗汉图所产生的时代亦可上溯到玄奘之前。《宣和画谱》卷一中记御府所藏梁张僧繇笔十六罗汉，究竟是否为张僧繇的真迹尚有疑问，如果库车地区这一早期图例存在，可知早在魏晋南北朝时期，中原地区即可能存在十六罗汉图，但这仅为想象，此处并非意在考证龟兹国十六罗汉图和张僧繇十六罗汉图。此处需要

504

505

Fig.139　克孜尔壁画比丘图残片

Fig.140　高昌壁画比丘图

论述的问题是库车壁画比丘像在形貌和肢体描写方式上与前述敦煌壁画十六罗汉图（附图一四五 a、附图一四五 b）类似，尤其在相貌描绘方面。在此列举 Fig.139克孜尔壁画残片，这一残片绘涅槃图，为其中大迦叶顶礼佛足部分，而其面部的描绘方式，将库车绘画的特色发挥得淋漓尽致。附图一四五 a、附图一四五 b 敦煌画十六罗汉图中，其相貌部分完全采用浓烈晕染方式的库车风格，甚至老年尊者的面部及颈部等肌肉松弛的表现亦与库车壁画完全一样，作为采用西域画法描绘罗汉画的例子，富有意趣。当然，不能否认其间偶然一致的情况，但从喀喇沙尔、吐鲁番、敦煌均流行库车式阴影画法的现象考虑，敦煌壁画十六罗汉图的西域式画法并非单纯与之类似，其应传承自西域艺术。因此图中庞眉隆鼻的胡貌亦并非出自中原画家的想象，其存在于西域谱系的罗汉画之中。

506

由此可见，敦煌画十六罗汉图的西域画法与其制作年代均相当古老，然而仅以此例不能立即判断五代之前的中原罗汉画均与此类似。尽管可以想象唐代运用这一西域画法绘制罗汉画，但难以判断所有的唐代罗汉画均为西域式，确切地说，这一形式的作品在其中属于特殊的例子。唐代的罗汉画如附图二一六 a 开元十七年（729）绢本敦煌画罗汉图，以及 Fig.140、Fig.141 吐鲁番出土的罗汉图，已经完全脱离了西域的韵味，这一类作品应当是常见之作。Fig.140 吐鲁番壁画罗汉面部类似库车壁画（Fig.139），胡须浓密，但没有库车式浓烈的晕染。从以上几个例子可以看出，唐代本已脱离了西域画法，然而五代以及宋初绘制的敦煌壁画十六罗汉图却仍然采用西域画法，这一现象十分有趣。而后世所见罗汉画中写实性的阴影法与千佛洞第 76 窟［D97］十六罗汉图（附图一四五 a、附图一四五 b）没有

507

Fig.141　高昌出土绢本罗汉图残片

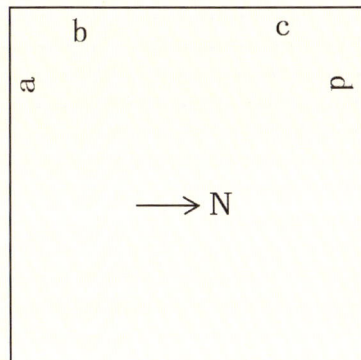

Fig.142　附图一四六罗汉图位置示意图

直接的关系。

以上概述了敦煌千佛洞第76窟［D97］十六罗汉图（附图一四五a、附图一四五b）的情况，千佛洞第79窟［D95］亦保存有一组罗汉图，即附图一四六a至附图一四六d四图，其在洞窟内的位置见Fig.142，因伯希和拍摄的图片到此四图为止，所以究竟是否为十六罗汉图，尚不明确。从图样推测，可能由十六尊者组成一组。壁画的制作年代晚于前述第76窟［D97］的图例，属于所谓李公麟风格的罗汉画，与日本东京美术学校所藏的罗汉图（南宋时期作）风格近似，但年代可能晚至元代。附图一四六c附墨书"道光九年四月初八日，朝山玄门弟子□清叩"，以及附图一四六b中所见"道光十年四月初八日弟子"等墨书，均与壁画的制作年代无关，另各尊者旁的小楷亦不知是否为原有的题记。此二图例极为平常，没有值得讨论的地方，画面亦平淡无奇，其中树木花草描画自然，略可欣赏。

注

一、卢楞伽（唐）

《画继》卷八"铭心绝品"：

邵太史（博）公济家　　卢楞伽罗汉十六图

汉州何（耕）道夫类元家　　卢楞伽小本十六罗汉图

《宣和画谱》卷二：

卢楞伽　　今御府所藏一百五十……罗汉像四十八、十六尊者像十六、罗汉像十六、小十六罗汉像三……十六大阿罗汉像四十八。

赵德齐（唐）

《益州名画录》卷上：

508

509

赵德齐　　大圣慈寺竹溪院释迦十弟子并十六大罗汉。

王维（唐）

《宣和画谱》卷十：

王维字摩诘，开元初擢进士，官至尚书右丞……今御府所藏一百二十有六……十六罗汉图四十八。

李昇（唐末五代）

《宣和画谱》卷三：

李昇唐末成都人也……今御府所藏五十有二……十六罗汉像十六。

释智晖（五代）

《宋高僧传》卷二十八"后唐洛阳中滩浴院智晖传"：

复构应真浴室，西庑中十六形象并观自在堂弥年完备。（《大正藏》，册50，页884a）

释智江（五代）

《宋高僧传》卷二十八"周宋州广寿院智江传"：

后唐同光元年，在微子之墟住院，缔构堂宇，轮奂可观。复塑慈氏、释迦二尊、十六罗汉像，咸加缋彩，克肖圣义。（《大正藏》，册50，页885b）

王道求（五代）

《图画见闻志》卷二：

王道求　　十六罗汉、挟鬼锺馗、莆林师子等图传于世。

左礼（五代）、张南（五代）

《图画见闻志》卷二：

左礼、张南，并工画佛道，二人笔意不相远。有二十四化图、十六罗汉、三官、十真人等像传于世。

陶守立（五代）

《图画见闻志》卷二：

陶守立　　建康清凉寺，有海水，李后主金山水阁，有十六罗汉像，皆振妙于时也。

张玄（张元）（五代）

《益州名画录》卷中：

张玄者，简州金水石城山人也。攻画人物，尤善罗汉……玄画罗汉吴样矣。今大圣慈寺灌顶院罗汉一堂十六躯，见存。

《宣和画谱》卷三：

张元，简州金水石城山人。善画释氏，尤以罗汉得名……今御府所藏八十有八，大阿罗汉三十二、释迦佛像一、罗汉像五十五。

禅月大师（贯休）（五代）

《益州名画录》卷下：

禅月大师，婺州金溪人也。俗姓姜氏，名贯休，字德隐，天复年入蜀，蜀王先主赐紫衣师号……师阎立本，画罗汉十六帧：庞眉大目者；朵颐隆鼻者；倚松石者；坐山水者；胡貌梵相，曲尽其态，……太平兴国年初，太宗皇帝搜访古画日，给事中程公羽牧蜀，将贯休罗汉十六帧为古画进呈。

《图画见闻志》卷二：

禅月大师贯休，婺州兰溪人。道行文章外，尤工小笔。尝观所画水墨罗汉，云是休公入定，观罗汉真容后写之，故悉是梵相，形骨古怪。

《宣和画谱》卷三：

僧贯休……罗汉状貌古野，殊不类世间所传。丰颐蹙额，深目大鼻，或巨颡槁项，黝然若夷獠异类，见者莫不骇瞩……今御府所藏三十……罗汉像二十六。

二、关于日本保存的宋代以前的罗汉画，相关研究见《國華》第238号，无外子《宋畫羅漢說》，又见《國華》第312、313号，田中丰藏《羅漢畫樣式の變遷》等。

第二节　迦理迦像

敦煌出土的纸本画中包括两类罗汉图，十六罗汉中的第七尊者迦理迦（Kālika）和十八罗汉中的尊者达磨多罗令人注目。在此先论述迦理迦像。

　　藏在大英博物馆的迦理迦尊者像有附图一四八 b，其绘于长一尺四寸余的纸片上，为一淡彩坐像。尊者跌坐于方形的坐垫上，右手捧铁钵，左手略前伸，五指中拇指、食指、中指三指竖立，其他二指弯曲；其头光为圆形（上方展开的轮廓异于中国画），火焰升腾，上有天盖；尊者身旁立锡杖，杖钩悬挂杂囊。此幅画绘制较随意，但用笔精练，整体效果十分和谐，堪称佳作，制作年代基本在唐末至五代时期。图中最值得注意的是下方的藏文题记，分为左、中、右三个部分，根据巴内特博士（Dr. L. D. Barnett）的研究，意为（参见 *Serindia*, Vol. Ⅲ, p.1472, Appendix K）：

尊敬大弟子 迦理迦，从者一千一百	四　位 （第四位？）	Do-k'oṅ-legs（人名） 作画

513　　据此可知，此作由画工 Do-k'oṅ-legs（由西藏来到敦煌的画工）所绘，画中的人物为第四尊者迦理迦。迦理迦在《法住记》中为第七尊者，其眷属为千阿罗汉，此处迦理迦列为第四尊者，应是依据西藏式十六罗汉顺序的结果。西藏地区一般以如下的顺序排列十六尊者（格伦威德尔：*Mythologie du Buddhisme au Tibet et en Mongolie*, pp.39—42）：

Yaṅ-lag-'byuṅ（Aṅgaja）	因揭陀第十三尊者
Ma-p'am-pa（Ajita）	阿氏多第十五尊者
Nags-na-gnas（Vanavāsa）	伐那婆斯第十四尊者
Dus-ldan（Kālika）	迦理迦第七尊者
rDo-rje moi-bu（Vajrāputra）	伐阇罗弗多罗第八尊者
bZaṅ-po（Bhadra）	跋陀罗第六尊者
gSer-beu（Kanakavatsa）迦诺迦伐蹉第二尊者	
Bhara-dhva-dsa gser-čan（Kanakabharadvāja）	迦诺迦跋厘堕阇第三尊者
Bu-ka-la, Sre-moṅ（Vakula）	
sGra-can-'dsin（Rāhula）	啰怙罗第十一尊者
Lam-p'ran-bstan（Cūḍapanthaka）	注荼半托迦第十六尊者
Bha-ra-dhva-dsa bsod-snjoms-len（Piṇḍolabharadvāja）	宾度罗跋啰惰阇第一尊者
Lam-bstan（Panthaka）	半托迦第十尊者
kLui-sde（Nāgasena）	那伽犀那第十二尊者
sBed-byed（Gopa, Gopaka）	
Mi-p'yed	

514

其中，第九、第十五、第十六三尊者之名，在《法住记》的十六罗汉中找不到对应的尊名。总之，西藏式十六罗汉的排列顺序与中原完全不同（不可思议的是，第六尊者尊名一致）。敦煌画迦理迦像题记文字意为第四尊者的一个原因在于其制作者是西藏人。但此处应注意的是，此图是由西藏画工所绘，为依据西藏式十六罗汉顺序的第四尊者迦理迦像，且图下方的题记亦同于附图二〇四 b，分三个部分题写，为西藏式（？）的书写方法。此与中原罗汉画稍有不同，但画本身极为接近中原风格，可见其受西藏唐画的影响较大。又从图中人物描摹不够充分，以及人物与坐垫描绘不协调等推测，此应为西藏画工模仿已有的中国画并在敦煌所作。或许叫作 Do-k'on-legs 的人物并非画工，而仅是一位巡礼者。这样，和其他敦煌画的某些情况相同，此画与叫做 Do-k'on-legs 的人物在制作上没有直接的联系，而是一幅在现有的图画上题记并奉于寺院的画而已。另有附图二〇四 b 菩萨图，亦附有相同形式的题记，图本身略带西藏式风格，可从这类作品中窥见唐末五代时期西藏绘画的一般情况（包括附图二〇四 a）。此处论述的迦理迦图亦出自西藏画工之手，其中风格与日本南都药师寺、兴福寺等所藏慈恩大师像一脉相承，均取法于唐代的高僧画（敦煌画中西藏佛画的情况将另述）。

515

第三节　达磨多罗像

516

上节论述了敦煌罗汉画迦理迦像的相关状况，同样值得重视的是达磨多罗像，其图例分散于世界各地的博物馆，总计有如下四件：

朝鲜总督府博物馆藏 纸本着色 达磨多罗图（附图一四七 a）
吉美博物馆藏 纸本着色 达磨多罗图（附图一四七 b）
大英博物馆藏 纸本着色 达磨多罗图（附图一四八 a）
大英博物馆藏 纸本着色 同图残片

四件达磨多罗图均为长一尺四五寸，宽约一尺（大英博物馆所藏残片略小）的小幅图画，皆依照同一粉本而作，图样类似。作品描绘方法甚显幼稚，设色粗糙，制作年代或可上溯到唐末。其中，大英博物馆所藏两件绘画（斯坦因携回品）破损严重，其中一件已为残片，图样存在难以辨明的部分；而朝鲜总督府博物馆的藏品

517

Fig.143　玄奘三藏像　绢本着色　原富太郎藏

（本愿寺探险队携回品，附图一四七 a）和吉美博物馆藏品（伯希和携回，附图一四七 b）保存状况较好。

图中尊者背负经卷，携虎乘云，与上方云上化佛面朝同一方向迈步前行。尊者庞眉隆鼻，胡貌梵相，口微微张开，似有所念诵；尊者为巡礼者装扮，头戴宽沿帽，身着短衫，足露裙下，脚穿草鞋，左手持麈尾，背上经卷的上方垂一小香炉，细节描绘非常详细。各图左侧上方均附有长方形榜题，其中朝鲜总督府博物馆藏本（附图一四七 a）记"□□如来佛"，"如来"之前恰巧残缺佛名，甚为遗憾，绘制初始此处应记有化佛的名号。大英博物馆藏本化佛部分已完全缺损，但图下方绘有小孩，与其他三图略有不同。佛画中添绘小孩的习惯常见于敦煌以及高昌地区，多数情况下与图中的主要人物无关，仅为附加。

接着讨论从虎尊者究竟为何身份。首先，这类图画令人立即联想到的是日本广为人知的玄奘三藏像（Fig.143）。

518

玄奘三藏像推定为宋末或元初之作，用笔精细，设色细腻华美。以玄奘三藏像与敦煌画相比较虽不甚妥当，但与前述四件图画属于同一谱系。画面行脚装束的比丘庞眉张口，右手持麈尾，背上负经卷，经卷旁小香炉中熏香飘逸，伴随行者诵经前行。玄奘三藏像与敦煌画在描绘方法上虽然存在差异，但构思完全相同。虽然此图所绘为玄奘三藏，但其构图应沿袭已有图样，究其根源，必会追溯到添加有老虎以及化佛的图样。此图一向被称为玄奘三藏像，实际上将其定为玄奘三藏并无根据，仅以背负经卷的行脚形象联想到西域巡礼的玄奘三藏，就以此命名。其实，此图的名称需等到敦煌发现之此类作品的画题确定之后方可定论。依宋董逌撰《广川画跋》

卷四"玄奘取经图"（注一）所记，宋代确已存在这类图画，纵使如此，也没有理由立刻断定 Fig.143 为同类作品（前述吉美博物馆藏敦煌画与玄奘像类似）。

　　若难以将这几件敦煌画像简单定为玄奘像，便只有从另外的角度进行分析判断，首先把重点放在图中出现的老虎上。晋武帝、晋惠帝时期，有一东游天竺的僧人名叫"耆域"，曾在襄阳渡江，其故事见《高僧传》卷九：

　　耆域者，天竺人也，周流华戎，靡有常所，而倜傥神奇任性忽俗，迹行不恒，时人莫之能测。自发天竺至于扶南，经诸海滨爰及交广，并有灵异，既达襄阳，欲寄载过江，船人见梵沙门衣服弊陋，轻而不载，船达北岸，域亦已度，前行见虎，弭耳掉尾，域以手摩其头，虎下道而去，两岸见者随从成群。以晋惠之末至于洛阳，诸道人悉为作礼，域胡跪晏然，不动容色，时或告人以前身所，更谓支法渊从牛中来，竺法兴从人中来，又讥诸众僧，（略），既发诸道，人送至河南城，域徐行追者不及，域乃以杖画地曰，于斯别矣。其日有从长安来者，见域在彼寺中。又贾客胡湿登者，即于是日将暮，逢域于流沙，计已行九千余里。既还西域，不知所终。（《大正藏》，册 50，页 388a-c）

　　现将这一故事联系图像作一分析。耆域为西域人，其容貌为胡貌，其行动神出鬼没，表现于云上行走、以手摸虎头、以杖画地等，在各图上均有类似表现。据此可知，这些敦煌画中的人物可能就是天竺僧耆域。然而耆域渡江时，老虎并非一只而是两只（道宣《集神州三宝感通录》卷下亦为两虎，注二），另有谓耆域衣服简陋，与图中所绘并不一致，所以将其判断为耆域略显困难。

　　与老虎有关的人物尚有刘宋文帝召请的罽宾国僧求那跋摩（在虎市山以杖按虎头弄之而去，注三），在怀州西王屋山中以锡杖阻止两虎交斗的北齐僧稠（注四），以及乘虎吟诵道歌并入松门的唐代丰干禅师（《宋高僧传》卷十九，《大正藏》，册 50，页 831b；《景德传灯录》卷二十七，《大正藏》，册 51，页 433b）等，然而每一人物都难以得出确切结论。此外，十六罗汉图中常出现从虎的尊者（附图一四五 a 中第二尊者便是其中一例），而尊名在各图中并不固定，因此单凭从虎一点来判断人物的身份非常困难。

　　比较妥当的例子为大英博物馆收藏的一例，以此判断图中人物为西藏式十八罗汉中的第十七尊达磨多罗（Cos-skyob、Dharmatrâta、Dhammatâta）像（注五）。西藏画罗汉图中，达磨多罗像（Fig.144、Fig.145 中从虎的一尊者）一般背负经卷、持麈尾，从虎，上方有化佛，这一形象与敦煌图例完全相同，由此推测敦煌画中的人物亦为

519

520

Fig.144　西藏画罗汉图（阿氏多・半托　Fig.145　西藏画释迦十八罗汉图下半（达磨多罗・布袋・四天王）
迦・达磨多罗・广目・多闻）

达磨多罗。在此，对这一观点有必要进一步说明。

　　所谓十八罗汉是在十六罗汉之外另选出二罗汉加入其中，《佛祖统纪》中记中国十八罗汉的创始者为唐代妙乐（湛然），见同书卷三十三"供罗汉"：

　　佛灭时，付嘱十六阿罗汉，与诸施主作真福田，时阿罗汉咸承佛敕，以神通力延自寿量，若请四方僧设无遮施，或所住处，或诣寺中，此诸尊者及诸眷属，分散往赴，蔽隐圣仪，密受供具，令诸施主得胜果报（《法住记》，始宾度罗，终半托迦，凡十六位）除四大罗汉十六罗汉，余皆入灭，四大罗汉者，弥勒下生经云，迦叶，宾头卢，罗云、军徒钵叹，十六罗汉出宝云经，然宾头卢罗云已在十六之数，今有言十八者，即加迦叶军徒。（妙乐）宾头卢此云不动，有于十六加宾头卢者，即是宾度罗。加庆友者，自是佛灭百年造法住记者，述十六罗汉受嘱住世，则知庆友不在住世之列，今欲论十八住者，当以妙乐为证，净觉撰礼赞文，亦据妙乐。（《大正藏》，册49，页319b）

　　然而妙乐的时代（711—782）是否已将其绘制成图尚有疑问，一般认为罗汉画的流行在五代以后。像禅月大师以罗汉画著名（参见第四章第一节，注一，"禅月大师"条），苏轼曾于宝林寺禅月十八大阿罗汉图上为其作赞（参见《东坡全集》卷九十五），证明禅月大师的作品中已有十八罗汉图。又有五代蜀国画家张玄（张元）

亦擅长罗汉画，见《益州名画录》及《宣和画谱》（参见第四章第一节，注一，"张玄"条），苏轼亦曾为张玄绘制的十八罗汉图作颂（参见《东坡全集》卷九十八《十八大阿罗汉颂》），说明张玄的罗汉画中亦有十八罗汉图。这些均为中国十八罗汉画年代较早的例子。另见杭州烟霞洞浮雕十八罗汉，为五代之作（参见《中国佛教史迹》，评解第五，页 132）。

关于十八罗汉中第十七、第十八两尊者的尊名，根据前述《佛祖统纪》，当为《弥勒下生经》中四大罗汉中的两尊，即大迦叶、宾头卢、罗云（罗怙罗）、军徒钵叹（君屠钵叹、君屠钵汉）中的大迦叶和军徒钵叹（注六）。宾头卢之名已见于十六罗汉中的第一尊者，罗云则为第十一尊者。由此大迦叶和军徒钵叹加入十六人中形成十八罗汉。然而第十七、第十八两尊者未必只限于大迦叶和军徒钵叹，如《佛祖统纪》所记有时为"宾头卢"和"庆友"（狮子国的阿罗汉，难提蜜多罗）。关于庆友，见《法住记》开头部分所述，其为《佛说法住经》的述说者，因此而成为十六罗汉的末位。但是，宾头卢和十六罗汉第一尊者宾度罗跋啰惰阇重复，这一点实难以理解。据苏轼宝林寺禅月《十八大阿罗汉赞》可知，禅月大师所绘十八罗汉图中加有庆友和宾头卢二尊者。苏轼赞中，第十七尊者为庆友，第十八尊者为宾头卢。

如上所述，中原罗汉像第十七和第十八尊者为大迦叶、军徒钵叹或者庆友、宾头卢，但是西藏的十八罗汉与此相异，一般第十七尊者为达磨多罗，第十八尊者为弥勒，即布袋和尚（注七）。其中所出现的布袋和尚应是中原对西藏十八罗汉影响所致，但事实无法确定。西藏画罗汉图（Fig.145 是其中一例）中的布袋和尚形象明显传自中原，并且中原早在五代及宋代便出现了布袋和尚像（杭州烟霞洞雕像为五代时制作；又南宋梁楷所绘《踊布袋图》最广为人知，参见《國華》第152 号），可见布袋和尚从中原传入西藏的事实也不能完全否定（相反，中原制作布袋和尚像时是否曾参考了西藏已有的大腹尊像，无疑也很难确定）。杭州烟霞洞布袋和尚确是五代所作的话（无论其为现在所作，或为后世所作，在洞内安置布袋像或为自古以来的传统），将其和其他罗汉安置在同一洞中，说明中原早在五代时期已将布袋和尚列入十八罗汉中，如此看来，西藏十八罗汉图中的布袋和尚是参考中原十八罗汉图中布袋和尚的观点愈发具有说服力。由此联想达磨多罗亦同一道理，可推测其已经存在于中原的十八罗汉图中。但遗憾的是，尚未发现能够佐证达磨多罗包含在中原十八罗汉中的文献或图例。如果将达磨多罗尊者视为禅宗震旦初祖"菩提达摩"，并将其加入十八罗汉当中则顺理成章，没有比其更合适的人选了。

522

523

524 自古以来，名为达磨多罗的人物多达数人（注八），有时将达磨多罗与禅宗第二十八祖菩提达摩认为同一个人（详见常盘大定：《宝林伝の研究》，页33前后），五代以后因为禅宗的兴盛和罗汉画流行，被列入十八罗汉中的达磨多罗即是菩提达摩本人，这一推测或许更接近事实。如果事实如此，西藏十八罗汉图中的达磨多罗以及布袋和尚便可解释为由中原传入，由此可知，西藏十八罗汉图中

525 的达磨多罗（Fig.144、Fig.145）与布袋和尚形象同样是沿袭和摹仿中原已有的画像。作为其样本的中原达磨多罗尊像应与此处所见的敦煌图例相似。而唐末五代时所作罗汉画并非如此处敦煌画例那般粗滥，这一点可从被称为玄奘三藏像（Fig.143）的精美制作中得到证明。这幅被称为玄奘三藏像的图画亦应是继承了源自唐代或五代的达磨多罗像的罗汉画谱系，从这一意义上，将其定为玄奘像稍嫌考虑不周。

其中尚留有一个疑问，敦煌和西藏的达磨多罗像在外形以及虎、持物等特点上完全相同，然而敦煌的达磨多罗像绘为罗汉式相貌，西藏的达磨多罗像则偏于女子长相（Fig.145完全绘为女子）。如果过于强调这一差异，难免会将同一人物误作两个不同的人物，然而两者外形大体相似（西藏达磨多罗像除了笈、麈尾、虎、化佛之外，尚有遮阳的笠帽、吊香炉。参见格伦威德尔：*Mythologie du Buddhisme an Tibet et en Mongolie*，Fig.3），所以两者相貌上的一点差异基本可以忽略不计，至少以敦煌画推测其为达磨多罗图是没有问题的。总之，西藏达磨多罗像一般不绘成罗汉的容貌，意在与呈异域风格的布袋和尚像形成一个鲜明的对比，两者相对于其余十六罗汉像，尤其在外貌上彰显其特色，以强调其与众不同之处。

526 **注**

一、参见《王氏画苑》卷之四，叶五十五乙。

二、道宣《集神州三宝感通录》卷下："晋武帝太康中，沙门耆域者，西域人，浮海东游达于襄阳，寄载北渡，船人见胡人衣裳弊陋，轻而不载，比达北岸，域已先上，两虎弭耳逐之，域摩其头，人问之，无所答。"（《大正藏》，册52，页431c）

三、《梁高僧传》卷三"求那跋摩"条："始兴有虎市山，仪形耸孤，峰岭高绝，跋摩谓其髣髴耆阇，乃改名灵鹫，于山寺之外，别立禅室，……此山本多虎灾，自跋摩居之，昼行夜往，或时值虎，以杖按头弄之而去。"（《大正藏》，册50，页340c）

四、《续高僧传》卷十六："释僧稠……后诣怀州西王屋山，修习前法，闻两虎交
斗；咆响振岩，乃以锡杖中解，各散而去。"（《大正藏》，册50，页553bc）

五、参见斯坦因：*Serindia*，p.994，ch.00380。

六、《弥勒下生经》："尔时世尊告迦叶曰，吾今年已衰耗向八十余，然今如来有四
大声闻，堪任游化，智慧无尽，众德具足，云何度四，所谓大迦叶比丘，（君）
屠钵叹比丘，宾头卢比丘，罗云比丘，汝等四大声闻，要不般涅槃，须吾法没
尽，然后乃当般涅槃。"（《大正藏》，册14，页422b）

七、格伦威德尔：*Mythologie du Buddhisme an Tibet et en Mongolie*，p.42。

八、织田德能氏在其著作《佛教大辞典》"达磨多罗"（页1180a）中列举四人：佛
灭后三百年，《邬南那颂》的作者达磨多罗；四百年，《婆沙论》四评家中的一
人达磨多罗；六百年，阐述《漏随增》之义的达磨多罗；一千年，《杂心论》
的作者达磨多罗。

第四节　高　僧　像

527

　　敦煌画中与罗汉图实例相关的作品尚有绘有高僧像的肖像画，附图一四九 a 即
为其中一例。与前述迦理迦像（附图一五七 a）相同，其绘于长一尺五寸，宽一尺
左右的小纸片上，线描，未着色，或为一张草图，笔法略显随意但颇放松，乃至在
窄小的画幅中洋溢出大气之感，值得一观。此亦为汲取唐画精髓的一个图例。

　　关于画中人物身份尚难以定论。图样大体与唐代高僧像相同，若与日本东寺
唐画真言祖师像进行比较，可见一为室内，一为室外，但作为肖像画，两者之间存
在许多类似之处。图中高僧与前述迦理迦像相同，于坐垫而非床台上端坐，前方置
履、旁立水瓶等一如前例，身旁枯枝上仅挂着数珠和杂囊，远离尘寰、入定山野的
比丘形象跃至眼前。此类肖像画在敦煌画中相当少见，而这一作品略近似西藏系敦
煌画（例如附图一四八 b，附图二〇四 a、附图二〇四 b），值得引起注意。

第五节　志　公　像

528

　　联系上一节，另有一类高僧像同样值得注意，如千佛洞壁画中保存至今的志公

像（附图一四九 b）。

志公（又称保志、宝志）为六朝时期著名的奇僧，《高僧传》等多部文献（注一）对其皆有详细记载。有关志公的灵应故事流传甚广，因此相关事迹和其他多个变相自古以来便一同描绘于寺院壁面上。《图画见闻志》中对宋初相国寺王道真画志公变相有如下记述。

《图画见闻志》卷三：

王道真，蜀郡新繁人。工画佛道人物，兼长屋木，太宗朝因高文进荐引，授图画院祗候。尝被旨画相国寺并玉清昭应宫壁。今相国寺殿东画给孤独长者买祇陀太子园因缘并殿西画志公变十二面观音像，其迹并存。

《图画见闻志》卷六：

相国寺。……东门之南，王道真画给孤独长者买祇陀太子园因缘；东门之北，李用及与李象坤合画牢度叉斗圣变相；西门之南，王道真画志公变十二面观音像；西门之北，高文进画大降魔变相。今并存之，皆奇迹也。

529

据此可知，相国寺王道真所绘志公变相（很有可能是在太宗至道二年［996］于殿阁重修之际绘制，注二）具有相当规模。宋刘道醇撰《圣朝名画评》卷一关于王道真有如下记述：

王道真，字干叔，新繁人，幼隶悟，有节操，善丹青。太宗朝待诏高文进甚有声望，一日上问民间谁如卿者，文进进曰，新繁人王道真者犹出臣上，遂召入图画院，为祗候。与文进等传移相国寺高益画壁，及于大殿西偏门南面东壁画宝志化十二面观音相。（注二）

结合上述两段文字可知，此处相国寺的壁画中绘有志公化现十二面观音变相。

志公化现十二面观音像之事见《佛祖统纪》卷三十六及卷三十七，记于齐高帝建元四年（482）和梁武帝天监二年（503）两处。

齐高帝（建元）四年：

诏迎皖山志公入京，公辄其面为十二面观音，帝以其惑众，恶之。（《佛祖统纪》卷三十六；《大正藏》，册49，页346c）

梁武帝（天监）二年：

尝诏张僧繇写志真，志以指璺破面门出十二面观音相，或慈或威，僧繇竟不能写。（《佛祖统纪》卷三十七；《大正藏》，册 49，页 348c）

根据这两处记述，很难判断相国寺王道真壁画所绘是南齐高帝还是梁武帝时的奇迹。类似记述亦见《高僧传》，记述志公为陈御虏（或为陈征虏）现菩萨身之事（《神僧传》亦有相同记述，其中记为"陈征虏"，注四）：

有陈御虏者，举家事志甚笃，志尝为其现真形，光相如菩萨像焉。（《大正藏》，册 50，页 394c）

有关志公的叙事绘画图例，除上述以外，亦有唐代文宗时期画人范琼所描绘的《梁武帝写志公图》，米芾《画史》"唐画"中所记即为此图：

叶助字天佑，收蜀范琼画梁武帝写志公图一幅，武帝白冠衣褐。晋尚白，齐、梁、陈习见不同，各以所尚色。

据上文所述知，梁武帝可能亲自图绘志公像，但从前述《佛祖统纪》卷三十七中天监二年（503）部分推测，应为梁武帝命张僧繇绘制志公的真像。因此，此图亦与相国寺壁画相同，所绘应与十二面观音身有关。此图的作者范琼在诸多寺院留下笔迹，因此这一志公变相无疑也被绘制于壁画上了。

上述有关志公的叙事性绘画始于何时尚不明了，但根据《高僧传》卷十，志公于天监十三年（514）冬入寂、送葬、建碑并"传其遗像处处存焉"（《大正藏》，册50，页 394c），可知志公的肖像在其生年或殁后不久即为世人所知。更值得注意的是，唐代裴孝源《贞观公私画史》中列有梁张僧繇宝志像一卷，亦证明前代制作志公肖像为一般常见的事实。然而如前所述，张僧繇是承梁武帝之命图绘志公像，张僧繇竟不能写，或者张僧繇所绘为其他画像，抑或执笔者不详而加上传为张僧繇之笔，均有可能。无论如何，此图作为隋代以前的实例应当引起注意。另，唐代的实例有章丘县常白山醴泉寺开元三年（715）志公碑碑阴一像，李白颂赞"志公画"；日本圆仁入唐之际，在长安获得的檀龛志公像以及《画史》所收称为苏东坡所藏的吴道子所作一图。宋代作品有《中兴馆阁续录》中勾龙爽所作一图，《云烟过眼录》中宋代秘书省所藏的孙知微所作一图等，见以下所记。

顾炎武编《金石文字记》卷三：

志公碑，行书。其额云"大唐齐州章丘县常白山醴泉寺志公之碑"。今仍在寺

530

531

中，而其地已割入邹平矣。碑阴有志公像，其下方断齾不全。（注五）

《李太白全集》卷二十八《志公画赞》：

水中之月，了不可取，虚空其心，寥廓无主，锦幪乌爪，独行绝侣，刀齐尺量，扇迷陈语，丹青圣容，何住何所。

《入唐新求圣教目录》（承和十四年［847］，圆仁上）：

532 檀龛涅槃净土一合。檀龛西方净土一合。檀龛僧迦志公迓回三圣像一合。鍮石印佛一面一百佛……右件法门佛像道具等，于长安城兴善青龙及诸寺求得者。（《大正藏》，册55，页1084c）

《画史》"唐画"：

苏轼子瞻家收吴道子画佛及侍者志公十余人。

《云烟过眼录》卷下：

宋秘书省所藏……孙太古志公像。

宋陈骙撰《中兴馆阁续录》：

道佛像一百七十三轴……勾龙爽志公像一。（注六）

如上所述，有关志公的绘画自六朝至唐宋实为数不少，然而为世间所知的作品却无一幅，因而在敦煌千佛洞壁画中能发现志公像的存在，值得引起注意。

533 此铺志公像（附图一四九 b）绘于千佛洞第 147A 窟入口左侧［D333 东壁］，制作年代大约为唐末，其中为表现面部及胸部的凹陷而施以强烈的西域式晕染。关于志公的形象，《洛阳伽蓝记》中记为"形貌丑陋，心机通达"（《大正藏》，册51，页1014c），《高僧传》中则为"至宋太始初忽如僻异，居止无定，饮食无时，发长数寸，常跣行街巷，执一锡杖，杖头挂剪刀及镜，或挂一两匹帛"（《大正藏》，册50，页394a），《南史》卷七十六《陶弘景传》中"恒以镜铜剪刀镊属挂杖负之而趋"，又见道宣《集神州三宝感通录》卷下为"形如耆老，被发擎杖，悬镜剪刀，无所定泊"（《大正藏》，册52，页434b）。

附图一四九 b 如实反映了上文所述之志公的形象，面貌憔悴，"形貌丑陋"、

"形如耆老"，描绘出一副跣行街巷、居无定所的疯癫模样；其手持锡杖，上挂瓢瓠、漉水囊，尚挂其标志性持物"镜子"、"剪刀"和"镊子"。志公有时头戴布帽，在建康华林园（注七）见齐武帝之时，特戴三重布帽以示齐国即将灭亡，《南史》记："帝（齐武帝）乃迎入华林园，少时忽重着三布帽，亦不知于何得之，俄而武帝崩，文惠太子、豫章文献王相继薨，齐亦于此季矣。"（《南史》卷七十六《陶弘景传》）《景德传灯录》卷二十七《宝志传》记："师（志公）在华林园，忽一日重着三布帽，亦不知于何所得之，俄豫章王、文惠太子相继薨，武帝寻厌世，齐亦以此季矣。"（《大正藏》，册51，页429c—430a）尚有《佛祖统纪》卷三十六，齐武帝永明十一年（493）记："志公在华林园，忽重着三布帽，未几帝崩，文惠太子、豫章王相继而殂。"（《大正藏》，册49，页347c）《神僧传》卷四"释宝志"记："武帝又常于华林园召志，志忽着三重布帽以见，俄而武帝崩，文惠太子及豫章王相继而薨。"（《大正藏》，册50，页970a）均记其三重帽的故事。

　　由此可见，此铺敦煌壁画遗品所绘为永明十一年（493）志公戴三重布帽于华林园见齐武帝时的情景，图中志公表情黯然，暗示齐国前途叵测。志公之旁屹立的岩石表示华林园的一部分，此石或象征宋文帝元嘉二十三年（446）筑于同园内的景阳山（注七）。因此，此像若配有齐武帝像的话，足可以称作一铺志公变壁画。

534

注

一、《高僧传》卷十（《大正藏》，册50，页394a以下）。《洛阳伽蓝记》卷四，白马寺（《大正藏》，册51，页1014c）。《梁书》卷三十八，何敬容传；卷三十三，王筠传；《集神州三宝感通录》卷下（《大正藏》，册52，页434b）。《景德传灯录》卷二十七、卷二十九（《大正藏》，册51，页429c以下、页449a以下）。《佛祖统纪》卷三十六、卷三十七（《大正藏》，册49，页346b-c、页347b-c、页348c、页349a-b）。《碧岩录》卷七（《大正藏》，册48，页197a-c）。《神僧传》卷四（《大正藏》，册50，页969c以下）。

二、《大清一统志》卷一百五十，"开封府"二："大相国寺。在府治东北，齐天保六年始建，名曰建国，唐睿宗改为相国寺，宋至道二年重建。"

三、王氏画苑本，画苑卷之五。

四、《神僧传》记为"陈征虏"（《大正藏》，册50，页970b）。

五、亭林遗书本。有关"醴泉寺志公碑"，详见《金石萃编》卷七十。

六、《佩文斋书画谱》卷九十七。

七、《大清一统志》卷五十一，"江宁府"："华林园在上元县东北。世说晋简文帝在华林园，曰会心处不必在远，翛然林木便有濠濮间趣。南史宋纪永初二年听讼于华林园。又少帝于华林园为列肆亲自酤卖。又元嘉二十三年，筑景阳山于华林园。"

536

第五章　密教图像研究其一（曼荼罗及坛城图）

第一节　护诸童子曼荼罗

敦煌出土的密教曼荼罗绘画大多出于携带的目的，一般画幅不大且着色简单，此处德里中亚博物馆所藏一图（附图一五〇）为其中最大的一幅（原形长宽各约三尺），且色彩艳丽，虽为残片，但可谓敦煌发现曼荼罗绘画中的代表作品，制作年代应为唐代末期。现分析其残存部分，图中众多的尊像当中，第二重所绘尊像头部为牛、乌、狗、鸡、猪等，应为《佛说护诸童子陀罗尼经》（菩提流支译）所说十五鬼神（详情参见第七章第一节）中的数尊，可知此图为护诸童子曼荼罗之一种。

关于护诸童子曼荼罗，见《童子经念诵法》（善无畏译）：

> 若于江河边，若于山边，若于僧尼住处，修行此童子经秘密法，作四肘圆坛，次作书曼荼罗，内院内书大梵天王，栴檀乾闼婆大鬼神外（？）院（？）内（？）书十五鬼神形象。（《大正藏》，册19，页742c）

按照上述规定绘制的曼荼罗图在日本亦存有几铺，另在《十卷抄》、《别尊杂记》、《觉禅抄》、《阿娑缚抄》等文献中亦收有数铺。其中如 Fig.146（《觉禅抄》卷三十二，注一），内院为不动明王（一）和乾闼婆（二），四周置"十五鬼神"，即弥酬迦（牛形）（三）、弥迦王（狮子形）（四）、骞陀（鸠魔罗天形）（五）、阿波悉魔罗（野狐形）（六）、牟致迦（猕猴形）（七）、魔致迦（罗刹女形）（八）、阎弥迦（马形）（九）、迦弥尼（妇女形）（十）、黎婆坻（狗形）（十一）、富多那（猪形）（十二）、曼多难提（猫儿形）（十三）、舍究尼（乌形）（十四）、乾吒婆尼尼（鸡形）（十五）、目佉曼荼（熏狐形）（十六）、蓝婆（蛇形）（十七），共同构成一图。或如 Fig.147（《别尊杂记》卷十二，注二），内院仅置一尊乾闼婆，周围则列有"十五鬼神"（《十卷抄》、《阿娑缚抄》亦有相同图样，注三）。再如 Fig.148（《别尊杂记》卷十二，注五），与前述《佛说护诸童子陀罗尼经》及《童子经念诵法》所说相同，用五色绳捆缚十五鬼神（注四），并配以诸童子（《觉禅抄》中亦有相同图样，注六）。

Fig.146 《觉禅抄》所载护诸童子曼荼罗

Fig.147 《别尊杂记》所载护诸童子曼荼罗

Fig.148 《别尊杂记》所载护诸童子曼荼罗

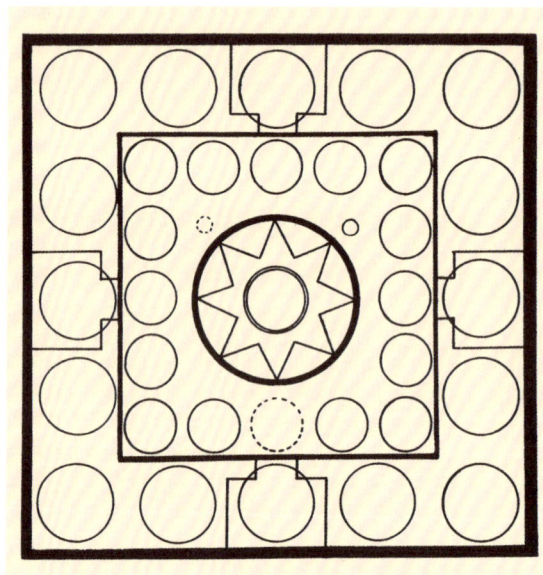

Fig.149 附图一五〇护诸童子曼荼罗复原图

539　　这几铺图例均为唐代不同种类的护诸童子曼荼罗作品，值得注意。而此处所见敦煌出土的曼荼罗却是一铺与上述构成不同的图例，从其残存部分想象其原状，复原图如 Fig.149 所示。画面分三重，内院第一重为三股界道围绕的圆形，院内赤彩，由

540　　此辐射出八个黄色的跋折罗头，宛若八芒星形。《大乘观想曼拏罗经》（施护译）中记"中心用黄色为八辐轮"（《大正藏》，册 19，页 94b），应如图中所绘。这一星形屡见于敦煌画曼荼罗中（附图一五一、附图一五三、附图一五四等），与周围的圆轮

组合起来形成八辐轮。其中辐的部分如附图一五七 a 陀罗尼轮的中央部分，为八个跋折罗头，由此所制的轮宝应如一般常见的窄辐形式（例如 Fig.152）。而如此宽辐的八芒星形轮宝在敦煌画以外亦存留不少（注七），并不罕见。敦煌画曼荼罗中央屡出现这一形式的轮宝，其理由在于此可将围绕中尊的诸尊像（参见附图一五一、附图一五三等）容于三角形光芒（辐）中。在胎藏界现图曼荼罗中台八叶院围绕中尊大日如来的无量寿、宝幢等八尊，一一置于象征八智的八支跋折罗辐中，相对于此（亦同于 Fig.152 摄一切佛顶曼荼罗），此处八尊置于宽幅跋折罗辐内，其配置方式或为胎藏现图所见的八叶莲瓣中的八尊像形式的转化，或为另外一种不同的八尊配置方法，这一点尚难以定论。大胜金刚曼荼罗轮宝辐上置尊像（注八）的方式，与敦煌出土的诸曼荼罗技法完全相同，其与车辐间的配置方法应区别看待。此处所见敦煌出土护诸童子曼荼罗内院的八芒是否内部曾置以尊像，因内院大半已残缺，难知其原状，但其形式与附图一五一、附图一五三、附图一五四等八芒星形内院相同。

542

然后为第二重与第三重，如 Fig.149 所示，两者均为正方形，第二重为绿色，第三重为青色。第三重的四方开有四门，门的形式与胎藏现图曼荼罗四方的华表形金刚门不同，而同于金刚界曼荼罗一印会、四印会、理趣会等四方的莲花门，为凸字形轮廓的略式门（参见 Fig.161）。敦煌出土的曼荼罗或坛城图等四方四门形，大部分为此形式（附图一五一、附图一五三、附图一五四、附图一六一 a、附图一六一 b、附图一六三 b），其中有一例例外是在凸字形上立门柱，门柱上同于胎藏现图的四门，架以笠木（附图一六二），有一例使用穹窿形（附图一五八）等。这一简略凸字形的四方门除前述金刚界现图曼荼罗三会以外，在摄一切佛顶曼荼罗、金轮曼荼罗、法华曼荼罗、金刚城曼荼罗、八字文殊曼荼罗、千手曼荼罗（Fig.152 为摄一切佛顶曼荼罗）等，作为四方莲花门，应用于不少图例上（注九）。善无畏于《大日经疏》（有一行文字记述）卷六所记亚字形夹门厢卫，即指类似于此的略式门（《大日经疏》卷六："夹门厢卫处如亚字形，而于中间通道，每于曲际皆置金刚橛，橛首如一股跋折罗形，其下铦锐。"《大正藏》，册 39，页 644c）。这一形式的起源无需多说，应源自印度的曼荼罗（加湿弥罗之例，注十），亦见于西藏的曼荼罗（Fig.159 为西藏不空罥索曼荼罗）。而敦煌出土的护诸童子曼荼罗于其门内均有一躯兽头尊像（详见后述）。

542

这铺曼荼罗的结构大致如上所述，以下略述三重院内配置的诸尊像的状态。第一重圆形内院部分大部分破损，原为何种尊像现已不明，或许是在八芒星形的中心

543

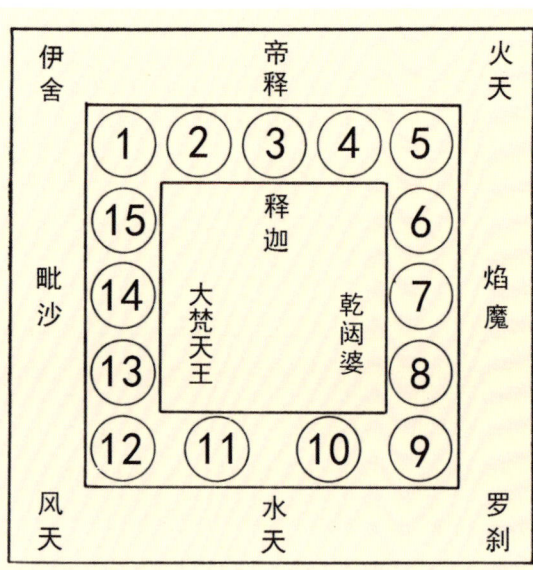

Fig.150 《阿娑缚抄》所载护诸童子曼荼罗图略图

绘有十五鬼神的上首（注十一）乾闼婆。《阿娑缚抄》卷百四十八中有 Fig.150 护诸童子曼荼罗图略图（注十二），其结构与敦煌出土的曼荼罗相同，三重构成，环绕内院的第二重同样是十五鬼神，外围第三重为帝释天以下的护世八天，相互极为近似。值得注意的是护诸童子曼荼罗图略图第一重内院置释迦、大梵天王、乾闼婆三尊像。释迦为《佛说护诸童子陀罗尼经》教主，大梵天王为此经的对告众，而乾闼婆是十五

鬼神的总教主，前述《童子经念诵法》记曼荼罗内院有大梵天王和乾闼婆两尊，没有提到释迦。《阿娑缚抄》所载护诸童子曼荼罗图略图中，内院有《童子经念诵法》所说的大梵天王、乾闼婆二尊，其周围置十五鬼神形成二重曼荼罗，其上又加释迦及护世诸天并形成三重曼荼罗，与此处所见敦煌画曼荼罗的三重构成相比，其中趣味无穷。而且敦煌画曼荼罗连接圆形院内的三股界道处，特别绘有一尊似释迦像的如来佛，使得两者的关系更为接近。同时释迦像的存在又暗示与其相对的大梵天王（部分缺失），因此内院存在乾闼婆也未可知。日本留存有 Fig.147、Fig.148 类以乾闼婆为中心的护诸童子曼荼罗，由此可推测敦煌出土的曼荼罗内院中央主尊为乾闼婆。假设内院只有八芒星形而无置尊像的话，也能想见乾闼婆与第二重的十五鬼神同列在一起（如为十六尊，可横竖各置五尊，就曼荼罗来说如此更易排列）。如第七章第一节所记，亦有十六尊鬼神的例子；《阿娑缚抄》中，又有着重以十五尊作为第二

544

重（下方横列为四尊）的例子（Fig.150）。由此可见，护诸童子曼荼罗的理想形式第二重当为十五或十六鬼神，星形中央置乾闼婆，但原图是否为求相应，已无法判断。图中既然绘出释迦形象，乾闼婆无疑也必存在。

第二重的十五鬼神像，《佛说护诸童子陀罗尼经》中所说十五鬼神，除了鸠魔罗天形的骞陀、罗刹女形的魔致迦、妇女形的迦弥尼三鬼之外，其余的十二鬼神均以禽兽的形象来表现。此处按照残留的部分推测，可见上下左右的四列中各有两躯，共计八躯绘头部为禽兽造形，其余七躯可想见为忿怒尊形。这一点与《护诸童

子陀罗尼经》之说有所分歧。又见附图一九〇、附图一九一护诸童子护符中的十五鬼神形象也有不同，护符中的女神"冥伽罗遮"应当对应《佛说护诸童子陀罗尼经》十五鬼神中的第二"弥迦王"，但与经中所说"狮子"形相异，图中作"鹿"形。如此看来，十五鬼神并非只限于《佛说护诸童子陀罗尼经》中所说的一种。因此，敦煌出土曼荼罗第二重的十五尊（如为十六尊应加乾闼婆），可定其为威吓小孩的弥酬迦以下的十五鬼神。当然推定各尊像的名称相当困难，假设禽兽形的鬼神与《佛说护诸童子陀罗尼经》中所说一致，残存部分第二重上方的牛头应为弥酬迦，右边乌头则为舍究尼，狗头为黎婆坻，左边猪头为富多那，下边鸡头为乾吒婆尼尼。其中有的（如右边上方三尊等）手持漏斗状物，其为何物尚不明了，可能与附图一九〇中各女神手中所持意义相同。

第三重的诸尊，从其残留的部分来看，可推定共有十六尊，相比前述 Fig.150《阿娑缚抄》三重童子曼荼罗中第三重的八尊像，数量较多，而此图亦可视为护世诸天一类。《阿娑缚抄》三重童子曼荼罗中的帝释天、火天、焰摩天、罗刹天、水天、风天、毗沙门天、伊舍那天等八尊为《大日经疏》卷五所说的"护方八位"（注十三），即所谓的"护世八方天"。有时此八方天与其妃合并为"十六大天外护"（《大圣妙吉祥菩萨秘密八字陀罗尼修行曼荼罗次第仪轨法》中"八字文殊仪轨"所记，《大正藏》，册 20，页 785c），而敦煌画中十六尊并非男女各半，故难以判断是否为十六大天外护。另有《转法轮菩萨摧魔怨敌法》（不空译）所记毗首羯磨药叉、劫比罗药叉、法护药叉、肩目药叉等"十六大护"（注十四），或《陀罗尼集经》卷三所记达哩底啰瑟咤、禁毗噜、嚩日噜、迦尾噜等"十六大药叉将"（注十五），但此处所绘仍难以判断。值得注意的是，此曼荼罗的第三重凸字形四方四门中绘有兽头尊像，残存部分可辨认出其中二躯，一为马头明王或鸠盘茶马头尊，一为毗那夜迦象头尊。同样画像亦可见于附图一六三 b 敦煌出土坛城图，其中凸字形四方四门中有四尊——象头、马头、牛头、龙头（或虎头）。这类兽头尊像现仅见于敦煌出土的两三铺曼荼罗及坛城图，在日本难以找到类似的图例。并且，此四兽头尊与胎藏现图曼荼罗外金刚部院的鸠盘茶（马头）、遮文茶（猪头）、毗那夜迦（象头）等兽头尊类别不同。附图一五一、附图一五三敦煌出土的曼荼罗凸字形四方四门内，在表示金刚钩、金刚索、金刚镙、金刚铃"四摄"的四忿怒尊旁，各配有象、狮子、虎、麒麟四兽，此处护诸童子曼荼罗的兽头尊应与此有密切的关系，因此护诸童子曼荼罗的兽头尊亦可推测为表示"四摄"。可见，此护诸童子曼荼罗的马头尊由其持物"钩"而知为"金刚钩"，象头尊由"镙"而知为"金刚镙"，而上下两门一定是持"索"

545

546

和"铃"的其他两兽头尊。

如此，在四门表示"四摄"时置以兽头尊或四兽，其理由虽不明了，但可以想象是由将兽配置于各方位的习俗而来。《胎藏旧图样》中军荼利明王（注十六）的近旁附有象头人身侍者（注十七），《别尊杂记》《觉禅抄》等收录的军荼利明王像中，旁有猪头人身侍者，《觉禅抄》文本中记"像（军荼利像）左踝下画一鬼王，身似人形，躯貌粗大，作白象头，屈膝跪坐"（注十八），从中可知四大明王和兽头尊的关系，进而联系到四门方位与兽头尊的关系。前述敦煌画的象头、马头等兽头诸尊却与四大明王类别不同，其独立一派，置于曼荼罗以及坛的四方位表示四摄。另有不同于上述的情况，《胎藏旧图样》的北门内为骑象的帝释天，南门内为骑牛的焰摩天，如果从这一图例考虑（注十九），可推测四方门内原为尊像骑兽，后转化成表现方位的兽头尊。总之，曼荼罗的四门置兽一定有其深刻的道理，而未必仅是与四摄结合而出现在曼荼罗的四门。《理趣经》所说曼荼罗中的观音曼荼罗，根据《理趣释》（不空译）卷下所说，西门置意为痴的"猪"，南门置意为嗔的"蛇"（"于东门画天女形，表贪欲，南门画蛇形，表嗔，西门画猪，表痴形，北门画莲华，表涅槃形。"《大正藏》，册 19，页 612b）。关于这一问题，将于下节详述。

注

一、《大正藏》，图像部册 4，页 756，图像 No.116。

二、佛教图像集古，《别尊杂记》卷三，经法部。《大正藏》，图像部册 3，页 104，图像 No.36。

三、《大正藏》，图像部册 3，《十卷抄》图像 No.126；《大正藏》，图像部册 9，《阿娑缚抄》图像 No.79。

四、《佛说护诸童子陀罗尼经》，《大正藏》，册 19，页 742a–b。《童子经念诵法》，《大正藏》，册 19，页 743c。

五、佛教图像集古，《别尊杂记》卷三，经法部。《大正藏》，图像部册 3，页 105，图像 No.37。

六、《大正藏》，图像部册 4，《觉禅抄》卷三十二，图像 No.115，参考图像 No.29。

七、参见《大正藏》，图像部册 1，醍醐寺藏"三摩耶形法轮院本"中的轮宝（p.1137、p.1141）等。

八、参见《大正藏》，图像部册 4，《曼荼罗集》图像 No.6；《大正藏》，图像部册 4，《觉禅抄》图像 No.61 等。

九、《大正藏》，图像部册 4，《曼荼罗集》参考图像 No.3、7、20、22、32、70。

十、参见迦湿弥罗 Leh 的 Alchi 一寺壁画曼荼罗（Francke：*Antiquities of Indian Tibet*）及本书 Fig.159 西藏不空羂索曼荼罗（G. Roerich：*Tibetan Paintings*，pl. 14）。

548

十一、《佛说护诸童子陀罗尼经》："此十五鬼神，以如是等形，怖诸小儿，及其小儿惊怖之相，我皆已说。复有大鬼神王名栴檀乾闼婆，于诸鬼神最为上首。"（《大正藏》，册 19，页 742a）

十二、参见《大正藏》，图像部册 9，页 475c。

十三、《大正藏》，册 39，页 630c。

十四、《大正藏》，册 20，页 609b。

十五、《大正藏》，册 18，页 808c。

十六、参见《大正藏》，图像部册 2，页 536。

十七、《大正藏》，图像部册 3，页 435，No.173。《大正藏》，图像部册 5，页 343，No.330。

十八、《大正藏》，图像部册 5，页 340b。

十九、参见《大正藏》，图像部册 2，页 511，No.67、No.70。

第二节　佛顶曼荼罗

549

　　敦煌出土的曼荼罗中内容最为详细且有必要加以研究的，即为附图一五一纸本淡彩曼荼罗（斯坦因由敦煌携回，现藏于 Oriental Manuscript Department）。这铺曼荼罗长不到二尺，宽二尺五寸，中央绘曼荼罗，其四围以及背面则以小字书写出数种"陀罗尼经"，书写极为精致。纸面的一角因折痕而佚失，残存部分亦损伤不少。此铺曼荼罗的结构组成极为复杂且笔致细腻，作为唐代末期作品值得注意。

　　在论述曼荼罗前，先对纸上正背两面书写的各种陀罗尼经作一浏览。经文的书写位置见 Fig.151，分为几个区域，其中如 K 区、L 区已失其全部或大部分，无法知其所写为何经。又如 E 区、F 区，其前后连贯不明确，因而造成这一部分在解释上的困难，在此记其概略。

　　A 区及 B 区

　　此二区共记六十余行，题为《大佛顶如来顶髻白盖陀罗尼神咒经》。具体内容

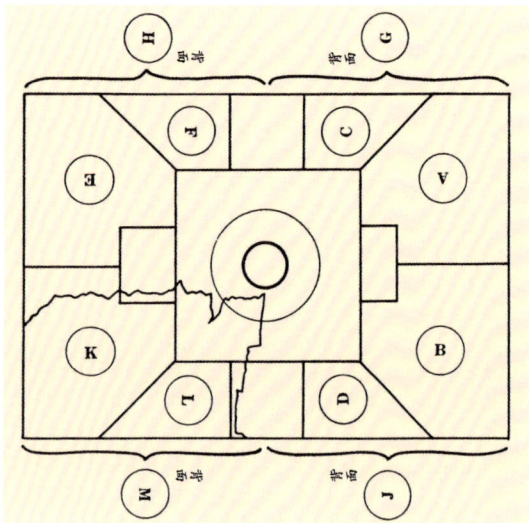

Fig.151　附图一五一写经配位图（表里两面）

为元代所译西藏经，为今天藏经中留存的两种汉译白伞盖陀罗尼经，即沙啰巴译《佛顶大白伞盖陀罗尼经》(《大正藏》，册19，页401以下）及真智等译《佛说大白伞盖总持陀罗尼经》(《大正藏》，册19，页404以下）和同类陀罗尼经，其中有些部分类似沙啰巴所译，有些部分则近于真智等译，这三者作为同一谱系的佛顶白伞盖陀罗尼经有必要进行比较研究，尤其是此处书写经文为唐代汉译，这一点尤其要注意。此二区的写经与J区（附图一五二a）书写的《诸星母陀罗尼经》相同，均于中晚唐之间由藏僧法成或智慧山汉译而成，为其中一种。此二藏僧从事翻译，从西藏来到甘沙地区（参见《東方學報》东京第六册，拙稿《燉煌本唐譯白傘蓋陀羅尼經》）。

C区

此区书写有十七行经文，与前述A区相同，均欠缺经题，如从左向右诵读可发现其内容为《千手千眼观世音菩萨广大圆满无碍大悲心陀罗尼经》（伽梵达摩译）中的一段。从第一行"谁于今日成正觉"至第四行的开头"由以"为经中的最初之偈（《大正藏》，册20，页106b），接着从"南无大悲观世音"至第十行"自得大智慧"为经中的第二偈(《大正藏》，册20，页106c—107a）。自此转至"南无遏罗（怛）那哆啰夜耶"，为大悲心陀罗尼（《大正藏》，页107b）。而这一陀罗尼从中途开始与伽梵达摩所译不一致，其中有类似金刚智译《大悲心陀罗尼》(《大正藏》，册20，页112a）之处，但并非全部，且陀罗尼并未在C区结束，由此转向背面H区。

H区（参见附图一五二a）

开头两行类似前述金刚智译《大悲心陀罗尼》中的陀罗尼，而在"娑诃"结束，接着便为前述伽梵达摩译《千手千眼观世音菩萨广大圆满无碍大悲心陀罗尼》的第三偈（《大正藏》，册20，页108b-c），从"说偈敕曰，我遣密迹金刚士"直至"一劫称扬无尽期"，共十行。从最后一行第六字开始为同经第二以及第三陀罗尼（《大正藏》，册 20，页 111b），直至结束。

D 区

此处从右向左为全文陀罗尼，共十二行，但不明其究竟为何种陀罗尼。

E 区及 F 区

皆不明。

G 区（参见附图一五二 a）

前述 A、C 两区书写《白伞盖陀罗尼经》及《千手千眼观世音菩萨广大圆满无碍大悲心陀罗尼经》，而 G 区正在其背面，其上从右向左写有长篇陀罗尼，共十一行，其实为"千手眼陀罗尼"，与菩提流志译《千手千眼观世音菩萨姥陀罗尼身经》（《大正藏》，册 20，页 96c 以下）、智通译《千眼千臂观世音菩萨陀罗尼神咒经》卷上（《大正藏》，册 20，页 84a 以下、及页 90b 以下）、金刚智译《千手千眼观世音菩萨大身咒本》（《大正藏》，册 20，页 113c 以下）等所录陀罗尼基本相同。从其中用语来看，最接近智通译本。

J 区（参见附图一五二 a）

J 区在前述 B 区及 D 区的背面，经文自右而左有九行，为西藏僧法成译《诸星母陀罗尼经》中的陀罗尼（《大正藏》，册 21，页 420c 以下），这一陀罗尼仅见于敦煌本，与前述《白伞盖陀罗尼经》同属极为令人注目的经文。

K 区、L 区、M 区

此三区正为纸面欠缺的部分，不知书写的为何种陀罗尼经。

纸面中央描绘曼荼罗，值得注意的是此铺曼荼罗的外围四隅有向外延伸的细长四足，四周绕有垂幕。从这一特殊部分来看，其绘制意图很明显在于将立体的"坛"展开成为平面，而四方的凸字形四门与附图一五○护诸童子曼荼罗在界线内容纳其轮廓的情况不同，而是与附图一六三 b 相同，凸字形四门伸展到界线之外，其理由不言而喻。《虚空藏菩萨求闻持法》（善无畏译）中"其坛下安四足"（《大正藏》，册 20，页 620a），所指四足坛应为如此形式。此处所见坛上划分成三重，中央同于前述护诸童子曼荼罗（附图一五○）置三股界道的圆轮，其内部以跋折罗头作成美丽的八芒星形。三重之间均排满具有西藏风格的佛像，在判断此铺曼荼罗的名称之际，首先着眼于画面重心，即内院的九尊像。

内院的九尊像皆为着冠菩萨形，中尊跌坐于狮子座莲花上，结定印，掌上有轮宝，轮宝中央记一"唵"字。周围的跋折罗头内有八尊，各尊形式难以一一辨认，其中有的持跋折罗、剑、莲茎等，每一尊像的身体上横书"唵……吽叭"真言题记。

552

553

Fig.152 摄一切佛顶曼荼罗

Fig.153 尊胜曼荼罗

如能辨清此真言，八尊的名号便一目了然，中尊的佛名也水落石出，进而得知此铺曼荼罗的名称。然而，这些墨书真言笔画极细，难以辨认，故无法判定八尊的名号。在由不同角度对这一画面进行分析后，可推测其近似摄一切佛顶曼荼罗或尊胜曼荼罗。Fig.152 即一例摄一切佛顶曼荼罗（注一），Fig.153 为一例尊胜曼荼罗（注二），将此二图画面中央部分的九尊和敦煌出土曼荼罗内院的九尊作一比较，可见两者之间有着十分密切的联系。首先为摄一切佛顶曼荼罗，中央的大佛顶并非结智拳印的一字金轮，而是结法界定印掌上持金轮的摄一切佛顶轮王形象，结跏趺坐于七狮子莲花座上，周围有八佛顶（自中尊的前面向左顺序为光聚佛顶、发生佛顶、白伞盖佛顶、胜佛顶、除一切盖障佛顶、黄色佛顶、一字最胜佛顶、无边音声佛顶）。向外有七宝眷属（女宝、马宝、象宝、主藏神宝、轮宝、如意珠宝、兵宝）（《觉禅抄》所录为同一图样，注三）。这一曼荼罗应依《大妙金刚佛顶经》（达磨栖那译）而作，与如下经文完全一致：

尔时世尊身现作摄一切佛顶轮王之相，手持八辐金轮，处七师子座，（略）。于东方如来面前赤色轮中，现光聚佛顶轮王，手执如来顶印，放大光聚，坐赤色莲花。于如来右隅黄色轮中，现发生一切佛顶轮王，手持黄莲，放黄色光明，坐黄色莲华。于如来右边白色轮中，现白伞盖佛顶轮王，手持白伞，放白色光，坐大白

554

555

莲。于后右隅中杂巧色轮，现胜佛顶轮王，手持利剑，放杂巧色光明，坐杂色莲华。于如来后红色轮中，现除一切盖障佛顶轮王，手持红莲华华上有钩，放红色光明，坐红莲华。于后隅青色轮中，现黄色佛顶轮王，手持三股嚩日罗，放青色光，坐青莲华。于如来左边绿色轮中，现一字最胜佛顶轮王，手持八辐金刚轮，放绿色光焰，坐绿色莲华。于如来前左隅紫色轮中，现无边音声佛顶轮王，手持白螺，放紫色光焰，坐紫色莲华。（略）。时世尊复现七宝眷属，女宝，马宝，主藏神宝，轮宝，象宝，如意珠宝，兵宝等，周匝围绕此大轮四面。（《大正藏》，册19，页339c—340a）

　　附图一五一敦煌出土的曼荼罗内院中央主尊亦同样结法界定印，为掌上持金轮并趺坐于狮子座的摄一切佛顶轮王之姿，其周围有表示八佛顶的戴冠八尊。此八尊从持物判断，未必与前述《大妙金刚佛顶经》所说的八佛顶全部一致，中尊之左有一持利剑尊像，似为胜佛顶轮王；其右亦有一持白伞盖尊像，似为白伞盖佛顶轮王（中尊右下的一尊亦与其类似）；其右尚有一尊两掌持金轮，应为最胜佛顶轮王；位于中尊之右的一尊持三股跋折罗，应为黄色佛顶轮王。由此可见，中尊应为摄一切佛顶轮王，其周围八尊为八佛顶，其周围书写的陀罗尼经为前述的《佛顶白伞盖陀罗尼经》，由这几个特点综合考虑，这一曼荼罗可推定为大佛顶曼荼罗中的摄一切佛顶曼荼罗。

　　与此曼荼罗甚为相似的图例尚有尊胜曼荼罗。尊胜曼荼罗分两种，一为以结智拳印的大日如来为中心，周围置八佛顶（注四），关于八佛顶，前文已述；一为结法界定的大日如来配以八大菩萨。前者是依《尊胜佛顶修瑜伽法轨仪》（善无畏译）卷上《画像品》（《大正藏》，册19，页376a）而制作的曼荼罗，后者是依《佛顶尊胜陀罗尼念诵仪轨法》（不空译）而制作，Fig.153尊胜曼荼罗属于后者，见《佛顶尊胜陀罗尼念诵仪轨法》：

　　中央安毗卢遮那佛位，右边安观自在菩萨位，观自在后，安慈氏菩萨位，毗卢遮那佛位后，安虚空藏菩萨位，此菩萨左边，安普贤菩萨位，毗卢遮那佛位左边，安金刚手菩萨位，金刚手菩萨位下，安文殊师利菩萨位，毗卢遮那佛前，安除盖障菩萨位，除盖障菩萨位右边，安地藏菩萨位。（《大正藏》，册19，页364b）

　　首先，画面中央置结法界定印的大日如来，从其前方左绕为除盖障、地藏、观音、慈氏、虚空藏、普贤、金刚手、文殊八大菩萨，圆轮的四角为嬉、鬘、歌、舞

556

557

内供养菩萨，外院四角为香、花、灯、涂外供养菩萨，外院四方则置钩、索、镙、铃四摄菩萨（注五）。重新审视附图一五一敦煌出土的曼荼罗，可见其内院中尊正如前所述为摄一切佛顶曼荼罗，其周围八尊为八佛顶像。换个角度亦可视其为以法界定印大日为中心的八大菩萨。中尊结定印当为大日，周围八尊中有几身可定为八大菩萨，如执剑的为普贤，持跋折罗的为文殊，把持莲花的为观音。其中最引人注目的是大日前面的一尊，其不包含在八佛顶中，而是八大菩萨中的金刚手菩萨（金刚萨埵）。金刚萨埵见于Fig.184（参见第六章第七节），一般右手持金刚杵，举至胸前，左手握金刚铃，置于腰际。此处敦煌曼荼罗中，大日前面的一尊与Fig.184金刚手菩萨基本相同，故可视其为金刚萨埵。同时在此尊之上墨书真言文字，虽然笔画极细，但仍可辨认出"跋折罗"三字，对照金刚萨埵的真言"南么三曼多伐折啰赦伐折啰咀么句痕"（《大日经》卷六，《大正藏》，册18，页47b），以及"囊莫三曼多嚩日啰喃唵嚩日啰怛摩句憾"（《尊胜陀罗尼念诵仪轨》，《大正藏》，册19，页365b），可知定其为金刚萨埵甚为妥当。若确为金刚萨埵的话，图中八尊当然并非八佛顶，而是八大菩萨。以定印大日为中心且八大菩萨围绕，可知此铺曼荼罗应为尊胜曼荼罗。然而，如此作出结论为时尚早，仍需要等待其他敦煌画例出土，在经过充分研究之后方可定其名称。

558

其次，关于中央九尊的外围，在内院四隅邻接三股界道处各置有两尊菩萨像，根据其持物及姿态可知为嬉、鬘、歌、舞"四隅内供养菩萨"，以及香、花、灯、涂"四隅外供养菩萨"的"八供养菩萨"（不空译《金刚顶一切如来真实摄大乘现证大教王经》卷中，般若译《诸佛境界摄真实经》卷下等有详述。《大正藏》，册18，页214b—215b、页279a–c）。其位置如Fig.154，为"香"和"嬉"、"华"和"鬘"、"灯"和"歌"、"涂"和"舞"内外二菩萨。外四供的"香"持长柄香炉，"华"捧花，"灯"献灯，"涂"执涂香器，而内四供的"嬉"握两拳置于腰部，"鬘"两手执华鬘，"歌"奏箜篌，"舞"舒两手五指以示舞仪。这些形象均与金刚界现图曼荼罗八供养菩萨形象相同（参见《大正藏》，图像部册1，页898、页899等）。然而此处内外处于同一位置的排列方法与一般排列法不尽相同，如日本的曼荼罗，以金刚现图为首，即便Fig.153尊胜曼荼罗亦安置内外两种供养菩萨于四隅，内外各四尊（在佛眼曼荼罗、大胜金刚曼荼罗、仁王经曼荼罗、降三世曼荼罗、文殊曼荼罗、大轮明王曼荼罗、观音曼荼罗等曼荼罗亦有许多相同的例子，注六）。此八供养菩萨的内外区别，在《金刚顶瑜伽略述三十七尊必要》（不空译）中规定与一般的曼荼罗同样安置，以嬉、鬘、歌、舞为内供养，以香、花、灯、涂为外供养（《大正藏》，

559

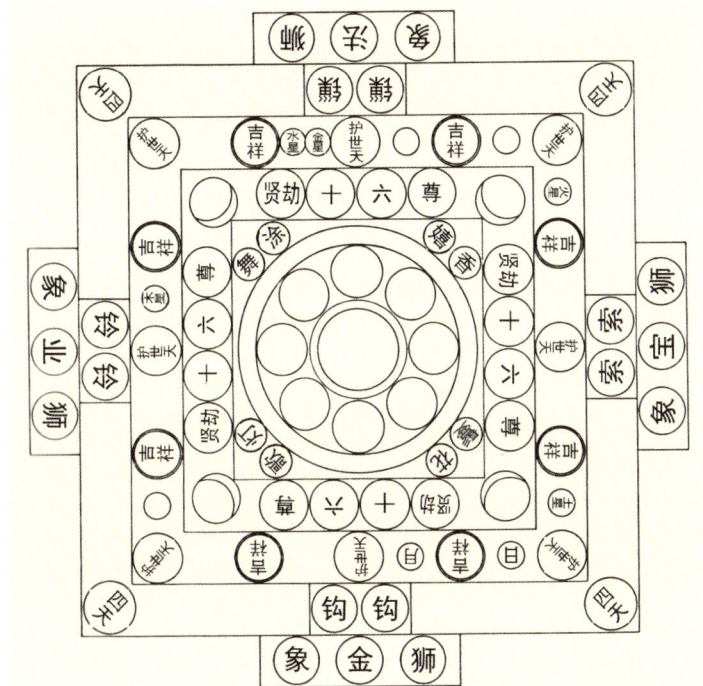

Fig.154 附图一五一佛顶曼荼罗诸尊座位略图

册 18，页 294a–c），同时在《金刚峰楼阁一切瑜伽瑜祇经》（金刚智译）上卷，及《理趣释》（不空译）卷上《金刚顶瑜伽护摩仪轨》（不空译）中亦记有同样规定（参见《大正藏》，册 18，页 255a ;《大正藏》，册 18，页 916c ;《大正藏》，册 19，页 611a，注十四）。与此相反，《金刚顶胜初瑜伽经中略出仪轨》（不空译）中关于内外的排列方式恰好相反（参见《大正藏》，册 20，页 516a–b），比如金刚现图的理趣会的排列便是内外相反，尚有附图一五三敦煌出土的金刚界四印曼荼罗，以及传入日本的五秘密曼荼罗及理趣会曼荼罗，其中亦留下不少以香、华、灯、涂为内供，嬉、鬘、歌、舞为外供的例子（注七）。这一状况反映出八供养菩萨内外两分的排列不一定具有固定的形式，有时亦发生变化。根据这一现象，此处附图一五一敦煌出土的曼荼罗中，八供养菩萨没有将四菩萨内外两分，而是并列安排，这一表现方法反而令人觉得比较妥当。同样现象另见于如意轮三十二叶曼荼罗，在莲叶最外缘的八叶上，将八供养菩萨不分内外之别而同列安置（《曼荼罗集》卷下，注八），与敦煌出土的曼荼罗的表现方式完全相同，十分有趣。

内院的状况大致如此，然后是位于外围的第二重，此处四隅置圆相内的三股跋折罗头，其上各有墨书"唵吽"二字，四边各四身菩萨，共计十六身（参见Fig.154），此十六菩萨应与同时现于金刚界现图曼荼罗的微细、供养、降三世、三昧耶、降三世三昧耶五会的"贤劫十六尊"为同一菩萨。在现图中以东、南、西、北的顺序排列慈氏（军持瓶）、不空见（十字杵）、灭恶趣（梵夹）、除忧暗（草）、香象（钵）、大精进（一股杖）、金刚幢（宝珠）、智幢（如意宝幢）、无量光（莲光）、贤护（宝瓶）、网明（罗网）、月光（半月）、无尽意（梵夹）、辨积（华云）、金刚藏（独股四井字）、普贤（利剑）十六菩萨，且每一方各为四身（法贤译《佛说大乘观想曼拏罗净诸恶趣经》卷上所记"慈氏等十六大菩萨……于曼拏罗四方，各安四位"即为这一排列方式。《大正藏》，册19，页90a）。而此处所见曼荼罗中十六尊虽是一方各四身，但顺序上存在一定差异，另外持物亦不完全一致。贤劫十六尊的持物与其尊名相同，和仪轨多少有些出入，并不以现图上出现的作为标准。此曼荼罗十六尊的持物应与现图相区别，并分别进行考察。但是目前尚未发现与这一图例相符的仪轨，与失译《贤劫十六尊》弥勒以下的十六尊的持物（弥勒军持、不空莲华眼、除忧梵夹、除恶三股杵、香象莲华、大精进锵戟、虚空藏宝光、智幢幢、无量光莲华、贤护宝瓶、网明网伞盖、月光半月幢、无量意梵夹、辨积华云、金刚藏独股、普贤五智印。《大正藏》，册18，页339a-b）不相一致，与法贤译《佛说大乘观想曼拏罗净诸恶趣经》卷上所说的十六尊持物（慈氏龙花树枝军持、不空见莲华、除一切罪障钩军持、破一切忧暗宝杖、香象香像、勇猛剑、虚空藏莲华上妙法藏、智幢如意宝幢、甘露光甘露瓶、月光莲上月、贤护炽盛光明宝、炽盛光金刚半惹啰，金刚藏优钵罗花上金刚杵，无尽意阏伽瓶、辨积莲上宝积、普贤宝树枝。《大正藏》，册19，页90a-b）亦不相一致。其所依据或为完全不同的另一种仪轨（如西藏系的《修药师仪轨坛法》所说的十六菩萨，注十），或是由于绘制者的随意变更。无论如何，此处贤劫十六尊以其总数为十六，且存在持有罗网的网明（或光网）菩萨两点，定其为贤劫十六尊则毫无疑问，这一特殊菩萨的存在已足以证明此处菩萨为贤劫十六尊。同时，其他菩萨以梵夹、莲上宝、十字杵、宝瓶、莲花、宝树枝（或者宝剑）等作为持物，与诸仪轨一一对照后便可知其对应贤劫十六尊中的灭恶趣、无尽意、除忧暗、虚空藏、不空见、慈氏、贤护、香象、无量光、普贤等菩萨。但遗憾的是，尚无法判定十六尊的所有尊名。

第三重即外院诸尊。这些尊像的排列方式如前所述（Fig.154），其中一部分排列不甚规则，而最引人注意的是其打破了四方座位数目均等的惯例。四方座位本是方形曼荼罗的一大特色，然而在不规则之中其自身又自然遵循一个规则的排列方式。首先引人注意的是每一边各两基，共计有八基，"八吉祥"（参见 Fig.154）安置其中，且每一吉祥均置于莲台的长竿之上，各长竿之旁墨书"弟子智惠（？）愿吉祥"或"愿弟子智惠（？）吉祥"。八吉祥现仅存六基，欠缺的部分应还有两基，可从附图一五三敦煌出土的四印曼荼罗（参见第五章第三节）外院的八基推测得知，均共计八基，亦可从附图一五四敦煌出土的三昧耶曼荼罗（参见第五章第四节）得知其为八基。此处曼荼罗的下边为商佉（法螺）一、左边为幢（？）一、上边为伞盖（或为幢？）二、右边为莲花及摩羯鱼各一，共计六种。附图一五三的四印曼荼罗为伞盖、幢（？）、宝瓶、莲上宝、摩羯鱼、法螺、宝轮、跋折罗，共八种；附图一五四的三昧耶曼荼罗为宝轮、伞盖莲花、宝瓶摩羯鱼（？）、法螺。此处曼荼罗与附图一五三和附图一五四相比，形式上略显单调，但每铺曼荼罗中均汇合八种为一组，并各以二基置于曼荼罗的四方，可见排列方式均按照同一仪轨。出现在三种曼荼罗上的这三组应归为一类，一并研究。对于此三组是否为"八吉祥"的标志，尚需斟酌。将八基排列在四方的形式，在日本尚未发现有同样的曼荼罗图例，故在定其为八吉祥之前，首先有必要对作为诸佛的三昧耶形进行考虑，如果为三昧耶形，可据此推断对应诸尊的尊名。现从其形式来看，可推断其为"八佛顶"。

关于八佛顶的三昧耶形见《大毗卢遮那成佛神变加持经》（善无畏、一行等译）的"秘密漫荼罗品"以及"密印品"。

秘密漫荼罗品：

白伞以伞印 具慧者胜顶 围以大慧刀 普遍皆流光 最胜顶轮印 除障顶钩印 大士顶
髻相 是名火聚印 广生跋折罗 发生以莲华 无量声商佉（《大正藏》，册18，页35a）

密印品：

复以三昧手，覆而舒之，慧手为拳，而举风轮，犹如盖形，是白伞佛顶印。如前刀印，是胜佛顶印。如前轮印，是最胜佛顶印。如前钩印，慧手为拳，举其风轮而少屈之，是除业佛顶印。如前佛顶印，是火聚佛顶印。如前莲华印，是发生佛顶印。如前商佉印，是无量音声佛顶印。（《大正藏》，册18，页29a）

简单罗列如下：

白伞盖佛顶	伞盖
胜佛顶	刀
最胜佛顶	轮
除障佛顶	钩
光聚佛顶	顶髻
广生佛顶	跋折罗

563

Fig.155　秣菟罗石雕诸吉祥标识图案　　　　Fig.156　秣菟罗石雕诸吉祥标识图案

发生佛顶	莲华
无边声佛顶	商佉（螺）

将这八种三昧耶形对照前述敦煌出土的三曼荼罗（附图一五一、附图一五三、附图一五四）的八种标志，可发现其中五种——伞盖、轮、跋折罗、莲花、螺——是共通的，仅有刀和钩两种变为宝瓶和摩羯鱼。由此，在判断其为三昧耶形之前，曼荼罗上所出现的八种标志应首先视为八佛顶的三昧耶形最为妥当。

不过，曼荼罗外院配以八佛顶的三昧耶形，从位置来看显得不合常理，尤其是附图一五一各处并未一一附有佛的真言，从其中"弟子智惠愿吉详"、"愿弟子智惠吉祥"等文字来看，此表示八种"吉祥"应该是正确的（相邻诸尊均附有真言）。如前所述，传至日本的各种曼荼罗中，尚未发现表现八吉祥的图例，而中国的曼荼罗中确实存在，并且很明显其依据《大乘观想曼拏罗经》（法贤译），其中卷下记：

于第二重四隅，画戏鬘歌舞四菩萨，于第三重四隅，画香花灯涂四菩萨，于四门画四护门菩萨，次于四方画十六大菩萨，于四门外各于颊，画象及师子，于门二边画八吉祥，于山围内画八护世天。（《大正藏》，册19，页93c）

据此可知，曼荼罗中绘有八吉祥没有任何不可思议之处，且八种吉祥标识在古印度便已出现，秣菟罗古石雕中亦有不少实例（参见 Fig.155、Fig.156，注九），其中所见宝轮、双鱼、法螺、跋折罗、宝瓶等，在考察敦煌曼荼罗八吉祥标志来源上

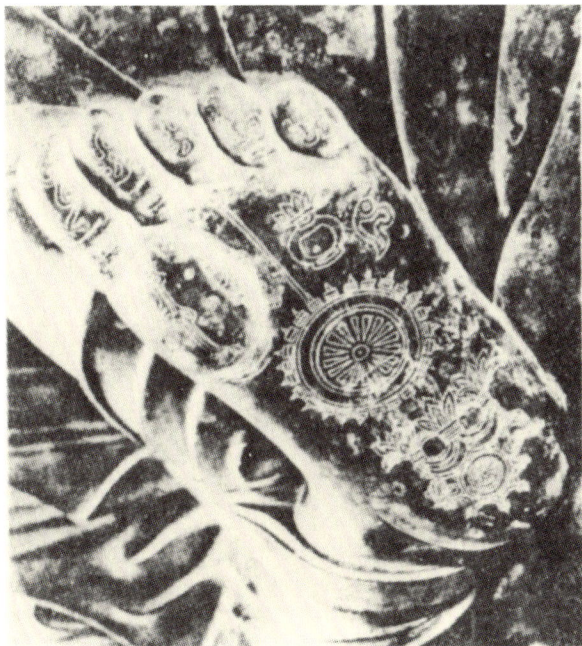

Fig.157 药师寺金堂药师像跖面吉祥纹

Fig.158 热河须弥福寿庙琉璃宝塔初层石刻八吉祥

具有重要意义（日本奈良药师寺佛足石以及同金堂药师如来的跖面［Fig.157］等所见千辐轮相、双鱼相、法螺相、宝瓶相、跋折罗相等，亦为在唐代由印度传来吉祥标识的印证）。此处所见的八吉祥，伞盖出现于其中，而从其包含的内容来看，相比其他，较接近西藏谱系，而且甚近似元朝以后流行于中原的喇嘛教八吉祥，即法轮、金鱼、法螺、宝瓶、宝伞、白盖、莲花、盘长八种（注十一）。Fig.158 为热河须弥福寿庙琉璃宝塔初层的石雕西藏式八吉祥纹，敦煌出土的曼荼罗以及与密教相关的绘画中，不少与西藏佛教有密切的关系，可见此八吉祥的标识应与唐代西藏使用的吉祥标识之间存在一定的关系。而必须注意的是，敦煌出土的曼荼罗八种标识有时存在一些变化，唐代如药师寺（指日本奈良的药师寺）药师像跖面所见印度式吉祥标识（Fig.157）确实存在，因此需要注意在唐代也许尚未形成如后世已成定式的八种相。总之，这些八吉祥标识源于印度，同时与后世西藏式的八吉祥（Fig.158）亦具有密切的联系，其联系亦反映于此处八吉祥标识在曼荼罗四方的排列方式上，与传至日本的曼荼罗多少有些差异，这一点需加以注意。另，每个吉祥标识上均附有前述吉祥文字，令人甚感有趣。

曼荼罗中表现八吉祥很有可能来源于西藏修法时供奉佛及菩萨的供物，七珍、八宝、八吉祥与香、花、幢、幡之类一并进行供奉。沙啰巴译《药师七佛仪轨》卷上记："一一像前各置七灯，各悬七首杂色彩幡，及诸上品烧香名花涂香妙食，种种伎乐七宝八吉祥贤瓶等。"（《大正藏》，册 19，页 33b）另，清代同样译自西藏经典

566

567　的《修药师仪轨布坛法》（阿旺扎什补译）中亦记"七珍、八宝、八吉祥等，供物丰足"（《大正藏》，册19，页66a），反映了当时的状况。

　　而外院八吉祥之间安置的诸尊，其排列方法不甚规则，且外形极其相似的尊像混杂其中，所以明确每一尊的名号相当困难。幸运的是"七曜"置于其中。此处七曜与Fig.154所见相同，下边靠右于法螺两侧为太阳、太阴（均骑三马）二尊，右边相邻摩羯鱼标识为土星（婆罗门形，骑牛，戴牛冠），莲花标识旁为火星（荧惑，四臂罗刹形，坐岩座，持三叉戟、弓、箭、利剑），上边中央略偏左处为金星（太白，女子形，戴酉冠，弹琵琶）及水星（辰星，女子形，戴猿冠，持长纸，如长纸笏），与此二尊相对，左边中央处为木星（岁星，戴亥冠，捧华盘），立姿。在画面缺失的部分应绘有罗睺和计都二星，与以上七曜合并形成"九曜"，置于曼荼罗外院的四方，并与《梵天火罗九曜》（《大正藏》，册21，页459—462）所说一致，仅有

568　太阳和太阴所骑三马之处相异，原本应骑鹅和马。至于火、水、木、金、土五星，与经文所说基本一致（参见第三章第四节），亦同于附图九六a围绕炽盛光佛的五星，或Fig.89星曼荼罗中的五星。但是，每尊九曜像所附墨书真言与《梵天火罗九曜》上的记载不符。

　　在九曜像及八吉祥标识以外，外院尚有六身骑兽尊，以及有翼鬼、执笏人物等，其尊名的判断亦相当困难。如上方中央的翼鬼令人联想到附图一二三a、Fig.124、Fig.125、Fig.126等行道毗沙门天图中的迦楼罗形恶鬼，然而在此处无法推测其尊名。另，四方及四维配置的八躯骑兽尊（仅一躯骑邪鬼），在一般曼荼罗中为护世八方天（帝释天、火天、琰摩天、罗刹天、水天、风天、毗沙门天、伊舍那天），但此处从其外形来看，与常见的护世八方天有一定的差异。此处八尊应解释为西藏谱系的八方天，在元代沙啰巴根据西藏经典所译《药师七佛供养仪轨如意王经》中，记有与这些八方八尊形样相当一致的八方天像形，如下：

　　　东方百施天帝释 其身黄色执宝杵 乘坐白色大象座 我今供养称赞礼

　　　东南火神大梵仙 其身红色执军持 乘坐红色羖羊座 我今供养称赞礼

　　　南方焰鬘阴母王 其身青色执宝杖 乘坐青色水牛座 我今供养称赞礼

　　　西南离谛夜叉王 其身黑色执宝剑 乘坐大力起尸鬼 我今供养称赞礼

　　　西方水神婆噜郡 其身白色执蛇索 乘坐那伽水兽座 我今供养称赞礼

569　　　西北风神婆耶毗 其身烟色执彩旗 乘坐绿色大鹿坐 我今供养称赞礼

　　　北方施碍矩毗罗 其身黄色执鼠囊 乘坐青色马王座 我今供养称赞礼

东北具主魔罗王　其身白色执宝叉　乘坐青色牛王座　我今供养称赞礼

上方一切诸天众　日天月天执曜天　星宿诸天眷属众　供养称赞而敬礼

下方龙王主地神　捧持大地摩诃手　卫护佛教优婆塞（《大正藏》，册 19，页 48a-b）

据此可知，附图一五一曼荼罗外院中的八方天，左上角坐于邪鬼之上、执宝剑的一身为西南"离谛夜叉王"，右上角执彩旗、坐于鹿上的一身为西北"风神婆耶毗"，其左侧相邻执军持瓶、骑兽尊的为东南"火神大梵仙"，上方中央执三叉戟、骑牛的为东北"具主魔罗王"，而位于左右两边中央位置执宝棒、骑兽的二身可推定为"帝释"和"焰鬘阴母王"，但两者难以辨别。右下角执宝弓、骑兽尊者并非矩毗罗，应为西方"水神婆噜郡"。而以鼠囊为持物的北方"矩毗罗"应位于左下角缺失的地方。如前所述，图中日月以下的九曜像与"八方天"交杂并配置在外院的理由，为前述《药师七佛供养仪轨如意王经》所说"四方四维"护世天以外，添加上方一切诸天星宿，类似的例子（注十五）可见于日本的智曼荼罗。此铺曼荼罗左下角缺失的部分可以想象其绘有下方龙王主、地神之类，以此构成"四方、四维、上下"的十方诸神。

接着为外院以外的坛的四角，其中各置四天王。右下角弹琵琶的为东方持国天（提头赖吒天王），见《尊胜佛顶修瑜伽法轨仪》（善无畏译）卷下大灌顶曼荼罗品"东门北、东方提头赖吒天王，手执琵琶"（《大正藏》，册 19，页 378b）。持国天作弹弦状的例子，除了近代西藏系之外，在中原汉地及日本极为少见，故此处所见亦应视为西藏系的形姿（参见 Fig.145 西藏画中的持国天）。因此，其他二天（一天缺失）亦为西藏式，右上隅执宝剑（其外形尚有疑问）的为南方增长天，左上角把持羂索的为西方广目天。与前述《药师七佛仪轨》相同，沙啰巴根据西藏经典翻译了《药师琉璃光王七佛本愿功德经念诵仪轨供养法》，其中的四天王与此完全一致，这一点需要引起足够的重视。该仪轨记：

东方持国大天王　其身白色持琵琶　守护八佛东方门　供养赞叹而敬礼

南方增长大天王　其身青色执宝剑　守护八佛南方门　供养赞叹而敬礼

西方广目大天王　其身红色执羂索　守护八佛西方门　供养赞叹而敬礼

北方多闻大天王　其身绿色执宝叉　守护八佛北方门　供养赞叹而敬礼

（《大正藏》，册 19，页 47a）

四天王中的多闻天显然位于右下角缺失的部分。根据上述仪轨，多闻天的持

570

Fig.159　西藏画不空羂索曼荼罗

物仅有宝叉，然而在西藏像中多闻天持鼠则比较常见，如西藏画 Fig.144、Fig.145 中，多闻天持宝鼠，且在西藏系的仪轨中亦记其持鼠，如前述《药师七佛仪轨》在护世八方天中的北方矩毗罗（即多闻天）中记"其身黄色执鼠囊"，阿旺扎什补译《修药师仪轨布坛法》记：

> 东门中持国天王，白色二手持琵琶。南门中增长天王，蓝色持剑。西门中广目天王，红色持蛇索。北门中多闻天王，黄色持宝鼠。（《大正藏》，册 19，页 66a）

可见经中所记多闻天的持物均为鼠。多闻天和鼠的关系于第三章第九节中已述，其中安西万佛峡壁画及敦煌画毗沙门天图中出现的鼠，如附图一二〇 b、附图一二一 c 等，恐怕与西藏图像有着密切的关系。而从附图一五一曼荼罗中的多闻天，以及其余三天均呈西藏式姿态来看，可想象这一多闻天亦是持鼠。此等四天王像各附有简单的真言墨书，广目天为"唵毗庐博邪耶（？）莎诃"，增长天为"唵毗□□□□莎诃"，持国天为"唵□令悉□莎诃"，对照《陀罗尼集经》卷十一，便可明了其均为四天王真言的略文（有可能是四天王梵名部分的文字），经中广目天为"唵毗噜博叉那伽地波跢曳莎诃"，增长天为"唵毗噜陀迦药叉地波跢曳莎诃"，持国天为"唵地嘌致啰瑟吒啰啰啰波啰末陀那莎诃"（《大正藏》，册 18，页 878b–c）。

以上所述为外院的大致情况，剩余的部分尚有安置在四方四门的凸字形区域内的八身尊像及十二只鸟兽（关于敦煌画诸曼荼罗的凸字形四门，请参见上节，图像参见 Fig.152、Fig.159、Fig.161）。八尊均背负火焰，为忿怒尊，同形的二尊成为一组置于四方四门，其持物有钩（下边）、索（右边）、镢（上边）、铃（左边）四种（参见 Fig.154），可知一般曼荼罗四方四门上以钩、索、镢、铃为持物的金刚钩、金刚索、金刚镢、金刚铃（金刚磬，注十三）四摄菩萨在此以忿怒尊的形式出现。关于四摄菩萨，见于金刚界现图曼荼罗九会中的七会（成身、三昧耶、微细、供养、理趣、降三世、降三世三昧耶各会）的四方或各部会、别尊曼荼罗的四方，以及四门内（注十二）（Fig.153 尊胜曼荼罗亦为其中一例），且均位于《金刚顶瑜伽护摩仪轨》（不空译）所说四摄的座位（注十四），或《诸佛境界摄真实经》（般若译）卷下所说的方位（《大正藏》，册 18，页 279c 以下），即"钩南、索西、镢北、铃东"的位置上。按照经中所说，其是以菩萨的形式出现，而此处的曼荼罗四门皆非菩萨形，而是忿怒形，且各以两尊一组配置，令人甚感奇怪。总之，以菩萨形出现的寓意相同，均为摄引众生之意，《金刚顶瑜伽中略出念诵经》（金刚智译）卷三（《大正藏》，册 18，页 343c）或《金刚顶瑜珈三十七尊出生义》（不空译）（《大正藏》，册 18，页 298b）等所说，钩、索、镢、铃意为"钩召"、"引入"、"系留"、"生欢喜"，此处即便以忿怒尊形式出现，亦表示相同的意义。呈忿怒尊的理由可以想象源于曼荼罗四门中安置的"四大护"或"四护门大明王"，首先联想到《大日经疏》转字轮曼荼罗品中有无畏结护者（东）、坏诸怖结护者（北）、难降伏结护者（西）、金刚无胜结护者（南）四大忿怒尊（《大正藏》，册 18，页 23b），以及《一切如来真实摄大乘现证三昧大教王经》（施护等译）卷五所记四护门明王（"四门中，安四护门大明王"，见《大正藏》，册 18，页 352c）等，进而《秘密三昧大教王经》（施护等译）卷一中明确记有东、南、西、北四门应配"钩索、镢铃明王"（《大正藏》，册 18，页 447a），尚有前述施护等译《大教王经》卷十一中亦记应于四门中安置"金刚钩等四明王"（《大正藏》，册 18，页 377c）。以上出现的"明王"均非真言之意，而是教令轮身之意。忿怒尊身的钩、索、镢、铃出现在曼荼罗的四门，与不空《理趣释》中忿怒尊身的内四供、外四供（《理趣释》卷下，注十六）相同，其中应包含以忿怒尊作降伏之意。敦煌画中除此之外，尚有附图一五三四印曼荼罗或附图一六三 b 坛城图之类实例（日本智泉本图像中，亦有类似四摄忿怒尊的尊像，注十七）。再者，与四门的四摄忿怒尊一起需要引起注意的，即为侍踞在各尊像足边的象、狮、虎等四兽，钩明王为象，索明王为狮，镢明王为虎，而只有铃明王的侍兽难以判定（或如貘），在附图一五三的四门四兽中有一如麒麟之状。关于曼荼罗四门的四兽或四兽头尊，于上节中已述，其具有护门之意的同时，亦在各方位表示四摄。

最后是四门的外区。此处各边有象上的"三股杵"（下边）、马上的"如意宝珠"（右边）、孔雀上的"开莲华"（上边）、孔雀上的"羯磨杵"（左边），并在其左右均绘有背负宝珠的狮子（右）和象（左），令人联想法贤译《观想曼拏罗经》卷下"于

573

574

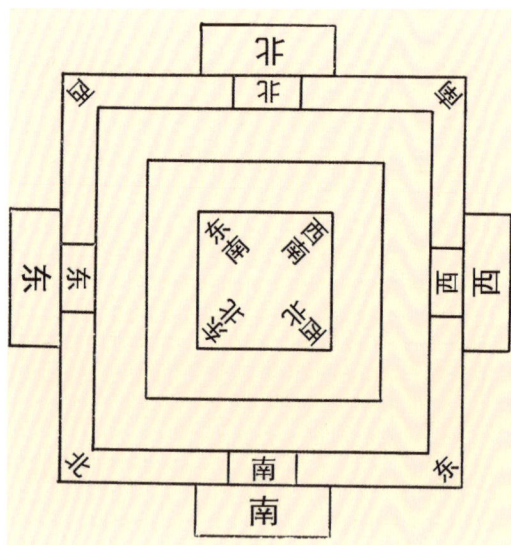

Fig.160　附图一五一佛顶曼荼罗诸尊方位图　　　Fig.161　金刚界九会大曼荼罗四印会

四门外，各于颊画象及师子"(《大正藏》，册 18，页 93c）的描述，其理由不甚明了，但无论如何，在曼荼罗的四方夹门内置象和狮子，应有其相当的根据。且四门安置如此形式的灵兽，与前述四兽的关系反而可能相当密切。在这个意义上，对此二兽有必要特别注意。四门内为各个中心的三股杵、宝珠、莲花、羯磨杵四标识，定为大日如来四亲近的四波罗菩萨（金刚波罗蜜、宝波罗蜜、法波罗蜜、业波罗蜜）的三昧耶形（即四契）。将三昧耶形置于四方一事以及三昧耶形的形式，在《金刚顶瑜伽护摩仪轨》（不空译）中有简要的叙述：

575　　　金刚应在南　宝部而在西　法契当北面　羯磨在东方　（略）　四波罗蜜契　金刚三股杵　宝契如宝形　法如独股杵　上戴开敷莲　羯磨羯磨杵（《大正藏》，册 18，页 916c—917a）

　　金刚界九会大曼荼罗四印会（Fig.161）和三昧耶会等四契（《大正藏》，图像部册 1，页 908，No.64—67）情况亦与此相同（Fig.162 五部心观金刚界四印曼荼罗中亦可见同样的四契），但是在座位上略有不同，宝（西）、业（东）位置调换，恰好同于前述四摄，其中索（西）、铃（东）位置相反。

　　如上所述，此曼荼罗座位与经文所说有许多不一致之处，与一般的曼荼罗相比，如对比 Fig.160 中的方位图，即可明了此曼荼罗中八供养、四天、四摄、四契的位置不拘常规。按其位置确定北方，若依四门的四摄、四契时，上方便为北；

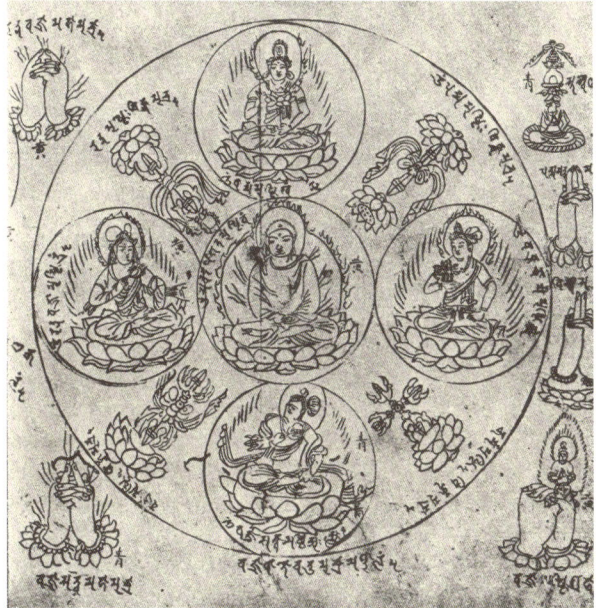

Fig.162　五部心观金刚界四印曼荼罗

若依内院的八供时，下方则为北，如 Fig.153 尊胜曼荼罗便无法通过对诸尊的分析定以统一的方位。而附图一六二敦煌出土的坛城图（参见第五章第十一节）中，随处可见对座位误记所加的订正，故此件曼荼罗亦有很多部分需要加以订正。再者，此件曼荼罗四门内源于四波罗蜜的四契，对于其背负在象、马、孔雀等背上应有相当的理由，至于其与左右背负宝珠而对侍立的象、狮之间有多少差异，尚不明了，或许仅仅止于其为灵兽、灵鸟的意思。四方四门内有三个地方各自记有"护身"的文字，均显示此件曼荼罗为一比丘（智惠或定惠比丘，注十八）作为随身携带而绘。从这一曼荼罗绘于小纸片上并有多层折叠痕迹来看，其应被经常携带（纸片因折痕断开，一部分缺失），这些线索均指向这类小型曼荼罗的制作目的，令人倍感有趣。

　　以上是对附图一五一敦煌出土曼荼罗的分析，概述了其中各尊的座位与各种经说的关系，以及此件曼荼罗与西藏曼荼罗以及日本曼荼罗之间的联系等，现整理记述如下：

　　（1）四角附足，明确显示其原本为立体之"坛"。

　　（2）由内、中、外三院构成，四方开凸字形四门。

　　（3）根据内院九尊，可判断其为尊胜曼荼罗或摄一切佛顶曼荼罗。

　　（4）内院四隅置八供养菩萨。

576

577

（5）八供养菩萨无内外之别。

（6）中院的四方配置贤劫十六尊。

（7）外院的四方配置八方天、九曜、八吉祥标志。

（8）八方天的外形及八吉祥标志的种类为西藏系。

（9）外院四隅置西藏式四天王。

（10）四方四门内置四摄的忿怒尊以及源于四波罗蜜的四契。

（11）方位难以断定。

（12）与汉译诸仪轨有一致之处，亦有不符之处。

（13）在传至日本的曼荼罗中，未见同类作品。

（14）与藏传佛教有密切关系，须特别注意。

（15）为护身所绘，且被经常携带。

（16）制作年代推定为唐代末期，亦是珍贵的绘画小品。

（17）曼荼罗四周书写的白伞盖陀罗尼经，与元代沙啰巴、真智等译自西藏经典的汉译内容相同，而此处书写的内容为唐代所译，这一点令人深感有趣。

注

578

一、《大正藏》，图像部册 4，页 197，《曼荼罗集》，参考图 No.3。

二、《大正藏》，图像部册 4，页 207，《曼荼罗集》，参考图 No.13。

三、《大正藏》，图像部册 4，页 512，《觉禅抄》，图像 No.47，参考图像 No.4。

四、《大正藏》，图像部册 4，页 167，《曼荼罗集》插图 No.11；页 203《曼荼罗集》参考图 No.9。

五、《大正藏》，图像部册 4，页 168，《曼荼罗集》插图 No.13。

六、参见《大正藏》，图像部册 1，《曼荼罗集》参考图 Nos.1、2、6、13、14、15、17、38、39、42、50、54、58、59、63、65、66、67、68、69、75。

七、参见《曼荼罗集》本文插图，Nos.46、48、49、50，同参考图，Nos.49、51、52、53 等，及第十二卷页 954，五秘密坛等。

八、参见《曼荼罗集》本文插图，No.70，同参考图，No.73。

九、*Ars Asiatica*，XV；J.Ph.Vogel：*La Sculpture de Mathurā*，pl.LIV ab；*Catalogue of the Museum of Archaeology at Sārnāth*，pl.VIII。

十、阿旺札什补译《修药师仪轨坛法》举出文殊（经剑）、救脱（二手金刚拳印）、日光遍照（乌□拉花）、金刚手（杵、宝鬘）、月光遍照（乌□拉花）、观世音

（莲华）、大慧（莲花）、慈氏（龙华树军迟）、辨积（剑）、不空超越（剑）、妙端（莲花树）、破冥慧（杖）、善思维（宝瓶）、须弥积（莲花树）、微妙音（乌□拉花）、妙高峰王（宝穗）的十六菩萨（参见《大正藏》，册19，页65b-c及页63c、64a-b插图）。

十一、见前述《修药师仪轨布坛法》中"八吉祥"（《大正藏》，册19，页65a、66a）。其形见于同经插图中（《大正藏》，册19，页64c）。

十二、参见《大正藏》，图像部册4，《曼荼罗集》参考图像No.16、17、31、69等。

十三、《金刚顶一切如来真实摄大乘现证大教王经》（不空译）卷下及《金刚顶瑜伽中略出念诵经》（金刚智译）卷三等有"金刚磬"（《大正藏》，册18，页222b、243c）。

十四、《金刚顶瑜伽护摩仪轨》：

第三院四隅	八方及四门
……	四契及四摄
内外八供养	……
金刚应在南	宝部而在西
法契当北面	羯磨在东方
嬉戏西南隅	鬘应西北角
歌契处东北	舞印在东南
烧香如嬉戏	花供准鬘方
灯应如歌咏	涂香如舞位
钩在金刚后	索与宝部对
锁应随法契	铃如羯磨知（《大正藏》，册18，页916c）

《理趣释》卷上："次第流出嬉戏鬘歌舞等菩萨，又从四内供养，依次流出香花灯涂香等四外供养菩萨。"（《大正藏》，册19，页611a）

十五、参见《大正藏》，图像部册12，页747，石山寺所藏智曼荼罗外院。

十六、《理趣释》卷下："四内隅，安四忿怒内供养，于外四隅，安四忿怒外供养。"（《大正藏》，册19，页611c）

十七、《大正藏》，图像部册1，页819—824，智泉本诸尊中包含意为四摄的忿怒尊，对此需作进一步的研究。

十八、八吉祥标识所在均附有墨书，记"弟子智惠愿吉祥"或"愿弟子智惠吉祥"。《白伞盖陀罗尼经》和其他陀罗尼经中写有"弟子定惠"。

580

第三节　四印曼荼罗

　　敦煌出土的曼荼罗中，在前述佛顶曼荼罗之外，另一件引人注目的作品为大英博物馆所藏之四印曼荼罗（附图一五三），其为纸本白描，制作年代应为五代。这一曼荼罗保存完好，诸尊形态颇为清楚，令人欣慰。此铺曼荼罗的结构同于上节图例，由内、中、外三重构成，四方开凸字形四门，其中第二重的诸尊皆被省略，其余部分亦有省略之处。

　　首先为曼荼罗内院，在圆轮界道（无三股）中以跋折罗头形成八芒星形，中央莲花座上有戴冠菩萨形主尊，结跏趺坐，结法界定印。其四方置四菩萨，各持金刚杵、宝珠、莲花、羯磨杵。此五尊的外形及其配置方式不由令人联想到金刚界九会大曼荼罗的四印会（Fig.161），此四印会的中央则是戴冠的金刚界大日如来，于莲花座上结跏趺坐，智拳印，其四方有持金刚杵的"金刚萨埵"（下）、持宝珠的"金刚宝"（虚空藏，左）、持莲花的"金刚法"（观世音，上）、持羯磨杵的"金刚业"（毗首羯磨，右），即四佛四亲近第一的四菩萨。其组成状况与此处附图一五三敦煌曼荼罗（参见 Fig.163 座位示意图）完全相同，而金刚界九会大曼荼罗的四印会主尊

581

为金刚界大日如来，此处曼荼罗为胎藏界大日如来，两者相异。从 Fig.162 所见《五部心观》（武藤本，哩多僧蘗啰五部心观）的四印曼荼罗来看，现图敦煌曼荼罗亦可断其为四印曼荼罗，表现在主尊位于四亲近菩萨中央且其为胎藏大日如来（其傍真言"唵萨哩嚩怛他誐多母瑟致鑁"）。再者前述四亲近菩萨的中间如 Fig.163 座位示意图所示，绘有香、花、灯、涂四供养菩萨，内院四隅又绘嬉、鬘、歌、舞四供养菩萨中的三尊（欠嬉尊）。

582

　　如此，八供养菩萨以香、花、灯、涂为内供，其他四菩萨为外供一事，于上节中已述，与一般的情况恰好相反，符合《金刚顶胜初瑜伽经中略出仪轨》（不空译）所说。而此处内外各有四供养，合为完整的八供养菩萨，形成独立的四印曼荼罗。在《五部心观》（Fig.162）中除主体五尊之外，仅将四波罗蜜的三昧耶形（同于附图一五一中的四门，为三股杵、宝珠、独股上莲花、羯磨杵）和其手印置于四维。金刚界九会大曼荼罗的四印会（Fig.161）同样以四波罗蜜三昧耶形为四维，轮外的四隅仅绘嬉、鬘、歌、舞内供养三昧耶形而已。另，金刚界九会大曼荼罗四印会的外周四隅，有学说认为绘四金刚杵以象征香、花、灯、涂外四供（栂尾祥云著：《曼荼罗の研究》，页 316），然而此四隅的金刚杵，从四隅亦绘有具备外四供养的身、三昧耶、微细、供养等诸会来看，明显并非意味外四供养。法贤译的《瑜伽大教王

经》卷一记"复次于外曼拏罗外四隅中，各安置一金刚杵"（《大正藏》，册 18，页 561c），其曼荼罗外四隅的金刚杵应为此意。

四印曼荼罗的第二重完全为空白，可解释为省略了这一部分的诸尊，但此处是否需要第二重，尚有疑问。图中已具备大日如来、四亲近菩萨及八供养菩萨，且如后述，外院亦有四摄、四天、八吉祥。若与构图简练的现图四印会等相比，作为曼荼罗而言已经足

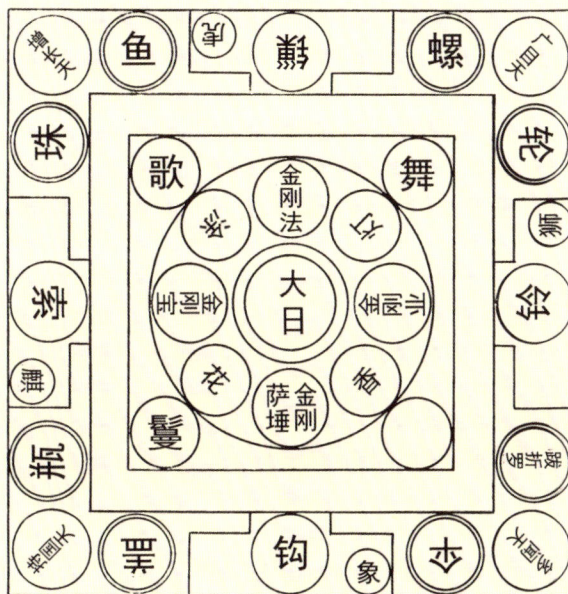

Fig.163　附图一五三四印曼荼罗诸尊座位示意图

够。其第二重正如附图一六二，或许仅止于界道。假设此处置中院，应同于前述佛顶曼荼罗，中置十六尊。

最后为外院。其四隅为四天王所护持，与佛顶曼荼罗相同。而其座位可对照《药师琉璃光王七佛本愿功德经念诵仪轨供养法》（参见上节），左下隅持琵琶的为东方持国天，右上隅执罥索的为西方广目天，左上隅执宝剑的为南方增长天，右下隅的为北方多闻天。另有各尊上方所置上弦月形的跋折罗，应与金刚界四印会（Fig.161）中的四隅为相同的表现，其形式同于前述佛顶曼荼罗（附图一五一）中的中院四隅，或附图一五四三昧耶曼荼罗的四隅等。外院的四方，凸字形四门内置持钩、索、镰、铃四摄忿怒尊。忿怒尊在佛顶曼荼罗中为一方一对，而此处为单独一尊，且其旁四兽亦为一尊一头。关于其中座位如 Fig.163 所示，于下、左、上、右的顺序置钩、索、镰、铃四尊，钩有象，索有麒麟（？），镰有虎、铃有狮子侍立其旁（关四摄、四兽，参见上节）。又在四摄忿怒尊和四隅四天王的中间有八吉祥，置于莲花竿上，每一边各二基，共为八基。与上节中佛顶曼荼罗比较，其形更为规整。下边为伞盖、宝盖（或宝幢），左边为宝瓶、莲上宝珠，上边为摩羯鱼、螺（商佉），右边为法轮、跋折罗，如 Fig.163 所绘。值得注意的是，若将其中的跋折罗替换为盘长的话，与后世的西藏式八吉祥标志，即宝伞、白盖、宝瓶、莲花、金鱼、法螺、法轮、盘长（参见 Fig.158）将完全一致。八吉祥标志在上节中已述，起源于印度，而此处所

583

584

见对于考察西藏唐代时期的八吉祥标志,其应为最重要的作品。

585 以上对附图一五三四印曼荼罗进行了论述,与前述佛顶曼荼罗相同,此铺曼荼罗亦与西藏系曼荼罗有密切的关系,但其画法已完全中国化,这一点与佛顶曼荼罗又有区别。另,作为曼荼罗,其结构属简略形,尊像仅有佛顶曼荼罗的三分之二大小。在方位上,内外两供养、四天王、四摄等之间没有达到统一。

586 ## 第四节 三昧耶曼荼罗

附图一五四为纸本淡彩曼荼罗(斯坦因携回品,约一尺八寸见方),是一件仅以标识制作的三昧耶曼荼罗,这一点与其他曼荼罗不同。其与附图一五一佛顶曼荼罗用途相同,折叠后随身携带作为护身之用,故有四分之一从折痕处断开而缺失,制作年代应为唐代。

从此三昧耶曼荼罗残存部分来看,其原形亦为三重结构的曼荼罗。与其他作品(附图一五〇、附图一五一、附图一五三、附图一五五、附图一六一 a、附图一六一 b、附图一六三)相同,其中央置八芒星形的八辐轮,四方开凸字形四门。中央宝轮的跋折罗头形八辐以及四方四门内各有简单的藏文,现已不可辨认,很可能记有八菩萨以及四大护的名号。内院四隅所绘亦可能为四供养菩萨的标识,即香炉、花盘、灯火、涂香器四者,而能辨出具体轮廓的仅有右下隅的香炉,左上的灯和右上的涂隐约可见(参见 Fig.163)。如此将香、花、灯、涂作为内四供的例子与附图一五三四印曼荼罗相同(参见上节)。

587 内院和第二重之间有三股界道,这一点同于其他作品。第二重一边五基,总计十六基标志,井然有序。此十六基应分为四方、四维及中间三组,即四方四基为一组,四维四基为一组,中间八基为一组。三组中最为清晰可见的是中间的八基,同于附图一五一、附图一五三,为八吉祥。其位置如 Fig.164 所示,自左边起右绕顺序为宝盖、莲花、宝瓶、鱼、商佉、宝轮,其画法毫无中国特征,而具有浓厚的西588 方风格,笔致简洁并紧扣形象,故有必要对此图加以重视。首先,其中的鱼和其他敦煌画一样,并非摩羯鱼之形,而是三尾头部对合成一旋转之形,令人联想到古代印度鱼尾形"卍"字标识(参见 Fig.156 秣菟罗石雕)。其次为第二重四方所置标识,从残存部分仅留的右边羯磨杵和上边一形态不明之物(或为容器类),难以判断此二基为何标识。然而从位置以及有羯磨杵一点来看,可推断其为四波罗蜜菩萨的四标识（四契），羯磨杵相当于金、宝、法、业中的业波罗蜜。再看第二重的四维，可辨出其中的三基，即三股杵、三股戟以及一形状不明之物（佛顶形）。以其中有三股杵一点来看，其或为金刚嬉菩萨的标识，而以此定四维的四基为嬉、鬘、歌、舞四供养菩萨，或许略显操之过急。如从其位置而论，将其视为相对于前述香、花、灯、涂内四供养的外四供养可能比较妥当，但作这一判断仍然非常困难。

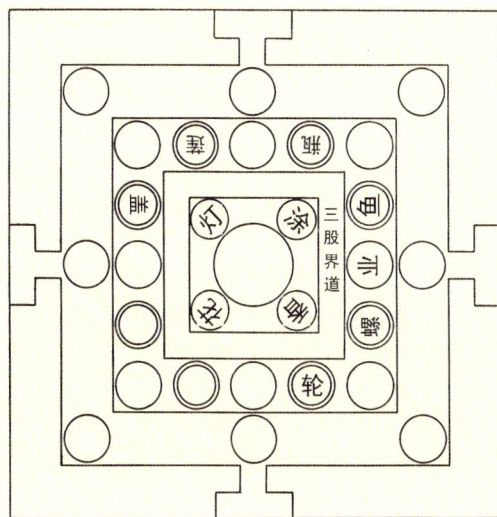

Fig.164　附图一五四三昧耶曼荼罗座位示意图

　　第三重即外院，八种标识置于其中，但现仅剩其中的五基，且除右上隅的宝剑之外，其他几基的外形完全无法辨别。如从其位置来看，应断其四方为四摄，四维为四天王，但依现状难以下结论。另外，外围四隅弦月上的三股与四印曼荼罗（附图一五三）相同，而此处装饰四边的连续穹窿颇为少见，尤其是穹窿之间的扇状纹装饰，显示出强烈的西方文化色彩。当然其与希腊文化并非有直接的关系，但通过 Fig.155 印度秣菟罗石雕（公元前一世纪左右）中已有同样纹饰来看，其来源不言而喻。其传播路径想来经过了与西方文化有深厚关系的阿富汗、克什米尔等地区，渐次进入西藏，为成为传入西藏的西方要素之一，因此图中所显示出的西方趣味亦由此而来。另，穹窿内并列的三叶应与附图一六二周围所见宝树为相同用意，目的在于庄严曼荼罗四周，与宝盖、幡幢（参见 Fig.159）等作用相同（详见第五章第十一节）。

589

第五节　观世音陀罗尼轮曼荼罗

590

　　敦煌出土的包含陀罗尼轮的曼荼罗中，形式最为完整的即为附图一五五大英博物馆藏观世音陀罗尼轮曼荼罗，其为绢本白描画。此件曼荼罗残损严重，但首先引人注意的是其为一件绢本画（其他曼荼罗多为纸本）。图中以白描所绘的诸尊形态，显示出浓烈的印度及中国西藏画特色，可谓一件值得重视的唐末五代作品。

　　此件曼荼罗与一般敦煌出土的曼荼罗相同，三重结构，四方开有丁字形的四

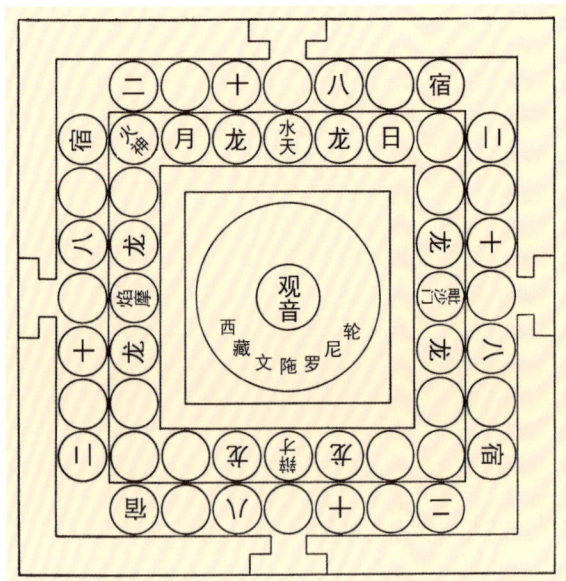

Fig.165　附图一五五观世音陀罗尼轮曼荼罗座位示意图

门。其中内院中央的莲花座上菩萨半跏而坐，左手持长莲茎，右手施无畏，外形显示出其为一般所见的印度式观世音菩萨（参见附图二〇六b），可对应《不空罥索神变真言经》（菩提流志译）卷九所说观自在菩萨："左手持莲花，右手仰掌髀上，半跏跌坐。"（《大正藏》，册20，页270b）这一菩萨细腰，背光呈椭圆形，为印度式观音菩萨，与其相对有一持香炉而坐的戴冠男像（供养者像），此像完全为中国风格，人物着五代时期的服饰。观音周围由内而外呈涡线形，环绕着藏文陀罗尼经，关于这一经文见巴内特（Barnett）博士的译文（参见 *Serindia*，Ⅲ，p.1473，Appendix K）。陀罗尼轮的周围水波荡漾，在内四供菩萨的位置莲花飘浮，这一点与本尊为观世音菩萨相呼应，很有意思。内院四隅置宝珠，与附图一六二三昧耶曼荼罗相同。内院周围有三股界道，向外为第二重、第三重。

第二重、第三重部分由于绢布断裂而状况不明，从残存部分来看，诸尊的排列基本同于 Fig.165 座位示意图。第二重四隅为四尊，一边有五尊，共计二十四尊；第三重一边七尊，四边合为二十八尊。而第二重二十四尊中的八尊，即四方各边的两尊均以六条蛇为背光且右手持跋折罗，可能意在表现八大龙王。此件曼荼罗以观音作为本尊，因为有水而将八大龙王置于周围实属合理，又见《陀罗尼集经》卷六，对以马头观世音为中心的曼荼罗应配"难陀、婆素鸡、德叉迦、羯固吒、般摩、摩诃般摩、商佉波罗、鸠利迦"八龙王（《大正藏》，册18，页838a-b）。第二重中所剩十六尊除了四隅的四尊以外，其他十二尊（每边各有三尊）定为护世十二天无疑，上边中央持蛇索为水天，上边右侧马上的一尊为日天，左侧鹅上一尊为月天，左边中央持人头幢的为焰摩天，右边中央左手持鼠的应为毗沙门天。其他如梵、地、帝释、火、风、罗刹、伊舍那七天应位于相邻八大龙王的位置，遗憾的是由于绢布破损，无法知其详细。再者下方中央弹琵琶的一尊似为胎藏现图外金刚部辩才天，但尚未见有护世十二天中加上辩才天的例子，故此件曼荼罗的十二天包含这类尚无前

591

592

例的图像，比较特殊（恐为西藏系）。假若判断此天非辩才天以外的其他任何一天时，前述梵天以下七天中的一尊当然必须与此辩才天相对换。

第二重的四方如上所述，八大龙王和十二护世天各在其位，四隅尚各置一尊像，现仅存上边左右两尊，其中右方持宝棒的菩萨像不明其为何尊者，而左方一尊仅显露头手，其形象与金刚界九会大曼荼罗成身会四隅的地、水、火、风四大神（参见《大正藏》，图像部册 1，页 906—907）完全相同，从其现于火焰中来看，应为四大神中的火神。而此件曼荼罗第二重的四隅并没有完整绘出四大神，很明显，上边右端一隅为前述戴冠菩萨，全身显现为坐像。再加左上隅仅露头手的火神，更不言而喻。实际上，右下隅有一像与左上隅像斜向而对，但此像已不存。以上是第二重的二十四尊，各尊像之间置莲花、宝剑、跋折罗。

第三重为二十八尊，现仅存十尊，均为菩萨形，右手持珠，左手置于膝上（仅有一尊持珠和莲茎），各像毫无区别，意在暗示这二十八躯应视作一组而论。同时此二十八尊大致意为二十八宿，北斗曼荼罗外院所见的二十八宿（《大正藏》，图像部册 3，页 54—55；《十卷抄》收录此图）或八字文殊曼荼罗所见的二十八宿（《大正藏》，图像部册 4，页 229；《曼荼罗集》参考图 35）等，每一尊像均富有变化，而胎藏界现图曼荼罗外金刚部院的二十八宿像（《大正藏》，册 1，页 769、页 770、页 784、页 800、页 801、页 810），均手持莲花，莲上托星（珠形），各尊像形姿相同，在这一点上与此处观音曼荼罗外院相同。但此处观音曼荼罗配置二十八宿的理由不明，《理趣释》（不空译）理趣经曼荼罗中的观音曼荼罗（《大正藏》，册 19，页 612a–b）亦未记二十八宿之事。另，以观音为中心，周围环绕陀罗尼以形成曼荼罗的例子，除此之外，在敦煌画中亦有附图一五六 b，关于此例将于第六节中详述，附图一五六 b 为千转陀罗尼的图例。

593

594

第六节　陀罗尼轮曼荼罗三种

595

敦煌出土的曼荼罗使用陀罗尼轮的例子，有前一节所述观世音陀罗尼轮曼荼罗（附图一五五）以及后述随求曼荼罗（附图一五七 b、附图一五八）等。在这些曼荼罗图中，陀罗尼轮仅为其中的一部分，而此处所见图例却以陀罗尼轮为主体，曼荼罗的结构基本消失，其图例于斯坦因携回品中有两三例，皆作于五代宋初。

附图一五七 a 便为其中一例，其绘于约二尺见方的纸上，上以朱色印刷藏文陀罗尼轮，中央八叶莲花上有墨书题记：

> 比丘守恭（？）授持
>
> 唵横（？）折啰陀呵咩
>
> 无生□真言

绘画现仅可辨认出八个跋折罗头组合而成的中央莲花部分以及外围独股界道的火焰，主体为十重陀罗尼轮。由中央的墨书题记及留存的折痕可知此作为比丘随身携带作为护身之用。而此处的朱色印刷特别值得注意，护符自古以来即多为朱色书写，见《秽迹金刚禁百变法经》（阿质达霰译）中记，以朱色书写各种护符（《大正藏》，册21，页160b-c），《龙树五明论》（失译）卷上有多处记有身配朱色书符可得吉利的说法（《大正藏》，册21，页957b、页957c、页958a、页958c），现有附图一九二敦煌出土的画符（参见第七章第二节），皆以朱色书写。如前述，此处陀罗尼轮以朱色印刷，意在增加护符的神力，且为节省人力书写而代之以印刷，进行大量生产，可供各自随身携带之用。另，关于朱色印刷护符之事，见《龙树五明论》卷下，难产时以赤枣木刻星宿印，然后涂以朱砂印于净纸上，令妇女吞服及其他等（"取赤枣木，纵五寸横三寸，用克此星宿印……若有妇女产生难者，以其朱砂用涂印面，捉印印净纸，与其妇女令吞，儿则易生"，见《大正藏》，册21，页964a）。

附图一五六b中央置观音像，周围以方圆两形态书写梵文千转陀罗尼轮，纸片虽小（长约四寸五分），但尚可见些许曼荼罗的结构，引人注意。中央的观音像住于千转印，形象比较少见，其手印与《千转陀罗尼观世音菩萨咒经》（智通译）及《陀罗尼集经》（阿地瞿多译）卷五所说的观世音千转印（观世音心印）完全相符。

> 头指以下四指反叉，向内相捺，左大指屈入头指中，右大指舒直，向内勿曲，两腕相合，（略），以心印当右乳前，勿着乳，面作笑颜，头面向右。（《大正藏》，册20，页17c；《大正藏》，册18，页825c）

千转印观世音像周围的千转陀罗尼轮自观音上方开始，由内而外右向三匝，然后移至方形的外廓部分（内侧上边左端），向右二匝后结束。此陀罗尼轮与玄奘译《咒五首经》中"能灭众罪千转陀罗尼咒"（《大正藏》，册20，页17b）大致相同。在方圆两陀罗尼轮间的四隅，莲座上各一字置嬉、鬘、歌、舞的种子，作为围绕中央主尊的四供养菩萨，目前仅有这一简单标志显示此图为曼荼罗形式，应当注意。

总之，由此图结构及内容来看，其亦可称为"观世音千转陀罗尼轮曼荼罗"。

第三例可举附图一五六 a 无量寿陀罗尼轮曼荼罗。此图大小基本同于前述观世音千转陀罗尼轮曼荼罗，纸本版画，两者相异之处在于此件陀罗尼轮不是圆形，而是方形。附图一六一 a 随求尊位曼荼罗（见第五章第九节）中的陀罗尼轮与附图一五六 a 相同，故这类方形的图例亦应为陀罗尼轮的一种。

第七节　随求曼荼罗

598

中村不折藏敦煌出土的纸本白描随求陀罗尼经图卷（纵不满一尺，附图一五九、附图一六〇），其卷头（第一纸）如附图一五八所示，为一件曼荼罗。此卷原与先天二年（开元元年，713）六月二日所书《善恶因果经》（参见中村不折《禹域出土墨宝书法源流考》卷下七页）粘接在一起，但两者之间没有关系。这一卷的第二纸为《随求陀罗尼经》（宝思惟译）图文，根据其文的概要及其下段插图部分的绘制状态，大约可推定其与曼荼罗为同一时期制作。但这一曼荼罗部分是否当初便位于卷头尚存疑问，从其书画所示的差异以及下方污浊的状态来推测，亦有可能为后世移自他处并粘合于现在的位置。因此，此件曼荼罗与随求陀罗尼轮的关系难以立刻作出结论，故有必要将两者分开进行论述。

这件曼荼罗如 Fig.166 所示，其与前述敦煌出土的各种曼荼罗相同：三重构成（外侧两重为装饰性外缘），四方开四门，四门内有四兽，外院四维置四天王。然而此图笔墨细微且笔调简略，近似草图，因此难以对诸尊进行细致的考证。内院绘两重同心圆，仅见"上"及"夫（天？）所"等文字，并没有绘出一身尊像。内院四隅置四供养的标志，但是具体形态不详。第二重四方置有贤瓶，其左右及四维可见十二身护世天，表示十二天，但依旧辨认不清，与其他尊像一起，大约有二十余尊。第三重四维置贤瓶，瓶内插有莲花，四边绘包括兽头尊在内有二十余尊，表示十二支神，但因难以辨认而无法得知尊名。四门内置四兽，同于佛顶曼荼罗（附图一五一）及四印曼荼罗（附图一五三）等，其位置示意图如 Fig.166 所示，上方门内为狮子，右方为鹿（？），下方为牛，左方一兽伏卧，具体不详。四门内尚有坐像，是否如其他曼荼罗一样与四摄有关，尚不甚明了，但明显不是忿怒尊。最后为周边四隅，此处置四天王（左下隅的贤瓶应为误绘），其中右下隅的一尊右手执旗稍，左手托宝塔，与《陀罗尼集经》（阿地瞿多译）卷十一所说毗沙门天王像（左

599

600

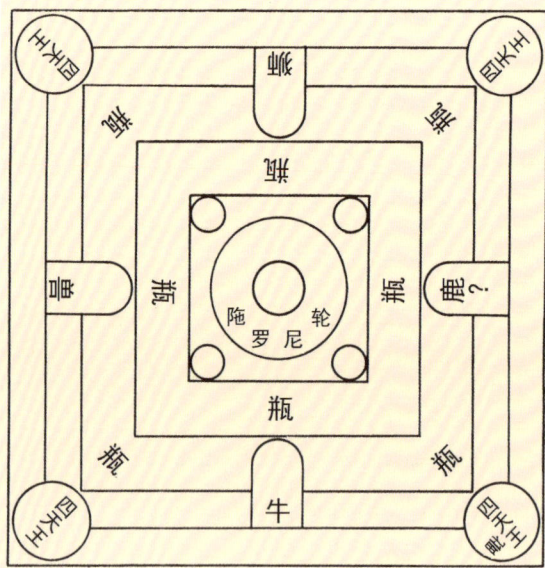

Fig.166 附图一五八随求曼荼罗座位示意图

手执稍拄地，右手屈肘擎于佛塔。《大正藏》，册18，页879a）相似。此卷随求陀罗尼经图卷中的毗沙门天王（附图一二一b）与附图一一九a、附图一一九b、附图一二一a、附图一二二a、附图一二三a、附图一二四a等所示的敦煌出土的毗沙门天王像类似，故可视此卷右下隅的一尊为四天王中的北方毗沙门天，而其余的三天王可依据毗沙门天的位置依次推定：右上为广目天，左上为增长天，左下为持国天。但四天王所在的位置是否遵循规则则难以断定。

曼荼罗的结构与内容大致如上所述，但仍无法确切判断这一曼荼罗的具体名称。在第二重、第三重所绘诸尊难以辨认清楚的情况下亦很难判断内院主尊的尊名。因此，暂停对这一曼荼罗的论述而将目光转向随求陀罗尼经图卷（附图一五九、附图一六○）。

随求陀罗尼经图卷分上下二段，上段以"佛说随求即得大自在陀罗尼神咒经要略"为题，抄录宝思惟译《随求陀罗尼经》（《大正藏》，册20，页637b以下）中的一节，下段自右至左分八段描绘插图，以对应上段的内容。上段的经文概要并非针对经文整体，而是部分抄录，从"复次大梵若有人带此神咒者"至"利益一切恐怖悉得除之"（《大正藏》，册20，页640b），其中有与藏经略微不同的文字，但大体相同。故事记一比丘因偷盗坠入阿鼻地狱，后以随求陀罗尼神咒之力，得生三十三天。下段插图中，右端为坐在洞窟中的比丘，第二段绘比丘因偷盗而受重病之苦，第三段为一位优婆塞婆罗门起大慈悲，书写随求神咒并系于比丘颈下，第四段为坠入阿鼻地狱的比丘，第五段为比丘进入尸塔，第六段为地狱中众火具灭，狱卒惊惧并禀告阎罗王，第七段狱卒秉承王命又到塔所，见光明大火聚，第八段比丘承咒力消除罪障得生三十三天（须弥山顶绘忉利天宫），前后插图共为八段。这些插图对唐代山水画研究具有重要价值，值得注意，其中显示出在中唐时期已使用干笔技法来表现岩石，以及对土坡进行描绘这一事实。

　　第二纸是以细笔在圆形中绘八种尊像，其对应第三纸上所记随求陀罗尼轮曼荼罗的八种本尊，按照《神咒经要略文》（《大正藏》，册 20，页 641c—642a）所说，均于长方形榜题中对本尊侍者（转轮圣王、僧、婆罗门、刹帝利、毗舍、首陀、童男、童女）及本尊尊名加以详细说明。但其中序号和尊名有所出入，现按序号纠正如下：（一）转轮王、观世音（僧、金刚神为误），（八）僧、金刚神，（二）婆罗门、大自在天，（三）刹帝利、摩醯首罗天，（四）毗舍、毗沙门天，（五）首陀、折羯罗天，（六）童男、俱摩罗天，（七）童女、波阇波提天。序号的数字写有两种，细笔为当初所写，粗笔则为后世重写。另，第三纸《神咒经要略文》与前述第二纸的抄录文出于不同的书写者。尚有第三纸中央下边所绘一近似卧牛上摩醯首罗天的小像，其绘法亦与第二纸的八尊像完全不同，而更接近第一纸曼荼罗（附图一五八）中的尊像。

　　据以上分析，可发现这一图卷的形成过程背后隐藏着极为复杂的情况，而其中最大的问题仍在于第一纸曼荼罗是否与《随求陀罗尼经》有关。如前所述，第一纸原本与第二纸并非连续关系，同时也无法置于第二纸、第三纸之间（污痕不相连），但第一纸亦并非是毫无干系地粘贴于此。换言之，此曼荼罗的内院仅绘以圆形，特做成空白的理由在于留有余地，依照不同的携带者从第二纸圆形内的八种尊像选出其中适合做曼荼罗本尊的尊像，曼荼罗中央的圆相正是表示安置这一本尊的位置。如此一来，外围第二重的大圆为安置何物所设？这个答案将从附图一五七 b 敦煌出土的太平兴国五年（980）作版画大随求陀罗尼轮曼荼罗（大英博物馆藏，详见第八节）中找到，作为陀罗尼轮，而随求陀罗尼轮应设于外围第二重的大圆内。图中沿着圆周，可见连续的如虫般的三道墨点便意味着陀罗尼轮应置于其中。根据附图一五七 b 版画大随求陀罗尼轮曼荼罗，明显可知其中不是不空译及宝思惟译《随求陀罗尼经》的汉文（参照《大正藏》，册 20，页 628b 以下、页 642b 以下），而是直接使用梵文（《大正藏》，册 20，页 634b 以下），这一点从连续的墨点亦可推测得出。关于梵文的随求陀罗尼轮曼荼罗，可见日本《阿娑缚抄》大随求中所记，"前唐院，此像中台，以梵字大陀罗尼旋书"（《大正藏》，图像部册 9，页 276c），又有"唐院本，二重圆轮中，心轮内大日（智拳印），第二重圆轮中，大陀罗尼周匝，梵字书之，圆轮外四隅，各画菩萨像"（《大正藏》，图像部册 9，页 276c）。从这些记述中可知当时这一随求曼荼罗的流行状况（敦煌出土的应用陀罗尼轮的曼荼罗，尚有附图一五五、附图一五六 b、附图一五七 a 等实例）。

　　由此可见，此件随求陀罗尼经图卷卷头的曼荼罗（附图一五八）与《随求陀罗尼经》并非全然没有关系。关于绘有此曼荼罗的一纸与此图卷的结合问题，尚存在

602

603

难以解释的疑问。除了这些疑问以外，将此处曼荼罗视作随求曼荼罗的一种应无问题，并且其与第二纸所绘八种尊像之间的关联确实存在，所以没有必要着重强调与第二纸随求陀罗尼经图卷（附图一五九）是无关的。

第八节　版画随求陀罗尼轮曼荼罗

与上一节随求陀罗尼轮曼荼罗（附图一五八）相比，此节中纸本版画大随求陀罗尼轮曼荼罗（附图一五七 b）之形态令人略感不足，但其中"太平兴国五年（980）六月二十五日"纪年铭文及其比较少见的构图形式，则应当引起注意。

图中陀罗尼轮内所置菩萨像显然为随求菩萨，其绘有十臂这一点极为少见，而一般如 Fig.167（《别尊杂记》中的二像）所示，均为八臂像。各像八只手中的持物虽略有差异，但唐代总的来说流行八臂像（见胎藏界现图曼荼罗莲华部院像，参见《大正藏》，图像部册 1，页 663），宋代法贤参与翻译的《佛说瑜伽大教王经》卷二记："八臂四面，面各三目，身现金色具大威德，作贡高无畏势，右第一手持剑，第二手持轮，第三手持三叉，第四手持箭，左第一手持金刚杵，第二手持羂索，第三手持钺斧，第四手持弓。"（《大正藏》，册 18，页 568a）据此可见，十臂随求菩萨像可谓是一种变形，且此处所见十臂像，除合掌二手外，八手的持物如左右两侧文字所记，左手为杵、斧、索、剑，右手为宝、轮、戟、夹，与随求菩萨的八印（《别尊杂记》卷三十，《大正藏》，图像部册 3，页 306b）完全一致。

本尊周围书写梵字随求陀罗尼共十九圈（关于相同形式书写随求陀罗尼轮曼荼罗的例子见《阿娑缚抄》），陀罗尼轮外围由幡、戟、剑、莲花等形成带状，附于其周缘，宝池中涌出许多大莲花并列承托这一陀罗尼轮，而莲花由池中二龙王力撑。此处二龙王应与宝思惟所译《随求陀罗尼经》中"诸大龙王拥护"的铭文相关。在池中莲花上配置尊像并同绘二龙王的构图，常见于千手观世音菩萨图（参见附图一六七、附图一六九、附图一七〇、附图一七一、附图一七二 a、附图一七二 b）。随求菩萨亦采用相同构图，此处或视随求为观世音菩萨的变身，见不空译《随求陀罗尼经》卷下"帝王若带者，于中应当画观自在菩萨"（《大正藏》，册 20，页 624b），又有宝思惟译《随求陀罗尼经》中记"若转轮王带者，心中作观世音菩萨"（《大正藏》，册 20，页 642a）。这两部经中均记一长者于大海遭遇龙鱼难，因祈求随求神咒而得以解救的故事（《大正藏》，册 20，页 621b、页 640a 以下），另有胎

Fig.167　《别尊杂记》所载大随求菩萨像两种

藏界曼荼罗中将随求菩萨列在观音院（莲华部院）等，无疑均为视随求菩萨为观世音菩萨变身的结果。

　　此件曼荼罗中，围绕陀罗尼轮的长方形部分为内院，其四隅正如 Fig.168 座位示意图所示，同样置嬉、鬘、歌、舞内四供养菩萨种子。内院周围环绕五股界道，且置有八座种子和八尊像，以此形成外院。外院四隅置香、花、灯、涂外四供养菩萨种子（参见 Fig.168），四方则为金、宝、法、业四波罗蜜种子（关于四波罗蜜的标志置于曼荼罗四方一事于第五章第二节已述）。外院八尊像中，右下侧的一尊持宝塔和宝棒，为毗沙门天像（参见胎藏界现图曼荼罗外金刚部院之像，《大正藏》，图像部册 1，页 799）。以此分析可见，此八尊像为宝思惟译《随求陀罗尼经》所记（《大正藏》，册 20，页 642a，及附图一六〇），以及前述随求陀罗尼经图卷（附图一五九）中所绘的八种尊像，即观音、金刚神、大自在天、摩醯首罗天、毗沙门天、折羯罗天、俱摩罗天、波阇波提天。而八尊中有四尊为武将神形象，四尊为女子形象，以此来看，前四者应为四天王像，对应不空译《随求陀罗尼经》卷下"当于四角而画四天王"（《大正藏》，册 20，页 624b），或宝思惟译同经中"于四角作四天王"（《大正藏》，册 20，页 642a）之所述。如将前四者视为四天王像，北方毗沙门天应为其中一像（右侧下位），左侧下位持宝弓的一尊则为南方增长天（《别尊杂记》中有类似之像，《大正藏》，图像部册 3，页 576），上方偏右处左手持宝剑的

607

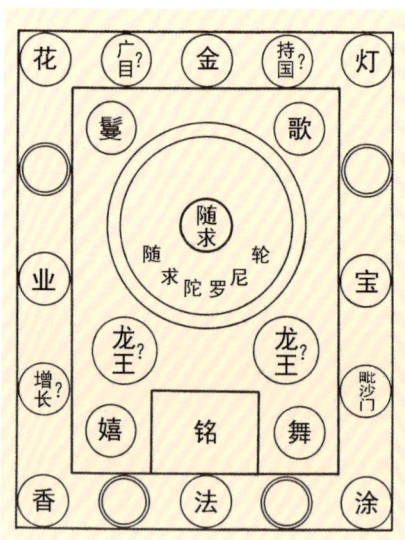

一尊为东方持国天（与胎藏现图曼荼罗外金刚部院之像相同，参见《大正藏》，图像部册 1，页 809），最后偏左处不甚鲜明的一尊应为西方广目天（右手持戟，同于胎藏现图之像。《大正藏》，图像部册 1，页 785）。与此相对，四女子形象难以立即断其尊号，从上方左右合掌的二者以及下方偏左处的尊像持剑等特点，尚无法定其为钩、索、镮、铃四摄菩萨。

Fig.168　附图一五七 b 随求陀罗尼曼荼罗座位示意图

书写于股界道左右内侧细密的文字所记为此件曼荼罗的本尊随求菩萨手中所持八物名称（即八印），书写左右分四段，各自与像的位置对应，且名称下方各添一真言：

608

右侧（随求菩萨左手印）

　　杵　唵缚日罗（二合）

　　斧　唵缚日罗（二合）娑缚（二合）

　　索　唵播奢

　　釰　唵竭诚

左侧（随求菩萨右手印）

　　宝　唵真多么抳

　　轮　唵作羯罗

　　戟　唵底哩戍哩

　　夹　唵摩贺尾

此八印及其真言与《十卷抄》、《别尊杂记》、《觉禅抄》、《阿娑缚抄》等所记基本相同（注一）。

顺带一提，此件曼荼罗所记"太平兴国五年（980）六月二十五日"纪年铭文由抄录宝思惟译《随求陀罗尼经》中的精华部分而成，第二行"若有受持此神咒者"至第八行"……所怀念"七行，以及第十四行"此咒者"以下四行及至"皆悉成就"两处与经文完全一致（参见《大正藏》，册 20，页 637c、页 638a）。尚值得留意的是陀罗尼轮左右上方"施主李知顺"、"王文沼雕版"等文字，记录雕版者名字的极609　为少见（敦煌版画中亦有其他例子记有制版者的名字，如附图二二〇 a 观音图）。此铺版画随求陀罗尼轮曼荼罗为随身携带以作护身之用，有折痕，平时装入护袋，如经中所说，负于颈上。

注

一、《别尊杂记》卷三十（《大正藏》，图像部册 3，页 362a–b）；《十卷抄》卷五（《大正藏》，图像部册 3，页 19a）；《觉禅抄》卷六十九（《大正藏》，图像部册 5，页 99a）；《阿娑缚抄》卷百七（《大正藏》，图像部册 9，页 278a）。《阿娑缚抄》中“杵”缚日罗、“斧”跛罗戍、“索”跛罗播拾、“剑”竭诚、“宝”进多摩尼、“轮”斫羯啰、“戟”底哩戍攞、“夹”摩诃尾俑也（二合）驮罗抳。

第九节　随求尊位曼荼罗 610

在斯坦因从敦煌携回的作品中，有几件随求尊位曼荼罗图以文字而非画像来表示诸尊的尊位，附图一六一 a 便为其中一件，其为随求尊位曼荼罗。这一随求尊位曼荼罗的构图大致类似于前述随求陀罗尼轮曼荼罗（附图一五八、附图一五七 b），但其中陀罗尼轮未书写成圆轮形，其与附图一五六 a 相同，书写形式回旋但为方形。这一曼荼罗亦由内、中、外三重构成，第一重、第二重的界缘上写有陀罗尼轮，其上再加一段并于四方开凸字形四门，一如前例。内院绘有八叶莲花，中心处记“僧带者、于咒心中尽（画）作一金刚神”，由此可知其为随求尊位曼荼罗，同时与《随求即得大自在陀罗尼神咒经》（宝思惟译）中“若转论王带者，于咒心中，作观世音菩萨及帝释形……若僧带者，于咒心中，画作一金刚神，众宝庄严，下作一僧跏跪合掌，金刚以手按此僧顶，若婆罗门带者……”（参见《大正藏》，册 20，页 642a）所说完全一致，亦表示这一尊位曼荼罗为僧侣随身携带之用。从中可见，作为携带之用的曼荼罗尽可能简单、实用，多制作为具有简略文字的曼荼罗，而非加绘画像的曼荼罗，纸面上所见的损伤说明其曾经被多次折叠，以便携带。画面中央八叶莲
花的内院四隅记有“南无香”、“南无花”、“南无灯”、“南无香水”，表示香、花、 611
灯、涂的四供养菩萨尊位，其中“香水”应为“涂香”（注一）。另，供养菩萨同于附图一五七 b 随求尊位曼荼罗，均以种子的形式出现。

书写在内、中两院之界的陀罗尼是前述宝思惟译《随求陀罗尼经》中继“根本咒”之后所说“一切佛心咒、一切佛心印咒、灌顶咒、灌顶印咒、结界咒、佛心咒、

心中心咒"(《大正藏》，册20，页640a）。七咒中的后半四咒，其书写方式按顺时针方向从南方内侧开始至北方外侧结束：

灌顶印咒，唵（一）阿蜜嘌（嘌）（二合）多伐隶（二合）缚啰缚啰（三）钵啰钵啰（四）毗罗毗罗输提（五）唅唅（六）泮室泮室（七）莎呵。

结界咒，唵（一）阿蜜嘌（嘌）（二合）多毗卢羯俪（二）揭罗婆（重二合）咯利（刹）尼（上三）阿羯啰沙（二合）尼（上四）唅唅（五）泮咤泮咤（六）莎呵。

佛心咒，唵（一）毗摩隶（二）阇耶伐底（丁里反三）阿蜜嘌（嘌）帝（四）唅唅唅唅（五）泮咤泮咤泮咤泮咤（六）莎呵。

心中心咒，唵（一）拔重啰拔啰（二三）拔啰（三）印地（涅音）嘌（嘌）（二合）耶（四）毗输达俪（五）唅唅（六）噜嚧遮隶（七）莎呵。

第二重四隅置四天王，各记有梵名及简化的真言：

唵平　北方大圣毗沙门天王
唵地　东方提头赖叉天王
唵皮　南方毗楼勒叉天王
唵舍　西方毗楼博叉天王

唵平、唵地、唵皮、唵舍应为"唵吠赊啰么那檀那牝陀罗莎呵"、"唵地嘌致啰瑟吒啰啰啰波啰末陀那莎呵"、"唵毗噜陀迦药叉地波跢曳莎呵"、"唵毗噜博叉那伽地波跢曳莎呵"（《陀罗尼集经》，卷11。《大正藏》，册18，页878b-c）真言的缩略名。而随求曼荼罗的四隅置四天王一事见《随求陀罗尼经》："又于四角作四天王。"（《大正藏》，册20，页642a）其他随求陀罗尼轮曼荼罗（附图一五七b、附图一五八）的情况亦相同。

四方四门横穿第二重与第三重，以金刚钩、金刚索、金刚镆、金刚铃（金刚遍入）四摄菩萨各在其位，其梵名皆以真言方式书写其中：

唵跋折啰阿吴舍室　　　　东方（钩）
唵跋折啰波舍唅　　　　　南方（索）
唵跋折啰桑傍多邦　　　　西方（镆）
唵跋折啰乾多荒　　　　　北方（铃）（遍入）

关于四摄菩萨的真言见金刚智译《金刚顶略出经》卷三及不空译《金刚顶莲华

部心轨》，如表 5.1 所示：

表 5.1 《金刚顶略出经》与《金刚顶莲华部心轨》中四摄菩萨真言对照表

四摄菩萨真言	《金刚顶略出经》 （《大正藏》，册 18，页 243b）	《金刚顶莲华部心轨》 （《大正藏》，册 18，页 305a、页 305c）
钩	唵跋折罗俱奢穰	唵嚩日嘲矩舍弱
索	唵跋折罗皤舍吽	唵嚩日啰播舍吽
镤	唵跋折罗窣普吒鑁	唵嚩日啰萨普吒鑁
遍入	唵跋折罗吠舍护	唵嚩日啰吠舍恶（斛）

613

以上经文中用字上有所出入，但字的发音同于前述，仅有第四菩萨有所不同，没有用"吠舍"（遍入、召入）之语，而是使用三昧耶契"乾多"（铃）。"乾多"在《金刚顶略出经》卷三中记为"健吒"（《大正藏》，册 18，页 245a）。另，各真言末尾室、啥、邦、荒与《金刚顶略出经》中的穰、吽、鑁、护以及《金刚顶莲华部心轨》中的弱、吽、鑁、恶（斛）原音相同，为钩、索、镤、铃各尊执掌的钩、召、引入、制缚、生欢喜之意的种子。在置有四摄菩萨的四方四门之外，于第三重的八方置有八神，其形为三昧耶形，如下（其中仅东南方为空白）：

东方神	涌（？）古跋折啰
东南方神	……
南方神	独楼（髑髅）棒跋折啰
西南方神	宝剑
西方神	跋折罗塔索
西北方神	报枪
北方神	跋折啰宝棒
东北方神	跋折啰参古

614

上述八尊从其三昧耶形及方位判断，应为帝释天（东方）、火天（东南方）、焰魔天（南方）、罗刹天（西南方）、水天（西方）、风天（西北方）、毗沙门天（北方）、伊舍那天（东北方），称"护世八方天"，若与《金刚顶瑜伽护摩仪轨》（不空译）、《十二天供仪轨》（失译）以及《药师七佛仪轨》（沙啰巴译）等所记（《大正藏》，册 18，页 923b-c；《大正藏》，册 21，页 385c；《大正藏》，册 19，页 46c）相比较，便可明了。下表 5.2 所示为其中《金刚顶瑜伽护摩仪轨》所说的八方天（《大正藏》，册 18，页 923b-c）：

表 5.2 《金刚顶瑜伽护摩仪轨》中"八方天"之位置、形象、持物表

位置	形象	持物
东方	帝释天	右手持三股
东南方	火天	青竹、军持、扬掌、念珠
南方	焰魔天	右手执人头幢
西南方	罗刹天	右手持刀
西方	水天	左手持龙索
西北方	风天	右手执独股头枪
北方	毗沙门天	右手执宝棒
东北方	伊舍那天	右手持三戟枪

以上所述为附图一六一 a 随求尊位曼荼罗的大致状况，此铺曼荼罗背面尚记有十七行墨书题记："……累极千生胜杲菩提……"

在斯坦因携回的作品中，尚有一与上述随求尊位曼荼罗构图完全相同的纸本随求曼荼罗，两图为同一绘者所制，其为附图一六一 b。此图中央八叶莲花的绘法以及"僧带者于咒心中尽（画）作一金刚神"的文字笔法均与附图一六一 a 相同。然而此图中四方凸字形四门的位置出现制图上的失误，以致没有写出诸尊的尊位，并中途搁笔。如若完成的话，一定会成为一件同于前述的曼荼罗。此图虽未完成，但作为僧侣护身携带而言这般程度也已足矣，从纸面留下的折痕就已经说明其曾被反复折叠以便携带。另，在陀罗尼轮书写栏的一角有墨书"清净"二字，笔迹与中央文字相异，据此二字实难判断"清净"是携持此护符的人物之名，还是想表达清静净心之意。

615

注

一、此处不为"涂香"而记为"香水"的原因或许在于《随求陀罗尼经》结坛法中"于坛四角各安一瓶盛满香水"（《大正藏》，册 20，页 641c）一文。其应与其他三者共成四供养，故此处可为"涂香"。

第十节　曼荼罗残片

附图一五二 b 为德里中亚博物馆藏敦煌出土的纸本曼荼罗残片，纵一尺，横不到三尺，设色艳丽，画面诸尊的姿态及庄严反映出浓厚的印度风格。原图画幅应有一定尺寸，遗憾的是纸面接缝处显示出各片均为离散的状态，其中仅有一片保存下来，其中央主要部分已经不存。残片原状已难以想象，现存部分中六角（或八角）形的坛上有包含本尊在内的三尊像；其周围如曼荼罗式，列有半跏坐的诸菩萨，且有外院，其中可以想见安置有许多较小的尊像。内院现存六菩萨，从其持物来看有可能为金刚界现图曼荼罗微细会、供养会等所现贤劫十六尊（参见第五章第二节）中的六尊："罗网"网明、"梵夹"文殊、"莲上金刚杵"金刚藏、"莲华"香像或无量光、"三股杵"舍恶各菩萨，但仅从现存的残片确定这一推测相当困难。

第十一节　坛 城 图

附图一六二为大英博物馆所藏的纸本白描三昧耶曼荼罗（约二尺见方），与前述附图一五四敦煌画三昧耶曼荼罗（参见第五章第四节）比较，除三昧耶形之外，在几身尊像的使用上两者存在差异。附图一六二的制作年代为五代左右，画面整体已呈现出中原化风格，与其他敦煌出土的曼荼罗相比，其具有不同的特色。

此图亦由三重组成，四方开有凸字形四门。内院中央置千辐宝轮，四方配宝珠且记有方位，而本尊不见任何标志。由此可见，附图一六二与一般的曼荼罗不同，应归类于坛城图（参见附图一六三 a）。当然此图为携带护身之用，纸面留下的多重折痕说明其曾经数人之手被携带使用。图中界道为宽幅，左下隅一角特别留出咒师的出入口（记"此角开咒师出入行"），明显可见此图原本来自一种坛城图，详见后述。如将此图视为坛城图，图中央置一轮宝，应为息灾坛（不空译《瑜伽护摩轨》中记"息灾炉作轮"，见《大正藏》，册 18，页 916b）。息灾坛规定为圆坛（不空译《瑜伽护摩轨》记"息灾炉正圆"，见《大正藏》，册 18，页 916a），但如为木坛，一般是方坛（注一），故此图亦有可能为息灾坛。

第二重四隅置有四尊像，从其中三像之题记和形象来看，可知其为梵天、帝释天、大黑天（参见 Fig.169）。第四尊仅记为"神"，不知为何尊。尊像题记如下：

其梵王须头向心

此帝释须头取心

此神（大黑天）须头取心

此神亦头取心中画

　　四尊像皆朝向图的中心，其中大黑天（摩诃迦罗）形象最为清晰，三面六臂，披象皮，其外形与《大黑天神法》（神恺记）所说"青色三面六臂，前左右手横执剑，左次手执人头，右次手执羊牝，次左右象皮张背后，以髑髅为璎珞也"（《大正藏》，册21，页355c）的描述一致，并类似附图一六七、附图一七四千手千眼观音图中的大黑天像（参见第六章第十节）。曼荼罗的四维置四种天，这一配置不见于其他例子，但施护等译《大教王经》与金刚界曼荼罗根本菩萨中列举出十六大菩萨、八供养菩萨、四摄菩萨，其中尤其举出梵天、帝释、大自在、那罗延四天之名（《大正藏》，册18，页446a），可见此处的四种天亦作为"护世天"的四天而置于曼荼罗中。第二重的四方中所置十六座莲花以及宝珠有可能意为十六大菩萨，在四方南边的中央部分记有提示字句"其四面莲花及宝珠并须头取心"。

619　　　第二重的外围满绘交叉斜线形成的菱形方格，其西北隅记"金绳解道"，而"解道"应为"界道"。界道特绘为五重，令人联想到金胎两界曼荼罗（金刚界曼荼罗中为除理趣会之外的八会，胎藏界中为中台八叶院的外围）所见的"五色界道"（注二）。作为咒师通道，此处界道横幅甚宽，而如此宽幅的界道亦为判断此图为坛城图的理由之一，已如前述。

　　　界道向外第三重为外院，外院一边各六，共计有二十四个区块，各尊像、手印、足印、各类标识等置于其中，而当中位置安排出现错误，有的订正题记，有的甚至完全涂毁"不用"二字。具体可见南门手印和武神（持三叉戟），若依榜题"此方画下头神，其手印移向西方内"，手印则应移至西方的螺（写有"不用"）的位置，而武神应移至手印的位置；西门依"其足印于门北方中画"、"其水神于此隔方内画，其下方但作水"，足印应移至靠北的三股索（写有"不用"）区块，水神（乘摩羯鱼）应位于门内的上方位置；北门依"其神当方心画，其手印移向门东方中画"，手印应移至靠东的宝棒（写有"不用"）区块，武神（持戟）应位于门内中央的位置；东门依"其足印于此方中画"、"此童子神于上隔方内画，此中但作水波"，足印应移至靠北的三股杖（写有"不用"）的位置，下方的童子神应位于门的上方位置。根据

620　以上更正，便如 Fig.169 所示。除四门内的四神及移至相邻区块内的四印（二手印、

二足印）之外，其他二十个区块中的二十种标识不知各为何意，其中如果象头、猪头为毗那夜迦、金刚面天两尊的话，此二十种标识便可定为金刚界外金刚部的二十天。如果将此处的外院标识和金刚界现图曼荼罗三昧耶会的二十天标识（《大正藏》，图像部册 1，页 911—922）作一比较，会发现有几处不一致，故此二十种标识很难定为二十天，或许类似于曼荼罗外围的守护世天。而二十四区块中所剩四区块内描绘的二手印和二足印，以及门内四神像连同水波，均难以理解其欲表达的意思（水波与四隅的须弥山相应）。

621

四方四门都与敦煌出土的其他曼荼罗的四门相同，为凸字形平面造型，此例特殊之处在于门上架穹窿，极为少见。四门所呈凸字形原本具有部分符号的意义，如果使用凸字形表示门时，必须附加一些组成门的实用性构件，一般惯例如此（如金刚界现图曼荼罗等），而有穹窿、架木、门柱等门的实用性构件时，一般以凸字形（如胎藏界现图曼荼罗等）表现门，此亦为惯例。故此处凸字形四门上架施以庄严的穹窿，不由令人联想到 Fig.159 西藏画不空羂索曼荼罗中有楼阁的凸字形四门，均属于罕见的图例。顺带一提，四门附有楼阁在法贤译《观想曼荼罗净诸恶趣经》卷上有"其曼拏罗四方四门，门上各有楼阁，以四绳为界，四门四隅有金刚宝种种严饰，复有众宝璎珞及宝铃铎处处悬挂，宝幢幡盖四边围绕"（《大正藏》，册 19，页89a），卷下有"其曼拏罗四方四门，门各有楼，于门楼上画日月及宝璎珞随意严饰"（《大正藏》，册 19，页 93c），法贤译《瑜伽大教王经》卷一曼拏罗品亦有"其相四方作四门四楼"（《大正藏》，册 18，页 561b）。

外院四隅应置四天王之处亦以文字标示其尊位（参见 Fig.169），四隅由须弥山支撑，令人联想到前述敦煌画佛顶曼荼罗（附图一五一）的四隅四脚，此处也意在表现其坛为一立体状。南、西、东三方的外缘断续绘有装饰性璎珞，但均上书"不用"而被涂毁。总之此外缘亦同于北方的情况，本应有宝树、果树等环绕，三方的空白处可见"但看北面外方画诸杂宝树果树"、"一似北面画杂宝树果树等"、"此缘分中，但似北面画诸杂花果宝树"等文字。如此可见，在曼荼罗的四周装饰宝树的做法十分鲜见，在某些图例上实际存在这一做法，施护等译《大教王经》卷四记三十三天曼荼罗（三十三诸佛菩萨现集大曼拏罗），其中便说四周以种种宝树庄严：

622

其曼拏罗相四方四门，当依法粉画，种种宝树周匝庄严，竖立幡幢诸妙宝盖。（《大正藏》，册 18，页 426c）

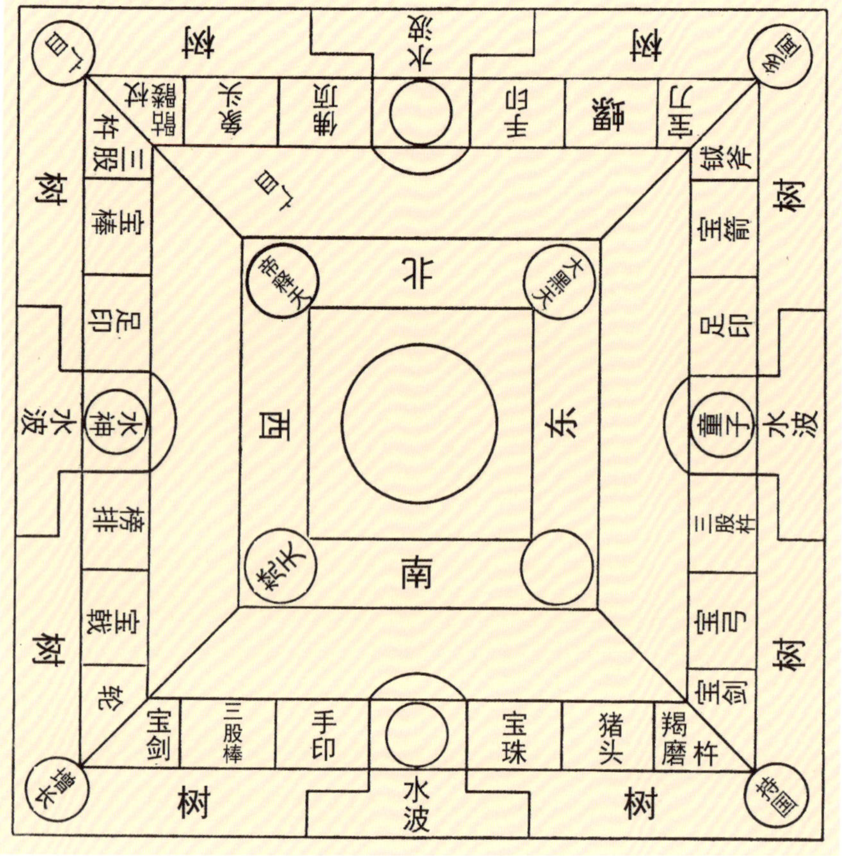

Fig.169　附图一六二坛城图座位示意图

　　这一经文中亦记曼荼罗周围立有幡、幢、宝盖等，与前述《观想曼荼罗净诸恶趣经》卷上所说"宝幡幢盖四边围绕"相同，值得注意的是 Fig.159 西藏画不空羂索曼荼罗即如其文而作。总之，四周围绕宝树、果树与四周树立幡、幢、宝盖之类意义相同。附图一五四敦煌画三昧耶曼荼罗周围的龛形内并列三叶（参见页 589），亦如上述，同样应视作是曼荼罗四周的宝树。

注

一、参见《大正藏》，图像部册 8，页 379、页 387、页 413、页 469、页 487 等所记"灾息坛"。

二、《大日经疏》（一行记）卷六，入漫荼罗具缘品第二之余："又诸界道，中央及第一重当具五色，先以白色为周界竟，次于其外布赤色界，次外又布黄色，次外又布青色，最外次布黑色。"（《大正藏》，册 39，页 644a）《广大仪轨》（善无畏译）卷上："次应布五色，啰噤迦麽贺，白赤黄青黑。"（《大正藏》，册 18，页 93b）《青龙寺仪轨》（法全集）卷上："次众色界道，曜（白色中）噁（赤色幢）迦（黄色华）麽（青色弥）诃（黑色音界道金刚大慧印二）。"（《大正藏》，册 18，页 149a）

第十二节　尊胜法坛城图

624

附图一六三a为一上方明确记有"尊胜咒坛"的坛城图（约为五代时制作）。图中坛中央置佛，四隅有观世音、大势至（大世至）、药王、药上四菩萨，四方四门各有守护的四天王，且四门适当地安置有香，四隅则为瓶，四角为灯等。坛的南方有咒师坐的礼盘，另有火炉。与不空译《佛顶尊胜陀罗尼念诵仪轨》所说的尊胜法坛相比较，可知两者基本一致。据该仪轨叙述，图中央为毗卢遮那佛，有观音、慈氏、虚空藏、普贤、金刚手、文殊、除盖障、地藏等，接着又记：

四门安四香炉，四隅安四净瓶，盛香水插花或青叶树枝，以为供养，四角燃四盏酥灯，道场前于念诵者座前，安置阏伽香水两碗，（略），然后于坛前安卑脚床子，去地半肘，或茅草荐或藉以净物，念诵者坐之。（《大正藏》，册 19，页 364c）

这一坛城图中央为佛，所指的佛即为毗卢遮那佛，周围的八叶应为观音以下的八大菩萨（善无畏译《尊胜佛顶修瑜伽法仪轨》卷上记为白伞盖、最胜、尊胜、放光、胜、广生、无边声、发生等"八佛顶"，见《大正藏》，册 19，页 376a）。坛的四隅置观音、势至、药王、药上四菩萨，各尊的座位与中央同样以八叶莲花表现，由此可见其或与八大菩萨（或八佛顶）的配置无关。观音、势至、药王、药上四菩萨为药师如来佛八大菩萨，即观音、势至、药土、药上、无尽意、宝坛华、弥勒、文殊（注一）八尊中的四尊，这一点似乎有所含义。图中的四香炉、四净瓶、四酥灯的位置均同于前述尊胜仪轨之说，仅有一点不同，即阏伽水并非两碗而是四碗，且其位置不接近诵者的座位。

625

注

一、《灌顶经》卷十二《佛说灌顶拔除过罪生死得度经》："尽其寿命欲终之日，有八菩萨，其名曰，文殊师利菩萨，观世音菩萨，得大势至菩萨，无尽意菩萨，宝

坛华菩萨，药王菩萨，药上菩萨，弥勒菩萨，是八大菩萨皆当飞往迎其精神。"（《大正藏》，册 21，页 533c）

第十三节　修请观音法图

626

敦煌出土的坛城图中，画面情节描写最富有趣味的为附图一六三 b，此作纵一尺四寸，宽一尺，画幅略小，制作年代约为唐代末期。画面内容丰富，首先于上方绘出方坛，上置诸尊，坛前的咒师座上坐一圆顶咒师。咒师旁褥垫上横卧一妇人，两手抵腹，而咒师前方所绘罗刹形病魔已于身躯及四肢入钉，作倒地欲毙之状，其旁罗列三股跋折罗、三股铃、柄香炉、供物台等。此图为一枚随身携带的护符，目的在于除病消灾，应是为画面上受病痛之苦的妇人而绘，图中为其设修法咒坛以祛除病魔。然而从其他敦煌出土的曼荼罗（附图一五一、附图一五四、附图一五七 a、附图一五七 b、附图一六一 a、附图一六一 b、附图一六二等）来看，此图不见折痕，恐未被携带过。

图中方坛中央置净瓶，跋折罗头向四方射出，其内绘有宝轮、三股杵、独股杵及盘（细节不明）四种标志。此坛极有可能为修请观音法坛，以祛除疫疠，中央所置水瓶为修请观音法时装净水、插杨枝或齿木的重要器皿。周围的四标志可解释其表示阿弥陀佛的四亲近，即金刚法、金刚利、金刚因、金刚语四菩萨。请观音法原

627

本依据东晋难提译《请观音经》（《请观世音菩萨消伏毒害陀罗尼咒经》，见《大正藏》，册 20，页 34b 以下）而成（注一），但该经尚未形成仪轨，故没有一定的修法规程，依照经中"佛（阿弥陀佛）二菩萨（观音、势至）与诸大众放大光明，照毗舍离皆作金色，尔时毗舍离人，即具杨枝净水，授与观世音菩萨"（《大正藏》，册 20，页 34c）所述，请观世音菩萨首先必须奉上杨枝净水，请观音法在《阿娑缚抄》卷八十四中又称为"杨枝净水法"（《大正藏》，图像部册 9，页 164b），《阿娑缚抄》中同时又记在修请观音法的道场中，净瓶须装满净水并插杨枝或齿木，见"智泉云，双严房行用四贤瓶杨枝差之，又常齿木二枝二阏伽器上横置之"，"又朝范律师，行用坛中大华瓶入水，其瓶口蒿结集，如阿至刀云，物立之"，"大原记檀奥方，澡罐一口安之（盛满净水），口插杨柳枝叶。"（《大正藏》，图像部册 9，页 164a—165a）

可以想见唐代的请观音法大致如此修行，遵循《请观世音菩萨消伏毒陀罗尼

三昧仪》中"庄严道场"亦有"设杨枝净水"之说（《大正藏》，册 46，页 968c）。而关于杨枝净水的意义见智𫖮《请观音经疏》中所记："杨枝拂动，以表慧，净水澄亭，以表定。"（《大正藏》，册 39，页 973a）由此，此处以除病为目的的坛城图，其中央安置净水瓶的原因亦在于其为修行请观音法之坛。在判断此图为请观音法时不能仅依据净瓶，应综合置于四方的四种标志作出推定。

　　如前所述，图中四种标志表示阿弥陀佛的四亲近菩萨，其详细说明见金刚界现图曼荼罗的三昧耶会，无量寿如来四方所置金刚法、金刚利、金刚因、金刚语四菩萨即以独股杵、利剑、宝轮、三股杵四标志来表示（参见《大正藏》，图像部册 1，页 911、页 1044 至页 1047、页 1116、页 1117），可发现其形式与此坛城图中央四标志的配置极为近似。若此四标志表示阿弥陀佛的四亲近，此坛的本尊便可定为阿弥陀佛。而请观音法的本尊依《请观音经》所说本应为阿弥陀佛三尊，见《请观世音菩萨消伏毒陀罗尼三昧仪》"庄严道场"中"止观云，于净处道场，请弥陀像观音势至像，安于西方"（《大正藏》，册 46，页 968c），日本《阿娑缚抄》中亦有记载（《大正藏》，图像部册 9，页 164b）。由此，四标志出现于请观音法坛绝非不可思议之事，或可谓理所当然。图中央安置净瓶的理由如前所述，而《阿娑缚抄》中请观音法的本尊一般以观音代替阿弥陀佛（《大正藏》，图像部册 9，页 164c）。其中所记观音右手持净瓶，左手把杨枝（《请观音三昧仪》引述"辅行示解"，亦有相同记载，《大正藏》，册 46，页 970b。《阿娑缚抄》引"弘决三"而记）。《补陀落海会轨》（不空译）亦记"请观音，顶上大宝冠，身相白黄色，左定执军持，右慧施无畏"（《大正藏》，册 20，页 135c），其观音为手执净瓶之姿，此处应牢记一点，观音为请观音法的本尊时，尤其与净瓶有密切的关系。据此，坛的中央安置净瓶有替代本尊观音像的含义。如此以观音为本尊的情况，其四方置以法、利、因、语弥陀四亲近菩萨也并非为不可解之事，如理趣经曼荼罗中"观自在菩萨曼荼罗"的中央为观音，四方置法、利、因、语四菩萨，又如不空《理趣释》卷下所说："应建立曼荼罗，中央画观自在菩萨，如本仪形，前安金刚法，右安金刚利，左安金刚因，后安金刚语。"（《大正藏》，册 19，页 612a–b）（顺带一提，《理趣释》中记无量寿佛在净妙佛国土现成佛身住杂染五浊世界，即不现观自在菩萨身。见《大正藏》，册 19，页 612a）

　　据上述大略可知坛的本尊为观音，坛的四隅及四门各绘有一像而并非标志。四隅所绘尊像着甲胄，其形态如四天王，从各自持物来判断其为表示钩、索、镤、铃四摄之像。四像的持物唯独缺铃，而其余三者皆具，作为一组尊像表现时，除了解

628

629

释为四摄像之外，已无余地作出其他解释。此四尊像表示四摄并不以菩萨身而以天部像之姿出现，和其他敦煌出土曼荼罗（附图一五一、附图一五三）四方四门中四摄的忿怒尊像一起，值得铭记。

四隅所绘的四尊为甲胄身姿，与此相对，四门的四尊则为肩负火焰的忿怒尊形象，且均为兽头，下方的为马头，左为牛头，右为象头，上为龙头。如此于四方门内置兽头尊的情况已见于护诸童子曼荼罗（附图一五〇），而且与佛顶曼荼罗（附图一五一）、四印曼荼罗（附图一五三）、随求曼荼罗（附图一五八）等四门的四兽有密切关系。此处所见四兽头尊亦应与这些曼荼罗共同加以论考，如此一来会与前述四隅四摄的天部像重复，但此四门四尊亦应为源自四摄的兽头忿怒尊。其中牛头尊所持明显为索，马头尊所持与护诸童子曼荼罗（附图一五〇）中象头尊的持物均为镢，其两手持镢于胸前的形式与佛顶曼荼罗（附图一五一）以及四印曼荼罗（附图一五三）的金刚镢完全相同。而象头、龙头两尊各持剑和独股杵，这两种持物似与四摄无关，但从其他敦煌出土曼荼罗四门的状态来推断，这两身尊像应为金刚钩及金刚铃。综上可知，此坛在四门及四隅配有二组四摄尊。

图中关于坛的情况如上所述，据此可见为修请观音法坛，坛前的场景亦显示其为请观音法，此处绘出病妇和罗刹形病魔以及修法降伏病魔的情景，正如难提译《请观音经》中王舍城一妇人与恶鬼旃陀利的故事，该经所记如下：

> 佛告阿难，王舍大城有一女人，恶鬼所持，名旃陀利，彼鬼昼夜作丈夫形来娆此女，鬼精着身生五百鬼子，汝忆是事不，我于尔时教此女子，称观世音菩萨，善心相续入善境界，阿难当知此菩萨威神之力，恶鬼消伏。（《大正藏》，册20，页35c）

以上论述力图证明此图亦可称为"修请观音法图"，而此图的价值并非单纯为一件坛城图，而是在于具体显示咒法的威力，此图显然为护身之用。

注

一、于台密行法。《阿娑缚抄》卷八十四，"请观音法"第八经仪轨事列有难提译《请观世音消毒害陀罗尼经》一卷。

第六章 密教图像研究其二（各种尊像）

第一节 阿弥陀曼荼罗及莲华部八尊曼荼罗

一、阿弥陀曼荼罗

关于阿弥陀净土变相，本书已于第一章第一节作了相关介绍，而在敦煌出土的唐画中尚可见与密教有关的阿弥陀曼荼罗。附图一六四菩萨图即为密教阿弥陀曼荼罗，与日本现存阿弥陀曼荼罗（五尊曼荼罗、九字曼荼罗、九品曼荼罗、八曼荼罗等）中的八曼荼罗（以阿弥陀佛为中心置八大菩萨）类似。

附图一六四中央为一菩萨，结定印趺坐于须弥座莲花上，其前方有宝池，池中有两处沙洲，洲上有二灵鸟。主尊左右各置四身菩萨，其旁以藏文记有尊名（详见后述）。主尊上方有天盖，须弥座左右绘一对狮子，地面敷砖，宝池前靠右处绘一跪坐妇人（供养人形象），身形略小。整个画面呈现出印度风格，各尊像的形式与中国佛画有极大的差异，但不乏有些部分有中国化迹象。画面中宝池的部分与阿弥陀净土变相完全相同（参见附图四 a、附图六 a、附图一八 b 等），可释其为《阿弥陀经》等所说的极乐国土，有七宝池、八功德水，白鹄、孔雀等众鸟游戏其中。主尊结定印，应为阿弥陀佛，故将此图视为阿弥陀净土变相并非不可，当然将其与一般的净土变相相提并论尚有困难。从宝池、须弥座以及延伸到后方的敷砖地面等看，此净土变相的构图形式明显采用了远近透视法，然而左右八菩萨呈平面配置，且其尊名以及诸尊的形态反映出此图属密教范畴，视之为密教曼荼罗更为妥当。而此图为何种曼荼罗，有必要首先依据图中的文字来判断各尊像的尊名。

遗憾的是，中央的结定印菩萨不见尊名，且左右八菩萨的相关文字仅能辨认出第二和第三两段的四尊，其藏文的位置如图 3 所示（参见 *Serindia*，II，p.954，ch.0074）：

2	Sarvanivāraṇavishkambhī	除盖障菩萨
3	Samantabhadra	普贤菩萨
6	Kshitigarbha	地藏菩萨
7	Manjuśrī	文殊菩萨

635

5	1
6	中央菩萨 2
7	3
8	4

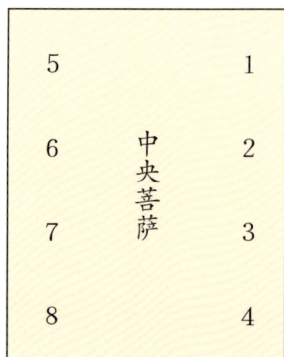

图3 附图一六四尊像位置图

如上所述，包含四菩萨在内的八菩萨见于《八大菩萨曼荼罗经》（不空译）、《佛说大乘八大曼拏罗经》（法贤译）、《大妙金刚大甘露军拏利焰鬘炽盛佛顶经》（达磨栖那译）等，应与观音、慈氏、虚空藏、普贤、金刚手（金刚萨埵）、文殊、除盖障、地藏八大菩萨相同。在《八大菩萨曼荼罗经》中尚有各菩萨形象的描述，如下：

观自在菩萨（略）赤色身，左手持莲华，右手施愿，头冠中有无量寿如来。

慈氏菩萨（略）金色身，左手持军持，右手施无畏，冠中有窣堵，半跏坐。

虚空藏菩萨（略）左手持宝安于心上，右手施愿流出无量宝。

普贤菩萨（略）戴五佛冠，金色身，右手持剑，左手施愿，半跏而坐。

金刚手菩萨（略）右手持金刚杵，左手安于胯，戴五佛冠，身青色，半跏而坐。

曼殊室利菩萨（略）五髻童子形，左手持青莲花，花中有五股金刚杵，右手作施愿，身金色，半跏而坐。

除盖障菩萨（略）金色身，左手持如意幢，右手施愿，半跏而坐。

地藏菩萨（略）头冠璎珞，面貌熙怡寂静，愍念一切有情，左手安脐下拓钵，右手覆掌向下，大指捻头指，作安慰一切有情想。（《大正藏》，册20、页675b-c）

同时，《佛说大乘八大曼拏罗经》中所记的尊名及尊像顺序均与《八大菩萨曼荼罗经》相同（但没有形象描述，见《大正藏》，册20，页676b-c）。《大妙金刚大甘露军拏利焰鬘炽盛佛顶经》中，八大菩萨中的文殊则以别名"妙吉祥菩萨"记之（《大正藏》，册19，页340c）。

636

现将《八大菩萨曼荼罗经》中各菩萨的形象与附图一六四比较后发现，榜题为除盖障、普贤、地藏、文殊的各尊皆与经中所说的形象不一致，说明此图中的诸尊虽与《八大菩萨曼荼罗经》中的诸尊相同，但其形象的制作所依据的经典并非《八大菩萨曼荼罗经》，应为其他典籍。图中除盖障菩萨右手上举如施愿印，左手执莲茎，其造形与胎藏界曼荼罗中的同尊相同，而图中的地藏菩萨左手捧宝珠，右手下垂，这一造形与智泉样地藏相同（注一）。图中文殊菩萨左手持梵夹，右手下垂，其形象与胎藏现图曼荼罗所见的同尊（左手持莲花，右手持梵夹）或《金刚界七集》中的同尊（左手梵夹，右拳安腰，注二）相同。由此可见，此图的诸尊应遵循一种仪轨制作，各尊所记尊名没有错误，2、3、6、7 对应除盖障、普贤、地藏、文殊四菩萨，而其余观音、虚空藏、金刚手、慈氏四菩萨当对应图中 1、4、5、8，将稍后讨论。此处首先观察其余四尊菩萨的外形：1 处的菩萨右手持莲花，左手张开，其形与胎藏界曼荼罗中台八叶院的观音相似，应为八大菩萨中的观世音菩萨（注三）；2 处的菩萨右手持剑，剑有光焰，左手当腰，类似胎藏界曼荼罗虚空藏院的虚空藏，应为虚空藏菩萨（注四）；4 处的菩萨左手下垂，右手曲肘，掌上似托一物，据此尚难定其为八大菩萨中的金刚手或是慈氏；5 处的菩萨右手上举似为说法印，左手下垂如与愿印，同样难以定其尊名。

637

如上所述，图中八菩萨中有两身难以定其尊名（慈氏及金刚手），但此八菩萨无疑为前述《八大菩萨曼荼罗经》等所说的观音、慈氏、虚空藏、普贤、金刚手、文殊、除盖障、地藏八大菩萨，在此需讨论的是八大菩萨所围绕的中央主尊的尊名。

从中央主尊菩萨形结定印的外形以及四周有八大菩萨这一点，首先可联想到尊胜曼荼罗中央结法界定印的大日如来佛。尊胜曼荼罗一般以金刚界智拳印的大日如来佛为中心，四周置白伞盖、最胜、尊胜、放光、胜、广生、无边声、发生的大佛顶而成，但在不空译《佛顶尊胜陀罗尼念诵仪轨法》中四周并非八佛顶，而是与前述相同，为八大菩萨（注九），依此而造的尊胜曼荼罗在《曼荼罗集》中收有二图（注十），Fig.153 便是其中一图。据此，此件敦煌画亦可定为一类尊胜曼荼罗。值得注意的是，这一曼荼罗同时又与佛眼曼荼罗类似。

此图中尊令人联想到胎藏界曼荼罗中的佛眼佛母，而佛眼曼荼罗便是以佛眼佛母为中心，如前所述周围侍立八大菩萨及七曜使者、八大明王等，值得注意。见《金刚峰楼阁一切瑜伽瑜祇经》（金刚智译）卷下金刚吉祥大成就品：

638

复说画像曼拏攞法，取净素氎，等自身量而图画之，凡一切瑜伽中像，皆身自坐等量画之，于中应画三层八叶莲华，中画我（佛眼佛母）身，当于我前，一莲华叶上，画一切佛顶轮王，手持八辐金刚宝轮，于此次右旋，布七曜使者，次第二华院，当顶轮王前，画金刚萨埵，次右旋画八大菩萨，各执本幖帜，次第三花院，右旋各画八大金刚明王。（《大正藏》，册 18，页 263a）

经中道出曼荼罗佛母以下诸尊的配置法，依此所造的佛眼曼荼罗实例极多，收于《别尊杂记》、《曼荼罗集》、《阿娑缚抄》及其他佛典中（注五）。故此件敦煌画的主尊若为佛眼佛母，此图便可视作是印度式佛眼曼荼罗的实例。

Fig.170 《别尊杂记》所载阿弥陀八曼荼罗

Fig.171 《别尊杂记》所载阿弥陀八曼荼罗

　　然而，如果将注意力集中于图前方所绘的宝池和精致的敷砖地面等处，其净土情趣让人觉得将此图定为阿弥陀曼荼罗更加妥当，而非尊胜曼荼罗、佛眼曼荼罗等。以阿弥陀佛为中心配八大菩萨，即为八曼荼罗。此即是依前述《八大菩萨曼荼罗经》所绘的曼荼罗，《十卷抄》、《别尊杂记》、《阿娑缚抄》等典籍中便有其图（注七）。Fig.170、Fig.171即为《别尊杂记》中所收的二图，一般来说，图中主尊阿弥陀佛常以如来佛外形出现，并非菩萨形，然而在八曼荼罗的实例中亦有中尊着冠定印的菩萨形，见《阿娑缚抄》卷五十三，有如下记载。

　　《成菩提》及《画图》云：

中。阿。　宝冠，着袈裟，金色，住定印。

东。虚。　宝冠，白肉色，左掌持宝当胸，右拳安腰。

巽。普。　宝冠，白肉色，左持莲花，上有舌形，有光焰，舌中有三古，右手仰掌，地水屈着掌中。

南。金。　宝冠，白肉色，左手屈水火第二节，火面合空，而竖地风，手掌向外，当着左乳，右手持三古杵，横着右乳。

坤。文。　发髻，黄金色，左持莲花茎，花上立剑，右持莲花茎，花上安宝箧，而持莲花手，各当左右乳。

西。除。 宝冠，白肉色，左持幢，右施愿印。

乾。地。 宝冠，白肉色，右掌持宝当于心上，左拳安腰，取莲茎，花上立幢。

北。观。 宝冠，白肉色，左持莲茎，当脐前，其花含未敷花房至心前，右手
当花，作开势，谓屈风火与空面合。

艮。弥。 宝冠，白肉色，左掌向外竖，着左乳，申五指，右拳安腰，持莲花，　　640
上立水瓶。

已上，八叶，叶间各出半三古形。(《大正藏》，图像部册 8，页 1093b-c)

据此可知，八曼荼罗的中尊阿弥陀佛被塑为戴宝冠、住定印的菩萨形未尝
不可。此处所述敦煌画的中尊亦为阿弥陀佛，左右侍立八大菩萨，这一图样应与
Fig.170、Fig.171 同样看待，此亦是所谓八曼荼罗的一例。阿弥陀佛被绘为着冠菩萨
之形，在金刚界弥陀中绝非少见，尤其是其身相赤色、定印之形，被称为红颇梨色
阿弥陀。空海《无量寿如来供养作法次第》记：

于面前观安乐世界，琉璃为地，功德乳海，于其海中观颉哩字，(略)，其字轮
变成独股，首上有微妙开敷红莲华，立横五股上，即变其华为无量寿如来身，在宝
莲华满月轮上，着五智宝冠，住于定印，身相红颇梨色，从顶上放红颇梨光，照无
量沮沙世界，皆悉红颇梨色，为诸圣众前后围绕。(《弘法大师全集》第二辑，页　　641
511—512)

在日本镰仓时代的作品中常见这一红颇梨色阿弥陀 (高野山樱池院、正智院、
丹后成相寺等)，但均为单尊像。如此以红颇梨色阿弥陀式尊像为中心，周围侍立
八大菩萨这一曼荼罗是否于古时已出现，尚有些许疑问。然而，现从此处敦煌画的
实例以及与此图近似的西藏画 (以红颇梨色定印阿弥陀佛为中心，八大菩萨侍立，
前有莲池，注八) 等考虑，大致可知在中国，有唐代传入日本的中尊为如来佛的八
曼荼罗之外，同时亦有以菩萨形阿弥陀佛为中尊的八曼荼罗。而另一方面，此件敦
煌画充满印度风格并有藏文铭记，在思考西藏亦有同样形式的阿弥陀曼荼罗时，从
中可知这类图样亦有可能首先产生于印度，经西藏传至中原。当然，亦可认为是直
接由印度传至中国。但正如此件敦煌画所示，西藏介于两者之中的解释最容易被接
受。另，此图的构图沿袭净土变相的形式，值得注意。此图作为密教佛画和净土变
相两者融合的例子，为一件极其少见的唐画。

643

H	A 不空羂索?	B
G		C 毗俱胝?
马头观音 F	E	D

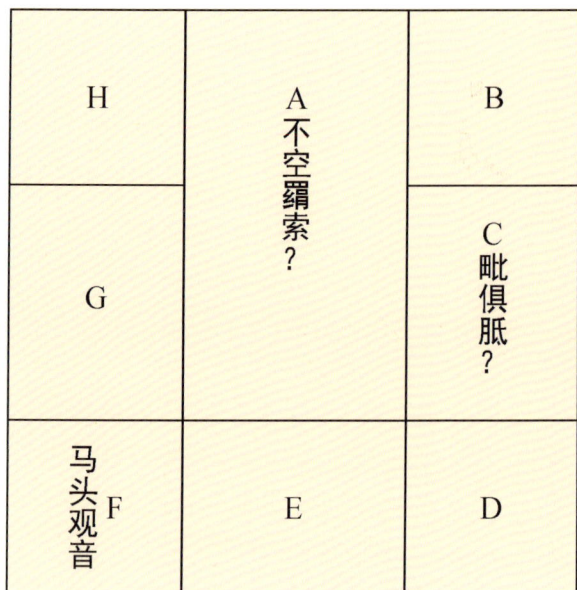

图 4　莲华部八尊曼荼罗尊像位置示意图

二、莲华部八尊曼荼罗

另外，值得注意的是，附图一六五与前述阿弥陀曼荼罗均为敦煌唐画中西藏系佛画的实例，虽然画面残损且有修复痕迹，但作品笔法上乘，堪称这类遗作中最有艺术价值的一幅。中央大莲花座上坐四臂菩萨像，其宝冠正面有化佛，持物有羂索、莲花等，由此推定此像应为不空羂索观音，唯与之相对应的仪轨不甚明了。另，围绕此中尊的七尊中（如图 4 所示），有三尊四臂像可视为不空羂索，即位于中尊的下方 E 及左侧上段 H 位置的三目四臂二像，类似《不空羂索神变真言经》（菩提流志译）卷十六出世相应解脱品中所说的不空羂索之形（一面三目，身有四臂，一手执三叉戟，一手持羂索，一手执莲花，一手掌如意宝珠，结跏趺坐。《大正藏》，册 20，页 312a），而执三叉戟、羂索、莲花等位于中尊之右 C 位置的三目四臂像则类似《不空羂索陀罗尼经》（李无谄译）成就像法品中所说的不空羂索形象（面上三眼，白縠络身，身有四手，左上一手执持莲花，右下一手执持澡罐，右上一手执持数珠，右下一手垂于向下作施无畏。《大正藏》，册 20，页 410c），均持莲花、澡罐、数珠（？）等物。图中其他四尊基本可推定为观世音菩萨，尤其左侧下段 F 处的三目四臂忿怒尊应为马头观音，右侧上段 B 处及左侧中段 G 处呈坐姿的二臂像为圣观音或多罗菩萨，而右侧下段的二臂像如其之形，应为杨柳观音。此处所见马头观音完全为西藏式马头观音的形象，呈三目忿怒相，顶上戴马首，四臂执宝棒、花、跋折罗等，其形象显示出后世西藏画（格伦威德尔：*Mythologie du Buddhisme*，Fig.138）所绘马头观音的早期形式，值得注意。另，前述中尊右侧 C 处的一尊近似不空羂索，同时亦类似毗俱胝（必句胝）菩萨，三目四臂，持开敷莲花、澡瓶、数珠（？）、宝棒，其形式与《不空羂索神变真言经》（菩提流志译）卷八所说毗俱胝观世音菩萨有相通之处，"眉间一目，身有四臂，

644

一手把开莲花，一手执澡罐，一手脐下仰掌，一手把数珠，半跏趺坐"（《大正藏》，册 20，页 268c），其与西藏毗俱胝四手的持物完全相同（参见格伦威德尔：*Mythologie du Buddhisme*，Fig.122）。

据此可见，此图中的八尊尊像，由其外形来断定每一尊的尊名相当困难，但此八尊皆应属莲华部尊像，从其中出现不空羂索、马头、毗俱胝、多罗等尊像来看，亦可想见其为《补陀落海会轨》（不空译）所说的八观音或《不空羂索经》（菩提流志译）卷八、卷九所说的八菩萨之类。

《补陀落海会轨》八观音：

不空羂索观音	毗俱胝观音
十一面观音	马头观音
忿怒钩观音	如意轮观音
不空观音	一髻罗刹观音（《大正藏》，册 20，页 130c 以下）

645

《不空羂索经》卷八，八菩萨：

不空羂索观音	多罗观音
毗俱胝观音	大白身观音
无垢慧观音	不空奋怒王
白衣观音	一髻罗刹（《大正藏》，册 20，页 268c 以下）

《不空羂索经》卷九，八菩萨：

不空羂索观音	多罗观音
无垢慧观音	侨履菩萨
执金刚秘密主菩萨	白衣观音母菩萨
诃湿废多菩萨	不空奋怒王（《大正藏》，册 20，页 270a）

这八尊一组的尊像亦常见于他处，类似的图例颇多，故难定其名。如若此处八尊均为莲华部尊像，此图可暂定其名为莲花座八尊曼荼罗，尚待今后深入研究。此处尤其需要具备有关唐代西藏图像的知识，否则判断其尊名为何是一个相当困难的工作。

注

一、《别尊杂记》卷二十八"地藏"一条录有一图（《大正藏》，图像部册 3，页 342，图像 No.118）。

二、《金刚界七集》下（见《大日本佛教全书》，第四十四卷，页 16、页 17，"文殊"一条）："或左持梵箧、右拳安腰。"

三、《诸说不同记》卷二："现图在西北角莲叶，其宝冠中有坐化佛，头少侧左，耳无珰环，或图有珰，右手竖拳执开敷莲花，花头至菩萨右头边，左手竖掌向外小指少开，或图不开。"（《大日本佛教全书》，第四十四卷，页 29a）

四、《诸说不同记》卷第六："现图在第二重西方，戴上院中央，首五佛冠，右手屈臂持剑，剑有光焰。左手下当腰侧作拳持莲上宝，或图通身金色，左拳叉腰。"

五、《别尊杂记》卷第五录有一图。（《大正藏》，图像部册 3，图像 No.11）《曼荼罗集》卷下录有二图。（《大正藏》，图像部册 4，图像 No.1、No.2）《阿娑缚抄》卷第六十二录有一图。（《大正藏》，图像部册 9，图像 No.15）《醍醐本图像》录有一图（《大正藏》，图像部册 4，图像 No.4）。

六、《别尊杂记》卷第五（《大正藏》，图像部册 3，《别尊杂记》图像 No.21）。

七、《别尊杂记》卷第五录有二图（《大正藏》，图像部册 3，图像 No.20、No.22）。参见 Fig.170、Fig.171。《十卷抄》卷三录有一图（《大正藏》，图像部册 3，图像 No.19）。《阿娑缚抄》卷五十三录有一图（《大正藏》，图像部册 8，页 1093b）。《久原本图像》录有一图（《大正藏》，图像部册 4，页 69，图像 No.5）。

八、参见 G. Roerich：*Tibetan Paintings*，p.36，Painting Nr.7。

九、《佛顶尊胜陀罗尼念诵仪轨法》（不空译）："……其九位者，中央安毗卢遮那佛位，右边安观自在菩萨位，观自在后安慈氏菩萨位，毗卢遮那佛位后，安虚空藏菩萨位，此菩萨左边，安普贤菩萨位，毗卢遮那佛位左边，安金刚手菩萨位，金刚手菩萨位下，安文殊师利菩萨位，毗卢遮那佛前，安除盖障菩萨位，除盖障菩萨位右边，安地藏菩萨位，是名九位。"（《大正藏》，册 19，页 364c）

十、《大正藏》，图像部册 4，《曼荼罗集》，参见图像 No.12、No.13。

第二节　千臂千钵文殊菩萨图

646

千臂千钵文殊菩萨图除敦煌画以外，类似图例不见于他处，今后可能会有新的发现，但就目前来看，此图值得重视。敦煌画中，有如下几铺唐宋时代的壁画和绢本画：

千佛洞　第 72 窟左壁〔D99 南壁〕一图（附图一六六 a）
千佛洞　第 6 窟东壁〔D144 南壁〕一图（附图一六六 b）
大英博物馆藏　敦煌出土　绢本着色　药师净土变相中一图（附图二六）

关于千臂千钵文殊菩萨见传不空译《大乘瑜伽金刚性海曼殊室利千臂千钵大教王经》十卷，其形象见同经卷一：

毗卢遮那如来法界性海秘密金刚界莲华台藏世界海，于中有大圣曼殊室利菩萨，现金色身，身上出千臂千手千钵，钵中显现出千释迦，千释迦复现出千百亿化释迦。（《大正藏》，册 20，页 725b）

同经卷五：

曼殊室利知世尊圣意，则于自恣众会之中，当现神通圣德之力，应时出现丈六紫磨金色之身，坐于法界金刚性海百宝莲台之座，其曼殊身上着于百宝种种璎珞妙宝天衣，顶背圆光，顶有五髻，头上有七宝佛冠，顶戴五佛如来，菩萨身上现其大印手二百二十二，有千臂千手，手中各持吠琉璃钵，钵中各各有一化佛，千释迦同时出现。（《大正藏》，册 20，页 748c）

647

上述图例中菩萨的外形亦与此记述大体一致，可见唐代制作的千臂千钵文殊菩萨图基本可从这些图例进行推测。《历代名画记》卷三"西京寺观等壁画"中记有：

慈恩寺　塔下南门尉迟画。西壁千钵文殊，尉迟画。

可以想象，尉迟乙僧所绘壁画应类似附图一六六 a、附图一六六 b 中千臂千钵文殊菩萨像，现对上述实例做一详述。

附图一六六 a（千佛洞第 72 窟左壁〔D99 南壁〕千臂千钵文殊菩萨图）

须弥山屹立于滔滔大海之中，文殊菩萨结跏趺坐于莲台座上，宝冠上置四化佛，如经所记，其身着种种璎珞，妙宝天衣，顶背圆光，第一手、第二手及左右两手持琉璃钵，钵中各出一化佛（释迦），更在身体两侧分六层绘三百余只手，意为千臂，每一手又各持一钵，其中内侧三层绘为大手，钵中各置一化佛。主尊文殊菩萨上方绘天盖，左右有飞天，莲花座下须弥山左右有日月两象，示难陀、跋难陀二龙王作缠绕之状。海中二阿修罗王（参见第三章第十三节）于水中现出半身。主尊的左右分两排置十二菩萨、二天人、四明王像，各尊均附有方形榜题，但其中没有文字，故不知其各自的名号，但可推测诸像为常见于千手千眼观音菩萨图中的各尊像。另，此壁画的制作年代为五代前后，是现存千臂千钵文殊菩萨图中最为复杂的图例。

648

附图一六六 b（千佛洞第 6 窟东壁［D144 南壁］千臂千钵文殊菩萨图）

此图之组成与上图大致相同，制作年代亦为五代或宋初，此图在内容上更为简略。文殊宝冠内仅置一化佛，手持琉璃钵，其手数量约有两百，内侧两层手的钵中各现一化佛。天盖左右上空有日天乘五马，月天像乘五鹅，其下方置五菩萨、二明王、婆薮仙、毗那夜迦、金刚面天等诸尊像。

附图二六（大英博物馆藏，敦煌出土，绢本着色，药师净土变相）

此千臂千钵文殊菩萨绘于附图二六的右上方，与千手千眼观音菩萨像相对，但绘制略小。因绘制位置的关系，其为一单尊像，须弥山被省略，画面毁损亦不少。此图制作年代不晚于唐代，应为千臂千钵文殊菩萨图中最早的一例。此千臂千钵文殊菩萨的形象近似千佛洞第 72 窟左壁［D99 南壁］的文殊菩萨（附图一六六 a），但六层手钵的数量较附图一六六 a 少，似不足两百（因画面损毁，部分不甚明了）。钵中显现释迦这一绘法同于附图一六六 a，仅限于菩萨身前的两个以及六层之中内侧的三层大手，然而在外侧三层钵上，释迦却被省略了。在药师净土变相的一角重点绘出千臂千钵文殊菩萨像，其与《药师本愿经》中文殊师利菩萨起着重要作用有关系。然而如果对照其他敦煌画的例子，此处千臂千钵文殊菩萨像与千手千眼观音菩萨像均为补填画面上方空隙而绘，如此解释其绘制理由更为恰当。

649

由上可知，唐代以及五代、宋初三种千臂千钵文殊菩萨图，不仅在外形上大致相仿，而且其外形也与《千钵文殊经》中记载的形式大体一致。这些图例的出现，为密教图像增添了又一种尊像，而这类尊像曾经是不为人知的。这一结果也证明了此尊像与相关仪轨之间的联系。

第三节　千手千眼观音菩萨图

650

唐代绘画名手范琼、左全、张南本等所绘大悲变相壁画曾于圣慈寺及圣兴寺存有几组，此事记于《益州名画录》中：

范　琼　　大圣慈寺　　大悲变相

圣兴寺大殿　大悲变相

左　全　　大圣慈寺　　文殊阁东畔水月观音、千手眼大悲变相。

张南本　　大圣慈寺　　华严阁下东畔大悲变相。

根据左全"千手眼大悲变相"的记述知，大悲变相在观世音菩萨中具有千手千眼。同时从敦煌画中存有大悲菩萨铺变千手千眼观音曼荼罗（附图一七四）一事，以及敦煌千佛洞大历十一年（776）李大宾建立《唐李府君修功德碑》碑文中记有当时所绘千手千眼观音菩萨被称以大悲的事实，亦可明了其像具有千手千眼。《唐李府君修功德碑》记：

画报恩天请问普贤菩萨文殊师利菩萨东方药师西方净土千手千眼观世音菩萨……等变各一铺……报恩天则请问六牙象宝摇紫佩以栖真，五色兽王载青莲而捧圣，十二上愿列于净刹，十六观门开其乐土，大悲来仪于鹫岭……（《西域水道记》卷三）

651

由此可知，唐宋时期所称的大悲像、大悲菩萨像、大悲佛铺图、大悲变相、大悲真相等绘画，均指观音菩萨，尤其是具有千手千眼的观音菩萨。《宣和画谱》中随处可见的大悲亦应为千手千眼观世音，据书中记载，尚可知唐代、五代、宋代这一时期大量的千手千眼观音菩萨像由各绘画名家绘制而成，当然其中不免掺杂一些摹本。以下试举其中主要的作品。《宣和画谱》记：

尉迟乙僧　尝于慈惠寺塔前画千手眼降魔像……今御府所藏八……大悲像一。

吴道玄　　今御府所藏九十有三……大悲菩萨像三。

卢楞伽　　今御府所藏一百五十……大悲菩萨像一。

范　琼　　咸通中于圣兴寺大殿画东北方天王并大悲像。

辛　澄　　今御府所藏二十有五……大悲菩萨像二。

朱　繇　　今御府所藏八十有三……大悲像二。

李　昇　　今御府所藏五十有二……象耳山大悲真相一。

杜子瑰　　今御府所藏十有六……大悲佛铺图一，大悲像二。

杜龥龟　　今御府所藏十有四……大悲像二。

曹仲元　　今御府所藏四十有一……大悲像二。

652

王齐翰　　今御府所藏一百十有九……大悲像二。

因此欲知唐宋时代大悲变相的真相，可参考流传到日本的有关图像（《阿娑缚抄》、《觉禅抄》之类，《大正藏》，图像部册 4、图像部册 9 等），或与大悲菩萨相关的仪轨（苏缚罗译《千光眼观自在菩萨秘密法经》、菩提流志译《千手千眼观世音菩萨姥陀罗尼身经》、不空译《千手千眼观世音菩萨大悲心陀罗尼》、不空译《金刚顶瑜伽千手千眼观自在菩萨修行仪轨经》、伽梵达摩译《千手千眼观世音菩萨广大圆满无碍大悲心陀罗尼经》、天息灾译《佛说大乘庄严宝王经》等，见《大正藏》，册 20）。通过其中所记的形象及有关侍者的记述，从某种程度上可推知一二。而从敦煌千佛洞壁画及敦煌出土的许多唐宋时期的绢本、纸本画作中，可以得到最为翔实、确切的认识。尤其值得注意的是，以千手千眼观音菩萨为中心，四周配置诸多菩萨、诸天的曼荼罗式图样，以及与大悲变相之名相称的许多大画面作品。以下列举其中壁画、绢本画、纸本画等十余件作品，对其图画的画面构成以及主尊以下各尊像的外形进行概述：

大英博物馆藏　敦煌出土　绢本着色画　千手千眼观音图（附图一六七）

德里中亚博物馆藏　敦煌出土　绢本着色画　千手千眼观音图（附图一六九）

德里中亚博物馆藏　敦煌出土　绢本着色画　千手千眼观音图（附图一七〇）

德里中亚博物馆藏　敦煌出土　绢本着色画　千手千眼观音图（附图一七一）

吉美博物馆藏　敦煌出土　绢本着色画（天福八年，943）千手千眼观音图（附图一六八）

千佛洞第 72 窟右壁［D99 北壁］千手千眼观音图（附图一七二 a）

653

大英博物馆藏　敦煌出土　麻布着色画　千手千眼观音图（附图一七二 b）

德里中亚博物馆藏　敦煌出土　绢本着色画　绢本着色画　千手千眼观音图（附图一七三 a）

德里中亚博物馆藏　敦煌出土　绢本着色画　千手千眼观音图（附图一七三 b）

吉美博物馆藏　敦煌出土　绢本着色画（太平兴国六年，981）千手千眼观音图（附图一七四）

大英博物馆藏　敦煌出土　纸本着色画　纸本着色画　千手千眼观音图（附图一七五 a）

千佛洞第 171A 窟右壁［D3 北壁］千手千眼观音图（附图一七六 a）

千佛洞第 171A 窟左壁［D3 南壁］千手千眼观音图（附图一七六 b）

大英博物馆藏　敦煌出土　纸本墨画　千手观音持物图（附图一七五 b）

上述图例构图疏密有别，其中有的伴有许多侍者，有的仅是单尊像。以主尊之形大略可分为坐像图（附图一六七至附图一七三 b）和立像图（附图一七四、附图一七五 a、附图一七六 a、附图一七六 b）两种。首先叙述坐像图，按照构图由复杂趋向简单的顺序作一概观。其中图样最为复杂且作为唐代密教画代表的图例为附图一六七。

附图一六七（大英博物馆藏，绢本着色，千手千眼观音图）

图中主尊坐于莲座圆相中，为十一面千手千眼观音（但有大手四十二臂），这一形象见唐苏缚罗译《千光眼观自在菩萨秘密法经》及不空译《千手千眼观世音菩萨大悲心陀罗尼》等。前者记：

于顶上具十一面，各于身上具足四十手，每手掌中有一慈眼。（《大正藏》，册 20，页 120b）

画摩尼与愿观自在菩萨像，作慈悲体身黄金色，顶有十一面，当前三面为菩萨相，右边三面白牙出上相，左边三面忿怒相，当后一面暴笑相，顶上一面如来相，菩萨本面而有三目，以袈裟璎珞环等庄严妙体，坐红莲座处月轮中，半跏而坐右押左。（《大正藏》，册 20，页 121b、页 121c）

四十手的名称记为：

化佛手	羂索手	施无畏手	白（拂）手	榜排手	钺斧手
戟矟手	杨柳手	跋折罗手	金刚杵手	宝剑手	宫殿手
金轮手	宝钵手	日摩尼手	月摩尼手	如意珠手	宝弓手
宝经手	白莲手	青莲手	宝铎手	紫莲手	蒲桃手
莲华合掌手	宝镜手	宝印手	玉环手	胡瓶手	军持手
红莲手	锡杖手	铁钩手	顶上化佛手	数珠手	宝螺手
宝箭手	宝箧手	髑髅手	五色云手（《大正藏》，册 20，页 120a）		

654

后者则在四十手之外加"甘露手"而为四十一手，并一一图示（《大正藏》，册 20，页 117 以下）。四十手或四十一手中的"莲华合掌手"为二，故实际上应有四十一或四十二手更为妥当。附图一六七中四十二手的持物大致符合经中的记述及图样，其中也略有出入，如胸前欠缺以定慧二手所作的莲花合掌手（注三，附图一七〇的情况亦如此）。现试记其大手的状况，右侧除宫殿、白拂子、青莲、日摩尼、榜排、钺斧、髑髅、宝经（或宝箧）、宝镜、宝铎、金刚杵、锡杖、数珠、蒲桃、如意珠、宝棒（？）、宝瓶、红莲等各手外，尚有甘露手及与左手共通的莲华合掌手、宝钵手共计二十一手。而左侧除与右手共通的莲合、宝钵外，尚有化佛、金轮、白莲、月摩尼、跋折罗、铁钩、宝印、五色云、玉环、羂索、宝弓、杨柳、戟稍、宝箭、宝螺、军持、宝剑（？）、紫莲及施无畏等二十一手，合计四十二手。再者，四十二大手的外侧尚绘有小手四百余，作数段重叠，且掌中一一绘有慈眼，以示千手千眼之意，壮观之极。

有关千手千眼观音周围配置的眷属，上述《千光眼秘密法经》有五十八菩萨及二十六天等之说（《大正藏》，册 20，页 126a），更为详细的尊像说明见不空译《摄无碍大悲心补陀落海会轨》（《大正藏》，册 20，页 129b 以下）。而善无畏译《千手观音造次第法仪轨》尤其对附随千手观音的二十八部众加以记述，类似的尚见伽梵达摩译《千手陀罗尼经》所记（注六），现将前者所记列举如下：

1. 密迹金刚士	2. 乌刍君荼央俱尸	3. 摩醯那罗达	4. 金毗罗陀迦毗罗
5. 婆馺婆楼那	6. 满善车钵真陀罗	7. 萨遮摩和罗	8. 鸠兰单吒半祇罗
9. 毕婆伽罗王	10. 应德毗多萨和罗	11. 梵摩三钵罗	12. 五部净居炎摩罗
13. 释王三十三	14. 大辨功德娑怛那	15. 提头赖吒王	16. 神母女等大力众
17. 毗楼勒叉王	18. 毗楼博叉王	19. 毗沙门天王	20. 金色孔雀王
21. 二十八部大仙众	22. 摩尼跋陀罗	23. 散脂大将弗罗婆	24. 难陀跋离陀
25. 修罗	26. 水火雷电神	27. 鸠槃荼王	28. 毗舍阇

现重新观察敦煌画千手千眼观音像（附图一六七）的眷属，与上述二十八部众中的部分一致（如帝释天、功德天、四天王、婆薮仙、神母女、孔雀王、难陀、跋难陀等），同时亦与前述《摄无碍仪轨》中有相通的部分（如意轮观音、慈氏菩萨、婆薮仙人、禅那夜迦、不空羂索观音、势至菩萨、涂香菩萨、乌刍涩摩等）。可见其

绘制依据不甚明确，但大致依据前述的仪轨而绘，应与前述千手观音曼荼罗（《大正藏》，图像部册 4，《曼荼罗集》图像，No.68、No.69、No.70）等一同进行研讨。此图与前述曼荼罗略有不同，不用界线，故诸尊位置比较自由，图中某些部分尚运用近大远小的透视法描绘。图中天盖的上方为五鹅上的"日光菩萨"（右）和五马上的"月光菩萨"（左），天盖左右为"十方化佛"十尊（右五尊，左五尊），下方为"如意轮"（右）和"不空羂索"（左）二观音，以及"涂香"（右）和"散花"（左）二天女，两者对坐，尚有下方"帝释天"（右）和"梵天"（左），以及青黑水牛上的四臂"摩醯首罗"（大自在天，右）和长蛇上的六臂"摩诃迦罗"（大黑天，左），均相对而置。另，主尊莲花座左右绘有"金翅鸟王"（右）、"金色孔雀王"（左）以及四天王等，宝池中有"难陀"、"跋难陀"二龙王，池畔有"贫儿"（右）和"饿鬼"（左），"婆薮仙"（右）和"功德天"（左），最下角有背负火焰的一面六臂"青面金刚"（右）和"火头金刚"（乌枢沙摩）（右），其足下有象头"毗那夜迦"（右）和猪头的"金刚面天"（图中记为"频那勒迦"）相侍。图下端中央部分因有缺失，这一部分的尊像无法得知，但从右侧尚存一尊半身像的榜题知其为"降三世明王"。以下表 6.1 与图 5 为上述诸尊的配置状况以及各尊的榜题文字：

657

表 6.1　附图一六七诸尊尊名及榜题文字表

序　号	尊　　名	榜　　题
1	日天	日光菩萨
2	月天	月光菩萨
3	十方化佛	十方化佛
4	十方化佛	十方化佛
5	如意轮观音	如意轮菩萨
6	不空羂索观音	不空羂索
7	天女	涂香
8	天女	散花
9	帝释天（侍童三）	帝天释
10	梵天（侍童二）	梵天王
11	摩醯首罗（骑三面六臂水牛）	磨醯首罗天王
12	摩诃迦罗（三面六臂）	摩诃迦罗
13	金翅鸟王（一面四臂）	金翅鸟王

658

续　表

序　号	尊　名	榜　题
14	金色孔雀王（三面四臂）	孔雀王
15	四天王及诃利帝母，慈氏，势至菩萨等	（缺）
16	四天王及诃利帝母，慈氏，势至菩萨等	（缺）
17	难陀、跋难陀龙王	（缺）
18	难陀、跋难陀龙王	（缺）
19	贫儿	七宝施贫儿
20	饿鬼	甘露施饿鬼
21	婆薮仙	（不明）
22	功德天	功德天
23	青面金刚	青面金刚
24	火头金刚	火头金刚
25	毗那夜迦	（缺）
26	金刚面天	毗那夜迦
27	降三世明王	降三世
28	（不明）	（缺）

659

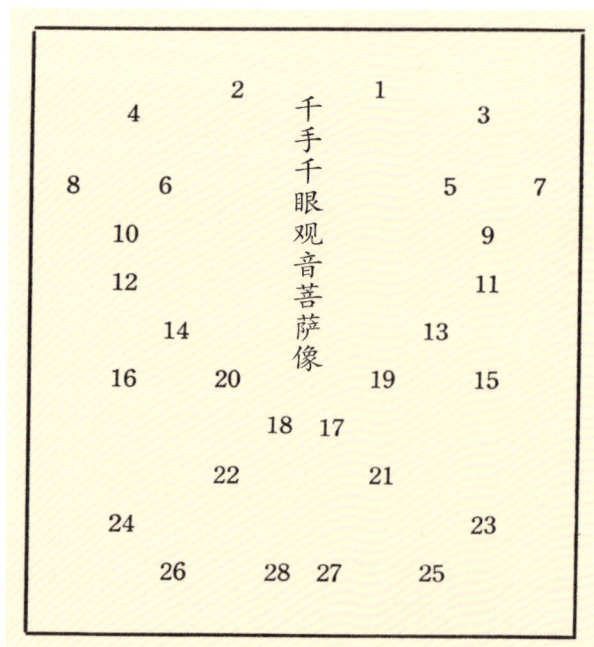

图 5　附图一六七诸尊配置示意图

可见，即便不是曼荼罗，亦在千手千眼观音的周围置以许多菩萨、诸天的绘法在唐代以后极为普遍，且敦煌画中的图例极为丰富，同时高昌地区发现的唐末至宋初的千手千眼观音图（Fig.173、Fig.174、Fig.175）中亦有不少类似的作品，而此件千手千眼观音图笔致精细华美，各尊形象描绘细腻，实属罕见，此可谓唐代密教诸尊像图像研究上不可多得的资料。

附图一六九（德里中亚博物馆藏，绢本着色，千手千眼观音图）

此图与上图相比稍为简略，制作年代在五代左右，而主尊千手千眼观音的描绘较上图更忠实于仪轨。主尊十一面四十二臂，定慧的二手符合诸经所说为莲花合掌，且菩萨的正面绘有三目（附图一六七为二目）。其十一面的排列法与上述之图有别，上图排列为一、三、四、三，而此图则为三、五、三的三段排列。

此铺千手千眼观音像与附图一六七相比，周围的诸尊数量仅有一半不到，排列位置如图6所示，尊名、榜题见表6.2：

660

661

表6.2　附图一六九诸尊尊名及榜题文字表

序　号	尊　名	榜　题
1	日天	日藏菩萨
2	月天	月藏菩萨
3	十方诸佛	南谟十方三世一切诸佛
4	十方诸佛	南谟十方三世一切诸佛
5	广目天	西方毗楼博叉天王时
6	增长天	南方毗楼勒天王时
7	持国天	东方提头赖吒天王时
8	多闻天	大圣北方毗沙门天王时
9	水神	水神时
10	地神	地神时
11	火神	火神时
12	风神	风神时
13	帝释天（侍童二）	天帝释时
14	梵天（侍童二）	大梵王时
15	水神（龙王？）	水神时
16	水神（龙王？）	水神时
17	婆薮仙	婆瘦仙时
18	功德天	功德天时
19	火头金刚	火头金刚时
20	火头金刚	火头金刚

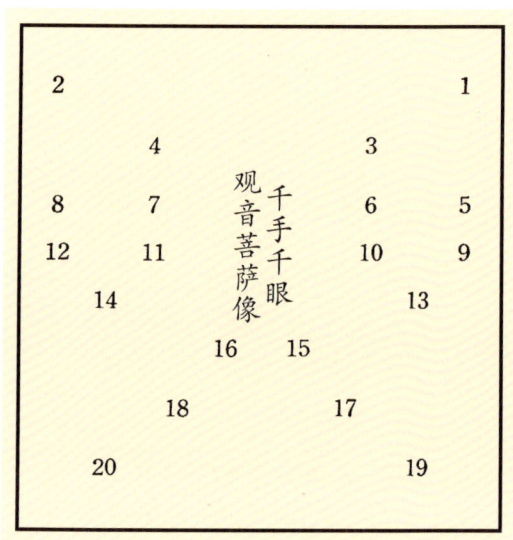

图 6　附图一六九诸尊配置示意图

662

　　图中，相同的火头金刚左右各一的配置应为错误，后述附图一六八及附图一七四中，相对于左侧火头金刚，右侧则为忿怒尊，并有题记"碧（辟）毒金刚"（参见页664、页 673）。

附图一七二 a（千佛洞第 72 窟右壁［D99 北壁］千手千眼观音图）

　　此图中央为千手千眼观音像，其左右配有二十尊像，排列位置如图 7 所示，而各尊榜题中已不见文字，故其尊名难以判定，依其形态仅能判断出二十尊中的几尊：

1. 散花飞天	11. 菩萨
2. 飞天	12. 菩萨
3. 四天王之一	13. 婆薮仙
4. 多闻天	14. 功德天
5. 菩萨	15. 龙王（？）
6. 菩萨	16. 龙王（？）
7. 菩萨	17. 忿怒尊
8. 菩萨	18. 忿怒尊
9. 忿怒尊	19. 毗那夜迦（？）
10. 忿怒尊	20. 金刚面天（？）

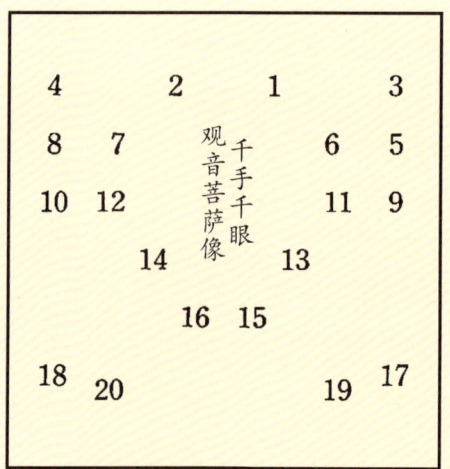

图 7　附图一七二 a 诸尊配置示意图

Fig.172　吐鲁番出土千手千眼观音　Fig.173　高昌出土千手千眼观音图残片
图

　　主尊千手千眼观音所绘大手数量为四十（或四十一），作为一面像，其与前述二
例（附图一六七、附图一六九）相异。千手千眼观音像有十一面（《千光眼秘密法
经》所记），亦有二十七面（胎藏界曼荼罗）或五百面的例子（《摄无碍大悲心补陀
落海会轨》或《千手观音造次第法仪轨》所记，注一），其中一面像较多，此外如附
图一六八、附图一七一、附图一七二 b、附图一七三 a、附图一七三 b、附图一七四、
附图一七五 a 等敦煌出土千手千眼观音图均为一面像。一面像的绘制依据为唐智通译
《千眼千臂神咒经》卷上或菩提流志译《千手千眼姥陀罗尼身经》等（注二）。

附图一六八（吉美博物馆藏，绢本着色，千手千眼观音图）

　　此图下段有愿文，其末尾题记天福八年（943）七月十三日。主尊千手千眼观
音像与上图相同，为一面三目，宝冠上有化佛，四十一只大手。其中定慧二手为莲
花合掌，理智二手结入定印，此两点皆同于前例，类似图例尚见附图一七一、附图
一七二 b、附图一七三 a、附图一七三 b 等，与《摄无碍经》所说"定慧十莲合，理
智入定印"（《大正藏》，册 20，页 130b）完全吻合。在千手千眼观音像中亦常见有

定慧二手莲合，而理智二手却不结入定印，其二手在同样位置持以宝钵。这一类型
的图例见敦煌壁画附图一七六 a、图一七六 b 及高昌画 Fig.172，或日本唐招提寺金

664 堂千手观音像，这一类型与前述诸例极难区别，但其绘制依据为完全不同的仪轨，
故不可与前述诸例一视同仁，其依据应与《千光眼秘密法经》所说"理智持宝钵，
定慧莲华合"（《大正藏》，册 20，页 125b）相关。又如附图一六七、附图一七〇
中，理智两手持宝钵，与后者近似。

附图一六八中主尊周围的诸尊为十四身，其榜题及尊像的排列（图 8）如下：

1. 北方大圣毗沙门天王	8. 火头金刚
2. 西方毗楼勒叉天王	9. 蜜迹金刚
3. 东方提头赖叉天王	10. 大神金刚
4. 南方毗楼博叉天王	11. 日藏菩萨
5. 婆薮仙	12. 月藏菩萨
6. 大辩才天女	13. 毗那世歌
7. 碧毒金刚	14. 毗那耶歌

665

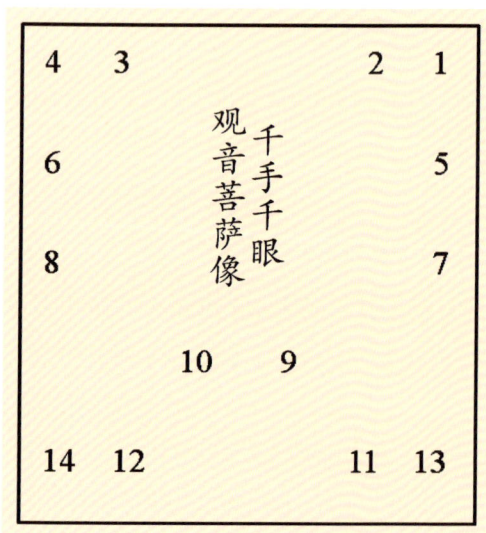

图 8　附图一六八诸尊配置示意图

上述名号存在不妥之处，四天王中西方和南方位置相反，水中二金刚神应为难陀、跋难陀，而日藏、月藏二菩萨依其位置及形象应与前述诸例相同，不是日天、月天，而应为散花天女之类，此外碧毒金刚、毗那世歌二榜题得当与否尚有疑问。图中与婆薮仙对座的辩才天应相当于附图一六七、附图一六九、附图一七四等图中的功德天，紧接附图一七〇亦记为大辩才天女，可见前述功德天并非别号吉祥天的功德天，应为辩才功德天的略称。但是是否应将功德天视作吉祥天或视作辩才天，难以下结论。《千手观音造次第法仪轨》及《阿娑缚抄》中释为吉祥天（注七）。

附图一七〇（德里中亚博物馆藏，绢本着色，千手千眼观音图）

图的下段有"盖闻荡荡三涂"等十八行长篇题记，末尾一行记有年月日，但现仅存"于（时）……"等字，甚为可惜。从供养人的服饰来看，此作作于五代左右，但若与上述附图一六八比较，其画风尚蕴含唐代的轩昂之气。

图中千手千眼观音像为十一面，有三目及化佛，大手四十许。莲花合掌手并未绘于胸前而位于十一面顶上，理智二手持宝钵，此两点类似前述附图一六七。千手千眼观音像四周诸尊中，观者右侧的部分因图缺损而情况不明，左侧部分诸尊尊名及榜题如表6.3所示：

666

表6.3　附图一七〇诸尊尊名及榜题文字表

序　号	尊　名	榜　题
1	（月天）	（缺）
2	日天	（缺）
3	（婆薮仙）	（缺）
4	辩才天	大辩才天女
5	忿怒尊	提头赖吒天王
6	忿怒尊	毗设罗慢怒天王
7	难陀、拔难陀龙王	（缺）
8	难陀、拔难陀龙王	（缺）
9	毗那夜迦	（缺）
10	金刚面天	（缺）

榜题5及6的六臂忿怒尊记为四天王中的持国、多闻两天王的梵名"提头赖吒"和"毗设罗慢怒"（吠室啰末那、吠室罗末拏），此显然有误。若依前例，应以青面、火头两金刚的名号对应忿怒尊像。

667

附图一七二b（大英博物馆藏，麻布着色，千手千眼观音图）

图中敷瓦纹样上运用截金技法，此在敦煌画中比较少见，且绘于麻布上，更属罕见，依其笔致来看其制作年代可推定为唐末。主尊千手千眼观音像一面三目，宝冠有化佛，大手四十二，定慧莲合、理智入定印的形象与《摄无碍经》所说一致。主尊周围有尊像十身，十像皆无榜题，但依其位置（图9）和外形大致可定其尊名（见表6.4）：

表6.4　附图一七二b诸尊尊名及外形表

序号	尊名	外形
1	日天	乘五马
2	月天	乘五鹅
3	婆薮仙	合掌
4	功德天	捧华盘
5	火头金刚	一面八臂（持金轮、三钴、索、长戟）
6	忿怒尊	一面四臂（持跋折罗、三钴、索、数珠）
7	难陀、跋难陀	立于水中
8	难陀、跋难陀	立于水中
9	金刚面天	猪头
10	毗那夜迦	象头

668

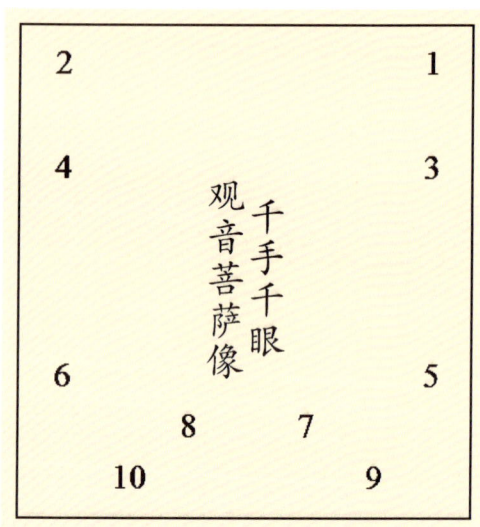

图9　附图一七二b诸尊配置示意图

附图一七一（德里中亚博物馆藏，绢本着色，千手千眼观音图）

图中主尊之形及其周围各尊像的排列方法与上图完全相同，且笔法极为工整，堪称杰作，砖瓦纹样以及虚空的散花纹样大量运用截金技法，制作年代不会晚于唐末。各尊像衣上所施阴影法尤值得注意。唯一遗憾的是榜题文字稚拙且错误百出，无法认读。

中央千手千眼观音像一面三目，宝冠有化佛，大手四十二，定慧莲合、理智入定印与上图完全相同，同时四周的诸尊之数及其种类、形态、持物、位置等均相同（其中仅婆薮仙的姿势略有不同），两图可以想象是依同一粉本而作。所记文字有三，婆薮仙旁为"婆首先"，八臂忿怒尊傍为"火头金刚大……"、"火头刚金大……"

附图一七三a（德里中亚博物馆藏，绢本着色，千手千眼观音图）

中央主尊与前述二图（附图一七一、附图一七二b）基本相同，其上方左右为散花飞天，下方左右二忿怒尊相对而立，一为一面三目四臂似乌枢沙摩（持物：跋折罗、索、数珠，左），一为一面三目四臂似青面金刚（或六臂，持物：三股叉、

轮、索，右），池中绘婆薮仙（右）和功德天（左），构图比较简单，制作年代亦与
上图接近，为唐末五代时期，但此作实非上乘，且无榜题。忿怒尊身后火焰绘为迦
楼罗焰之形，作为此种火焰的例子，需引起注意。

669

附图一七三 b（德里中亚博物馆藏，绢本着色，千手千眼观音图）

此图构图极为简单，除千手千眼观音像以外并无其他尊像（下方所绘为男女供
养人），制作年代较晚，可推定为五代末宋初。千手千眼观音像与附图一六八、附
图一七一、附图一七二 b、附图一七三 a 相同，一面三目，宝冠有化佛，定慧莲合、
结理智入定印，大手四十，其周围伸出许多小手，各手均绘有眼睛。上述诸图的粗
略之处在此更为醒目，绢布的接缝亦不甚仔细。

以上为千手千眼观音坐像的实例，而敦煌画中尚有几件立像图例，其中制作最
为精细的一件属附图一七四，为一杰作。

附图一七四（吉美博物馆藏，绢本着色，千手观音图）

图下方有大篇誓愿文，连绵二十四行，末尾记太平兴国六年（981）六月十五
日。主尊千手千眼观音像非坐像，而是立像，值得注意。若依《千手观音造次第法
仪轨》，有必要取以"结跏趺坐"之形（注四）；依《千光眼秘密法经》则需取"半
跏座"之形（注五）。而《千眼千臂观世音菩萨陀罗尼神咒经》、《千手千眼姥陀罗
尼身经》、《摄无碍大悲心补陀落海会轨》等经典并未指定其必须为坐像（《大正藏》，
册 20，页 87b、页 93c、页 101b）。因此，制作立像千手千眼观音像亦有可能，除坐
像以外，此处附图一七四千手千眼观音像，以及附图一七五 a、附图一七六 a、附图
一七六 b 等其他敦煌画，尚有日本唐招提寺金堂千手千眼观音像均为立像。另，高
昌画中的千手千眼观音像亦有坐像（Fig.172）、立像（Fig.173、Fig.176）两种。

670

附图一七四千手千眼观音像一面三目，宝冠有化佛，大手四十二，定慧莲合、
结理智入定印。像外周有许多小手，掌中各绘慈眼，为常见的形象。然而此图令
人感到特殊的一点在于发髻之顶尚置一化佛（立像），这一表现不外乎是沿袭附图
一七五 a、附图一七六 a、附图一七六 b 等敦煌画千手千眼观音立像或 Fig.172 高昌
画千手千眼观音像等有手捧于头上位置的化佛（即《千光眼秘密法经》所说"顶上
化佛手"），而此处却忘记了其本来的意义。

671

此件千手千眼观音像四周的眷属之数、种类及位置大略同于前述附图一六七，
且有尊名及其榜题，如表 6.5 所示，其配置见图 10：

表6.5　附图一七四诸尊尊名及榜题表

序　号	尊　名	榜　题
1	飞天	飞仙赴会
2	飞天	飞仙赴会
3	十方佛	五方佛来会时
4	十方佛	五方佛来会时
5	天女（持华盘）	华严菩萨助会
6	天女（持华盘）	莲华胜菩萨助会
7	梵天（侍童二）	梵（？）天（？）王助（？）会
8	帝释天（侍童二）	天帝释助会
9	如意轮观音（一面六臂）	如意轮并助会
10	不空罥索观音（一面六臂）	不空罥索并助会
11	摩醯首罗（一面四臂）	摩醯首罗守护我会
12	摩诃迦罗（一面八臂）	迦毗罗神助会时
13	诃利帝母（抱持二儿）	欲界天女赴会
14	慈氏菩萨（如来形）	慈氏菩萨助会
15	势至菩萨	大势至菩萨助会
16	守护神	神名金头陀守护我会
17	毗楼勒叉天	南方毗楼勒叉天王
18	提头赖吒天	东方赖叉天王
19	毗楼博叉天	西方毗楼博叉天王
20	毗沙门天	北方毗沙门天王
21	金翅鸟王（金翅鸟上三面六臂）	金翅鸟王菩萨助会
22	金色孔雀王（孔雀上三面六臂）	孔雀王菩萨助会
23	贫人	贫人乞钱时
24	饿鬼	饿鬼乞甘露时
25	婆薮仙（跪坐合掌）	婆薮仙赴会
26	功德天（捧持花盘）	功德天女赴会
27	忿怒尊（一面六臂）	辟毒金刚守护我会
28	忿怒尊（一面六臂）	赤声金刚守护我会
29	金刚面天（猪头）	毗那鬼父
30	毗那夜迦（象头）	夜迦鬼母
31	菩萨形象（一面四臂）	三昧世尊来我会时
32	菩萨形象（一面六臂）	降三世守护我会

672

673

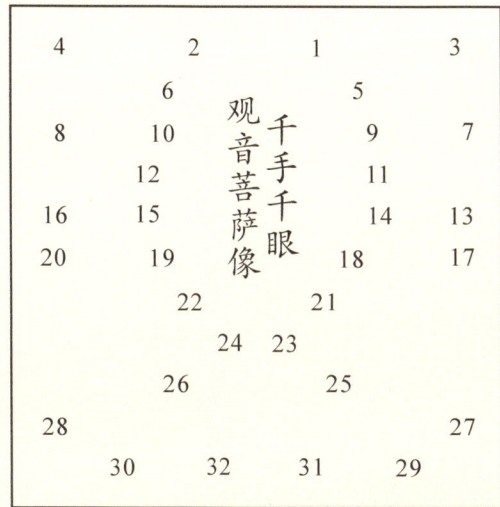

图 10
附图一七四诸尊配置示意图

Fig.174　柏孜克里克壁画千手千眼观音图下部残片

上述 12 摩诃迦罗的榜题为"迦毗罗神助会时"，此明显有误，又 13、16、29、30、31、32 等榜题是否确切，亦有疑问。然而就千手千眼观音图而言，配置如此众多的眷属实属罕见，此与敦煌画附图一六七一起，值得重点关注。图中诸尊像的种类以及排列方式与 Fig.174 高昌画几乎相同，亦值得注意。Fig.174 为残片，现仅存千手千眼观音像莲座以下的部分，池中绘有难陀、跋难陀二龙王，池畔有婆薮仙（右）、功德天（左），其外侧为一面六臂二忿怒尊及象头毗那夜迦（右）和猪头金刚面天（左），再者其上方有金翅鸟（或孔雀）上的金翅鸟王（或金色孔雀王，右）

674

Fig.175　高昌出土千手千眼观音像残片

和水牛上的大自在天（左）。另，Fig.175 高昌出土的千手千眼观音图残片中亦有许多尊像与敦煌画中图例相通，且排列位置变化不大，其尊像为四天王、摩诃迦罗、忿怒尊（仅见火焰和手）等，图中的位置与敦煌画图例极为相似。

附图一七五 a（大英博物馆藏，纸本着色，千手千眼观音图）

　　图中千手千眼观音像配以婆薮仙和功德天二像，构图简单，这一搭配与胎藏现图虚空藏院以及 Fig.172 高昌画结构相同。其中婆薮仙特意绘于千手千眼观音之旁，其依据见《阿娑缚抄》，记该仙人在补陀落山结草庵而居，但这一说明是否恰当，尚无法定论。又有见解认为此处所置功德天应为吉祥天（《千手观音造次第法仪轨》中视功德天为多闻天之妃，即为吉祥天，注七），如果此见解可行，在兄长婆薮仙处加绘其妹吉祥天亦未为不可，然而此说是否正确尚无法断定。在附图一七〇及附图一六八千手千眼观音图中，此天不为吉祥天，据其榜题应为辩才天，据此可见，有关婆薮仙和辩才天的出现，又不得不视为另一种情况。这种情况下，婆薮仙与辩才天均与水有关系，故亦可解释其何以被选为补陀洛迦灵池中观世音菩萨的侍从。《千手千眼大圆满无碍大悲心陀罗尼经》或《千手观音造次第法仪轨》中记述婆薮仙为婆驮婆楼那（《大正藏》，册 20，页 108b、页 138b），无疑将婆薮仙和无热恼池

Fig.176　吐鲁番地区出土千手观音图　　　　　　Fig.177　高昌出土千手观音图残片

的龙神波楼那（嚩噜拏，《大正藏》，册 19，《佛母大孔雀明王经》卷上，见龙王名字，页 417b）以及娑駅（婆薮）视为同一人物。另，辩才天梵名萨啰萨伐底，其一般与水有缘，同时亦与婆薮仙一起作为水神有权侍于观世音菩萨近侧。如此，此二者于千手千眼观音图，在敦煌画及高昌画中（附图一六七、附图一六九、附图一七一、附图一七二 a、附图一七四、Fig.172、Fig.174）大多近水边，在附图一七三 a 中，恰如难陀、跋难陀二龙王一般，半身没于池水中。

676

　　此图中主尊一面三目，宝冠有化佛，大手数目四十二以上，约有五十臂，定慧二手莲合胸前，唯缺入定印手，附图一六九与此类似，而高昌画亦有类似例子（Fig.176）。此像尤其值得注意的是其化佛手，其中右侧的大手中亦有一化佛手。又有左右两手高举一化佛在头上方，见于《千光眼秘密法经》所说千手千眼观音四十手中的"顶上化佛手"（《大正藏》，册 20，页 120a）。类似此图具有化佛手的例子，尚有附图一七六 a、附图一七六 b、Fig.172。前述附图一七四顶上的化佛应与此类化佛手的化佛有关，又 Fig.176、Fig.177 高昌出土的千手观音像上举的两只空手亦与此有一定关系。再者，此图（附图一七五 a）千手千眼观音像的大手数目亦达五十，故其持物部分有重复（化佛、跋折罗等），且有不见于一般仪轨中的"笔"。

677

Fig.173、Fig.175 等高昌画中，可发现其中存在以汉译仪轨来看难以理解的持物，如出现于中国绘画上，或可怀疑为画工粗心所致。另，大手外围伸出的小手绘法亦极粗糙，掌中不见慈眼，各个细节体现出小型纸本画简略的特征。此图制作年代约为五代。

附图一七六 a（千佛洞第 171A 窟右壁〔D3 北壁〕千手观音图）

678

此图大致与前述唐及五代敦煌画千手千眼观音图为同一谱系，而尊像的描绘方法却显示出宋代以后的痕迹，与前述诸图不同。主尊千手千眼观音十一面，各面具三目，十一面的排列方式不同于前述附图一六七及附图一七〇的一、三、四、三的四段排列，以及附图一六九所见三、五、三的排列，此图采取一、五、五的三段式排列。主尊大手数量有四十二，顶上十分清楚地绘出化佛手、宝钵手、宝瓶手等，持物十分清楚，但其他的大手中没有持物，大多只有结印。这一点却与高昌画千手千眼观音图（Fig.173、Fig.175、Fig.176、Fig.177）的特色一致，有必要加以注意。主尊四周有八诸尊，虚空二飞天、婆薮仙（右）及功德天（左）、二忿怒尊（皆是一面六臂？）、毗那夜迦（左）、金刚面天（右）。其中毗那夜迦、金刚面天两者并非象头及猪头，而是绘为戴象冠及猪冠的人物，此点亦同于高昌画（Fig.173）。

附图一七六 b（千佛洞第 171A 窟左壁〔D3 南壁〕千手观音图）

此千手千眼观音图与前述壁画相对，绘于窟内左壁。主尊之形几乎同于前图，但四周所绘眷属在功德天（左）的上方加有帝释天，婆薮仙（右）的上方加有梵天（？）。

附图一七五 b（德里中亚博物馆藏，纸本墨画，千手观音契印图）

此图描绘千手千眼观音像的大手以及持物的一部分，可视为不空译《千手眼大悲心陀罗尼》的插图之类。图中绘有三十六手，莲合、甘露、宝印、宝钵、宝铎、五色云、宝弓、玉环、宫殿、宝镜、跋折罗、蒲桃、化佛、宝经、宝箭、杨柳、宝螺、数珠、傍牌、金刚杵、宝剑、髑髅宝杖、宝戟、军持、宝瓶等，尚有三处记有文字——"印首"（印手？）、"弓首"（弓手?）、"赤首"（赤莲手？）。

679

以上对敦煌作品中有关千手千眼观音图（即大悲变相）的实例作一概述，现小结如下：

（1）敦煌画千手千眼观音图种类很多，大体依据汉译仪轨而作，并无显著特殊之例。

（2）各图有疏密之别，但构图大体相同，皆以千手千眼观音像为中心，配以水池及诸眷属。

（3）主尊千手千眼观音像分立像和坐像两种，又有一面和十一面两类。

（4）十一面的排列法为一、三、四、三以及三、五、三，一、五、五三种形式。

（5）大手一般为四十二臂，偶有四十或四十一臂之像。

（6）身前一般定慧莲合、结理智入定印，偶有以宝钵替代入定印，或将莲合移至上方之例。

（7）大手的持物遵循仪轨规定，但其位置在图上并非一定。

（8）眷属之数及种类各不相同，多者超过三十，少者为二，亦有省略的例子。

（9）眷属中最常见的为婆薮仙及功德天二者，其次为四天王、梵天、帝释、日天、月天、二忿怒尊、毗那夜迦、金刚面天、难陀、跋难陀等。

（10）眷属的种类大略在仪轨所说的范围内。

（11）作品大多为唐末至五代年间所绘，其中亦有近盛唐时期之作，尚有属于宋以后的例子。

680

（12）与高昌地区发现的千手观音图可作比较研究。

注

一、《摄无碍大悲心补陀落海会轨》（不空译）：“从此华台心，出现大月轮，中有本尊像，号千手千眼。妙色超三界，金色具晖曜，首持髮髻冠，宝冠绀发垂，顶上五百面，具足眼一千，诸头宝冠中，安住化佛身，身相十百臂。”（《大正藏》，册20，页130a-b）《千手观音造次第法仪轨》（善无畏译）：“其尊之正面天冠上有三重，诸头面之数有五百。”（《大正藏》，册20，页138a）

二、《千眼千臂观世音菩萨陀罗尼神咒经》（智通译）卷上：“次说画像法，谨案梵本，造像皆用白叠，广十肘，此土一丈六尺，长二十肘，此土三丈二尺，菩萨身作檀金色，面有三眼，一千臂，一一掌中各有一眼。”（《大正藏》，册20，页87b）（异本，《大正藏》，册20，页93c）《千手千眼观世音菩萨姥陀罗尼身经》（菩提流志译）：“若画千手千眼观世音菩萨摩诃萨像变者，当用白氎纵广十肘或二十肘，是菩萨身作阎浮檀金色，面有三眼，臂有千手，于千手掌各有一眼，首戴宝冠，冠有化佛，其正大手有十八臂，先以二手当心合掌，一手把金刚杵，一手把三戟叉……”（《大正藏》，册20，页101b）

三、附图一六七、附图一七〇千手眼像均于十一面顶上可见莲华合掌手，而如其他例子，本应位于胸前。

四、《千手观音造次第法仪轨》："上首正体身大黄色，结跏趺坐大宝莲华台上，其华
三十二叶，其一一间有诸小叶，以无量百千大摩尼宝为庄严也。"（《大正藏》，
册 20，页 138a）

五、《千光眼观自在菩萨秘密法经》："坐红莲座处月轮中，半跏而坐，右押左。"
（《大正藏》，册 20，页 121c）

六、参见《千手千眼观世音大悲心陀罗尼经》（伽梵达摩译，《大正藏》，册 20，页 108b）；
《千手观音造次第法仪轨》（善无畏译，《大正藏》，册 20，页 138、页 139）。

七、《千手观音造次第法仪轨》："十四大辨功德婆怛那，帝释天王主之女子大德天女
也，多闻天之大妃也，左手把如意珠，紫绀色也，右手金刚剑。"（《大正藏》，
册 20，页 138b）

八、《阿娑缚抄》卷第八十八："胎现图曼荼罗千手使者，婆苏仙、功德天有之，功
德天新译吉祥天也，吉祥莲花德也，天竺见莲花者称吉祥，仍吉祥天观音所现
云上，依莲花部故欤。婆苏仙有说为奉仕观音，补陀落山麓结草蓭住，可勘正
说，唐本图多画此仙。"（《大正藏》，图像部册 9，页 178b）

第四节　十一面观音图及九面观音图

十一面观音图与千手观音图略有不同，早在所谓密教流行时代之前就有这类造
像，早期的例子留存至今的亦不少，如法隆寺金堂壁画（东面左壁）（《法隆寺大
镜》别集第三），以及同寺旧藏御物槌制金铜板像（《法隆寺大镜》第五十四集）或
细川侯爵藏旧宝庆寺长安三年（703）九月十五日造石雕十一面观音像（《國華》第
501 号），均为早期的代表性图例。且这些造像均为二臂立像，其外形不见有何神
秘，但年代稍晚的密教尊像，其神秘色彩逐渐浓厚，四臂、六臂、八臂等造像相应
出现。敦煌画中十一面观音图均为唐末至宋初的作品，因此这些尊像都具有浓厚的
密教图像特色，其一般为六臂或八臂。以下所列十五铺敦煌作品中，前十一铺为六
臂像，后四铺为八臂像：

德里中亚博物馆藏　敦煌出土　绢本着色　十一面观音图一（附图一七七）
大英博物馆藏　敦煌出土　绢本着色　十一面观音图一（附图一七九）

681

682

德里中亚博物馆藏　敦煌出土　纸本着色　十一面观音图一（附图一八一a）

德里中亚博物馆藏　敦煌出土　麻布着色　十一面观音图一（附图一八二a）

大英博物馆藏　敦煌出土　绢本着色　十一面观音图一（附图一八三a）

德里中亚博物馆藏　敦煌出土　绢本着色　十一面观音图一

德里中亚博物馆藏　敦煌出土　麻布着色　十一面观音图二

德里中亚博物馆藏　敦煌出土　纸本着色　十一面观音图三

大英博物馆藏　敦煌出土　绢本着色　十一面观音图一（附图一七八）

大英博物馆藏　敦煌出土　绢本着色　十一面观音图一

吉美博物馆藏　敦煌出土　绢本着色　十一面观音图一（附图一八〇）

千佛洞　第102窟右壁［D76北壁］十一面观音图一（附图一八一b）

683

而汉译经典中十一面观音形象一般为二臂，北周耶舍崛多译《佛说十一面观音神咒经》记：

> 须用白旃檀作观世音像，其木要须精实，不得枯箧，身长一尺三寸作十一头，当前三面作菩萨面，左厢三面作瞋面，右厢三面似菩萨面狗牙上出，后有一面作大笑面，顶上一面作佛面，面悉向前后着光，其十一面各戴花冠，其花冠中各有阿弥陀佛。观世音左手把澡瓶，瓶口出莲花，展其右手以串璎珞施无畏手。（《大正藏》，册20，页150c）

由此可见十一面观音为二臂，其左手持莲花澡瓶，右手作施无畏相（前述法隆寺壁画等大致依此而作）。玄奘译《十一面神咒心经》及阿地瞿多译《十一面观世音神咒经》（《陀罗尼集经》卷四）所记基本与耶舍崛多译经相同（注一）。唯有不空译《十一面观自在菩萨心密言念诵仪轨经》卷上所述为十一面四臂，右边第一手念珠，第二手施无畏，左边第一手持莲花，第二手持水瓶的观音像。如下：

684

> 若欲成就者，以坚好无隙白檀香，雕观自在菩萨身，长一尺三寸，作十一头四臂，右边第一手把念珠，第二手施无畏，左第一手持莲花，第二手持君持，其十一面当前三面作寂静相，左三面威怒相，右三面利牙出现相，后一面作笑怒容，最上一面作如来相，头冠中各有化佛。（《大正藏》，册20，页141b）

有关六臂及八臂十一面观音的仪轨今已不存，且一般图例中十一面观音亦以二臂及四臂居多。二臂像如前述法隆寺壁画、御物槌制像、宝庆寺像以外，尚有庆州石窟庵一像（《朝鲜古迹图谱》卷五，页 568）、日本大和圣林寺一像（《日本国宝全集》卷二十五）等，均年代较早，另包括《别尊杂记》、《觉禅抄》、《阿娑缚抄》等所收的许多图例（《大正藏》，图像部册 3，页 243—244；《大正藏》，图像部册 4，页 808—810；《大正藏》，图像部册 9，图像 No.29 等）。四臂像以胎藏现图曼荼罗苏悉地院的像为首，《别尊杂记》、《觉禅抄》、《阿娑缚抄》等亦有不少图例（《大正藏》，图像部册 3，页 242；《大正藏》，图像部册 4，页 811—814；《大正藏》，图像部册 9，图像 No.28），但一般不见六臂及八臂的例子。

如上所述，十一面观音像一般是二臂、四臂，这样来看，敦煌画例中的六臂、八臂像应该是不空羂索观音，因为不空羂索观音普遍为六臂、八臂甚至有具备十一面的例子——虽然这种情况十分罕见。菩提流志所译《不空羂索神变真言经》便记有十一面不空羂索观音的图例（《大正藏》，册 20，页 292b）。又以后世实际存在具有十一面的不空羂索观音来看（筑紫观世音寺本堂不空羂索观音立像即为其例，注五），敦煌画出现的许多十一面六臂或十一面八臂的观音恐怕均为不空羂索。而这样以怀疑的眼光审视这一问题时，不禁又心生另一个疑虑——或许这些敦煌画例应为千手观音，见附图一八一 b 十一面八臂观音像两侧小图，为后述《千手眼广大圆满无碍大悲心陀罗尼经》（伽梵达摩译）或《千手眼大悲心陀罗尼》（不空译）所说的有关"不受十五种恶死"的图像，从这一点来看，十一面八臂像应为千手观音。如此看来，关于图例的解释可有数个，然而这些图例又各有特色，另见西藏十一面观音大多类似 Fig.178 所示，为八臂像（注二），综合这些因素并将视野扩展开来判断的话，敦煌画十一面六臂或八臂像暂时定为十一面观音比较稳妥。因此，此处将集中论述上面这些图例，不涉及千手千眼观音或不空羂索观音。以下为各个图例及其特色，首先例举"六臂像"。

一、六臂像

附图一七七（德里中亚博物馆藏，绢本着色，十一面六臂观音图）

主尊十一面观音跌坐于宝池中涌出的大莲花上，为六臂。十一面的排列方式为一、二、五、三形式，与附图一八一 b、一八二 a 相同。敦煌画十一面观音像除遵循此排列之外，尚有三、五、三的形式，附图一七八、附图一七九、附图一八一 a 等即为其例。胎藏现图曼荼罗及敦煌画千手千眼观音像中有依后者排列的十一面的例子（附图一六九），而前者尚未见相关图例，但高昌出土的唐画中存在如 Fig.179 这样的例子，由此可见此排列方式亦在唐代广泛使用。一体十一面观音像的十一面排列

685

686

687

Fig.178　西藏十一面观音像　　　　Fig.179　高昌出土十一面观音画像

方式在前述诸仪轨《十一面观世音神咒经》、《十一面观自在菩萨心密言念诵仪轨经》、《十一面神咒心经》、《陀罗尼集经》卷四中记述均相同，即"当前三面、左三面、右三面、后一面、顶上一面"，即 一、十呈二段排列。然而这一排列实际制作时相当困难，如《别尊杂记》所绘十一面观音图（《大正藏》，图像部册3，页243）即为其例，而古来完全遵照仪轨进行制作的例子极为少见。世间所传的大部分十一面观音像十一面的排列方式完全随心所欲，大致分为三段、四段、五段三种。三段形式中，除前述敦煌画中的三、五、三及一、五、五外，尚有一、七、三（法隆寺金堂壁画），五、五、一（法隆寺押出像），一、九、一（《觉禅抄》）等形式。四段形式中，除敦煌及高昌画 一、二、五、三之外，亦有一、二、七、一（《别尊杂记》），一、四、五、一（宝庆寺像）等形式。五段形式以西藏十一面所常见的一、一、三、三、三（Fig.178）为标准，《觉禅抄》尚有一、三、三、三、一及一、一、七、一、一等（《大正藏》，图像部册4，页808、页821）十分罕见的形式。由此可见十一面观音的排列方式完全不受仪轨约束，甚至罕见两像具备相同的排列形式，而敦煌画大致固守三、五、三和一、二、五、三两种形式，并且可从高昌画及胎藏现图曼荼罗中可以找到类似例子，证明敦煌画十一面像并非孤立之作，这一点不禁令人甚感鼓舞。

附图一七七十一面观音像为六臂，其六手中有二手高举日摩尼（右）、月摩尼

688 （左），二手于胸前开掌并持莲茎，二手如莲花合掌安于下腹部。其六臂数目以及前述千手千眼观音像中大手的位置、印相及持物上均有相似之处，尤其是手举日月两像一点与敦煌画所有的十一面观音像相同。而其持物却与十一面仪轨并非一致，仪轨所说的二臂、四臂的持物即如前述莲花、念珠、君持瓶等，此图仅莲花与仪轨一致。附图一七八、附图一八二 a 十一面观音像以念珠和水瓶为持物，似乎与十一面仪轨所说一致，如此图例作为敦煌画十一面像而言却不多见。

主尊十一面观音四周所绘眷属诸尊的排列方式大致与千手千眼观音图类似，而这些尊像的种类未必相同。上方天盖左右为十方佛，一面五尊，主尊左右为四天王，左右各二，这一配置方式可令人联想到千手千眼观音图，然而四天王以下排列的十四尊菩萨均缺乏个性，几乎不可能一一确定其名号。其与千手千眼观音图中形态各异、充满个性的诸尊像相比，可谓有天壤之别。此图的制作年代应在五代左右，制作简陋，其与前述工艺秀美的附图一六七千手千眼观音图难以相提并论。此图下方绘有供养人，右边为四男像，左边为四女像，中央题记栏和各像的榜题栏中没有记述文字。

689 **附图一七九（大英博物馆藏，绢本着色，十一面六臂观音图）**

下段题记栏中记后周显德四年（957）四月十日敬画的字句。主尊为十一面六臂观音像，十一面的排列方式异于前者，与胎藏现图曼荼罗相同，采取三、五、三的排列形式。六臂中上、中四臂的位置及持物同样是日、月两象及莲花，其下二臂左右伸出，右手持水瓶，左手把杨柳，其日象、月象的位置亦与前图相反。敦煌画千手千眼观音图亦如此，日象、月象的位置左右不定，日象有时绘于观者右方（附图一七七、附图一八一 a、附图一八二 b），有时相反（附图一七八、附图一七九、附图一八〇、附图一八一 b、附图一八二 a）。

主尊十一面观音跌坐于莲花上，莲花异于前图，其并非由宝池中长出；主尊前设台，替代宝池。天盖左右各置一身飞天，主尊两侧各置两身合掌及献花的菩萨，各尊旁记有"南无不休息菩萨"（右上）、"常精进菩萨"（左上）、"南无妙吉祥菩萨"（右下）、"南无如意轮菩萨"（左下）（关于不休息菩萨、常精进菩萨等参见第三章第六节）。

附图一八一 a（德里中亚博物馆藏，纸本着色，十一面六臂观音图）

十一面六臂观音像单独描绘的仅有此例，其下段有乙卯年（显德二年，955）十月二十日的题记。十一面的排列形式为三、五、三三段，本面具三目。六臂中的日月两摩尼手与其他图例相同，中段两臂的右手捻大小两指做施无畏印，左手掌上托莲花，下段两臂左右伸出，右手与愿印、左手执羂索。其中施无畏手、莲花手等与十一面仪轨一致。依据仪轨，羂索可视为念珠的变形，但其他亦有持羂索的十一面观音图例（附图一七八），故并非不可。

附图一八二 a（德里中亚博物馆藏，麻布着色，十一面六臂观音图）

同样是十一面六臂观音像，图中没有侍者眷属，然而作为立像图例，此图值得一记。图中无纪年，但可视为五代左右的作品。麻布上绘竖长形式的图像，类似于幡，亦可称为麻布画。十一面的排列与敦煌画附图一七七、高昌画 Fig.179 相同，为一、二、五、三四段形式，六臂亦如一般的图例，有日摩尼（左）、月摩尼（右）两手，中段两臂举于胸前，中指、无名指弯曲而立小指，另外二臂垂于身侧，右手执念珠、左手执水瓶（水瓶描绘呈玻璃材质，值得注意）。念珠及水瓶与十一面仪轨所说的持物一致。下段为供养人，右侧列三男像、左侧三女像；中央设题记栏，但无文字。

附图一八三 a（大英博物馆藏，绢本着色，十一面六臂观音图）

此图描绘简陋，但仍可定为十一面六臂观音像。其细部描画极为简略，故不能确定其十一面的排列方式，六臂仅见手掌的轮廓，大略为上段右手执月摩尼，左手执日摩尼，中段二臂屈于胸前，如阿弥陀佛上品中生来迎印形式（见附图一七七、附图一七八、附图一七九、附图一八〇、附图一八一 b、附图一八二 a），不执莲茎，另外二臂左右伸出，手掌向上（见附图一七八、附图一七九），没有持物，所有细节均被省略。然而左右侍立的合掌二菩萨旁各自题有"日藏菩萨"（左）和"月藏菩萨"（右），下段左侧尚绘有一合掌而坐的菩萨，旁记"弥勒菩萨"。此三尊是否与《陀罗尼集经》卷四中所说十一面中心"十一面曼荼罗"的弥勒菩萨、日天、月天（《大正藏》，册 18，页 815a–b）有所联系，因为具备侍从菩萨的例子不见于其他敦煌画十一面观音图中。其下段中央的题记栏依次记述如下：

躬吉庆舍宅安和虔心供养
躯奉为国安仁太社稷恒昌次为己
清信佛弟子僧元惠敬画观音菩萨一

其右侧所绘持柄香炉的比丘肩上有题记"沙弥留通"。此图的制作年代可推测为五代前后，或可上溯至唐末。

690

691

二、八臂像

以上所述为十一面六臂观音图，其次为十一面八臂观音图。

692

附图一七八（大英博物馆藏，绢本着色，十一面八臂观音图）

此图眷属数较前述附图一七七略少，但图面相比前图更大，其中眷属的种类多变，不仅各记有尊名，而且诸菩萨所佩带的璎珞镮钏以及主尊衣裳绶带的纹样上均施以箔片，其画法值得注意。图下段中央从左至右分十二行记有长篇题记，末尾写"九月二日题记"，而最为重要的纪年已失，恐其为五代之作。

主尊趺坐于宝池中挺立的莲花上，为十一面八臂观音像，十一面的排列同于附图一七九、附图一八〇、附图一八一a或胎藏现图曼荼罗的十一面观音像，为三、五、三的三段形式，八臂的持物如下：

左手　月象　莲花　宝珠　数珠
右手　日象　莲花　宝瓶　羂索

持物中莲花、宝瓶、数珠三者与十一面仪轨所说一致，然而统观八臂，似乎与千手千眼观音像的四十大臂有所联系。主尊十一面的左右置有二十尊像，其位置如图11所示，外形及榜题如表6.6所示：

表6.6　附图一七八诸尊尊名及榜题表

693

序　号	尊　名	榜　题
1	十方佛	（缺）
2	十方佛	
3	四天王中的二尊	南方比楼博叉天王
4	四天王中的二尊	东方提头赖咤天王
5	舍利弗（合掌）	舍利弗智慧第一
6	须菩提（合掌）	须菩提解空第一
7	延寿命菩萨	南无延寿命菩萨
8	常精进菩萨	南无常精进菩萨
9	如意轮菩萨	南无如意轮菩萨
10	常举手菩萨	南无常举手菩萨
11	蜜迹金刚（一面六臂）	护法大圣蜜迹金刚
12	大力金刚（一面四臂）	南无护法大圣大力金刚

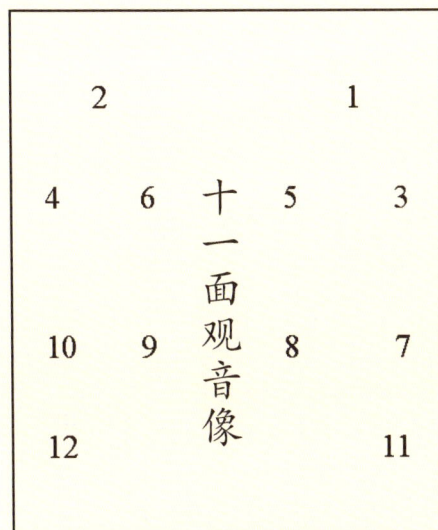

图 11
附图一七八诸尊配置示意图

　　其中延寿命、常举手两菩萨于第三章第六节已述，其他如南方比楼博叉天王为西方比楼博叉天王之误。11 及 12 处的忿怒尊附有密迹金刚、大力金刚之名，但并不能被看作是金刚力士，若根据千手千眼观音图，忿怒尊应记为火头金刚、青面金刚等名字，才能与《陀罗尼集经》卷四所说十一面曼荼罗的火头金刚及青金刚（《大正藏》，册 18，页 815a-b）相一致。图中有舍利弗和须菩提一点略显不可思议，然而这类敦煌画常常不拘泥于常理，反为其一大特色，与日本严谨的密教绘画等有所区别。另，下段中央铭文各行均有缺失，甚难辨认，由第一行可知是由敦煌李文定发愿绘成。左右供养人中，男像中央即为李文定，其榜题记"清信男敦煌卿书手李文定一心供养"。

694

附图一八〇（吉美博物馆藏，绢本着色，十一面八臂观音图）

　　此图与前述十一面八臂像极为相似，十一面的排列及持物两者几乎相同（无宝珠手，多一莲花手），制作年代亦应相同。但此图眷属较少，仅有天王、菩萨、忿怒、飞天女、龙王各二，共计十身。下段绘有押衙程恩信及其亡姊大乘寺妙达尼二像。

附图一八一 b（千佛洞第 102 窟右壁［D76 北壁］十一面观音图）

　　此图绘于附图六五华严经变相相邻的壁面，为十一面观音像，五代时期制作。其虽与前述之像同绘有八臂，但为立像，且十一面的排列方式以及八臂的持物均与前像

695 有所不同。前像十一面为三、五、三的排列方式，但此图与附图一七七、附图一八二a、Fig.179 等相同，采取一、二、五、三的四段形式。八臂中的日摩尼手、月摩尼手、两莲花手、念珠手等与前像相同，另外三手持锡杖、宝戟、宝轮。由于其持物皆属于千手眼仪轨所说的千手千眼观音的持物，故此处所见的十一面八臂观音令人怀疑或许为千手千眼观音的简略形式。此疑问又从此像左右所绘数段小图题记而加深。

此壁画壁面损毁，下半缺失，十一面像的左侧分上下四段，右侧分上下五段，绘有人物、家屋、树木等小图，各图之旁有长条榜题且记有文字，其中左侧第二段为：

八者不为毒药所中死

右侧的第二段、第三段、第四段分别为：

十四者不为恶病缠身死
十五者不为非分自害死
□者不令其人……

由此四句可知为《千手眼广大圆满无碍大悲心陀罗尼经》（伽梵达摩译）或《千手眼大悲心陀罗尼》（不空译）所说"不受十五种恶死"中的第一、第八、第十四、第十五等四种恶死，经中所说的"十五种恶死"如下：

696

一者不令其人饥饿困苦死。　　　二者不为枷禁杖楚死。
三者不为怨家雠对死。　　　　　四者不为军阵相杀死。
五者不为虎（犲）狼恶兽残害死。　六者不为毒蛇蚖蝎所中死。
七者不为水火焚漂死。　　　　　八者不为毒药所中死。
九者不为虫毒所害死。　　　　　十者不为狂乱失念死。
十一者不为山树崖岸坠落死。　　十二者不为恶人厌魅死。
十三者不为邪神恶鬼得便死。　　十四者不为恶病缠身死。
十五者不为非分自害死。（《大正藏》，册 20，页 107b、页 116a）

"不受十五种恶死"及"十五种善生"皆是给予诵持千手千眼观音大悲心咒之人的功德。十一面观音为十种胜利（十种果报）及四种功德（四种果报、四种功德胜利，注三），不空羂索观音为二十种胜利（二十称叹功德胜利、二十种功德胜利、二十种功德、二十胜利）和八种法（八法、八种善相，注四），两者均与千手千眼观音不同。由于图中有属于千手千眼观音的"十五种恶死"，故此十一面八臂观音须定为千手千眼观音。若为十一面观音，需以"十种胜利"替代"十五种恶死"，不过此处可不必如此保守，此观音像八臂的位置及其持物、恶死图像的配置如 Fig.180 所示。

据此可见，恶死图像未必是从第一至第十五依次正确排列，大致为一边八段，另一边七段，共计十五段，依不同顺序而绘，类似的例子尚有《法华经》普门品救苦观音图中诸危难画面（附图四○ c 至附图四五 ）。八臂持物中，宝轮的出现不见于其他敦煌画十一面观音，然而西藏的十一面观音中，如 Fig.178 所见，宝轮一般与数珠、花、弓箭、君持瓶等一同出现，而且宝轮上附柄一点，亦完全同于此例敦煌画，故难以得知两者之间隐含的关系。

敦煌画十一面观音图例大致如上所述，现将其特色作一简单归纳：

（1）敦煌画十一面观音像中没有依据十一面仪轨的二臂、四臂的图例，一般为六臂或八臂。

（2）其中尚有可视为千手千眼或不空羂索观音像的图例。

（3）亦有与西藏式十一面观音相通的图例。

（4）十一面的排列有三、五、三的三段形式，一、二、五、三的四段形式等。

（5）六臂或八臂中，最上位置的左右双手必为日摩尼、月摩尼两手，第二段中左右两手一般于胸前左右伸展。

（6）持物除日、月两象外，以莲花、数珠、君持瓶等为主，其他可见宝戟、锡杖、羂索、宝轮、杨柳等，此皆包含于千手千眼观音的持物中。

（7）眷属数目及种类不定，有类似千手千眼观音图的例子，但大部分并不十分严谨。

697

698

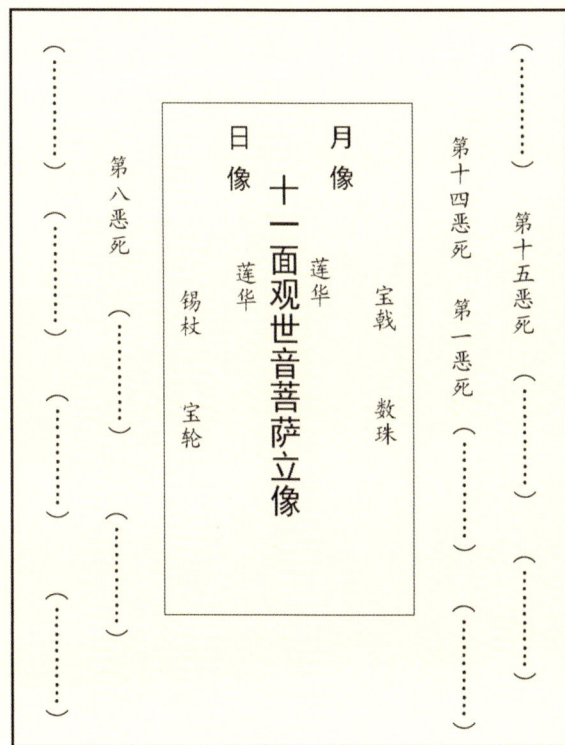

Fig.180　附图一八一 b 解说图

（8）现存图例几乎均为五代时期所作，仅有一二例为唐末之作。

另，此处尚有九面观音像，其应与十一面观音像受到同样重视，附图一八二 b 即为其中一例。观音菩萨立于宝池中的大莲花上，身后为竹林（？），六臂（日象、杨、花、月象、花、瓶）九面，其旁题"南无救苦观世音菩萨"。菩萨左右侍立二童子，旁记"南无善童子"和"南无恶童子"。据《大佛顶首楞严经》（般刺蜜帝译）卷六所述观音的形象"或现一首、三首、五首、七首、九首、十一……"（《大正藏》，册 19，页 129c）来看，理应存在九面观音像，据传法隆寺现藏一铺精美的唐代制作的小檀像（《日本国宝全集》卷二十八），而此处所见敦煌画六臂像并不一定遵照九首观音仪轨而制，或许为十一面观音像左右两面缺失的一件特殊之像。

注

一、《十一面神咒心经》（玄奘译）："应当先以坚好无隙白栴檀香，刻作观自在菩萨像，长一搩手半，左手执红莲花军持，展右臂以挂数珠，及作施无畏手，其像作十一面，当前三面作慈悲相，左边三面作瞋怒相，右边三面作白牙上出相，当后一面作暴恶大笑相，顶上一面作佛面像，诸头冠中皆作佛身。"（《大正藏》，册 20，页 154a）

《十一面观世音神咒经》（《陀罗尼集经》卷四）（阿地瞿多译）："用白栴檀，作十一面观世音像，其木要须精好坚实，不得枯箧，其像身量长，佛一肘（若人肘量二肘一磔），若不得者，一尺三寸作之亦得，作十一面，当前三面作菩萨面，左厢三面当作瞋面，右厢三面似菩萨面，狗牙上出，后有一面当作笑面，其顶上面当作佛面，其十一面各戴华冠，其花冠中，各各安一阿弥陀佛，其像左手把一澡罐，其澡罐口插一莲华，右臂垂下，展其右手，以串璎珞施无畏手，其像身上，刻出璎珞种种庄严。"（《大正藏》，册 18，页 824b）

二、格伦威德尔：*Mythologie du Buddhisme au Tibet et en Mongolie*，Fig.51；G. Roerich：*Tibetan Paintings*，pl.11。

三、《十一面观自在菩萨心密言念诵仪轨经》（不空译）卷上说"十种胜利"、"四种功德"（《大正藏》，册 20，页 140a-b）。《佛说十一面观世音神咒经》（耶舍崛多译）说"十种果报"、"四种果报"（《大正藏》，册 20，页 149b）。《十一面神咒心经》（玄奘译）说"十种胜利"、"四种功德胜利"（《大正藏》，册 20，页 152b）。

四、《不空羂索神变真言经》（菩提流志译）卷一，"二十称叹功德胜利"、"八法"

（《大正藏》，册 20，页 228b-c）。《不空羂索咒经》（暗那崛多译）说"二十种功德"、"八种法"（《大正藏》，册 20，页 399c、页 400a）。《不空羂索咒心经》（玄奘译）说"二十胜利"、"八法"（《大正藏》，册 20，页 403b-c）。《佛说不空羂索陀罗尼仪轨经》（阿目佉译）说"二十种功德胜利"、"八法"（《大正藏》，册 20，页 433b-c）。《佛说圣观自在菩萨不空王秘密心陀罗尼经》（施护译）说"二十种功德"、"八种善相"（《大正藏》，册 20，页 444a-b）。

五、《十卷抄》卷六观音上"不空羂索"："又镇西观世音寺安丈六观音像三体，谓如意轮为中央，其西方立不空羂索丈六像，头上有十一面，身具八臂。"（《大正藏》，图像部册 3，页 30a）

第五节　不空羂索观音图

701

不空羂索观音有一面、三面、四面、十一面及二臂、四臂、六臂、八臂、十八臂、三十二臂等（注一），种类繁多。而从中原、西藏的情况来看，古来最为普通的形式为一面八臂像（Fig.181 为《十卷抄》中一像）。敦煌千佛洞第 16 乙窟入口左前壁〔D129 东壁门南〕绘一不空羂索观音像（附图一八四 b），亦为一面八臂像，与后述如意轮观音像（附图一八四 a）成对，制作年代为中唐或稍晚时期。此像与千手千眼观音像相同，跏坐于宝池中涌立的大莲花座上，着鹿皮衣，宝冠中有化佛，二手举于胸前，拇指和食指相捻；第二手左为宝瓶，右为宝戟；第三手左为数珠，右为杨柳（？）；第四手左为军持，右为羂索。这样的八臂像与菩提流支译《不空羂索神变真言经》卷一及阿目佉译《佛说不空羂索陀罗尼仪轨经》卷上有关：

> 如法图画不空羂索观世音菩萨，如大自在天，首戴宝冠，冠有化阿弥陀佛，被鹿皮衣，七宝衣服，珠璎镮钏，种种庄严，执持器杖。（《大正藏》，册 20，页 232b，页 436c）

其类似大自在天（摩醯首罗天，八臂），戴宝冠，冠有化佛，着鹿皮衣，执器杖，即为此处敦煌壁画中所见的不空羂索观音像。同样的例子以日本东大寺法华堂干漆立像（《日本国宝全集》卷十）、广隆寺木造立像（《日本国宝全集》卷二）等奈良时代的造像为代表，又多见于《十卷抄》、《别尊杂记》、《觉禅抄》等（《大正藏》，图像部册 3，页 30、页 31 之间图像，No.68 及页 276、页 278、页 279、页

702

Fig.181 《十卷抄》所载不空羂索观音图

282、页 283 各图；册 4，页 887 图等），而各个作品的依据都是相同的。大自在天一般为八臂，亦有二臂、四臂、六臂、十八臂等，如果仅以"如大自在天"一句便定其为八臂像恐怕过于草率。《觉禅抄》"不空羂索"一条中，在引用前述《不空羂索神变真言经》之后有如下记述：

> 类秘抄，问云，此像不说手数，是何臂乎，答，庆助已讲说，似大自在天，而彼天三目八臂也，故可有八臂欤，此仪优也。
>
> 私云，今观音在自在天名，三

宝要略下云，大圣不空羂索观自在天王。

以之思之，自在天八臂，此观音所变故欤。

智度论二云，如摩醯首罗天，秦言大自在，八臂三眼，骑白牛。（《大正藏》，图像部册 4，页 886a-b）

可见大自在天的形象以八臂最为普遍，因此根据上述"如大自在天"字句，八臂不空羂索观音像的出现是非常自然的。另，《智度论》卷二中有关于大自在天外形的相关描述：

> 如摩醯首罗天（秦言大自在）八臂三眼骑白牛。如韦纽天（秦言遍闷）四臂捉贝持轮骑金翅鸟。如鸠摩罗天（秦言童子），是天擎鸡持铃，捉赤幢骑孔雀。（《大正藏》，册 25，页 73a）

703   而《不空羂索神变真言经》卷一仅记"执持器杖"，对八手持物没有一一陈述，造成八臂不空羂索观音像的持物并不一致，敦煌壁画中观音像所持为宝瓶、数珠、军持、宝戟、羂索等，而东大寺法华堂主尊的持物则是锡杖、莲花、白拂（恐怕即为当初的持物）等，各有不同。《十卷抄》、《别尊杂记》、《觉禅抄》中的八臂像（Fig.181）大多在羂索之外有锡杖、莲花、白拂三个持物。东寺观智院所藏的图像集里，有以宝经、三叉戟、莲花、军持为持物的八臂不空羂索观音像（《大正藏》，图像部册 12，页 830）。广隆寺像的持物（有后补）为锡杖、三叉戟、莲花、羂索等。如此可见八臂不空羂索观音像的持物各自有别，但从中又可发现也有不少共同的地方，显然在某种程度上是有规律可循的，尚有模仿四臂乃至十八臂像持物的例子。日本的八臂不空羂索观音像几乎所有皆是二手合掌，均依据《不空羂索神变真言经》卷八、卷二十、卷二十一等所说的十臂、十八臂不空羂索观音像"二手当心（当胸）合掌"一节（注一之 8、9）而作（见 Fig.181）。敦煌壁画的不空羂索观音像（附图一八四 b）虽不见二手合掌，但其持物宝瓶、宝戟、数珠、军持、羂索等均可在仪轨所说四、六、八、十、十八臂不空羂索观音像的持物（注一）中找到类似的例子。另，前述西藏的不空羂索观音像亦为一面八臂，有施无畏手、与愿手、羂索手、念珠手、三叉戟手、宝经手、莲花手、军持手八手，着虎皮衣，这些特点均类似于中国中原以及日本的例子（Fig.159，注二）。

敦煌壁画以八臂不空羂索观音像（附图一八四 b）为中心的诸尊排列方式与前述千手千眼观音图（参见附图一六七以下）极为类似，其天盖左右置飞天及日天（左）、月天（右），主尊左右有四天王、婆薮仙（右）、功德天（左），宝池中有难陀、跋难陀二龙王，图的下方左右处有一面四臂的忿怒尊（尊名不详）以及毗那夜迦（左）、金刚面天（右）。各尊旁有长条型的榜题，但其中没有文字，故各个尊名大致推测如此。与千手千眼观音图的情况相同，二忿怒尊的名字难以确定。即便根据宝思惟译《不空羂索陀罗尼自在王咒经》卷下或李无谄译《不空羂索陀罗尼经》入坛品等所说不空羂索坛法中的诸尊（《大正藏》，册 20，页 427b 以下、页 415a 以下）亦难以判断。

此铺壁画值得注意的是，主尊不空羂索观音像身体上的西域风格的晕染与唐末以后一般敦煌画（如附图二一四 a）所见的过于夸张的晕染不同，此处晕染恰到好处，同时轮廓线强劲有力，运用阴影法生动地表现出肉体的圆润和饱满。此铺壁画笔法圆熟，和与之成对的如意轮观音图（附图一八四 a）均极具特色，可谓敦煌画中少见的精品。除阴影法之外，图中尚可发现许多西域画的特色，尤其是近于正圆轮廓的面部、强劲有力的四肢等，其特色一目了然。若将巴米扬壁画中的某个佛像（注三）、于阗佛画中的造像（注四）以及日本法隆寺金堂大壁画中的如来像（Fig.11）等排列在一起，很容易发现其中共同的笔法。另，根据敦煌千佛洞外《唐李府君修功德碑》中的文字，可知当时（大历十一年，776）所造的壁画中如意轮和不空羂索变相（注五）各有一铺，而此处所见的不空羂索观音图是与附图一八四 a 如意轮观音图成对而绘，制作年代可上溯至大历年间（766—779），综合以上因素，假设这

704

705

些壁画即为碑文所传的变相也并非没有道理。

关于敦煌画不空羂索观音像的图例，上述壁画为代表，除此之外敦煌出土的绢本画中尚存几铺。

首先列举的是前述附图一六七千手千眼观音图中的一像，其绘于天盖左下，为三面六臂像，其旁墨书"不空羂索"。其像跌坐于莲花座上，六手中右边第一手举于胸前作施无畏印，第二手执宝瓶，第三手执莲花，左边第一手执羂索或数珠，第二手执宝经，第三手执宝珠。关于三面六臂不空羂索观音像见《不空羂索神变真言经》卷八（注一之5），记其像有莲花手、羂索手、三叉戟手、宝瓶手、施无畏手及扬掌手的六手，并结跏趺坐。《别尊杂记》中所示二像（《大正藏》，图像部册3，页280、页281）便依此为据而绘不空羂索观音像，而此处敦煌画千手千眼观音图中三面六臂像的第二、第三两手的持物（宝经、宝珠）与经文不符，亦与同经卷二十二及卷二十五所说的三面六臂像的持物（注一之5）相异。然而宝经及宝珠作为不空羂索观音的持物，在八臂像及十臂像已有选用之例（注一之7、8），其他的敦煌画六臂像中亦有以宝珠为持物，可见即便没有相符的仪轨，也没有必要视其为特殊的六臂不空羂索观音像。

其次，敦煌出土的绢本画中，现存一件一面六臂的不空羂索观音像的图例，见附图一七四千手千眼观音图。此观音像于图中的位置基本同于前述附图一六七，其跌坐于莲花座上，着鹿皮衣，与不空羂索相关的诸仪轨所记相符。其六臂第一手的左右手均举于胸前，大拇指与食指相捻，与前述敦煌壁画一面八臂像（附图一八四b）完全相同，第二手右执钺斧，左执锡杖，第三手右执莲花，左执宝珠。现没有与此一面六臂像相关的仪轨，但在依据《法华经》普门品的救苦观世音菩萨的敦煌画图例中可见类似例子，如附图四三b及附图四三a，两像皆不着鹿皮，从日摩尼（右手）、月摩尼（左手）判其为不空羂索观音像，恐稍有困难，但同时需注意其举于胸前的左右第一手之形与第三手执数珠（右手）及宝瓶（左手）等持物特点，与前述敦煌画八臂、六臂的不空羂索观音像（附图一六七、附图一七四、附图一八四b）有相通之处。尚有附图一八四b一面四臂像亦为类似之例，第一手右施无畏印，左持宝瓶，第二手右为月摩尼，左为日摩尼，而为半跏趺坐姿，此点同于附图四三a，令人想到《不空羂索神变真言经》卷三十所说一面四臂、半跏趺坐的不空羂索观音像（注一之3）。然而仪轨中的四臂为三叉戟手、羂索手、莲花手、扬掌手，与此完全相异。

再次，日本现存的不空羂索观音像多为立像，而仪轨除结跏趺坐、半跏趺坐以

外，亦有与立像相关的图例，见李无谄译《不空羂索陀罗尼经》及宝思惟译《不空
羂索陀罗尼自在王咒经》卷上所说的一面四臂不空羂索观音像"立莲华上"（注一之
3）。关于着鹿皮衣这一点，于不空羂索观音中极为少见，其记述见《阿娑缚抄》卷
九十一：

> 翳泥耶鹿王皮云者，仙鹿王皮云事也。仙人无衣，故自死鹿皮着之。此尊准仙人
> 形欤，是因行时为仙人欤，或又令成咒仙之义欤？（《大正藏》，图像部册 9，页 190a）

注

一、

1. "一面二臂像"。《不空羂索神变真言经》卷二："真金色身，颜貌熙怡，左手当
   胸执金莲华，右手捐珠，结跏趺坐，一切庄严身，放种种奇特光明。"（《大正
   藏》，册 20，页 234c）

2. "三面二臂像"。《不空羂索神变真言经》卷五："以金或银铸不空羂索观世音菩萨，
   身长八指量（取手两把量是），三面两臂，正面慈悲，左面大瞋怒目张口，右
   面微瞋颦眉合口，首戴宝冠，冠有化佛，左手执羂索，右手扬掌，七宝璎珞镮
   钏天衣而庄严之，坐莲华座。"（《大正藏》，册 20，页 250a–b）

3. "一面四臂像"（《别尊杂记》卷十中有抄图）。《不空羂索神变真言经》卷八："图
   壔不空羂索观世音菩萨，一面四臂，面目熙怡，首戴宝冠，冠有化佛，一手执
   莲华，一手执羂索，一手执三叉戟，一手扬掌，结跏趺坐，天诸衣服珠璎镮
   钏而庄严之，披鹿皮衣。"（《大正藏》，册 20，页 266c）《不空羂索神变真言
   经》卷十五："不空羂索观世音菩萨，一面三目，熙怡微笑，身有四臂，左一手
   执莲华，右一手把羂索，二手合掌，首戴宝冠，冠有化佛。"（《大正藏》，册
   20，页 301c）《不空羂索神变真言经》卷十六："一面三目身有四臂，一手执三
   叉戟，一手持羂索，一手执莲花，一手掌如意宝珠，结跏趺坐，首戴宝冠，冠
   有化佛。"（《大正藏》，册 20，页 312a）《不空羂索神变真言经》卷三十："佛左
   不空羂索观世音菩萨，身色相好如大梵天，面有三目，首戴宝冠，冠有化佛，
   身有四臂，一手执三叉戟，一手把羂索，一手执莲华，一手扬掌，半跏趺坐。"
   （《大正藏》，册 20，页 394a）《不空羂索陀罗尼经》（李无谄译），不空羂索明主
   咒王成就像法品："披黑鹿皮绥带系腰，身有四手，左上一手执持莲华，左下一
   手执持澡罐，右上一手执持数珠，右下一手垂于向下作施无畏，着天妙衣一切

708

严具，以为严身，立莲华上，百千光明庄严头冠，（略），其顶上持阿弥陀佛。"（《大正藏》，册20，页410c）《不空羂索陀罗尼自在王咒经》（宝思惟译）卷上，成就画像帧法分："以翳泥耶鹿王皮而覆肩上，庄饰宝带以系其腰，尊者四臂，左边上手执持莲华，下手执持澡瓶，右边上手施无畏，下手执数珠，皆以珍宝而严饰之，身着天衣，立莲华上。"（《大正藏》，册20，页422b）

4."三面四臂像"（胎藏现图曼荼罗观音院有图）。《摄无碍大悲心大陀罗尼仪轨》（不空译）："次不空观音，顶上大宝冠，三面三三眼，正面白肉色，忿怒怖畏相，四臂两足体，左定莲上钩，左理持羂索，右慧金刚钩，右智执三剑，被鬘及璎珞，袈裟天衣裳，微妙莲花光，安住大宝莲，跏趺右押左。"（《大正藏》，册20，页131b）《不空羂索神变真言经》卷二十一："雕图不空王观世音菩萨，三面四臂结跏趺坐，正中大面眉间一目，三面面目慈悲熙怡，首上各戴众宝月冠，冠有化佛，左一手持羂索，一手执开莲华，右一手把三股金刚杵，一手伸施无畏。"（《大正藏》，册20，页343b）

5."三面六臂像"（《别尊杂记》、《觉禅抄》有图）。《不空羂索神变真言经》卷八："三面六臂，正面熙怡，左面颦眉怒目张口，狗牙上出，右面颦眉怒目合口，首戴宝冠，冠有化佛，一手执莲花，一手执羂索，一手把三叉戟，一手执瓶，一手施无畏，一手扬掌，结跏趺坐，坐莲花座。"（《大正藏》，册20，页265b）《不空羂索神变真言经》卷二十二："壤不空王观世音菩萨，身量横量十六指数，三面六臂，正中大面慈悲熙怡如大梵天面，眉间一眼，首戴天冠，冠有化阿弥陀佛，（略），一手持羂索，一手执莲华，一手持三叉戟，一手执钺斧，一手施无畏，一手把如意宝杖，结跏趺坐。"（《大正藏》，册20，页345a）《不空羂索神变真言经》卷二十五："图不空广大明王观世音菩萨，结跏趺坐，三面六臂，身真金色，正面熙怡，右面微瞋，狗牙上出，左面大瞋，三首月冠，冠有化佛，三头鬟发，发焰赤耸，左第一手执金刚钩并持莲华，右第一手执三叉戟并持金刚棒，左第二手执羂索并持金刚钩，右第二手执金刚杵并持金刚钩，左第三手伸雨众宝，右第三手向外扬掌安慰摩顶。"（《大正藏》，册20，页369c）

6."一面八臂像"（参见本文）。

7."四面八臂像"。《持明藏瑜伽大教尊那菩萨大明成就仪轨经》（宋法贤译），卷三："画不空羂索四面八臂，以虎皮为衣复为络腋，复以鹿皮为天衣，面有三目，顶戴宝冠，髪髻下垂，右第一手作施愿印，第二手持数珠，第三手执羂索，第四手作施无畏印，左第一手持白莲华，第二手持经，第三手作拳，竖立头指

作期剋印，第四手执钩，光炎遍身，照耀炽盛。"（《大正藏》，册 20，页 685a）

8. "三面十臂像"。《不空神变真言经》卷二十："当中画不空王观世音菩萨，三面十臂，身真金色，当中正面眉间一目，三面熙怡，首戴月冠，冠有化佛，右一手持羂索，一手执莲华，一手把三叉戟，一手持君持，左一手持如意珠，一手把宝杖，一手伸施无畏，一手捻念珠，二手当胸合掌，被鹿皮衣。"（《大正藏》，册 20，页 342c）

9. "一面十八臂像"（《阿娑缚抄》记东大寺绣大佛像即为此像。《大正藏》，图像部册 9，页 191a）《不空神变真言经》卷八："画七宝补陀洛山，（略），其上不空羂索观世音菩萨，一面三目一十八臂，身真金色，结跏趺坐，面貌熙怡，首戴宝冠，冠有化佛，二手当胸合掌，二手当脐倒垂合掌，（略）。"（《大正藏》，册 20，页 268c）《不空神变真言经》卷二十："一面三目一十八臂，身真金色，颜貌熙怡，相好殊特，首戴宝冠，冠有化阿弥陀佛，二手当心合掌，虚掌，二中指头相拄，二大拇指二头指二无名指二小指各微伸屈头相去半寸，一手把三叉戟，一手持羂索，（以下略）。"（《大正藏》，册 20，页 332c）

10. "十一面三十二臂像"。《不空神变真言经》卷十三："中画不空羂索十一面观世音菩萨摩诃萨，身真金色。三十二臂，（略），三十二手轮结诸印，执器杖，印羂索印，宝珠璎络耳璫环钏，天诸衣服而庄严之，身圆光焰，结跏趺坐宝莲花座。"（《大正藏》，册 20，页 292c）

二、格伦威德尔：*Mythologie du Buddhisme au Tibet et en Mongolie*，Fig.105、Fig.106。

三、A. Godard etc.：*Les Antiquités Bouddhiques de Bāmiyān*，pl. XXV. II。

四、*Serindia*，pl. XIII；*Innermost Asia*，pl. XIII U.M.01。

五、《唐李府君修功德碑》："素涅槃像一铺，如意轮菩萨、不空羂索菩萨各一铺，画报恩天请问，普贤菩萨、文殊师利菩萨、东方药师、西方净土、千手千眼观世音菩萨、弥勒上生下生、如意轮、不空羂索等变各一铺、贤劫千佛一千躯。"（《西域水道记》卷三）

第六节　如意轮观音图

711

依据仪轨，如意轮观音有各种形象，流传至今有二臂、四臂、六臂、八臂、十二臂像等文献与图像（注一）。但实际上其一般多为六臂像，如平安时代日本所作的古像——河内观心寺、大和室生寺、摄津神咒寺等如意轮观音像，其均与胎藏现图曼荼罗中所见之形象完全相同，为一面六臂（Fig.182 为《十卷抄》中的一像），而此处敦煌画如意轮观音像大致与这些外形相同。敦煌画中属于唐宋时期的重要作品有如下五例：

千佛洞 第 16 乙窟右前壁［D129 东壁门北］如意轮观音图（附图一八四 a）
大英博物馆藏 敦煌出土 绢本着色 如意轮观音图（附图一八三 b）
大英博物馆藏 敦煌出土 绢本着色 如意轮观音图
大英博物馆藏 敦煌出土 绢本着色 千手千眼图中如意轮观音像（附图一六七）
吉美博物馆藏 敦煌出土 绢本着色 千手千眼图中如意轮观音像（附图一七四）

712

这五例中，主尊均由右侧第一手支托右倾的头部，为思惟形，且立右膝坐于莲花座上。各像六臂的形式与持物大致相同，略有差异。关于六臂如意轮观音像的仪轨有如下几则。

《摄无碍经》（不空译）：

次如意轮观音，微妙大宝冠，顶上住佛身，一面愍念相，身相浅黄色，六臂两足体，左定按门山，左理执莲花，左定持金宝，右慧思惟相，右智如意宝，右慧持数珠。（《大正藏》，册 20，页 131a–b）

《观自在菩萨如意轮瑜伽》（不空译）：

六臂身金色，（略），第一手思惟，愍念有情故，第二持意宝，能满一切愿，第三持念珠，为度傍生苦，左按光明山，成就无倾动，第二持莲手，能净诸非法，第三手擎轮，能转无上法。（《大正藏》，册 20，页 208c）

《观自在如意轮菩萨瑜伽法要》（金刚智译）：

六臂身金色，（略），第一手思惟，愍念有情故，第二持意宝，能满一切愿，第三持念珠，为度傍生苦，左按光明山，成就无倾动，第二持莲手，能净诸非法，第三手持轮，能转无上法。（《大正藏》，册 20，页 213b）

《如意轮菩萨观门义注秘诀》：

六臂身金色，（略），第一手思惟，愍念有情故，第二持意宝，能满一切愿，第三持念珠，为度傍生苦，左按光明山，成就无倾动，第二持莲手，能净诸非法，第三手擎轮，能转无上法。(《大正藏》，册20，页217a)

《不空羂索神变真言经》（菩提流志译）卷九：

次如意轮观世音菩萨，身有六臂，一手执轮，一手持数珠，一手执如意宝珠，一手托右颊，一手把莲花，一手按地，结跏趺坐。(《大正藏》，册20，页271a)

Fig.182 《十卷抄》所载如意轮观音图

《观自在菩萨如意摩尼转轮圣王金轮咒王经》（今不存。《觉禅抄》引用为"金轮咒王经"，《阿娑缚抄》引用为"如意摩尼转轮圣王经"，括号内为《阿娑缚抄》中的文字，注二）：

画像法，有六手，头上有化佛，坐前莲花……左上手仰掌，大拇（指）中指把一开敷宝莲花，上有如意珠，如意珠上有火炎，第二手下曲向膝上，五指作拳，抱（把）一天磬，天磬口向下，磬金色，第三向脐下以中指头指捻一红莲花，似开小许，右第一手屈于腰前（大指头指无名指小指并舒展，中指直竖指头，头上），立一跋折罗，上有火炎，第二手向下垂覆，作降魔印（五指舒展），第三手向下齐花上作捻花势（以无名指捻之）。其菩萨跏趺。坐宝莲花。(《大正藏》，图像部册4，页867c；《大正藏》，图像部册9，页195c)

其中最后的"金轮咒王经"中所说的形象形虽同样是六臂，但却异于其他，其并非思惟之形而为直立之像，且持物亦有所差异。实际上直立的六臂像极为少见，

714

Fig.183　柏孜克里克壁画如意轮观音图

见《觉禅抄》所示一像（参见《大正藏》，图像部册 4，页 870，No. 165），弥足珍贵。而六臂思惟像却极为丰富，除前述几例敦煌画以及观心寺像、室生寺像、神咒寺像、胎藏现图曼荼罗像等之外，《十卷抄》（Fig.182）、《别尊杂记》、《阿娑缚抄》中亦有不少的例子（注三）。尚有高昌地区所存类似的例子（Fig.183），从中可见这类如意轮观音像受到各地的欢迎。上述各像六臂位置以及印相、持物等基本遵照前述仪轨，但敦煌画并不似日本收藏之作品那样形式统一，各有些许差异，现记述如下。

附图一八四 a（千佛洞第 16 乙窟右前壁［D129 东壁门北］如意轮观音图）

此铺画像与附图一八四 b 不空羂索观音像成对绘于洞窟入口的左右两壁，制作年代可上溯至唐代。与不空羂索观音像同样值得注意的是其所运用的西域风格的画法以及展现出的浓厚的密教色彩。图中央的如意轮观音像坐于宝池中涌出的大莲花上，如仪轨所记，其右侧第一手为思惟，第二手于胸前持如意宝珠，第三手执数珠伸于下方（但部分已剥落），左侧第一手下垂安掌于光明山，第二手执莲花于胸前，第三手食指擎宝轮，这一形式与日本的六臂像完全相同。如意轮观音周围所绘诸尊因壁面剥落，左半漫漶不清，从右半可大略推测其左半的内容。主尊上方天盖左右绘有飞天及日天（左）、月天（右），其下左右各置两身供养菩萨（或天）。主尊所坐大莲花左右各有一身供养菩萨，与千手千眼观音图相同，池中有难陀、跋难陀二龙王。图下方左右有背负火焰的一面四臂忿怒尊及侍者毗那夜迦、金刚面天。其整体似乎为曼荼罗式的配置方式，但并不似依据《如意轮陀罗尼经》坛法品（注四）等而作的如意轮曼荼罗（图见《十卷抄》、《别尊杂记》、《觉禅抄》、《阿娑缚抄》、《曼荼罗集》等，注五），构图并不复杂。

715

附图一八三 b（大英博物馆藏，绢本着色，如意轮观音图）

图中的如意轮观音基本同于上图（附图一八四 a），其持物有所省略，右侧第一手为思惟，第二手置于胸前如施无畏印，第三手伸于下方，其中大拇指、中指、无名指三指相合，数珠省略未画。左侧第一手安于光明山，第二手持宝珠于胸前，第三手擎宝轮。可见其与普通的六臂如意轮观音不同，如此左侧第二手持宝珠（一般是右侧第二手持宝珠），右侧第二手作施无畏印的观音像不见于日本的作品中，但敦煌画中尚有其他例子（附图一七四），高昌出土的唐代六臂思惟如意轮观音像（Fig.183）亦为左侧第二手执宝珠，由此可见这类特殊之像在唐代与常见的观音像均有制作。值得注意的是，此像躯干异常纤细，宛如印度式菩萨像。这一点与前述附图一八四 a 千佛洞壁画如意轮观音像具有共通的特色。其中，印度式充满感伤的表情，纤细的手指所散发出的神秘气氛，所戴的大宝冠（正面有化佛），缀于背光周围的小莲花装饰等，均给人以浓厚异国情调的印象，正说明此作在绘制的时候是基于传自印度的图像样本。

716

此像上方有天盖，图的四角置四菩萨，但尊名不详。此图笔致柔弱，然而描画细腻，作为一例唐代中印度谱系的佛画，应受到重视。

附图一六七（大英博物馆藏，绢本着色，千手千眼观音图中如意轮观音像）

图中天盖附近如意轮观音与不空羂索观音绘于相对的位置上，基本同于一般的六臂像，但左侧第二手的莲花被省略，右侧第三手不为持数珠的形式，而是掌向外而开，同样的造型在《阿娑缚抄》卷九十二有一图（《大正藏》，图像部册 9，《阿娑缚抄》图像 No.30，毗沙门堂本），另见高昌出土的唐画六臂如意轮观音像（Fig.183），可见唐代如意轮观音像除持数珠的六臂像之外，尚有如此特殊的形式，比较少见。

717

附图一七四（吉美博物馆藏，绢本着色，千手千眼观音图中的如意轮观音像）

此千手千眼观音图中的如意轮观音位置与上图相同，与不空羂索相对而坐，六臂，右侧第一手思惟，第三手数珠，左侧第一手宝轮，第三手按光明山。其左右第二手类似附图一八三 b，右手施无畏，左手掌上载如意宝珠。高昌画中有类似的例子（Fig.183），可知其并非是由于画家的失误而绘出的异形，但唐代是否存在符合这类像的如意轮仪轨尚存疑问。或是原本存在相关的仪轨，然而却没有得到汉译，只有图像传入中国而绘制出上述几幅图例。

以上是敦煌画中六臂思惟形如意轮观音像的图例，除此之外，敦煌画中尚有二臂像旁记如意轮的例子。附图一三八文殊普贤四观音图上段并列的四观音中左端的一尊，以及附图一七九十一面观音图围绕主尊的四菩萨中左侧下段的一尊等，均为其例。前者为莲台上的立像，宝冠上有化佛，左手执莲花，右手举至胸前，掌心向外，大拇指与食指相捻，其旁题"大圣而意轮菩萨"，这一形式令人联想到《如意轮陀罗尼经》（菩提流志译）坛法品中左手莲花、右手说法相的如意轮观音（注一），然而图中其他三身观音并非与榜题尊名一致。由此可知，对此如意轮观音外形也没有必要加以深究。后者宝冠无化佛，跪坐，两手捧花盘，其外形与如意轮观音并无关系，而其旁题"南无如意轮菩萨"，因此相比前者更难以将其视作如意轮观音像。另，敦煌画中尚有附图二〇六 b 观音像（二臂像，宝冠化佛，左手莲花，右手与愿印），虽无榜题尊名，但依然可将其视为印度式如意轮观音像。

718

注

一、

1. "二臂像"（左摩尼珠、右施愿）。《大圣妙吉祥菩萨说除灾教令法轮》（炽盛光佛顶）："次明观自在，亦号如意轮，左掌摩尼珠，慧舒施愿印，身皆白红色，住火莲华中。"（《大正藏》，册 19，页 342b）"二臂像"（左莲华、右如意宝珠）（图见于《别尊杂记》、《十卷抄》、《觉禅抄》、《阿娑缚抄》。《大正藏》，图像部册 3，页 224；《大正藏》，图像部册 3，页 30—31，No.63；《大正藏》，图像部册 4，页 868；《大正藏》，图像部册 9，页 194—195，No.32）《如意轮莲华心如来修行观门仪》（宋慈贤译）："如意轮大莲华如来，状貌黄金色，右手当捧持如意摩尼宝，左手当执持金色大莲华。"（《大正藏》，册 20，页 223b）"二臂像"（左羂索、右钩杖）。《如意轮莲华心如来修行观门仪》（宋慈贤译）："如意轮莲华心明王，其状淡红色，串华为璎珞，种种而严饰，右手把钩杖，左手持羂索。"（《大正藏》，册 20，页 223c）"二臂像"（左莲华、右说法相）（图见《十卷抄》。《大正藏》，图像部册 3，页 30—31，No.67。如意轮曼荼罗中尊）《如意轮陀罗尼经》（菩提流志译）坛法品："于花台上画如意轮圣观自在菩萨，面西结跏趺坐，颜貌熙怡，身金色相，首戴宝冠，冠有化佛，菩萨左手执开莲花，当其台上画如意宝珠，右手作说法相。"（《大正藏》，册 20，页 193b）

719

2. "四臂像"（左莲花、宝珠，右拇指食指相捻、宝经）（图见《觉禅抄》。《大正藏》，图像部册 4，页 869）《观自在菩萨如意摩尼转轮圣王金轮咒王经》（现已不存。《觉禅抄》无《金轮咒王经》、《阿娑缚抄》无《如意摩尼转轮圣王经》，今各自引用）："又别画像法，先画水池，水池有山，山有红莲花，菩萨处之而坐，又垂左足，右按左上足，着草履，头冠中有化佛，化佛处半月中，四臂，左第一手向下至腰，提池中花，此花中有一化佛，第二手于第一手后向上，母指食指头捻白珠，右第一手屈上肘着膝上一寸许，母指中指作相捻势，而不相著，捻念珠，第二手亦第一后曲向上捧梵甲，其四手腕各各著钏。"（《阿娑缚抄》卷九十二。《大正藏》，图像部册9，页196a）

3. "六臂像"（参见 Fig.182）。

4. "八臂像"（左合掌、日摩尼、宝珠、宝瓶，右合掌、月摩尼、宝轮、跋折罗）（图见《十卷抄》、《阿娑缚抄》。《大正藏》，图像部册3，页30—31，No.62；《大正藏》，图像部册9，页194—195，No.31）很有可能由十臂像变化而来。

5. "十臂像"（左合掌、日摩尼、宝珠、宝瓶、罥索，右合掌、月摩尼、宝轮、跋折罗、数珠。图见《别尊杂记》、《觉禅抄》。《大正藏》，图像部册3，页226，No.62；《大正藏》，图像部册4，页872，No.166）《转轮圣王金轮王咒经》："其像通身花坐及盖总长七尺五寸，身安十手，第一左右于顶上合掌，第二手左掌把日，右掌把月，第三左手把如意珠，右手把轮，第四左手执澡罐，口着青莲花，右手执跋折罗，第五手执咒索，右执数珠。"（参见《阿娑缚抄》卷九十二，《觉禅抄》卷四十九。《大正藏》，图像部册9，页196a-b；《大正藏》，图像部册4，页870a）

"十二臂像"（左合掌、宝轮、珠、莲华、欢喜印、澡罐，右合掌、跋折罗、如意杖、三股叉、施无畏、自在神通如意神力印）（图见《别尊杂记》、《十卷抄》、《觉禅抄》、《阿娑缚抄》。《大正藏》，图像部册3，页222，No.58；页223，No.59；页231，No.67。《大正藏》，图像部册3，页30—31，No.64；《大正藏》，图像部册4，页873，No.167；页874，No.168；页877，No.170；《大正藏》，图像部册9，页194—195，No.33等）《转轮圣王金轮咒王经》："其菩萨圆满相好，甚妙端正，顶上有一化佛，菩萨着冠，上二手在顶上合掌，左第二手少曲讬金轮，右第二手投跋折罗，作拟势，左第三手仰掌向上，无名指大指捻宝莲花，莲花内有如意珠，如意珠上有火炎，右第三手执五色如意杖，左第四手作欢喜印，大指捻无名指，第三节上作向前拟势，右第四手把一三股叉，左第五手向下垂执澡罐，右第五手下伸作施无畏手，左右第六手当心，作自在神通如意神力印。"（参见《阿娑缚抄》卷九十二，《觉禅抄》卷四十九。《大正藏》，

图像部册 9，页 196b;《大正藏》，图像部册 4，页 870a-b）

720　二、《觉禅抄》卷四十九如意轮下："观自在菩萨如意摩尼转轮圣王金轮咒王经一卷。"（《法务抄》云，无诸家录，但诸师引用之）

三、《别尊杂记》卷十八有二图（《大正藏》，图像部册 3，《别尊杂记》图像 No. 65、No. 66）。《十卷抄》卷六有二图（《大正藏》，图像部册 3，页 30—31，图像 No.61，No. 66）。《阿娑缚抄》卷九十二有一图（《大正藏》，图像部册 3，《阿娑缚抄》，图像 No. 30）。

四、《大正藏》，册 20，页 193b—194a。

五、《大正藏》，图像部册 3，《别尊杂记》图像 No.46、No.65；《大正藏》，图像部册 3，《十卷抄》图像 No.67；《大正藏》，图像部册 4，《觉禅抄》图像 No.169、No170；《大正藏》，图像部册 9，《阿娑缚抄》图像 No.36；《大正藏》，图像部册 4，《曼荼罗集》图像 No.72、No.73。

721

第七节　金藏菩萨图

金藏菩萨极少单独被描绘，但敦煌画中存有一例，为大英博物馆藏五代末宋初纸本着色小图（附图一八五 a）。图中菩萨趺坐于莲花座上，宝冠有化佛，右手握三股金刚杵，斜持于胸前，左手于腰际持金刚铃。图下段中央墨书"金藏菩萨"，其左右供养人旁各题"主窟幸有菜定子一心供养"（左）、"□面寺僧愿成一心供养"（右）。

金藏菩萨之名见失译三十卷本《佛名经》卷二十四"十方诸大菩萨"（《大正藏》，册 14，页 281a），密教见《金光明最胜王经》大吉祥天女增长财物品（《大正藏》，册 16，页 439b），与妙幢、金光、常啼、法上、善安等诸菩萨同列，在观音、势至、药王、药上等所谓二十五菩萨中亦有其名。据东寺观智院所藏唐本二十五菩萨图，其外形为右手举于胸前，掌向前而开，左手执宝珠并置于胸前（《大正藏》，图像部册 6，页 17）。现附图一八五中所示的金藏菩萨形象与其完全不同，究竟是观智院本金藏菩萨形象还是此件敦煌画像正确，或是两者均正确，尚难以定论。敦煌

722　画所见的菩萨仅按其外形来判断的话，应定其为金刚萨埵，在称为普贤菩萨的造像中屡见此形（《十卷抄》、《别尊杂记》、《觉禅抄》等有图，注一），且在图的下段中央墨书"金藏菩萨"，应为金刚萨埵菩萨的略称"金萨菩萨"之误，由此判断，将此

处菩萨定为金刚萨埵比较妥当，见《圣观自在菩萨心真言瑜伽观行仪轨》（不空译）：

> 金刚萨埵菩萨，左手执金刚铃置于左胯上，右手持五股杵当心做跳踯势，身如白月色，顶戴五佛冠，坐月轮中。（《大正藏》，册20，页5b）

又如金刚界现图曼荼罗理趣会及四印会之像（注二），或胎藏旧图的金刚手菩萨像（注三）等所示，金刚萨埵的外形常同于此处所见的敦煌画（Fig.184为仁和寺版画金刚界九会大曼荼罗理趣会

Fig.184 金刚界理趣会金刚萨埵像

的金刚萨埵像），显然此敦煌画例为金刚萨埵像，"金藏"二字为"金萨"的误记。然而考虑到另有"金藏菩萨"存在，所以仅凭以上依据还不能判其即为金刚萨埵像。

723

注

一、《十卷抄》卷五（《大正藏》，图像部册3，No.41）；《别尊杂记》卷二十七（《大正藏》，图像部册3，No.107、No.109、No.111）；《觉禅抄》卷七十三（《大正藏》，图像部册5，No.240）。

二、《大正藏》，图像部册1，页956，No.283；《大正藏》，图像部册1，页963，No.296。

三、《大正藏》，图像部册2，页495，No.27。

第八节 宝手菩萨图

724

附图一八五b绢本着色残片为德里中亚博物馆所藏宝手菩萨图，制作年代可推定为五代。此图中尊为趺坐于莲花座上的菩萨，宝冠有化佛，右手把持火焰之剑，左手握三股金刚杵，外形罕见。此像左右上下两段各绘有两身侍者，但仅能勉强辨认出其膝盖及手的一部分。中尊的四角有莲花上二童子及云上二童子。中尊上方所

绘天盖的左右两侧有长条形榜题，即：

百药叉大将助宝手会时（右）
□□□□□助宝手会时（左）

依此可知中尊为宝手菩萨，右侧为药叉大将，其他像为侍者，然而根据此像的外形将其定为宝手菩萨尚显困难。《不空羂索神变真言经》（菩提流志译）卷九护摩安隐品所记：

宝手菩萨，左手执莲华台上宝三股金刚杵，右手髀上掌宝，半跏趺坐。（《大正藏》，册20，页271a）

据此可见宝手菩萨一般"左手执莲华台上宝三股金刚杵"，右手掌载宝珠，胎藏界现图曼荼罗地藏院的宝手菩萨（注一）即符合这一外形。此处所见敦煌画像外形与之完全相异，其是否为宝手菩萨令人生疑。但在敦煌画中，有许多尊像不能以一般的图像学准则加以规范，或许此像亦应如此看待。另，宝手菩萨之名在《佛名经》中与常举手、常照手等菩萨同列（注二）。

注

一、《大正藏》，图像部册1，页739，No.160。
二、《大正藏》，册14，页183a。

第九节 马头观音图

作为忿怒尊像，附图一八六b中马头观音像与第十三节大英博物馆藏纸本乌枢沙摩明王像（附图一八六a）成对或成一组，在吉美博物馆所藏敦煌画中亦有一件，此图绘于与后述乌枢沙摩图一样大小的纸片上，且从其笔致判断两者亦为同一画工所绘。

马头观音（马头明王）有一面、三面、四面像，二臂、四臂、八臂像等。此处为三面八臂的忿怒形尊像，头光顶上附马首。尊像二手于胸前结印，其余六手执钺斧、宝棒、莲花、数珠、羂索等，与《文殊八字仪轨》（菩提仙译）所记基本一致：

东北角画马头明王，而有三面，六臂各执器杖，左上手执莲华，一手执瓶，一手执棓当心，二手结印契，右上手执钺斧，一手执数珠，一手执索，轮王坐在莲华中，大忿怒相现极恶猛利势。(《大正藏》，册20，页785c)

尊像头上的化佛、马首及耳珰等，见《陀罗尼集经》卷六及《贺野纥哩缚念诵轨》(不空译)卷下：

三面头上各戴天冠及着耳珰，其天冠上有一化佛结跏趺坐，中面顶上作碧马头。(《大正藏》，册18，页838a) 四面顶上各戴天冠及着耳珰。其天冠上有化佛结跏趺坐，中面顶上作碧马头。(《大正藏》，册20，页168c)

图的下端损毁，边缘部分绘象头毗那夜迦的手与鼻，其形式与前述附图一八六a乌枢沙摩明王像足下的猪头天一致，可知其意为马头法调伏障碍神毗那夜迦。《陀罗尼集经》卷六马头画作像法及《贺野纥哩缚念诵轨》卷下记有各种毗那夜迦被缚的故事(《大正藏》，册18，页837a–b;《大正藏》，册20，页167c)。

727

如此三面八臂像是极为常见的马头观音像，日本筑紫观世音寺本堂所存马头(藤原时代)亦为此形式。《十卷抄》、《别尊杂记》、《觉禅抄》等所收图像的半数以上均为三面八臂像(《大正藏》，图像部册3，《十卷抄》图像No.56、No.57;《别尊杂记》图像No.70、No.71;《大正藏》，图像部册4，《觉禅抄》图像No.155、No.156等)。

附图一六五莲华部八尊曼荼罗(见第六章第一节)中的马头观音为一面三目四臂忿怒尊，其外形完全为西藏风格，极有特色。

第十节　摩诃迦罗天图

728

在前文中已提及敦煌画千手千眼观音菩萨图的眷属中有摩诃迦罗天(大黑天)(附图一六七、附图一七四)一事，此处将此与其他敦煌图例(为唐末至宋初之间)一起，对其尊像特色作一综合叙述。

摩诃迦罗天的外形大致有三种，二臂、六臂、八臂，敦煌图例中有六臂、八臂两种，却不见二臂像，二臂像见《观自在菩萨三世最胜心明王经》(不空译)所述：

摩诃迦罗天……大黑天也。披象皮，横把一枪，一头穿人头，一头穿羊。(《大正藏》，册20，页11c)

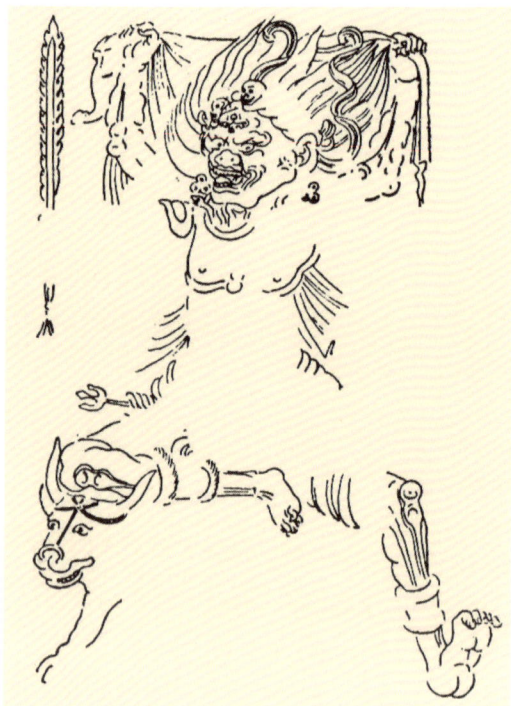

Fig.185　柏孜克里克壁画摩诃迦罗天像

符合上述经文的二臂像是否实际存在，尚不明了，日本现存持金袋财福神的二臂像（注一）则另当别论，其一般是六臂像。在附图一六七千手千眼观音图左侧有一像为敦煌画六臂像图例，附图一六二坛城图第二层的一角亦有一尊，以及附图一八八 b 摩诃迦罗单独尊像。关于六臂摩诃迦罗天见《大黑天神法》（神恺记）：

> 大黑天神者，胎藏界梵号云摩诃迦罗天，亦云大黑天神。用普印，三摩耶形剑。青色三面六臂，前左右手横执剑，左次手执人头（取髻提也），右次手执羊牝。次左右象皮张背后，以髑髅为璎珞也。（《大正藏》，册 21，页 355c）

胎藏界现图曼荼罗外金刚部院之像（《大正藏》，图像部册 1，页 804）、《十卷抄》卷十所收之像（《大正藏》，图像部册 3，图像 No.142）、《觉禅抄》卷一百一十三所收之像（《大正藏》，图像部册 5，图像 No.371、No.372）均符合上述经文（仅人头、羊牝的位置左右相反），但敦煌画图例与此仪轨多少有些差异。附图一六七千手千眼观音图中之像为三面三目六臂，身后有象皮，以髑髅为璎珞，前左右手不执剑，如前述《观自在菩萨三世最胜心明王经》所说，横持一枪，枪两端悬挂人头，第二左右两手各竖持一枪，且足下踏大蛇，令人注目。其次为附图一六二坛城图中的一尊，三面三目六臂，背后为象皮，前左右手横持一枪，但枪两端无人首，第二左右手持物亦被省略，足下亦不见有蛇。附图一八八 b 中的一像为六臂，以髑髅为璎珞，只作一面而非三面，持物同于附图一六七，前左右手横持一枪，枪两端悬挂人头，第二左右手各竖持一枪，足下踏大蛇。尊像手不持剑而横持枪（或戟）以及足下踏大蛇为敦煌画摩诃迦罗天像的特色。附图一七四千手千眼观音图中左侧中央的八臂摩诃迦罗天像（榜题"迦毗罗神"为误）亦前左右手横持三叉戟，第二左右手提人头发髻，再次的左右手各竖持三叉戟，背后有象皮，足下踏大蛇。摩诃迦罗天踏蛇一事暂且不论，前左右手横持戟之像在唐代已有，这一点从

Fig.186　柏孜克里克壁画密教诸尊像（摩诃迦罗天及其他）

慧琳《一切经音义》卷十中的八臂摩诃迦罗天像中亦已得以证明：

> 摩诃迦罗，梵语也，唐云大黑天神也，有大神力，寿无量千岁。八臂身青黑云色，二手怀中横把一三戟叉，右第二手捉一青羖羊，左第二手捉一饿鬼头髻，右第三手把剑，左第三手执揭吒冈迦，梵语也是一髑髅幢也，后二手各于肩上共张一白象皮如披势，以毒蛇贯穿髑髅以为璎珞，虎牙上出，作大忿怒形，雷电烟火以为威光，身形极大，足下有一地神女天，以两手承足者也。（《大正藏》，册54，页366b）

唐代高昌地区的绘画中尚有一摩诃迦罗天像（Fig.185），同样横持三叉戟，或日本醍醐寺智泉本摩诃迦罗像（参见《大正藏》，图像部册1，页841）亦同样横持三叉戟。作为八臂摩诃迦罗天的图例，在唐代高昌壁画中有一像（Fig.186），其背后有象皮，以三叉戟、罥索、宝棒等持物，坐卧牛上，如此坐在牛上是高昌地区摩诃迦罗天像的特色，尚有Fig.185一像亦同，与敦煌画摩诃迦罗像踏大蛇的形象均值得注意，但其所依据不明，与前述慧琳《一切经音义》中所记足下两手托足的地神天女均值得留意。

731

注

一、观世音寺像（镰仓时代）、东大寺法华堂手水屋安置像（镰仓时代）、《别尊杂记》卷五十一所收之像（《大正藏》，图像部册3，页610）、《觉禅抄》卷一百一十三所收之像（《大正藏》，图像部册5，页524—525）等。

第十一节 摩醯首罗天图

摩醯首罗天（大自在天）有二臂、四臂、六臂、八臂、十八臂及一面、三面等类别，在敦煌画中则有一面四臂像、一面六臂像、三面六臂像三种。胎藏界现图曼荼罗外金刚部院的摩醯首罗天为二臂像，乘水牛，左手持三股戟，右手竖肘，食指伸展（注一）。《诸说不同记》卷九记述如下：

身浅紫色，或图黑色，右手开竖肘竖掌向左屈中无名小指，左手竖拳执三股戟面向右方。（《大正藏》，图像部册1，页109b）

而《补陀落海会轨》（不空译）的大自在天则为：

顶上妙天冠，面门紫莲花，定慧抱利锋，乘大黑水牛。（《大正藏》，册20，页136c）

此为这一形式的二臂像。关于四臂像见《迦楼罗王及诸天密言经》（般若力译），三面四臂，以三股叉、君持瓶、花、数珠为持物，所记如下：

左边葱野天王，即大自在天王也。通身青色，三面正面作天王形，右边头如夜叉形，而见忿怒相，露出牙齿，左边头作天女形，美貌红白，三面皆具天眼蠡髻宝冠，首圆光而作赤色。四臂左上手柱三股叉，下掌金君持瓶，右上手持花供养本尊。下持数珠，当心。（《大正藏》，册21，页334a-b）

附图一七四敦煌画太平兴国六年（981）千手千眼观音图（第六章第三节）中，右侧中央的摩醯首罗天与左侧的摩诃迦罗天相对，具四臂，坐卧牛上，但其为一面而非三面。四手的持物中，左上手的三股杵和右上手的未开敷莲花与前述仪轨吻合，而左下手执宝棒，右下手置腰却不相符。作为四臂像，尚有于阗地区丹丹乌里克（Dandan Uiliq）出土的七世纪木板画中一例（Fig.187），同于前述《迦楼罗王经》所说，具天王、夜叉、天女的三面，坐于二牛之上。其四手的持物仅左下手三股杵合乎仪轨，其他日月两象（左右上手）及宝珠（右下手）均不符合。如此可见，四臂像亦有各种造型，即便在敦煌画中图例最多的六臂摩醯首罗像中尚能发现类似的例子，却不见完全相同的形式，各像形式、姿态均多少有所差异。在唐代仪轨中不见有关六臂摩醯首罗天的文字，敦煌壁画中存有一像（附图一八七b），其约为六世纪

初所作，另有唐宋时代的绢本以及纸本画（附图一六七、附图一八八a）数件。

首先为附图一八七b，此六臂摩醯首罗天像绘于千佛洞第120N窟后壁〔D285西

Fig.187 于阗出土摩醯首罗天画像

Fig.188 云冈石窟第 8 窟摩醯首罗天像

壁]，与毗那夜迦及鸠摩罗天（或那罗延天）同列，且与 Fig.187 于阗画像一样具三面，所着毛皮腰衣亦完全相同，如前例一般坐于卧牛之上（Fig.186 高昌壁画八臂摩醯首罗天像亦着毛皮腰衣，但略有差异）。六臂之中，上方左右两手高捧日月两像，其次二手左握细短棒，右手持铃（？），下方二手举胸前，但细节不明（Fig.186 高昌画胸前有合掌手）。如此高捧日月两像以及身坐卧牛均为摩醯首罗天像的特色，Fig.187 于阗画像、附图一八八 a 敦煌画像、Fig.186 高昌画像、Fig.188 云冈石窟像等，皆有此类造型。又有持铃的例子，见附图一六七敦煌出土千手千眼观音图中的摩醯首罗天像，或《别尊杂记》中唐本摩醯首罗天。总之，这些年代较早的作品能够留存至今，非常值得注意，应和 Fig.188 云冈石窟八臂摩醯首罗天像一起留于记忆当中。

其次，附图一六七千手千眼观音图中，六臂摩醯首罗像与主尊左侧的摩诃迦罗相对，如《迦楼罗经》所说，其具有天王、夜叉、天女三面，坐于卧牛之上。此像与其他作品有一点显著的差异，即其膝上抱一童子，童子掌上托一赤色之珠。如此外形可见于附图一八九 b 那罗延天（？），但实属罕见。此六臂摩醯首罗天的持物右上手为铃，左上手为三股戟，右下手为螺，左下手掌心向下并朝下伸出。铃已见于附图一八七 b 六臂像以及《别尊杂记》唐本摩醯首罗天像（注二），三股戟则为《迦楼罗经》所说，为《十卷抄》、《别尊杂记》、《觉禅抄》等中的八臂摩醯首罗天像（注三）所持，螺亦为这些八臂像所捧持。

　　以上摩醯首罗天均为卧牛上的坐像，而附图一八八 a 敦煌画六臂摩醯首罗天像为卧牛上的一面立像，与《别尊杂记》唐本摩醯首罗天像为一对。但唐本摩醯首罗天像为"一面（戟、合掌、键、铃、合掌、轮）牛"，六臂摩醯首罗天像为"一面（月象、军持瓶、羂索、日象、大头捻、头指伸）牛"，两者相异。已如前述，日月两像的持物为摩醯首罗天像的特色，把持军持瓶亦见于前述《迦楼罗经》，Fig.186 高昌壁画中的八臂像亦是以此为其持物之一。

736　　如上所述，敦煌画摩醯首罗天像以六臂之例居多，在中原地区其与八臂像一并流行，见《大智度论》：

　　摩醯首罗天（秦言大自在）八臂三眼，骑白牛。（《大正藏》，册 25，页 73a）

　　Fig.188 云冈石窟中的雕像亦八臂，Fig.186 高昌画像中其亦为八臂，传入日本的图像亦多八臂像，如《十卷抄》、《别尊杂记》、《觉禅抄》等中的各尊像即为其例。然而，八臂像如此流行，在敦煌画中却找不到实例，实在不可思议。另，八臂像有一面和三面之别，云冈像、高昌像为三面，日本的画像则为一面，其持物亦各不相同。

　　　　云冈像　　　（左）月（日）像、不明、不明、置腰
　　　　　　　　　　（右）日（月）像、宝弓、不明、葡萄
　　　　　　　　骑牛
　　　　高昌像　　　（左）日（月）像、独股戟、合掌、水瓶
　　　　　　　　　　（右）日（月）像、三股戟、合掌、置膝
　　　　　　　　骑牛
　　　　《十卷抄》及《别尊杂记》之像　　（左）三股戟、置腰、轮、棒
　　　　　　　　　　　　　　　　　　　（右）独股钩、幢、螺、刀
　　　　　　　　骑牛
　　　　《觉禅抄》之像　　（左）三股戟、置腰、轮、棒
　　　　　　　　　　　　　（右）刀、戟、螺、钺斧
　　　　　　　　骑牛

关于十八臂摩醯首罗天，见《速疾立验摩醯首罗天说阿尾奢法》（不空译）所记：

魔醯首罗天，三目，头冠璎珞庄严，头冠上有仰半月，顶上青，十八臂，手持种种器仗，以龙为绅线，角络系。（《大正藏》，册21，页330a）

但实际上是否有这类造像，并不确定。

注

一、参见《大正藏》，图像部册1，页780，图像276。

二、《别尊杂记》卷五十二唐本六臂摩醯首罗天像（《大正藏》，图像部册3，页621图）。

三、1.《十卷抄》卷九，八臂大自在天像（《大正藏》，图像部册3，图像No.103）。

2.《别尊杂记》卷五十二，八臂大自在天像（《大正藏》，图像部册3，页620）。

3.《觉禅抄》卷百十四，八臂大自在天像（《大正藏》，图像部册5，页526—527，图像No.373）。

第十二节　鸠摩罗天及那罗延天图

737

"金色孔雀王"、"迦楼罗王"二者之名见于伽梵达摩译《千手千眼观世音菩萨广大圆满无碍大悲心陀罗尼经》及善无畏译《千手观音造次第法仪轨》所说的二十八部众中（《大正藏》，册20，页108b、页138c）。在敦煌画千手千眼观音菩萨图中，主尊两侧侍立眷属，称为"孔雀王"（或孔雀王菩萨）、"金翅鸟王"（或金翅鸟王菩萨）（附图一六七、附图一七四），两者成对。如果依其名号，似乎可简单称之为"孔雀明王"及"迦楼罗王"，但其实不然，两者应为鸠摩罗天与那罗延天。

现观其图例，在附图一六七千手千眼观音图中，主尊膝下、观者左侧记"孔雀王"，其居孔雀之上，三面四臂，各有持物：左上手为葡萄，左下手为铃铎，右上手为棒（？），右下手为鸡。观者右侧记"金翅鸟王"，其居金翅鸟（迦楼罗王）之上，一面四臂，各有持物：左上手为数珠（？），左下手不见，右上手为花，右下手为宝珠。两者之形与《千手观音造次第法仪轨》所说"金色孔雀王，身色黄金，左手执宝幢，上有孔雀细妙色也"、"迦楼罗王，金色两羽具，左手贝，右手执宝螺

738

笛"（《大正藏》，册 20，页 138c）有明显差异，当然亦难以视此二者为孔雀明王及迦楼罗王，前者（骑孔雀）应为鸠摩罗天，后者（骑迦楼罗）应为那罗延天。附图一六七中所谓"孔雀王"，其骑孔雀且四臂持物为鸡及铃，证明其为鸠摩罗天，见《智度论》卷二：

　　鸠摩罗天（秦言童子），是天擎鸡持铃，捉赤幡骑孔雀。（《大正藏》，册 25，页73a）

　　上述所记鸠摩罗天为四臂，持鸡、铃及赤幡，骑孔雀，值得注意。其中鸡作为持物，实属罕见，故仅据此一点即可断定其为鸠摩罗天。又有持铃及骑孔雀处与上述文字相符，更加证实了这一判断。

　　除此之外，敦煌出土纸本淡彩的小画上有骑孔雀，左手持鸡、右手持宝珠的一面二臂像，同样可定为鸠摩罗天（德里中亚博物馆藏，注一）。附图一八七 b 千佛洞第 120N 窟［D285］壁画中有一像值得注意，其在摩醯首罗天的下方并与象头毗那夜迦并列，其制作时间约为六世纪初，值得重视。此像与附图一六七鸠摩罗天以及《智度论》所说的鸠摩罗天相同：四臂，乘孔雀，持鸟（？），而且头发束起成童子状（此为古时西域地区童子的束发形式，亦可见于附图一九〇、附图一九一护诸童子护符中），需引起注意。此像取童子之形，见《智度论》卷二十九所说："如童子过四岁以上未满二十，名为鸠摩罗伽。"（《大正藏》，册 25，页 275b）鸠摩罗梵名即为"童子"之意，其童子之形的缘由定来于此。唐代高昌画鸠摩罗天（Fig.189）（一面六臂，骑孔雀，持日月象、弓、箭、棒［？］等）以及胎藏旧图俱摩罗天（《大正藏》，图像部册 2，页 504 上段）中亦为相同的发髻造型。另有 Fig.190 云冈石窟雕像中的五面六臂骑迦楼罗之像，其面为童子且手持鸡，亦可推定其为鸠摩罗天（日月象及弓与前述高昌画鸠摩罗天的持物相同）。尚有附图一八七 b 敦煌壁画鸠摩罗天，左上手为三股戟，左下手为鸟，右侧上、下两手的持物不明。其中三股戟可见于胎藏界现图曼荼罗外金刚部的鸠摩罗天或《别尊杂记》、《觉禅抄》等收录的鸠摩罗天，均为六面二臂，骑孔雀，且把持三股钩（《大正藏》，图像部册 1，页788 ;《大正藏》，图像部册 3，页 619 ;《大正藏》，图像部册 5，页 531）。

　　前述附图一六七千手千眼观音图中有关鸠摩罗天持铃一点，已举《智度论》所述，而鸠摩罗天以铃为持物见《贤劫十六尊》所记"俱摩罗铃契（童子形）"（《大正藏》，册 18，页 340a），金刚界现图曼荼罗中的鸠摩罗天（《大正藏》，图像部册1，页 902）为一面二臂，右手把铃，左拳置腰，《十卷抄》及《别尊杂记》中亦有

739

740

Fig.189　柏孜克里克壁画鸠摩罗天像　　　Fig.190　云冈石窟第 8 窟鸠摩罗天像

像为六面二臂，骑孔雀，右手执铃，左手仰掌当胸（《大正藏》，图像部册 3，图像 No.106 ;《大正藏》，图像部册 3，页 618），均是与铃相关的图例。

附图一六七千手千眼观音图中有一持葡萄之像，葡萄为千手观音的持物之一，但一般来说非常少见，附图一七四敦煌画千手千眼观音图中的鸠摩罗天（榜题"孔雀王菩萨"）亦持葡萄，但不见相关的仪轨。

附图一七四千手千眼观音图中的鸠摩罗天像为三面六臂，骑孔雀，左上手持葡萄，右上手持花，左中手持未开敷莲花（？），右中手持宝珠，左右下手合掌，与附图一六七之像在三面、骑孔雀、持葡萄等几处相似，但两者持物有许多不一致的地方。此像亦应定为鸠摩罗天，其右中手所持的宝珠与前述德里中亚博物馆所藏敦煌出土纸本画鸠摩罗天的右手所持宝珠意义相同。

如此可见，敦煌画千手千眼观音图中以"孔雀王"或"孔雀王菩萨"之名所绘孔雀上的尊像，以及敦煌壁画或敦煌出土纸本画中坐于孔雀上持鸡的尊像等，均可定为鸠摩罗天。与之相对的迦楼罗上的金翅鸟王即为那罗延天。附图一六七中的尊像为一面四臂，骑迦楼罗，如前述持数珠、花、宝珠等，而附图一七四千手千眼观音图中之像则为三面六臂，亦乘迦楼罗，左上手持花，右上手持葡萄，左中手持索，右中手持数珠，左下手食指、拇指相捻并举于胸前，右下手置腰。这两像有一面与三面、四臂与六臂的差异，但在千手千眼观音图中的位置完全相同，皆骑迦楼罗，持物中的花、数珠亦相同。此外敦煌唐代绘画中亦有如附图一八九 b 的一面二臂像，左手抱童子（童子右手持宝珠），右手持髑髅杖，乘迦楼罗。尚有 Fig.186 高昌壁画中一面八臂像，骑迦楼罗，持日月两像、索、钺斧、戟、螺等。上述诸图中有二臂、四臂、六臂、八臂等种种形式，如《贤劫十六尊》所说那罗延天为二臂像，《智度论》卷二及《乌枢瑟摩明王经》（阿质达霰译）卷中所说为四臂像，慧琳《一切经音义》卷四十一所说则为八臂，故可知那罗延天具有种种形象。

742

《贤劫十六尊》：

　　东北那罗延，执轮罗刹形。（《大正藏》，册 18，页 340a）

《智度论》卷二：

　　韦纽天（那罗延天）（秦言遍闷）四臂，捉贝持轮，骑金翅鸟。（《大正藏》，册 25，页 73a）

《大威力乌枢瑟摩明王经》卷中：

　　那罗延天王，四臂皆执器杖。（《大正藏》，册 21，页 147a）

《一切经音义》卷四十一：

　　那罗延。梵语欲界天名，此天多力，身绿金色八臂，乘金翅鸟王，手持斗轮及种种器杖，每与阿修罗王战争也。（《大正藏》，册 54，页 576a）

　　而金刚界现图曼荼罗中那罗延天为一面二臂像，右手擎轮，左手置腰（《大正藏》，图像部册 1，页 902）。除胎藏界现图之外，金刚部院之像（《大正藏》，图像部册 1，页 787）以及《十卷抄》、《别尊杂记》、《觉禅抄》等之像（《大正藏》，图像部册 3，图像 No. 105；《大正藏》，图像部册 3，页 623；《大正藏》，图像部册 5，图像 No. 388）均为三面（猪、天、白象）二臂，骑迦楼罗，右手持轮。尚有《十卷抄》卷九记有四臂像（《大正藏》，图像部册 3，页 44c），《觉禅抄》所收一像为三面八臂，骑迦楼罗，持轮、弓、箧、人形轮等（《大正藏》，图像部册 5，图像 No. 387）。

　　这类那罗延天像，除乘坐迦楼罗之外，有二臂乃至八臂之别，其取以何种形式均无大碍，持物亦各自有别。然而其中亦有相通之处，如前述附图一六七千手千眼观音图中之像所持花及数珠，便与附图一七四千手千眼观音图中之像相同，附图

743　一八九 b 抱童子的二臂像所抱童子同于《觉禅抄》中八臂持物之一的人形轮，附图

一七四六臂像所持之索与 Fig.186 高昌壁画的八臂像相同，而此八臂像的"螺"符合《智度论》中所说四臂那罗延天的"贝"。然而敦煌画或高昌画那罗延天仅以其乘坐迦楼罗一点便定其为那罗延天，尚令人略觉不安，其原因在于二像没有那罗延天持有的持物"轮"。"轮"与那罗延天具有密切关系，见于《智度论》《贤劫十六尊》《一切经音义》等，其为那罗延天特有的持物，金胎两界现图曼荼罗胎藏旧图样（《大正藏》，图像部册 2，页 503）、《十卷抄》《别尊杂记》《觉禅抄》中那罗延天均手持"轮"，则为明显的证据。然而敦煌及高昌之像并不见"轮"，令人甚感不足。就这一点来看，让人不禁心生疑惑，将此二像定为那罗延天或许不妥，然而从大局观察，将骑迦楼罗像视为那罗延天应是妥当的。

注

一、魏勒氏敦煌画目录中，第 455 图定为 Prajāpati（钵罗阇钵底）的即为该图（同书，页 272）。

第十三节　乌枢沙摩明王图

敦煌画中留存有不少乌枢沙摩明王（秽迹金刚）像，而被单独描绘的仅有附图一八六 a，其他的则绘于千手千眼观音图中，名"火头金刚"（附图一六七、附图一六八、附图一六九、附图一七一）。火头金刚和乌枢沙摩不可同等看待，见慧琳《一切经音义》卷三十六：

除秽忿怒尊。旧译名不净金刚，或名秽迹金刚，……或名火头金刚，亦非正译，梵云乌刍涩摩。（《大正藏》，册 54，页 545c）

但《觉禅抄》有如下记述（《大正藏》，图像部册 5，页 299a，火头金刚事），《大佛顶首楞严经》（般刺蜜帝译）卷五：

乌刍瑟摩于如来前，合掌顶礼佛之双足，而白佛言，我常先忆久远，劫前性多贪欲。有佛出世名曰空王，说多淫人成猛火聚，我遍观百骸四肢，诸冷暖气神光内凝，化多淫心成智慧火。从是诸佛皆呼召我为火头。（《大正藏》，册 19，页127a–b）

上文意为乌枢沙摩明王即火头金刚，又见《陀罗尼集经》卷九“画乌枢沙摩像法”
745 以火头金刚之名而说像法（详见后述）。古来一般与秽迹金刚、不坏金刚、不净洁金刚等一起，以火头金刚之名号视作乌枢沙摩明王的密号（注一）。敦煌画千手千眼观音图中以火头金刚的密号所绘的忿怒尊为乌枢沙摩明王应无不妥，即便从其外形判断，亦可定火头金刚即为乌枢沙摩明王。

乌枢沙摩明王有一面、三面，二臂、四臂、六臂、八臂等种种之形，敦煌画中有四臂（附图一六九、附图一七三 a、附图一八六 a）、六臂（附图一六七、附图一六八）、八臂（附图一七一、附图一七二 b）三种，而未见二臂像。关于二臂像见《大威力乌枢瑟摩明王经》（阿质达霰译）卷上及卷下：

大威力乌刍瑟么明王，身赤色怒形，狗牙露出，密目（如狸眼即是），发黄色上冲，左持杵右娜拏（棒）。（《大正藏》，册 21，页 144a、页 144c）

通身黑色，露出狗牙，发黄上冲，忿怒举身焰起，左持杵右娜拏。（《大正藏》，册 21，页 157c）

据此所绘的二臂像收于《别尊杂记》（参见《大正藏》，图像部册 3，页 494 图）及《觉禅抄》（《大正藏》，图像部册 5，页 300）中。关于四臂像的仪轨有如下记述。

（一）《大威力乌枢瑟摩明王经》卷上：

大威力乌刍瑟么明王，大忿怒形，目赤色，通身靛黑色，举体焰起而有四臂，右上手执剑，次下羂索，左上打车棒，下三股叉。（《大正藏》，册 21，页 143c）

（二）《大威力乌枢瑟摩明王经》卷中：

画大威力（乌枢瑟摩）明王，左手掌髑髅，下手竖头指拟势，右上手执娜拏，下手执杵。像前画一毗那夜迦踟跪合掌，左足下踏一毗那夜迦。（《大正藏》，册 21，页 149a）

746 （三）《大威力乌枢瑟摩明王经》卷下：

大力乌刍瑟么明王，四臂，右手拂，下手执娜拏，左上手并舒五指，侧手近额，微低其头作礼佛势，下手赤索，目赤色。（《大正藏》，册 21，页 153b）

（四）《大威力乌枢瑟摩明王经》卷下：

大威力（乌枢瑟摩）明王，通身黑色，焰起忿怒形，左目碧色，发黄色上竖，咬下唇，狗牙上出，衣虎皮裈，蛇为璎珞，四臂，左上手持杵，下羂索，右上手并屈竖头指拟势，下手施愿。（《大正藏》，册21，页155b）

（五）《陀罗尼集经》卷九：

画乌枢沙摩像法："画作火头金刚……其像色青而有四臂，右手向髆把跋折啰，左手向肩而把赤索，其索盘屈状似盘蛇，右手舒下，仰大指搏头指，直下舒，其余三指缠屈向上，左手屈臂向上手把数珠，用中指头而捻其珠，画二龙王络左髆上，……又二龙王亦皆青色，各绞脚胫。（《大正藏》，册18，页864a-b）

现将敦煌画中的四臂像与这些仪轨作一比较，可发现附图一八六a的单尊像大致符合仪轨（四），三面、三目、四臂，背负火焰，左上手持三股杵，左下手执羂索，右上手举轮（？），右下手举至胸前。足下有猪头天，与（二）中所说的毗那夜迦一致，敦煌画乌枢沙摩明王之旁常配有猪头（或为象头）。此图之像为三面以及额上有化佛，非常少见，其颈上所饰有粗大的印度式璎珞（附图二〇五a、附图二〇五b、附图二〇六a、附图二〇七a等），显示出一种异域情趣。其全身发出的火焰即所谓的迦楼罗焰，相当有趣。额上的化佛令人想到《十卷抄》中所收六臂及八臂像（《大正藏》，图像部册3，图像No.91、No.93）头上圆轮中的化佛，此化佛若与《瑜伽大教王经》卷二所说"顶戴阿閦佛"一致，应定其为阿閦佛，但亦可能为乌枢沙摩明王的本地释迦（《秽迹金刚灵要门》之说，注二）或不空成就佛（《补陀落海会轨》之说，注三）。此件单独尊像可推定为五代左右的作品。

再者为附图一六九千手千眼观音图中之像，此图下方左右两角各置一面四臂的忿怒尊，两像均记有火头金刚，其中观者右侧一尊左上手持三股戟，右上手握索，右下手持数珠。而左侧一尊左右两上手持三股戟，下手部分因绢本损毁严重，细节不明。前者作为四臂像，其持索和数珠符合仪轨（五）所述，附图一七三a千手千眼观音图中的乌枢沙摩明王亦是相同的一例；后者两上手持三股戟，如此之例即便是六臂、八臂像中亦无类似作品。前者上手持三股戟与索，见仪轨（一），《觉禅抄》中的一面四臂像（左手持三股戟、棒，右手持索、剑，参见《大正藏》，图像部册5，页301）即为一例。故附图一六九千手千眼观音图中两火头金刚像，如必须选择其中一像为标准尊像的话，右侧的一尊应符合标准。

747

附图一七三 a 千手千眼观音图中，下方左右各有一身一面四臂忿怒尊，其中观者左侧一像与仪轨（五）所说的乌枢沙摩明王像完全一致，其旁虽无火头金刚的密号，但明显为火头金刚。

748 敦煌千佛洞第 16 乙窟［D285］不空羂索观音图（附图一八四 b）以及如意轮观音图（附图一八四 a）中的下方有一对四臂忿怒尊，其中应有一尊为乌枢沙摩明王像，然而要立刻断定为哪一尊尚有困难，与 Fig.173 高昌画千手千眼观音图中的四臂像情况相同。

关于六臂像，在《补陀落海会轨》（不空译）中记有"乌刍涩摩菩萨……六臂六足体"（《大正藏》，册 20，页 133a），而其中所指为八臂像而非六臂像（详见后述），其他亦不见有关六臂乌枢沙摩明王的仪轨。然而唐代盛行此像，有如下尊像可证：敦煌画千手千眼观音图中两件记为火头金刚的六臂像（附图一六七、附图一六八），以及日本《十卷抄》及《别尊杂记》所收乌枢沙摩明王像中传智证大师请来的六臂像及其他（详见下述）等。其中，附图一六七敦煌画千手千眼观音图中的火头金刚（图的下方左端）为上出狗牙的忿怒尊，六臂中的二臂于胸前交叉，竖食指、中指，左上手执金轮，左下手施与愿印，右上手执三股杵，右下手执索，两足有蛇缠绕，像前有猪头天。

附图一六八敦煌画千手千眼观音图中的火头金刚（因榜题左右相反，下边右端的碧毒金应为火头金刚）为忿怒尊，逆发，背负火焰，一面六臂，六臂中的二臂于
749 胸前交叉，竖食指、中指，左上手持三股杵，左下手持刀（？），右上手持轮，右下手持宝棒，像前置猪头天。

现将两像与《十卷抄》及《别尊杂记》中所收的六臂像作一比较，其虽然在形式上并非完全相同，但交叉手、与愿手及三股杵、轮、索、棒等持物均相同，作为六臂乌枢沙摩明王像可谓相当近似。《十卷抄》等传智证大师请来的像为一面六臂、背负火焰的忿怒尊，诸蛇缠绕手足，右手把三股杵、索、棒，左二手持轮、数珠，另一手施与愿印（参见《大正藏》，图像部册 3，页 40b 及图像 No.90；《大正藏》，图像部册 3，页 493）。其他的六臂像均与此相同，为一面背负火焰的忿怒尊，六臂中的二臂于胸前交叉，右手握拳，左手同敦煌画六臂像中竖食指、中指，右上手持独股棒，右下手持宝剑，左上手持独股钩，左下手开五指做伏掌形；持物中的三股杵、轮、索、棒、剑、数珠等均为乌枢沙摩明王手中常见的持物，无论四臂、六臂或八臂必然选用其中的几件。

此处尚需注意高昌壁画中亦有类似敦煌画的六臂乌枢沙摩明王像。Fig.174 为

柏孜克里克壁画残片（千手观音图下方残片），观者右侧的一面六臂并背负火焰的忿怒尊应为乌枢沙摩明王，六臂中的二臂于胸前交叉，竖拇指、食指、中指，其余的四手中，左上手持轮，左下手持索，右上手握独股杵，右下手五指伸开，不执持物，右足旁有合掌的毗那夜迦。

关于八臂像，《补陀落海会轨》中所记六臂六足即为其像，所述如下：

750

北门乌刍涩摩菩萨
发髻绕白蛇　身相大青色　金刚宝璎珞　甚大忿怒相　六臂六足体
左理檀拏印　左定执铧镑　左理握金轮　右慧执宝剑　右智钺斧相
金刚宝璎珞　严身不可量　左理宝数珠　右慧执三股　右智满愿印
（《大正藏》，册 20，页 133a）

此文叙述纷杂，间杂脱落、谬误，也许并非八臂像。证明八臂乌枢沙摩明王像存在这一事实，后述敦煌画及高昌画的例子是最有力的证据，尚有《瑜伽大教王经》（法贤译）及《幻化网大瑜伽教十忿怒明王大明观想仪轨经》（法贤译）所说的大力忿怒明王（乌枢沙摩明王，注四）亦是三面八臂，足以佐证这一事实。

《瑜伽大教王经》卷二：

大智化成大力忿怒明王。身如云色，八臂三面，面各三目，目作赤色，发赤竖立，顶戴阿閦佛，正面微笑，右面金色，作忿怒相，左面白色，以齿咬唇。右第一手持金刚杵，第二手持宝杖，第三手持剑，第四手持箭，左手第一手持羂索及作期克印，第二手持般若经，第三手持骨朵，第四手持弓。（《大正藏》，册 18，页 567a）

《幻化网大瑜伽教十忿怒明王大明观想仪轨经》其文与上述略同（《大正藏》，册 18，页 586c）。

敦煌画中有两件八臂像的例子，一为附图一七一千手千眼观音图中下方观者右侧的火头金刚，一为附图一七二 b 千手千眼观音图中下方右端之像，两者均为一面逆发、背负火焰的忿怒尊，八臂中的二臂于胸前交叉，与附图一六七、附图一六八六臂像相同。但六臂像竖食指、中指，八臂像则是竖食指、中指、无名指。两像其余六手中，左三手皆持轮、索、三股钺斧戟，右上手持三股杵，右下手施与愿印（附图一七二 b 足下有猪头天）。这些持物中轮、钺、斧、三股、与愿印等与前述《补陀落海会轨》中八臂乌枢沙摩明王像的持物及印一致，索尚见于《瑜伽大教王经》和《十忿怒明王轨》中的八臂像。Fig.186 高昌壁画中的八臂乌枢沙摩明

751

王像（四像中右端一尊）亦与敦煌画中所见尊像有不少类似之处，如一面逆发，八臂中的二臂无持物，手置于膝，其余六手中左上手持轮，中间手持剑，左下手持索，右上手持独股杵，中间手持索（？），右下手持鞘，可见此像亦有乌枢沙摩明王像所特有的轮、杵、索等持物。又有《十卷抄》、《别尊杂记》中所收的两种唐本八臂像的形态亦大体同于这些尊像（《大正藏》，图像部册3，图像 No.91、No.92，页 490、页 491），两尊八臂像中的二臂均于胸前半交叉，竖食指、小指，其余六手持物为剑、三股铃、羂索、鞘、独股棒、弓箭，以及轮、剑、三股杵、剑、铃、羂索。其中铃颇为少见，而剑、鞘等持物与高昌画像中之持物相同，轮、三股杵、羂索等与敦煌画八臂像之持物相同。

752　　以上为敦煌画关于乌枢沙摩明王像的大致情况，总体来看，敦煌画乌枢沙摩明王像无二臂像，仅见四臂、六臂、八臂三种，大部分绘于千手千眼观音图中，大多以火头金刚之名出现，均为忿怒尊立像，足下有猪头天，各像的大部分持物与仪轨一致，高昌壁画与日本所藏图像中亦可发现类似之像。

注

一、《十卷抄》："乌瑟涩麼明王，又云秽积金刚忿怒尊。密号，不净洁金刚，又云火头金刚。"（《大正藏》，图像部册3，页 39b）《别尊杂记》同上（《大正藏》，图像部册3，页 488a）。

二、参见《秽迹金刚说神通大满陀罗尼法术灵要门》（阿贤达霰译）之说（《大正藏》，册 21，页 158b）。

三、《补陀落海会轨》（不空译）："又秽积金刚为不空成就佛忿怒……秽积即乌刍涩摩菩萨也。"（《大正藏》，册 20，页 130a）

四、《一切经音义》卷三十六："除秽忿怒尊……又梵名摩贺麼罗，唐云大力，以下大慈力，犹如炽火烧除秽恶生死业，故名大力也。"（《大正藏》，册 54，页 545c）

753
第十四节　诃梨帝母图

千手观音有二十八部众眷属，其中包括诃梨帝母（鬼子母、欢喜母、神母女），见《千手眼广大圆满无碍大悲心陀罗尼经》（伽梵达摩译）及《千手观音造次第法仪轨》（善无畏译）中所记二十八部众之一的"神母女等大力众"（《大正藏》，册 20，页 108b 及页 138b)，即说明诃梨帝母为其中之一，在敦煌画千手千眼观音图中尚存几幅关于此像的例子。附图一六七及附图一七四绢本千手千眼观音菩萨图的右侧中央附近，以两臂抱二童子的女神像（后者榜题"欲界天女"）即为诃梨帝母。但遗憾的是《千手观音造次第法仪轨》中欠缺有关神母女的形象描述，故作为千手千眼观音的眷属伴侍主尊时，诃梨帝母的外形不明。而在《大药叉女欢喜母并爱子成就法》(不空译) 及《诃利帝母真言经》(不空译) 中对怀抱三子或五子坐于宝宣台的诃梨帝母单独像有所记述。

《欢喜母爱子成就法》：

作天女形，极令姝丽，身白红色，天缯保衣，头冠耳珰，白螺为钏，种种璎珞，庄严其身，坐宝宣台，垂下右足于宣台两边，傍膝各画二孩子，其母左手于怀中抱一孩子名毕哩孕迦，极令端正，右手近乳掌吉祥果。(《大正藏》，册 21，页 286c)

《诃利帝母真言经》：

画诃利帝母，作天女形，纯金色，身着天衣，头冠璎珞，坐宣台上垂下两足，于垂足两边画二孩子，傍宣台立，于二膝上各坐一孩子，以左手怀中抱一孩子，于右手中持吉祥果。(《大正藏》，册 21，页 289c)

754

日本《十卷抄》中所收录之诃梨帝母（注一）或《别尊杂记》(注二)、《觉禅抄》(注三)、《阿娑缚抄》(注四) 等所记诃梨帝母像均基本符合其中仪轨。而敦煌画千手千眼观音图中所见诃梨帝母为怀抱二子的简单立像，且并非单独像，应为千手千眼观音的侍者，尤其附图一七四中诃梨帝母面朝主尊合掌而侍更能说明这一点。

诃梨帝母本为五百子之母（《有部毗奈耶杂事》，卷三十一有详述，《大正藏》，册 24，页 361)，身边自然有许多童子，在画像中如前《欢喜母爱子成就法》述为三子，《诃利帝母真言经》为五子，《南海寄归传》卷一记诃梨帝母像怀抱一儿，膝下另有五子或三子（《大正藏》，册 54，页 209b)。《大宝广博楼阁善住秘密陀罗尼经》(不空译) 卷中记其"七子围绕"(《大正藏》，册 19，页 627c)。前述《十卷抄》以下的诸图像集中记其为三子、五子、七子、九子等（参见注一、二、三、四），尚有西域各地的例子中均有许多婴孩，以犍驮罗石雕（注五）为代表，于阗壁画（Fig.191，注六)、高昌麻布画（ Fig.192，注七) 等中的诃梨帝母像均有五子、九子或更多的婴孩（ Fig.192 高昌画诃梨帝母像的宣台需引起注意)。敦煌画千手观音图中的诃梨帝母像仅抱两儿，令人觉得有所欠缺，然而并非一儿，或由复数用以表示五百子。

755

Fig.191　于阗壁画诃梨帝母图

Fig.192　高昌出土诃梨帝母图

注

756　一、《十卷抄》,《大正藏》, 图像部册 3, 页 52—53, 图像 No.127(三子)、No.128(九子)。

二、《别尊杂记》,《大正藏》, 图像部册 3, 页 601 图 (八子)、页 602 图 (五子)。

三、《觉禅抄》,《大正藏》, 图像部册 5, 页 462 图 (九子)、页 463 图 (七子)、页 464 图 (五子)、页 465 图 (五子)。

四、《阿娑缚抄》,《大正藏》, 图像部册 9, 页 438—439, 图像 No.72 (三子)、No.73 (九子)。

五、福歇 : *L'Art Gréco-Bouddhique du Gandhāra*，Ⅱ, Fig.374—Fig.385。

六、和阗地区 FarhādBēg-Yailaki 寺址壁画。

七、吐鲁番地区雅尔和屯出土麻布画。

757

第十五节　婆薮仙图

敦煌画中婆薮仙主要作为千手千眼观音图中的侍者出现, 常与功德天组成一对, 其外形大致为固定形式 (详见后述), 而附图一八七 a 为此处唯一留存下来的例子, 其制作年代较早, 外形与常见之像差异明显, 为单尊立像, 位于千佛洞第 120N 窟后壁［D285 西壁］南角, 作于六世纪初, 线描流畅有力。这铺面有白须、身体羸弱的老婆罗门左手握鱼，张口欲吃，这一描绘不见于其他婆薮仙，想见是依据《智度论》卷三婆薮仙人的故事而绘。《智度论》卷三大致描述如下：

> 此国（摩伽陀国）有王，名婆薮，心厌世法，出家作仙人。是时居家婆罗门，与诸出家仙人共论议，居家婆罗门言，经书云，天祀中应杀生啖肉，诸出家仙人言，不应天祀中杀生啖肉，共诤云云。（略）先到婆薮仙人所，种种问已，语婆薮仙人，明日论议，汝当助我。如是明旦论时，诸出家仙人问婆薮仙人，天祀中应杀生啖肉不，婆薮仙人言，婆罗门法天祀中应杀生啖肉。（略）一心言，应天祀中杀生啖肉无罪。诸出家仙人言，汝重罪人，催去不用见汝。于是举身没地中。从是以来乃至今日，常用婆薮仙人王法，于天祀中杀生，当下刀时言婆薮[1]杀汝。（《大正藏》，册25，页76a–b）

対于天祀中是否可以杀生啖肉，居家婆罗门和出家仙人之间发生争论，在议论中婆薮仙不赞同出家仙人的观点，其主张天祀中杀生啖肉无罪，结果举身没于地中。此处所见千佛洞壁画的婆薮仙一定是根据此故事而绘，其左手持鱼作欲吃状，表示杀生啖肉无罪，作为婆薮仙像而言可谓是一极其特殊的例子。

在千手观音图中，作为二十八部众之一的婆薮仙，其形式大致有三种：一为右手翳额，左手持仙杖；二为右手翳额，不持仙杖；三为合掌像。此三种形式与《补陀落海会仪轨》（不空译）及《千手观音造次第法仪轨》（善无畏译）中的婆薮仙，即执青莲花的像（注一），或左手持索、右手置腰的像（注二）完全不同，反而与胎藏现图曼荼罗虚空藏院千手观音的侍者婆薮仙近似。现就其实例做一考察。

一、右手翳额，左手持仙杖之像

采用此形式的像见附图一六七、附图一六八、附图一七五a绢本、纸本千手千眼观音图及附图一八四b壁画不空羂索观音图等中的婆薮仙（均位于图中观者右侧位置）。四像皆为老婆罗门形象，白须、瘦躯、跪坐。此种婆薮仙亦多见于高昌画，如Fig.174壁画千手观音图中的立像，右手翳额，左手持杖，其外形与敦煌画中的形象完全相同。又如Fig.173千手观音图及Fig.183如意轮观音图中，作为侍者与功德天对坐或对立的像，与上述诸例左右相反，但亦为同类的婆薮仙像。另外此处一高昌画像令人注目，即Fig.172纸本画千手观音图中的婆薮仙像，其左手翳额，右手持仙杖，而此像尚另有

758

759

1　译者注：原书作"婆娑"，误。今校作"婆薮"。

二臂，其中左下手执髑髅，右下手执数珠（或索）。四臂像的婆薮仙除此之外恐怕没有其他的例子，而其大致的形象近似敦煌画中第一类婆薮仙像，此点值得留意。

由敦煌画及高昌画中有此类手握仙杖且遮翳的婆薮仙像来看，可以认为在唐代中国此种婆薮仙像已比较流行，另外虚空藏院所见的婆薮仙亦为相同的形象，更加证明了这一事实。这一胎藏现图曼荼罗虚空藏院千手观音像中，其膝下侍立的婆薮仙为右手翳额、左手持仙杖的外形（参见《大正藏》，图像部册1，页730），这一形象的变形见日本叡山本胎藏界曼荼罗伴侍千手观音的婆薮仙（《大正藏》，图像部册2，页647），其一手持仙杖，一手持经卷，另见莲华王院本堂木造千手观音二十八部众中的婆薮仙等，皆属这类实例。

二、右手翳额，不持仙杖之像

这一类型可视为上述"持仙杖"类型的简略形式，敦煌画现存作品中，可举附图一七一、附图一七二 a 千手观音图中面向主尊莲花座右侧位置的婆薮仙像，其均为去除仙杖的羸瘦跪坐形象。

三、合掌像

合掌像为跪坐或立姿，如附图一六九、附图一七四、附图一七六 a 等敦煌画千手千眼观音图中的婆薮仙（位于图中主尊左侧或左下）。附图一六九及附图一七四均为常见的白发瘦躯且裸身的老婆罗门，而附图一七六 a 中的婆薮仙像已完全中国化，亦说明此图的制作年代较晚。

如上所述，大部分敦煌画中的婆薮仙像与高昌画类似，同时亦近似胎藏界现图曼荼罗中千手观音侍者婆薮仙，但与《补陀落海会轨》和《千手观音造像次第法仪轨》所述内容有明显差异，亦显示出唐代婆薮仙像的一般倾向，但并不能认为仪轨所说之像在唐代完全没有制作，如胎藏现图曼荼罗外金刚部院的婆薮仙像（右手莲花、左手数珠）可说是近于仪轨之像（参见《大正藏》，图像部册1，页766）。

注

一、《补陀落海会轨》："次婆薮仙人，定慧青莲华，具大神验相，安住焰鬘中。"（《大正藏》，册20，页135c）

二、《千手观音造次第法仪轨》："婆驳婆楼那，白红色，左手索，右手安腰。"（《大正藏》，册20，页138b）

第七章 密教图像研究其三（护符、印契图及其他）

第一节 护诸童子护符

敦煌画中存有护诸童子曼荼罗（附图一五〇），关于此图在第五章第一节中已述。在大英博物馆的藏品中，现存与护诸童子曼荼罗相关的作品可称为护诸童子护符之图，附图一九〇、附图一九一即为其例。其绘于长一尺余的细长纸片上，正反两面各绘一禽兽头女鬼神及婴儿（着彩），并记有文字（汉字及和阗文字）。此图现仅存三片，但其应由八片组成（见后述），其形如梵夹，各片穿小孔，八片重叠相连并夹于板内而成一套。现将各片正反所绘女神像及其文字整理如下。

第一叶正面（附图一九〇a） 牛头女神（足下台上有婴儿）

此十六个女神并拥护小儿

其小儿未满十二岁此十六个神

变身作恶形却与小儿作

患害此十六个大神下各有

无数小夜叉每取小儿精

魂如欲得小男女无病患

每须故□祭此神等小儿

即（？）得病愈

此女神名磨艺遮女若（？）

儿乳患母梦见牛即此神与小儿

患害祭之吉

第一叶背面（附图一九一a） 鹿头女神（抱婴儿）

此女神名冥伽罗遮若小儿母

梦中见鹿即知此神与患祭之吉

第二叶正面（附图一九〇b） 猫头女神（足下有婴儿）

此女神名磨难宁若梦见猫儿小儿吐舌及□□即

知此神与患祭之吉

第二叶背面（附图一九一 b）　　乌头女神（右足旁有婴儿）

此女神名石俱宁若梦见鸟小儿患利腹病

于蕴即知此神与患祭之吉

765

第三叶正面（附图一九〇 c）　　鸡头女神（右足下有婴儿）

此女神名吉伽半里若梦见鸡小儿战悼口中病

咽（？）喉（？）声塞即知此神与患祭之吉

第三叶背面（附图一九一 c）　　训狐头女神（持婴儿手足）

此女神名磨伽畔泥若梦见训候（训狐）小儿天□

□□满水猴手见耵展两手与即知此神与

患（？）祭之吉

从第一叶正面所记"此十六个女神"之语可知，八叶正反十六面所绘为一组
十六女神，尚可知此处三叶所见的六女神及其神名以及小儿罹患症状等，与《护诸
童子陀罗尼经》（菩提流志译）所说"十五鬼神"完全一致。现将经中十五鬼神之名、
外形及小儿之症状罗列如下（《大正藏》，册 19，页 741c—742a），如表 7.1 所示：

表 7.1　《护诸童子陀罗尼经》十五鬼神之神名、外形及小儿症状表

序　号	神　名	外　形	小儿症状
1	弥酬迦	牛	眼睛回转
2	弥迦王	狮子	数数呕吐
3	骞陀	鸠魔罗天	两肩动
4	阿波悉魔罗	野狐	口中沫出
5	牟致迦	猕猴	把拳不展
6	魔致迦	罗刹女	自啮其舌
7	阇弥迦	马	憙啼喜笑
8	迦弥尼	妇女	乐着女人
9	黎婆坻	狗	现种种杂相
10	富多那	猪	眠中惊怖啼哭

766

序　号	神　名	外　形	小儿症状
11	曼多难提	猫儿	眠中憙啼喜笑
12	舍究尼	乌	不肯饮乳
13	乾吒婆尼尼	雉（鸡）	咽喉声塞
14	目佉曼荼	熏狐（训狐）	时气热病下痢
15	蓝婆	蛇	数数噫哕

如将上述十五鬼神和附图一九〇、附图一九一中的六尊护符作一对照，可发现鬼神之形仅有一尊存在差异（鹿和狮子），而其他神名均取自同一原音。

第一叶
 ┌ （Miṣika）Mahiṣaka
 │ 正面（A）磨艺遮（牛）……………（1）弥酬迦（牛）
 └ Mṛgarāja
 　 背面（A）冥伽罗遮（鹿）……………（2）弥迦王（狮子）

第二叶
 ┌ Matṛnandī
 │ 正面（B）磨难宁（猫儿）…………（11）曼多难提（猫儿）
 └ śakunī
 　 背面（B）石俱宁（乌）…………（12）舍究尼（乌）

第三叶
 ┌ Kāṇthapāninī
 │ 正面（C）吉伽半里（鸡）………（13）乾吒婆尼尼（鸡）
 └ Mukhamaṇḍikā
 　 背面（C）磨伽畔泥（训狐）………（14）目佉曼荼（熏狐）

767

依此可知现存的三叶为八叶中的第一叶、第六叶、第七叶，正反所绘女神即为经中所记十五鬼神中的1、2、11、12、13、14这六尊。然而问题是，《护诸童子陀罗尼经》中有十五鬼神（善无畏译《童子经念诵法》中亦有与此完全同名的十五鬼神。《大正藏》，册19，页743a），而敦煌出土的护符上有十六鬼神，十六尊中的十五尊可依经推定，所剩一尊即位于八叶十六尊中最后的一尊，其神名不明，或许最后一尊为十五鬼神的统率者"乾闼婆"（参见《护诸童子陀罗尼经》，注一）（Fig.146、Fig.147、Fig.148即为其例）。若联想第一叶正面所记"十六个女神"这一文字，最后一尊便不能为鬼神上首的乾闼婆，而应为与其他十五鬼神同等的一神。第五章第一节中，对护诸童子曼荼罗（附图一五〇）已作叙述，其中第二重鬼神数，横竖各五尊，总计亦可能为十六尊，因此这一附图中的鬼神亦有可能是未加乾闼婆的十六鬼神。另，《啰嚩拏说救疗小儿疾病经》（宋法贤译）记"十二曜母鬼"（摩怛哩难那、苏难那、哩缚帝、目佉曼尼迦、尾拏隶、设俱儞、布多曩、输瑟迦、阿哩也迦、染婆迦、必隶冰砌迦、塞健驮，注二）与《护诸童子陀罗尼经》所说的十五鬼神极其相似。由此可见，与这类童子疾病有关的鬼神数量或为十五，或为十六，或为十二，不一而足。可见附图一九〇、附图一九一八叶正反面所绘十六女神中的第十六尊并非源自《护诸童子陀罗尼经》，或为另外的一尊。

然后讨论此组六叶十六女神纸片的用途。纸片上所绘为小儿之母梦中出现的禽兽种类以及病儿的症状等，祭祀有关女神便可治愈小儿之病，可以想见此为当时的一种信仰，每一家中备有此种梵夹护符，祭拜其中女神像以保佑小儿免除病魔。然而这护符并非只为护儿除病，同时在于祈祷平安分娩，与修童子经法的目的相同（注三）。而且此护符所说的小儿限于不满十二岁（参照附图一九〇ａ中一片），与前述《啰嚩拏说救疗小儿疾病经》所说相同（注四）。

此护符的制作年代从各叶所绘女神的笔法推断，其明显为唐代所绘，而且尊像外形以及绘法与于阗地区绘画具有共同的特色，其所记文字亦同时使用汉文及于阗文（推测其可能仅记有神名，但遗憾的是无法辨认），可见此类护符在于阗地区流行并被临摹制作，或许为该地所制也未可知。总之，这一护符作为敦煌现存作品中最具有西域风格的一例绘画值得特别注意。另，《童子经念诵法》中记有应书写供养童子经之事（注一），日本亦书写并供养其经（注四），而此处敦煌出土的护诸童子护符并非为书写供养而作，且其被实际供奉于寺院而传至后世。

注

一、《大正藏》，册 19，页 742a。

二、《大正藏》，册 21，页 491c。"十二曜鬼母"与《护诸童子陀罗尼经》"十五鬼神"名称对照如下：

摩怛哩难那	曼多难提
苏难那	
哩缚帝	黎婆坻
目佉曼尼迦	日佉曼荼
尾拏隶	
设俱儞	舍究尼

　　布多曩　　　　　富多那

　　输瑟迦

　　阿哩也迦

　　染婆迦

　　必隶冰砌迦

　　塞健驮　　　　　骞陀

三、《阿娑缚抄》册 148 "童子经法" 曰 ："怀妊一定，急可修事也，（略），本体未产
　　以前修之，书写经等母带持之，产生以后移悬小儿颈（略）。"（《大正藏》，图
　　像部册 9，页 471a）

四、《阿娑缚抄》卷四十八记 "童子经书写供养" 法（《大正藏》，图像部册 9，页
　　471a）。

第二节　画　　符

770

　　中国的护符（咒符）自古便以文字、绘画或特殊的符号等来表现，类型繁多，
其中亦可见到道家思想与佛教思想碰撞结合的痕迹，令人甚感有趣。敦煌出土的文
书中有不少与此相关，现针对与绘画相关的唐宋作品进行概述。

　　附图一九二为长一尺四寸、宽约一尺的纸片，上段以着色绘辰星、计都二星，
下段为除祸招福之符，其旁记相关说明并朱书文字咒符 "急急如律令"，制作年代应
不晚于宋初。此类绘有神像的护符令人联想到米芾《画史》所记王献之的画符（《画
史》"唐画" 条 ："王献之画符及神咒小字一卷，五斗米道也。"）。这一画符是否真为
晋代王献之之笔尚存疑问，然而作为唐宋时期画符的一种形式，其与此处敦煌出土
绘有神像的护符均值得留意。

　　此护符令人感兴趣之处首先在于其以连续波状纹样描绘外缘的画法，从中表现
出欲以一页纸而做成一独立护符的意图，同时可见其构成为 ：上方由专业画家绘出
神像，而下方空栏则留给一般人自由书写，似为批量生产的结果。换言之，这是一
种简便的护符笺，上有绘图，一般人可以自己书写咒文制成一个护符，或是寺院收
取些许费用而将之发给信徒。其上标有书写的方法，可在空栏处填入符咒而随身携
带，而大部分的情况或许是直接奉于寺院以祈求一家的福利。此画符上的神像为辰
星（女形）和计都星（罗刹形），然而实际上并非一定是此二星，有时由罗睺星替

771

代计都星，以镇星、岁星、太白、荧惑等其中之一替代辰星。总之，无论七曜还是九曜，均司善恶、主吉凶，人们一心供养，无非是期许避祸造福（注一）。星供的目的便在于此，绘诸星之像作成护符，意在转祸为福。

图中的北方辰星之像（榜题"谨请北方神星护身保命弟子一心供养"）为女神形象，右手持笔，左手持纸，着黑衣，披赤色帔子，与《七曜攘灾决》（金俱吒撰）所说的辰星之姿"水其神女人，着青衣，带猴冠，手执文卷"（《大正藏》，册 19，页 449a）或《梵天火罗九曜》（失译）中"北辰星……其神状妇人，头首戴猿冠手持纸笔"（《大正藏》，册 19，页 460a）等相符。而其头上的猿冠已被省略，《七曜攘灾决》中所说的青衣此处亦绘为黑衣。此处辰星绘为黑衣有其理由，一般五星置于五位（中央及东、西、南、北）时，辰星一定位于北方，故其色当然为北方的黑色。附图九六 a 乾宁四年（897）炽盛光佛并五星图（见第三章第四节）的五彩配置正是如此，其辰星与此处相同，亦着黑衣，持纸笔，而且符合仪轨所说头戴猿冠（猿冠在五星配于十二支时为辰星之冠）。Fig.89 日本法隆寺藏星曼荼罗图中的辰星虽为坐像，但其形与此完全相同。

然后为计都星（榜题"谨请计都星护身保命弟子一心供养"），见《七曜攘灾决》"常隐行不见"（《大正藏》，册 21，页 446a）或《梵天火罗九曜》"是隐星……首隐不见，不见而行无定形"（《大正藏》，册 21，页 461a），计都星原本难以用图表示，故一般与罗睺星相同，被描绘为下身没于云中的逆发忿怒形象。《十卷抄》或星曼荼罗中即采用此形，而此处图中的计都星为罗刹形象，现全身，逆发，赤身合掌，与其说是计都星，不如说更近似南方荧惑星（赤色身）（参见 Fig.89 五星中的荧惑），榜题"计都星"或为误记亦未可知。

图的下段朱书各种符咒，在左侧有三行朱书：

此符陀罗尼符，带者得神通，除罪千劫，十方诸佛，总在目前，去者无不吉利达，一世得人恭敬，功得无比，护净，急急如律令。

"急急如律令"自古以来便为道家符咒的最末一句（亦见于附图一九三 a、附图一九三 b），不知从何时起为密教所用（注二，另关于朱书护符之事，参见第五章第六节）。作为消除灾害的符咒，一般是以汉字与几何纹样结合使用，其中字体大部分缺少笔画，故此处没有必要对其笔画多加评论，一般多为直线的连续或组合（亦见于《龙五明论》、《秽迹金刚禁百树变法经》等）。"二、非、三、山、女、口、日、同、安、己、也"等文字源于"神"、"鬼"等字，已转变成一种文字符。具体的意

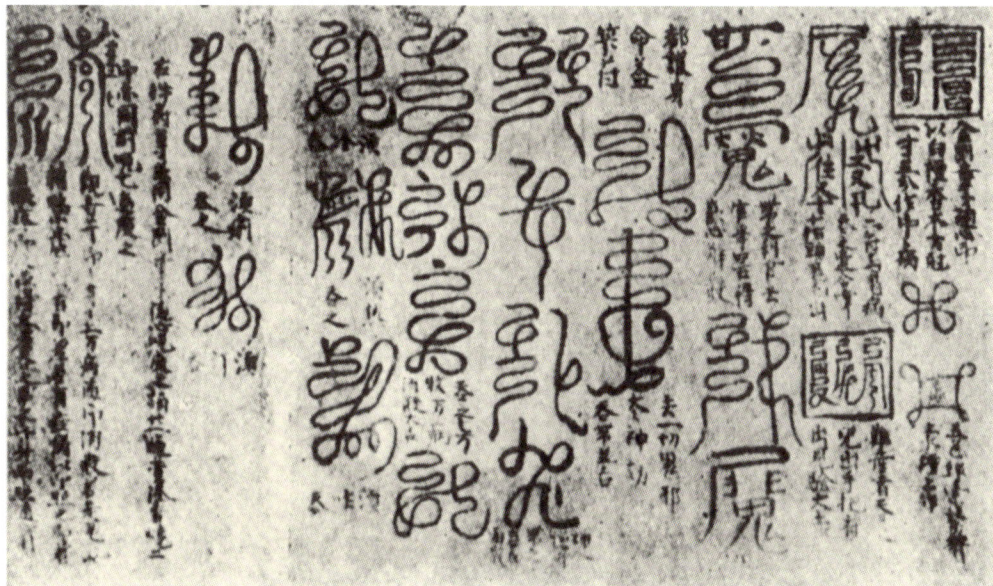

Fig.193　斯坦因自敦煌携回符印　纸本　大英博物馆藏

思尚在其次，重要的是两者结合后显示出的一种不可思议、神圣的力量。需要注意的是符咒中有一种五芒星，其作为除魔印在东方、西方广泛流传（pentagram［ma］，在日本称之为阿部晴明印［判］［纹］、亦称晴明桔梗、晴明鳞等，注三）。此类符印与"神"、"鬼"文字符性质完全不同（见附图一九三a、附图一九三b），而与笼目印、九字纹等相同，符印上有目或孔，不仅具有去除灾祸的神力（注四），其所具备的无限性、连续性亦显示出神秘之感。与此类似的例子自古可见于西方各地，如Fig.193所示，在敦煌文书中其与上述连续性符印一起，符印上还绘有两个井字形无限纹符（像这类无限、连续或反复的符印，作为降伏诸恶的符咒起源自远古时代，流传至今，其地理分布极为广泛，要一一辨明其中的相互关系是相当困难的。参见《國華》第488号，拙稿《繪入り呪符》）。

　　附图一九三a、附图一九三b为一写经用纸的残片，其正反面墨书各种符印和文字、绘画等（下半缺失，残留部分长五寸，宽一尺六寸，为斯坦因自敦煌携回的文书之一），其中并未发现夹杂有佛教的因素，然而这一符印与附图一九二、Fig.193差别不大，仅有其中采用星以及人首的部分不见于附图一九二、Fig.193（这类符印见《龙树五明论》卷下，《大正藏》，册21，页963a）。这些符印有榜题"管公明神符"、"董仲舒神符"、"护身大吉"、"小儿护身"等，尚有"董仲舒等等"之文，有的地方还记有神符应以朱笔书写，总之，其中记有为护身及治病的各种符印以及咒法。这些符印与Fig.193金刚童子印、观音菩萨印之类，或《龙树五明论》、《秽迹金刚禁百变法经》（《大正藏》，册21，页159、页956）等具有佛教色彩的符印不同，其中显示出纯粹的中原色彩。符印中有"树神"榜题的树木和马、麒麟、人面兽（或为灵兽之意）等，这些符号亦与符印同样受到信仰，甚为有趣（人面兽之下"此符"所指应为与之对应的兽形），与日本的元三大师一样，这种绘画式的护符亦应与此类符印同属一类。

注

一、不空译《宿曜经》（文殊师利菩萨及诸仙所说吉凶时日善恶宿曜经）卷上宿曜历经序七曜直日品："夫七曜，日月五星也，其精上曜于天，其神下直于人，所以司善恶而主理吉凶也，其行一日一易七日一周周而复始，直神善恶言具说之耳。"（《大正藏》，册21，页391c）《北斗七星护摩秘要仪轨》："北斗七星者日月五星之精也……若有人能礼拜供养长寿福贵，不信敬者运命不久。"（《大正藏》，册21，页424c—425a）《炽盛光如来消灾陀罗尼经》："若人行年被金木水火土五星，及罗睺计都日月诸宿临身，灾难竞起，我有大吉祥真言名破宿曜，若能受持志心忆念，其灾自灭变祸为福，即说真言曰，唵萨嚩诺刹咀啰糁摩曳室哩曳扇底迦响噓萨婆诃。"（《大正藏》，册19，页338c）

二、阿质达霰译《秽迹金刚禁百变法经》对此有记述（《大正藏》，册21，页160a）。《阿吒婆拘鬼神大将上佛陀罗尼经》中亦有使用"急急如律令"文字的符印（《大正藏》，册21，页184a-c）。

三、参见沼田赖辅：《日本纹章学》，页1421。

四、参见沼田赖辅：《日本纹章学》，页1329、页1417。

第三节 印 契 图

印契图有两种，一种是表示佛、菩萨等诸尊的三昧耶形契印图，一种是诸尊或修法行者以双手或单手表示结印的手印图。前者在敦煌画中的图例于第六章第三节中已述，其为描绘千手千眼观音持物的千手契印图（附图一七五b），除此之外，尚有附图一九五a。关于后者的例子，如附图一九四a手印图卷，这些图绘均为纸本白描，绘制简略，制作年代可定为五代或五代以前。

附图一七五b千手千眼观音契印图于前已述，附图一九四a手印图绘于长约不到五尺的写经纸上，上绘五十多个手印，大部分为双手印，亦有单手印，尚有全身像。从其全身像均为菩萨外形一点来看，这些手印或许是为表示诸尊内证的手印，抑或是为表示行者修法之际的手印，未为可知。图中所示的手印中，部分手印的名称很容易确定（例如振铃印等极有特色的手印），但一半以上由于绘制简略而难以定名。

又，附图一九五 a 契印图的背面上下绘有两尊执金刚神，线条流畅，虽为草图且尚未着色，但其精巧的笔致显示此应作于唐代。

第四节　十指异名图

古来对以手结印的两手手指赋予种种异名，或名"十波罗蜜"（十度：檀、戒、忍、进、禅、慧、方、愿、力、智），或名"五大"（地、水、火、风、空）、"五蕴"（色、受、想、行、识）、"五佛顶"（胜、高、光、盖、轮）、"五根"（信、进、念、定、慧）等，谓曰"开掌禅智合，檀慧直如峰"，以对手印进行说明，并且为了让初学者了解这些复杂的异名，并有对十指异名的图解。德里中亚博物馆藏敦煌出土纸本画中如附图一九四 b 所示，有原大两手图，此件十指异名图恐怕是现存最早的图例，应为唐末时期的作品。

此图两手掌各记有"左"、"右"文字，左掌为"福羽"，右掌为"智羽"，"羽"即为掌之意，"福"、"智"则为左右二羽的别称，例如在《金刚顶胜初瑜伽经中略出大乐金刚萨埵念诵仪》（不空译）、《金刚顶莲华部心念诵仪轨》（不空译）、《金刚顶瑜伽护摩仪轨》（不空译）等中屡见称掌为羽（注一），"二羽合掌"、"二羽金刚缚"等文字。称左右两掌为"福"、"智"之二名，见《七俱胝佛母准提大明陀罗尼经》（金刚智译）所记"二福智相合，戒忍进方便愿力，各各散开微屈，六波罗蜜开如莲花"，或"福智手并仰"、"福覆智仰"等用语（注二）。尚有与此图无直接关系的例子，在称掌为羽、二羽为福智之外，另有称掌为"翼"、"圆满"等，左右二羽为"慈、悲"、"定、慧"、"止、观"、"三昧、般若"、"舍摩多、毗钵奢那"等，日本高山寺所存记有"建久九年（1198）六月十三日书写了"的十指异名图（Fig.194），整个手掌中便记有这些文字。

关于十指的异名，敦煌出土的异名图中首先为左右五指附"母指"、"头指"、"中指"、"无名指"、"小指"之名，尤其是右食指的各个关节记有"上节"、"中"、"下"的文字，而十指配有五大"地、火、水、风、空"和十度"檀、戒、忍、进、禅、慧、方、愿、力、智"的名称。其中十度由左手小指的"檀"开始，顺拇指方向依次为"戒"、"忍"、"进"、"禅"，继而转向右手小指置"慧"、"方"、"愿"、"力"，至

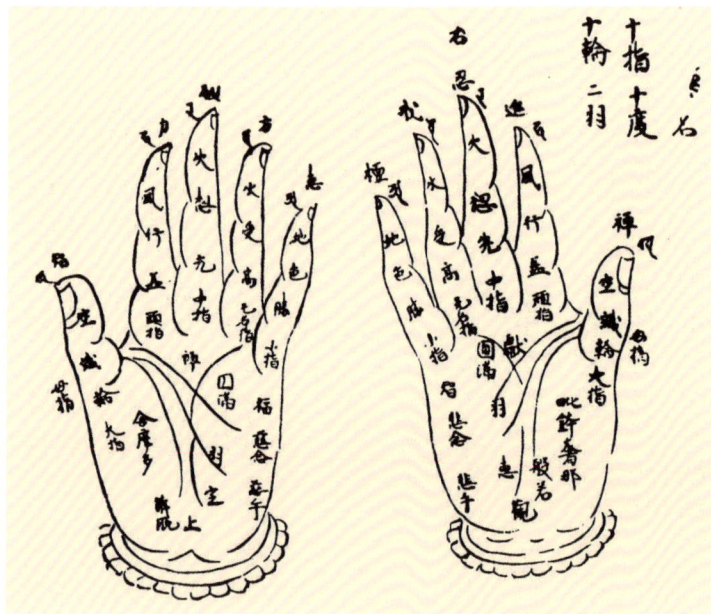

Fig.194　高山寺藏十指异名图

拇指的"智"为止。这个十度的配置方式由左手小指起始，至右手拇指为止，竟与Fig.194 高山寺藏十指异名图的配置顺序完全相反，高山寺十指异名图始于右手小指"檀"，止于左手拇指"智"，与不空译《摄无碍经》（补陀落海会轨）所说一致：

左手寂静故　名理胎藏海　右手办诸事　名智金刚海
左手五指者　胎藏海五智　右手五指者　金刚海五智
左手定右慧　十指即十度　或名十法界　或曰十真如
缩则摄收一　开则有数名　左小指为檀　无明指为戒
左中指为忍　左头指为进　左大指为禅　右小指为慧
无名指为方　右中指为愿　右头指为力　右大指为智

（《大正藏》，册 20，页 129b-c）

上述十指的十波罗蜜配置与敦煌出土的十指异名图完全一致，日本《十八道私记印图》中所附"手指秘名图"（《大正藏》，图像部册 8，页 315b）中的十度密号亦与此排列相同。《摄无碍经》中，在上述十度配置之后又记有另一种十度配置法，其始自右手拇指的"檀"，止于左手小指的"智"，如下：

左大指为慧　左头指为方　左中指为愿　无名指为力　左小指为智
右手大指　为檀空轮　右手头指　为戒风轮　右手中指
为忍火轮　右无名指　为进水轮　右手小指　为禅地轮

（《大正藏》，册 20，页 129c）

由此可见，十度的十指配置法共有三种，与此相对，五指的五大配置则一成不
变，并无其他配置法，始终严格遵守小指"地"、无名指"水"、中指"火"、食指
"风"、拇指"空"的规约。《摄无碍经》记：

小指为地　无名为水　中指为火　头指为风　大指为空（《大正藏》，册 20，
页 129c）

敦煌出土的十指异名图（附图一九四 b）和高山寺藏十指异名图 Fig.194 以及其
他图例均与这一记述相符。另，五指的"五蕴"、"五佛顶"、"五根"的配置亦与"五
大"相同而无其他配置法，一般"色"、"胜"、"信"配于小指，"识"、"轮"、"慧"
配于拇指（参见 Fig.194）。

以上为关于敦煌出土十指异名图的概述，与日本高山寺藏十指异名图相比，其
所记异名之数远不如后者，作为图绘亦相当简略，但其制作年代较早，且绘制精细，
具有重要的研究价值。

注

一、《大正藏》，册 20，页 513，《略出经》;《大正藏》，册 18，页 299，《莲华部心
轨》;《大正藏》，册 18，页 916，《瑜伽护摩轨》。
二、《大正藏》，册 20，页 175b。

第五节　普劝供养受持笺（阿弥陀、观音、文殊、普贤）

普劝供养受持笺在敦煌发现有几种，其作用在于宣扬受持供养佛、菩萨。因所
需数量大，普劝供养受持笺均为木版印刷，一般纸面上段印有佛或菩萨像，下段则
是有关佛、菩萨供养受持法及其功德的简要说明。附图一九七 a、附图一九七 b、附
图一九七 c、附图一四四 c 等四种均为大英博物馆藏品，制作年代可推定为宋初。
纸片长约一尺，附图一九七 a 为阿弥陀，附图一九七 b 为圣观音，附图一九七 c 为
文殊，附图一四四 c 为普贤。其中有的图不止于单色印刷，又经手工加绘彩色（注
一）。以下为各笺详情。

附图一九七 a（阿弥陀）
图上段为定印弥陀，右题"四十八愿阿弥陀佛"，左记"普劝供养受持"，下段

题有往生极乐的修行方法：首先在净处置弥陀尊像，供奉香花，称"南无极乐世界四十八愿大慈大悲阿弥陀佛"，十拜；称"南无极乐世界大慈大悲诸尊菩萨一切贤圣"，一拜，然后正坐念佛。或者念万或千观音、势至等诸菩萨一百八，三拜，出道场。此处所念一百八即所谓的"百八名赞"，《大乘无量寿经》（法成译）有无量寿如来的一百八名赞（《大正藏》，册19，页82a），以观音、势至等诸菩萨来表示（注二）。

附图一九七 b（观音）

图上段置圣观音像，右题"圣观自在菩萨"，左题"普施受持供养"。此像戴化佛宝冠，左手执未开敷莲花，右手欲开其花瓣，其外形与胎藏界现图曼荼罗莲华部院的观音相同（注三），完全符合《圣观自在菩萨心真言瑜伽观行仪轨》（不空译）"结跏趺坐，身如金色，圆光炽盛，身被轻縠缯彩衣，着赤色裙，左手当脐执未敷莲华，右手当胸作开华叶势，具头冠璎珞，首戴无量寿佛住于定相"（《大正藏》，册20，页5a）所说。图下段记有说明，据《圣观自在菩萨部心真言念诵略仪》，先于净处安置观音像供养礼敬之后，念诵《圣观自在菩萨莲花部心真言》的"唵阿嚧力迦娑嚩贺"，下段记有心真言威德广大无限之力的文字。关于"唵阿嚧力迦娑嚩贺"心咒，可见于多处记述，如《观自在大悲成就瑜伽莲华部念诵法门》（不空译）、《圣观自在菩萨心真言瑜伽观行仪轨》（不空译）、《阿唎多罗陀罗尼阿噜力经》（不空译）、《金刚顶降三世仪轨中观自在菩萨心真言曼拏攞品》（不空译）、《观自在菩萨心真言一印念诵法》（不空译）及《陀罗尼集经》卷五《千转观世音菩萨心印咒》等（《大正藏》，册20，页3a、页6a、页23b、页30c、页32b；《大正藏》，册18，页825c）。

附图一九七 c（文殊）

图上段置骑狮文殊像，右题"大圣文殊师利菩萨"，左题"普劝志心供养受持"。狮上文殊持如意，在日本罕见类似之图例，令人甚感奇异，但敦煌出土的绘画中这种类型的文殊像反而较多（注四），尤其是见于五台山向善财童子说法的文殊，在《阿娑缚抄》的"文殊五字"处记有"持如意，是于清凉山值善哉童子说法之时形也"（《大正藏》，图像部册9，页237c）。此图下段亦记"此五台山中文殊师利大圣"，且狮子之旁有合掌的善财童子，由此可见这一类图像有据可循。童子的对面立一人物，手牵绳索，在日本有所谓五使者侍从的渡海文殊像中，将这一人物称为于阗国王，出自善财童子、于阗国王、佛陀波利、难陀童子、大圣老人的五从者之说（注五），尚有善财、须菩提、那罗延天、金翅鸟、无尽惠菩萨五者（注六）的说法，可见此处其不一定为于阗国王。

　　下段文字首先称颂五台山文殊菩萨之德，宣扬供养归依妙果之说，其次记文殊师利童真菩萨五字心真言"阿啰跛左曩"、文殊师利大威德法宝藏心陀罗尼"唵阿味啰吽佉左略"。前者为《曼殊室利童子菩萨五字瑜伽法》（不空译）、《金刚顶超胜三界经说文殊五字真言胜相》（不空译）、《金刚顶经曼殊室利菩萨五字心陀罗尼品》（金刚智译）、《五字陀罗尼颂》（不空译）等所说的"五字心真言"（《大正藏》，册20，页723b、页709b、页710a、页716a），后者为《文殊师利宝藏陀罗尼经》（菩提流志译）、《大圣妙吉祥菩萨秘密八字陀罗尼修行曼荼罗次第仪轨法》（菩提仙译）等所说的"八字心真言"（《大正藏》，册20，页804c、页784b）。

附图一四四 c（普贤）

　　上段置骑象普贤菩萨，右题"大圣普贤菩萨"，左题"普劝至心供养"，构图类似前述文殊图，但制作技法甚为粗劣，绘画、文字不明之处较多。白象上的普贤左手掌上立三股杵，右手握棒状持物（细节不明），这一形象就普贤形象而言颇为少见，可能与《诸说不同记》卷五文殊所说的左手莲上三股杵、右手白拂的形象相符。卷五文殊所记为："右手……两图向内当奶执白拂，左手竖拳持莲上三股杵。"（《大正藏》，图像部册1，页65c）胎藏现图曼荼罗文殊院的文殊（注七）形象为左手执莲上三股杵，与此略有同趣。另，在骑象普贤像的两侧绘有合掌的菩萨和持刺棒的童子，常见于敦煌画骑象普贤菩萨图中（附图一三八中普贤菩萨侍从即是一例，壁画中亦有类似之例。注八）。

　　下段文字首先记归义军节度使押衙杨洞芊发诚心开菩萨像雕板之文，其次祈愿三边、四塞、高烽等地平安，尤其祝愿府主长寿万岁，并祈愿天下万人安泰。此处没有写出如前述三图一般的供养受持法，与一般的愿文没有任何差异。由这一点来看，此图类似附图一二〇b与附图二二〇a。然而从上段"普劝至心供养"之句来看，此图原本应在下段书写供养受持法，此处可知其为方便，用在了表达个人的祈愿上。或可理解为此类图的存在是为缩小普劝供养受持笺和附图一二〇b兜跋毗沙门天像、附图二二〇a版画救苦观世音菩萨图等的差距。

　　另，此处值得注意的是，上述形式的纸片有迹象于平安时代传入日本，如《别尊杂记》"阿閦"处便有一图，上段为骑象阿閦佛，下段以双钩字书写"是金刚部菩提心门东方化主阿閦如来持念之人离魔寻发菩提心得不退转"的文字，应是心觉当时依据舶来的实物，临摹并收录其中（《大正藏》，图像部册3，页81）。

787　　**注**

一、*Serindia*，p1.CI，ch.00150。二者中，观者右侧一片与附图一九七 b 同为一物，左侧一片为同版之物，又经手工加绘色彩。

二、记关于观音、多罗、毗俱胝、金刚手、文殊等诸菩萨的一百八名赞，见《大正藏》，册 20，页 69、页 472、页 474、页 501、页 569、页 776、页 938。

三、参见《大正藏》，图像部册 1，页 650，观自在菩萨。又，《大正藏》，图像部册 2，页 496，胎藏旧图样的观音亦相同。

四、伯希和：*Touen-Houang*，Ⅱ，p1.CVⅢ，p1.CLXVⅡ。

五、《阿娑缚抄》"文殊五字"（《大正藏》，图像部册 9，页 238c）。

六、《觉禅抄》"五字文殊法"（《大正藏》，图像部册 5，页 10c）。

七、参见《大正藏》，图像部册 1，页 705。

八、参见伯希和：*Touen-Houang*，Ⅱ，p1.CVⅡ。

788　　　　　　　　# 第六节　绘　　历

　　此幅绘历书写于长约一尺的纸上，并附有有图画（斯坦因携回品）。图绘的左边记正月至十二月大小十二个月（随处可见朱笔句读），右边记二、七、八等吉月，又记每夜礼拜北斗可长命消灾且得大吉等意的文字。图画为上下两段，上段为礼拜北斗，下段则为有关申年出生的人本命元神的画及文字。可见这是所谓具注历日的一种，在历日上编入属星秘法，以示人的命运、吉凶祸福。

　　上段图画中于天空绘斗形七星，下有执笏戴冠的北斗星君立像（侍童一人），侧旁台上有香炉，星君足下有一人跪坐，合掌礼拜，下栏题"葛仙公礼北斗法"（出《梵天火罗九曜》，《大正藏》，册 21，页 462a），记葛仙公（葛元或葛玄，三国时吴国道士，详见《神仙传》卷七）每夜顶礼北斗，得延年益寿，又有郑君（注一）礼拜斗官。可见图中跪坐合掌的人物是葛仙公或郑君（另，唐宋时期有不少描绘北斗星君像和葛仙公像以及有关仙术的图画，注二）。下段图画在下栏记申年所出生的人以猴相（注三）为"本命元神"，供养其神可消灾益福，画以其形并置于头前，可得大吉之文。其文配有插图，虚空中猿面神立于云上，一人物持笏戴冠为卿相之形，若从

789　　其头上置猿头一点来看，此图似乎为申年所生的人在头前置本命元神的图画之姿，

然而这一形象恐怕并非代表猴相。关于本命元神，见《梵天火罗九曜》（《大正藏》，册21，页460a-b、462a），在《北斗七星护摩法》（一行撰）中记为元辰（《大正藏》，册21，页458a），将生年的十二支配于北斗七星（贪狼、巨门、禄存、文曲、廉贞、武曲、破军）一事见《七曜攘灾决》（金俱吒撰）、《梵天火罗九曜》、《北斗七星延命经》等（《大正藏》，册21，页452a、462a-b、425c）。由上述记述可知，申年所出生的人本命星为北斗的第五星廉贞星，而此处示为猴相可能是更为通俗化的结果。

推断此绘历为哪一年的历日，依据其中的月的大小，根据图中图画及文字大致为五代前后来看，唐末至宋初之间有年份，月份的排列为"小大小小大小大小大大小大"，由此可列出如下三者（参见《三正综览》叶百十一乙、叶百十七甲、叶百廿三甲）：

唐　　大顺二年（891）

后晋　开运三年（946）

宋　　大中祥符元年（1008）

上述三个年份中，就敦煌画的年代而言，宋大中祥符元年因年代稍晚而难以采用。如此一来应以大顺、开运两者之一来判断，但是两者仅相距五十五年，区别亦相当困难，就画的一致性而言，定为开运三年（946）可能较为妥当。

790

注

一、《前汉书》第二十卷《郑当时传》中出现陈人郑君；《太平广记》卷七十三出于逸史的可举唐代贞元末的道士郑君。

二、《宣和画谱》卷三："朱繇。唐末长安人也，工画道释，妙得吴道之笔法……今御府所藏八十有三……南北斗星真像一。"《宣和画谱》卷四："王齐翰（宋）。金陵人，事江南伪王李煜，为翰林待诏，画道释人物……今御府所藏一百十有九……北斗星君像一。"《宣和画谱》卷七："周文矩（宋）。金陵句容人也……工道释人物……今御府所藏七十有六……北斗像一。"《宣和画谱》卷一："阎立本（唐）。……今御府所藏四十有二……飞钱验符图一。"《宣和画谱》卷二："张素卿（唐）。简州人也……今御府所藏十有四……葛元真人像一。"《宣和画谱》卷三："陆晃（五代）。嘉禾人也，善人物，多画道释星辰神仙等……今御府所藏五十有二……葛仙翁飞钱出井图二。"《宣和画谱》卷四："孙梦卿（宋）。字辅之，东平人也，工画道释，学吴生……今御府所藏三……葛仙翁像一。"、"孙知微（宋）。字太古，眉阳人也……今御府所藏三十有七……葛仙翁像一……写彭祖女礼北斗像一。"

三、猴相之"相"可解释为相貌之意，而从其前后关系来看，应与宰相、卿相等"相"意思相同。

第七节　三角形纸片密教图像

791

德里中亚博物馆所藏的敦煌画中有五张三角形的纸片，高约八寸，底边约四五寸，其上各绘一尊菩萨像，着色（附图一九六 a、附图一九六 b）。菩萨像均头戴五佛冠，结跏趺坐于莲花座上，菩萨圆脸、细腰并有繁琐的璎珞装饰，明显为中印度式的画法（与附图一五二 b 画法近似，或出自同一人之手），其制作年代不会晚于唐末。在五张图片中，有四张尊像的莲座下方绘有蛇，即附图一九六 a。从纸的大小统一以及尊像的庄严形式来看，显然为一组尊像，同时根据各像的持物可推定其为金刚界三十七尊十六大菩萨的金刚萨埵、金刚宝、金刚法、金刚业四菩萨。表 7.2 所示为各尊像的持物、身色以及尊名：

表 7.2　附图一九六 a 中各尊尊名、身色及持物表

尊　名	身　色	持　物
金刚萨埵菩萨	白	右手金刚杵
		左手金刚铃
金刚宝菩萨	青	右手宝珠
金刚法菩萨	红	右手莲花
金刚业菩萨	绿	右手羯磨金刚

792

上述四尊的外形与前述（参见第五章第三节）敦煌出土的四印曼荼罗（附图一五三）、金刚界现图曼荼罗四印会（Fig.161）、五部心观四印会（Fig.162）中的四方四佛四亲近的第一菩萨基本相同，在此对其外形没有必要一一说明，但对其身色有必要略作考察。金刚界现图曼荼罗中的四菩萨身色一般为肉色（参见《补陀落海会轨》、《秘藏记》、《金刚界七集》等，注一），而此处四菩萨施以白、青、红、绿四色是有所依据的，以下诸仪轨即为对四菩萨中前二菩萨的身色所作的说明。

《圣观自在菩萨心真言瑜伽观行仪轨》（不空译）：

金刚萨埵菩萨，左手执金刚铃置于胯上，右手持五股杵当心作跳踯势，身如白

月色，顶戴五佛冠，坐月轮中。（《大正藏》，册 20，页 5b）

《大乐金刚萨埵修行成就仪轨》（不空译）：

金刚萨埵，色若素月，具诸严饰，首戴五佛宝冠，身佩赤焰，处白莲华上。（《大正藏》，册 20，页 509a）

《诸佛境界摄真实经》（般若译）卷中：

我是金刚法，我身之色，及诸佛菩萨一切众生，十方世界山川草木，皆红色。（《大正藏》，册 18，页 278a）

另，金刚业菩萨的绿色与业波罗蜜菩萨（羯磨波罗蜜）的绿色身（《补陀落海会轨》："羯磨波罗蜜，顶上五髻冠，身相青碧色。"《大正藏》，册 20，页 132b）相通，而宝菩萨的青色应是以金黄色代之（《诸佛境界摄真实经》卷中："我是金刚宝，我身之色，及诸佛菩萨一切众生，十方世界山川草木，皆黄金色。"《大正藏》，册 18，页 277b）的着色。总之，四菩萨身色各不相同，一定是考虑到作为四亲近菩萨在围绕中尊时于色彩上产生的变化。

这几张绘有四菩萨的三角形纸片究竟为何而作，其用途难以推测，或许与附图一五三敦煌画四印曼荼罗内院相同，以大日如来佛为中心，于如来佛四方置四菩萨以表示四佛四亲近，用以构成曼荼罗。但是四片当中，绘有金刚萨埵的纸片（附图一九六 al）下方附有胶带残片，这四片亦有可能与同样形式的一片大日如来佛共五片连为一列，形成用于灌顶仪式的五佛宝冠。吉美博物馆所藏的敦煌作品中有纸制着彩的五佛宝冠（五代之作），又见敦煌千佛洞直至近日僧侣们仍在使用的将五佛绘成五片并连接成一列的西藏式五佛宝冠，从这些现象来看（注二），此处图片亦存在为五佛宝冠的可能。然而这一三角形纸片底边的长约五寸，五片横向连接起来长度可达二尺五寸，作为实用恐有难处。若似吉美博物馆的藏品一样，将二片重叠连于背面的话，此处图片亦可达到与吉美博物馆藏品大略相同的尺寸（横一尺七寸七分，竖八寸五分）。然而思考前述部分，四片三角形所绘的尊像是金刚萨埵以下的四亲近菩萨，并非五佛宝冠的五佛（大日如来、阿閦、宝生、阿弥陀、不空成就，吉美博物馆藏敦煌出土五佛宝冠的五尊是以大日为中心的五佛）。另外，除此四片外，附图一九六 b 一图十分明显与此出自同一人之笔，且为一幅底边宽度略小的三角形纸片，其上所绘尊像为后述金刚界三十七尊十六大菩萨中的金刚因菩萨，以这

793

794

些因素为依据，这些纸片原应大量存在并粘接而成一件大幅的曼荼罗图，如此解释或许比较妥当。

附图一九六 b 所绘尊像右手持法轮，左手作拳置于膝上，结跏趺坐于莲花上，这一姿态应视为金刚界西方四亲近中第三金刚因菩萨，与金刚界曼荼罗成身会的同尊外姿相同（参见《秘藏记》末："金刚因菩萨，肉色，左手拳，右手持轮。"《金刚界七集》上："因菩萨，身色白肉色，左作拳安腰，右手持金轮。"《大正藏》，图像部册 1，页 12a、页 193c）。但其身色为淡绿，不仅与《诸佛境界摄真实经》（般若译）所说的红莲色相异（《大正藏》，册 18，页 278a），而且与前述《秘藏记》、《金刚界七集》等所说的白肉色相异，由此定其为金刚因菩萨尚显粗率，但同时又难以断其为胎藏界的金刚轮持金刚菩萨（注二），权衡二者遂先定其为金刚界金刚因菩萨。然而图片的左右又各连接有另一个三角形，其上各绘有一尊像的迹象，因此这一金刚因菩萨亦有可能与其他多个尊像（利、语等菩萨）一起构成一组图画。附图一九六 b 与前述附图一九六 a 的四菩萨组成一组，还是其本身完全为另外一组，现暂不明了，但无论何种情况，这类裁为三角形纸片的画像组合成为一件密教图画的例子，作为一种特殊的作画技法值得引起重视。

795

注

一、《补陀落海会轨》（《大正藏》，册 20，页 134a–b）：

金刚萨埵菩萨。顶上大宝冠，身相白肉色，左定金刚拳，右慧三股杵。

金刚宝菩萨。顶上大宝冠，身相白肉色，左定与愿契，左慧金刚宝。

金刚法菩萨。顶上大宝冠，身相白肉色，定慧承莲花，严身如上说。

金刚业菩萨。顶上大宝冠，身相白肉色，定慧合掌中，扬之安顶上。

《秘藏记》本（《大正藏》，图像部册 1，页 12a–b）：

金刚萨埵菩萨（肉色，左手铃，右手持五股杵）

金刚宝菩萨（肉色，左手与愿，右手承宝）

金刚法菩萨（肉色，持一莲华）

金刚业菩萨（肉色，二手合掌，扬顶上）

《金刚界七集》上（《大正藏》，图像部册 1，页 192b—194a）

二、伯希和：*Touen-Houang*, VI, pl.CCCLXXI 中僧侣所戴的宝冠即为西藏式五佛宝冠。

三、参见《诸说不同记》卷四（《大正藏》，图像部册 1，页 55a）。参见《胎藏旧图像》

796 （《大正藏》，图像部册 2，页 497）。

第八章　外教图

第一节　观相图卷及其他

　　敦煌千佛洞现存唐宋时期以及唐宋以前的壁画中，不见有与佛教完全无关的绘画，而从千佛洞所发现的绢本、纸本画中存在几件非佛教性质的绘画，如前述的咒符、手印图卷（附图一九三 a、附图一九三 b）等。除此之外，附图一九九 a 纸本观相图卷残片、附图一九五 b 龙身罗宣图、附图二〇〇景教人物图等亦为其实例，值得注意。现对各图作一概述。

附图一九九 a（大英博物馆藏，纸本白描，观相图卷残片）

　　此图现存部分为长九寸、宽二尺七寸余的残片，背面记有一行藏文，但此图为观相图，与所记文字无关。从其画法及书体等判断，其创作时间约介于唐宋之间，原本为有关相貌、骨骼等各种相法的图解，现存部分记有男女的相貌及身上黑痣的位置，以此占卜未来的吉凶、祸福、贵贱、寿命等。图自右至左依次为男子颜面（上半缺）、男子全身（正面）、女子颜面、男子全身（背面）、女子全身（正面）、女子全身（背面）。男子全身（背面）原应与男子全身（正面）相邻而绘，或许因描绘之际误置于现在的位置。此图虽很简略，但其绘画形式及画法充满与佛画完全不同的一种中国特有风格，其与后世的观相书，例如与宋陈抟撰《神相全编》所示的男女面相图等亦有相通之处，均显示出观相图特有的一种倾向，甚为有趣。图中黑痣的位置及其各个相关的判定与《神相全编》中男女面痣图或《三才图绘》中面痣图等虽并不一致，但意义完全相同，由此可知后世坊间所用图绘与敦煌发现的观相图一脉相承，实在饶有趣味。

附图一九五 b（大英博物馆藏，纸本着色，龙身罗宣图残片）

　　此图曾用作版画圣观音菩萨图（附图一九七 b）的台纸（旧的图形见 *Serindia,* p1.Cl），为长约一尺五寸、宽约一尺二寸的残片，由现状已难知其原貌，但现存部分的中央描绘的大概是火龙岛的焰中仙罗宣的龙身，有三眼、逆发、鱼尾，其鼻孔喷出火焰，蹄中出火，为罗宣及乘马的奇异身姿（注一）。在图的一端有一位

799　帝王形人物，仅露半身，正执笔记述，又见两者中间横摆着镭，均难察其意。从罗宣身穿八卦纹样的赤色衣服的传说（注一），伏羲第一次执笔书画八卦之说，以及伏羲命飞龙氏造六书之说（注二），亦可解释此为几个故事结合而成的图画（伏羲像为人头蛇身，可见于汉代画像石，而此图人物下半身为龙体，其脚同于火龙之蹄）。

注

一、关于罗宣以及骑马的外形见 Henry Doré：*Researches into Chinese Superstitions*，Vol. X，pp.119—120，火部，罗宣。

二、《古三坟》："庖牺氏……命臣飞龙氏造六书。"（《古三坟》传为隋代或宋代的伪书）。

800　## 第二节　景教人物图

敦煌画中尚留存有一件有关景教的人物图（附图二〇〇），其与佛教无关，引人注目。以下为其概述。

这一人物图为大英博物馆所藏的绢本着色画，画面残损严重，为附有缘布的幡画形式，右边及下半皆失，现存部分为长约三尺、宽约二尺的残片，勉强可看出为立像人物图。经详细考察可发现人物头上戴一如月桂冠形式的简单头冠，头冠正面所饰十字立于莲花座上（即所谓的 cross patée 形式），头冠左右尚有羽翼状的装饰。人物面部瘦长，脸颊轮廓柔和，眼睑双重，甚显清秀，而其鼻下的髭须、下巴的胡须及垂在肩上的卷发等均绘成红色。人物头后有椭圆形（上方略大）火焰头光，下身着装为绿色，上衣则为红色，颈钏垂饰十字章，与宝冠正面相同。其右手屈弯，手掌朝上，拇指和中指相捻结印，手腕佩环钏。左手屈于胸前，手握长柄之物，柄端附有十字架，不知这一长柄之物是十字架杖（long cross）还是弯曲的牧杖（crozier），或是仅为一般的杖（staff），因其前端的画面缺失而无法判断。下半身部

801　分亦已缺失，而从残留的部分可明显见出人物为立像，原作长可达五尺余。另，立像周围空白的部分满饰纹样，为以写实性手法描绘的人物像增添了高雅华美的装饰情趣。

关于这一人物的描绘，首先引人注意的是其写实性笔致，其中运笔精确，面部和双手以及衣服的描绘均立体生动，强劲流畅的线描令人叹为观止，由此推测其制

Fig.195　高昌地区发现之景教壁画残片

作年代大约在唐朝中期，同时从各个细节可窥知画师在制作佛画方面非常熟练，其或为常住敦煌的佛画师。

此处论及敦煌画景教人物图时尚需同时注意一铺高昌画，即勒柯克自吐鲁番地区一处景教寺院遗址携回的壁画人物图残片（Fig.195，现存柏林土俗博物馆），现将两者作一比较。这铺壁画亦出自当地画家之手，已相当东方化。如后所述，此图不仅是与《马太福音》第二十一章或《路加福音》第十九章等所记基督进入耶路撒冷城故事有关，而且图中所绘伊朗式人物中有身穿唐朝式服装的妇人，总体来看西方色彩比较浓厚，其中手持香炉和香盒站立的主要人物完全是西洋基督教的人物形象。此图出自高昌，但无法称其为东方风格的绘画。图中所绘为基督的故事，在佛教中相当于佛传，仅这一点就和此处所述敦煌画人物图（附图二〇〇）有着显著的区别。这一敦煌画的题材选择绘出单独像这一点，说明这是在大乘佛教最盛行的时期，基于唐代中国的喜好而绘制的宗教画。为了进一步明确这一点，在此须重新审视敦煌出土的景教人物图。

此幅景教人物图整体画法可谓已属佛画的范畴，手法大胆，完全是一幅中国式绘画，尤其画中所表现出的线描画法，可见绘者为名副其实的佛画画家。具体体现在火焰环绕的佛画式头光，带有颈钏和臂钏，右手略显夸张的结印手势，左手持长柄之姿，这些均令人联想到佛画菩萨像中的一些形象，同时尊像四周装饰华丽纹样的形式亦常见于佛画，甚至宝冠正面的十字亦以佛教的莲花为座，犹如金刚界曼荼罗三昧耶会的器杖。此图属景教范畴，却带有许多中国文化色彩，这一点从《大秦景教流行中国碑》的形式以及细节装饰亦可察知，碑额上的十字架顶上饰有宝珠，宝珠带火焰，十字脚下有莲花座并刻有云纹。这一现象反映出当时中国的工匠在技艺上难以摆脱佛教美术的影响，同时亦可窥知唐代中国对待外域文化或外邦新宗教的态度，令人甚感有趣。又见敦煌出土的各种景教经典（例如《听迷诗所经》、《宣元至本经》、《志玄安乐经》、《一神论》、《大秦景教三威蒙度赞》等）的文辞中出现有许多佛教用语，这些现象均耐人寻味。

但是，这一景教人物图虽然显示出佛画的倾向，然而图中表现出的西方趣味亦不容否认，与其说其存留图中，不如说是作者有意将西方的趣味融于画中以显现异域情结，具体体现于以下几点：佩饰十字印；顶戴波斯式宝冠；具有西方人丰腴的体态。以上几点可说是别具匠心，无疑令当时的中国人感到惊异。现对其作一探讨。

（一）景教出现十字架勋章可从《大秦景教流行中国碑》篆额上所刻的十字以及碑文中所记"印持十字融四照以合无拘"（《大正藏》，册 54，页 1289a）等文字中得到印证。在某种意义上，十字形成了信仰的中心，然而此人物图中所见的十字印外形不存在任何暧昧之处，作为 cross patée（十字）的正确形态，此很可能摹自范本。

（二）此件景教人物图上的宝冠左右饰有羽翼状的装饰，明显为萨珊朝波斯风格（参见 Fig.197，详情后述），然而此处宝冠极其准确地展现出原形，此点令人甚觉有趣。故此图虽不能说与波斯有直接的关系，但可以想见两者一定存在密切的联系。景教由波斯传入中国一事，已无须赘言，在其经过波斯进入中国之前一定已经相当波斯化，如果其图像已在波斯制作的话，无疑必融有独特的波斯风格。因此，此处所见戴有波斯式翼冠的景教人物图，可以推测是在波斯制作的。另，景教在教义上除了使用十字架之外，礼拜时并不使用形象性的标识，波斯景教在仪式典礼上

的实用装饰品一定以波斯独特的风格制成，并为一般人所使用。即便礼拜性图像没 805
有得到制作，鉴于波斯僧人来到中国以及在中国景教寺院的活动，不难想象中国的
画工亦会求学于波斯僧人并绘出此类景教人物画像。况且从《大秦景教流行中国碑》
碑文记大德阿罗本献上经像（"大秦国大德阿罗本，远将经像来献上京"，见《大正
藏》，册 45，页 1289b）一节，即便不知其所献为何种之像，亦可推知所献之像与
景教有关。从波斯谋求中国景教人物图的范本似乎并非不可。总之，此人物图显示
出的萨珊元素，正可说明大秦景教与中国之间存在景教第二摇篮之地波斯这一媒介
（另，Fig.195 高昌壁画中亦绘有与唐朝妇人一起着波斯式服装的两个人物——手臂没
有从外套的袖筒伸出，如斗篷一般披于肩上［注一］，在这一东方国度的景教画中竟
然见到波斯风格的人物，令人倍感有趣。然而，此图亦继承西方式景教绘画的风格，
其描绘方法充满浓厚的西方情趣）。

　　（三）以其容貌来看，明显可知此图的绘制者对西方人的面貌特征了如指掌，
并欲将此特征反映在图中。红色须发的描绘自不必多言，首先其面部轮廓不似中国
人，其描绘与一般佛画中夸张并理想化的手法完全不同，肌肉的描画极为自然，宛
如以实际存在的人物为模本而绘。宽广的上额，双重眼睑，紧闭的嘴角，均显示出
佛画中所难以体现的别样美感。能达到这样的效果，当然是因为绘制者高超的技 806
艺，然而最重要的一定是由于绘者被被描绘对象的容貌的非同寻常之处所深深吸
引，从而引发出超乎寻常的艺术水准。

　　下面将对附图二〇〇所绘的人物做一探讨。从这一人物头部附有头光来看，其
应为身份尊贵的人物，在此需要知道其在受到尊崇的景教人物中属于哪一类人物。
将已经佛画化并在中国绘制的佛教景教画与西洋基督教美术的图像（iconographie）
进行对照并下结论，无疑是一个非常鲁莽的举动，不过依照西洋基督教美术，这一
图所绘应为景教的大法主或大德像。这一人物有髭（注二），头戴十字冠，左手持
十字架杖或牧杖，胸前佩有十字章，将其定为大法主或大德之像，大概最为妥当
（注三）。或此像有可能为传入中国的大德，渐次演变成被称为镇国大法主的阿罗本
或其他高僧之像，又或可考虑此即为聂思托利（Nestorus）本人。但从图像学的角
度来看，如此狭隘的想法在此处显然不合时宜，当时的中国人在胸前所绘的弥施诃
（弥失诃、弥尸诃、弥师诃、Messiah）、翳数（移鼠 Jesus）或 阿罗诃（Eloh）形象
亦如同此人物一般。

　　关于这一点，此处应注意另一骑马人物图（Fig.196，注四），这一骑马人物图 807
出自前述高昌壁画（Fig.195）寺址的壁面，由格伦威德尔速写而成。此图为格伦威

Fig.196　高昌地区发现之景教壁画　　　　Fig.197　萨珊巴胡拉姆二世像

德尔的名著 *Alt Buddhistische Kultsatten in Chinesisch-Turkistan* 中的插图，但书中并没有对此图展开特别的论述，而这一骑马人物图的存在却是解开敦煌出土景教人物像之谜的关键。这一骑马人物图中，马上的人物身着波斯风格服装，有头光，所戴头冠上明显附有十字架，右手持十字杖，说明其显然是与基督教有关的人物。而且此图尚有几点与前述壁画（Fig.195）十分近似，一为前述壁画上方亦见马足（但马的方向相反），一为两图中均有着唐装的妇人，一为图的大小（注五），如此比较之后，可见绘于同一壁面的两图之间存在极为密切的关系。两图的位置如何，已难以确定，但可以确定是将一个故事连续描绘在大壁面上，从构图来判断，骑马像应跟随于一站立人物的后方，此人物手持香炉、香盒。如前述，Fig.195 是基督进入耶路撒冷城图，今在其上再加入骑马像来考虑的话，深觉上述推测甚为妥当。基督荣进耶路撒冷城见《马太福音》第二十一章及《路加福音》第十九章以及其他记述。为方便起见，此处引用《马太福音》"荣入圣域"一节：

21：1 耶稣和门徒将近耶路撒冷，到了伯法其，在橄榄山那里。

21：2 耶稣就打发两个门徒，对他们说："你们往对面村子里去，必看见一匹驴

　　拴在那里，还有驴驹同在一处；你们解开，牵到我这里来。

21：3 若有人对你们说甚么，你们就说：'主要用它。'那人必立时让你们牵来。

21：4 这事成就是要应验先知的话，说：

21：5 要对锡安的居民（原文是女子）说：看哪，你的王来到你这里，是温柔的，又骑着驴，就是骑着驴驹子。"

21：6 门徒就照耶稣所吩咐的去行，

21：7 牵了驴和驴驹来，把自己的衣服搭在上面，耶稣就骑上。

21：8 众人多半把衣服铺在路上；还有人砍下树枝来铺在路上。

21：9 前行后随的众人喊着说：和散那（原有求救的意思，在此是称颂的话）归于大卫的子孙！奉主名来的是应当称颂的！高高在上和散那！

　　将此段引文与壁画中出现的各色人物做一对比思考，则有头光、戴十字冠并持十字杖的马（驴）上的人物应被视为"耶稣"，而非"弟子"，持香炉站立的是随侍耶稣的一个"弟子"。从上方马足的大小判断，其应为"驴马之子"，而手持树枝并列而立的应为耶路撒冷附近的群众。文中所记的伐枝铺路之意重点并非在于铺路，实际上是为描画人人手持树枝迎接耶稣，赞颂基督为救世主。由于驴马的前半身缺失，故见不到在路上铺覆衣服的人物（通常以两个小儿表示）。又见群众分两部分，安置于耶稣的前方（Fig.195）和后方（Fig.196），与文中"前簇后拥的群众"相呼应，饶有兴味；并且群众身着伊朗、中国两种服装，从中反映出此壁画的绘者属于西方亚细亚系且曾经居住在高昌（注六），绘制壁画时没有将基督时代耶路撒冷的地方民俗等纳入考虑的范畴，而是将周围的人物适当地融入画作之中。如此这般，将此幅高昌壁画视作基督进入耶路撒冷之图，相比于其他的各种解释，例如高昌地区的景士和信徒的图画或是一幅洗礼图（注七），以及有关使徒马太的故事（注八）等，似乎更为妥当。

　　根据上述，再重新审视附图二〇〇敦煌人物图。图中人物有头光，戴十字冠，持杖（极有可能为十字杖），此形象十分类似高昌壁画中驴上的人物，如果高昌壁画中的人物为耶稣的话，附图二〇〇的立像亦应为耶稣，以中国的习惯称为翳数、移鼠或弥施诃，可知此图是为描画耶稣而绘。当然从现今一般的基督教图像学解释来看，这类人物或可被认为是圣徒或司教之像，然而亦没有必要拘泥于这一见解，如同上述各类推测可自由解释一般，对于东方的此类作品相信绝不是不合时宜的，关于此点以下将从其他的角度作一番思考。

809

810

　　如前所述，敦煌出土的景教人物图头戴宝冠，冠上附有萨珊风格的羽翼装饰。这样的翼冠与尊像上臂的鳍袖相同，均为东亚横仿西亚服饰的一个例子，同类的饰物也见于兜跋毗沙门天像的宝冠（附图一二〇b、附图一二三a、附图一二四b、附图二〇八a等）、法隆寺狮子狩猎纹锦中骑马人物的头冠（Fig.113）、法隆寺金堂四天王宝冠（注九）及其他铜造推古式小佛像的宝冠（注十）等，应用十分广泛，其来源于萨珊朝波斯的服饰，屡屡见于该时代的波斯摩崖雕刻、金属容器、织物或货币等图案中的波斯王头冠上（注十一）。此处所见的敦煌画景教人物图的冠翼亦完全继承这一波斯风格，若与Fig.197萨珊王像的翼冠比较，极易得知其与波斯文化之间存在的密切关系。Fig.197被推定为波斯纳克希·伊·陆斯得姆（NakschiRustem）摩崖雕刻中巴胡拉姆（Bahram）二世像（注十二）的头部，将其与敦煌画景教人物图一同看待时，冠翼的形状及其装饰方式完全相同，令人惊奇，同时其披肩卷发、鼻下的胡须、所着的薄衣以及筒袖之类，酷似到难以置信的程度。由此可见，附图二〇〇敦煌画景教人物图无论服饰或者形态，完全是按照波斯风格进行制作，还需注意的是将此人物还原为波斯人的形象时，并非以波斯武士或贵族的形象来表现，而是遵照戴王冠的"帝王"形象，此点不能忽略。换言之，景教的图像如果制作于波斯地区的话，必以相当于帝王层次的人物为模本，在一个国家来说必须为信仰的中心，接受最高崇敬的救世主形象。由此，根据相关的因素，以图像学的角度定其像为司教之类人物的话，可以说是困难的。即便退一步考虑，这类尊像并非制作于波斯，而中国人很早便巧妙地将萨珊王朝服饰融汇于佛教美术中，对具有如此高超造像技术的中国人来说仅借助不多的启发也完全有能力制作出此像。

　　敦煌画中作为与景教相关的人物，此铺尊像为最高地位的救世主像这点，尚有更加值得注意的地方，即为景教碑文中的"白衣景士"（《大正藏》，册54，页1290a）一文。在东方，即便是摩尼教教徒亦身穿白衣，此可从高昌地区发现的摩尼教经典插图（注十三）中的人物像得知，景教亦应如碑文所记，教士是身着白衣的。而此处所见敦煌画景教人物图着绿衣并上加赤色上衣，似乎在白色着衣方面特意与一般教士有所区别，这一点有必要与一般基督教艺术中，只有基督一人特别绘以赤紫色的衣服而与使徒、圣徒的白衣相区别的现象结合考虑。基督的染色衣和一般圣徒的白衣区别而绘的规定，如果在东方的基督绘画中依旧遵守的话，应可推断这一敦煌画人物图所绘为基督像。

　　关于这一点，令人想到勒柯克自高昌携回的一件绢本画残片，图中绘手持十字

811

812

杖的白衣教士（Fig.198，长约60厘米）。勒柯克虽未定其与景教有关系（注十四），但此图亦同于前述Fig.195、Fig.196，应为与高昌地区的景教信仰相关的作品之一。此件残片是幡画形式，缝有缘布，但缺损严重，现存部分仅是大图边缘的一部分。而其制作年代可推定为唐末，画法类似该地区所特有的与摩尼教有关的绘画，着色艳丽。残存部分上绘二像，负背光坐于莲座上，着白衣（朱色描线），如浮现于蓝色的底面上。此二像上下相叠而列，其旁各有一侍童（白色下衣），下段则列有男女供养人（回鹘风格）。此像上段大腿部以上缺失，而下段供养人物仅存头部，中段残存的尊像头部及上身皆失，仅见部分圆形的头光和身光，以及左手所持十字杖的前端、白衣及莲座。中段尊像所持杖的前端十字部分与敦煌画人物图同为cross

Fig.198 高昌地区发现之景教画像残片

patée的形式，三处十字突出的部分各附有宝玉。讨论此人物的身份首先有必要从此像在图中的位置来作判断。这一持十字杖的尊像旁侍一童子，与上段所绘的另一坐像形式完全相同，可见其并非位于此图中心，其应为带侍从的几身尊像中的一尊，而此处所绘二像均着白衣，为进一步判断其身份提供了线索。将二像在图中的排列位置一并考虑，可知此白衣像明显应为高于使徒或圣徒地位的人物。与此相反，附图二〇〇敦煌画像并非白衣而是染色衣，如此必须考虑将此画像与此类白衣像区别对待，附图二〇〇中的染色衣无疑对于判断此处二像为高于使徒、圣徒地位之上的尊贵人物，即救世主"弥施诃"之像，提供了帮助。

如上所述，关于此铺敦煌出土的景教人物图为弥施诃像一事，对与其相关的各个可能因素作了分析，归根结底，研究的宗旨并不在于强调一种观点正确无误而否定其他的看法，如判断尊像为使徒、圣徒或司教之像的见解，当前重要的工作是需要对各种见解均持以尊重的态度，努力搜集一切可以相互对照的研究资料，然后进一步进行更加深入的思考。

注

一、参见原田淑人著《西域發見の繪畫に見えたる服飾の研究》，页 76—77。根据和田新氏亲眼所见，库尔吉斯坦土著现在仍穿着此种外套。

二、此景教人物有髭，令人联想到碑文"存须所以有外行，削顶所以无内情"之句（《大正藏》，册 54，页 1289a）。

三、关于基督教美术方面，得到畏友吉川逸治氏的多方指教。

四、格伦威德尔：*Alt Bbuddhistische Kultsätten in Chinesich-Turkistan*，Fig.677。

五、Fig.195 为长 63 厘米，宽 70 厘米。骑马人物像高约 200 厘米。

六、或者绘者为本地人，从其描绘明显可知是学自西方风格的绘画，故视其为西方风情的人物，理由亦不言而明。

七、以持香炉人物右手的持物来判断，或视其为盛圣水的器皿。参见羽田博士《西域文明史概論》，页 42，但羽田博士文中并未断定。

八、使徒马太一般为持香炉和香盒的形象，相传马太是前往波斯的布教之人，图中波斯风格的人物有助于将持香炉和香盒的人物定为马太，然而图中骑马人物和中原妇人形象又削弱了这一见解的力度。

九、参见《国宝帖》第一八一图。

十、参见《法隆寺大镜》第五八集，第 11 图等。

十一、参见 F. Sarre：*Die Kunst des Alten Persien*，Tafel 70、79、80、98、107、109、113、143 等。

十二、F. Sarre：*Die Kunst des Alten Persien*，Tafel80。

十三、参见勒柯克：*Die Buddhistische Sqätantike in Mittelasien*，II，Die Manichaeischen Miniaturen。

十四、参见勒柯克：*Chotscho*，本文页 8。

后　记

　　早在八十年以前，日本就出版了松本荣一先生的大作《敦煌画研究》，这部重要著作后来成为研究敦煌石窟必备的参考书。二十世纪四十年代初，常书鸿先生创办敦煌艺术研究所，最初研究人员所用的参考书，最主要的就是这本《敦煌画研究》。敦煌壁画的内容现在我们总结出七个方面：尊像画、佛经故事画、佛教史迹画、传统神话、经变画、供养人画像、装饰图案画。其中与佛经密切相关的尊像画、佛经故事画、佛教史迹画、经变画等内容极为丰富，涉及大量的佛教经典，而这些内容大部分都在松本荣一的《敦煌画研究》中已经考释出来，或者也提供了佛经的线索。所以，在二十世纪九十年代，敦煌图像研究的专家贺世哲先生说：松本荣一先生已把佛教图像考证的道路开辟出来，我们仅仅是在他的道路上加宽了一些，走得更远了一些。

　　然而，这样一部在敦煌石窟图像研究中极为重要的著作，至今未被译为中文，实在令人不可思议。所以，笔者在2003年从日本完成学业回国时，就曾想把这部著作译成中文，以供学界参考。2008年笔者应邀到台南艺术大学做客座教授，其间受林保尧教授邀请到台北艺术大学也作了一次讲座。在台北得知林保尧老师在给研究生讲课时率领学生研读《敦煌画研究》，每一次课都让学生将其中的章节翻译成中文来讲解。保尧先生希望与敦煌研究院合作出版这部书的中译本，一是想到敦煌研究院的学者对敦煌石窟更熟悉一些，二是考虑到松本氏的这部作品所用的图片主要是伯希和在1908年拍摄的黑白照片，限于当时的拍摄条件，图版大部分不甚清晰，只有通过敦煌研究院提供高清晰度的彩色照片，才能使读者更好地了解本书之研究内容。

　　这当然是一件令人高兴的事。我欣然同意林老师的想法，愿意共襄此盛举。几年后，保尧老师陆续将学生的译稿传来。我在仔细研读之后，感到译文问题较多，因大部分学生并未专门学过日语，仅靠查阅字典连缀成文，与原文之意差距较大。而且，由于松本氏所用语言是二战前日本较古老的语体文，与今天的日语也有较大的差别，此增加了翻译的难度。虽然我曾对文稿反复修改，但毕竟费时较多，又由于工作较忙，翻译工作时断时续，不觉又过了几年，而自己所承担的事务有增无减，愈不能专心于翻译。但想到这一著作的重要性以及保尧老师的重托，甚觉惭愧却不知何时才能完成。时遇到正在日本筑波大学读博士课程的李梅女士，她在日本生活十数年，学的又是美术史专业，并发表过很多关于佛教艺术的论文，从专业和外语程度上都是较合适的翻译人选。笔者便与李梅商量合作进行这一著作的翻译工程，李梅欣然应允，由于林保尧老师提供的原稿问题太多，她几乎对此书进行了重译，这期间我们经常就一些问题进行反复讨论，最后才确定。

经过这么多年的研读、翻译，我明白了这部著作的难度。尽管现在译本即将付梓，我仍心存忐忑，不知道还有多少未能贴切地表达原著之意。

在交付出版之前，我们按原计划用新的彩色图片代替原著的黑白照片，这又是一个艰巨的工程。原作采用的伯希和编号与敦煌研究院现行的编号不同，尽管已发表过几种窟号对照表，但实际上仍有一些窟号无法对应，只能重新去调查伯希和所用图片的现在的位置，这个工作由敦煌研究院武琼芳女士承担：她把一幅幅的照片位置找到，并从敦煌研究院数字中心图片档案中寻找相关的图片。另外，还有一些照片与文字内容存在差距，则是由于当年伯希和敦煌图录收录的照片有限，而松本氏所研究的内容有的可能只是伯希和照片中的冰山一角，类似的情况颇多，就要根据文字所述而重新配上直接相关的内容的照片。此外，还有很多示意图，因原图中都是用日文标识的，我们在重新绘图的同时，又将日文译为中文。

中文版中有关体例方面的问题，我们在本书中附上了中文版说明，供读者参考。

为了保证本书的出版质量，2019年1月我们在浙江大学人文高等研究院举办了研究坊，由赵声良、李梅、武琼芳及浙江大学出版社的编辑徐凯凯、邵吉辰共同对文稿集中进行校对和修订工作。译者和编者对书中的很多问题统一了认识，确定了体例，解决了译稿中的许多重大问题。在此，我向提供研究坊的浙江大学人文高等研究院致以衷心的感谢！

本项目从一开始就得到敦煌研究院前院长樊锦诗、王旭东诸先生的大力支持。浙江大学出版社鲁东明社长、黄宝忠副社长非常重视此书的出版，由出版社申请，本书获得了国家出版基金资助，责任编辑徐凯凯、韦丽娟为本书的出版付出了艰辛的劳动。在本书出版之际，向以上诸位女士、先生致以衷心的感谢！

赵声良

2019 年 4 月